复旦全球史书系·东西之间丛书

董少新 主编

信风万里

17世纪耶稣会中国年信研究

上 册

刘 耿／著

上海古籍出版社

本书为国家社会科学基金冷门绝学专项复旦大学东亚海域史研究创新团队"16—17世纪西人东来与多语种原始文献视域下东亚海域剧变研究"（项目号：22VJXT006）成果

"复旦全球史书系·东西之间丛书"总序

> 我们需要的不是那种被制造出来的文明的冲突,而是聚精会神于相互交叠的文化间的慢慢合作,这些文化以远为有趣的方式彼此借鉴、共同生存,绝非任何删繁就简的虚假理解方式所能预想。
>
> ——萨义德《东方学》2003版序言

当前我们的历史研究领域呈现一片繁荣景象,成果发表和出版量极大,各类学术会议、讲座、论坛极为繁多,期刊、集刊琳琅满目,在传统媒体和新媒体上各路学者也是你方唱罢我登场。但如果看其内容和质量,可能就不得不承认,我们仍处在学术研究的"第三世界"。

本世纪以来,我们的历史学领域鲜有拿得出手的理论创建,比较多的是对国外学术理论的翻译和介绍,但往往仅限于介绍、模仿或跟风,甚少建设性对话和发展,偶有针对国外某一学术理论的大范围批评,也往往超出了纯粹学术回应的范畴。

我们缺少萨义德、彭慕兰那样具有国际影响力的学者,我们的成果为国际学界引用的次数虽有所增加,但真正有影响的、引起广泛讨论的成果不多。

我们的历史学科各专业方向的发展极为不平衡,很少有哪个专业领域是我们开创的。传统的区域、国别史诸领域中,我们居于领先地位的几乎没有,这些领域中的经典著作、权威研究成果很少是用中文撰写的。以东南亚史为例,如果给研究生开一份重要著作的研读书单,其中会有几部是中国学者的成果呢?即使在中国史的领域,年轻的学者和学生是不是更倾向于读《剑桥中国史》《洪业》《叫魂》和李约瑟《中国科学技术史》呢?

造成这一现状的原因很多,也很复杂,这里不做分析,相信业内人士都有各自的看法。如何提升中国的历史学研究水平,起码做到与快速发展的中国经济、综合国力、国际地位相匹配,是所有中国的历史学者共同面对的问题。

兴起于美国的"全球史"在本世纪已成为国际学界的显学。我读本科的时候,同学们大都对学校使用的世界通史教材感到厌倦,但不少同学会自己购买斯塔夫里阿诺斯的《全球通史》研读。从那时起,全球史在中国越来越受到重视,不过这种重视更多地表现为对西方全球史理论的介绍和全球史著作的翻译。二三十年过去了,全球史理论在中国并未得到进一步发展,在欧美乃至日本学界的全球通史著作推陈出新的时候,中国学界几乎没有参与到全球通史的书写中,对美国的全球史理论也缺乏学术批评。

全球史理论并非没有进一步讨论和完善的空间,全球史书写也应该存在更多的可能性。法国历史学家格鲁金斯基就曾评论道:"当今的全球史本质为北美洲版本的全球史,并再次承担起相同的任务,将民族主义和文化中心主义曾经忽视、放弃或拒绝解决的问题历史化。"[1]从这个角度说,刚刚出版的葛兆光先生主编的《从中国出发的全球史》是一个很好的尝试,[2]为中国学界的全球

---

[1] 塞尔日·格鲁金斯基:《殖民记忆:历史的再造与西方化的开端》,焦舒曼译,北京:北京科学技术出版社,2024年,第313页。
[2] 葛兆光主编:《从中国出发的全球史》,昆明:云南人民出版社,2024年。

史书写开了个好头。

全球史书写肩负着打破西方中心论的使命,起码截至目前已出版的大部分全球通史著作都是这么声称的。但如果全球史仅由西方学者从事研究和书写,会给人一种"好刀削不了自己的把"的感觉。① 只有把全球史变成复数的,真正的全球史才有可能。

主要由英、法、德等欧洲国家学者建立起来的欧洲(西方)中心主义,自19世纪以来在全球范围内造成了深远的影响。它不仅合理化了西方殖民主义,而且随着西方殖民运动的强势开展和经济、军事、科技的突飞猛进,被殖民国家和地区的人民也欣然接受了它,希望它能够成为本国、本民族全方位向西方学习以达自强目的的依据。②

这种带有极强种族色彩,蔑视非西方民族、文化和历史的理论,至今在曾被西方侵略或殖民的国家中仍有着广泛的影响,甚至被奉为真理。例如,黑格尔(G. W. F. Hegel, 1770—1831)发明了"世界精神"这一抽象概念,进而认为中国历史是停滞的、循环的,因而被他排除在世界历史之外,而只有日耳曼民族才有能力做"精神高等原则的负荷者",日耳曼精神就是新世界的精神。这种几近凭空想象的大论断,本应早已被丢进历史的垃圾桶中了,但我们仍有学者试图论证其正确性,更不要说这种论调因黑格尔在哲学上的崇高地位而产生的广泛的、持久的、潜在的影响了。

---

① 我曾以美国全球通史书写中有关明清史的叙述为例探讨其对中国的呈现,认为其仍保留有较重的欧洲中心主义影子,并倡议中国学界应该参与全球通史的书写,为更合理的全球史书写提供中国视角。参见拙文:《美国全球通史书写中的中国——以其中有关明清史的叙述为例》,《首都师范大学学报》2020年第3期,第52—61页。

② 格鲁金斯基已关注到这一现象,他写道:"欧洲式的历史在世界范围内被广泛认可,其势头非常强劲,以至于不再只为殖民者和统治者所用。中国和日本便是很好的例子。……欧洲式的历史并未跟着闯入者的脚步、伴着炮艇的航迹进入这两个国家,反而是当地的历史学家主动采用了它。"塞尔日·格鲁金斯基:《殖民记忆:历史的再造与西方化的开端》,第13页。

黑格尔之外，持西方中心主义的还有赫尔德（Johann Gottfried Herder，1744—1803）、穆勒（Johann von Müller，1752—1809）、孔德（Auguste Comte，1798—1857）、兰克（Leopold Von Ranke，1795—1886）、阿克顿（Lord Acton，1834—1902）等一大批著名哲学家和历史学家，[1]在他们的推动下，西方中心主义成了世界范围内的主流认知和观念。

20世纪，尤其是两次世界大战之后，西方学界对这一观念进行了系统的反思和批判，其中就包括后殖民主义理论和全球史理论。萨义德在《东方学》2003年版序言中写道："这种将一切本质化的废话的最龌龊之处就在于人类遭受的沉重苦难和痛苦就这样被轻易地消解而烟消云散了。记忆以及与其相关的历史被一笔勾销。"[2]这话虽然不是专门针对黑格尔的观点讲的，但用于批判黑格尔的历史观也同样是合适的。

萨义德还说："东方曾经有——现在仍然有——许多不同的文化和民族，他们的生活、历史和习俗比西方任何可说的东西都更为悠久。"[3]这几乎是重新回到了18世纪法国启蒙思想家伏尔泰的观点。[4] 萨义德在《东方学》中主要分析了西方对中东地区的描述和话语权，但其结论是可以扩展至整个"东方"的。

遗憾的是，我们的学术界至今缺少对西方的东方话语中的中国部分的系统批判。在我们的海外汉学研究中很少看到对东方学的萨义德式的批判。如果我们能够系统地、深入地清理西方中心

---

[1]　张广勇：《从文明中心的到全球文明的世界史——〈全球通史〉中译本导言》，见斯塔夫里阿诺斯：《全球通史——1500年以前的世界》，吴象婴、梁赤民译，上海：上海社会科学院出版社，1988年。
[2]　萨义德：《东方学》，北京：生活·读书·新知三联书店，2007年，第8页。
[3]　萨义德：《东方学》，第7页。
[4]　关于中国历史，伏尔泰说："不容置疑，中华帝国是在4000多年前建立的。……如果说有些历史具有确实可靠性，那就是中国人的历史。"伏尔泰：《风俗论》，梁守锵译，北京：商务印书馆，2016年，第85页。

主义观念和西方的东方学,我们或将更容易获得对本民族文化和历史(尤其是近500年的历史)的新认识。正如格鲁金斯基所说:"世界的开放是同步性的,但是以一种对立的方式展开。要想完全理解,我们需要摒弃既存的国家、殖民和帝国之历史的老旧框架,此乃全球研究方法的一大阻碍。"[①]是时候打破老旧框架了。

一时代有一时代之学术。梳理现代性的由来、分析现代世界形成的原因,无论如何都应该成为学界的主要议题。西方中心主义提供了线性的解释,即认为现代性完全诞生于欧洲,是在古希腊、罗马文明孕育下,在优秀的欧罗巴民族的智慧和努力下自然发展出来的结果,欧洲人有义务将西方文明带到全世界,以解放世界其他落后乃至低等民族于野蛮愚昧之中。

全球史提供了新的解释思路。全球史学者承认文明的多样性,并把不同文明、民族、区域、国家间的交流与互动视为人类历史发展的重要动力。这样一来,现代世界便不是从某一个文明、民族或区域发展而来,而是不同文明、民族和区域交流的结果。西方中心主义的坟墓已经挖好了。

全球史大大拓展了以往的"文化交流史"的视野。在这一视野中,双边关系史或两种文化互动一类的研究的弊端显露无遗,因为纯粹的双边关系几乎是不存在的。任何双边关系都处于一个复杂的网络之中,尤其是进入全球化时代以后,传统的区域网络变得更为密切也更为复杂,而相聚遥远的两个或多个区域间的频繁交流也成为可能。全球互动共同铸就了一张全球网络,从而形成了"全球体系"。构成网络的每一条线都像血管一样,在近代早期,欧洲人及其宗教、科技和舰船武器,非洲的黄金和奴隶,南美洲的农作

[①] 塞尔日·格鲁金斯基:《鹰与龙:全球化与16世纪欧洲在中国和美洲的征服梦》,崔华杰译,北京:中国社会科学出版社,2020年,第263页。

物和白银,旧大陆的传染病,东南亚的香料和粮食,南亚的药材和棉花,中国的丝绸、茶叶、陶瓷和儒家经典,日本的白银、瓷器和漆器,就像血液一样流淌于这个复杂的血管网络之中,全球也因此成为一个有机整体。因此,文化交流史研究需要有区域史和全球史的视野,超越简单的双边关系,关注复杂网络中的交流和互动现象。

如果我们接受全球范围大规模交流是现代性和现代世界形成的重要动力这一观点,那么接下来就需要研究这一复杂交流的过程,以及各区域、民族和国家到底在这一进程中扮演何种角色、发挥什么样的作用。自近代早期欧洲开启全球航行、探险和扩张以后,欧洲人的足迹遍布世界,但这不仅是一个欧洲文化、科技、物质文明和宗教向非欧洲区域传播的过程,更是全球的物质文明、知识和文化传到欧洲的过程。对于欧洲而言,后者要远重要于前者,或者说全球化远重要于西化。非欧洲区域的文化是1500年以来欧洲之所以成为欧洲的重要因素,但这也只是全球化中的一部分。

重视包括亚洲在内的非欧洲文化对欧洲的影响,构成了全球史研究的重要内容。美国历史学家拉赫(Donald F. Lach, 1917—2000)毕生致力于研究亚洲对欧洲的影响,其皇皇巨著《欧洲形成中的亚洲》(Asia in the Making of Europe)系统呈现了近代早期亚欧大陆的大规模交流,其目的是想考察亚洲知识、技术和观念在欧洲近代化过程中产生了什么影响,但遗憾的是影响的部分未能完成。法国历史学家艾田蒲(René E. J. E. Etiemble, 1909—2002)、英国政治史家约翰·霍布森(John M. Hobson)等人的研究可被视为拉赫的巨大框架的局部补充,[1]但关于所有非欧洲区

---

[1] 可参见艾田蒲:《中国之欧洲》(L'Europe Chinoise),许钧、钱林森译,桂林:广西师范大学出版社,2008年;约翰·霍布森:《西方文明的东方起源》(The Eastern Origins of Western Civilisation),孙建党译,于向东、王琛校,济南:山东画报出版社,2009年。

域对欧洲的影响,以及全球化、近代化的过程和本质,仍有很多研究的空间。

年轻一代的中国学者真的应该好好介入这些问题的研究了,因为这是当前这个全球化深入发展同时又不断出现各种问题和挑战的时代的召唤,并且这个时代也为年轻学者提供了空前便利的机会。首先是语言的障碍已不再那么难以克服,不仅学习外语便利很多,而且机器翻译也越来越精确了,掌握或能够阅读多语种文献是该领域年轻一代学者的基本要求。其次是国际交流越来越频繁了,大批的中国学生到国外拿学位或长期访学,也有不少外国留学生来到中国交流学习,外国学者请进来、中国学者走出去已是司空见惯的现象。再次,随着互联网的发展,获取原始史料和二手研究论著的途径既多且快。戒除浮躁、屏蔽干扰、安心读书、深入思考、潜心研究,以及扩大视野、勇于讨论大问题,这些对于年轻学者而言反倒更具挑战性。

本丛书的策划始于 2020 年,初衷就是出版一批东西方交流领域年轻学者的优秀著作。能够使用多语种原始文献,对近代早期以来的跨文化交流和全球化、近代化进程做扎实的研究,并能提出有见地的看法,这是本套丛书的入选标准。我们不敢奢望这套书的出版能在学术界引起重要的反响,但希望能够鼓励年轻学者提升大处着眼、小处着手的能力和戒骄戒躁、潜心学术的定力。

董少新
2024 年 9 月 11 日

序 一

（一）

全球化的本质是不同文明的联系与交流。交流的本质来自文明与文明之间的差异。航海大发现后，当传教士遥望出现在远方地平线上的各色文明，既痛感于这世界上还有福音未达之处，也找到了天主教在宗教改革运动之后弥补欧洲失地的希望。不同修会的传教士们与不同的王权合作，随葡萄牙的舰队向东，随西班牙的舰队向西，奔赴、投身于迥异的文明中，因地制宜，采取不同方法，为天主的葡萄园收获灵魂。与不同文明打交道时，怎样处理文化上的"同"与"不同"成为一个共通的基本问题，迄今仍是中西文化交流史上的研究对象。

关于这个问题，先贤们有许多真知灼见。最具代表性的是，钱钟书先生在《谈艺录》序里说的"东海西海，心理攸同"，以及借用孔夫子的"君子和而不同"喻指不同文明间的关系，意思是和睦相处，但不随便认同。钱钟书先生看到的"同"，是对"不同"的反思，"不同"是显而易见的，从表象上的"不同"看到内里的"同"，是认知上的一次飞跃。如果将中西文明的相遇看成是一个"相遇—相知—相伴"的过程，那么，对"同"与"不同"的认识可对应为"不同—求同—和而不同"三个阶段:初遇时自是满眼的"不同";待相互了解到一定程度后,会发现"不同"中有许多"同",甚至本质上的"同";随着了解深入,知根知底,就必须承认还有一些与生俱来的"不同","和而不同"是一条长久的相处之道。

本书所关注的"年信时代",对于初次相遇的中西文化而言,是意识到、惊诧于"不同"的时代。中国人与欧洲人在用好奇的眼光打量着彼此,用猎奇的笔调记录着彼此。初来乍到的新鲜感使传教士注意到华人习以为是的日常,并记载了下来,这恰恰填补了中国史籍不载的事实。越主流的现实越平庸到我们视而不见,这是本国记史者的盲区,在传教士年信中正有大量的这类日常。抑有进者,中国普通民众对"不同"的认知甚至开始精细化:据1621年年信的记载,广州人已能分辨出印度的黑人与传教士从澳门带来的黑人有什么不同,信天主教的被称为"泰西",信佛教的则被称为"小西",这是从不同中还能看出进一步的不同,即外国人之间的不同。

对传教士这个群体而言,刚刚掉进"不同"中的他们,还想极力找出其中的"同"。传教士寻找的"同",是在终极上归因于同一位造物主的"同"。利玛窦在中国传教巧妙地采取了适应策略。利玛窦重视儒家经典,尤其是《四书》。有部分传教士走得更远,早期译介儒经的传教士从中国典籍中寻找这位造物主在东方留下的痕迹,甚至还发展出一个"索隐派",他们把研究的重点放在《易经》上,以其中的那些象、数和汉字为线索,在儒家经典和宗教典籍之间建立起平行参照,进行类比叙事。然而缘木求鱼的索隐派,显然是没有出路的。

求同而不得的结果是转而追求和而不同,回归"利玛窦规矩"。但耶稣会士不承认本质上的不同,他们承认表象上的不同,在崇敬同一位唯一的真神的前提下,允许中国教徒的和而不同。这正是采取"适应策略"的耶稣会士的基本路数。事实证明,"适应政策"是最有生命力的政策,"适应政策"贯彻好的时段,是相安无事和福传事业发展较好的时段。所以传教士或可算作东西文化"和而不同"的先驱。

传教士对"和而不同"的处理手法值得今天借鉴。但传教士的"和而不同"不同于我们今天追求的"和而不同"。传教士的"不同",主要来自东西方文化初遇时的体验。今日之"不同",则是在深入交流了解益深后的理性判断。对"和"之求,亦从要求信仰本质上的一致变为对多元化多样性的宽容。

中华民族的天命观念,可溯源于先秦论道之学,侧重于思考人与人之间的关系。欧洲民族的天命,开始于古希腊的哲学,侧重于思考人与神之间的关系。柏拉图将诗人赶出理想国,为欧洲民族做了一个历史性决断:欧洲民族的社会秩序,根基不在生命情感里,不在感性的世界中,而在一个理念的世界中。中国哲学则更关照生命情感,认为人生问题解决了,就可顺带回答终极问题。

天命源头上的分流,在东西方展开了各美其美的文化形态,也势必在各自的文化中出现你有我无的知识。这些知识图谱上的空白成就了传教士的机会。关于徐光启进教的原因,或说是受西方科技的吸引,或说是天主教解答了他关于死亡的疑惑。这两项都是中国文化不能满足徐光启的。中国的数学家只有数的概念,没有空间概念,勾股定理是算出来的,不是用形式逻辑证明出来的,《几何原本》带给徐光启的震撼是可以想见的。儒家也没有解决徐光启对身后事的关切,只是用"未知生,焉知死"来模糊处理。不知道触动徐光启的是哪一点,亦或两点兼而有之,但这两个问题带动了一大批人归信天主是确凿的事实。

"和实生物,同则不继"。"不同"之"和"就能使文化生生不息地发展下去。在传教士文献中有大量的语言接触现象、天主教礼仪与民俗的融合现象（尤以葬礼为甚）等等，新词、新俗，正是异质文化交织后的新物种。尽管沈㴶等主管意识形态的官员对传教士等异邦来客保持着高度警惕，民间对不符合礼教的传教士也存在着巨大的排斥力量，但其实天主教及其带来的文化符号上的新物种仍有可观的生存空间：大十字架高高竖立在教堂的屋顶，守卫城门的官兵笑迎挂着念珠进城团契的教徒，甚至还有小规模的宗教游行队伍招摇过街。

在耶稣会中国年信中，甚至读不出欧洲中心主义、中国中心主义这类隐性信息。其实，欧洲中心主义、中国中心主义是后世学者的研究视角。回到历史现场和传教士的原始文献，我们不只可以看见传教士，还可以看见更多的信徒，而且大多是处于社会中下层的普通信众；我们不仅看见传教士与中国文化保持一定距离来重新塑造中国形象，更可以看见这些大部分在中国生活二三十年以上的传教士对中国的书写，是以中国主场的身份向欧洲讲述中国的故事；我们不是看见中国知识分子一厢情愿地向西方文化倒伏，而是看见徐光启等对西方的了解也是他们自己的思维结构与从传教士们那里得到的信息两相结合的产物。所有这些，都可以作为后世学者矫正"以传者为中心""西方主义""他者"的论据。

中西文化初遇时双方的这种昂扬心态也值得我们学习。不同不是低人一格，其实，不同文化各有所长。以中国文化历时之久远，积累之深厚，自洽之周密，对于外来文化之影响原无惧于被同化。不同民族的文化的差异，并不直接带来冲突，不同的文化还可以彼此欣赏，彼此交流。

（二）

通商、传教、殖民是全球化初期的三项主要活动。对于中国这个古老上邦,只有传教实质性地渗透进来。16世纪下半叶至18世纪上半叶,活跃在中国的天主教修会主要是耶稣会、方济各会、多明我会、奥斯定会,其中,以耶稣会势力最大,影响最为深远。每个修会都留下了文档记录,其中,耶稣会的通信系统、档案保管也远比其他修会更完备,留给后世的资料最丰富。在耶稣会卷帙浩繁的存世文献中,有一类特殊的文本叫"年信",即分布在全球各教省的年度报告,以记载世界各传教区的重大时事、教务活动、教化事例为主。"中国年信"中包罗着传教士对明末清初中国的全方位观察记录,其中大部分是传教士亲历、亲见、亲闻的一手资料。它绝不仅仅是一类教会文献,而是可以用于中国天主教史、明清史及各项专门史研究。

耶稣会中国副省年信目前主要以手稿的形式保存于欧洲的几座档案馆中,以里斯本阿儒达图书馆、耶稣会罗马档案馆、马德里王家历史学院图书馆保存得较为齐全。利用这批文献的一大障碍是手稿不易阅读,且400多年前的葡文与今天有些差异,并间杂了许多当时人或耶稣会内部人士才能理解的约定俗成的特别词汇。即使对于以葡萄牙语为母语的学者,未经训练也难以快速上手,所以,即使只是一小部分年信被整理成印刷体也被视为一项有益的成果。本书作者刘耿本科阶段主修葡萄牙语,也经过半年多的摸索才逐渐读进去这些手稿,一开始他还去买了一把直尺和一柄放大镜,直尺是用来防止阅读时串行,放大镜是用来研究运笔,以确定某个潦草的笔迹到底是个什么字母。后来,他就得心应手,用于本研究的耶稣会罗马档案馆、里斯本阿儒达图书馆收藏的年信约有1.2万页,他全部用可译出的标准精读完了。他还进一步对年信中的一些同类信息做了归类整理,比如,在关于语言接触史一节,对年信中由语言接触而产生的词汇做了完整收集,将年信中全部汉字的罗马字注音回译成了汉字,相当于编纂了一部小型的汉葡字典。还有历年付洗人数统计、历年新建教堂统计等等资料。这些都很便于学界直接利用。

在研究方法上,也不时有一些创新。比如,利用历年年信中传教士对巡回传教路线的记录,对耶稣会17世纪年信中提到的中国内地行程进行了完全统计,得到一张传教士的中国交通网,并以统计词频为依据发现了邮路上的一些交通枢纽,包括广州、南雄、南昌、南京、绛州等,还复原了国内段邮路与国际段邮路的衔接,从而打通了中国的书信是怎样从最初的作者手中流转到阅信者手中的完整路线。这当中,绛州也是传教士通信网络中的一个重要枢纽,这是之前所不知的,当然,这个预测是否准确,有待进一步的史料印证。

西文文献最大的价值是让人看见更多历史,尤其是耶稣会年信中有许多不证而显的历史。比如,关于《利先生覆莲池大和尚〈竹窗天说〉四端》的作者,在学界有徐光启、杨廷筠等各种考证。阳玛诺撰1615年年信直接给出答案:该文是徐光启与李之藻合作的成果,而且还给出了写作过程。关于《泰西水法》,本书利用1610—1616年七年间的年信和熊三拔日记进行了复原,是目前对该书的成书过程最翔实的描述。在1642年华北年信中,还找到了龙华民《答客难十条》的论纲,而龙华民的这部遗著早已遗佚。利用年信,本书作者还考证出赵鸣阳、成大用、曾陈易等过去不为人知的奉教文人。

本研究还留有一个有待优化的遗憾是,未能阐释耶稣会中国年信在西方所产生的影响,从而促进中西互动,增加中国在欧洲近代化进程中的参与感,亦即"不同"的中国文化对欧洲文化的意义之所在。

周振鹤

2023年4月17日于上海

序 二

刘耿的这本《信风万里——17世纪耶稣会中国年信研究》书稿读后十分高兴。因为，十余年前国家清史编撰委员会给了我一个整理清代来华传教士文献的项目，那时我就认识到这批文献是研究中国天主教史和明清中西文化交流史及清代社会史的最重要的一手文献，我就与几个同事从《耶稣会在亚洲》(*Jesuítas na Ásia*)档案文献中择录出来一些文献目录，做了一个初步的整理。但当时毕竟只是选了一些重要目录加以翻译，并未深入文献内部加以研究。现在刘耿这部著作是国内第一部深入研究《耶稣会在亚洲》的专著，内容翔实，书中提供了大量十分珍贵的历史文献。可贵的是作者并非只是简单地将其文献翻译或者转述，而是对年信中提到的事件与中文历史文献进行对勘。例如，将1618年的几场自然灾害、1621年中央政府中的几次人事调动、明与后金间的"辽沈之战"、1644年的"甲申之变"，天主教徒徐启元、张识的事迹等，分别与明史文献勘对，从而证明年信文献的可靠性。对文献中记载偏误的事件，作者也一一加以说明，体现了作者作为历史研究者的严谨学风。

作者认为明清史全球化的开端在耶稣会罗马档案馆中能够得到直观体现："中国副教省年信与其他教省、副教省、神学院的年信在不同的档案柜中分门别类，各归一格，而不同格的年信又彼此记录,像互相对照的镜子反复地为对方造影。在中国传教区发生的那么多惊心动魄的故事,那么多大名鼎鼎的人物,那么多虔敬、喜悦、感恩、痛悔、顿悟的瞬间,甚至明末清初这个天崩地解的大时代,都不过是其中一格,在这样的视角之下,无法不在全球史的格局下研究中国史,无法不在关照到每一个格子及其相互联系中研究全球史。"作者通过深入研究,深感来华耶稣会士的这些年信中的报道就足够写一部耶稣会士眼中的明清易代史,成为与以中文书写的这段历史的有呼应、有互补、有区别的"平行叙事"。年信更可与其他西文文献共同将明清易代史的书写推进至全球史的视域,以全球史的方法考察发生在东亚的这场政局巨震是怎样久久回荡在东西方。

刘耘的这些观点再次提醒我们,研究明清之际历史,特别是研究明清之际的中国基督教史,西文材料、教会内部材料是十分重要的。这些材料将中国历史纳入全球史的记忆之中。

有些西方汉学家认为:"在过去25年中,基督教在华传播史的研究发生了重要的范式变换。一般说来,这一变换是从传教学和欧洲中心论的范式转到汉学和中国中心论的范式。"[①]这种范式的转变导致研究者的视角完全不同了,过去的传教学研究方式关注的是传教士的活动,他们如何传教,如何将西方文化介绍到中国,他们传教活动的丰功伟业。显然,这是以传教士为中心的,也就是以欧洲为中心的。如果转变了研究的范式,不再以传教士为中心,那么,中国人如何接受基督或是西方科学,他们对传教士的态度如何等问题,也将涉及反对基督教的研究。这样的转变使得过去极为重要的传教士活动的西文材料和文献不太重要了,反而中文文献开始变得重要了。这样的转变也带来研究者的变化,过去以教

---

① [比]钟鸣旦著,马琳译:《基督教在华传播史研究的新趋势》,任继愈主编:《国际汉学》第4辑,郑州:大象出版社,1999年,第478页。

会内研究者或者以来华耶稣会士的西方文献为主的研究者就要退场了,而汉学家们开始登场了。这个转变就是以荷兰汉学家许理和与法国汉学家谢和耐联手拿到一个欧洲重大项目开始的。

我曾在多篇文章中对欧洲汉学界的这种"汉学的转向"谈过看法。从西方汉学研究的历史看,这样的模式转变有其自身的理路和发展逻辑,在以往西方学术界的中国基督教史研究史中对中文文献注意不够,对中国教徒研究不够,现在开始关注是合理的。但将这种模式搬到中国国内的明清之际的基督教史研究就有了问题,有两点值得讨论:

第一,在中国自身的明清之际中国基督教史研究的传统中,关注中文文献与中国教徒的视角模式一直是中国学者的研究重点和基本方法。读一下陈垣先生、方豪先生的著作就可以清楚看出这一点。这样的研究方式在中国学术场从来不是新鲜的模式。第二,从中国自身的基督教史研究历史传统来看,所缺的不是中文文献而是西文文献,研究进展最为薄弱的是来华传教士的内部运作和各类传教修会整体的研究。在这个意义上,西方学术界的传统传教学的研究恰恰弥补了中国学术界研究的空缺和不足。正是基于这一点,二十多年来,我致力于组织来华传教士西文文献的翻译。只要读一下近年来国内学术界重要的学术论文,就可以看到北外海外汉学研究中心所翻译的西文的传教士的基础文献对推动国内明清中西文化交流史研究的贡献。甚至可以说,如果没有这些对西方学术界以传教学方式研究来华传教士的重要文献和著作的翻译[1],明

---

① [比]高华士著,赵殿红译:《清初耶稣会士鲁日满:常熟账本及灵修笔记研究》,郑州:大象出版社,2007年;[法]伊夫斯·德·托玛斯·德·博西耶尔夫人著,辛岩译:《耶稣会士张诚:路易十四派往中国的五位数学家之一》,郑州:大象出版社,2009年;[德]柯兰霓著,李岩译:《耶稣会士白晋的生平与著作》,郑州:大象出版社,2009年;[丹麦]龙伯格著,李真、骆洁译:《清代来华传教士马若瑟研究》,郑州:大象出版社,2009年;[美]魏若望著,吴莉苇译:《耶稣会士傅圣泽神甫传:索隐派思想在中国及欧洲》,郑州:大象出版社,2006年;[法]杜赫德编,郑德弟等译:《耶稣会士中国书简集》,郑州:大象出版社,2001年;[法]李明著,郭强、龙云、李伟译:《中国近事报道》,郑州:大象出版社,2004年。

清之际中国基督教史研究能否发展到今天的水准？

从实际的历史发展来看，在晚清以前中国天主教长期以来是以来华的传教士主导的，这是一个基本事实。由中国本土神父主导教会发展是很晚的事情。因此，如果不从传教学展开深入研究，中国基督教史的主要问题、基本线索都无法弄清楚。直到今天中国学术界本身仍写不出一本超越赖德烈的《基督教在华传教史》，一个重要原因是对教会的西文文献掌握不够，并且中国学术界真正从教会史角度展开研究的著作也不多。在这个意义上，认真翻译西方学术界以传教学方式研究的著作，对中国学术界是十分必要的。

正是在这个意义上，我认为刘耿的这部著作是至今为止国内学术界第一部真正对《耶稣会在亚洲》系统研究的学术著作。平心而论，仅仅依靠教会内的文献并不能反应中国教会史的全貌，也无法反映出来华传教士与中国文化的互动。不过从中国基督教史研究来说，目前传教学的研究不是多了，而是不够，大量的基础文献和重要的历史事件至今仍没有完全研究，根本原因是西文文献的发掘不够。对中国学术界来说，那些汉语较好，以汉文献为主展开研究的汉学家所提供的研究成果，尽管对我们有启发，但随着中文文献的大批涌现，以及在中文文献研究领域中中国学者的研究进展，其水平已经开始超过这些汉学家了。经过三十多年的发展，在汉文文献研究上，依赖西方汉学家的时代已经过去了，现在中国学者已经成为研究主体。而中国学术界目前所缺的是以西文文献研究为主体的西方学者的成果，只要读一下在大象出版社出版的南怀仁的《欧洲天文学》一书，就知道我们多么需要这类学术著作。

刘耿提出："治本国史立基于本国的语言文献基础之上，天经地义，尤其中国自古就有重视历史的传统，历代留存的史籍之巨堪称世界上绝无仅有，而且中国史学有自成一家的传承、理路、方法，是一个可以自给自足的历史世界。有时,片面强调使用本国史料,还能得到民族主义情绪的鼓与呼,反而更容易在强调'政治正确'的语境中将某一领域做大。那么,是否还有必要使用外国资料治本国史?许多名家其实已经用自己的作品给出答案。如冯承钧提倡治元史,须'了解西方北方若干语言',这样就可以将中外史料结合使用。"

这是一个重要的观点,自晚明以来,关于中国历史的记述已不再局限于中文文献,来华耶稣会士的书信成为记载中国历史、中国历史进入全球史的重要文献。所以,对明清之际中西文化交流史的研究是不能仅仅压缩为中国基督教史的,特别是将重点放在对中国教徒的研究,中国文人对西方文化的接收研究,显然这样的"汉学转向"研究模式,曲解了这个历史的全貌,而且最终无法做好中国基督教史。例如,礼仪之争这个根本性事件,尽管中国信徒的声音是重要一面,但如果仅从这个角度展开研究显然抓不住礼仪之争的核心,因为,这件事本质上是欧洲教会史和欧洲思想文化史的重要内容,是中国文化参与到欧洲文化进程的重大历史事件。只要读一读莱布尼茨和伏尔泰的书就可以知道这一点。在这个意义上,西方汉学家提出的"从传教学和欧洲中心论的范式转到汉学和中国中心论的范式"仍未抓住这段历史的要害。不仅如此,这样的研究范式如果被中国学术界所接收,那就是一种误导,其结果就是不仅直接影响了中国基督教史研究,也开始大大压缩了中国学者对这段复杂历史认识的空间。

《耶稣会在亚洲》这类文献具有双重性,一方面它是中国历史的基础性文献,另一方面,它也是欧洲17世纪历史的重要文献,是西方传教士汉学的基础性文献。扩大一些讲,传教士在中国期间所写下的一千多部中文著作和几百部西文著作,既是中国基督教史的一部分,也是西方汉学的"传教士汉学"的一部分;既是中国史的一部分,又是欧洲史的一部分。这是一个交错的文化史,单纯的欧洲中心和中国中心都无法真正揭开这段历史之谜,只有从全球史的角度来把握这段历史。

张西平
2023 年 4 月 17 日写于北京游心书屋

目 录

"复旦全球史书系·东西之间丛书"总序 ………… 董少新 1
序一 ……………………………………………… 周振鹤 1
序二 ……………………………………………… 张西平 1

绪论 …………………………………………………………… 1
  一、一份沉睡中的珍贵史料 …………………………… 1
  二、前人研究 …………………………………………… 3
  三、本书结构 …………………………………………… 7

上编　17世纪耶稣会中国年信

上编引言 …………………………………………………… 13

第一章　作为耶稣会管理手段的年信 …………………… 15
  第一节　耶稣会的管理特色、通信制度与年信 ………… 15
    一、《神操》、《会宪》、罗耀拉的亲笔信：耶稣会
        管理特色与通信制度 …………………………… 15
    二、通函、《会宪》、《书式令》：耶稣会通信体系

　　　　　中的年信 ·· 30
　　　三、阅读、存档与出版：信件抵达罗马后的处理 ······ 37
　第二节　耶稣会中国副省与中国年信 ·························· 41

第二章　作为文字产品的年信 ······································ 51
　第一节　文本特征：格式、内容、语言风格 ····················· 51
　　　一、格式 ··· 51
　　　二、内容 ··· 53
　　　三、语言风格 ··· 57
　第二节　中国年信为何多用葡语，兼谈葡语文献的
　　　　　重要性 ·· 67
　　　一、葡语是16、17世纪"东方"的通用语言 ············ 68
　　　二、葡萄牙与耶稣会 ·· 74
　　　三、葡文文献的重要性 ····································· 78
　第三节　写作过程 ··· 84
　　　一、传教纪要写作 ·· 85
　　　二、年信写作 ··· 88
　第四节　邮差 ·· 100
　第五节　邮路 ·· 107
　　　一、国内"邮路"及几个重要枢纽 ······················ 107
　　　二、国际"邮路"与"备喇故路多卢" ················· 125
　　　三、邮路上的风险及邮传的效率 ······················· 136

第三章　作为史料的年信 ·· 147
　第一节　馆藏 ·· 147
　　　一、里斯本阿儒达图书馆、罗马耶稣会档案馆
　　　　　馆藏年信详细统计 ····································· 148

二、阿儒达抄本 ································· 148
　　本节附录 ······································· 193
　　　阿儒达抄本的笔迹样本 ······················· 193
第二节　对年信作为史料的可信度评价 ··············· 212
　　一、年信的目标及耶稣会的相关规定 ·············· 213
　　二、年信作者的文化素质及"参与度" ············ 223
　　三、年信的信息源 ······························ 229
　　四、年信中的信息审核及对失实信息的纠正 ········ 251
　　五、中国史籍与年信的对勘 ······················ 265

上编小结 ··· 292

中编　17世纪耶稣会中国年信与中国天主教史

中编引言 ··· 297

第四章　传教史中的人 ··························· 299
第一节　传者小传：神父、修士、相公 ················ 299
　　本节附录 ······································· 307
　　　附录一　表7　年信中的耶稣会士小传统计 ······ 307
　　　附录二　郭天爵神父的临终报告 ··············· 310
　　　附录三　庞类思修士的小传 ··················· 316
　　　附录四　杭州传道员保禄的小传 ··············· 323
第二节　"三柱石"的教徒面相 ······················ 325
　　一、徐光启 ···································· 325
　　二、杨廷筠 ···································· 329

三、李之藻 337
　　　四、年信对"三柱石"角色设定及研究价值 343
　　本节附录 350
　　　附录一　杨廷筠小传 350
　　　附录二　李之藻小传 360
第三节　"中游"砥柱：年信中的"中层教徒" 368
　　　一、王徵 369
　　　二、成启元 371
　　　三、赵鸣阳 378
　　　四、成大用 383
　　　五、曾陈易 389
　　　六、侯拱宸 393
第四节　底层基石：明末清初第一代天主教徒的人群画像 399
　　　一、入教原因 400
　　　二、入教障碍 411
　　　三、洗礼 420
　　　四、圣事 427
　　　五、瞻礼 431
　　　六、守贞 437
　　　七、苦修 440
　　　八、嵌入日常生活的奉教行为 446
　　　九、"有教育意义的事例" 451
　　　十、美德及入教后的道德提升 453
第五节　特殊信教群体：太监 462
　　　一、1610年代：接触太监引发教内分歧 464
　　　二、噤声的1620年代与热闹的1630年代 471

三、1640 年代以降：信教太监逐渐淡出年信 ……… 479
本节附录 ……………………………………… 480
　　1630 年代太监奉教事例 ………………… 480
第六节　特殊信教群体：妇女 ……………………… 485
　一、男女之大防下的变通策 ……………………… 486
　二、年信怎样刻画中国女性教徒 ………………… 494
　三、宫女 ……………………………………………… 501
第七节　教友圣会 …………………………………… 510
　一、明清结社风气为天主教圣会的引进提供
　　　便利 ……………………………………………… 511
　二、17 世纪天主教圣会在中国的发展 ………… 513
　三、圣会发起成立的原由及发起人 ……………… 516
　四、圣会的管理者 ………………………………… 518
　五、活动场所 ……………………………………… 521
　六、活动类型 ……………………………………… 523
　七、各类圣会 ……………………………………… 527
　八、圣会对福传事业的意义及教内外对圣会的
　　　评价 ……………………………………………… 541
　本节附录 …………………………………………… 546
　　京中教友圣会 …………………………………… 546
　　圣母领报会 ……………………………………… 547
　　领报会硕果及某些会员的圣工 ………………… 551
　　其他三个圣会 …………………………………… 554
　　亡灵会 …………………………………………… 555
　　苦会 ……………………………………………… 558

第五章　传教之事
第一节　巡回传教 …………………………………… 561
本节附录 …………………………………………… 573
附录一　方德望洋县、城固县等地巡回传教报告（约1635年）………………………… 573
附录二　1696—1697年间艾逊爵在河南、山西、陕西间的传教报告 …………… 578

第二节　开教 ………………………………………… 581
一、开教目标地选择的三种动因 ……………… 582
二、一个范本：金尼阁的乌程开教报告 ……… 585
本节附录 …………………………………………… 613
附录一　年信所记各地开教之始 …………… 613
附录二　建昌开教经过 ……………………… 620
附录三　卢纳爵在福建两处不知名地方的探索式开教 ………………………………… 623

第三节　历年付洗人数 ……………………………… 626
本节附录 …………………………………………… 634
各住院历年付洗人数统计 …………………… 634

第六章　传教史中的物 …………………………………… 649
第一节　教徒身份符识 ……………………………… 649
一、拿来与创新：中国教徒的多样身份符识 ……… 650
二、物以咏志：符识对教徒与传教士各自的意义 ……………………………………… 661
三、能见度与权力：从小物看天主教在中国的传播 ……………………………………… 667

第二节　匾额 ………………………………………… 672

一、求匾 ……………………………………………… 673
　　二、挂匾 ……………………………………………… 679
　　三、用匾 ……………………………………………… 683
　第三节　教堂 …………………………………………… 688
　　一、"天主堂"之称的由来 …………………………… 688
　　二、圣所分类 ………………………………………… 689
　　三、建堂因由 ………………………………………… 691
　　四、捐堂 ……………………………………………… 694
　　五、选址 ……………………………………………… 698
　　六、改庙为堂 ………………………………………… 702
　　七、外观、设施、内饰 ……………………………… 704
　　八、保卫圣堂 ………………………………………… 709
　　九、教堂对传教士、教徒的意义 …………………… 714
　　本节附录 ……………………………………………… 716
　　　附录一　年信中收录的历年新建教堂 …………… 716
　　　附录二　1697年中国各住院的教堂数量 ………… 738

第七章　传教中的话题 …………………………………… 742
　第一节　向死而生：天主教徒的身后事 ……………… 742
　　一、死亡观的转变 …………………………………… 742
　　二、善备死候之法 …………………………………… 748
　　三、临终圣事 ………………………………………… 750
　　四、尸身状态 ………………………………………… 754
　　五、天主徒的葬礼 …………………………………… 757
　　六、天主徒的专属墓地 ……………………………… 761
　第二节　与妾相关的进教许可问题 …………………… 765
　第三节　守"天主斋" …………………………………… 774

一、耶稣会士对中国异教斋的记录与批判 …………… 775
　　二、与佛教争夺守斋的神学意涵 …………………… 780
　　三、中国天主徒的守斋 ……………………………… 785

中编小结 …………………………………………………… 790

下编　17世纪耶稣会中国年信与明清史

下编引言 …………………………………………………… 795

第八章　年信中的明清鼎革：内容、特征与应用讨论 ……… 797
　第一节　事实类内容 ………………………………………… 798
　第二节　主观类内容 ………………………………………… 803
　第三节　叙事特征 …………………………………………… 811
　第四节　应用讨论 …………………………………………… 816
　本章附录 ……………………………………………………… 819
　　附录一　吴桥兵变 …………………………………… 819
　　附录二　清初社会见闻 ……………………………… 823
　　附录三　传教士对满洲人的介绍 …………………… 827
　　附录四　现场：各地失守时的传教士 ……………… 832
　　附录五　拥立永历帝的经过 ………………………… 846
　　附录六　清军攻克广州及庚寅之劫 ………………… 851
　　附录七　聂伯多整理的传教士观念中的鞑靼
　　　　　　范围 …………………………………………… 859

第九章　耶稣会中国年信与专门史 ……………………… 861
　第一节　年信中的民俗事象 ………………………………… 861

一、世俗类民俗 …………………………………… 862
　　二、俗信类民俗 …………………………………… 870
　　三、"异教"类民俗 ………………………………… 875
　　四、在中国新合成的天主教风俗 ………………… 880
　　本节附录 …………………………………………… 888
　　　附录一　活动钉房 …………………………… 888
　　　附录二　各省人情 …………………………… 890
　　　附录三　求雨仪式 …………………………… 899
　　　附录四　魔胜之术 …………………………… 901
　　　附录五　1660年南昌"铁柱宫"重建中的民间
　　　　　　　传说 ………………………………… 902
　　　附录六　各地送殡队列样式 ………………… 903
第二节　年信中的科技史——以《泰西水法》成书过程
　　　　为例 ……………………………………… 912
　　一、利玛窦去世后的科技传教路线之争 ………… 913
　　二、水器流传、《泰西水法》成书过程 …………… 916
　　三、对龙华民科技传教路线的评价 ……………… 922
第三节　年信中的语言接触史 ………………………… 927
　　一、年信中的语言接触史料 ……………………… 928
　　二、年信对语言接触史研究的意义 ……………… 933
　　本节附录 …………………………………………… 942
　　　附录一　表8 在中国之外的亚洲传教区产生
　　　　　　　并用于中国年信的词汇 ……………… 942
　　　附录二　表9 进入葡语词汇表的中文词汇 …… 944
　　　附录三　表10 在中国被赋予新语意的
　　　　　　　葡语词 ………………………………… 947
　　　附录四　表11 用罗马字注音的汉语词汇 …… 953

附录五　表 12 用罗马字注音的满语词汇 ……… 972
　　附录六　表 13 用罗马字注音的中国地名 ……… 973
　　附录七　表 14 用罗马字注音的中国人名 ……… 997
第四节　耶稣会士对明末清初司法实践的体察 ……… 1005
　一、息讼 ……………………………………………… 1006
　二、教案 ……………………………………………… 1013
　三、民事 ……………………………………………… 1021
　四、刑事 ……………………………………………… 1028

下编小结 ……………………………………………… 1034

结语 …………………………………………………… 1035
　相向而行：研究范式转换中的耶稣会中国年信 ……… 1035

参考文献 ……………………………………………… 1060

绪　论

一、一份沉睡中的珍贵史料

地理大发现拉开了全球化的序幕，中国以被发现的姿态进入全球化。

被发现的对象亦是被记叙的对象。外交使节、商人、传教士，分别作为殖民、贸易、传教这三项大航海时代重要的全球化活动的主体，以各自的笔触记录了中国，形成了从世界看中国的文本，展示了世界时间中的明清变迁。

其中，传教士对在地信息的书写有独特的价值。传教士普遍具有较高的文化水准，又长期生活在当地，深度融入当地社会甚至政府，他们不仅有体察、洞悉住在地的机会、知识储备和理解力，也有能力将其准确而优雅地付诸文字。

从事海外传教事业的耶稣会、方济各会、多明我会、奥斯定会等天主教诸修会，又以耶稣会留存的文献最多。从中国的情况来看，这与其在中国传教所取得的成就、建会之初就开始形成的通信汇报制度、主动融入中国社会的"文化适应策略"（acculturation）有关。耶稣会文献包括教内外的书信、各传教区年度报告、日记、游记、殉教者传、地图、文书、名录、账单、财产清单、任免书等。

年度汇报在耶稣会诸文献中独树一帜，称为"年信"（葡文为 Cartas Anuais/Ânuas，拉丁文为 Litterae Annuae），又有"年报""年劄"等译法，是由耶稣会的省级或副省级教区每年呈给总会长的所牧教区的整体情况报告，涵盖世俗、教务两大部分。17 世纪耶稣会中国年信（以下简称"年信"）是明清史、中国天主教史等研究的珍贵资料，在明清鼎革等具体问题上，甚至可以自成体系，成为与现有历史叙事相平行的叙述。

耶稣会总文献卷帙浩繁，每一种文献都有独到的价值，开发潜力巨大。但在中国学界当中，尚未得到系统性、经常性利用，因为这批文献是以 16、17 世纪葡语为主写就，且是未经整理的手稿，即便已经掌握现代葡语，也难直接上手。本书期待从中国年信入手，逐步展开对这批文献的开掘——中国史的史料库中理应包括以西文书写的史料。从年信入手的原因是：

第一，从操作的角度，年信有规模、成建制，其体量、均质性使其成为纷纷籍籍的耶稣会文献中易于把握又有边界的研究对象。

第二，从年信自身的特点看，年信是一种像连续出版物一样的历时性的作品，时间跨度横亘整个 17 世纪（1601—1697），且连贯性较好，基本没有中断，对于需要放在过程中考察的研究对象，年信提供了一个有长度、有细部的过程；年信是传教士的集体创作，基本每个传教士都有为年信供稿的义务，每年年信作者又常更换，而且信息来自各地住院，1640 年代之后已基本覆盖全中国，这些保证了年信的"全面性"。

第三，从学术环境看，耶稣会年信之于本国历史研究的重要性，日渐引起各国学者重视，巴西、巴拉圭、秘鲁、印度、越南、日本等国的学者都关注到本国年信，不过，都停留在对年信之于本国史研究意义的探讨，其中，日本学者工作较为深入、细致，已将一小部分日本教省年信翻译出版，是第一个非欧洲语文的译本，因为中日传教区之间的紧密关系，日文译本也使一些会日语的中国学者获益。如果能对中国年信进行全面整理、翻译、研究，将更利于中国学者使用。

二、前人研究

总体而言，耶稣会中国年信目前在中国学界的知晓度较高、研究价值较获认可，但是，因为语言障碍，利用不多。已取得的研究进展可分为以下三类：

对年信的介绍。最早关注并研究耶稣会中国年信的是法国耶稣会士荣振华（Joseph Dehergne, S. J., 1903—1990），他简略地介绍了耶稣会的通信制度，及年信的史料价值，尽可能全面地逐年罗列出1581—1722年间关涉中国或中国某地区的年度报告及其周边文献[1]。"周边文献"是指用以编撰年信的传教纪要、某传教士对住地的教务汇报等。美国历史学家拉赫（Donald F. Lach, 1917—2000）整理了17世纪出版的耶稣会士书信集，其中有年信的出版情况[2]。美国学者夏伯嘉（Ronnie Po-Chia Hsia）指出明清之际天主教西文文献对中国史研究的重要价值，亦表列出里斯本阿儒达图书馆与罗马耶稣会档案馆的中国年信等文献的现

---

[1] Joseph Dehergne, S. J., "Les Lettres Annuelles des Missions Jésuites de Chine au Temps des Ming(1581—1644)", *Archivum Historicum Societatis Iesu*, 49 (1980), pp. 379 - 392; 以及 Joseph Dehergne, S. J., "Lettres annuelles et sources complémentaires des missions jésuites de Chine (Suite)", *Archivum Historicum Societatis Iesu*, 51 (1982), pp. 247 - 284.

[2] Donald Frederick Lach and Edwin J. Van Kley (ed.), *Asia in the making of Europe*, Vol. III, Book Four, Chicago and London: The University of Chicago Press, 1993, pp. 1983 - 1999. 关于耶稣会书信集的出版情况，还可参考 László Polgár, *Bibliography of the History of the Society of Jesus*, Roma-St. Louis, Mo: Jesuit historical institute, 1967, pp. 130 - 137; Robert Streit, *Bibliotheca Missionum*, vols IV and V, Aachen: Franziskus Xaverius Missionsverein Zentrale, 1928, 1929.

存情况①。张西平、董少新在介绍里斯本阿儒达图书馆藏《耶稣会士在亚洲》系列文献时,重点提及中国年信之于明清史研究的意义②。董少新的《17世纪来华耶稣会中国年报评介》阐释了该文献的内容、特点、规模和史料价值等问题③。戚印平在研究远东耶稣会的通信制度时,兼及中国年信汇报制度及其可信度④。以上研究围绕对耶稣会中国年信的概述性介绍、罗列馆藏分布、评价学术价值、推荐使用等方面展开。

对年信的整理、翻译。葡萄牙教会史学家 Horácio Peixoto de Araújo(1945—2008)收集、整理、转写、出版了何大化(António de Gouvea,1592—1677)的8份年信(1636年,1643—1649年)⑤。里斯本新大学历史学教授 João Paulo Azevedo de Oliveira e Costa 将1594—1627年间澳门圣保禄学院的18份年信整理出版,其中有小篇幅中国内地教务情况⑥。此类工作化解了手稿辨识上的困

---

① [美]夏伯嘉:《明末至清中叶天主教西文文献中的中国:文献分布与应用讨论》,《复旦学报》(社会科学版)2010年第5期,第10—18页。
② 张西平:《〈耶稣会在亚洲〉档案文献与清史研究》,黄爱平、黄兴涛主编《西学与清代文化》,北京:中华书局,2008年,第442—453页;张西平:《〈耶稣会在亚洲〉所介绍的中国知识》,张西平《交错的文化史——早期传教士汉学研究史稿》,北京:学苑出版社,2017年,第283—298页;董少新:《里斯本阿儒达图书馆藏〈耶稣会士在亚洲〉评介》,《澳门研究》2005年第30期,第197—207页。
③ 董少新:《17世纪来华耶稣会中国年报评介》,《历史档案》2014年第4期,第128—132页。
④ 戚印平:《远东耶稣会的通信制度:以1587年丰臣秀吉传教士驱逐令的相关记述为例》,《世界宗教研究》2005年第1期,第83—97页。对耶稣会年信制度的研究还可参考 Markus Friedrich, "Circulating and Compiling the Litterae Annuae. Towards a History of the Jesuit System of Communication", *Archivum Historicum Societatis Iesu*, 77 (2008), pp. 3 - 39; Jörg Zech, "Die Litterae Annuae der Jesuiten. Berichterstattung und Geschichtsschreibung in der alten Gesellschaft Jesu", *Archivum Historicum Societatis Iesu*, 77 (2008), pp. 41 - 61.
⑤ António de Gouveia, *Cartas Ânuas da China*: (1636, 1643 a 1649), editado, introdução e notas de Horácio P. de Araújo. Macau: IPOR; Lisboa: Biblioteca Nacional, 1998.
⑥ João Paulo Oliveira e Costa, Ana Fernandes Pinto, *Cartas Ânuas do Colégio de Macau* (1594 - 1627), Macau: CTMCDP Macau &. Fundação Macau, 1999.

难，便于学界对年信的利用。董少新、刘耿译注并发表了1618年①、1644年度的年信②，是耶稣会中国年信最早的中译本，此前，只有日本学者完成耶稣会年信在欧洲语言之外的译本③。

对年信的利用。在某项研究中零星地引用耶稣会中国年信，不算少见，比如，葡国一些学者在做明清天主教史研究时，时常征引年信，Isabel Pina 利用年信复原1599—1633年间耶稣会士在南京的活动④。Horácio Araújo 利用年信进行耶稣会士入华和耶稣会士何大化研究⑤。美国学者邓恩（George H. Dunne）在研究明末清初耶稣会入华传教史时也使用了年信等⑥。系统性地利用年信，或以年信为主要史料进行的研究列举如下：美国学者柏里安（Liam Matthew Brockey）主要利用年信研究耶稣会在中国传播天主教的方式，其重点放在中国的基层社会中，这既与年信的记述结构一致，也打破了中国传教史以精英教徒、上层路线为主要对象的研究模式⑦。钟鸣旦（Nicolas Standaert）的博士论文研究不同史

---

① 董少新、刘耿：《〈1618年耶稣会中国年信〉译注并序（上）》，《国际汉学》2017年第4期，第133—146页。
② 刘耿、董少新：《〈1644年耶稣会中国年信〉译注并序》，澳门《文化杂志》2017年夏季刊，第72—102页。
③ 例如，[日]村上直次郎译注：《耶稣会の日本年报》，东京：拓文堂，昭和十八年（1943）；[日]浦川和三郎译：《元和五、六年度の耶苏会年报》，东京：东洋堂，昭和十九年（1944）。
④ Isabel A. Murta Pina, *Os Jesuítas em Nanquim（1599 - 1633）*, Lisboa: Centro Científico e Cultural de Macau, I. P., 2008.
⑤ Horácio P. de Araújo, *Os Jesuítas no Império da China: O Primeiro Século（1582 - 1680）*, Macau: Instituto Português do Oriente, 2000.
⑥ [美]邓恩著，余三乐、石蓉译：《一代巨人：明末耶稣会士在中国的故事》，北京：社会科学文献出版社，2014年。
⑦ Liam Matthew Brockey, *Journey to the East, The Jesuit Mission to China, 1579 - 1724*, Cambridge, MA: The Belknap Press of Harvard University Press, 2007. 中译本见[美]柏里安著，陈玉芳译：《东游记：耶稣会在华传教史（1579—1724）》，澳门：澳门大学，2014年；[美]柏理安著，毛瑞方译：《东方之旅：1579—1724耶稣会传教团在中国》，南京：江苏人民出版社，2017年。

料是如何呈现中国文官天主教徒杨廷筠(1557—1627)的,其中西文史料以耶稣会年信为主①。夏伯嘉利用1637、1641、1642年的年信分析耶稣会士龙华民(Niccolò Longobardi, 1559—1654)在山东开教的经过②。他在研究天主教梦学中大量引用年信中天主教徒的梦故事③。董少新的博士论文研究明清之际西医入华,其中传教士在中国的民间医疗活动,以年信为主要史料④。他还利用年信对徐光启⑤、庞天寿⑥、邬明著⑦、何大化⑧等中国天主教史人物做了研究。刘耿对耶稣会中国年信中"王国"(reino)与"帝国"(império)的使用情况做了全面统计,结合文本分析,考察西方传教士指称中国由"王国"向"帝国"的演变过程⑨。

总之,年信是一份有价值的史料这个结论已经得到较普遍的认可,下一步是将其推进到可利用的状态,对耶稣会中国年信进行全面的收集、整理、翻译、注释很有必要。

---

① [比]钟鸣旦著,香港圣神研究中心译:《杨廷筠——明末天主教儒者》,北京:社会科学文献出版社,2002年。
② [美]夏伯嘉:《天主教与明末社会:崇祯朝龙华民山东传教的几个问题》,《历史研究》2009年第2期,第51—67页。
③ R. Po-chia Hsia, "Dreams and Conversions: A Comparative Analysis of Catholic and Buddhist Dreams in Ming and Qing China(Part I)", *Journal of Religious History*, Vol. 29, No. 3(2005), pp. 223 - 240.; R. Po-chia Hsia, "Dreams and Conversions: A Comparative Analysis of Catholic and Buddhist Dreams in Ming and Qing China(Part II)", *Journal of Religious History*, Vol. 34, no. 2(2010), pp. 111 - 141.
④ 董少新:《形神之间——早期西洋医学入华史稿》,上海:上海古籍出版社,2008年,第124—192页。
⑤ 董少新:《论徐光启的信仰与政治理想——以南京教案为中心》,《史林》2012年第1期,第60—70页。
⑥ 董少新:《明末奉教太监庞天寿考》,《复旦学报》2010年第1期,第35—44页。
⑦ 董少新:《明末奉教天文学家邬明著事迹钩沉》,《中华文史论丛》2012年第3期,第125—141页。
⑧ 董少新:《何大化与明清鼎革之际的福州天主教》,澳门《文化杂志》2010年秋季刊,第151—160页;董少新:《葡萄牙耶稣会士何大化在中国》,北京:社会科学文献出版社,2017年。
⑨ 刘耿:《从王国到帝国:十七世纪传教士中国国体观的演变》,台湾《新史学》2017年第28卷第1期,第57—114页。

三、本书结构

本书的主旨是介绍耶稣会中国年信这份特殊的西文文献,进而阐释其对于明清史、中国天主教史研究的意义,并就利用方法进行探讨。

围绕这个主旨,本书共分三编,上编是以年信为对象的研究,以全方位认识年信;中编、下编是以年信内容为对象的研究,以探讨其利用前景,其中,中编讨论年信与中国天主教史的关系,下编讨论年信与明清史的关系,中、下编的分篇方式是依从年信内容决定的,一份年信通常包含世俗消息、教务情况这两部分内容,教务情况支持中编研究,世俗消息支持下编研究,编内各议题则是以年信内容的集中度来确定的,即历年年信中都显著出现的话题将会获得展示。(图1)

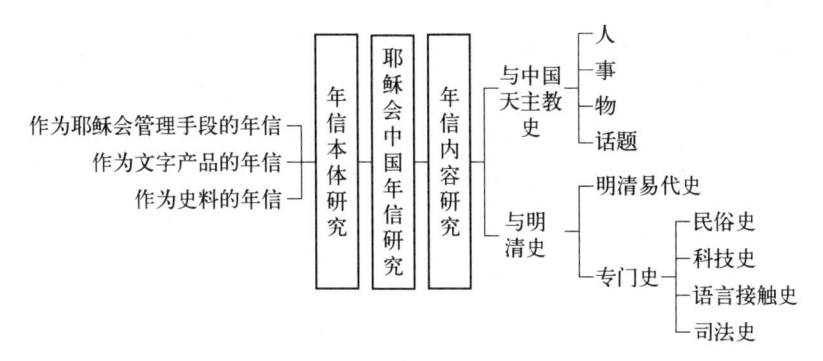

图 1　本书结构示意图

上编将从三个维度认识年信:作为耶稣会对全球各传教区的一种管理手段,年信发挥了什么样的作用,以及如何发挥作用;它在耶稣会庞大的全球通信体系中占有何种地位;耶稣会中国年信对耶稣会中国传教区沿革存在着怎样的因应关系;作为耶稣会多种文字产品中的一种,年信与私人书信、专项报告等耶稣会的其他通信有何不同;它为何以葡萄牙语为主要的写作语言;它的生产过程(采集信息、撰写、编辑、誊抄)是怎样的;它是怎样完成在中国内地和国际航路中的流通而到达西方的;作为一种史料,其可信度如何,哪些内容是被遮蔽的,哪些内容是被特意彰显的;它们存世情况如何,怎样在主要藏馆中找到它们;等等。

中编从人、事、物、话题四个向度谈年信对中国天主教史的书写。"人"又分为传者、受者双方,传者是神父、修士、传道员这三个传教主体,受者是指信徒;信徒又分三个层次来写:即作为明清天主徒顶峰人物的"三柱石"(徐光启、杨廷筠、李之藻)、信天主教的文人官员等社会中坚力量、普罗信众,此外,还描述了太监、妇女这两个特殊信教群体,及作为教友组织的圣会。"事"又分为传教者是怎样传教的,信教者是怎样信教的,由于教徒的宗教生活在前述平信徒(教会中未被授以圣职的一般信徒)群像中已有细描,本章重点写传教士的开教、巡回传教两项活动,并表列作为工作成果的历年新付洗的人数。"物"关注的是宗教传播过程中的物质交流、遗留,将围绕匾额、教徒身份符识、教堂三者展开,前两者体现了中西交往中的有来有往,后者从建筑风格、合力建造等方面体现中西融合。话题部分撷取传教士在中国传教必须重点处理的四个话题:死亡、纳妾、斋素、守贞。这四个话题是天主教观念与中国传统观念交锋的主战场,其议程设置是在传教实践中完成的,西方传教士与中国人面对彼此互视为异质文化中的这四大相异点,如何提出己方观点、如何改造、接纳对方观点等,将会分别予以考察。

下编分为明清易代史、专门史两大板块。这样划分的依据是年信本身对这两块内容在报道量上的分配。无论是从文字量的占比,还是从报道所持续的时长来看,明清鼎革都是 17 世纪耶稣会中国年信中的最大事件,且其内涵丰富、视角多元、多为一手材料,值得详细剖析。专门史则分成民俗史、科技史、语言接触史、司法史等四个门类。当然,这不是年信可资利用的研究问题的全部,年信是全景式的记叙,可以根据某项研究主题框架取景。

中编、下编在写作中,特意将一些典型的例证以附录的形式置于各节之后,以最大限度地展现年信原貌,便于学界利用。

最后,是本书的结论和对年信进行进一步研究、利用的展望。

| 上编 |

17世纪耶稣会中国年信

上编引言

本编从文献学的角度研究耶稣会中国副教省年信，探讨该文献的特点、功能、类型、生产、流传、分布、整理、存世情况等。

年信不是一个孤立的客体。如果将之比喻成一个器官，那么，他的躯体是耶稣会。"从人身体上割下来的手，就不是原来意义上的手"（黑格尔），所以，本编首先将年信装在耶稣会的"躯体"上加以理解，观察它在这具"躯体"内的功能；它与其他"器官"建立了怎样的协同共生关系；通过体内循环，它接受了其他"器官"哪些输入，又对其他"器官"做了哪些输出；等等。

通过以上应用场景构建，我们看见的是还活着的年信，正像心脏一般跳动，而不是一份死去的文献标本。通过观察年信的生命活动就能理解年信为何成为我们今天所看见的样子，比如，它为什么主要是用葡萄牙语写成的，它为什么重视教化功能，它为什么采取了朴实无华的文风等。

在理解耶稣会中理解年信（第一章）是本编的逻辑起点，接下来对年信的文体特征、文本生产等的讨论（第二章）正是从这个起点生发出来的，我们看见的年信作为耶稣会诸多文献中别具特色的一种，既保留着母体共性，又有独立气质。

当昔日的新闻变成今日的史料，当年信在历史上的功能变成功能的历史,在理解耶稣会中理解年信仍然是必要的。年信是一类可靠的史料吗？这个问题是本编最后必须给出的一个结论,也是中编、下编具体讨论年信之于明清天主教史、明清史的意义的起点,是一个承上启下的重要问题,是编与编之间的连接轴。而要回答这个问题,就要将年信放回耶稣会这具活动着的"躯体"中考察,这样,不仅能对年信内容的客观性、真实性、全面性有一个基本的判断,而且能具体找出信息的敏感点在哪里,易删除、篡改的是哪类内容,被彰显、夸大的是哪类内容,等等。

在理解耶稣会中理解年信还是本书全篇的一个基本视角,在讨论耶稣会年信与明清天主教史的关系时(中编),所涉人、事、物、话题,都在耶稣会特色中国福传事业中获得诠释、评价。在讨论耶稣会年信与明清史的关系时(下编),所涉各专门史构成耶稣会特色中国福传事业的工作背景。总之,它们是耶稣会士以具体而微的写作实践履行耶稣会特色的传教职能,是对上编所举年信与耶稣会管理制度之间的关系的由总到分的细化。

第一章　作为耶稣会管理手段的年信

第一节　耶稣会的管理特色、通信制度与年信

耶稣会士书简之得以大量传世,乃其当时颇具成熟规模之通信制度使然。通信制度为耶稣会的管理服务,带有耶稣会管理制度的特色,其自身也成为耶稣会管理制度的一部分。年信作为耶稣会通信系统下的一个产品,体现耶稣会全部的制度特征、管理特色。本节主要讨论耶稣会的管理特色、通信制度、年信三者之间的关系,展示年信是如何贯彻、表征前两者的。

一、《神操》、《会宪》、罗耀拉的亲笔信:耶稣会管理特色与通信制度

1540 年 9 月,教宗保禄三世(Paul III,1534—1549 在位)发布名为 *Regimini militantis ecclesiae* 的谕旨,批准立志做一名基督的精兵的西班牙贵族罗耀拉(Ignatius Loyola,1491/1495—1556)

以及同伴成立耶稣会[1]。这个在宗教改革掀起风起云涌的"新时代"横空出世的天主教修会,向世人展示了一种崭新的修会模式。以往的修会均采取共同生活的方式,身着统一服装,共同参加日课,集体住在某个固定的隐修院等。耶稣会并不要求会士常住修道院隐修,而鼓励他们深入社会各阶层,在世界各地参加各种活动。它不受地点的限制,放弃了修会的统一服装和咏唱日课经[2]。耶稣会灵活有效地派遣会士担任各项工作,以将信仰传向四面八方,比如作为传教士、中学教师、大学教授、科学家或宫廷告解神父完成教会或政治使命[3]。

　　放弃传统天主教修会的形态,正是耶稣会为回应"新时代"而进行的创新。这个"新时代"是指什么呢? 指的是"地理大发现"时代晚期与"反宗教改革"启动期的叠加。16世纪中叶,天主教会为对抗宗教改革(Protestant Reformation)而进行天主教会内部改革,其中,修会的复兴在天主教改革中占有极为重要的地位。与此同时,"地理大发现"为天主教改革提供了一种可能性。始于15世纪末的地理大发现经过半个多世纪的反复通航,已经能提供较为成熟、稳定的航海技术,并探索出较固定的航线,定期商船也已开通,开始赚取利润。对天主教人士而言,地理大发现的价值在于渐次呈现在眼前的远方的地平线和色彩斑斓的文明,它们同属于天主创造的世界,亦应受到福音泽被,而基于天主教会的现实之考虑,收获"新世界"中一大片一大片嗷嗷待哺的灵魂,能大大弥补天主教在欧洲的失地,可谓"失之东隅,收之桑榆"。耶稣会的创新表明它正在热烈地拥抱这个"新时代"。它打破地理空间的限制,将

---

[1] Kenneth Scott Latourette, *A History of Christianity*, Vol. 2, New York: Harper & Row, 1975, p. 847.
[2] [德]彼得·克劳斯·哈特曼著,谷裕译:《耶稣会简史》,北京:宗教文化出版社,2003年,前言。
[3] [德]彼得·克劳斯·哈特曼著,谷裕译:《耶稣会简史》,第12页。

自身定位为一个随时向全世界出征的全球性修会。取消修会统一服装的做法对在异质文明中采取"适应政策"十分有利,传教士们可以入乡随俗,因势利导,在印度装扮成婆罗门或贱民,在中国装扮成佛教僧侣或儒士,甚至满人,这样一来,他们就很容易被当地居民接受。

"全球性"是耶稣会的一个组织特征,"全球使命"为耶稣会的管理带来强烈的外向张力;耶稣会的另一个组织特征"中央集权",与之对抗,构成平衡、稳定的力学结构,使不散乱,使之有序。集权制将一切权力集中于最高层,下面的各层级只能执行来自高层的命令,不享有自主权,"服从"是耶稣会的一切管理规章背后的内核。在"清贫""守贞"和"服从"这通行的传统修会三大誓愿外,耶稣会还要发第四项誓愿,即对教宗的绝对服从。耶稣会创始人罗耀拉为入会者制定的誓词是:"我不属于我自己,我乃属于那创造我的天主和代表他的教宗,我要像柔软的蜡一样听其搓揉。首先,我要像死尸一样,没有自己的意志和直觉;其次,像一个小的十字架,可以随人左右旋转;再其次,就是像老人的拐杖,可以随人摆布,为他服务。"[1]在《耶稣会会宪》等规章中都在强调,教士对教宗和上级的服从必须是绝对的,教士必须在教会权威面前将自己的意志放在从属的地位。19世纪美国学者 Noah Porter(1811—1892)对耶稣会体制的评价是"彻头彻尾之专制"[2]。

---

[1] 顾卫民:《基督教与近代中国社会》,上海:上海人民出版社,1996年,第37页。

[2] Noah Porter, *The educational systems of the Puritans and Jesuits compared: a premium essay* (written for "The Society for the Promotion of Collegiate and Theological Education at the west"), New York: M. W. Dodd, 1851, p. 50. 转引自黄正谦:《西学东渐之序章——明末清初耶稣会史新论》,香港:中华书局(香港)有限公司,2010年,第81页。

集权制的更高阶是个人极权。至少在会祖罗耀拉时代,耶稣会的管理是个人极权的。"耶稣会会规中有 500 次重复:'应将会长本人看成是基督本身。'"①罗耀拉的这种个人色彩强烈的管理风格,或许与其军人出身有关。在西、葡、意语中,"耶稣会"取名中的"会"字,用的是"连队"(西语:compañía;葡语:companha;意语:compagnia)一词,即"步兵、工程兵及服兵役之小队组合,其规模机能成一营之部分,一般由上尉所遣"②。而其余修会用的是"会社"之"会"(英文:society;葡语:sociedade/ordem)。耶稣会的"耶稣连队"之谓大概由此而来。英国历史学家博克塞(Charles Ralph Boxer, 1926—1975)说:"罗耀拉军事天性及军事训练之影响十分明显。严格之规律、盲目顺从等理念已注入耶稣会士心中,成最紧要之美德;整个组织反映兵士精神。"③作为事必躬亲的"领袖",罗耀拉是耶稣会诸多规章的建制者,以充分体现其意志,通信体制就是罗耀拉一手缔造的,因此,研究耶稣会的通信体制,要从罗耀拉是如何管理耶稣会来入手。

《神操》、《会宪》、亲笔信,是罗耀拉管理耶稣会士的"三板斧",它们也构成世界各地的耶稣会士进行皈依工作的方法论。

《神操》一书是罗耀拉最著名的作品。1521 年起,他将自己所经历的灵修生活的归化与转变记录下来,写成《神操》,用来引导他人在做避静修行时,如法操练④。《神操》不是一本供阅读的书,它

---

① J. Huber, *Les Jésuites*, traduire par Alfred Marchand, Paris: Sandoz et Fischbacher, 1875, p. 71, p. 73.
② Real Academia Española, *Diccionario de la lengua española*, Madrid: Real Academia Española, 1992, p. 367.
③ Charles Ralph Boxer, *The Christian Century in Japan, 1549 - 1650*, London: Cambridge University Press, 1951, pp. 45 - 46. 转引自黄正谦:《西学东渐之序章——明末清初耶稣会史新论》,第 83 页。
④ [美]乔治·刚斯著,郑兆沅译:《神操新译本》,台北:光启文化事业,2011 年,第 29—42 页。

是一本操作手册,修行者按照书本上的指导,一步一步照做即可,连怎样在脑海中构思一幅画面都规定好了。尽管分散于世界各地的耶稣会士不在同一座修道院中同窗共读,但是罗耀拉式灵修将个体的全部行为统一到侍奉天主中,用对"神谕"(vontade de Deus)的探求指引耶稣会士的生活。《神操》不仅是耶稣会士的必修功课,耶稣会士还在各传教区的教徒中推广,中国年信中时常有各地教徒进行《神操》修炼的描写,澳门因其宗教氛围浓厚,《神操》更是几乎为全体教徒所实践。1601年澳门年信记载:"在1601年的四旬斋期间,有17名澳门居民在我们的住院避静、练习神操,他们还做了总告解,天主有望在不久的几年内看到,澳门不再有未做过神操灵修的市民,因为这种避静灵修方式在当地的接纳度很高,做过的人向未做过的人传授,告诉他们,不做这种修炼,就会错失很多好处,在避静时灵修大有益于灵魂。"①

如果说《会宪》与罗耀拉的信笺训诫,刚性地维系着耶稣会的天下"一统",《神操》则从柔软的精神层面维系着这种"一统"。"一统"(unidade)是个被罗耀拉反复强调的词汇,在绝大多数情况下被译为"团结",其实,这个词更强调的是消灭差别、达成一致。异端与步调不一致才是一个全球性修会管理上的大患。当耶稣会士分赴世界各地时,对"一致性"的威胁立即就被罗耀拉意识到了,代偿性的制度随即出台。通信便是将这个世界性修会捆扎不散的绳索之一。那么,《神操》与通信的联系体现在哪里呢?《神操》所规训与塑造的精神风貌与书信的文风相一致。当耶稣会士从差异化很大的世界各地互相通信时,对罗耀拉之领袖魅力的甘愿服从情绪无差别地浸染在字里行间。具体到"年信"而言,除了练习《神

---

① Anonymous, *Do Collegio de Machao & Suas Residências de 601*, ARSI, JS121, f. 4.

操》等可资汇报的实务之外,还有许多强调服从与团结的务虚辞藻,正如何大化在 1636 年年信中没有事务性信息含量的一段抒情:"对教规的遵守,在该传教团执行得很严格。""他们聚结成团,神圣灵魂之手相牵,庄重地与左右的人相连,就像开满了富有美德的风信子:这是一个无需捆绑就绑成一体的团体,它是完全纯金,没有杂质,因此为天主所悦纳。"①将全体会员的思想统一到爱天主上,从而达成彼此间的一致、团结,正是《神操》潜在的目标,也是《会宪》所强调的:"因着爱,服从可以遍及世界上一切事务之中,我们应当于一切事务中倾听服从的声音,仿佛它来自基督我们的主;我们是在代替基督,并出于对他的爱和敬畏而服从。"②

自 1547 年至 1550 年,依纳爵专心致志编订《耶稣会会宪》。《会宪》对耶稣会士生活的方方面面做了事无巨细的规定,罗耀拉是一个家长式的领导人,他尽可能多地为会士立规矩,自然,这些规矩在多大程度上被执行,也是罗耀拉想掌握的,可是,"当罗耀拉在罗马名正言顺地被委编订《会宪》时,本会业已分散于世界各地"③。书信汇报能解决这方面的管理问题。借助这套严格而有效的信道,可以做到下情上达,上令下达。

《会宪》共分 10 编,对通信的规定在第 8 编《论有关散居各处的会士与其领袖及彼此之间的团结事宜》中。该编开篇就开宗明义地指出耶稣会的成员因为星散遥距,身处教徒与异教徒交织的环境中,与领袖及彼此间的联系存在种种困难,越当寻求有助于互相团结之道。"假如会士彼此以及与自己的领袖缺乏团结,耶稣会便不能维持下去,也无法管理,因此也不能达成它所追求'愈显主

---

① Francisco Furtado, *Ânua da Vice-Província da China de 1636*, BAJA, 49-V-11, f. 522v.
② [德]彼得·克劳斯·哈特曼著,谷裕译:《耶稣会简史》,第 13 页。
③ 侯景文译:《耶稣会会宪》,台北:光启出版社,1976 年,初版原序第 5 页。

荣'的目的。"(《会宪》第 655 条)上下级之间的纽带包括:"服从"(《会宪》第 659—662 条),团体精神,纪律和生活的一致性,以及思想统一,与分歧作斗争等(《会宪》第 663—665 条、第 671—672 条),还有通过书信而保持的持续交流等(《会宪》第 662 条、第 673—676 条)。可见,通信是作为强化管理的手段之一而存在的,是耶稣会的管理工具①。这些纽带是由罗耀拉亲自规定,作为对分散管理之挑战的回应,和对"可能损害团结的多样性"的对策②。为了便于通信、交通,还规定总会长"大部分时间应留在罗马"(《会宪》第 668 条),省会长也应该有较固定的通信地址,"倘若必须在某处勾留较久,如若可能,当选择一个地点,以便能从那里同属下和总长互通音讯"③(《会宪》第 670 条)。这充分体现了耶稣会各级别的"上司"(superior)对通信的重视。本节主要讨论通信制度与耶稣会管理的关系,所以,此处只呈现《会宪》中通信有利于管理的论述,《会宪》中对通信的具体规定,将在下节讨论。

《神操》是罗耀拉对会士在精神层面的指导,《会宪》是制度层面的一般性规定,亲笔信则是罗耀拉在每一个会士的个体层面的具体辅导,这样罗耀拉就实现了对修会由精神到实践,由整体到个体的完全控制。罗耀拉不仅是一个军人,还是一个高产的"文人",书信是其主要作品。他一生写了 7 000 多封信。在 1524—1556 年间,写了 6 815 封信。耶稣会士 Dominique Bertrand 将罗耀拉的写信数量与同时代的其他同等重要的人物做了比较:德西德里乌斯·伊拉斯谟(Desiderius Erasmus,1466—1536),1 980 封;马丁·路德(Martin Luther,1483—1546),3 141 封;约翰·加尔文

---

① 侯景文译:《耶稣会会宪》,第 201—209 页。
② Ignacio de Loyola, *Obras Completas de San Ignacio de Loyola*, transcripción, introducciones e notas de Ignacio Iparraguirre, S. J., Madrid: Biblioteca de Autores Cristianos, 1963, pp. 561 - 563.
③ 侯景文译:《耶稣会会宪》,第 206—207 页。

(Jean Calvin,1509—1564),1 247 封;凯瑟琳·德·美第奇(Caterina de Medici,1519—1589),6 381 封。① 罗耀拉喜欢通过亲笔信对属下的工作进行辅导,这些信收录在《圣罗耀拉书信及其指令》(epistolae et instructiones S. Ignatii de Loyola)中②。不可小觑这些非正式信件的作用,它们寓更严格的要求于修会最高领导人予通信对象的个人恩典、私人情谊和重点关怀中,在通信对象内心激起的震荡与执行的力度甚至比正式公函更大,"罗耀拉的信能释放出快乐和喜悦,难以名状,使得会中的兄弟们沐浴在聆听的幸福中,罗耀拉只用一个词就能将阅信者深深地抚慰,若是犯了像寄信迟了这样的一个小错误,也会受到罗耀拉的惩罚,那习惯了享用的抚慰的乳汁会被罗耀拉端走"③。

在罗耀拉的这些亲笔信中,有许多是指导属下怎样写信的。这些指导大致可分三类:第一类是鼓励或鞭策属下多写信;第二类是对通信频率的规定;第三类是对通信分类的规定。这三类指导成为《会宪》及《书式令》中将通信制度化的三个方向,下节将会详述。本节先看罗耀拉在亲笔信中的这些指导。

第一,提倡在会内形成多写信的风气。关于罗耀拉执迷于写信的程度,只举一个例子就足够了。罗耀拉是信息汇聚的中心,是

---

① Dominique Bertrand, S. J., *La politique de Saint Ignace de Loyola: L'analyse Sociale*. Paris: Cerf, 1985, p. 39.

② 1894 年起,耶稣会历史研究所(Institutum Historicum Societatis Iesu)开始按照现代文献整理标准编辑和出版耶稣会罗马档案馆(Archivum Historicum Societatis Iesu)中的史料,取名为《耶稣会历史文献》(Monumenta Historica Societatis Iesu),主要包括《依纳爵文献》(Monumenta Ignatiana)、《传教文献》(Monumenta Missionum),依纳爵同时代耶稣会神父的作品,比如沙勿略(Francis Xavier)的书信和日记。《依纳爵文献》共分四个系列:依纳爵的书信和指令;《神操》及其指南;《耶稣会会宪》和其他条令的各个版本;依纳爵口述的《自传》和他的其他回忆作品、其他人关于依纳爵的作品,包括回忆录和书信。《依纳爵文献》的电子版可以在耶稣会罗马档案馆的官方网站上查阅: http://www.sjweb.info/arsi/Monumenta.cfm

③ Alcir Pécora, "A união faz a carta", *Revista de História da Biblioteca Nacional*, Rio de Janeiro, n. 81, 2012, pp. 34 - 35.

耶稣会内来信最多的收件人,他以一对多的关系应付这么多的来信,依然让某一些通信对象难以招架。耶稣会的七名联合创始人之一 Nicolás de Bobadilla(1511—1590)在驻德国期间,抱怨罗耀拉的来信太频繁了,他没时间全部看完。罗耀拉在得知后,立即给对方回了一封软硬兼施的信:"你们不肯屈尊读完我写的信,因为你们时间不够,而对于我,感谢天主,我有时间也有愿望读你们所有人的来信,还反复读。……我请求你们看在爱主、敬主的份上,给我指出一条明路,我该怎样给你们写信呢,亲自告诉我或托人转达都可以。……我还请求你们,要尽最大努力给我写信,就像我一直恳请和催促你们的那样。现在,我在主的面前再次这样请求你们。"[1]由于罗耀拉的提倡,耶稣会各级负责人也上行下效,指导下属写信,从而将罗耀拉的意图层层贯彻下去。1550 年 2 月 7 日,总会长秘书 Juan Alfonso de Polanco(1517—1576)致信于会内的各传教区负责人,"目前,在罗马的秘书处有三四个人专职负责书信工作,写信是他们主要的、几乎是唯一的工作,他们很有干劲,所以,阁下们若花费了一点儿时间,干了这项很必要的工作,不必自诩干了一件大事"[2]。1561 年,新任总会长秘书 Jerônimo Nadal(1507—1580)以视察员身份前往葡萄牙,下令对送达葡萄牙的信件加以修改。耶稣会东印度视察员范礼安(Alessandro Valignano,1539—1606)亲自指导 Francisco Carrião 神父(1554—1590)撰写 1579 年 12 月 1 日送交总会长的第一份日本年信[3]。范礼安一直对自己的合作者们往欧洲发出的信件感到不满意,他极力地向这些合作者强调,在报告和写作

---

[1] Ignatii de Loyola, *"Epistolae et intructiones"* Tomus Primus (1524 - 1548), *Monumenta Ignatiana* Series Prima, Matriti: Typis Gabrielis Lopez del Horno, 1903, pp. 280 - 281.

[2] Ignatii de Loyola, *"Epistolae et intructiones"* Tomus Primus (1524 - 1548), pp. 537 - 540.

[3] 戚印平:《远东耶稣会史研究》,北京:中华书局,2007 年,第 450 页。

中对于提供的信息要掌握得更加精确。范礼安还利用自己在罗马的影响,保证正式出版的年信的真实性和启发性,这些书简于 1581 年开始发行①。1611 年 4 月 20 日,熊三拔(Sabatino de Ursis, 1575—1620)自北京致信罗马 Antônio Mascarenhas 神父(负责葡萄牙教省的总会长助理),提到自己从葡国科英布拉学院出发往东方时,后者嘱托他要多写信汇报自己的情况和住地的情况②。

勤写信的工作方式在基层的执行,无论在东西方,还是在罗耀拉生前身后,都能作为工作传统保留下来。耶稣会美洲开教者 Manuel da Nóbrega 神父(1517—1570),1549 年 3 月 29 日抵达巴西的巴伊亚(Bahia),4 月 10 日,就向葡萄牙教省会长 Simão Rodrigues(1510—1579)寄出了第一封信,讲述他在当地怎样受到接待,何处下榻,在这片土地上遇见什么,远来的葡萄牙人在当地过着怎样一种罪孽滔天、道德尽失的生活,与印第安人的首次接触,印第安人表现出对天主怎样的兴趣,与印第安人交流的进展,福音传播计划及前往其他地区比如伯南布哥(Pernambucano)的计划等等③。耶稣会的"东方使徒"沙勿略(Francisco Xavier, 1506—1552)从 1540 年 6 月起就居留在里斯本,直至 1541 年 4 月乘船离开前往印度,他写给罗耀拉的第一封信在 1540 年 7 月 23 日就从里斯本寄出了④。沙勿略在"东印度"忙于结交政客、管理

---

① [美]唐纳德·F. 拉赫著,周云龙译:《欧洲形成中的亚洲》,第一卷《发现的世纪》,第一册(上),北京:人民出版社,2013 年,第 333 页。
② Sabatino de Ursis, *Ao muito reverendo em Christo Padre Antonio Mascarenhas da Companhia de Jesus Assistente de Portugal do Nosso Padre Geral em Roma*, BAJA, 49 - V - 5, f. 102v.
③ Serafim Leite, *Cartas dos Primeiros Jesuítas do Brasil*, São Paulo: Comissão do IV Centenário da Cidade de São Paulo, 1954, vol. I, pp. 109 - 115.
④ Francis Xavier, *Epistolae S. Francisci Xaverii aliaque eius scripta*, Tomus I, Ediderunt Georgius Schurhammer et Iosephus Wicki, Romae: Apud "Monumenta Historica Soc. Iesu", 1944 - 1945, pp. 79 - 80. G. Schurhammer and J. Wichi(eds.), *Epistolae S. Francisci Xaverii aliaque eius scripta*, Rome, 1945, I, pp. 79 - 80.

和教学的同时,他也不知疲倦地给他在欧洲和东方的同僚们写信。在他无数的信件中,有一些已经达到了一本小书的规模,至今保存下来的有 108 封。沙勿略的信件文风朴素、直接,大多数都透露出一种急就章的痕迹①,说明他是在百忙之中抽时间完成这项重要的通信任务。耶稣会中国开教者利玛窦(Matteo Ricci,1552—1610)也是一位勤于写信的劳动模范。利玛窦与各地神昆们的信札往来,在相当程度上加重了其工作份量②。会客、写信、谈话三项并列成为利玛窦的北京时期(1601—1610)的主要工作内容。"利神父另一项沉重的负担,是要回复大量的信件,这些信件从中国各地源源不断地寄来,有熟人写来的,也有陌生人写来的,信中或就我们的圣教进行咨询,或讨论那些邪教及利氏所著的书籍。""另外,利神父作为中国传教事业的总负责人,还要回复同会兄弟的来信,为了不辜负他们的拳拳之心,神父总是相当勤勉,且不遗余力。"③利玛窦曾经在家信中抱怨过写信的劳烦,1605 年,他从北京写信给自己的父亲,"北京住院来往信件频繁",除了其他三座住院(南京、南昌、韶州)写来信函,在中国各处的不少朋友,也时常写信来问东问西④。1610 年 5 月,他逝世前遗嘱之一项是尚欠一封未寄出的信,"我特别尊敬的 Coton 神父,他在法王身边工作,我原定于今年给他写信(虽然我还不认识他),祝贺他提前实现了天主的光荣,并专门向他汇报我们教区的现状。现在,我已经无法做到

---

① [美]唐纳德·F.拉赫著,周云龙译:《欧洲形成中的亚洲》,第一卷《发现的世纪》,第一册(上),第 248 页。
② [法]费赖之著,梅乘骐、梅乘骏译:《明清间在华耶稣会士列传(1552—1773)》,上海:天主教上海教区光启社,1997 年,第 38 页。
③ [意]利玛窦著,文铮译:《耶稣会与天主教进入中国史》,北京:商务印书馆,2014 年,第 477 页。
④ [意]利玛窦著,罗渔译:《利玛窦全集》(4),台北:光启出版社,1986 年,第 284 页。

这些了,请你们代我向他请求原谅"①。

第二是对通信内容及内容分类的规定。罗耀拉希望来信兼具提供信息和播扬教化的功能。传回信息,是对去未知世界的探路者的自然要求,但罗耀拉一开始就能注重信件的教化功能。耶稣会士在巴西开教之初,就有相当一部分信件是为教化的目的而写,用那个时期的禁欲主义的表达方式,来记载他们的活动,这些活动可以用以展示神的存在,激发信仰,坚振虔信。罗耀拉认为通信"有助于精神上的团结",此处的事迹可以鼓舞彼处的同仁②。信息则可分为教务信息、世俗信息两类。教务信息对于总部建立指导方针以领导传教士的工作非常必要。当范礼安 1578 年 9 月抵达澳门时,与当地其他耶稣会士正是以和日本的往来书信为根据,讨论日本传教工作的情况③。1551 年 9 月,罗耀拉向耶稣会的两位联合创始人 Paschase Broët(1500—1562)和 Alfonso Salmerón(1515—1585)就书信汇报的内容发出指示,要求这二位教廷大使(núncio)提供驻在国爱尔兰的情况,包括世俗政权、宗教当局状态,国民是否遵守教宗的谕令等。作为教廷大使,他们还有义务向罗马提供一份主教候选人名单。当然,还有与他们在当地的传教事业相关的信息④。罗耀拉对信息需求的宽泛程度超出工作本职需求,1554 年 2 月,罗耀拉通过自己的秘书 Juan Alfonso de

---

① [法]费赖之著,梅乘骐、梅乘骏译:《明清间在华耶稣会士列传(1552—1773)》,第 39 页。

② Paulo Assunção, *A terra dos brasis: a natureza da América portuguesa vista pelos primeiros jesuítas (1549 - 1596)*, São Paulo: Annablume, 2000, p. 82.

③ Josef Franz Schütte, S. J., *Valignano's Mission Principles for Japan*, St. Louis: Institute of Jesuit Sources, 1980, p. 1, pp. 175 - 176. 转引自罗明坚、利玛窦著,魏若望编:《葡汉辞典》,澳门:葡萄牙国家图书馆、东方葡萄牙学会、利玛窦中西文化研究所(旧金山大学),2001 年,魏若望的序言第 84 页。

④ Ignatii de Loyola, "*Epistolae et intructiones*" Tomus Primus (1524 - 1548), pp. 730 - 731.

Polanco 神父致信驻印度的传教士 Gaspar Berze(1515—1553)，要求他回应一下罗马教廷的要求，罗马教廷想要读到一些有关于印度的知识，比如地理、四季及其他看起来非同寻常的新奇事物，比如"不认识的动植物"等。罗耀拉还加上了自己的观点，认为这种要求没有什么不好，"人类总是会有一些好奇心"[1]。中国年信在内容上分为教务、世俗两大类，也在罗耀拉开创的这个信息分类传统当中。

内容上的分类必要要求形式上的分类，此处"形式"是指信的种类。1541 年，罗耀拉向 Paschase Broët 和 Alfonso Salmerón 指示，通信应该分为两类：教化类、其他类。教化类书信可公开发表，供对耶稣会传教事业有兴趣的人阅读；其他类书信包含官方色彩较少、私密成分更多的信息[2]。此后，罗耀拉多次就书信分类发出指示。1542 年 11 月 1 日，罗耀拉致信耶稣会联合创始人、里斯本住院负责人 Simão Rodrigues de Azevedo(1510—1579)，亦就通信分类发出指示[3]：

1°，可以给所有人看的信：达官显贵可看，成人、小儿可看，善人恶人可看，在信中不要说可能造成彼此伤害的话。

2°，可以随心所欲畅谈一切的信，只要你认为它有利于更好地服务天主。

1542 年 12 月 10 日，罗耀拉致信驻德国的 Pedro Fabro (1506—1546)(这封信后来被作为通函抄送全会)[4]，将上述两类

---

[1] Alcir Pécora, A união faz a carta, pp. 34-36.
[2] Ignatii de Loyola, "Epistolae et intructiones" Tomus Primus (1524-1548), p. 177.
[3] Ignatii de Loyola, "Epistolae et intructiones" Tomus Primus (1524-1548), p. 235.
[4] Ignatii de Loyola, "Epistolae et intructiones" Tomus Primus (1524-1548), pp. 236-237.

书信分别命名为"主信"(principais)和"副信"(hijuelas)。主信记载传教活动,以向耶稣会的友人和资助人展示,他们都想了解耶稣会士在干什么,远方传教工作取得哪些进展。实在没有吸引人的消息,写信人也要泛泛而谈,谈自己的健康状况,与哪些人保持灵性谈话等等,只要不插入不合适的内容即可。在写作这些有教育意义的事例时,要秉持谦逊和有爱的文风。那些不适合公开的消息、会内失和之事等等,应通过副信来报送。

罗耀拉此前对消息不分类带来的不便颇有感触,有很多次,他在向会外人士展示会士来信时,因为适合展示的、不适合展示的消息交织在同一封信中,他不得不遮住这封信的一部分,只给来宾看另一部分①。

罗耀拉还就"主信"与"副信"的写作方法给出具体指导。"'主信'写能给人以教化的内容,先写一稿,自己检查、更正一遍,拿给大家检视,共同参与修改,然后,再写第二稿或重写,因为对待出于笔的话要比出于口的话慎重,写下的字是永恒的,留在那里成为证据,篡改不得,也不像说出口的话那么容易自圆其说……至于'副信',可以任由心思流淌,快速完成。'主信'绝不容许这样,必须投入格外专心,因为它是要公开的、是要教育人的。"②如果"主信"写两稿的命令得不到认真执行,罗耀拉说:"我就不得不亲自写信给你,命令你这样做……这不是件小事。"③葡萄牙省视察员Giovanni Alvarez(又名João Alvarez)对信息分类执行不力,果然收到罗耀拉的亲笔回信,"主信"中本应写入"副信"的内容,被罗耀

---

① Ignatii de Loyola, "Epistolae et intructiones" Tomus Primus (1524 – 1548), p. 236.

② Ignatii de Loyola, "Epistolae et intructiones" Tomus Primus (1524 – 1548), p. 237.

③ Ignatii de Loyola, "Epistolae et intructiones" Tomus Primus (1524 – 1548), pp. 237, 238.

拉用下划线标出①。

1550年1月13日,罗耀拉给耶稣会各传教区负责人写信,就通信规定执行疏忽的地方唤起他们注意,以发四愿中"绝对服从"的名义要求他们忠诚执行通信规定,或亲自或指派某会士完成每周、每月、每年该完成的书信汇报②。其中,指派某书记员写一些保密度较高的书信之规定,后来在《会宪》中固定下来,但是,只有总会长、省会长有权使用书记员③。

信息保密规定在中国传教区的执行,聊举两例:1606年8月15日,利玛窦致信耶稣会总会 Claudio Acquaviva(1543—1615),推荐龙华民继任其中国传教区负责人的职务,为了避免人事问题引起内部矛盾,利玛窦在这封信上特别写有 Generali Soli 字样,意思是"总会长亲展"④。传教士金尼阁(Nicolas Trigault,1577—1628)于1628年11月14日在杭州上吊自杀。耶稣会士对这件事保持沉默,仅用密语指代此事。

第三,关于通信频率。初期,耶稣会并没有固定的通信频率,有的信是在传教途中发出的,有的信是在刚抵达目的地时发出的,有的信是从某个住院或学院发出的,因为在海外传教事业开拓的初期,不确定性、不可预见性太大,无法对写信进行硬性的规定,只能进行提倡式的动员。随着越来越多的传教士在驻在国安顿下

---

① Ignatii de Loyola, "Epistolae et intructiones" Tomus Secundus (1548–1550), *Monumenta Ignatiana* Series Prima, Matriti: Typis Gabrielis Lopez del Horno, 1904, pp. 479, 2°.

② Ignatii de Loyola, "Epistolae et intructiones" Tomus Primus (1524–1548), p. 551; Tomus Secundus (1548–1550), p. 275; Tomus Quartus (1551–1553), pp. 105, 42°, 109, 42°; Tomus Quintus (1553), pp. 12, 16.

③ Ignatii de Loyola, "Constitutiones Societatis Jesu" Tomus secundus (Testus Hispanus), *Monumenta Ignatiana* Series Tertiae, Roma: Borgo S. Spirito, 1936, pp. 620–622.

④ [意]利玛窦著,罗渔译:《利玛窦全集》(4),第325页。

来，住院、学院逐渐增多，稳定性达到一定程度的时候，制定一个统一的通信条规提上议事日程。根据与罗马的距离远近，罗耀拉对通信频率做出规定，写入《会宪》，下节详述。

二、通函、《会宪》、《书式令》：耶稣会通信体系中的年信

耶稣会对通信的正式规定主要载入通函、《会宪》、《书式令》三份文件中，围绕通信义务、内容、频率三个主题展开，这也是能从罗耀拉的亲笔信中总结出的三个主题。三份文件基本内容一致，本节将简要地介绍该三份文件，然后，以最具权威性的《会宪》，这部耶稣会的根本大法为代表，详析其对通信做了哪些规定。通过对《会宪》相关规定的解析，展示与频率有关的规定决定了年信何以为"年"，与分类有关的规定决定了年信是哪类"信"，从而明确年信在耶稣会通信体系中的定位。

1547年7月27日总会长秘书Juan Alfonso de Polanco向耶稣会在全球的住院发了一封通函(carta circular)，这封信的主旨是向会士们解释为什么要严格地执行写信的任务。此外，在此信最后一页的背面，Polanco抄录有《分散在罗马以外地区的会员写信时应该遵守的规则》，对书信写作及其传输程序，作了明确规定[1]。

罗耀拉在这封通函中要求，在同一传教区内的会士，即便住得不近，彼此之间也要保持联系，以使一地了解另一地发生的事[2]。罗耀拉认为这对于促进省级传教区的管理和会士间的团结是有益的。罗耀拉还详细规定了会士在来信中要写什么。在外方传教的

---

[1] Ignatii de Loyola, "Epistolae et intructiones" Tomus Primus (1524-1548), p. 537.

[2] Ignatii de Loyola, "Epistolae et intructiones" Tomus Primus (1524-1548), p. 546, 14°.

会士要写牧灵活动,包括:布道、圣礼、灵修谈话、学习等等,还有通过传教工作所收获的成果,最好能够量化;做了哪些"愈显主荣"(Ad Majorem Dei Gloriam)的事工;使人读了受教益的事例。罗耀拉还要求记载会外"恩人"所提供的宗教上的、世俗上的帮助,会士是否与他们全都建立了良好的关系;在传教中遭遇的困难和阻力有哪些;当地人对耶稣会的态度是友善还是敌视。写信人还要对自己的工作给出中肯评价,好的方面、坏的方面都要突出,以便会内同仁给他帮助。

罗耀拉还要求定时汇报人力资源状况。包括:入会人员名单,发愿人员名单,志愿入会人员名单及其品质,叛会人员及其离弃耶稣会的原因,在会人员健康状况等等。还有亡者名录(elencus defuntorum),报告去世的会士及去世时的情形。写信人也要汇报自己的个人状况,身体上的、灵性上的两方面的健康状况,行事方式,这些内容也被视为将有益于教化,如果碰巧有助于解决另一名会士的具体问题就更好了。以上内容都需要向上级汇报,若有必要,可直通总会长①。

关于信件分类,罗耀拉新增的具体要求是,在外方的传教士汇报与民政当局、教会当局有关的内容,应放进"副信"里,而不是"主信"里,措辞定要谨慎,以免利害关系人读后产生反感。这应该是就果阿、澳门等殖民地性质的传教区而言,在中国内地等传教区,并无欧洲人设置的上述机构,所以,中国年信中关于世俗政权等内容是公开的。如果有非汇报不可的敏感问题,用词定要准确,以使阅信人准确地理解写信人想表达的意思。

通函中对书信内容的规定可分为信息类、教化类和人力资源

---

① Ignatii de Loyola, "Epistolae et intructiones" Tomus Primus (1524 – 1548), pp. 544 – 546.

类。其中，人力资源状况在罗耀拉的亲笔信中亦有提及，但是，没有这么突出。此后的《会宪》《书式令》都是按照这三大类规定通信的内容。《会宪》更是将人力资源状况提到了与另外两类并列的高度。

《耶稣会会宪》于 1559 年正式颁布[①]。根据《会宪》，耶稣会通信可分为三类：第一是事务类信件（Cartas de Ofício），用于报告每年对教省内各住院的巡视情况；汇报人员情况，每年年底寄送该教省的人员名单（catalogi breves or annuals），仅包括各省耶稣会成员的基本信息，每三年还要再寄一份更翔实的名单（catalogi triennales），包含每个耶稣会士较为详细的信息，需载明下属做了哪些为天主服务的工作，还有每个人的素质评估，包括他的健康状况如何、品性经历如何、是否深谋远虑等等；对主要上级的人选进行提名；将自己的意见提交给总会长，以便总会长做最终的任命；汇报生意、项目、决定，其中很多需要征得总会长的许可[②]。该类信件的目的是使总会长与各省省会长知晓来自各地方的消息。

根据与罗马的距离远近，罗耀拉对通信频率做出规定：1. 如果相距不远，各住院的院长（superior de residência）、神学院的校长（reitor）、工作在一线的传教士（missionário）应每星期写信向省会长汇报；省会长及同级别的首长，要每星期向总会长（Superior-Geral/Prepósito Geral）写信汇报。总会长至少每月一次向各教省省会长回信一次，省会长向其教省内各住院院长至少每月回信一次，如果可能的话，省会长也要这样给每一名会士写信[③]。2. 如果距离遥远，各住院的院长、神学院的校长、省会长每个月向总会长报告一次，最低要求是"至少省会长每个月通信一次"。3. 省会长

---

① 侯景文译：《耶稣会会宪》，初版原序第 10 页。
② Charles E. O'Neill, Joaquín María Domínguez, *Diccionario histórico de la Compañía de Jesús: Biográfico-temático*, Volume 1, p. 965.
③ Charles E. O'Neill, Joaquín María Domínguez, *Diccionario histórico de la Compañía de Jesús: Biográfico-temático*, Volume 1, p. 966.

与属下的各住院院长、神学院的校长、有需要的传教士个人,每月通信一次。以上只是对通信频率的指导性规定,若有机会,就当增加通信频次(《会宪》第 674 条)①。

以上是一般性规定。各住院的院长及其顾问(consejero),还有省会长的顾问(consultor)也可以直接给总会长写信奏报,这样,总会长就可以通过不同的独立途径获得消息,从而能够控制省会长的行为,对其被他人举报的不端进行责问②。

为了更直观地展示耶稣会的上下层级,及不同层级间的通信联系,特绘耶稣会组织结构图③如下,距离罗马较近教省的书信汇报以实线箭头表示,距离罗马较远教省的书信汇报以虚线箭头表示。该图可见,距离罗马较远的海外教省中,住院拥有直接与总会长通信的权利。

第二是人事动态类(informaciónes)。各住院、各学院每 4 个月向省会长寄两份人名清册,载明何人或因死亡或因其他原因而不在岗位上,还要注明每个人的天赋。省会长同样每 4 个月将其属下的各住院、神学院的清册转寄给总会长(《会宪》第 676 条)④。省会长与总会长需要掌握的人事动态各有侧重,向省会长汇报的人事报告包括参加耶稣会全体大会(congregação geral)的候选人,即将开始神学深造的人,即将在圣职上得到晋升的人;向总会长汇报的人事报告包括即将发四愿的人,被选定执行外方传教使命的人,被提名为教会高层的人。通常,省会长会指定 4 名信息员(informador)来完成收集动态的任务,信息员对于自己考察的对

---

① 侯景文译:《耶稣会会宪》,第 207—208 页。
② Charles E. O'Neill, Joaquín María Domínguez, *Diccionario histórico de la Compañía de Jesús: Biográfico-temático*, Volume 1, p. 965.
③ 本图参考 Albert Ebneter, *Der Jesuitenorden*, Zürich: Benziger, 1982, p. 43. 转引自[德] 彼得·克劳斯·哈特曼著,谷裕译:《耶稣会简史》,第 18 页。
④ 侯景文译:《耶稣会会宪》,第 209 页。

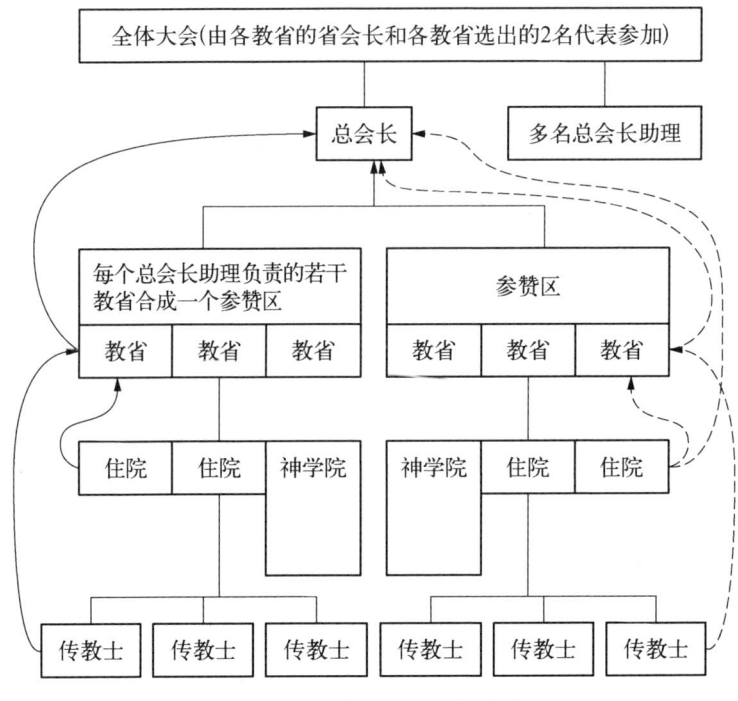

图 2 耶稣会的通信汇报体系

象有良好的判断和认知。至于考核,则是总会长的责任①。各教省人名清册的用途是供总会编写会士名册,名册上记载会士归属于哪一个教省、表现如何,来信将用于这些人事信息的更新②。还有一个特殊用途是选举。最重要的人事报告是在耶稣会全体大会召开前四天收发的,尤其是在全会中将选举总会长(general)、会长助理(assistentes gerais)和总监察官(general admonitor)时。同

---

① Charles E. O'Neill, Joaquín María Domínguez, *Diccionario histórico de la Compañía de Jesús: Biográfico-temático*, Volume 1, pp. 966 - 967.
② Ignatii de Loyola, "Epistolae et intructiones" Tomus Primus (1524 - 1548), pp. 548 - 549, 3°, pp. 550, 606, 1°; Tomus Tertius (1550 - 1551), pp. 499 - 500; Tomus Quartus (1551 - 1553), pp. 563 - 564; Tomus Octavus (1554), p. 92.

样，在教省全会(congregação provincial)召开时，如果这次省级全会要选举赴罗马参加耶稣会全会的代表或特派员(procuradores)，也要收集人事报告[①]。例如，1614年，金尼阁受中国传教区负责人龙华民的委派，以特派员的身份赴欧，在罗马向教宗及耶稣会总部汇报中国新的基督徒团体的情况，并请求各项所需之外，还参加了选举耶稣会新总会长的全会，当选者为耶稣会第6任总会长Mucio Vitellesche(1615—1645在位)神父[②]。

第三是教化类信件，又称"四月信"(Quadrimestres)。《会宪》规定，各住院、各学院，在每4个月的月初单独报告"有建树性的事项"，即有益于教化的事迹。要写两个版本，分别使用该教省内的通用语言和拉丁语，两种语言版本再各制作副本，共两式四份(两套)一并寄给省会长。省会长将其中的一套连同自己要寄的信件一并寄给总会长，将另一套复制多份，以分发给其他想要或应该阅读这些事迹的人。总会长也要将自己收到的那套复制多份，足供所有教省。各教省则再为本省人士复制更多份。

教化类书信的目的在于"广教化"，覆盖面越大越好。从传播方向上，前两类更侧重于垂直传播，第三类侧重于水平传播。总会长相当于一个全覆盖的广播站，将各教省送来的教化类书信，向全修会推广。而在总会长的全面推广之前，寄信的省会长已经用自己留存的一套书信做了局部推广。此外，《会宪》还规定，如果两个教省往来频繁，例如葡萄牙与西班牙、西西里与那不勒斯，这教省的省会长可将寄交给总会长的副本直接寄给另一教省的省会长。

为了节省时间，提高覆盖效率，如果寄给省会长的教化类书信

[①] Charles E. O'Neill, Joaquín María Domínguez, *Diccionario histórico de la Compañía de Jesús: Biográfico-temático*, Volume 1, pp. 966-967.

[②] [法]费赖之著，梅乘骐、梅乘骏译：《明清间在华耶稣会士列传(1552—1773)》，第131页。

途中耗时太多,各住院、各学院可将信件直接寄给总会长,将副本寄给省会长。如果省会长认为更利于教化,其属下的住院、学院还可以将寄给省会长的信函副本送给同教省的会士们通晓①。

根据 Juan Alfonso de Polanco 的命令,"四月信"的寄出日期应为一月、五月、九月的月初,信件抵达罗马之后,经书记员(secretário)修改完毕,即发往各教省悉阅。1564 年,耶稣会第二任总会长 Diego Laínez(1556—1565 在位)致信于各省会长,表示鉴于派出的传教士和住院越来越多,且许多在遥远国度,高频度的通信难以实现,尤其对于罗马总部而言,通信频率遂逐渐降下来。对于教化类的信件,将每年向罗马书信汇报的次数减少一次,"四月信"变为"半年信"(Semestres)。1565 年,耶稣会第二次全会(La CG II)召开,选举 Francisco Borja(1565—1572 在位)为总会长,Borja 将"半年信"的频度进一步降低,变为"年信"(Annuae),同时要求,在年信中要为新近去世的会士写小传②。

至此,已能看清年信在耶稣会通信体系中的位置,它是由教化类信件"四月信"降频而来,本质上是为了教化而生,所以,在年信中占 2/3 以上篇幅的是"有教育意义的事例"。但是,年信又不是单纯的事迹集,因为再吸引人的教化剧也需要有一个舞台,年信中的世俗事件、中国知识,常常作为故事的背景、传教士的工作环境而存在。或许由于中国相距遥远,通邮不便,年信也承担着汇报工作等信息类任务。1616 年,阳玛诺收到上级的命令,从该年起,年信内容除了"有教育意义的案例"外,在年信的开头,要简要地报告一下世俗世界的大事③。阳玛诺在编撰《1615 年中国传教区年信》

---

① 侯景文译:《耶稣会会宪》,第 208—209 页。
② Charles E. O'Neill, Joaquín María Domínguez, *Diccionario histórico de la Compañía de Jesús: Biográfico-temático*, Volume 1, p. 965.
③ Manoel Dias junior, *Annua da Missão da China do Anno de 1615*, ARSI, JS113, f. 395.

时(该信完成于 1616 年 12 月 30 日),执行了这一命令。他将《该王国的世俗状况》列为本年信的第一章,报告了近两年来的世俗大事。此后年信都稳定在"教务+世俗"的格式上。可以说年信中的每项内容,都能回溯到罗耀拉的指示或《会宪》中的规定,比如,每年各住院新付洗的教徒数等"可量化的工作成果",为当年去世的传教士写一个小传,叶向高(1559—1627)、韩爌(1566—1644)等会外恩人提供的帮助,每年各住院的人员名单、分工,传教士在各自教牧区内的巡回传教情况等等,只能说年信提供的信息类目没有耶稣会总部规定的或期待的丰富。

至于《书式令》,由耶稣会第四任总会长 Everardo Mercuriano(1573—1581 在位)于 1580 年发布,该命令是关于如何贯彻《会宪》中对通信的相关规定(《会宪》第 629 条,673—676 条)。"书式令"共分三部分:第一部分(1—25 条),没有标题,关于上级来信;第二部分(26—31 条),《年信》(cartas anuales);第三部分,《名录和年度人事报告》(Catálogos e informes anuales)。其中,第 12、26、31 条,是后来由第五任总会长 Claudio Acquaviva 加上的。Acquaviva 引入的新规是:教化内容当出现于任何信中,"主信"或公开信当尤为重视;不能因为船期将至而辍笔,哪怕是最后一刻也要尽量利用,尤其是那些邮路很长的信[①]。

三、阅读、存档与出版:信件抵达罗马后的处理

或由欧洲或由海外传教区寄往耶稣会罗马总部的信,甫一抵达,书记员们首先展开一轮筛选或者代阅(vicaria),对于需要总会

---

① Ignatii de Loyola, "Epistolae et intructiones" Tomus Nonus (1555), *Monumenta Ignatiana* Series Prima, pp. 91, 94.

长批复的要事,他们会做简报,在原信重要段落的下面划线,在回信中可能征引的段落的页白处标记数字。有时,书记员会在地址旁列出总会长助理在回信时应有的要点,已经算得上是一份草拟批复。

总会长 Francisco de Borja 在任期间,在来信地址的下面,通常会有几个小写字母,有时宛若地址的一部分,其实,这几个字母不是发信人写的,它们是总会长助理的名字首字母。1558 年,耶稣会总会任命了四位总会长助理,并规定了各自的管辖范围,称参赞区(assistência),是总会之下、教省之上的大区,共葡萄牙、西班牙、意大利与北部的不同区域四参赞区。其中,葡萄牙参赞区的管辖区域包括葡萄牙本土及邻近岛屿、葡领非洲、巴西全境、印度、西藏、印度支那、中国内地、摩鹿加群岛和日本。西班牙参赞区管辖的区域包括西班牙本国、西班牙海外领地墨西哥、秘鲁、智利、哥伦比亚、厄瓜多尔和菲律宾。相应地,在耶稣会罗马档案馆的书信保存,按照参赞区的划分而归档。那些字母就是总会长助理阅后的签字,m 代表分管葡萄牙参赞区的总助 Mirón,b 代表意大利参赞区的总助 Benedito Palmio,n 代表西班牙参赞区的助理 Nadal,e 代表日耳曼参赞区的助理 Everardo Mercuriano,p 代表总会长秘书 Polanco。若是信件经总会长阅读,会画一个十字符"✝"。

在来信结尾的问候语处,写信人通常会写"天主佑您,尊敬的父(Deus guarde a V. P.)",阅示人在读完信后,作为标记,有时会在这句问候语后加上三个字母 DVP,意为 De Vossa Paternidade (Of Your Paternity/"你们的父")[1]。

---

[1] Luiz Fernando Medeiros Rodrigue, "A Formula Scribendi na Companhia de Jesus: Origem, Leitura Paleográfica e Fonte Documental para o Estudo da Ação dos Jesuítas", *X Encontro Estadual de História*, Santa Maria: Universidade Federal de Santa Maria, 2010.

耶稣会总部收到的各教省书信，大部分保存在耶稣会罗马档案馆（Archivum Romanum Societatis Iesu，简为 ARSI）。它们包括：教省来信，教省辖区内各住院的每年巡阅汇报，账目，教育计划，合同，等等。各教省的书信在档案馆内独立存放，自成系列，冠以 Epp. Gen. 标签，Epp. Gen. 是拉丁语 Eppistolae ad Generalem 的缩写，意为"写给总会长的信"。

若要分别查阅各教省的书信，可以参考以下缩写。葡萄牙保教权下的耶稣会教省：Goa-Malab（果阿—马拉巴尔），Jap-Sin（中国—日本），Bras-Maragn（巴西—马拉尼昂 Maranhão）。西班牙保教权下的耶稣会教省：Arag（Aragon，阿拉贡），Tolet（Toledo，托莱多），Castell（Castilla，卡斯蒂利亚），Baet（贝提加，现在的西班牙南部），Sard（撒丁岛），Peru（秘鲁），Chil（智利），NR-Quit（Nuevo Reino y Quito，指现在的秘鲁等地），Mexic（墨西哥），Philipp（菲律宾），Paraq（巴拉圭）。中国传教区只是耶稣会世界版图中的一小部分。

为了对本文所述各类书信在耶稣会罗马档案馆总馆藏中的位置和占比形成整体观，有必要介绍一下耶稣会罗马档案馆目前的馆藏情况。该档案馆目前有四大档案区，各区所藏文献及藏品的占地空间比如下①：

中国年信即保存在"旧耶稣会"分区"各教省的文献"条目下的"历年书信以及其他事务"类项，年信（Litterae annuae），"四月一次的信"（quadrimestres），会史（Historia domus）等都在其中，在该类项下的"和—汉"文献中即能找到中国年信。前文所述会士名

---

① 此表据［波］罗伯特·丹尼尔卢克著，王银泉、崔祥芬译：《卜弥格、卢安德和穆尼阁：三位 17 世纪来华耶稣会士罗马耶稣会档案馆文献精选》，《国际汉学》2017 年第 4 期，第 147—155 页。原文刊于 Robert Danieluk, "Michel Boym, Andrzej Rudomina and Jan Smogulecki — Three Seventeenth Century Missionaries in China. A Selection of Documents", *Monumenta Serica*, 2011(59), pp. 315 – 340.

表 1　耶稣会罗马档案馆总馆藏分布

旧耶稣会（1540年—1773年）；18%	新耶稣会（1814年之后）；49%	耶稣会总会长档案；12%	其他档案；21%
各教省的文献： 1. 永愿信条； 2. 会士名录； 3. 收发信件； 4. 历年书信以及其他事务； 5. 亡者名录。	各教省的文献： 1. 永愿信条； 2. 会士名录； 3. 收发信件； 4. 历年书信以及其他事务； 5. 传记。	1. 学院； 2. 信件； 3. 审查制度； 4. 罗马的耶稣会教堂； 5. 总会长的档案； 6. 手稿； 7. 亡者名录； 8. 印刷出版的书； 9. 杂录。	1. 耶稣会历史学院的档案； 2. 罗马的耶稣堂档案； 3. 罗马圣依纳爵堂档案； 4. 罗马圣路吉堂档案； 5. 耶稣会建筑平面图(19—20世纪)； 6. 中日书籍； 7. 印章、圣牌； 8. 其他材料(印刷出版的书、微缩胶卷等)。
其他文献： 1. 修会； 2. 耶稣会的学院； 3. 灵修； 4. 耶稣会史； 5. 信件； 6. 传记； 7. 辩论文章； 8. 耶稣会士手稿； 9. 杂录。	其他文献： 1. 修会； 2. 耶稣会的学院； 3. 耶稣会史； 4. 总教廷秘书处； 5. 罗马教廷； 6. 总会长的个人档案； 7. 耶稣会士手稿。		

录、亡者小传等在该表中也能找到各自对应位置。

耶稣会第五任总会长 Claudio Acquaviva 收到的年信，于 1583 年至 1619 年间印刷出版，共 20 小卷。之后，年信出版中断。第十任总会长 Goschwin Nickel(1652—1664 在位)恢复了年信出版，但是，只出版了 1650、1651 两年的年信，此后，年信不再出版①。耶稣会中国传教区从 1618 年起才获得实际的独立，1620 年代、1630 年代年信齐备，1640 年代因为明清战争，年信汇报时断时续，即使

---

① Charles E. O'Neill, Joaquín María Domínguez, *Diccionario histórico de la Compañía de Jesús: Biográfico-temático*, Volume 1, p. 965.

已完成的年信，所载内容也仅限于闽、赣、粤等少数省份，所以，中国年信基本上错过了由耶稣会官方组织的成系列的出版活动。除了成系列出版的年信，个别年份、个别传教士的中国年信被零散出版。本书统计了耶稣会罗马档案馆、里斯本阿儒达图书馆馆藏中国年信的出版情况，但是，遗漏在所难免，有待补充、指正，请参本书的上编第三章第一节中的《里斯本阿儒达图书馆、罗马耶稣会档案馆馆藏年信详细统计》。

第二节　耶稣会中国副省与中国年信

作为耶稣会总会对全球各传教区管理手段的年信，年信与传教区是皮存毛附的关系，必须从理解传教区入手来理解年信。

耶稣会对各传教区的行政管理，仿效罗马教廷的圣统制，将全世界分为数个教省，教省下又分若干传教区。副省级（Vice-Provincial）及省级（Provincial）传教区具备向罗马总部做年信汇报的主体资格。因此，有必要简要地梳理一下中国传教区从隶属于澳门圣保禄学院，到隶属于日本省，再到成为独立副省的过程。同时，尽管教宗额我略十三世（Gregorius XIII, 1572—1585 在位）于 1585 年将在中国的传教事业交托给耶稣会，但是，在耶稣会教务行政区划体系之外，罗马教廷也有一套体系，称圣统制教区，享有东方保教权的葡萄牙世俗政权，对其主教任命等有决定性影响力。后来，为了摆脱葡萄牙的干预，罗马教廷又发展出一套代牧制区划，代牧制在教会行政区划体制上不是主教区，代牧亦非正式教区主教，无需征得葡萄牙国王的同意，以此避开葡王利用保教权对主教任命的干涉。这种多重区划体系在中国叠床架屋的局面，往往引起混淆,因此,在梳理耶稣会中国副省沿革的同时,对比以另两种区划体系,详见下表①。

表1 耶稣会和罗马教廷行政区划体系中的中国

年份	耶稣会的教省（葡国保教权内）	教廷设的教区（葡国保教权内）	代牧区（保教权外,在罗马教廷传信部之下运作）
1510		葡萄牙人占领了印度西海岸的港口城市果阿,此后,果阿成为天主教东方各传教团的管理中心所在地。	
1534		教宗保禄三世（Paul III,1534—1549在位）发布通谕,宣布在印度成立果阿教区,统辖远东传教事务。	
1640	耶稣会成立。		
1542	第一批耶稣会士抵达果阿,不久之后,便成立了耶稣会东印度省,隶属葡萄牙省,拥有好望角至日本广大区域的管辖权。		
1547	耶稣会士信简制度确立。		

---

① 该表格的主要参考文献如下:罗光:《中国天主教历代分区沿革史》,《天主教在华传教史集》,台北:光启出版社等,1967年,第297—304页;赵庆源:《中国天主教教区划分及其首长接替年表》,台南:闻道出版社,1980年;刘志庆:《中国天主教教区历史沿革及发展的回顾与反思》,《世界宗教研究》2016年第5期,第128—143页。

续 表

年份	耶稣会的教省（葡国保教权内）	教廷设的教区（葡国保教权内）	代牧区（保教权外，在罗马教廷传信部之下运作）
1549	东印度省独立于葡萄牙教省,沙勿略为首任省会长。		
1551		果阿升格为总主教区,中国属果阿总主教辖区。	
1576		教宗额我略十三世颁布通谕,分立澳门教区,隶属果阿总主教区,管辖中国、朝鲜、日本及附属各岛,M. Garneiro 为首任主教。	
1581	日本副省成立。耶稣会的年信制度确定,据首份《日本年信》,教会有日本教徒15万人,教堂200座。		
1595	耶稣会澳门圣保禄学院院长仍兼任中国传教区会长之职,但因与韶州、南昌等地相距遥远,管理困难,遂另设一名会长,权限相当于省会长,并授权处理有关中国的各项事务。1596年,利玛窦被任命担任此职,成为耶稣会中国传教区第一任负责人。		

续 表

年份	耶稣会的教省（葡国保教权内）	教廷设的教区（葡国保教权内）	代牧区（保教权外,在罗马教廷传信部之下运作）
1604	耶稣会中国内地传教区宣布独立于耶稣会澳门圣保禄学院管辖。此时的隶属关系是：中国传教区的上级是日本副省，日本副省的上级是东印度教省。		
1608	罗马签署官方文件，将日本副省升格为日本省，从东印度省独立，不过由于文件直到 1611 年 7 月才行至日本，在这之后才正式生效。		
1611	日本副省升格为日本省。		
1615	耶稣会总会长 Claudio Acquaviva 同意中国传教区独立于日本省而成为中国副省，但是因总会长于当年去世，不得不向新任总会长 Mucio Vitellesche 重新申请，1619 年新的申请获得通过，并于 1623 年最后确认。		
1622			罗马教廷创设传信部，旨在直接管理海外传教事务。

续　表

年份	耶稣会的教省（葡国保教权内）	教廷设的教区（葡国保教权内）	代牧区（保教权外,在罗马教廷传信部之下运作）
1633		罗马教廷允许各传教团进入中国传教。多明我会士黎玉范（Juan Bautista Morales, 1597?—1664）,方济各会士利安当（Antonio a Sancta Maria Caballera, 1602—1669）至福建传教。	
1641	由于清军入侵,加上起义军的流窜、饥荒等因素的影响,南北交通闭塞,造成教区管理上的诸多不便,中国副省裂为南北二区。		
1658			罗马教廷为破除葡萄牙保教权,在中国和其他远东国家设宗座代牧制,委派权直属于传信部主教,以教宗代权的名义治理传教。
1659			设东京（安南）代牧区,兼理中国云南、贵州、湖广、广西、四川5省教务;设交趾代牧区,兼理中国浙

续 表

年份	耶稣会的教省（葡国保教权内）	教廷设的教区（葡国保教权内）	代牧区（保教权外,在罗马教廷传信部之下运作）
1659			江、福建、江西、广东4省教务;设南京代牧区,管辖江南、北京、山东、山西、陕西、河南、蒙古和高丽等地教务。
1680			设福建代牧区,将中国教务与安南分离,交趾宗座代牧也不再兼管中国教务。东京（安南）宗座代牧主教改任福建宗座代牧,管理福建、浙江、江西、广东、广西、湖广、四川、云南、贵州9省。
1690		教宗亚历山大八世（Alexandre VIII, 1689—1691在位）下诏设立南京、北京两个主教区,加之此前已设立的澳门教区,中国共有3个主教区。南京教区管辖中国东部,北京教区管辖中国北部及西北部,澳门教区只剩对两广、海南岛的管辖权。南京、北京、澳门教区均隶属于果阿总主教区。	

续表

年份	耶稣会的教省（葡国保教权内）	教廷设的教区（葡国保教权内）	代牧区（保教权外，在罗马教廷传信部之下运作）
1696			传信部在中国正式设立 9 个代牧区，即福建、浙江、江西、四川、云南、湖广、贵州、山西、陕西。

耶稣会中国年信对耶稣会中国副省的变动存在着较强的依附关系，与中国传教区同兴衰。

耶稣会中国年信最早可追溯至 16 世纪 80 年代，但由于当时耶稣会在华传教尚属于初创阶段，中国也不是独立的耶稣会教省，所以早期从中国发往罗马的耶稣会年信并未形成固定的形式，而往往是某个住院耶稣会士的个人传教报告，或者是作为耶稣会日本教省年信中的一部分，抑或是耶稣会澳门圣保禄学院年信的一部分。因此，耶稣会中国年信从哪一年开始，难以界定。耶稣会史学家荣振华在统计和表列中国年信时，将 1581 年罗明坚（Michael Ruggieri，1543—1607）向耶稣会第四任总会长 Everardo Mercuriano 汇报中国情况的信（1581 年 11 月 12 日发自澳门）[①]作为第一封。另一位耶稣会史学家费赖之（Louis Pfister，1833—1891）则认为，1583 年，罗明坚、利玛窦在肇庆建立耶稣会在中国内地的首座住院，巴范济（Francesco Pasio，1554—1612）撰写了发自中国内地的第一封年信（Litterae annuae

---

① Michael Ruggieri, *Michael Ruggieri to Everardo Mercuriano*, ARSI, JS9, pp. 58-61.

Sinenses de 1583)①。夏伯嘉认为中国传教区最早的年报是阳玛诺(Manoel Dias，1574—1659)于1598年所作的3对开页简单年报，简要报告了韶州与南昌的教务，并说利玛窦神父正准备上京。这些最早的年报的信息，不超出罗明坚与利玛窦的书信和后者的中国传教札记②。董少新认为正式的耶稣会中国年信是从1618年开始的③，因为中国副省在该年获得事实上的独立地位，这个观点强调的是耶稣会中国副省成立后才有正式的中国年信。如果将耶稣会中国年信的开端看作一个过程，答案就容易些，至17世纪初，随着耶稣会中国传教区逐渐脱离日本教省和澳门圣保禄学院的管辖，耶稣会中国年信逐步有了固定形式，1618年年信的体例正是在此基础上形成的。

17世纪前60年的年信很完整，几乎每年都有，就连战乱频仍的1640年代、1650年代也不例外。因为晚明的最后几十年，是耶稣会在华传教事业大发展的阶段，传教士在中国各省勤恳开教，广泛布局，1600年拥有3座住院，1603年4座住院，1611年5座住院，1626年10座住院，1628年11座住院，1639年13座住院，1640年14座住院，只剩下广西、贵州、云南三省未开教。1641年16座住院，住院多了，汇报主体也就多了，年信就变厚了。自1642年，由于明清战争，交通阻断，耶稣会将中国副省分为南北两区，各自独立汇报，年信也分成了华北、华南两份。至1662年，年信不再各自独立报告，合二为一，在这一年，永历帝与其子朱慈煊被吴三桂杀害，南明终结。

---

① [法]费赖之著，梅乘骐、梅乘骏译：《明清间在华耶稣会士列传(1552—1773)》，第29页。
② [美]夏伯嘉：《明末至清中叶天主教西文文献中的中国：文献分布与应用讨论》，第11页。
③ 董少新：《17世纪来华耶稣会中国年报评介》，第129页。

杨光先(1597—1669)掀起的"历狱案"(1662—1671)使耶稣会大部分文献中断,包括年信。在此期间,只有零散的关于教案的报告。1675年后,年信得以重新流转,但是,随着葡萄牙籍耶稣会士的势力衰败,年信也未恢复到教案前的完备水平,此阶段的中国副省年信多不完整,乃至阙如。现存耶稣会中国年信的最后一封属于1697年度。至于它为何是最后一封,尚未从现存文献中找到某一份宣布年信制度终结的文件。1697年年信的作者苏霖也没有告别的意思,相反,这份年信很长,译成中文约4.5万字,苏霖还抄送给里斯本的耶稣会士Sebastião de Magalhães(1634—1709)[①]一个副本,似乎在宣示东方保教权仍牢牢地掌握在葡萄牙手中。夏伯嘉认为耶稣会年信在此时终结的原因是,罗马教廷传信部和法国籍传教士在中国的壮大,使得葡人占主导的耶稣会中国传教区逐渐失去传教和信息上的垄断地位,传教主体增加且多元化,中欧书信往来自17世纪末大量增加,一年一度的年信失去其重要性[②]。在华耶稣会1698—1707年间的文献,绝大部分围绕着"礼仪之争"、铎罗使团[③]展开。北京等个别住院的年度报告时而零散出现,但是,作为整体的中国副省的年信已不存在。

进入18世纪以后,法国巴黎外方传教会在华势力和实力大大超越葡萄牙保教权下的耶稣会士,从法国派往中国的传教士的科学素养更高,在中国做了大量科学调查和研究,调研报告源源不断寄回法国,而他们的通信对象也是在欧洲更有影响力的科学家、思

---

① 1692年起担任葡萄牙国王D. Pedro II(1635—1709)的顾问和告解师。
② [美]夏伯嘉:《明末至清中叶天主教西文文献中的中国:文献分布与应用讨论》,第12—13页。
③ 铎罗(Charles-Thomas Maillard De Tournon, 1668—1710)作为教宗特使,前往中国解决礼仪之争。1705年抵北京,两次获得康熙召见。1707年抵南京,发布教令,禁止中国天主教徒敬拜祖先,被康熙帝驱逐出中国内地,押送澳门关押,于1710年客死澳门。

想家,极大地增强了中国文化在西方的传播力。18世纪中期以后,由法国耶稣会士杜赫德(Jean-Baptiste Du Halde,1674—1743)汇编成著名的《耶稣会士中国书简集》(*Lettres Édifiantes et Curieuses, Écrites des Missions Étrangères Mémoires de La Chine*)①,其中,有不少植物学、药学等科学知识,这是法语耶稣会文献不同于葡语耶稣会文献的重要特征。

最后,需补充说明的是,因中国的两广、海南被划入耶稣会日本教省②,该区域的世俗、教务情况也被收录于日本年信中。总之,传教区的区划变迁牵动着年信的形式、报道分工等。

---

① [法]杜赫德编:《耶稣会士中国书简集:中国回忆录》I—III,郑州:大象出版社,2001年,第I卷郑德弟、吕一民、沈坚译,第II卷郑德弟译,第III卷朱静译;[法]杜赫德编:《耶稣会士中国书简集:中国回忆录》IV—VI,郑州:大象出版社,2005年,第IV卷耿昇译,第V卷吕一民、沈坚、郑德弟译,第VI卷郑德弟译。

② 自德川幕府全面禁止天主教,1614年以后,耶稣会活动在日本渐渐绝迹。故此,1658年耶稣会第十任总会长Goschwin Nickel将广东、广西省由中国副省转属日本省。从此,以澳门为行政中心的耶稣会日本省传教区包括两广、海南岛与安南。

第二章　作为文字产品的年信

第一节　文本特征：格式、内容、语言风格

本节论述年信在文本方面的特征，这些文本特征界定着年信与耶稣会其他类型的通信有何不同，使年信成为耶稣会档案中识别度颇高的一类文本。

一、格式

"年信"在中国学界有一个知晓度更高的名字："年报"。本书更倾向于使用"年信"这个名称，因为"年报"这个名称很容易让人从现代词汇"年报"的概念出发，将"年信"想象成一种数据齐备、体量庞大、权威发布的年度报告，实际的年信没这么正式、丰富，而且年信从格式上就是一封信。

"年信"有收信人、称呼、问候语、正文、祝颂语、署名、日期、发信地等书信的要素。

收信人是在任的耶稣会总会长，常住罗马。但收信人不是唯

一的读者。

称呼语通常有两种：一是"基督内尊敬的神父、我们驻旌罗马的耶稣会总会长某某神父"；一是"尊父"，写作 V. P.，即 Vossa Paternidade 的简写，"尊敬的父"之意。

问候语是"主内平安"（Paz em X°）。

关于信的正文，亦即主体内容，将在下一小标题内详述。

祝颂语通常是请求收件人为中国传教区代祷、祝福。如何大化所撰 1636 年年信的结尾："这里仿佛一座花园，满是归信的灵魂之花和玫瑰，其馨香缭绕上升至天主的宝座前，使救世主愉悦，正是救世主以其宝血的鲜艳和红宝石般的光泽使这些花朵沾珠带露、艳丽生辉。……伟业壮哉如斯，它需要由一切美德武装起来的博大胸襟，来自天国的甲胄和依靠。请在我们代表您履行义务的地方，用我们修会的祷告及献身于天主的牺牲，以及您的祝福帮助和佑护我们。"① 在诸年信中这是一段辞藻较华丽的祝颂语。一般年信的祝颂语更简洁些。

署名者是年信的作者，通常是在任的中国副教省的省会长或由其指定撰写年信的某个神父。

发信日期、发信地由作者根据实际签署。日期通常是在年信所属年度推后半年或一年（也有更早或更晚的情况），例如 1621 年年信的发信日期是 1622 年 7 月 2 日，这是因为各住院在当年结束后才陆续将汇报性的"纪要"寄给年信的编撰者，编撰者在汇总齐后，根据纪要开始写作，再等船期寄出年信。发信地是年信编撰者在写信时的实际位置，通常是中国内地的某住院（未见从没有建立住院的某地或在巡回传教途中发信的情况，可能是年信编撰者需

---

① Antônio de Gouvea, *Ânua da Vice-Província da China de 1636*, BAJA, 49-V-11, ff. 555-555v.

要一个固定的地址接收纪要,而固定的住院也方便找到信使),偶尔是从澳门发出。

除了上述书信体例上的要素之外,年信的信头有一个标题,居中,注明是哪一年度的年信。

书信体并非年信特选的体例,同时期耶稣会士的许多专项报告、回忆录、游记等都采用了书信格式,可能因为书信是当时信息流通的最主要方式。1966年首版的日本作家远藤周作(1923—1996)的小说《沉默》,采用的就是书信体,将故事呈现在主人公薛巴斯强·罗德里哥的信中,故事的背景正是17世纪上半叶的耶稣会日本教省,或许远藤周作在创作过程中查阅史料时感受到了书信体在当时的主导地位,为更贴近历史真实而采用了书信体。

书信体在年信中仅是一种体例,函件的保密性等并不存在,耶稣会总会长是名义上的收件人,体现的是总会长的领导权。年信是可供传阅的公开信。

二、内容

17世纪耶稣会中国年信正文有一个相对固定的行文结构:每份年信从内容上可分为世俗、教会两大部分;世俗部分概述当年中国时局;教会部分是年信的主体,又从传、受两个方面分成传教士的传教和教务情况、教徒奉教情况;教徒奉教情况往往占一份年信的大部分篇幅,主要是选取典型的有教育意义的事例,按照各住院的院别分述。

以上仅就一般情况而言,在不同年信中,某部分或许有增减,不同部分间的占比不尽相同。比如,1613年年信,没有世俗状况,开篇第一章即中国传教团的总体状况[①]。1637年年信之后多了一

[①] Nicolao Longobardo, *Carta Annua da China 1613*, ARSI, JS113, f. 334.

份附录,是在华耶稣会士翻译、编撰的教义类、哲学类、历算等科技类书籍目录①。遇有特殊情况,以上行文结构或被打乱,1616—1617年年信完全是一份"南京教案"报告,作者阳玛诺(Emmanuel Diaz,1559—1576)说:"因为一切都乱套了,不再存在次序,本年信也就不再按照往年的做法逐个住院讲述。"②

汇报教务乃是年信应有之意。年信中不载内部矛盾、丑闻等"内幕",但也不会令研究者失望,"敏感"的内容在年信中还是会出现的,而耶稣会的"敏感点"是有限的。比如,"南京教案"渐平息后,传教士再度进北京的经过,目前研究还不充分。传教士与李之藻(1565—1630)、徐光启(1562—1633)等奉教官员及叶向高(1559—1627)等友教官员共同谋划,制定的方案是,向澳门葡萄牙人购买火炮,并邀请耶稣会士作为军事顾问,以此恢复他们在京城中的合法公开活动。但是,这个共识的形成过程经历了多重反复,1623年从澳门进京的李玛诺神父向日本—中国传教区视察员书面呈报了上述意见形成的过程:耶稣会内部对以军事顾问身份入华的争议、沈㴶(?—1623)入京、清兵可能从海上入侵的传言、广东官员对葡萄牙人的敌视态度、葡人首次在京营演示"红夷大炮"时发生炸膛伤人事件等内外因素,使进京的意见在利弊权衡中游移不定,仅徐光启就经历了同意—反对—同意的转变。1623年年信作者傅汎际(Francisco Furtado,1587—1653)全文引述李玛诺的这份报告,呈现这一过程,以及抵京后与兵部、户部的交涉等③。"南京教案"后传教士的二次定居北京,其重要性可与1600年利玛

---

① João Monteiro, *Annua da Vice Província da China de 1637*, BAJA, 49-V-12, ff. 260-262.

② Manoel Dias, *Annua da Missão da China dos annos de 616 e 617*, ARSI, JS114, f. 13v.

③ Francisco Furtado, *Carta Annua da V. Província da China do Anno de 1623*, BAJA, 49-V-6, ff. 111-117.

窦首次成功定居北京等量齐观,李玛诺的这份报告详细记述了事件全貌、全程,详细地展示了传教士与中国官员是怎样互动的,各自起了什么作用,在传教士担任大明军事顾问这个表象背后的运作有哪些,对于评估某些友教官员与传教士的关系紧密度、协同方式等都有意义。

年信中教务之外的内容,即中国的世俗状况,每年可报道者数不胜数,年信作者选择的是构成传教士的工作环境的题材,以便于读者理解中国的传教情况,这是从中国实践出发的叙述;同时,对世俗状况的选材,也从耶稣会在欧洲的需求出发,给出中国答案,比如,在17世纪末,"礼仪之争"在欧洲成为一个热点话题时,苏霖(Joze Suares,1656—1736)在1694—1697年年信中,解释为何在中国的传教士要做一些与传教无关的事,"全体会士根据各自知识、才华为皇帝效力,出力越多,达致目的的合用的途径就越多。我们的崇高目的乃是为了天主的荣耀和灵魂的得益。以上这条经验是这么多年来一直被证明的,也是为最近的容教敕令所证明的"[1]。

本书将主要基于年信中的世俗部分,探讨年信对中国史的研究意义,基于教务部分,探讨年信对中国天主教史的研究意义。

年信最后通常是谈困难和祝福。困难主要是人手、经费的不足。1640年年信中,安文思(Gabriel de Magalhães,1609—1677)对困难的陈述,较一般的年信更多。一般抱怨不会太长,点到为止,安文思的抱怨很长,这可能与他的性格有关。因为像安文思这么会抱怨和敢提要求的年信作者不多,而且其中提到传教士物质生活的一些具体数据,所以对于这段抱怨全译如下:

---

[1] Joze Suares, *Annua do Colégio de Pekim desde o fim de Julho de 94 até o fim do mesmo de 97 e algumas outras Residências e Christandades da Missão de China*, BAJA, 49-V-22, ff. 599v-600v.

以上就是您的子弟、属下于1640年在主的农场中的收获。与农场中每一名劳作者的愿望相比,它是少了。就其尽力而为来说,这个成果算是丰硕,因为在这么辽阔的田地上,只有这么少的士兵,又要披荆斩棘、克服困难。您同时考虑这片田地之广与人手之匮乏,就会觉得这些果实很多了。耶稣会不能为天主指派一支强有力的、数量足的军队,占领亚洲的这一大片区域,是一件确凿无疑的憾事,使人痛哭流涕。目前,要感谢天主的洪恩,还要感谢中国皇帝及其大员,教会处在和平之中,不论是在我们已开教的地方,还是未开教的地方,可怜的异教徒们盼望着、请求着若瑟①将生命之饼也分给他们。副省会长及他的神父们令他们失望了,但是,又因心存美好愿景而感安慰,这远景是建立在您身上的。您是否可以考虑一下科英布拉学院能否稳定地提供至少200名传教士。中国副教省各住院的院长常常感觉人手的匮乏,他们迫切地需要传教士和其他的宗教人员管理教民。毫不夸张地说,中国的一个省就比葡萄牙都大,人口更多,一名神父在随便哪一个城市,1年可付洗1 000人,随着教徒增多,神父也应增多。更让这支人数不多的小分队感觉难过的是,因为补给不够,不能外出传教,与圣教的敌人战斗,想必您已得知1640年的补给是多么有限,可是只有亲历的人才能体会。一提起他们所遭受的穷困,就止不住流泪,甚至连听到也不行。他们年纪这么大了,又为传教受了这么多苦,他们应该只享受被服侍了,或在神学院中,或在休闲的花园中,或者就在这"人间天堂"使他们颐养天年,为了将这光荣的事业推向前,他们奋斗了三四十年,甚至更多,耶稣会应该给这些年老的、疲惫的成员放松

---

① 圣若瑟是中国的主保。在天主教神学中,是童贞圣母玛利亚净配、耶稣养父。

的生活。澳门方面以最大的爱心做了充分的努力之后,能提供给中国传教团的资金不足 500 两银,每个人只能分得 15 两银。这一年过得是如此拮据,只靠米饭度日,很多时候喝粥。有的神父,实在迫于无奈,只得变卖住院里的家什,拆解教堂里的圣杯。往年,每个神父能分得 50 两银,加上教徒们的捐赠,能够渡过难关,今年只 15 两银,根本无法承担教堂、住院、个人开销。神父本来是向教徒们喂养精神食粮,可是在身体的养分都不足的情况下,实在难以实现。然而,最难受的当属副省会长,他不仅要忍受自身的补给不足,还要牵挂所有人的,他不能履行巡视、抚慰诸神父和教友的职责,因为路费实在太高,有一千多里格的路要走,他通常带着一名修士去巡视,为了给一名神父 15 两银,就要花掉 50 两银,这件事是无法做的。我斗胆向您提起这里的困难,是想引起您的注意,这里说的还不算多,更翔实的情况,我将另信汇报。希望您以父爱,帮助寻找解决之策。①

三、语言风格

年信是耶稣会通信系统中产量稳定、形式固定的一类文字产品,形成一种有别于耶稣会士其他文字作品的独特文体,耶稣会史学家 Michael Cooper(1930—)在评述传教士编撰的日本年信时称其"构成一种'专有文体',读者有明显的感知"②。语言风格是"文体"的重要表征,从气质上体现着年信的独特性,也为年信目的服

---

① Gabriel de Magalhães, *Annua da Vice Província da China do Ano de 1640*, BAJA, 49 - V - 12, ff. 519v - 520.
② Michael Cooper, S. J., *Rodrigues, o intérprete, um Jesuíta no Japão e na China*, Lisboa: Quetzal, 1994, p. 167.

务。中国年信的语言风格既体现着耶稣会全球年信的共性,又有中国特色。

语法简单,语言简洁。罗耀拉的传世文字甚多,然论者批评其文笔质木无文:其语言风格简陋质实,未能尽意①。然而,外人所诟病的,正是罗耀拉追求的。罗耀拉一生写了 7 000 多封信,其中,很多是告诫属下该怎样写信,形式、文风、内容各该如何。在修辞上,罗耀拉要求来信的文字优美,但是,不能过度使用文字技巧,文风简练,富有教育意义,能面向任何人群朗读②。表达方式不能过于感情外露和情绪化,而应显得深厚,要"思想比说出来的话丰富"。1555 年,耶稣会士 Roberto Claysson 收到罗耀拉的信,信中对他过度矫饰的文风进行了批评③。在文法上,罗耀拉欣赏的语言风格是语法正确,用词简单,这样就保证了叙述的可靠性与信仰的真实性。因为东方耶稣会士来自欧洲各天主教国家,母语多样,葡萄牙语是他们后天习得的外语,在使用葡语写作时,不宜复杂,用最简单的词最准确地表意即可。在年信中,很少复合长句。在年信中常出现的一个高频词是 brevidade(简洁),作者用以自我提醒,同时告诉读者尚有言不尽意之处。伏若望(João Fróes,1590—1638)在 1631 年年信中报道世俗消息时说:"关于该帝国的总体状况,可以说的很多,但要特意不表,因为该报告的简洁性不允许,也不是我们年信的目的之所在。"④在 1632 年年信的开场白中,介绍该年信的篇章结构,先写世俗状况,再写修会和教友的概

---

① Andreas Falkner, Paul Imhof (herausgegeben von), *Ignatius von Loyola und die Gesellschaft Jesu*, 1491 - 1556, Würzburg: Echter, 1990, S. 21. 转引自黄正谦:《西学东渐之序章——明末清初耶稣会史新论》,第 85 页。

② Ignatii de Loyola, "Epistolae et intructiones" Tomus Secundus (1548 - 1550), pp. 647, 676 - 677.

③ Alcir Pécora, *A união faz a carta*, p. 34

④ João Fróes, *Annua da V. Província da China do anno de 1631*, BAJA, 49 - V - 10, f. 36.

况,第三部分写每一个住院,"要特别强调的是,每一部分都遵循同样的简洁"①。何大化在撰写 1643 年华南年信时说:"挑剔的读者不喜欢冗长,尤其是在那些事迹或雷同或相似时,更不可取。"②聂伯多(Pedro Canevari,1594—1675)在 1651 年年信中,不断地"透露"年信的语言风格要求,除了上述不带感情色彩的平述外,还要简洁。他在该年信的《奇迹般地改宗归主》部分,讲了几个因患病而信教的故事后,写道:"此类健康题材的事例有很多,但是,本着年信简洁性的要求,那些平常事例,我就不再赘述。"③1657 年,方德望(Etienne Faber,1598—1657)去世后,与其长时间在陕西共事的郭纳爵(Ignace da Costa,1599—1666)为其写了生平报告,这份报告首先寄往北京,这份报告的语言风格很是煽情,充满说教意味。后来安文思在没有任何人建议的情况下,自行修改全文,改成更朴实的文风。1657 年年信作者张玛诺(Manoel Jorge,1621—1677)说:"因为中国的神父们更喜欢同仁的事例以不加修饰的自然风格娓娓道来。"④

以西方来比附东方。年信很注重中西对比和以西方人熟悉的事物来比附中国事物,以便于西方的读者理解,并以这种方式将中国天主教徒的事迹纳入普世的天主教体系。中国女性教徒、孩童教徒在虔敬程度、奉教热情上更突出,常被年信作者赞扬可以媲美欧洲教友或者优于欧洲教友,本研究的相关章节已有阐述,此处不赘。在描述中国的世俗事物时,也常采用比附手法,比较突出的例

---

① João Fróes, *Annua da V. Província da China do anno de 1632*, BAJA, 49-V-10, f. 76.

② António de Gouveia, *Cartas Ânuas da China (1636, 1643 a 1649)*, edição, introdução e notas de Horácio Peixoto de Araújo, p. 123.

③ Pedro Canevari, *Carta Annua da China a 1651*, BAJA, 49-IV-61, ff. 121v-126v.

④ Manoel Jorge, *Annua da Vice-Província da China de 1657*, BAJA, 49-V-14, f. 167v.

子是在描绘中国都市时，时常对标于某欧洲城市，苏州、绍兴、海澄县都被比作威尼斯，南京被比作里斯本，南昌被比作埃武拉①，嘉兴被比作科尔多瓦，隔开闽赣两省的山（武夷山脉）相当于阿尔卑斯山②，等等。

《圣经》意象。年信作者有意识地将东方传教与《圣经》故事之间建立一种映射关系，以体现其使命感和使徒意识。在修辞上，主要通过三种方式实现：① 在恰当的地方插入合适的《圣经》引文，将眼前事自然地带入《圣经》某个情节中。据1636年年信，杭州有个6岁女童，领洗之后，以出人意料的水平批评佛教。何大化在讲完这个故事后，是以这句话收尾的："赞美献给天主，使婴儿的口舌伶俐善言(qui linguas infantium facit esse desertas)。"③引文出自《圣经·旧约·智慧篇》第10章第21节，拉丁文原文是et linguas infantium fecit disertas，年信抄本的引用有略微改动，《圣经》思高本④中译文为："因为智慧开了哑巴的口，使婴儿的舌伶俐善言。"又如，1633年时，上海大旱，当地大部分人以种棉、织布为生，生计大受影响，教友不仅救济灾民，还帮助收敛灾民的尸体，其中有一名教友的表现很突出，按照《圣经》所指示的行善："当你施舍时，不要叫你左手知道你右手所行的。"⑤该句引自《圣经·新约·玛窦

---

① 埃武拉位于葡萄牙中南部，在阿维什王国统治时期(1385—1580)，埃武拉成为该王国继里斯本之后的第二大重要城市。王国的许多重要决定包括对达·伽马远航印度的许可任命都是在埃武拉完成的。1559年，以阿维什王朝最后一任皇帝（也是埃武拉的大主教）恩里克创立的一所耶稣会学院——埃武拉大学的建成为标志，埃武拉达到了其辉煌的顶峰。18世纪耶稣会被解散后，埃武拉开始走向衰落。

② António de Gouveia, *Cartas Ânuas da China* (*1636，1643 a 1649*), edição, introdução e notas de Horácio Peixoto de Araújo, p. 152.

③ Antônio de Gouvea, *Ânua da Vice-Província da China de 1636*, BAJA, 49-V-11, f. 534.

④ 本研究引用的《圣经》中译，在不做特别说明的情况下，均为思高本。

⑤ João Fróes, *Annua da V. Província da China do Anno de 1633*, BAJA, 49-V-11, f. 57v.

福音》第 6 章第 3 节。据 1636 年年信,"传教团中的劳作者过着一种对于自我完善很热切、很在意的生活。大家致力于玛尔大(Martha)式的操劳,而玛利亚(Maria)式的操劳始终是第一位和置于右手边的。"①此处暗引了《路加福音》第 10 章第 38—42 节的情节②,玛尔大、玛利亚在这里被当作隐喻使用,作者用福音书中的这两个女性来指出填充了传教士生活的两项活动,分别是在物质上的操劳和专注于精神生活,(作者)何大化更看重后者,其是"第一位和置于右手边的"。这些引文都与原文贴合,插入之后,已不必再多加评述,引文就代表着评价、立场、态度,因为《圣经》中的这些引文早有诠释、定论。②《圣经》中有些形象经常用来表达一些特定的情感,年信中有些情感经常用这些特定的形象来表达。比如,在《圣经》中,保禄是一个由迫教者向传教者转变的形象,他之前叫扫罗,积极地镇压基督徒,耶稣向他显现后改名保禄,成为向外邦人传道的使徒,在年信中常常使用"保禄"这个形象来代指"变好"的异教徒。类似于保禄的例子很多,1619 年,杨廷筠的大儿子入教,这是杨廷筠辛勤栽培的结果,也是向圣加禄(S. Carlos)祷告的结果,因此,这个儿子的洗名就叫加禄。杨廷筠为儿子进教费尽心力,傅汎际将这对父子比之于圣莫尼加(Santa Mônica)与圣奥斯定(Santo Agostinho)这对母子之间的关系。圣妇莫尼加因着坚持自己的信仰生活,深深地影响了儿子圣奥斯定,激励他走上成圣

---

① Francisco Furtado, *Ânua da Vice-Província da China de 1636*, BAJA, 49-V-11, f. 522v.
② 《圣经·新约·路加福音》10: 38—42 原文如下:"他们走路的时候,耶稣进了一个村庄。有一个名叫玛尔大的女人,把耶稣接到家中。她有一个妹妹,名叫玛利亚,坐在主的脚前听讲话。玛尔大为伺候耶稣,忙碌不已,便上前来说:'主!我的妹妹丢下我一个人伺候,你不介意吗?请叫她来帮助我吧!'主回答她说:'玛尔大,玛尔大!为了许多事操心忙碌,其实需要的惟有一件。玛利亚选择了更好的一份,是不能从她夺去的。'"

的道路①。"南京教案"期间,神父被驱逐出北京,徐光启"代替神父们,尽力去满足教友们在精神上的需求,他决心做一个亚大纳西(Athanazio)那样的人,尽管有路德(Luthero)那样的叛教者"②。1638年,永春举人、退休官员Mathias被称为当地教会的柱石、当地教友中的亚伯拉罕,某日,他在圣像前祈祷,一个天使显身,高声说道:快谢主吧,几天之后,他将赐你一个梦寐以求的孙子。5日之后,儿媳果然产下一个男婴③。此事例映射的是《圣经》中亚伯拉罕在86岁时神才赐他第一个儿子。1648年年信《延平住院》一章记载,战乱中的福建,物资极度匮乏。延平住院负责人阳玛诺不仅照顾本堂区的教务,还挤出本就匮乏的资金救济建宁府的神父。何大化将其比附为圣玛尔定(Sanctus Martinus Turonensis,316—397),玛尔定最常被人传颂的事迹是"割袍赠丐",何大化说,"将衣服与床都拿出来分享"④。除了将现实中的人物与《圣经》中的人物之间建立映射关系,在环境、事件上也广泛地建立映射。比如,1618年年信将遭受南京教难的传教士比作"初期教会(primitiva igreja)时代的先贤们","可比之于圣人或殉教者,他们极少上岸避风,在他们的大时代中收获累累硕果"⑤。当年,南京等地遭受的自然灾害被比之于"埃及十灾⑥的一些惩罚便落在留都南京,天主

---

① Francisco Furtado, *Annua da China e de Cochimchina de 619*, ARSI, JS114, f. 225v.

② João Fróes, *Annua da V. Província da China do Anno de 1633*, BAJA, 49-V-11, f. 65v.

③ João Monteiro, *Annua da Vice Província da China do anno de 1638*, BAJA, 49-V-12, f. 342.

④ António de Gouveia, *Cartas Ânuas da China (1636, 1643 a 1649)*, edição, introdução e notas de Horácio Peixoto de Araújo, p. 403.

⑤ Manoel Dias junior, *Carta Annua da Missam da China do Anno de 1618*, BAJA, 49-V-5, f. 241v.

⑥ 埃及法老王因心里刚硬,不肯听从摩西和亚伦屡次的请求,让以色列民离开埃及地,神就吩咐摩西、亚伦在法老面前多行神迹奇事,用十大灾难临到埃及。

降灾于埃及是不想让他的子民离开埃及,天主降灾于这座城市是因为朝廷令天主的传教士们在蔑视中不体面地离开"。在这一年,努尔哈赤在兴京"告天"誓师,正式起兵反明,被比附为"鞑靼人在这个国中出现,他们像神派来的亚述人或棍杖①,比邻中国,手握惩罚"②。通过建立与《圣经》意象的连结,代表着东方传教士对使命的认知以及意义升华。③ 教徒中常有一些效仿基督、圣徒的行为,通过行动建立连结,年信收集、记录这些行为。1612年时,北京有个教徒叫 Tum Kien So,洗名伊纳爵(Ignacio),取这个名字的原因,是他从受洗起,就有模仿安提阿的主教圣伊纳爵殉道的愿望,他生病后,请求神父用刀剖开自己的胸成全自己,神父开导他应有的殉道方式是在与病痛的交锋中展现耐心,他在逝世之前,说自己是在向在十字架上受苦的耶稣看齐③。1631年时,山西三名男孩,感动于耶稣在降生的夜里忍受的磨难,模仿当夜情景,躺在地上,完全暴露于恶劣的天气中过了一夜。他们还向天主发誓,三人将结为好兄弟,每8天做一次告解,一同用苦修鞭修行等等④。

营造命运共同体的感觉。年信之于耶稣会管理上的一项使命是通过阅信,互学互慰,增进团结,在相互掌握动态的情况下,还能就便相互提供及时的建议和帮助。因此,年信在感情色彩上就注意营造命运共同体的感觉。1618年,中国传教区的耶稣会士在"南京教案"的余波中苦苦支撑,阳玛诺在该年度的年信开篇这样写道:

---

① 《圣经·旧约·依撒意亚》10:5,"祸哉,亚述! 我义怒的木棒,我震怒的棍杖!"

② Manoel Dias junior, *Carta Annua da Missam da China do Anno de 1618*, BAJA, 49-V-5, ff. 233v-235v.

③ Nicolao Longobardo, *Carta Annua das Residências da China do Anno de 1612*, ARSI, JS113, f. 227.

④ João Fróes, *Annua da V. Província da China do anno de 1631*, BAJA, 49-V-10, f. 46v.

"去年已写信向尊父(V. P.)汇报了这里的传教工作、教难和动荡。载着耶稣会寥寥子弟的这叶小舟仍在航行,他们奉尊父之命,来到中国这片大海中劳作。我们在欧洲的全体至亲神父和修士们在殷切地等待我们寄去有关今年的消息:若是好消息,便与我们同喜;或者远瞻我们勤于传教、与波浪搏斗(尽管他们在海滩上很安全①),遥寄悲悯。我们所有人从我们的圣主那里得到的否、泰、慈、爱都是常见的。然而神圣的仁慈与悲悯,即为苦其身时又励其心、伤其躯时又健其体,给他多少工作,就配给他多少力量,使他借助神恩承托得起。天主见我教会新生,便有意试探之,这第一战中体现出来的善愿、热忱、努力令其满意(看起来是如此),更持久、更靡力的战斗将适时降临,在等待着这些新的教徒和士兵,如我们所见的日本教会所行和已行的,其迫害起初温和、乏弱、轻微,现已猛长,无从脱身,战斗严酷如是。但是,'果实',收益如许,所共奉的天主之荣耀亦不减,这从近年来每一份年信中均可见到。"②

这段煽情的文字营造了一种天下一家,同喜同悲的气氛,作为一篇文章的开篇是合适的,这也是耶稣会的管理中枢追求的全球各住院一体化的感觉。这种一下子就拉近情感距离的开头方式,不仅在中国年信中常用,从海外传教区发回欧洲的耶稣会书信都常用,例如,巴西耶稣会士 Juan de Azpilcueta(1522/1523—1557)于1551年从"诸圣湾"(baya de todos los santos)寄给葡国科英布

---

① 指在欧洲的神父和修士,与身处中国这片汪洋大海的传教士相比,如同在海滩上一样安全。

② 董少新、刘耿:《〈1618年耶稣会中国年信〉译注并序(上)》,第137页。原文参 Manoel Dias junior, *Carta Annua da Missam da China do Ano de 1618*, BAJA, 49-V-5, ff. 232v-233.

拉的会内同仁这样开篇:"致主内我至亲的同会神父和修士们。"①从内容看,关于日本教案②、南京教案的消息是共享的,而且中国的传教士神父还能根据日本教案的发展情况,来推断"南京教案"的走向。

新闻属性。历史学者将年信等传教士文献作为史料处理的史学取向,容易忽略年信中的新闻属性。新闻和历史本质上的差别就在于时间过去多久了,即有没有新闻的时效性。对当时的读者而言,年信可称得上是一种新闻纸。年信所报道的是近一年的新近事实,当然与现代的新闻周期不可同日而语,但在 16、17 世纪,往返于欧亚间的商船已是当时最快的全球范围内的位移方式,新旧是相对的。而且主办机构耶稣会明确要求驻地神父提供当地的 novidade/nova/notícia(大约都是 news 之意,当然,当时"新闻"的概念,不同于近现代新闻事业的概念,但在"新近发生的事实"这个本意上是一致的),而年信作者也是以"新闻"命名他提供的消息。从年信内容看,有关于中国时局大事的报道,城市、乡间平信徒奉教事迹及社会万象的报道(相当于现在的社会新闻),灾害报道,等等。这些事实都是在最近 1 年内发生的。比如,1626 年 5 月 30 日,北京西南隅的王恭厂火药库附近区域发生的离奇爆炸事件(史称"天启大爆炸"或"王恭厂灾")③,1638 年 6 月,北京西直门内安民厂火药爆炸④,分别在当年的年信中出现,放在现在也是有新闻价值的报道选题。大型系列报道则如对明清战争的报道,从 1616

---

① ARSI, Bras 3/1, ff. 27-30v.
② 庆长十七年(1612)八月,元和二年(1616)八月,德川幕府两次发布禁教令,在日本掀起迫害天主教的高潮,并导致 1639 年锁国体制最终确立。
③ Manoel Dias, *Annua da Vice-Província da China do Anno de 1626*, BAJA, 49-V-6, f. 312v.
④ João Monteiro, *Annua da Vice Província da China do anno de 1637*, BAJA, 49-V-12, ff. 285v-286v.

年起至1652年南明覆灭,每年都有战争推进情况报道。1644年政权鼎革前后,更有大量亲历报道,在当时并存的南明、清、李自成、张献忠四个政权中,都有传教士发回的一手报道,还有澳门、日本等地对明清易代的反应,构成从周边看中国的视角。当然,传教士本身对明清战争的态度也算是国际舆论。由于传教士的报道,中国朝代更迭在欧洲产生的震荡波是同类事件中前所未有的。从欧洲读者的认知看,年信中的内容是被当作新闻处理的,莱布尼茨(Gottfried Wilhelm Leibniz,1646—1716)直接将自己的书命名为《中国近事》(*Novissima Sinica historiam nostri temporis illustrata*,1697)①,这本书中收集了当时欧洲耶稣会来华传教士所写的有关"中国近事"的五封信;法国耶稣会士李明(Louis Le Comte,1655—1728)将在华期间写给国内要人的通信汇编为《中国近事报道》(*Nouveaux mémoires sur l'état present de la Chine*,1697—1700)②。年信与被收录的这些信相比,时效性、新闻性更强。从以上意义,年信可以视为最早向世界报道中国的新闻纸。阐明年信具备新闻性的意义在哪里呢? 从史学的角度而论,年信及传教士的新闻信等,使西方对中国的认知由基于静态知识向基于动态信息转变,建立在时事基础上的反应、互动高效地推动了中西交流、中西关系演变。从新闻学角度而论,如果"进奏院状""邸报""京报"也在新闻史上占有一席之地,年信则更有资格进入新闻史。

以上是耶稣会中国年信的文本特征,外在的格式、内在的内容、语言风格中蕴含的感情色彩,都服务于年信目的,即利于耶稣会的管理、团队建设。

---

① 中译本参[德] 莱布尼茨著,杨保筠译:《中国近事——为了照亮我们这个时代的历史》,郑州:大象出版社,2005年。
② 中译本参[法] 李明著,郭强、龙云、李伟译:《中国近事报道》,郑州:大象出版社,2004年。

第二节　中国年信为何多用葡语，兼谈葡语文献的重要性

1578年9月13日周六。载着罗明坚、孟三德（Duarte de Sande，1531—1600）、利玛窦从里斯本开来的圣路易斯号到达果阿港口。

"这就是著名的果阿岛！"罗明坚用葡萄牙语感叹道，他站在船头，张开双臂向下俯瞰，像是在向他的同伴们介绍这座美丽的港口城市——葡属印度的首都。

"现在，你们来到了东方的罗马。"神学家孟三德也用葡萄牙语心旷神怡地感叹道。

"你呢，玛窦，你不说点什么吗？"罗明坚转过身，看着这位正在整理黑色挎包里各种仪器的年轻人。

"是呀，在几英里外我就已经沉醉于从陆地上飘来的芬芳香气中了。"利玛窦用意大利语回答说。

神学教授插话道："我得提醒你们，除菲律宾外，整个东方都在葡萄牙的庇护下，玛窦，在这里只允许说葡萄牙国王的语言。"

"你们相信吗？咱们已经到印度了……"罗明坚半开玩笑地说道，试图缓和一下会友对利玛窦的这一尖刻的纠正。接下来，他用葡萄牙语吟诵了一段贾梅士的诗《卢济塔尼亚人之歌》中的一句："这片土地上居住着各族人，盛产闪闪发光的黄金和宝石，充满了甜美的香味和火辣的香料味道。"

利玛窦凝视着镶金边的白色城墙，沉默片刻后低声用葡萄牙语也吟诵起《卢济塔尼亚人之歌》中的句子："这里的城墙

曾沐浴战火,被长矛和子弹穿透,士兵们用利剑劈开了由贵族和摩尔人组成的军队。"[1]

以上这段情节取自马切拉塔大学哲学史学教授菲利浦·米尼尼(Filippo Mignini)的历史传记《利玛窦——凤凰阁》,作者称这是以史料为基础编写的人物对话[2]。这段对话反映的一个重要事实,是当时"东方"的通用语言为葡萄牙语。

一、葡语是 16、17 世纪"东方"的通用语言

利玛窦在东方落定后将葡语作为主要的工作语言。1580 年 11 月 30 日,利玛窦从科钦寄出了一封用葡语写成的信,寄给住在科英布拉的历史学家、耶稣会士 Giovan Pietro Maffei[3]。1602 年 10 月,鄂本笃(Benoît de Goëz,1562—1607)修士从印度的亚格拉(Agra)出发,探寻经亚洲中部通往北京的陆道,1604 年在喀什噶尔国的都城叶尔羌(Yarkhand),遇到一支商队,商队领队自称在汗八里(北京)时与利玛窦同住,为了证明所言不虚,领队还出示了利玛窦用葡文写的一封信,是在利玛窦房间中扫出的废纸中捡到的[4]。那个在前往东方的船只上不经意间还说意大利语的利玛窦,后来经常抱怨自己对于母语已经十分生疏。"每当我写意大利文时,根本不知道自己写的是德国话,还是哪国话……我已经沦为蛮人了。"(1585 年 11 月 24 日,自肇庆致函耶稣会士 Giulio

---

[1] [意]菲利浦·米尼尼著,王苏娜译:《利玛窦——凤凰阁》,郑州:大象出版社,2012 年,第 32 页,第 70—71 页。
[2] [意]菲利浦·米尼尼著,王苏娜译:《利玛窦——凤凰阁》,第二版序言。
[3] [意]菲利浦·米尼尼著,王苏娜译:《利玛窦——凤凰阁》,第 75 页。
[4] [法]费赖之著,梅乘骐、梅乘骏译:《明清间在华耶稣会士列传(1552—1773)》,第 109—117 页。

Fuligatti-锡耶纳)①甚至中文都比意文流利。"我的意大利语已经不够用了。由于我习惯了讲这种陌生的语言,所以现在,我对中文运用自如的程度几乎超过了我的意大利语水平。"(1596 年 10 月 12 日,自南昌致函耶稣会士 Giulio Fuligattie-罗马)②1609 年 2 月 15 日,利玛窦从北京写信给耶稣会日中视察员巴范济,他对自己这次与同为意大利籍的巴范济之间使用意大利文感到奇怪,"我不知为什么这次竟用意大利文"。

像利玛窦一样,在中国使用葡语的耶稣会士之例还有很多。比如,1607 年 3 月,受利玛窦派遣去迎接鄂本笃的钟鸣仁(Sebastião Fernandes,1562—1622)修士,到达肃州。其时,经历了一路艰辛和折磨的鄂本笃卧病在床,处在昏睡状态。"当听到有人用葡萄牙语向他慰问时,鄂本笃才清醒过来"③。1657 年,郭纳爵神父在汉中传教时,"一直处在疲惫状态,甚至深夜仍在听教徒的告解,有好几次,他累得自己都没意识到,在对告解者讲葡萄牙语,当他自行意识到了,或经告解者的提醒意识到了,就用中文将刚才用葡语讲的复述一遍"④。"汤若望(Johann Adam Schall von Bell,1592—1666)的葡萄牙文炉火纯青,这成为他与在中国的其他传教士们日常交流的工具"⑤。

与神父接触的中国人也知道神父是讲葡萄牙语的。1625 年,

---

① [意]利玛窦著,P. Antonio Sergianni P. I. M. E 编,芸娸译:《利玛窦中国书札》,北京:宗教文化出版社,2006 年,第 38 页,第 107 页。
② [意]利玛窦著,P. Antonio Sergianni P. I. M. E 编,芸娸译:《利玛窦中国书札》,第 90 页。
③ [法]费赖之著,梅乘骐、梅乘骏译:《明清间在华耶稣会士列传(1552—1773)》,第 109—117 页。
④ Gabriel de Magalhães, *Annuas das Residências Do Norte da Vice-Província da China do Anno 1658*, 49 - V - 14, ff. 247v - 248.
⑤ [美]邓恩著,余三乐、石蓉译:《一代巨人:明末耶稣会士在中国的故事》,第 389 页。

大秦景教流行中国碑发现,李之藻得到王徵(1571—1644)寄到杭州的拓本后,还建议住院的神父们,可以将全篇碑文翻译成葡文①。徐光启、庞天寿(1588—1657)等奉教官员都能说一些葡萄牙语,应该是向传教士习得的。有趣的是,年信中有几例"中魔"的中国人讲葡语的例子,或许是在模仿神父平日所讲的语言。

1636年,福州,一个小伙子闯进住院,蓬头散发,大呼小叫,用葡萄牙语说:"我是魔鬼。"神父为确定起见,对他说:"进教堂来,拜救世主。"魔鬼大笑一声,又用同样的语言说了一遍他是谁②。1654年,绛州住院的金弥格(Michel Trigault,1602—1667)外出宣教,只有修士费藏玉(Luís de Figueiredo,1615—1700)留守在住院。某日,一名自称会葡萄牙语的妇女进了教堂。费藏玉的第一感觉是,该女要么中魔,要么招摇撞骗。女子坐在香案旁边,费藏玉问她真的会葡语吗,还对她说了几个葡文的单词。她好像是被体内的某人支配着说话,开始说一种臆造的葡语③。1697年,法安多(Antônio Faglia,1663—1706)神父在京鲁地区巡回传教时,为一名异教徒驱魔,而后为其施洗,在洗礼中,"魔鬼竟然能透彻地理解葡萄牙语和拉丁语,当神父用哪种语言问它,它就以哪种语言作答"④。法安多是意大利人,不论附体的魔鬼能讲葡语和拉丁语是否属实,法安多将葡语和拉丁语作为工作语言,是真实的。

除了口头上的,还有书面上的。1605年5月12日,利玛窦从

---

① Manoel Dias, *Annua da V. Província da China do Anno de 1625*, BAJA, 49 - V - 6, f. 237.

② Francisco Furtado, *Ânua da Vice-Província da China de 1636*, BAJA, 49 - V - 11, f. 544v.

③ Luiz Pinheiro, *Carta Annua da V. Provincia da China do Anno de 1654*, BAJA, 49 - IV - 61, ff. 322 - 322v.

④ Joze Suares, *Annua do Colégio de Pekim desde o fim de Julho de 94 até o fim do mesmo de 97 e algumas outras Rezidências e Christandades da Missão de China*, BAJA, 49 - V - 22, ff. 630 - 630v.

北京致函耶稣会士 João Álvares："尽管我没有任何天文学方面的书籍,但是,利用一些葡萄牙语的星历表和索引等,有时也能比他们的钦天监更准确地算出日食和月食等天文现象的时间。"[1]据1621年年信,著名教徒张庚(1570—?)的5岁幼子张就(1616—?),学习《教义要理》(Cartilha),突然冒出一句"天主生圣母,圣母生天主(tien chu sem xim mu xim mu sen tien chu)",传教士认为这是圣灵在通过他说话,因为张就从没有学过这句话,这句话"在我们的《教义要理》篇末,系用葡萄牙语写成,没有印成中文"[2]。

葡语在中国之外的"东方"作为通用语的情况,参考今日东方仍然以葡语为官方语言,或者葡语仍有影响力的国家和地区就够了:安哥拉、莫桑比克、佛得角、几内亚比绍、赤道几内亚、圣多美和普林西比、东帝汶、中国澳门、印度果阿等。葡语在当时的流行情况在传教士的通信中也有反映,以演出所使用的语言为例或许更能说明问题,因为演出是种大众传播。1580年1月18日,利玛窦致信耶稣会士 Emanuele de Góes,描述1579年11月,北印度国王阿克巴的使者 Said Abdullah Kahn 访问果阿,使者参观了圣保禄教堂和学院,寄宿生为欢迎使者而准备了葡语和波斯语的歌曲[3]。1603年,为迎接中国大主教的到来,澳门耶稣会天主之母学院排演了一出戏剧,讲述基督教历史上第一个隐士圣保禄的生平,一部分使用的是拉丁语,一部分使用的是葡语[4]。1612年,澳门举行复活节的庆祝盛典,有一场关于圣伯多禄3次不认主的戏剧,亦

---

[1] ［意］利玛窦著,P. Antonio Sergianni P. I. M. E 编,芸娸译:《利玛窦中国书札》,第26页。

[2] Francisco Furtado, *Carta Annua da China de 1621*, BAJA, 49 - V - 5, f. 325v.

[3] Ricci Matteo, *Lettere* (*1580 - 1609*), sotto l direzione di P. Corradini, a cura di F. D'Arelli, Macerata: Quodlibet, 2001, p. 9.

[4] Anonymous, *Annua do Collegio da Madre de Deos da Companhia de Jesus de 1603*, 49 - V - 5, ff. 23v - 24.

是使用葡语①。

需要指出的是,葡萄牙是最早进行地理大发现并向全球扩张的海上强国,并非由国家实力推导出的必然结果,更多地是由其地理位置、热爱航海事业的亨利王子(Dom Henrique Duque de Viseu,1394—1460)等因素促成的。不能以"强盛"等通常与帝国相关的词汇来想象葡萄牙的"海洋帝国",实际上葡萄牙一直用以小驭大的吃力姿势维系着海外事业,它不领有辽阔疆土,只有由商站、堡垒、据点等以点带面地串联起来的势力范围,因此,葡萄牙语作为通用语言的通用范围,也是点状分布,局限于殖民者、传教士、商人的活动范围,尤其是在成熟文明包裹中的据点,葡语使用的范围就像浓雾包围中毫无散射力的一豆灯火。

葡语在中国作为传教士的工作语言之式微始于法国传教士入华。自 1672 年至雍正(1723—1735 在位)初年,是法国传教团在北京及其他各省诞生和发展时期。1682 年,法国教会签署了关于法国教会自主权的声明,路易十四决心摆脱传教事业中各国保教权相关规定的约束。依据这个声明,1685 年 3 月,五名"国王的数学家"洪若翰(Jean de Fontaney,1643—1710)、白晋(Joachim Bouvet,1656—1730)、张诚(Jean-François Gerbillon,1654—1707)、李明和刘应(Claude Visdelou,1656—1737)从法国登舟前往中国,他们没有按照惯例,在里斯本停泊并领取葡国官方颁发的"护照"。而"数学家"的头衔是因为法国国王没有派遣传教团的特权,只得颁给这批传教士一纸"数学家"证书。1688 年 2 月 7 日五人抵达北京,他们将是在华法国耶稣会传教团的创建者和核心成员,从他们的汉文名中就散发出一股不同于葡萄牙保教权时代的

---

① João Roiz, *Annua do Collegio de Macau do ano de 1611*, BAJA, 49-V-5, f. 94v.

气息。这个时期,中国天主教徒的洗名也开始越来越多地法国化,比如,据 1685—1690 年年信,1684 年时,云梦县一名妇女领洗后取名 Isidore Hu,这是一个法语名字,之前并不常见①。该时间段内的耶稣会中国年信,提到传教士的名字一般都会加上国籍,对国籍的强调说明以前将耶稣会士视同为葡萄牙人的观念正在弱化。以上这些反映在文本上的细节变化,都说明时代正在起变化。1700 年,法国耶稣会士从葡萄牙保教权中分出,创立了法国传教团,首任团长张诚②。自 1703 年后,法国耶稣会士有自己独立的传教区,直接向罗马与巴黎报告,不需要服从葡属耶稣会中国副省会长的命令。18 世纪以降,耶稣会的文献中,法文资料的分量和重要性日见增长③。

17、18 世纪之交,葡萄牙文已失去通用语言的地位。房劳会传教士马国贤(Matteo Ripa,1682—1746)在回忆录中提及,他们这批 1710 年抵达中国的传教士,"只要我们有两个人以上聚在一起,就应该用拉丁文"。他们的国籍分别是意大利——马国贤和卢卡小辅祭会(Chierici Minori of Lucca)的庞克修(Joseph Ceru)神父、卡拉布兰会(Calabrain)的任掌晨(Don Gennaro Amodei)神父、遣使会(味增爵会)的德理格(Teodoricus Pedrini)和法国——图卢兹奥古斯丁会(Augustine friar of Toulouse)的山遥瞻(Fabri Bonjour)神父、圣母会(Order of the Mother of God)的潘如(Domenico Perroni)神父。④

---

① Juan Antônio de Arnedo, *Carta Annua de la Mission Sinica de la Companhia de Jesu desde el ano 1685 hasta el de 1690*, BAJA, 49-V-19, ff. 689–689v.
② [法]蓝莉著,许明龙译:《请中国作证:杜赫德〈中华帝国全志〉》,北京:商务印书馆,2015 年,第 46 页。
③ [美]夏伯嘉:《明末至清中叶天主教西文文献中的中国》,第 13 页。
④ [意]马国贤著,李天纲译:《清廷十三年:马国贤在华回忆录》,上海:上海古籍出版社,2013 年,第 16 页。

二、葡萄牙与耶稣会

那么，葡萄牙语为什么会在一定时期内成为东方世界的通用语，及耶稣会在东方的工作语言？这要从葡萄牙享有东方的"保教权"，及耶稣会与葡萄牙的亲密关系说起。简单地说，东方是葡萄牙的，所以，葡萄牙要求东方讲葡萄牙语。但不是每一个进入东方的修会都选择葡萄牙语作为内部工作通信语言。耶稣会在葡萄牙王权的支持下，进入东方，并获得最强势的发展，相应地葡语也在东方的耶稣会中取得强势地位。同期，在明末初次入华的多明我会会士，来自西班牙统治下的吕宋，除了大部分为西班牙人外，亦有少数意大利籍与从福建和菲律宾的中国教徒中招募的神职人员。方济各会在中国的传教士人数仅次于耶稣会，亦是从西班牙的殖民地菲律宾入华，西班牙人占了绝大多数，其中亦有意大利籍神父，但是没有训练中国籍的神职人员。这给东方的人造成一种错觉：耶稣会是葡萄牙的，方济各会、多明我会等托钵修会是西班牙的。实际上是不同国家与不同修会间的关系更紧密。多明我会、方济各会等诸修会也有会士按照葡萄牙的要求，在每次赴中国的行程中，从里斯本出发，并在果阿登陆，但是，葡萄牙政府滥用对强制性通道的控制权，对这些传教士进行审查和向他们索取贿赂。

保教权是教权与王权因相互需求而结合的产物。罗马教廷想搭上大航海的船通向新发现的大陆，以拓展基督的王国；而西、葡两国国王也乐意由教宗出面来确认其对新发现的土地拥有治权，这样，他们对新发现土地的治权似乎就有了一层宗教和道义上的"合法"色彩。教廷通过授予保教权的形式实现这种互利合作。

"保教权"国家在传教事业中拥有如下的权利和义务：1. 在保教权涉及的地区范围之内建立大小教堂、修道院、传教站及其他宗教建筑设施;2. 为殖民地的传教事业提供经费,包括维持、修建上述宗教建筑设施的经费;3. 从欧洲出发前往亚洲的传教士搭乘葡国船只,葡王并为传教士们提供一定的经费;4. 葡、西两国王室有权决定殖民地大主教、主教及其他高级神职人员的任命,包括了解这些候选人的名单;5. 参与掌管教会的税收;6. 否决那些未经国王和议会批准的敕书,包括教廷发布、由教宗签准的敕书;7. 由欧洲取道里斯本或马德里出发的传教士们,不仅要向天主和教宗宣誓效忠,还要向葡、西两国国王宣誓效忠①。

从以上各条可见"保教权"类似于天主教在某地区的专营权,有排他性,因此,必须划定范围,以免冲突。界线是由两个条约确定的:1493 年,教宗亚历山大六世(Alexander VI,1492—1503 在位)批准了《托尔德西拉斯条约》(Treaty of Tordesillas),在佛得角群岛以西 370 里格,从南极到北极划出一条直线,该子午线以东所有的或将来发现的一切地区都属于葡萄牙,该线以西属西班牙,从而确定了两国的西方界线;1529 年,西、葡两国又订立《萨拉戈萨条约》(Treaty of Saragossa),规定在摩鹿加群岛以东 17 度处划一条线,以西属葡,以东属西,从而确定了两国的东方界线②。本文中的"东方""西方"所指就是据此条约,葡萄牙称这个"东方"为"印度",在当时葡人的概念中,从好望角往东直至日本的广大地区都是"印度"③。

---

① Fr. Cosme Jose Costa, *A Missiological Conflict Between Padroado and Propaganda in the East*, Panaji: Pilar Publication, 1997, pp. 45 - 49. 转引自顾卫民:《以天主和利益的名义:早期葡萄牙海洋扩张的历史》,北京:社会科学文献出版社,2013 年,第 343 页。

② Frederick Charles Danvers, *The Portuguese in India, Being a History of the Rise and Decline of their Eastern Empire*, New Delhi: B. R. Publishing corporation, 2006, p. 390.

③ Charles Ralph Boxer, *Fidalgos in the Far East (1550 - 1770)*, HongKong, London: Oxford University Press, 1968, p. 159.

如上所述,保教权是教权与王权的结合,是精神王国与世俗王国的复合,是十字架与宝剑的架叠,但具体是哪一柄十字架与哪一把宝剑架在一起,呈现出迥异的景观。传教权要落实到不同的修会等实体上来实施,不同的修会间有不同的利益、理念。而控制着"东方"的葡萄牙与控制着"西方"的西班牙,偏偏又是两个民族主义情绪高涨的国度。不同的组合形成后,所发生的冲突,就呈现出复杂的利益纠缠的样态。比如,中国"礼仪之争"既是耶稣会与托钵修会之间的利益之争,也是葡、西两国在东方的利益之争。1680年代后,法国耶稣会士、葡国耶稣会士虽然属于同一个传教会,但是,因受不同王室资助,在中国发生分裂与斗争,这对矛盾更体现的是以国家利益为主导;教宗格里高利第十五世(Gregory XV,1621—1623在位)因不满世俗政权过度使用保教权,于1622年成立传信部,以推进罗马教廷对全世界传教事业的直辖,在中国也与耶稣会发生了剧烈的冲突,这对矛盾更体现的是以教权为主导。

16世纪末、17世纪来华传教士主要是"耶稣会+葡萄牙"组合。据1633年年信,开封某王爷的儿子失踪,儿子在失踪前,告诉父亲,他想去葡萄牙,这是耶稣会的人建议的。后来,在神父的帮助下,王爷找回了儿子[1]。葡萄牙这个目的地被作为建议提出,而不是建议去罗马,可见葡萄牙与耶稣会捆绑之紧密。那么,葡萄牙与耶稣是怎样走到一起的?

早在葡萄牙国王若望三世(João III, 1521—1559)时期,耶稣会便是王国中最有权势的修会[2]。若望三世是一名极富宗教热情的天主教徒,被称为"虔诚者若望"。这位君主在葡国积极地贯彻特兰托大公会议(1545—1563)的决定,推动葡萄牙天主教会的改

---

[1] João Fróes, *Annua da V. Província da China do Anno de 1633*, BAJA, 49 - V - 11, ff. 15v - 16.

[2] H. Boehmer, *Les Jésuites*, Paris: Armand Colin, 1910, pp. 82 - 83.

革,一些修会如嘉布遣会(Capuchins)、穿鞋的加尔默罗会(Shod Carmelite)、多明我会,在耶稣会士到来前已经做了一些有意义的改革,但是另外一些修会,如本笃会、奥斯定会、熙笃会(Cistercians)则抵制改革。耶稣会士正是在这个时候来到葡萄牙的,在改革的意愿、热情度、作风上与若望三世甚相契合,葡王对这个刚成立不久的、散发着新气象的修会有特殊的好感,耶稣会也不失时机地在葡萄牙及其海外殖民地展开传教和文化活动,同时,凭借娴熟的交际手腕和真诚,耶稣会士与葡国王室建立起密切的关系,获得尊崇。从1540年第一批耶稣会士来到里斯本算起,耶稣会在葡萄牙保持了两个世纪的繁荣①。

在西班牙,耶稣会的渗透则要缓慢得多,因为高级神职人员和多明我会士对耶稣会的渗透长期持反对态度。国王卡洛斯一世(Carlos I,1516—1556在位)和腓力二世(Felipe II,1556—1598在位)一方面接受耶稣会士的服务,另一方面又对这些教宗的士兵保持着警觉,因为担心耶稣会士会侵害他们的权力。耶稣会在西班牙上层阶级和宫廷之中拥有绝对势力是在17世纪才实现的②。此时,东西方的传教、殖民利益格局已较固定,即使1580—1640年西、葡两国合并时期,欧洲的传教士也都是在葡萄牙保教权的庇护之下前往远东的。"这时,葡萄牙人对传播福音的垄断无人可以挑战,几乎所有的传教士都是葡萄牙人,而那些来自欧洲其他国家的传教士实际上已丧失了自己的民族身份,变成葡萄牙国王的部分随员。"③从各教宗国及其附属的大公国派来的意大利人,以及从比利时、瑞士、莱茵区、巴伐利亚、波西米亚和奥地利来的传教士,

---

① 顾卫民:《以天主和利益的名义:早期葡萄牙海洋扩张的历史》,第156—175页。
② H. Boehmer. Les Jésuites, pp. 85 - 88.
③ 郑妙冰:《澳门——殖民沧桑中的文化双面神》,北京:中央文献出版社,2003年,第53页。

都为葡萄牙所接受①。尤其意大利人的民族主义情绪比西班牙人、葡萄牙人淡得多，且文化上更温和，大航海贸易中，意大利商人就在西、葡两国间游刃有余，在传教上同样深得信任，在中国的传教士中意大利人成绩较为突出。西班牙的传教士除极少数的例外，大都遭到严格排斥。法国人的大多数也不受欢迎。正是西、法两国分别在16世纪下半叶、17世纪下半叶成为葡萄牙东方利益的最大挑战者。

西班牙在西方对保教权的使用同样透着强烈的民族主义色彩，其建立"世界天主教王国"的理想就是"西班牙主义"。传教士不仅应信奉上帝，同时也应效忠于西班牙国王，他们的使命就在于"除向没有受到福音之光感召的人们传播上帝的崇高和光荣之外，也在于寻求西班牙的威严和强大"②。西班牙人将其行使保教权的美洲变成"拉丁美洲"，因为讲拉丁语系的语言而得名。

在华法国耶稣会的民族主义色彩更强，葡萄牙耶稣会一直以来包括来自欧洲各个天主教国家的传教士，法国耶稣会士基本是单一的法国籍。

三、葡文文献的重要性

里斯本成为远东的入口，除了葡萄牙王家印度船队的轻快帆船和大商船外，任何船只都不允许在非洲和亚洲的海面上航行，没有葡萄牙国王的许可，任何传教士都不得进入这些地区。对于当时的传教士而言，前往东方的唯一途径就是先到葡萄牙，在那里宣誓效忠葡萄牙国王，然后再搭乘每年从里斯本启锚驶往印度的船

---

① ［美］约瑟夫·塞比斯著，王立人译：《耶稣会士徐日升关于中俄尼布楚谈判的日记》，北京：商务印书馆，1973年，第84页。

② 张铠：《庞迪我与中国》，郑州：大象出版社，2009年，第4页。

只前往东方①。葡萄牙国王则"或多或少地将海外的主教和神职人员视同为国家的公务员"②。

除了这个具有仪式感的"入籍宣誓"之外,葡萄牙语的使用和传播被视作帝国统一和发展的保障,达·伽马③的语言也要成为所有前往东方的传教士的官方语言。因此,非葡籍传教士在启航前,要在葡国进行葡语培训。据魏特著《汤若望传》,1617 年,汤若望在办妥了前往东方传教所需要的旅行证后,接着去了葡国,他在葡萄牙的主要任务就是学习葡语④。菲利浦·米尼尼考证出利玛窦在学习葡萄牙语时可能使用过下列书籍:

Fernão de Oliveira 著《葡萄牙语语法》(*Grammatica della Lingua Portoghese*);Pero Magalhães Gandavo 著《葡萄牙语写作规则,附葡萄牙语之辩护》(*Regole che insegnano la maniera di scrivere l' ortografia della lingua portoghese, con un dialogo che segue la difesa della stessa lingua*,1574);Duarte Nunes de Leão 著《拼法规则》(*Ortografia*,1576)。为了练习葡萄牙语,利玛窦可能还阅读过 Luís de Camões 的《卢济塔尼亚人之歌》(*Os Lusíadas*);利玛窦还可能读过历史学家 João de Barros 写的旨在歌颂葡萄牙帝国和基督教信仰扩张的《亚洲十章》(*Decadi dell'Asia*)或 Diogo de Couto 著的《十章》(*Decadi*)及 Fernão Lopes de Castanheda 著的《印度的发现与征服》(*la Storia della*

---

① [意]菲利浦·米尼尼著,王苏娜译:《利玛窦——凤凰阁》,第 53 页。
② Charles Ralph Boxer, *The Portuguese Seaborne Empire 1415 - 1825*, London: Carcanet, Gulbenkian, 1991, p. 230.
③ 瓦斯科·达·伽马(约 1469—1524,葡萄牙语: Vasco da Gama),葡萄牙航海家、探险家,是开拓了从欧洲绕过好望角通往印度的地理大发现者。在 1869 年苏伊士运河通航前,欧洲对印度洋沿岸各国和中国的贸易,主要通过这条航路。这条航路的通航也是葡萄牙和欧洲其他国家在亚洲从事殖民活动的开端。
④ [德]魏特著,杨丙辰译:《汤若望传》(第 1 册),北京:知识产权出版社,2015 年,第 36 页。

scoperta e conquista dell'India)等书籍①。

此外,葡萄牙在东方更多派用葡萄牙人。据荣振华《在华耶稣会士列传及书目补编》,明万历年间至清嘉庆中期,在华耶稣会士收有 920 人,其中有 337 个是葡萄牙人,其后依次是 156 个法国人、133 个中国人(包括澳门籍)、109 个意大利人、34 个德国人、33 个比利时人、28 个西班牙人等。葡萄牙国王还利用在保教权中的影响力,促成葡萄牙耶稣会会士在耶稣会东方传教区中担任高级职位,1622—1775 年耶稣会中国副教省的 44 任会长,大部分由葡萄牙耶稣会的会士担任,1568—1771 年耶稣会的 44 任日中视察员中,葡萄牙耶稣会会士也占绝大多数②。

葡国通过这些人事安排,以及对航道(信道)的控制,加上耶稣会对通信和保存档案的重视,使得该段历史时期葡文史料可贵而且可得。以里斯本阿儒达图书馆(Biblioteca da Ajuda)收藏的《耶稣会士在亚洲》系列文献为例说明之。《耶稣会士在亚洲》反映了 16—18 世纪天主教在远东传播的整体框架与发展过程,地域涵盖日本、中国、安南、越南、马六甲、印度等传教区,由于中国的广东、广西和海南传教区被划入日本教省,安南教区又长期在澳门主教区的管辖之下,所以,许多不以中国命名的档案中亦有涉华内容。内容琳琅满目,包括远东地区耶稣会士的私人通信(主要是耶稣会成员之间)、花名册、公证书、任命书、辞职信、辩护词、判决书、请愿书、证明书、教宗训喻、赦免令、驱逐(出教会)令、会议纪要、事件汇报、人物传记、遗嘱、规定、回忆录、许可证、向中国君主所上的奏疏、照会等等。

---

① [意]菲利浦·米尼尼著,王苏娜译:《利玛窦——凤凰阁》,第 55 页。
② 董少新:《葡萄牙耶稣会士何大化在中国》,第 1 页。统计资料据[法]荣振华著,耿昇译:《在华耶稣会士列传及书目补编》,北京:中华书局,1995 年,第 781—792 页。

具体来看一下编号 49 - V - 14、49 - V - 15 之下所收内容纲目①：

表2 《耶稣会士在亚洲文献》内容列举

49 -V - 14	
中国教省档案文献类编（谭若翰修士等抄本，1745年以后）②	
印度消息，锡兰国的动乱	1656 年
中国礼仪	1656 年，1660 年
日本教省年信	1656 年，1658 年，1659 年，1660 年
中国副省年信	1656 年，1657 年，1660 年
越南传教士 André 在安南国殉教始末	1656 年
副省会长方德望（Estevão Fabro）神父传	1657 年
威尼斯共和国接受耶稣会	1657 年
汤若望：《论中国历法》（拉丁文）	1658 年
若望四世和堂·路易莎·德·古斯芒（D. Luísa de Gusmão）关于庇护前往印度传教的耶稣会士的照会	1658 年
日本教省欠中国副省、葡萄牙和果阿之债务	1659 年
通过宗座代牧颁发的教宗克勒芒四世谕令	1659 年

---

① 摘录自董少新：《里斯本阿儒达图书馆藏〈耶稣会士在亚洲〉评介》，第197—207页。个别译词做了调整。
② 该套《耶稣会士在亚洲》绝大部分为18世纪中期的抄本，也有少量16世纪的抄本。谭若翰（João Álvares, 1718—1762以后）修士是该档案的抄写员之一，"1745年以后"指的是该档案的抄写时间。

续 表

49-V-14	
中国教省档案文献类编(谭若翰修士等抄本,1745年以后)	
关于废除"新基督徒"和"土著人"等名称的请求	1660年
1660年,1661年果阿教省年信	
圣方济各·沙勿略圣迹	
日本教省与中国副省合并计划	1665年

49-V-15	
中国教省档案文献类编(谭若翰修士等抄本,1745年以后)	
1665年日本教省年信	
1660—1661年中国副省年信	
葡萄牙与比利时和平协议	1660年
中国礼仪问题	1660—1661年
安文思神父在北京被监禁、获得自由之经过及其遗书	1661年
鞑靼皇帝之死及其继位人之选择	1662年
1664年的彗星	
中国对天主教的迫害	1664—1665年
越南殉教诸神父	1665年
圣依纳爵·罗耀拉(Santo Inácio de Loyola)圣迹	1665年
北京耶稣会神父被驱逐至广州	1666年

续　表

49-V-15	
中国教省档案文献类编(谭若翰修士等抄本,1745年以后)	
加入传信部的耶稣会士	1666 年
宗座代牧	1667 年
冉森教派(Jansenistas)的秘密政治活动	1667 年
荷兰使节在北京	1667 年
法国耶稣会致安南国王书	1667 年
玛讷撒尔达聂使节的开销	1667 年
葡使秘书 Bento Pereira de Faria 致澳门市民书	1670 年
致一位在中国传教的传教士书	1687 年

可见,这套文献不只是一部天主教东传史,也不只是一部葡萄牙的海外扩张史,而是一部囊括万象的中西交流史。本书的主题"中国年信"只是其中一角。《耶稣会士在亚洲》以葡萄牙文、拉丁文、西班牙文、意大利文等写成,而以葡萄牙文为主,作为其中之一部分的耶稣会年信,也主要是由这种语言构成。至此,年信为何以葡语本为多,已经有答案了。《耶稣会士在亚洲》系列文献共 61 卷,总计 5 万 7 千余页。而类似的葡文原始文献,数量更是难以计数①。教会之外,还有当时使节、商人、旅行家等以葡文书写的史料,不及传教士留下的档案磅礴、系统,但亦颇为可观,以各自的视角展示着那个时代更多的面相。

---

①　董少新:《葡萄牙耶稣会士何大化在中国》,第 7—8 页。

记录16—18世纪中西关系史的文献中,葡文文献最多,且最重要。葡萄牙语、法语、英语分别书写着从地理大发现以来中西交往乃至人类迈向全球化的三个阶段,而且葡语时代是后世的起源和铺垫。但是,这一时期留下的大量葡文资料,与其后的法文资料以及再其后的英文资料的利用程度相比,远未得到与葡语在该时期的历史地位相匹配的利用。造成这种局面的原因是葡萄牙和葡萄牙语已失去昔日的辉煌地位——前人的历史重要性取决于其后人的现实重要性;葡萄牙本国的汉学研究在欧洲诸国中也不算突出。其实,对于葡文文献的重要性,学界已经普遍知晓,周振鹤、夏伯嘉、张西平、戚印平、顾卫民、董少新等学者不仅提倡,而且身体力行,做出示范性的研究。但突破语言的技术壁垒,积聚更多此方面的人才以带动起氛围,还需假以时日。本书不揣谫陋,试从年信入手,开掘这座大山,不知有生之年,能转到山上的几座丘,开出几片蓑衣田,惟愿尽力而为。

第三节 写作过程

年信的制作经过采、写、编、抄四步。"采"指采集信息,关于采集手段及信息源,请参阅本研究第三章中《年信的信息源》;"写"指撰写传教纪要(葡文 pontos/apontamentos,英文 points),内容包括当年各住院的传教士在岗情况和工作分工、新发展的教徒人数、教徒中的优秀事例、世俗事件(构成福传事业工作条件或对福传事业的成果有影响力的事件)等,地域范围限于该住院所辐射的传教区域,事件范围限于刚过去的一年,这一步在各住院的层级完成,住院院长是责任人;"编"指的是将各住院汇总来的传教纪要精简编辑,合成一篇完整的中国年信,这一步在中国副教省的层级完成,副省会长是责任人;"抄"指的是年信编写完成后,抄写数份,通过不同的航路寄往设于罗马的耶稣会总部,并留副本存档。

一、传教纪要写作

年信信息来源多样,传教士的私人通信、专项报告、教友来信、邸报消息、口述等都可出现在年信中,但是,传教纪要始终是年信写作的基础素材。

证明传教纪要对年信编撰之重要性的,是年信作者屡屡的"抱怨"——他们只有在未收到传教纪要的情况下才提及传教纪要,以为该年信的质量缺陷开脱。比如,1633年年信中的开封住院部分不够翔实,"因为该(开封府)住院的传教纪要未到,除了神父们怎样与其教友团体保持着交流,践行着我们的使命,并收获了许多灵魂之果之外,其余,就不讲了"[1]。1643年年信"不能详述延平(Yên Pim)府新教堂的竣工及牧养教民的情况,因为该住院的传教纪要未能及时送达"[2]。1657年年信没有按照惯例首先讲述北京情况,"中国各地(教务情况)欣欣向荣,一帆风顺,我们在讲每个住院和教堂时,就会看到。先从福建开始讲吧,北京的传教纪要未能及时地送到,本期年信赶不上了"[3]。

撰写传教纪要是住院院长的责任,比如,1647年上海住院传教纪要的作者是上海住院院长潘国光(Francisco Brancati, 1607—

---

[1] João Fróes, *Annua da V. Província da China do anno de 1633*, BAJA, 49-V-11, ff. 1-2.

[2] Antônio de Gouvea, *Ânua da Missão da China da Vice-Província do Sul de 1643*, BAJA, 49-V-13, f. 520.

[3] Manoel Jorge, *Annua da Vice-Província da China de 1657*, BAJA, 49-V-14, f. 151.

1671),泉州住院传教纪要的作者是泉州住院院长聂伯多,福州住院传教纪要的作者是福州住院院长何大化;1657年上海住院传教纪要的作者是上海住院院长潘国光,福州住院传教纪要的作者是福州住院院长何大化,常熟住院传教纪要的作者是常熟住院院长贾宜睦(Jérôme de Gravina,1603—1662),延平住院传教纪要的作者是延平住院院长瞿西满(Simão da Cunha,1590—1660)等。不过,住院院长将这项工作委托他人的情况也不少见。北京住院院长汤若望因太忙,经常不能履行写传教纪要的责任,汤若望负责牧养宫中的女教徒,还承担修历的重任,宫女奉教情况汇报就由邱良厚修士(Pascal Mendez,1584—1640)代劳,1639年年信中《皇宫中的教徒状况和进展》一章,即是年信编撰者孟儒望根据邱良厚的传教纪要写成[1]。1652—1654年年信中提到,汤若望"因忙于皇帝交代的事,没有时间为年信编撰提供新领洗者人数,以及有教育意义的实例",只好由安文思、利类斯(Luís Buglio,1606—1649)代为完成[2]。

年信有较固定的完稿日期,以凑船期,相应地可倒推出对传教纪要也应该有截稿日期的要求。每年年信总有一些住院情况空缺,因为不能等齐所有传教纪要才动笔写年信,当年缺席的住院的信息在迟到后,就留待下一封年信使用。1643年华南年信有两个抄本:BAJA,49-V-13,ff.502-520v.(简称BA1)和BAJA,49-V-13,ff.85-102v.(简称BA2)。该年信的《建宁府住院》一章,除第一段的人员变动情况之外,其余内容完全不同。BA1抄本是关于杜奥定(Agostino Tudeschini,1598—1643)神父怎样受

---

[1] João Monteiro, *Annua da Vice Província da China do anno de 1639*, ARSI, JS121, f.231.
[2] Manoel Jorge, *Annua da Vice-Província da China do ano de 1652*, BAJA, 49-IV-61, ff.210-210v.

折磨而死的经过,并追溯了他的奉教生平①。BA2 抄本是 6 个有教育意义的案例,包括驱魔、救治难产、圣梦、求雨等②,全是老生常谈之例。从文笔上,BA1 抄本细节充实,BA2 抄本则很单薄。BA1 抄本的签署日期是 1645 年 8 月 15 日,BA2 抄本的签署日期是 1644 年 8 月 13 日。可以推测,因为建宁府住院的传教纪要迟迟未到,该年信总撰稿何大化只能因陋就简,写了 BA2 抄本,待该住院的传教纪要送达后,才将内容补充进来。

对传教纪要的写作要点,应该是有要求的,或者至少在传教纪要的作者们当中有一个约定俗成的信息采集、供稿标准,明确有哪些信息是必须提供的。在年信成稿中,时常会有一些受洗人数数字空缺,年信总编撰者认为传教纪要作者会提供这些数据,就先空着,待收到传教纪要后填上,只是后来这些数据仍未等到。

传教纪要的作者虽然只是素材提供者,但也具备一定编辑意识,体现在对传教纪要的初级编辑加工上。比如,将收集到的事例进行同类归并,捐献教堂事例通常连续几个合在一起,讲述圣水、圣枝等圣物的奇迹时,也通常连续几个合在一起。再如,围绕某个主题,引用多个事例论证,等等。

一份经过编辑处理的、条理清晰的传教纪要是会令年信作者心旷神怡的。郎安德(André Ferram,1621—1661)在 1656 年年信的《陕西省西安府住院》一章写道:"如果所有的传教纪要都像该住院的,编撰年信的工作就很轻松,因为该住院的传教纪要,既不需减,又不需添,其中的内容我一点儿没动,就让它保持着原作者的风格吧。"接着,郎安德透露该传教纪要的作者是新任副省会长

---

① António de Gouveia, *Annua da Missão da China da Vice Provincia do Sul do Ano de 1643*, BAJA, 49 - V - 13, ff. 518v - 520v.

② António de Gouveia, *Annua da Vice Província da China nas Partes do Sul do Ano de 1643*, BAJA, 49 - V - 13, ff. 101v - 102v.

瞿西满①。也许初来乍到的郎安德是在此处特意向上司致意,也许瞿西满的文本处理确实更有条理,他将有教育意义的事例按照表现"教徒的宗教热情的""带神迹的"等分类,而对事例进行分类正是年信作者要做的工作之一。

二、年信写作

各地传教纪要寄给副省的省会长,再由他来组织年信撰写。1654年,中国副教省的会长发生变动,由阳玛诺替曾德昭(Álvaro de Semedo,1585—1658)。曾德昭时在广州,阳玛诺在上海。1654年6月27日,日中视察员Sebastião da Maya在上海宣布了任命。因为权力交接,"副省会长无法及时汇总、处理各住院的传教纪要",可能传教纪要已经寄向广州。为了赶上船期,该年度的年信就近由澳门圣保禄学院的Luiz Pinheiro代写,这份简洁的年信终于在1654年12月3日匆匆寄出②。Luiz Pinheiro不隶属于中国副教省,荣振华的《在华耶稣会士列传及书目补编》中提到了他,指出提到他的理由是签署了该年信③,正好与年信中反映的情况对上。

省会长是年信撰稿人、责任人。何大化代中国副省的会长撰写了1644年华南年信,但他做了说明:"因为中国是一个有专职副省会长的副教省,目前,由傅汎际神父担任,所以,副省会长将承担起撰写年信的责任。一旦条件大门打开,他将会在第一时间写

---

① André Ferram, *Annua da Vice-Província da China de 1656*, BAJA, 49-V-14, f. 67v.
② Luiz Pinheiro, *Carta Annua da V. Provincia da China do Anno de 1654*, BAJA, 49-IV-61, ff. 299v-300v.
③ [法]荣振华著,耿昇译:《在华耶稣会士列传及书目补编》,第506页。

好。"他还在落款上注明"奉副省会长之名执笔"①。

如上所述,省会长往往只承担责任人的角色,而不躬自撰写。分析年信执笔者的身份,可以发现省会长喜欢指定两类人代笔。第一类是新入华传教士。金尼阁于1610年进入中国,甫抵就被委任编辑1610—1611年之年信②;傅汎际于1619年7月22日抵达澳门,进入内地之后,往返于杭州、嘉定之间,学习汉语,1621年7月,即在杭州编写完成了《1621年耶稣会中国年信》;孟儒望(João Monteiro,1603—1648)1637年来华,是1637、1638、1639年的年信编撰者;安文思1640年来华,是1640年年信的编撰者;张玛诺1651年来华,是1652—1654年年信的编撰者;郎安德在撰写1656年年信时,登陆澳门才6个月,还未进入中国内地,他的名字还未列入中国副省的传教士名录,为此,不得不在开篇自我介绍一番③。他们可以借着编写年信,了解中国传教区的情况,有助于他们的融入。当然,"新手"定会面对不掌握中国传教区的情况,写出来的年信是否可靠的质疑。郎安德特意在1656年年信即将收笔时,做了一番声明:"因为这封年信写于澳门,或许有某人或某些人反对将年信交给还没进入中国、没有在中国传教经验的人来写,我想在此提请注意,我相信写传教纪要的神父们没有欺骗我,我也诚不欺骗他们,他们写来的传教纪要我是一字一句(verbo ad verbum)读的。"④省会长喜欢任用的另一类代笔者是文字能力超群的人。何大化的葡文写作能力较高,存世的作品大都是用葡文

---

① Antônio de Gouvea, *Annua da V. Província do Sul na China de 1644*, BAJA, 49-V-13, ff. 541-541v.
② [德]魏特著,杨丙辰译:《汤若望传》(第1册),第33页。
③ André Ferram, *Annua da Vice-Província da China de 1656*, BAJA, 49-V-14, ff. 62-63.
④ André Ferram, *Annua da Vice-Província da China de 1656*, BAJA, 49-V-14, f. 93.

写成的,也许耶稣会中国副省会长正是看中他的这一才能,命他较多地承担了耶稣会中国年信和传教史的编撰工作,何大化撰写了8份中国年信,是17世纪入华传教士中,写年信最多的。张玛诺在1657年年信中说:"不懂中国语言、文字,不懂中国习俗的人,不应该也没能力撰写年信,经验已向我们证明。"①1657年年信是张玛诺撰写的第5封年信。

接下来看年信作者是怎样开展具体写作的。年信作者要做的一项必要的前期准备应该是材料筛选,将不在时间范围内的材料筛掉,这主要是就提前到来的消息而言的,这些消息本该属于下一年度报道范围,就不用它,以免对下一年度的年信作者造成可能重复报道的困扰,对于本该在上一年度报道的迟到的消息,则将其补录入当年年信,以免遗漏,简单地说,即"顾前不顾后"。比如,"南京教案"肇始于1616年,1615年年信是1616年完成的,但是,对于教案只字未提,直至1618年1月完稿的1616—1617年年信,才有了一份完整的教案报告,该年信的作者李玛诺说,因为它不属于当年年信的报道范围②。再如,1648年年信写于1649年8月8日,艾儒略(Giulio Aleni,1582—1649)于1649年6月10日在延平去世,在撰写《延平府住院》一章时,作者写道:"我们将在下一封年信中介绍艾儒略的去世。"③虽然作者已经掌握了艾儒略去世的信息,但是,由于不属于1648年度,所以仍旧按下不表。1660年华南年信作者成际理使用的传教纪要包括1658年、1659年的,因为这两年的传教纪要没有使用,而且1660年的传教纪要到得不齐,

---

① Manoel Jorge, *Annua da Vice-Província da China de 1657*, BAJA, 49-V-14, f. 149v.
② Manoel Dias junior, *Annua da Missão da China dos Annos de 616 e 617*, ARSI, JS114, f. 13v.
③ António de Gouveia, *Cartas Ânuas da China (1636, 1643 a 1649)*, edição, introdução e notas de Horácio Peixoto de Araújo, p. 403.

干脆留待下年使用①。了解年信作者的时间筛选原则的一个好处，是在利用年信做研究时，对一些事件发生时间的推断更方便了。

按照时间筛选素材之后，还要按照报道价值筛选素材。报道价值包括教育意义、宣传意义、可读性等。对前二者，一些年信作者有直接的论述。何大化在撰写 1643 年华南年信时表示，他的择稿标准分为两类：一类是能很好地展现圣灵是怎样使这些新植物茂盛成长的；一类是让培育、灌溉这些植物的园丁感到欣慰的②。"可写事例太多，不能一一记载，只能拣最重要的、最显主荣的讲"③，这与耶稣会"愈显主荣"的宗旨一致。1651 年年信作者聂伯多"透露"年信的选材标准是"只讲那些超常规的，能够愈显主荣，能够强化信徒们的宗教热情，能够激发有宗徒热情的勇士们来向此地人民传播天主教的"④。愈显主荣、鼓舞教徒、招募传教士正是年信中众多有教育意义事例所期待达成的三个传播效果，而越是超常规的、越是接近于神迹的事例，对上述三个目标的实现越有效。

可读性的标准比较宽泛，新奇性、知识性、趣味性等都包含在其中。比如，1615 年年信详载万历母亲的葬礼，因为"皇室成员的丧葬还不为欧洲所知晓，迄今无人写过，即使是中国人也不熟悉，因为它不经常发生，因此，我若向您做个稍微长一些的报告，哪怕有违年信要简洁的要求，也应不算奇怪"⑤。这体现的是知识性。

---

① Gabriel de Magalhães, *Annua das Residência do Norte da V. Província da China no Anno de 1660*, BAJA, 49-V-14, f. 702v.

② António de Gouveia, *Cartas Ânuas da China (1636, 1643 a 1649)*, edição, introdução e notas de Horácio Peixoto de Araújo, p. 150.

③ António de Gouveia, *Cartas Ânuas da China (1636, 1643 a 1649)*, edição, introdução e notas de Horácio Peixoto de Araújo, p. 166.

④ Pedro Canevari, *Carta Annua da China a 1651*, BAJA, 49-IV-61, ff. 75-120, f. 124.

⑤ Manoel Dias junior, *Annua da Missão da China do Anno de 1615*, ARSI, JS113, f. 395v.

事实证明,阳玛诺在选材上还是有眼光的。曾德昭《大中国志》(1636)第一部第十七章《太后的葬礼》,即抄录自阳玛诺的1615年年信①。经过对比,段落安排、语句顺序完全一致,但年信中的记录更翔实,曾德昭书是年信的略写版。不管取其宣传价值,还是教育价值,年信作者在选材时始终有一只眼睛是盯着可读性的,可读性是教育价值、宣传价值的放大镜。1643年华南年信作者何大化说:"福州教徒中的事例很多,要么就是驱魔,要么就是奇迹般地祛病,这些是通过圣洗、圣水、圣母会教友的殷勤祈祷实现的,他们聚在病患家中,祷告很有效果。还有一些圣梦,有的患者病入膏肓,三日不醒,说自己亲见了地狱、炼狱,还有人说看见天主。因为这些事例在教内是常见的,我就不再赘述,我只讲一件有新意的事。"②1657年年信作者张玛诺说:"神父在其传教纪要中记载了许多事例,……对于这些事例,我们选择那些最有教育意义的和读来不那么乏味的来讲。"③1694—1697年年信作者苏霖说:"在上海住院的传教纪要中,有许多富于教育意义的事例,我从中找出了两件最不寻常的。"④

筛选材料之后,还要对这些材料进行改写、简写、重新组合等加工。对于以上文本处理,还是以实例来说明更为清晰。以下将考察上海住院负责人潘国光撰写的1648年度传教纪要,是怎样被该年年信作者何大化使用的。何大化对这些素材做了三种处理:

---

① 该相关内容参见 Manoel Dias junior, *Annua da Missão da China do Anno de 1615*, ARSI, JS113, ff. 395v - 399v.
② António de Gouveia, *Cartas Ânuas da China (1636, 1643 a 1649)*, edição, introdução e notas de Horácio Peixoto de Araújo, p. 159.
③ Manoel Jorge, *Annua da Vice-Província da China de 1657*, BAJA, 49 - V - 14, f. 160.
④ Joze Suares, *Annua do Colégio de Pekim desde o fim de Julho de 94 até o fim do mesmo de 97 e algumas outras Rezidências e Christandades da Missão de China*, BAJA, 49 - V - 22, f. 534v.

简写、部分删节、弃用。

简写例一：

潘国光的传教纪要中记载了圣周中教徒公开鞭笞苦修的场景：

> 圣周的庆祝活动有极多的人参加，他们极为虔诚。在礼拜四，行濯足礼，与往年的方式一样。礼毕，全体教徒都拿起了鞭子，鞭笞在复活节前的三天连续进行，他们严苛地执行着这项苦修，泪流满面。听者在鞭子抽打的声音中，心生虔敬。鞭笞苦修在当地很流行，几乎没有教徒没有鞭子。这其中的很多教徒还穿着苦行衣。很多教徒自我鞭笞时间很长，血流得不够多，绝不停手。"苦会"的教友们尤其认真进行这项苦修，每个周五都有，上海县的大教堂中如此，上海周边村落里的小教堂亦如此①。

何大化简化后的版本为：

> 圣周在非常虔诚与奉献中度过，尤其最后三日，(教徒们)连续进行公开鞭笞，他们以血洗身②。

何大化将场景描写变为事件简报，可能因为同类事例太多，在各地都非常常见，所以做了简约处理。

简写例二：

潘国光的传教纪要记载了徐光启家族中的一个事例：

> 徐光启的孙女徐翠娘（Kiú Cuî Niâm）有一个女仆，在重病中见到群魔乱舞，她听主人说过，圣教可以驱魔，便说出入

---

① Francisco Brancato, *Annua da Residência de Xangai do Ano de 1648*, BAJA, 49-V-13, ff. 473-479.

② António de Gouveia, *Cartas Ânuas da China*（1636，1643 a 1649），edição, introdução e notas de Horácio Peixoto de Araújo, p. 390.

教的愿望,魔鬼为阻止她进教,三番五次来折磨她,还用棍子打她的头。魔鬼愈是嚣张,她的决心愈加坚定,魔鬼最终放弃,而她也被折磨得奄奄一息。神父赶来为她施洗,已近半夜。她在受洗之后,不仅彻底摆脱了魔鬼的烦扰,而且疾病也在当日消除。这个奇迹使冷淡的教徒重燃宗教热情,还使一些不信教的信教[①]。

由于在这个事例之前,何大化记载了另一个类似的事例:某人中魔,只有一个少年能忍受他,耐心帮他进行入教前的准备,中魔人终受洗。何大化就在该事例之后,缩写了上述徐家女仆的事例:"凭借圣洗之功,某女教徒也获得了健康、自由,而她在此之前深受面目可憎的魔鬼的折磨。"[②]这个缩写对于当代研究徐光启的学者来说自然是可惜的,如果不对照着读潘国光的传教纪要,就不知道"某女教徒"原来是徐家的女仆,进而推断徐家上下的宗教氛围。

部分删节例一:

何大化的讲述:徐光启的长孙媳妇的儿媳,还未过门,丈夫死了,决心为天主而终身守贞,在与父母激烈抗争之后,遂愿。

潘国光的传教纪要,在讲述这个故事前,先交待了背景:这个儿媳守寡之后,重病一场,丈夫托梦于她,劝她进教。她便领洗,并向天主发贞洁愿,为了守住誓言,她从亲生父母的家中搬出,搬进婆婆家住,因为后者是天主教家庭。因为这个故事在1645年年信中有记载,而作者也是何大化,所以,何大化在编撰1648年年信时,这个背景就从略了。

[①] Francisco Brancato, *Annua da Residência de Xangai do Ano de 1648*, BAJA, 49-V-13, ff. 476-476v.

[②] António de Gouveia, *Cartas Ânuas da China*（1636，1643 a 1649）, edição, introdução e notas de Horácio Peixoto de Araújo, p. 393.

部分删节例二：

潘国光讲述了婆媳二人的奉教事例：

某女教徒，同意亲人为其儿媳拜佛治病，梦中受到天主警示，悔改，儿媳入教。儿媳后来又生病了，想找神父忏悔，因为丈夫阻拦，路途又远，没有去成，随着病情好转，便将忏悔的事抛在脑后。后来，病情复发，她又想去忏悔，病情一好，便又冷淡下来，如此反复几次，她终于意识到忏悔的必要性，克服困难，前去忏悔①。

何大化省略了儿媳入教后对忏悔的犹豫反复。原因可能有二：其一，会削弱该案例的教育意义；其二，同类"反复食言"的案例在该年度的年信中已有一例，在该章《上海住院》的前一章《杭州住院》中有：某人承诺，若基督徒帮他驱魔成功，就会入教，结果两次食言，最后在疯癫中自刎②。

弃用例一：

潘国光在该年度的传教纪要中，讲述了徐光启家族的奉教事迹，涉及徐光启的长孙媳妇 Flavia、Flavia 的儿媳妇、徐光启的孙女 Agueda、Agueda 的妹妹 Monica、徐光启孙女许甘第大（Candida）的大儿子、小儿子等 6 个人。但是，Monica 的事迹被何大化弃用。这个事迹如下：

> Agueda 的妹妹叫 Monica，她丈夫的兄弟几天前刚去世。尽管死者已经受洗，但是，仍然过着异教徒的生活，并不关心灵魂得救之事，临终前也未行告解，死者的家属还为死者举行了佛教法事。Monica 尽管仍旧为死者的灵魂得救而向天主祷告，但是，她的心里是惶惑的，不知该不该为这样的人代祷。

---

① Francisco Brancato, *Annua da Residência de Xangai do Ano de 1648*, BAJA, 49-V-13, ff. 476v.-477.

② António de Gouveia, *Cartas Ânuas da China*（1636，1643 a 1649），edição, introdução e notas de Horácio Peixoto de Araújo, p. 387.

就在她祷告的下午,她看见了异象。死者的灵魂破门而入,进了她的祈祷室,面目可憎,还被锁链拴着。同时,她还看见幻化成牛形①的一些魔鬼,在拖拽屋内的物品。Monica 明白,这个可怜的亲戚已经下地狱了,她立即停止了祷告,这个可怕的异象随即消失了。

何大化未使用的原因可能有二:第一,这件事的教育意义是从负面来讲述的,还有可能有损于徐光启家族作为奉教模范的形象。第二,教内对神迹、圣梦持尽量避免谈论的态度,尽管潘国光在叙述这件事后特别加注一句说明:"事主告诉我说,当时她是警醒着的,没有睡着。"②

弃用例二:

潘国光载:1648 年松江府的水稻收成不好,好在没饿死多少人,但是,李成栋在广东反正,打破了这种风平浪静的局面,"成栋松江人,时孥帑在焉"③,顺治下令将李成栋在松江的亲眷押往南京,将李成栋在松江的军队拆散,分往各地。这一系列变动引发了松江民众的恐慌。

潘国光的这段对松江时局的记载,何大化完全未使用,大概是觉得与"教育意义"无关。

弃用例三:

潘国光载:某年轻秀才生病了,梦见两个和尚要他去修一座将倒塌的破庙,他将这个梦告诉不信教的母亲,母亲又告诉了其他亲戚,大家都劝秀才按照和尚说的去做,但是,秀才坚持天主教徒

---

① 在基督教文化中,"金牛犊"是偶像崇拜的象征。
② Francisco Brancato, *Annua da Residência de Xangai do Ano de 1648*,BAJA,49-V-13, f. 474.
③ (清)钱澄之撰,诸伟奇、程美华校点:《所知录》卷二,合肥:黄山书社,2006年,第 72 页。

不能崇拜偶像,他的坚持得到天主奖赏,两天之后,病就好了①。

何大化不使用该案例的原因,可能是同类的事例太多。

弃用例四:

潘国光载:某教徒在村里建立一座教堂,几名皂隶对其勒索,教徒凛然而不屈从,皂隶眼见一无所获,就将一幅圣母像带走了,教徒立即告官,要求归还。

何大化没有引述这个事例的原因,可能是因为无下文。或者是本来有下文,但结果不利于宣教,潘国光已先行略去。

弃用例五:

潘国光载:某教徒在告解后,对告解的意义仍心存疑惑。夜里,他在梦中感到一阵剧痛,大口吐血,血中还有三条毒蛇。震惊之后,他悟出了毒蛇即是他告解过的罪。于是,他也从疑惑中走出来了②。

何大化未使用该例的原因可能是悔改类的事例较多,而圣梦类题材因争议性较大,在年信中始终属于谨慎使用类的题材。

弃用例六:

潘国光载:某天主教徒被异教徒逼迫为官府当差,为此,他还要自己掏许多钱,教友们给他出主意,告发这些平日里欺负他的异教徒。他本打算依计施行,但又仔细想了一下,最终还是决定自己去吃这个"亏"。他把这件事对神父讲了,他说自己宁愿身体受点儿苦、亏一点儿钱财,也不愿意告这一状,因为他在状子里不可避免地要说谎,这样,他就无法像以前那样理直气壮地谈论圣教训诫了,因为圣教要求,即使是出于神圣的理由,也不可以说谎,所以,

---

① Francisco Brancato, *Annua da Residência de Xangai do Ano de 1648*, BAJA, 49-V-13, ff. 477v.-478.

② Francisco Brancato, *Annua da Residência de Xangai do Ano de 1648*, BAJA, 49-V-13, f. 478v.

他宁可牺牲自己也不能玷污圣教①。

和谐处世类的事例在年信中较为常见,此例没有特别之处,可能因此被何大化弃用。

弃用例七：

除了事例删节之外,何大化对潘国光传教纪要之后的总结部分亦完全删除。潘国光在该部分讲述了上海地区教友会的情况：

> 其时,共有45个教友会,其中12个有专属的教堂,其余教友会则在私宅中聚会。每月第一个礼拜日,教友会有一次聚会,教友们在一起祈祷、读灵修书,并做其他虔诚事工,聚会常延续至正午。每年还有两次在上海最大的教堂聚会,分别是在"耶稣降临节"和"四旬节"。"诸圣节"就在各教友会的本堂庆祝,为了一早赶到教堂,农村的教友半夜就起床了。教友们为本村当年的逝者,在教堂中间搭一座灵柩台,摆放许许多多蜡烛。首先,举行弥撒,然后,再由神父和教友们共同为往生者祷告,他们全都站着,持续半个小时。随后,神父入内,教友们跪地向圣母连祷。祷毕,神父再次出场,向众教徒布道,布道时间很长,大家都坐在地上聆听。接下来是告解时间,全都要行告解。教友们将自己的名字写下来交给神父,还要写上对教友会会长的道德评价。有些教友,或因生病,或因在外地做生意,没有参加这次聚会,待他们痊愈或回乡后,由教友会会长负责组织他们择日到教堂告解。最后,教友们再为教友会祷告一个小时,就各自回家了②。

---

① Francisco Brancato, *Annua da Residência de Xangai do Ano de 1648*, BAJA, 49-V-13, f. 479.

② Francisco Brancato, *Annua da Residência de Xangai do Ano de 1648*, BAJA, 49-V-13, ff. 479-479v.

这段删节,对天主教史的风俗研究有所损失。但在年信作者看来,或许不及一个具体的个案更有教化上的价值。

此外,何大化还对一些与年信无关的信息多做了删除。比如,潘国光讲述了一个事例,神父为生病的教徒举行弥撒,与此同时,卧病在家的教徒闻到一阵馨香,病愈,见证此事的许多人入教[①]。潘国光注明该教徒是嘉定(Kia Tim)的,但是,何大化将事件的发生地略去,或许在何看来,当里斯本或埃武拉等地神学院的学生,餐前朗读该年信时,一个陌生而拗口的汉语发音地名,会影响朗读的流畅,而且,听众的关注点也不应该集中在对地点的考证上,汲取文中的教育意义才是写年信的本意。所以,在年信中,省略地名之处比较常见。与地名一样不受重视的是人名。前举"徐光启的长孙媳妇的儿媳"之例,潘国光对主角的身份,在传教纪要中是交代清楚的,但何大化将之简化为"某女"。对徐光启家族的研究者而言,只读年信,就错过了一个重要的信息点。类似地又如职业信息的损失,潘国光讲述了一名教徒的忍耐事例,这是一名年轻铁匠,面对仇人再三欺凌,一再忍让,仇人横死[②]。何大化在转述时,略去了故事主角的职业信息[③]。

总之,年信作者是本着凸显教育、宣传价值,增加可读性和使文本简洁的原则来处理传教纪要的,审查性的工作比重不大,因为已经有传教纪要的作者把关在先,但是,年信作者确实又进行了一轮更严格的筛查,将可能有争议的内容删去了。对利用年信的研究者而言,年信作者的这番工作造成了信息流失,在可能的情况

[①] Francisco Brancato, *Annua da Residência de Xangai do Ano de 1648*, BAJA, 49-V-13, ff. 477-477v.

[②] Francisco Brancato, *Annua da Residência de Xangai do Ano de 1648*, BAJA, 49-V-13, f. 477v.

[③] António de Gouveia, *Cartas Ânuas da China*(1636,1643 a 1649), edição, introdução e notas de Horácio Peixoto de Araújo, p. 394.

下,将年信与传教纪要配合使用更加可靠。

第四节　邮　　差

耶稣会的"邮差"不是专职的,无论在中国境内的邮差,还是往返于中欧间的邮差,都是兼任。对于国际间的邮传,耶稣会总会规定可以由穿梭于不同传教区间的传教士兼任,也可以由商人、旅行者等代劳,只要寄信人认为稳妥且省时即可,寄信人通常会支付一定的邮费,当然与这些经常跑海路的人维持良好的关系也是必须的。当"邮差"们抵达某座航线上的城市,当地耶稣会士就会到他们这里看看有没有远方的来信[1]。一旦接获来信,相关人员会立即将发信日期、收信日期登记下来,再汇报给上级,这样,就便于日后核对有哪些信寄丢了,有哪些信寄错了[2]。为了保证载有重要事项或特别指示的信准确寄达,《会宪》规定此类信件要制作两到三个副本,分交不同邮路寄送[3]。为了稳妥起见,写信人在新写一封信时,往往略述前信内容,以作为前信可能未寄达的弥补。

赴欧特派员(procurador)或许是最可靠的邮差,在年信中有所提及。比如,1612 年 8 月,金尼阁以中国传教团特派员的身份前往罗马汇报教务,利用特派员可以兼作邮差的机会,金尼阁带去了一封囊括万象的加长版的年信,以弥补前几年因荷兰人骚扰东

---

[1] Luiz Fernando Medeiros Rodrigues, "A Formula Scribendi na Companhia de Jesus: Origem, Leitura Paleográfica e Fonte Documental para o Estudo da Ação dos Jesuítas", 2010.

[2] Ignatii de Loyola, "Epistolae et intructiones" Tomus Primus (1524 – 1548), pp. 542 – 543, 3°; Tomus Nonus (1555), p. 92, 14°, pp. 95 – 96, 14°.

[3] Ignatii de Loyola, "Constitutiones Societatis Jesu" Tomus secundus (Testus Hispanus), Textus B, P. VIII, c. 1, p. 622, linhas 47 – 48 [675 – 676].

印度洋而造成的邮路阻塞所丢失的年信①。金尼阁在经过科钦时,发现有两份年信(1609—1612 年日本年信、1610—1611 年中国年信)在寄往欧洲的路途中,搁置在科钦城,遂亲自携带回欧洲,并在罗马进行修订②。

在中国境内的邮差需要由在地的传教士因地制宜地解决。事实上负有通信职责的在华耶稣会士时常感受到缺少邮差的不便。罗如望(João da Rocha,1566—1623)写于 1603 年 1 月 16 日的南京住院传教纪要,表示正值中国新年期间,难以找到邮差(portador),而自己又忙于应酬,他就长话短说③。1629 年年信作者郭居静(Lazarro Cattaneo,1560—1640)因为邮差的问题,陕西、山西、河南三省住院的传教纪要没有送到,只好不写④。1660 年上海住院的传教纪要未能及时送到,该年年信作者成际理(Feliciano Pacheco,1622—1686)透露,是因为缺少送信人⑤。

从以上传教士的困扰可见,传教士没有固定的邮差,大概除了沾友教官员的光,偶尔使用官方主办的邮驿服务外,传教士的邮差都是兼职。担当邮差角色的主要有以下四类人：

第一是耶稣会修士。因为澳门籍、中国籍修士长着东方人的面孔,更便于在澳门与内地间行走,许多修士就承担着传教物资转运的工作,也就成了半专职的邮差。年信中在讲述诸多修士的事迹时,往往提到其承担的这项工作。钟鸣仁修士每年冒着生命危险,去澳门领取钱财及其他必需物品,发放于不同的传

---

① Nicolao Longobardo, *Carta Annua das Residências da China do Anno de 1612*, ARSI, JS113, f. 216.
② ［德］魏特著,杨丙辰译：《汤若望传》(第 1 册),第 35 页。
③ João da Rocha, *Carta do Padre Joam da Rocha da Caza de Nanquí*, BAJA, 49-V-5, f. 16v.
④ Lazaro Catano, *Annua da Vice-Província da China 1629*, 49-V-8, f. 608.
⑤ Feliciano Pacheco, *Carta Annua Da Vice Província da China do Anno de 1660*, BAJA, 49-V-14, f. 718v.

教点①。徐复元(Christophe Siu)是第一个中国籍的耶稣会士。在1640年年信中记载,徐复元每年从广州出发,由南到北奔波于各住院间,分发物资,出于对徐复元的信任,中国传教区全体神父的工资都由徐复元统一领取②。游文辉(Manuel Pereira,1575—1633)修士也扮演着邮差角色。1633年,他在从广州返回南京的途中去世。这次由南而北的旅程是其几乎每年都要重复中的一次。伏若望神父在游文辉的小传中,将其主要教内工作归为两条:一是绘画;二是前往澳门为中国内地传教团领取补给,"(补给)每年都从澳门而来"。这条路线既长且险,通常耗时数月,每次行前都要充分准备③。石宏基(Francisco de Lagea)修士也承担从广州向内地转运的任务,1640年,他经过南昌这个重要的转运枢纽时,住院专门汇报了其事迹④。1641年时,开封府的物价涨到了神父入华以来的最高点,加之匪乱肆虐,费乐德(Rodrigues de Figueiredo,1594—1624)神父生活极为困顿,每日只能喝少许的面汤、吃少许的面饼,费藏裕(Francisco Ferreira)修士为费乐德运送给养、捎带书信⑤。1652年,费藏裕修士病逝于澳门,当时,他正装备妥当,准备带着中国传教士的工资返回,据医生说,长年旅途上的劳累使他患上了恶性热,不几天就死了⑥。每次修士经过,当地住院神父都视为邮寄信件的良机。1616年11月22日,罗如望

---

① [法]费赖之著,梅乘骐、梅乘骏译:《明清间在华耶稣会士列传(1552—1773)》,第60页。

② Gabriel de Magalhães, *Annua da Vice Província da China do Ano de 1640*, ARSI, JS116a, ff. 119v‑120.

③ João Fróes, *Annua da V. Provincia da China do anno de 1633*, BAJA, 49‑V‑11, f. 50v.

④ João Monteiro, *Annua da Vice Provincia da China do Anno de 1641 athe setembro 642*, ARSI, JS117, f. 61v.

⑤ João Monteiro, *Annua da Vice Provincia da China do Anno de 1641 athe setembro 642*, ARSI, JS117, f. 62.

⑥ Pedro Canevari, *Carta Annua da China a 1651*, BAJA, 49‑IV‑61, f. 80.

自南昌致信澳门,"我几天前刚给阁下写过信,既然一名修士途经此地,我就乘机让他再带一封信给您"①。

第二是耶稣会神父。其中又分两类,一类是相对固定的,副省会长神父每年都巡视中国内地的部分,甚至全部的住院,顺道捎带书信。1616 年 3 月 18 日,熊三拔在北京收到中国传教区视察员阳玛诺的来信。阳玛诺称,他在巡阅中国各住院的途中,在南昌遇见中国传教区负责人龙华民,龙华民正从南雄往北京,途经南昌。龙华民从澳门带来经费,还有几封澳门来信,以及日本—中国教省会长 Valemtim Carvalho 的命令②。另一类相对不固定,中国内地的传教士不时被召至澳门进行专项汇报,或去澳门赴任履新,便可兼做邮差。1584 年 9 月 13 日,利玛窦从肇庆致信西班牙国王的税监 Giambattista Roman,在信纸的空白处,注有罗明坚的一句话,称他会亲自将信带到澳门③。1595 年,郭居静偕利玛窦赴北京,返归南京之后,被召去澳门专门汇报此次的北京之行④。1640 年,毕方济(Francisco Sambiasi,1582—1649)通过淮安的一位总督获得许可文书,由瞿西满赴澳门带领新传教士若瑟·阿尔梅达(Francisco Ferrari Jozeph de Almeida)、安文思进入内地,并将资金带入⑤。1657 年,李方西(Jean François Ronusi de Ferrariis,1608—1671)被派往澳门汇报北方传教区的经济状况,并在澳门担任财务工作,1659 年时又返回陕西。⑥ 1661 年,刘迪我(Jacques Le Favre,1610—1676)赴澳门担任司库,成际理在淮安完成的

---

① João da Rocha, Carta do Padre João da Rocha pedindo que se revogam algumas ordens que deo o Padre Manoel Dias Junior, 49 - V - 5, f. 174v.
② Sabatino de Ursis, Jornal de Sabatino de Ursis, BAJA, 49 - V - 5, f. 174.
③ [意]菲利浦·米尼尼著,王苏娜译:《利玛窦——凤凰阁》,第 110—111 页。
④ [法]费赖之著,梅乘骐、梅乘骏译:《明清间在华耶稣会士列传》,第 63 页。
⑤ Gabriel de Magalhães, Annua da Vice Província da China do Ano de 1640, ARSI, JS116a, f. 121v.
⑥ [法]费赖之著,梅乘骐、梅乘骏译:《明清间在华耶稣会士列传》,第 284 页。

1660年扬州、常熟、淮安、杭州等四住院的年信,即由刘迪我捎带至澳门,再由澳门发往欧洲①。

第三类邮差是住院的仆人。万历四十四年(1616),阴历七月二十一(8月31日),沈㴶派人拘捕南京住院的传教士和教徒。被抓教徒中有不少是直接为南京住院工作的,如蔡思命,专管书柬,兼理茶房;游禄是教堂的信差②。1609年,在广东的传教士遇到了一起因送信而发生的诉讼,主角即为充任邮差的仆人。龙华民派自己的家仆作为信使前往澳门,返程途中,家仆在香山县被中国官方拘捕,他携带的多封书信一并起获。这些信共计有25封③。通过翻译读懂这些信后,除了朋友间的家长里短之外,没有发现存心不良的证据,广州知府(governador mor daquela cidade)判送信人终身监禁,将韶州住院院长龙华民逐出中国。但该判决尚未执行,知府就因母丧回乡守制,此事搁置起来,一拖就是两年。1611年,丘良禀(Dominico Mendes,1581—1631)修士往广东救助被关押的信使,结果自己也被关起来了,因为他是韶州神父们的学生。广州官阶排名第4的名叫Puon yum chun(彭永春?)的官员,将信使的囚禁期缩为2年,龙华民由逐出国门改判为逐出广东。这个改判在实施前先发给广州府的四个法司(quatro tribunais)以及驻荆肇庆的都堂,获得批准。于是,1612年初,丘良禀被勒令"返回"浙江,浙江是其所声称的老家,因为他的祖父母出生在浙江,其实他出生在澳门。那个信差以10两银子被赎了出来,自由返回老家④。

---

① Feliciano Pacheco, *Carta Annua Da Vice Província da China do Anno de 1660*, BAJA. 49-V-14, f718v.
② (明)徐从治:《会审钟鸣仁等犯一案》,收(明)徐昌治辑:《圣朝破邪集》卷二,金程宇编:《和刻本中国古逸书丛刊》(32),南京:凤凰出版社,2012年,第123—124页。
③ Nicolao Longobardo, *Annua da China do Anno 1609*, ARSI, JS113, f. 116v.
④ Nicolao Longobardo, *Carta Annua das Residências da China do Anno de 1612*, ARSI, JS113, ff. 248v-249.

由仆人担当邮差的工作而引发的官司，在年信中并不少见。又如，1646年时，副省会长艾儒略许久没有得到南昌消息，就派一名仆人带着银子、弥撒用的葡萄酒去探望。仆人安全抵达南昌，在确认了谢贵禄神父（Tranquille Grassetti，1588—?）、陆有基修士（Emmanuel Gomez，1602—?）都安好后，就带着给副省会长的信返回，可是，在邵武府被当作间谍抓起来，当地教友疏通关系，几日之后，才被释放，但是信件被扣留了。"除了仆人向我们口述的谢贵禄神父、陆有基修士都安好的消息，我们再无关于该住院的进一步消息。"1646年年信作者何大化说①。

第四类是临时充任邮差的教友、商人等。1648年，福建在战乱中，延平府被围困，延平住院负责人阳玛诺因为无从得知建宁府神父瞿西满、穆尼阁（Jean-Nicolas Smogolenski，1611—1656）的消息，就派教友前去打探、送信②。1645年年信作者何大化在提到因清与南明对峙而造成的通信困难时说："要得到这些消息不容易，因为许多地区已没商人活动，也没人敢穿越边界：若像中国人一样蓄发，则会被鞑靼人以间谍处死；若是皇明一方捉住剃发的人，会以同样的罪名砍头。"③暗示商旅可能曾作为传教士的邮差。

以上是传教士年信中提及较多的"邮差"，难免涵盖不全。比如，众多友教官员在宦游中积极地将福音和传教士的消息广为散

---

① António de Gouveia, *Ânua da Vice Provincia da China nas Partes do Sul no Anno de 1645*, in *Cartas Ânuas da China（1636，1643 a 1649）*, edição, introdução e notas de Horácio Peixoto de Araújo, Macau：Instituto Português do Oriente；Lisboa：Biblioteca Nacional，1998，pp. 310 - 311.

② António de Gouveia，*Cartas Ânuas da China（1636，1643 a 1649）*，edição，introdução e notas de Horácio Peixoto de Araújo，p. 403.

③ António de Gouveia，*Ânua da Vice Provincia da China nas Partes do Sul no Anno de 1645*，in *Cartas Ânuas da China（1636，1643 a 1649）*，edição，introdução e notas de Horácio Peixoto de Araújo，p. 237.

播，为各住院间的神父捎带书信，以及将出发地住院的神父为其撰写的介绍信向目的地住院的神父出示等亦有记载。总之，凡是能利用的邮传渠道，一定会被利用。

值得补充的是，对"信"的理解也不应只停留于"书信"，除了定期、不定期的书信汇报，耶稣会和其他传教会还向欧洲派遣信使，或者实践探险经验丰富的传教士，报道在远方发生的事件，书写自己的经历以供欧洲出版发行。这些信使被称为"活的书信"（living letters）①。"口信"不仅在国内邮路中常见，在国际邮路上也存在，在印度开教的早期，传教士们在印度和罗马传教的这段时间里，耶稣会士对印度、罗马之间的互动交流的方式相当不满意。虽然彼此间每年都有一次书信来往，但是传教者双方都觉得有必要进行私下交谈。1546 年，会士 Lancillotto 在一封信里对罗耀拉建议，应该从印度召回专门汇报情况的特派员，向罗马教廷汇报在印度发生的事情的全部信息②。后来，《耶稣会会宪》对信使返回总部述职，做了明确规定，"自各省每三年，自印度每四年，在各该省的显愿会士和院长中遴选一人，来同总长商讨各项问题"（《会宪》第 679 条）③。中国境内中捎带口信的"信使"，则如 1641 年，成都住院利类斯的传教纪要未寄送，但是，该住院的一名学生正好到了杭州，口述了成都住院的简要情况，包括新洗 33 人，还有几个有教育意义的事例，该年度年信的作者孟儒望将口述的内容整理录用④。

---

① ［美］唐纳德·F. 拉赫著，许玉军译：《欧洲形成中的亚洲》，第三卷《发展的世纪》，第一册（上），第 354 页。
② ［美］唐纳德·F. 拉赫著，周云龙译：《欧洲形成中的亚洲》，第一卷《发现的世纪》，第一册（上），第 325 页。
③ 侯景文译：《耶稣会会宪》，第 210 页。
④ João Monteiro, *Annua da Vice Provincia da China do Anno de 1641 athe setembro 642*，ARSI，JS117, f. 62.

第五节 邮 路

在中国内地工作的传教士与欧洲通信的邮路，可以分成国内、国际两段。就年信的邮递而言，国内段用于各住院的"传教纪要"向年信编撰人处汇集，以及年信成稿送至澳门，从澳门进入国际航线；国际段用于将年信送至欧洲，并在沿途展阅、制作更多副本。所谓"邮路"，并非邮传专用。国内段的"邮路"，主要是传教士的巡回传教路线，和传教补给物资的运输路线；国际段的"邮路"，是从澳门出发的定期商船航线。

一、国内"邮路"及几个重要枢纽

明清两代经营的驿传服务用于在中国境内运送信函、行政官员和来访的外宾。在奉教官员、友教官员的协助下，这是传教士可获得的一项服务。据阳玛诺的记载："当官员出行时，花费是由皇帝出的，为此，在某些驿站有专门人员负责供给。出行的官员经常将自己的供给再分给自己的朋友，为他们提供旅途中的马、船、吃食，甚至仆人，这些也是来自皇家财政。列位先皇对此洞察秋毫，但是，他们总是佯作不知，先前，万历——今上祖父——这样批复某份奏疏：你把这些超规情况向我报告，我就是想把我的钱赐给我的臣属，在好时候，你就让他们去吃吧。"[①]旅行福利都可沾光，寄信当然不在话下。傅汛际记录了一次毕方济使用官方驿传服务的

[①] Manoel Dias, *Carta Annua da Vice-Província da China do Anno de 1627*, 49-V-6, ff. 467-467v.

经历。天启元年(1621)三月二十二日,李之藻将从北京赴任广东布政使司右参政,与此同时,徐光启的休致归乡申请也得到了批准,徐光启担心毕方济在京中无人照应,打算携毕方济先往天津,再往上海。四月八日,"改新升广东布政使司右参政李之藻为光禄寺少卿管工部都水司郎中事"①,得以留京的李之藻立即通过驿站致信徐光启和毕方济,停止南下行程②。据何大化的1647年年信,在武夷山,有一名叫伯多禄(Pedro)的教徒,甚至将宣教书籍放进驿站中传教③。传教士对驿站的使用,超出政府为驿站制订的规则。

但是,中国内地传教士间的书信往还,主要是通过三种人员往来实现的:① 传教士每年都从常住住院出发前往周边地区宣教、牧养教徒,这是传教士的一项固定工作任务。以常住住院为中心的巡回传教,辐射范围有限,较少跨省,即使跨省,多在邻省。② 澳门每年向内地各住院发放的经费、物资,沿着帝国的南北交通主干道配送,这项任务多由修士执行,修士也负责信件的递交。③ 中国传教区负责人每年通常会对部分住院甚至全部住院例行巡视,顺带捎送书信。后两种路线将第一种区域性的团状网络串联起来,实现全国范围内的通联。以上三种路线是常态化的,不期而遇的寄信机会也不少,比如常有传教士赴澳门进行专项汇报,可以带信。1616年11月22日,罗如望自南昌致信澳门,"我几天前刚给阁下写过信,既然一名修士途经此地,我就乘机让他再带一封信给您"④。

---

① 《熹宗哲皇帝实录》卷九,天启元年四月八日,《明实录》第66册,台北:"中研院"历史语言研究所校印,1962年,《熹宗实录》第444—445页。
② Francisco Furtado, *Carta Annua da China de 1621*, BAJA, 49-V-5, f. 318.
③ António de Gouveia, *Ânua da Vice Província da China de 1648*, in *Cartas Ânuas da China (1636, 1643 a 1649)*, edição, introdução e notas de Horácio Peixoto de Araújo, p. 402.
④ João da Rocha, *Carta do Padre João da Rocha pedindo que se revogam algumas ordens que deo o Padre Manoel Dias Junior*, BAJA, 49-V-5, f. 174v.

以下将从"网""点"两方面对上述交通线进行描述。笔者对耶稣会 17 世纪年信中提到的行程进行了完全统计,得到一张传教士的交通网。具体请见表 3。

表 3　传教士的日行程表

起　点	目 的 地	路　　程
北京	保定	3 日路程①②或 30 里格③
	南京	20 日路程④
	河间府	5 日路程⑤
	大城县	3 日路程⑥
	澳门	600 里格⑦
	通州	3 里格⑧或 4 里格⑨

---

①　Nicolao Longobardo, *Carta Annua das Residências da China do Anno de 1612*, ARSI, JS113, f. 224v.

②　Gabriel de Magalhães, *Annua das Residênciasdo Norte da Província da China anno de 1659*, BAJA, 49‐V‐14, f. 528v.

③　Joze Suares, *Annua do Colégio de Pekim desde o fim de Julho de 94 até o fim do mesmo de 97 e algumas outras Rezidências e Christandades da Missão de China*, BAJA, 49‐V‐22, f. 613.

④　Nicolao Longobardo, *Annua da China do Anno 1609*, ARSI, JS113, f. 110.

⑤　João Monteiro, *Annua da Vice Província da China do anno de 1637*, BAJA, 49‐V‐12, f. 282.

⑥　João Fróes, *Annua da Vice Provincia da China do Anno de 1632*, BAJA, 49‐V‐10, f. 83.

⑦　Gabriel de Magalhães, *Annua das Residênciasdo Norte da Província da China anno de 1659*, BAJA, 49‐V‐14, f. 519v.

⑧　Gabriel de Magalhães, *Annua das Residênciasdo Norte da Província da China anno de 1659*, BAJA, 49‐V‐14, f. 519v.

⑨　Joze Suares, *Annua do Colégio de Pekim desde o fim de Julho de 94 até o fim do mesmo de 97 e algumas outras Rezidências e Christandades da Missão de China*, BAJA, 49‐V‐22, f. 612v.

续　表

起　点	目　的　地	路　程
北京	绛州	15—16 日路程①
	山海关	5—6 日路程②
	Pé Chim(北清沟?)	4 日路程③
	真定府	60 里格④
	宣府	30 里格⑤
	良乡	6 里格⑥
	天津	2 日路程⑦
南京	扬州	1.5 日路程⑧
	高邮	3 日路程⑨

①　Manoel Dias, *Annua da V. Província da China do Anno de 1625*, BAJA, 49-V-6, f. 232.
②　Francisco Furtado, *Annua da Província da China de 1624*, BAJA, 49-V-7, f. 467.
③　Francisco Furtado, *Ânua da Vice-Província da China de 1636*, BAJA, 49-V-11, f. 524v.
④　Joze Suares, *Annua do Colégio de Pekim desde o fim de Julho de 94 até o fim do mesmo de 97 e algumas outras Rezidências e Christandades da Missão de China*, BAJA, 49-V-22, f. 612.
⑤　Joze Suares, *Annua do Colégio de Pekim desde o fim de Julho de 94 até o fim do mesmo de 97 e algumas outras Rezidências e Christandades da Missão de China*, BAJA, 49-V-22, f. 612.
⑥　Joze Suares, *Annua do Colégio de Pekim desde o fim de Julho de 94 até o fim do mesmo de 97 e algumas outras Rezidências e Christandades da Missão de China*, BAJA, 49-V-22, f. 612v.
⑦　Anonymous, *Do Collegio de Machao & Suas Residências*, ARSI, JS121, f. 9v.
⑧　Francisco Furtado, *Annua da China do Anno de 1620*, ARSI, JS114, f. 251.
⑨　Manoel Dias junior, *Annua da Missão da China do Anno de 1615*, ARSI, JS113, f. 409v.

第二章 作为文字产品的年信　111

续　表

起　点	目 的 地	路　　程
南京	上海	3 日路程①
	广州	30 日路程②
	淮安	5 日路程③或 6—7 日路程④或 7—8 日路程⑤
	常熟	5 日水程⑥
	靖江	1 日路程⑦
	成都	4 月水程⑧
	开封	12 日路程⑨

---

① Nicolao Longobardo, *Carta Annua das Residências da China do Anno de 1612*, ARSI, JS113, f. 237.

② Manoel Dias junior, *Annua da Missão da China dos Annos de 616 e 617*, ARSI, JS114, f. 46.

③ Manoel Jorge, *Annua da Vice-Província da China de 1657*, BAJA, 49 - V - 14, f. 167v.

④ João Monteiro, *Annua da Vice Província da China do anno de 1637*, BAJA, 49 - V - 12, f. 307v.

⑤ Manoel Jorge, *Annua da Vice-Provincia da China do ano de 1652*, BAJA. 49 - IV - 61, f. 218.

⑥ João Monteiro, *Annua da Vice Província da China do anno de 1637*, BAJA, 49 - V - 12, f. 310v.

⑦ João Monteiro, *Annua da Vice Província da China do anno de 1637*, BAJA, 49 - V - 12, f. 311.

⑧ António de Gouveia, *Ânua da Vice Provincia da China nas Partes do Sul no Anno de 1647*, in *Cartas Ânuas da China（1636，1643 a 1649）*, edição, introdução e notas de Horácio Peixoto de Araújo, p. 358.

⑨ Francisco Turtado, *Annua das Províncias do norte da China do anno de 1642*, ARSI, JS122, f. 174v.

续 表

起 点	目 的 地	路 程
南京	南昌	15 日路程①或 200 里格②
	镇江	18 里格③
上海	松江	1 日路程④
	苏州	1 日路程⑤或 2.5 日路程⑥
	嘉兴	2 日水程或 20 里格⑦
	崇明	1 日水程⑧
	嘉定	5 里格⑨或 1 日路程⑩

① Manoel Dias, *Annua da V. Província da China do Anno de 1625*, BAJA, 49-V-6, f. 220.

② Anonymous, *Do Collegio de Machao & Suas Residências de 601*, ARSI, JS 121, f. 20v.

③ Joze Suares, *Annua do Colégio de Pekim desde o fim de Julho de 94 até o fim do mesmo de 97 e algumas outras Rezidências e Christandades da Missão de China*, BAJA, 49-V-22, f. 646.

④ Nicolao Longobardo, *Carta Annua das Residências da China do Anno de 1612*, ARSI, JS113, f. 237.

⑤ Nicolao Longobardo, *Annua da China do Anno 1609*, ARSI, JS113, f. 111v.

⑥ João Monteiro, *Annua da Vice Província da China do anno de 1639*, ARSI, JS121, f. 275v.

⑦ Gabriel de Magalhães, *Annua da Vice Província da China do Ano de 1640*, ARSI, JS116a, f. 160v.

⑧ Manoel Jorge, *Annua da Vice-Província da China do ano de 1652*, BAJA, 49-IV-61, f. 220.

⑨ Manoel Dias, *Annua da Vice-Província da China do Anno de 1626*, BAJA, 49-V-6, f. 319v.

⑩ Francisco Furtado, *Carta Annua da China de 1621*, BAJA, 49-V-5, f. 330v.

续　表

起　点	目 的 地	路　　程
杭州	衢州	6 日路程①②③
	上海	2—3 日路程④或 4 日路程⑤
	宁波	5 日水程⑥
	嘉定	4 日路程⑦⑧
	德清	1 日路程⑨
	宜兴	5 日路程⑩
	常熟	4 日水程⑪

① Nicolao Longobardo, *Carta Annua das Residências da China do Anno de 1612*, ARSI, JS113, f. 238v.
② Nicolao Longobardo, *Carta Annua da China 1613*, ARSI, JS113, f. 349v.
③ Nicolao Longobardo, *Carta Annua da China 1613*, ARSI, JS113, f. 352.
④ Nicolao Longobardo, *Carta Annua da China 1613*, ARSI, JS113, f. 350v.
⑤ Francisco Furtado, *Carta Annua da V. Província da China do Anno de 1623*, BAJA, 49 - V - 6, f. 106.
⑥ João Monteiro, *Annua da Vice Província da China do anno de 1637*, BAJA, 49 - V - 12, f. 325.
⑦ Francisco Furtado, *Carta Annua da V. Província da China do Anno de 1623*, BAJA, 49 - V - 6, f. 106.
⑧ Francisco Furtado, *Carta Annua da China de 1621*, BAJA, 49 - V - 5, f. 330v.
⑨ Francisco Furtado, *Carta Annua da V. Província da China do Anno de 1623*, BAJA, 49 - V - 6, f. 117v.
⑩ Francisco Furtado, *Annua da Província da China de 1624*, BAJA, 49 - V - 7, f. 494.
⑪ Francisco Furtado, *Annua da Província da China de 1624*, BAJA, 49 - V - 7, f. 482v.

续 表

起 点	目 的 地	路 程
绛州	平阳	12 里格①
	稷山县	半日路程②
	潞安	6 日路程③
	静乐	100 里格④
	蒲州	2 日路程⑤或 3 日路程⑥
福州	泉州	5—6 日路程⑦或 7 日路程⑧
	邵武	15 日水程⑨
	福安	5 日路程⑩⑪

① João Monteiro, *Annua da Vice Província da China do anno de 1639*, ARSI, JS121, f. 253.
② João Monteiro, *Annua da Vice Província da China do anno de 1639*, ARSI, JS121, f. 255v.
③ Gabriel de Magalhães, *Annua das Residênciasdo Norte da Província da China anno de 1659*, BAJA, 49 - V - 14, f. 539v.
④ Gabriel de Magalhães, *Annua das Residências do Norte da V. Província da China no Anno de 1660*, BAJA, 49 - V - 14, f. 687.
⑤ João Monteiro, *Annua da Vice Provincia da China do Anno de 1641 athe setembro 642*, ARSI, JS117, f. 62v.
⑥ Francisco Turtado, *Annua das Províncias do norte da China do anno de 1642*, ARSI, JS122, f. 164.
⑦ Lazaro Cattaneo, *Annua da Vice-Província da China do Anno de 1630*, BAJA, 49 - V - 9, f. 29v.
⑧ Manoel Dias, *Carta Annua da China de 1635*, BAJA, 49 - V - 11, ff. 218v - 219.
⑨ João Fróes, *Annua da V. Província da China do anno de 1631*, BAJA, 49 - V - 10, f. 71v.
⑩ João Monteiro, *Annua da Vice Província da China do anno de 1637*, BAJA, 49 - V - 12, f. 332.
⑪ Manoel Dias, *Carta Annua da Vice-Província da China do Anno de 1627*, 49 - V - 6, f. 484.

续　表

起　点	目　的　地	路　程
福州	福清	1 日路程①
	汀州府	100 里格②
南昌	建昌	4 日路程③或 5—6 日水路④或 7—8 日水路⑤或 30 里格⑥
	江州	4 日路程⑦
	韶州	200 里格⑧
泉州	永春县	1—2 日路程⑨
	漳州	3 日路程⑩或 4 日路程⑪⑫

① Manoel Dias, *Annua da V. Província da China do Anno de 1625*, BAJA, 49-V-6, f. 233.
② Manoel Dias, *Carta Annua da Vice-Província da China do Anno de 1627*, 49-V-6, f. 484v.
③ João Monteiro, *Annua da Vice Província da China do anno de 1639*, ARSI, JS121, f. 291a.
④ Francisco Furtado, *Carta Annua da V. Província da China do Anno de 1623*, BAJA, 49-V-6, f. 106.
⑤ António de Gouveia, *Ânua da Vice Provincia da China nas Partes do Sul no Anno de 1645*, BAJA, 49-V-13, f. 550v.
⑥ Manoel Dias junior, *Annua da Missão da China do Anno de 1615*, ARSI, JS113, f. 487.
⑦ João da Costa, *Annua da Christandade da China do Anno de 1614*, ARSI, JS113, f. 385v.
⑧ Anonymous, *Do Collegio de Machao & Suas Residências*, ARSI, JS 121, f. 20v.
⑨ Manoel Dias, *Carta Annua da China de 1635*, BAJA, 49-V-11, f. 222v.
⑩ António de Gouveia, *Ânua da Vice Provincia da China nas Partes do Sul no Anno de 1645*, BAJA, 49-V-13, f. 557v.
⑪ Manoel Dias, *Carta Annua da China de 1635*, BAJA, 49-V-11, f. 223v.
⑫ Manoel Dias, *Carta Annua da China de 1635*, BAJA, 49-V-11, f. 224.

续表

起 点	目 的 地	路 程
泉州	安海	1 日路程①②
建昌	福建	1 日路程③
	南丰	12 里格④
真定府	保定	3 日路程⑤
	藁城县	7 里格⑥
延平	建宁	1 日路程⑦或 2 日水程⑧或 2—3 日水程⑨

---

① António de Gouveia, *Ânua da Vice Provincia da China nas Partes do Sul no Anno de 1645*, in *Cartas Ânuas da China*（*1636，1643 a 1649*），edição，introdução e notas de Horácio Peixoto de Araújo, p. 323.

② Antônio de Gouvea, *Annua da V. Província do Sul na China de 1644*, BAJA, 49 - V - 13, f. 538v.

③ Manoel Dias junior, *Annua da Missão da China do Anno de 1615*, ARSI, JS113, f. 487.

④ Lazaro Cattaneo, *Annua da Vice-Província da China do Anno de 1630*, BAJA, 49 - V - 9, f. 27.

⑤ Gabriel de Magalhães, *Annua das Residênciasdo Norte da Província da China anno de 1659*, BAJA, 49 - V - 14, f. 523.

⑥ Joze Suares, *Annua do Colégio de Pekim desde o fim de Julho de 94 até o fim do mesmo de 97 e algumas outras Rezidências e Christandades da Missão de China*, BAJA, 49 - V - 22, f. 625v.

⑦ João Monteiro, *Annua da Vice Província da China de 1637*, BAJA, 49 - V - 12, f. 45v.

⑧ António de Gouveia, *Ânua da Vice Provincia da China nas Partes do Sul no Anno de 1645*, BAJA, 49 - V - 13, f. 554.

⑨ António de Gouveia, *Ânua da Vice Provincia da China nas Partes do Sul no Anno de 1647*, in *Cartas Ânuas da China*（*1636，1643 a 1649*），edição，introdução e notas de Horácio Peixoto de Araújo, p. 338.

续　表

起　点	目　的　地	路　程
延平	邵武	3日水程①
	将乐	5日水程②
西安	华州	2日路程③
	洋县	12日路程④
	汉中	10日路程⑤
（广西）太平	广州	80里格⑥
	桂林	30日水程⑦
	交趾支那	15日路程⑧
广州	高要	3—5里格⑨

---

① João Monteiro, *Annua da Vice Província da China de 1637*, BAJA, 49-V-12, f. 46.

② António de Gouveia, *Annua da Vice Província da China de 1649*, BAJA, 49-V-13, f. 483v.

③ João Monteiro, *Annua da Vice Província da China do anno de 1637*, BAJA, 49-V-12, f. 297.

④ João Monteiro, *Annua da Vice Província da China do anno de 1639*, ARSI, JS121, f. 244.

⑤ Manoel Jorge, *Annua da Vice-Provincia da China do ano de 1652*, BAJA, 49-IV-61, f. 212.

⑥ António de Gouveia, *Ânua da Vice Provincia da China nas Partes do Sul no Anno de 1645*, BAJA, 49-V-13, f. 555.

⑦ António de Gouveia, *Ânua da Vice Provincia da China nas Partes do Sul no Anno de 1645*, BAJA, 49-V-13, f. 555.

⑧ António de Gouveia, *Ânua da Vice Provincia da China nas Partes do Sul no Anno de 1645*, BAJA, 49-V-13, f. 555.

⑨ Francisco Furtado, *Carta Annua da China de 1621*, BAJA, 49-V-5, f. 330.

续　表

起　点	目　的　地	路　程
赣州	南雄	3—4 日路程①
开封	洛阳	6—7 日路程②或 7 日路程③
太原	静乐	20 里格④
松江	常熟	2 日路程⑤
常熟	崇明	20 里格⑥
武昌	通山	2 日路程⑦
武昌	荆州	370 里⑧或 8 日路程⑨
安海	厦门	1 或 2 日水程⑩

① Nicolao Longobardo, *Carta Annua da China 1613*, ARSI, JS113, f. 369v.

② António de Gouveia, *Ânua da Vice Província da China nas Partes do Sul no Anno de 1645*, BAJA, 49 - V - 13, f. 557v.

③ João Fróes, *Annua da V. Província da China do anno de 1631*, BAJA, 49 - V - 10, f. 53.

④ Gabriel de Magalhães, *Annua das Residência do Norte da V. Província da China no Anno de 1660*, BAJA, 49 - V - 14, f. 689v.

⑤ Manoel Dias, *Annua da V. Província da China do Anno de 1625*, BAJA, 49 - V - 6, f. 228v.

⑥ Joze Suares, *Annua do Colégio de Pekim desde o fim de Julho de 94 até o fim do mesmo de 97 e algumas outras Rezidências e Christandades da Missão de China*, BAJA, 49 - V - 22, f. 636.

⑦ João Monteiro, *Annua da Vice Província da China do anno de 1639*, ARSI, JS121, f. 311v.

⑧ João Monteiro, *Annua da Vice Província da China do anno de 1639*, ARSI, JS121, f. 312.

⑨ Joze Suares, *Annua do Colégio de Pekim desde o fim de Julho de 94 até o fim do mesmo de 97 e algumas outras Rezidências e Christandades da Missão de China*, BAJA, 49 - V - 22, f. 647v.

⑩ Pedro Canevari, *Carta Annua da China a 1651*, BAJA, 49 - IV - 61, ff. 75 - 120, f. 137.

续 表

起 点	目 的 地	路 程
福清	兴化	3 日路程①
镇江	丹阳	6—7 里格②
吴桥	临清	12—15 里格③
宁远	山海关	3—4 日路程④
	锦州	7 里格⑤

在表格中,传教士用"日行程"(jornada)表示从一地到另一地的耗时,通俗地讲,就是去某地需几天。"日行程"不是一个准确的距离计量单位,但在交通状况、交通工具较稳定的情况下,更便于传教士根据途中用时安排工作,就像我们今日问路,仍然习惯用多少分钟可达来表示。表中共有 4 种计量单位:几日路程、几日水程、里格、里。前两者分别表示走陆路、走水路去某地需要几日,尽管表中走陆路的情况占绝大多数,但是,传教士对水道的使用是很普遍的,本表格在统计时,只将明确说明是走水路的情况标记为水

---

① António de Gouveia, *Ânua da Vice Província da China nas Partes do Sul no Anno de 1645*, in *Cartas Ânuas da China（1636，1643 a 1649）*, edição, introdução e notas de Horácio Peixoto de Araújo, p. 322.
② Joze Suares, *Annua do Colégio de Pekim desde o fim de Julho de 94 até o fim do mesmo de 97 e algumas outras Rezidências e Christandades da Missão de China*, BAJA, 49-V-22, f. 646.
③ Francisco Furtado, *Carta Annua da China de 1621*, BAJA, 49-V-5, f. 319v.
④ Manoel Dias, *Annua da V. Província da China do Anno de 1625*, BAJA, 49-V-6, f. 216.
⑤ Manoel Dias, *Carta Annua da Vice-Província da China do Anno de 1627*, 49-V-6, f. 466.

路,比实际使用水道的频率要少。"里格"(légua)当时的定义多种多样,大致可视为5千米。明朝"里"的定义也不明确,只能取近似值1里＝1/3英里①,大约536米。

　　用"日行程"表示距离不精确,只能勉强对其匡算一个大致的范围。明清时期驿站被设计为相隔60—80里(35—40公里),这是一个官员被指望在一天所走的行程②。此表中传教士的"日行程"更适合仅作为时间概念使用,因为在不同的交通条件下,每日能走的距离相差会很大,比如,武昌、荆州间被标记为370里或8日行程,相当于每天走24.79千米,而南京、南昌间被标记为15日行程或200里格,相当于每天走66.67公里。可是,日行程数也不是一个随意标记的数字,它对传教士的工作安排具备参考价值,两地间的旅行用时,在不同年信中出现,常常是一致的。

　　这张日行程表是传教士用脚步实际丈量出来的,但是,与传教士繁忙的穿梭相比,这张表能反映的实在有限,因为传教士并无意制作这样一张表,他们只是在记录自己的某段旅行时,偶尔记下用时。比如,龙华民每年至少一次从北京远至山东开教③,到达济南、泰安、青州等地,年届高龄依然不辍,1636年,他曾去济南听受徐光启的儿孙们的告解④,当时他已77岁。在该表中,京鲁间的交通路线并未体现。

　　正如抽样调查可以体现全貌一样,通过该表仍可窥见传教士

---

①　[美]牟复礼、[英]崔瑞德编,张书生等译:《剑桥中国明代史》(上卷),北京:中国社会科学出版社,1992年,目录第4页。
②　[美]牟复礼、[英]崔瑞德编,张书生等译:《剑桥中国明代史》(下卷),第557页。
③　萧若瑟:《天主教传行中国考》,收《民国丛书》,第一编(11),上海:上海书店,1989年,第212页。
④　[法]费赖之著,梅乘骐、梅乘骏译:《明清间在华耶稣会士列传》,第74页。

交通网的一些特征：1. 出现了北京、南京、杭州、上海、绛州等中心城市，向其他地区辐射的交通线最多，这些中心基本都是较早建立住院，传教士长年耕耘、根基深厚的传教基地，是人员、物资、信息的集散地。2. 集中度越高的中心，向外的辐射线越长，跨省交通越多。比如，表格可见从南京出发的越省旅行很多，南京应该是个交通枢纽，这个从统计数字上表达出的结论，可以得到史料验证，南京确实是每年从澳门进入内地的传教补给的南北转运中心，详情将在下文从"点"描述传教士交通网时再讲。

传教士的这份日行程表可以与同时期的《天下水陆路程》①《天下路程图引》②《客商一览醒迷》③等进行比较研究，这三本书的作者分别是两名徽商、一名闽商，可视为明末清初的商业旅行指南。其中，前两部是"路书"，包括行程安排、交通信息、住宿信息、景点推荐等，类似路书，明清天主教文献中也有。④ 第三部的内容偏重于论述商业行为规范、道德修养，传教士的行程表在商旅的视角之外，增添了传教的视角，而商旅、传教间又有不谋而合之处，比如，《天下水陆路程》以北京为中心，以南京为次中心展开，与传教士交通网的中心枢纽北京、南京契合。

以上是关于传教士的交通网的基本情况，以下将叙述交通网上的几个重要枢纽。

广州是中国内地与澳门交往的接触点。自万历六年（1578）广东地方官允许非朝贡国商人于每年夏、冬两季定期到广州贸易后，直到 1640 年，葡萄牙人都被许可在广州贸易。每年互市期间，在

---

① 作者明代黄汴，原书名《一统路程图记》，最早刊行于隆庆四年(1570)。
② （清）憺漪子辑，刊印于天启六年(1626)。
③ （明）李晋德著，刊印于崇祯年间。以上三本书可参阅杨正泰校注：《天下水陆路程、天下路程图引、客商一览醒迷》，太原：山西人民出版社，1992 年。
④ 无名氏：《广东至北京路程表》，收［比］钟鸣旦、［荷］杜鼎克主编：《耶稣会罗马档案馆明清天主教文献》（第 12 册），台北：利氏学社，2002 年，第 405—423 页。

中国内地的传教士与澳门来的葡萄牙人在广州交换物资、情报,而后传教士们返回内地[1]。

南雄。自利玛窦成功留居北京,南昌、南京、上海、杭州等住院逐渐稳固之后,在中国的传教版图布局中,南雄变得不再重要,但它始终是传教士的南北交通线的南端咽喉。1612 年,韶州住院倒闭之后,为何选址南雄?龙华民的解释是:"因为梅岭是南北货物、人员往来的必经之地,神父、修士以及从澳门来的传教物资都是经过梅关(alfândega)而进入内地的,物资倚靠人背或者马驮,运到山另一侧的南安,翻越梅岭,花费不菲,若在南雄设立住院,可以节约大笔经费。"[2]1615 年时,因为教案,南雄的传教士被公开驱逐,只能半地下活动,当年发展的新教徒亦很少。阳玛诺这样陈述南雄住院还保留的原因:广东是中国的门户,在此留有驻点,可以帮助新来传教士更方便地进入内地。同时,从澳门来的补给和资金也要从这里中转,发往中国其他住院[3]。南雄住院多年来只有住院和教堂等建筑,但无神父,由南昌神父负责每年的巡视。1637 年时,贾宜睦、潘国光、利类斯、孟儒望 4 名新成员刚刚进入中国内地,就是由副省会长神父从南昌往南雄迎接,并借此机会在南雄勾留 1 个月,以牧养当地的教徒[4]。1644 年 8 月 1 日,孟儒望返澳门时经过南雄,这次,费奇观(Gaspard Ferreira, 1571—1649)陪孟儒望一道至南雄,费奇观此行的目的是在南雄重建住院,何大化在该年年信中评价此举是必要的,"多年以前,我们曾在该地有过住院,

---

[1] Nicolao Longobardo, *Carta Annua das Residências da China do Anno de 1612*, ARSI, JS113, f. 248.

[2] Nicolao Longobardo, *Carta Annua das Residências da China do Anno de 1612*, ARSI, JS113, f. 257.

[3] Manoel Dias junior, *Annua da Missão da China do Anno de 1615*, ARSI, JS113, f. 492v.

[4] João Monteiro, *Annua da Vice Província da China de 1637*, BAJA, 49-V-12, f. 39.

存续至南京大教难。我们十分想在这里有一个驻留地,这样,无论对于从澳门来的传教士,还是从内地前往澳门寻求补给的人,都很方便"①。

南昌。因为南昌住院的重要性,翻越梅岭的传教士在继续北上前,几乎必到南昌。在南昌的迎来送往很多。南昌某个王爷,在1620年就接待了两批神父,第一次是接邬若望(Joam Uremano),邬神父在南昌病逝,生病期间,得到王爷亲自照顾;第二次接两名神父,在王府中歇住二日②。1644年,毕方济从澳门返回,抵达南昌,一名刘(Leû)姓将军③招待神父,还为其指派了两艘战船,船上配有军官、士兵,护送毕方济神父至南京,因为"洋子江"上乱匪成群结队,有了护卫,神父就能安抵南京④。中国副教省的省会长往往将南昌作为迎接新入华神父的第一站,而非广东,因为广东教务归属日本教省管理,中国副省会长在南昌既可巡阅教务,又可迎新。1638年,为迎接从澳门新进入中国内地的2名神父、1名修士,副省会长特意在南昌停留数月以迎接⑤。1639年时,副省会长傅汎际一年的巡回路线是这样的:南京→常熟→淮安→杭州→江西→福建。其中,去常熟是为付洗新教徒,去淮安是为探望在彼处传教时生病的毕方济,去杭州是为看望道友,去福建是为视察教案(由于方济各会、多明我会会士激进的传教方式而引发)中的教务,

---

① Antônio de Gouvea, *Annua da V. Província do Sul na China de 1644*, BAJA, 49-V-13, ff. 530v-531.
② Francisco Furtado, *Annua da China do Anno de 1620*, ARSI, JS114, ff. 257v-258.
③ 可能是南明隆武时期江西巡抚刘同升(1587—1645)。
④ Antônio de Gouvea, *Annua da V. Província do Sul na China de 1644*, BAJA, 49-V-13, ff. 531-531v.
⑤ João Monteiro, *Annua da Vice Província da China do anno de 1637*, BAJA, 49-V-12, f. 229v.

去"江西站"的目的是安排去澳门领取补给品的人员①。1645年时,南明与清南北对峙,副省会长艾儒略的常住地在南昌,因为在这里方便接收从澳门来的书信、资金,以解燃眉之需②。

南京是向北方各住院分发物资的一个枢纽。毕方济在城墙外购置了一个房子,这样,负责物资分配的人(通常是副省会长)就不必进城,而更方便转运。1639年,副省会长傅汎际就是在此处处理"每年都有的、分发给华北神父的物资"③。1641年,河南住院的费乐德神父因为匪乱、饥荒,生活极为困顿,费藏裕修士受指派从南京将澳门送来的物资运往开封④。

以上4个枢纽是在年信中有事迹可循的,基本上是利玛窦入华后的北上路线,越来越多的后人踏着先人的足迹,走出了路。北京毫无疑问是中国传教区最大的信息集散地,只是年信中未特别提及,此处不述。这些枢纽串起南北向的交通路线,尚缺东西向的连接,山西、陕西也是传教重地,上文的传教士日行程表显示,绛州也应该是一个枢纽,可惜,年信中亦没有提及,此处不述。此外,还有一些交通要道上的重要城市,比如,周振鹤先生曾论述韶关在耶稣会士入华北上通道中的重要性⑤,因年信中未曾提及,此处不述。

---

① João Monteiro, *Annua da Vice Província da China do anno de 1639*, ARSI, JS121, ff. 265v‒266.

② António de Gouveia, *Ânua da Vice Provincia da China nas Partes do Sul no Anno de 1645*, BAJA, 49‒V‒13, f. 550v.

③ João Monteiro, *Annua da Vice Província da China do anno de 1639*, ARSI, JS121, f. 265v.

④ Francisco Turtado, *Annua das Províncias do norte da China do anno de 1642*, ARSI, JS122, f. 174v.

⑤ 周振鹤:《韶关——晚明中外文化交流史上不可忽视的一环》,郭声波、吴宏岐主编:《中国历史地理研究》第4辑,西安:西安地图出版社,2007年,第417—426页。

二、国际"邮路"与"备喇故路多卢"

澳门是东亚各传教区寄往欧洲信件的出口。这既因为澳门是东亚最重要的国际贸易枢纽之一,也因为澳门在教务上对中国、日本、交趾支那、东京、柬埔寨等传教区存在管辖关系。耶稣会在此间的通信工作,是以澳门圣保禄学院为平台而组织的。圣保禄学院作为耶稣会在远东的基地,还担负着驿站的责任,负责传递信息。除了在远东各个传教团之间沟通、联络外,还源源不断地将这一地区的情况以报告的形式向罗马总部汇报[1]。

以澳门为中心的国际贸易航线主要有 4 条[2]:

1. 澳门—暹罗—马六甲—果阿—里斯本航线。这条航线经过澳门、马六甲、古里、科钦、果阿、好望角、里斯本,将葡萄牙的主要东方据点连为一体,可称为"东印度航线"。《1615 年中国传教区年信》第 2 抄本的封面上写着"供果阿阅读并寄往葡萄牙"[3],就是通过该航线运输的。

2. 澳门—马尼拉—阿卡普尔科航线。这条航线可称为"西印度航线"。1612 年年信封面上写有"第四抄本,经由西印度"[4],走的就是这条航线。该航线属于西班牙大帆船(O Galeão de Acapulco)贸易航线,葡萄牙能使用,得益于 1580 年西葡合并后,

---

[1] 李向玉:《澳门圣保禄学院研究》,澳门:澳门日报出版社,2001 年,第 232 页。
[2] 费成康:《澳门四百年》,上海:上海人民出版社,1988 年,第 43—52 页。陈炎:《澳门港在近代海上丝绸之路中的特殊地位和影响——兼论中西文化交流和相互影响》,收《海上丝绸之路与中外文化交流》,北京:北京大学出版社,2002 年,第 190—195 页。
[3] Manoel Dias junior, *Annua da Missão da China do Anno de 1615*, ARSI, JS113, f. 394.
[4] Nicolao Longobardo, *Carta Annua das Residências da China do Anno de 1612*, ARSI, JS113, f. 215.

双方于 1581 年签定《八项和平条款》，规定葡萄牙原有属地可以同西班牙各属地间进行自由贸易，反之则不适用，葡萄牙人据此垄断了澳门—马尼拉航线以及该航线上的贸易。来自中国的货物、信件，在马尼拉被转载到西班牙大帆船上，跨越太平洋和大西洋运往美洲和西班牙。该航线上的通邮，较早的记载是 1583 年 2 月 13 日，耶稣会士 Alonso Sánchez 神父乘船前往菲律宾，在澳门的利玛窦托他将一封用意大利语书写的信件捎给耶稣会总会长 Cláudio Acquaviva，汇报中国传教团的近况。而在一周之前，罗明坚已经在肇庆给总会长写了一函类似的信[①]，亦由该船运送。这两封信沿着西班牙新航路，即墨西哥航线，穿越太平洋、中美洲、大西洋、西班牙和热那亚最终抵达罗马。在这几年，在东方的传教士们得到命令，要求他们每次寄信都要一式两份：一封通过传统的印度—非洲—葡萄牙航线寄出，然而，这一航线常年受海盗骚扰，且航线上风暴区密布；另一封沿新的东方太平洋航线寄出[②]。

3. 澳门—长崎航线。此航线的开辟得益于中日两国正常贸易因为倭乱中断，葡萄牙人借机大力发展对日中介贸易。

4. 澳门—东南亚航线，澳门同东帝汶、望加锡、印度支那、暹罗的贸易航线。

后两条航线是局限于东方的局部航线，也承担了书信邮递功能，但中国来信要抵达，最终还得搭载前两条航线上的定期商船。关于后两条航线上的运力规模，有学者对 17 世纪"东印度航线"上的商船数量做了统计，详见表 4。

[①] Matteo Ricci, *Opere storiche*, edita a cura del Comitato per le onoranze nazionali, con prolegomeni, note e tavole dal P. Tacchi Venturi, Macerata: Premiato stab. tip. F. Giorgetti, 1911, pp. 410 – 419.

[②] [意] 菲利浦·米尼尼著，王苏娜译：《利玛窦——凤凰阁》，第 98 页。

表 4　葡萄牙好望角航线上的船只数量(1611—1700)①

时　　期	欧洲至亚洲		亚洲至欧洲	
	离开	到达	离开	到达
1611—1620 年	66	47	32	28
1621—1630 年	60	39	28	19
1631—1640 年	33	28	21	15
1641—1650 年	42	28	32	24
1651—1660 年	35	35	16	16
1661—1670 年	21	14	14	13
1671—1680 年	25	29	22	21
1681—1690 年	19	19	16	15
1691—1700 年	24	21	14	13

该表可见，由葡萄牙掌控的东西方贸易航线，随着船只数量减小，渐趋衰落，但在本研究所覆盖的时间段内，这条航线一直在有效运转着。迟至 1708 年时，樊守义(Luís Fan，1682—1735)与耶稣会士艾逊爵(José Antônio Provana，1662—1720)出使罗马教廷，澄清中国礼仪之争，仍然是通过东印度航线。出发地即澳门，乘坐一艘葡萄牙船，名为"Bom Jesus de Mazagão"，经今日之菲律宾、印度尼西亚、马来西亚、好望角，越大西洋，在巴西城市萨尔瓦多(当时是葡萄牙殖民地)补给后，抵达欧洲之行的第一站葡萄牙。

---

①　综合自[美]桑贾伊·苏拉马尼亚姆著，何吉贤译：《葡萄牙帝国在亚洲(1500—1700)政治和经济史》，澳门：纪念葡萄牙发现事业澳门地区委员会，1997 年，第 172—173 页，第 193 页。

虽然 17 世纪晚期,葡萄牙保教权受到严峻的挑战,但是,葡萄牙因素在这次航程中的体现仍然明显,作为耶稣会士,樊守义的首次登陆地必须在葡萄牙。其在欧洲内的行程据推测是里斯本—巴伦西亚—巴塞罗那—热那亚—里窝那(托斯卡纳大公国)—罗马①。

以上贸易航线也是邮路这个判断,可从两处获得支持:一是在启航前有专人负责信件交运,关于此人工作职责将在后文讲述;二是在航程中,时有信件交运发生。比如,1578 年 4 月 17 日,利玛窦、罗明坚乘坐的"圣路易斯号"越过加那利群岛南下到达赤道,与一艘来自巴西的葡萄牙船只相遇,两船相互靠拢,从对方那里交换到了自己所需的日用品和水;罗明坚也借机托那艘船上的人帮他给耶稣会会长捎了一封信②。1618 年 4 月,在金尼阁、汤若望乘坐的前往东方的船上,"在当时和现在都是一样有许多人写旅途日记,或在船上写信,一遇着邮便机会,便可把信寄回家乡了"③。6 月 13 日,这只船在南纬十度的地方,碰到了一只返国的葡萄牙帆船,船上的乘客与船员都很急速地写了些短短信札,交付这一只船邮回葡萄牙国④。1722 年 1 月 24 日,由中返欧的傅圣泽(Jean Francoise Foucquet, 1665—1741)在秃鹰岛(Poulo Condor)遇到了同样被困的由欧来中的两名法国耶稣会的传教士让·巴蒂斯特·雅克和安东尼·高比尔,后者将从法国带给傅圣泽的信当面转交,傅圣泽也向他们保证,到法国后会立即将两人交给他的信寄出⑤。

---

① Stefano Piastra, "The Shenjianlu by Fan Shou-yi Reconsidered: New Geo-Historical Notes", *Fudan Journal of The Humanities And Social Sciences*, Vol. 5, 2012(4), pp. 43 - 44.
② [意]菲利浦·米尼尼著,王苏娜译:《利玛窦——凤凰阁》,第 64 页。
③ [德]魏特著,杨丙辰译:《汤若望传》(第 1 册),第 42 页。
④ [德]魏特著,杨丙辰译:《汤若望传》(第 1 册),第 47 页。
⑤ [美]史景迁著,吕玉新译:《胡若望的困惑之旅——18 世纪中国天主教徒法国蒙难记》,上海:上海远东出版社,2006 年,第 34—38 页。

再讲一个由卫匡国(Martino Martini，1614—1661)携信返欧的例证。这是一个关于信件旅行的较完整的例子，还能看到每次航行都充满了变数，所谓东、西印度航线只是一个"大方向"，在不偏离大方向的前提下，"小方向"可以随机调整。

1650年，卫匡国受命赴罗马陈述各教区情况，他捎带的信件中，有一封是安文思托付的。这是一份关于张献忠(1606—1647)的暴行的报告，"通过两个途径寄往欧洲，一条路径是通过卫匡国神父，另一条是通过印度转寄"①。

当时，广州已被尚可喜(1604—1676)、耿继茂(？—1671)封锁，无法再从澳门出发，卫匡国准备将福建的安海作为起点，经马尼拉去往罗马。因为方济各会反对，此前，尚没有耶稣会士直接从中国内地前往马尼拉。在卫匡国登船前，方济各会会士Donato联合几名澳门人去恐吓船老大，说卫匡国是葡萄牙人，在马尼拉登岸，就会被捕，船上财物亦有风险。船老大说什么都不肯让卫匡国搭船。几日之后，卫匡国又找到了一艘船，是当年驶往马尼拉的最后一班。Donato这次向一名官员诬告卫匡国(该官员是船主)，说卫匡国计划在途中杀人夺船，驶向某个小岛，不去马尼拉了。船长已经许诺卫匡国了，对Donato的无稽之谈大发怒火。耶稣会士通过一名教外人士得知Donato的坏事和坏心，卫匡国直接去找方济各会会士，但是，他们齐声否认，表示不知此事。但这件事在教徒和异教徒中间传开了，纷纷谴责Donato，因为Donato是由卫匡国从杭州带来的，路上开销也是由卫匡国承担，一个月的路途当中，凡经过的住院，Donato都受到礼遇，他不应该去诬告卫匡国。Donato亲自找卫匡国承认错误，

---

① Gabriel de Magalhães, *Annuas das Residências Do Norte da Vice-Província da China do Anno 1658*，49-V-14, f. 229v.

又去官员那里收回说过的话。卫匡国也不计前嫌,带着 Donato 一起上路,卫匡国成为第一名由中国内地直接去马尼拉的耶稣会士①。

1651 年 3 月 5 日,卫匡国从福建启航,取道菲律宾,转乘直去西欧的帆船。这艘帆船系荷兰人经营,途经望加锡(Macassar),航近英吉利海峡时,被横风吹往爱尔兰和英格兰北部海面,结果在挪威靠岸。卫匡国经德、比、荷等国,于 1654 年抵达罗马②。

安文思托卫匡国捎带的报告,也终于抵达目的地。该报告很可能是《张献忠记》(*Relação das Tyranias Obradas por Changherien Chungo Famoso China*, em o anno, 1651,又译《中国著名盗魁张献忠暴行纪要》),手稿现存罗马耶稣会总部。卫匡国在其编写的《鞑靼战记》中,曾摘引其中的片段,邓宁士卜在其所著《利类斯和安文思两神父遭遇记》中,也曾大量引用③。此外,安文思还曾将内容与《张献忠记》类似的一份报告寄给日本—中国传教区视察员,原题《1639 年赴川的利类斯神父和 1642 年赴川的安文思神父的川省报告,以及该省省城僧道攻击天主教及其传教士的一场大教难》,经过邮路辗转,殊途同归,目前也在罗马耶稣会档案馆中④。何大化摘录了其中僧道迫害天主教的教案内容,编入《1644 年耶稣会中国副省南部年信》中,该年信原本藏于马德里王家历史

---

① Pedro Canevari, *Carta Annua da China a 1651*, BAJA, 49 - IV - 61, ff. 75 - 120, ff. 133 - 133v.

② [法]费赖之著,梅乘骐、梅乘骏译:《明清间在华耶稣会士列传(1552—1773)》,第 293—294 页。

③ [法]费赖之著,梅乘骐、梅乘骏译:《明清间在华耶稣会士列传(1552—1773)》,第 290 页。

④ Gabriel Magalhães, *Relação das viagens que fez o Padre Luís Bul'io no ano de 1639 e o Padre Gabriel de Magalhães no de 1642 para a Província de Sie Chuen e da grande perseguição que na metrópole da mesma província levantaram os bonzos contra a Ley de Deus e seus pregadores*, ARSI, JS 126, ff. 129 - 152v.

学院图书馆①,另有三个抄本,一个藏于罗马耶稣会档案馆②,两个藏于里斯本阿儒达图书馆③。更让人体会到文本的时空旅行之巧妙的是,大约两个半世纪后,即1907年前后,巴黎外方传教会驻重庆的神父古洛东(Gourdon,约1840—约1930)在上海见到了一个由耶稣会神父出示的抄本,"内载利类斯及安文思二公在四川开教情形,颇为详细"④,据此写成《圣教入川记》。目前,尚不知道古洛东见到的抄本是哪一份,经过内容比对,可能是《张献忠记》或《1639年赴川的利类斯神父和1642年赴川的安文思神父的川省报告》。一纸书信多点开花,要归功于当时邮路开通。

说回邮路。像卫匡国这样根据情势,调整航程中的某段,并不罕见。1613年,金尼阁受中国副省会长龙华民的派遣赴罗马,向教宗和耶稣会总会报告中国传教情况,他于1613年2月离开中国,当年5月在科钦登岸,步行至果阿,自果阿起,为要加速前进,改乘阿拉伯帆船,选择了霍尔木兹(Ormuz)—巴格达(Bagdad)—阿勒颇(Aleppo)路线⑤,在亚历山大勒塔(Alexandretta)乘船至塞浦路斯,抵奥托海峡在意大利登陆。1614年年底,他经过了一个延历22个月的行程到达罗马⑥。卫匡国是第一个经过这片仇视基督教地区返欧的传教士。

举卫匡国、金尼阁例,是为说明所谓固定商船路线,并非准时

---

① Antônio de Gouvea, *Annua da V. Província do Sul na China de 1644*, Biblioteca da Real Academia de la História, Madrid(BRAH), Legajo 4, Número 53, Tom. 14, ff. 722 - 753.

② Antônio de Gouvea, *Annua da V. Província do Sul na China de 1644*, ARSI, JS122, ff. 204 - 234.

③ Antônio de Gouvea, *Annua da V. Província do Sul na China de 1644*, BAJA, 49 - V - 13, ff. 229 - 252, ff. 520v - 541v.

④ [法]古洛东:《圣教入川记》,序,成都:四川人民出版社,1981年。

⑤ [德]魏特著,杨丙辰译:《汤若望传》(第1册),第34页。

⑥ [法]费赖之著,梅乘骐、梅乘骏译:《明清间在华耶稣会士列传(1552—1773)》,第130页。

的、可靠的航班,存在不确定性。正是不确定性,促使耶稣会士对航路不仅进行"小方向"上的调整,也着眼于"大方向"的修改。自利玛窦时代以来,中国传教会就从事研究由欧洲赴中国修一条陆路的问题。海上航行所发生之重大人命丧失,航程所历时间往往过于久长,邮便路程之不可靠,罗马管理传教会之困难,这些都是促使人们心中起这个念头的重要原因[①]。17 世纪 30 年代后,荷兰在马六甲水域对葡萄牙船只严密封锁,导致澳门与果阿联系十分困难。耶稣会总会长 Goschwin Nickel 要求在华传教士探索一条较近便的陆路。1655 年,总会长将该计划交给苏纳(Bernard Diestel,1619—1660)、白乃心(Jean Grueber,1623—1680)执行。1656 年,苏、白从罗马出发,抵达波斯,正遇上当地发生在乌兹别克人(Husbekios)、鞑靼人、摩尔人之间的战争,二人被迫转向印度,又从印度渡海前往澳门,1659 年抵达北京[②]。探索陆路交通线的任务转交给汤若望,汤若望从顺治皇帝获得通行许可后,由吴尔铎(Albert d'Orville,1622—1662)、白乃心两位神父具体执行。1661 年 6 月,二位神父从西安府出发,经 3 个月的沙漠旅程,穿过柴达木盆地的格尔木,进入西藏,在拉萨逗留两个月后,抵尼泊尔、孟加拉、印度的贝拿勒斯(Bénarès),最终达到亚格拉,计行路 214 天,停留时间不计。1662 年 4 月 8 日,吴尔铎在亚格拉去世。管理亚格拉教务的 Henry Roth 神父与白乃心完成了全部行程,抵达罗马[③]。然而,陆地邮路之开辟始终停留在探索阶段,17 世纪,传教士往返于中欧间绝大多数是漂洋过海。

上文提到耶稣会有专人负责商船启航前的信件交运,该负责

---

① [德]魏特著,杨丙辰译:《汤若望传》(第 1 册),第 80 页。
② Gabriel de Magalhães, *Annua das Residência do Norte da V. Província da China no Anno de 1660*, BAJA, 49 - V - 14, f. 692v.
③ [法]费赖之著,梅乘骐、梅乘骏译:《明清间在华耶稣会士列传(1552—1773)》,第 357—358 页。

人的职务是 Procurador，常见的译法有"司库""特派员""庶务员"等，《乾隆澳门纪略》中收集了一些"澳译"的葡语词，将之注音为"备喇故路多卢"，译为"管库"[①]。这些译名都只体现了其职责的一部分，而且 Procurador 本身也分多种，戚印平归纳了5个类型的 Procurador[②]，并借鉴日本学者的译法，译为"管区代表"，"管区"即"教省"，这是目前最贴切的译法。与邮传相关的一类"管区代表"叫 Procurador Missionis，意为"在海外的代表"，与中欧间通信相关的，是位于里斯本、果阿、澳门三地的代表。

里斯本的管区代表由远东视察员范礼安设立，其以总会长的名义处理东印度和巴西的各种事物，负责罗马与传教地之间的通信联系，还负责调配运往传教区的资金、物资[③]。由于葡萄牙享有东亚"保教权"的关系，里斯本成为远东与欧洲联系的唯一合法门户，在此设立一个专职代表是有必要的，之前，所有往来信件都经由葡萄牙教省的会长转送罗马，而从罗马寄往印度的所有信件，传教人员的派遣以及物资的援助，亦必须经过葡萄牙教省的中转。

在印度的果阿，也有一名专门负责日本教省事务的代表，从欧洲运往东方的人员、物资、信件抵达这个中转站后，由该代表负责往非洲、马六甲、摩鹿加、中国、日本等地分发[④]，起到中继站的作用。

驻澳门的代表职责更多，包括商业投资、物资采购、保管、运输，以及书信传递和来往人员的后勤保障等众多杂务。此处只讲与通信有关的职责。1579 年，范礼安任命首任驻澳门管区代表后，立即就着手制订了《驻华日本管区代表规则，兹由视察员巴范

---

① （清）印光任、张汝霖纂：《乾隆澳门纪略》，收《中国地方志集成·广东府县志辑》，上海：上海书店出版社，2003 年，第 70 页。
② 戚印平：《远东耶稣会史研究》，第 589—594 页。
③ 戚印平：《远东耶稣会史研究》，第 590—591 页。
④ 戚印平：《远东耶稣会史研究》，第 591 页。

济神父自日本返回时带来(澳门)》(Regimento para o Procurador Japão que Reside na China, Este deu aqui o P. Visitador Francisco Pasio quando veo de Jappão),其中,与书信邮寄相关的有第 2 条第 3 款:"投送印度寄往日本的一切书信及物品,也要投送由日本寄往外阜的一切书信、物资。"①第 7 条:"所有交运物品都要开列在清单上,清单应该清晰、美观,如果有两条船,就将交运物品分载两条船上,分运方式根据实际情况做出最有利选择,每条船上也都要有清单、信函。"②后来,巴范济对范礼安的《规则》做了增补,新增条款中有一条与通信相关,构成原《规定》第 36 条:"管区代表可以开启、阅读写给他本人的、写给他同会兄弟的外来书信,写给澳门学院校长的信应该原样封缄呈送,即使很想打开,也不可以。"③1617 年 5 月,印度教省的视察员弗兰西斯科·维埃拉(Francisco Vieira)再一次增补了《规定》条款,新增条款第 7 条是:"无论是寄往印度、欧洲的书信及其抄本,还是寄往马尼拉和日本的书信及其抄本,一律准时装运上船,不得留置在住院中,使冒风险。即使某个上级没有及时交送他的信件,也要照此执行,因为等一个人的信,而使所有人的信冒险,是不妥的。该条务必切实执行。如果这些信件及其抄本是用一般的船(navio)运输,要在船驶离澳门港前交运,在合适的时间交到带信人手中,以便于带信人更好地保管和安排更好的运送条件。如果这些信件及其抄本是用定

---

① Alessandro Valignano &. Francisco Vieira, *Regimento para o Procurador Japão que Reside na China, Este deu aqui o P. Visitador Francisco Pasio quando veo de Jappão*, BAJA, 49 - IV - 66, f. 10.
② Alessandro Valignano &. Francisco Vieira, *Regimento para o Procurador Japão que Reside na China, Este deu aqui o P. Visitador Francisco Pasio quando veo de Jappão*, BAJA, 49 - IV - 66, f. 10v.
③ Alessandro Valignano &. Francisco Vieira, *Regimento para o Procurador Japão que Reside na China, Este deu aqui o P. Visitador Francisco Pasio quando veo de Jappão*, BAJA, 49 - IV - 66, f. 13.

期商船(nau)运输,要赶在拔锚前在装货的货场交运。"①

除了上述《规则》,范礼安向日本、澳门管区代表下达的一些命令,在1629年被汇编成《有助于管区代表履行职责的若干事项》(Cousas que podem servir para os procuradores),其中《发往澳门的书信须在船只离港前提前完成》规定:"寄往澳门及其他港口的账目、书信、备忘录应在船只出发前几日完成、定稿,不得拖至启航前夜,这会导致忙中出错……一切工作提前8天完成,富余的时间用来再核查疏漏、整改错误,处理不重要的事项。"②

以上规定的履行情况在更多史料被发掘前,无法进行整体评估,就年信的情况而言,及时将信交到船上,时常是个难题。1656年年信于1659年1月29日才完稿③。这并不是因为作者郎安德的拖沓,在发往印度的船启航前几日,来自中国内地各住院的传教纪要才陆续送达,留给郎安德的写作时间只有8—10日,恰巧也是在这几天,郎安德正准备动身进入中国内地,忙上加忙,郎安德有些抱怨地说,他在此之前已赋闲了整整6个月④。当然,1656年年信迟至1659年才动笔,拖延这么久的情况并不多见,1657年年信于1658年5月12日就完稿了⑤。但是,1657年年信的撰写工作同样受制于姗姗来迟的传教纪要。该年度的年信作者张玛诺在开篇写道:"这是我从中国传教区写的第5封年信,与其他的年信一

---

① Alessandro Valignano & Francisco Vieira, *Regimento para o Procurador Japão que Reside na China, Este deu aqui o P. Visitador Francisco Pasio quando veo de Jappão*, BAJA, 49-IV-66, f. 14v.

② *Cousas que podem servir para os procuradores*, BAJA, 49-V-8, ff. 644-644v.

③ André Ferram, *Annua da Vice-Província da China de 1656*, BAJA, 49-V-14, f. 99v.

④ André Ferram, *Annua da Vice-Província da China de 1656*, BAJA, 49-V-14, f. 62v.

⑤ Manoel Jorge, *Annua da Vice-Província da China de 1657*, BAJA, 49-V-14, f. 169v.

样,因为传教纪要迟到,这封年信并不完善。往年,传教纪要迟到的原因有省与省间相距遥远,缺少信差,战乱频仍,今年则又多了一个原因,即方德望神父去世。"①

三、邮路上的风险及邮传的效率

1611年,葡萄牙籍耶稣会士Fernão Guerreiro将东方来信收集在一起出版,但是很难凑齐不同传教区在同一年份的来信,他在致读者中说:"本书讲述1607—1608年间的日本、中国事情,以及1608—1609年间的印度、埃塞俄比亚、几内亚的事情,因为这些是很遥远的地方,航路又充满了变数,各地来信总是不能齐头到达,就很难将年份相同的来信编纂在一起。"②Fernão Guerreiro的无奈正是当时邮传效率的写照。

那么,17世纪的传教士使用上述邮路,从中国寄一封信,多久后能送达欧洲呢？通常需要两年。这是传教士自西徂东或由东往西的单程一般用时。金尼阁于1613年2月奉派赴罗马,路上用时22个月③;1657年4月4日,郎安德、卫匡国、殷铎泽(Prospero Intorcetta,1625—1696)乘坐的海船从葡萄牙出发,9月5日抵果阿,1658年7月17日抵澳门,而郎安德从澳门进入中国内地则是又6个月之后的事了,1659年初才实现④,这趟东方之旅,在路上花了16个月的时间,得进中国,则要将近2年时间;1646年1月7

---

① Manoel Jorge, *Annua da Vice-Província da China de 1657*, BAJA, 49-V-14, f. 148.
② Fernão Guerreiro, *Relação Anual das Coisas que Fizeram os Padres da Companhia de Jesus nas Suas Missões*, Tomo Segundo(1607 a 1609), Livro Segundo (Das Coisas da China), Lisboa: Imprensa Nacional, 1942, "Ao Leitor".
③ [德]魏特著,杨丙辰译:《汤若望传》(第1册),第34页。
④ André Ferram, *Annua da Vice-Província da China de 1656*, BAJA, 49-V-14, ff. 62-62v.

日，Vincenzo Carafa(1585—1649)被选为耶稣会第 7 任总长，1648 年 8 月 17 日，在福州的何大化收到消息，历时 2 年 7 个月又 10 天。①

至于一次书信往还，用时更久，不仅仅是两个单程相加。1595 年 10 月 28 日，利玛窦自南昌致函耶稣会士 Girolamo Costa 神父："今天我收到了尊敬的神父您于 1593 年写给我的信，是回复我 1586 年的信的。"②这一个回合差不多用了 9 年。

因为许多中国来信是通过印度中转寄往欧洲的，若以印度为中心来计算送达周期，罗马收到关于果阿的问题汇报，通常需要耗费 14 至 16 个月的时间；日本和果阿之间的信件来往常常至少需要两年或三年；果阿和马六甲之间的书信交流通常要 1 年零 10 个月的时间。印度的传教士们在听到任何关于来自欧洲方面的回应常常不得不等两年至三年的时间③。

而无从得知去信下落的情况也不少见。1593 年 12 月 19 日，利玛窦自韶州致函新当选的耶稣会总会长 Cláudio Acquaviva："由于路途遥远、沿途海路险象环生，所以真不知我写的这些信中究竟有几封到了您的手里。"④1614 年年信写了一个延误长达七八年杳无音信的情况："已经七八年了，我们对于中国传教区的年信是否送达于您，或起码已抵达欧洲某处，没有任何消息，这使我们深

---

① António de Gouveia, *Ânua da Vice Provincia da China nas Partes do Sul no Anno de 1647*, in *Cartas Ânuas da China*（1636，1643 a 1649），edição, introdução e notas de Horácio Peixoto de Araújo, p. 335.

② [意]利玛窦著, P. Antonio Sergianni P. I. M. E 编, 芸娸译：《利玛窦中国书札》, 第 119—120 页。

③ [美]唐纳德·F. 拉赫著, 周云龙译：《欧洲形成中的亚洲》, 第一卷《发现的世纪》, 第一册（上），第 329—330 页。

④ [意]利玛窦著, P. Antonio Sergianni P. I. M. E 编, 芸娸译：《利玛窦中国书札》, 第 114 页。

感失落。"①

因为邮路上丢信的风险,寄往欧洲的年信要制作多个副本,有时多达7个,通过几条航路寄送,以求总有一个副本送达。1614年年信的作者说:"我们既有愿望又有义务,将此间教友的情况完整地向您汇报,我们仍然每年在做这项工作,制作若干副本,经东、西两个印度向您寄送。"②

为了展示一个真实而全面的17世纪的邮路面貌,以下将归纳邮路上的风险,因为这些风险时常在传教士的年信等信简中提及,他们不多提及通邮航期、制度安排,却热衷于讲述这些冒险故事,一方面是为了向欧洲读者塑造耶稣会的英雄主义形象,以及增加阅读乐趣,另一方面也说明这些冒险给传教士留下了深刻的印象,这才是他们念念不忘的。

先说国际邮路。最大的两项风险来自海洋上的恶劣天气和海盗。一叶扁舟漂泊在无边汪洋中的危险自不待说,单是能顺利地启航就已难得。1638年9月19日,卫匡国与11名同会从罗马出发前往葡萄牙,他们在地中海遭遇了强风暴,1639年1月,终于在王城里斯本靠岸。5月,扬帆前往印度,当时已错过了季风。他们遇到几内亚的无风季,徘徊了40日而没有前移,从那里掉转船头准备返航里斯本。但是,他们在 Val das Éguas,又遇到一场大风暴,船只仅剩下静索上的一面小帆,在二天内船倒退了7度。风暴止息,他们垂头丧气地出现在城堡上,作为被迫返航的人,他们都很伤心。在1640年季风季(每年3月,为由欧洲赴东方最良好的行期,因为船在这个时候启碇,到印度洋正赶上信风吹起的时期。

---

① João da Costa, *Annua da Christandade da China do Anno de 1614*, ARSI, JS. f. 373v.

② João da Costa, *Annua da Christandade da China do Anno de 1614*, ARSI, JS, f. 373v.

因此,赴印度的船队自二月底起即在里斯本准备停当,以便一起顺风,即可扬帆出发①。卫匡国终于登上葡印总督的舰队②。仅顺利上路就因天气延误了 1 年半。航程在很大程度上取决于天气的情况非常多见,聊举一例。1603 年日中视察员乘商船(nau do trato)从日本前往澳门视察。这只船甫离长崎港,就遭遇了一场大风暴。一只小船因此失事,商船也几乎丧身于怒涛。船上的神父在祷告后,"天主通过一条他们完全陌生的航路将这只船送抵澳门"。为此,澳门还举行了一场全城宗教大游行,以谢天主③。

葡萄牙人眼中的"海盗"主要是荷兰人、英格兰人。龙华民在 1612 年年信的开篇写道:"我们备感遗憾,因为荷兰人对东印度几片海域的骚扰,我们很多年信不能抵达欧洲。""去年,借着我们的特派员神父(即金尼阁)赴欧之际,就将所有情况写成长长一篇,以弥补前几封年信未送达之缺。"④1603 年,印度省会会长本打算派 20 名传教士往澳门,听说荷兰人的船只正在经过那几片海域时,就留下了 7 人,改派 13 人⑤。1611 年,郭居静、金尼阁、钟鸣仁迫切希望从南京往杭州传教,可是,澳门来的补给迟迟未到,他们担心,由于印度来的货物遭遇荷兰人的劫掠,他们的补给可能也受影响,当年到不了了⑥。利玛窦则在 1595 年的一封信中提道:"英国海盗们经常洗劫从印度开往英国的船,而相反方向的船只,相对好

---

① [德]魏特著,杨丙辰译:《汤若望传》(第 1 册),第 40 页。
② Antônio de Gouvea, *Annua da V. Província do Sul na China de 1644*, BAJA, 49-V-13, ff. 528-528v.
③ Anominous, *Annua do Collegio da Madre de Deos da Companhia de JESUS de Macao de 1603 para nosso Padre geral*, BAJA, 49-V-5, f. 21.
④ Nicolao Longobardo, *Carta Annua das Residências da China do Anno de 1612*, ARSI, JS113, f. 216.
⑤ Anominous, *Annua do Collegio da Madre de Deos da Companhia de JESUS de Macao de 1603 para nosso Padre geral*, BAJA, 49-V-5, f. 22.
⑥ Nicolao Longobardo, *Carta Annua das Residências da China do Anno de 1612*, ARSI, JS113, f. 235v.

些。但是,即便如此,我仍然会履行诺言,每年给您写信。"①

面对国际邮路上的风险,除了上述制作多个副本,经由多条航线寄送之外,澳门圣保禄学院的年信经常略述中国传教区的情况,1611年澳门圣保禄学院年信中说:"在中国的神父会将彼处情况详细向您汇报,我在此仅略述,以防他们的年信不能送达您。"②

传教士对国内邮路上的种种风险记载更多,因为这些构成传教士在中国工作的一部分,理应在工作报告性质的年信中有所反映。在传教士入华初期,最大的风险来自官府的缉拿。1584年9月13日,利玛窦从肇庆致信西班牙国王的税监Giambattista Roman③,后者请利玛窦提供关于中国的信息,利玛窦称不能将一切都写在信里,否则,一旦落入中国官员之手将是十分危险的④。在中国传教团的历史上,耶稣会信使被中国官方拘捕,以致耶稣会内部信函被截获的事例绝非鲜见⑤。最著名的此类事件是"黄明沙案"。1606年视察员范礼安打算进入中国视察各住院,由利玛窦出面,在徐光启的协助下,为范礼安申请得通行文书⑥。修士黄明沙(Francisco Martinez,1573—1606)从南京抵达韶州,准备将文书交给范礼安。当黄明沙得知范礼安已去世,就留在韶州,没有按照原计划去澳门。一个背叛了信仰的天主教徒从澳门来,向黄明沙敲诈钱财没有得逞,恼羞成怒,向官府诬告黄明沙是来自澳门的间谍。3月底时,黄明沙与几名教友被捕,押往广州,投入大牢。

---

① [意]利玛窦著,P. Antonio Sergianni P. I. M. E编,芸娸译:《利玛窦中国书札》,第119—120页。
② João Roiz, *Annua do Collegio de Macau do ano de 1611*, BAJA, 49-V-5, f. 92.
③ Ricci Matteo, *Lettere*(1580-1609), p. 86.
④ [意]菲利浦·米尼尼著,王苏娜译:《利玛窦——凤凰阁》,第110—111页。
⑤ 张铠:《庞迪我与中国》,第334页。
⑥ [意]利玛窦、[比]金尼阁著,何高济、王遵仲、李申译:《利玛窦中国札记》下册,北京:中华书局,1983年,第520页。

3月31日,即被拷打致死①。中国官员,尤其广东官员,对里通外国格外敏感,年信中时常流露出传教士对广东官员的忧心忡忡,粤籍官员进京,传教士就多方打听,唯恐他们散布不利的言论,遇上倭乱、剿白莲教、"南京教案"等非常时期,为外国人传递信件,无异于"通敌",更得格外小心。

1613年年信中记载了一段入华的冒险,因为这不是一起严重的案件,鲜见于现存的被利用的史料中,它描述的是传教士入华时一般的冒险情景,但澳门与内地间的联通正是中国邮路国内段、国际段连结的关键一环,值得详述:

> 在互市期之外,从澳门进入内地是很难的。1611年艾儒略、史惟贞已偷渡至广州,仍被巡逻士兵捕获,因为当时参加互市的葡商还没有到广州。后来,葡商到了,用高价将二位神父赎出,才免遭严酷的皮肉之苦。接收贿赂而放走神父的是一些低级官吏,消息没有传到上级那里,小吏在放走神父时,再三警告这二位神父不得再试图越境,因为这两张面孔已被记住了。1612年、1613年,艾、史未敢轻举妄动。因为道路、客栈、船上都有巡逻士兵出没,相关告示贴得到处都是,更恐怖的,是找不到可以相信的人。1612年,几名神父被信任的船老大出卖了,以20两银子的价格卖给巡逻兵。1613年,南雄住院再次策划接引澳门神父之计。由一名中国籍修士租一条船前往迎接,在离广州还有2里格时,先将此船停泊在一个安全的地方。再从广州租一条"冒险船"(Lorcha de Risco),这种船是专门穿行于河口、海岸的,随时准备与巡逻船战斗。装备齐全之后,开往澳门,再趁夜色将神父送到从南雄开来的船上。然而,因为在水上与巡逻船发生了冲突,这两条船都没

---

① 利玛窦在1606年8月15日致总会长Acquaviva的信中报告了这个消息。

按计划发挥作用。修士只好上岸步行,乔装打扮,从巡逻士兵中穿过,为了不被注意,修士甚至混进一队过路的士兵中同行,要是士兵知道他的身份,一定会将他抓起来送官。修士就这样一路惊险地走到了澳门,秘密地见到神学院的院长,说明来意。一名在当地入赘的中国教徒出面,以30两银子的价格租了一条"冒险船",艾儒略、史惟贞、毕方济将乘这条船进入中国内地,本来谢务禄也要上船的,但神学院院长认为这么多神父在一条船上,风险太大,就没成行。夜间起航,行3里格,他们感觉有一条官方的巡逻船在一路跟踪他们,他们决定首先转移物资,将船上的所有物资搬到船舷一侧,结果,人、货、船全翻了,但是,他们很快就被"天主派来的另一条船"救出水面,他们停靠在一个小岛上,物资也被打捞上来,翻的船也被拖上岸。他们判断继续航行风险太大,当夜暂返澳门,为了不惊扰神学院的人,就在一名教徒家中借住一宿。第二天夜,他们登上另一条更大更坚固的船再次尝试入境,这次又带上了一名出生于澳门的中国籍读书修士。这一条船昼伏夜出,向着内地开进,船上的人除了忍受1月的寒,还要忍受狭小空间中的蜷缩之苦,只能坐着,不能伸展身体。到了顺德,另换一船,水手也要全换,这使传教士们再陷险境,修士发现水手在夜里偷偷摸摸地捏他们的行囊,看看他们带了多少银子,修士不敢戳破水手,以免招致更大风险。神父带了两座小钟,装在木盒子里,在换船时,水匪断定盒子里装的是银子,这个判断既是基于分量,也基于盒子的样式,日本银通常装在这样的盒子里,于是,他们决定要么杀了神父,要么携盒逃走,最终,他们饶了神父性命,但是,几天之后,他们的船被官兵查,两座钟被抄出。官府对水匪用酷刑,要他们交待这钟是哪里来的,他们坚称是偷来的,因为说出神父已入境的情况,他们便会更惨。最后，他们因偷窃罪，判以鞭笞，钟则被当官的拿走。此后，这一行人还经历了其他惊险，终于抵达南雄，之后，又被派往南京，学习中文。①

在路途中困扰传教士的，除了"官"，还有"匪"。劫匪谋财害命，客观上损害着耶稣会通信制度在传教基层的运转。张玛诺总是随身带着小本子记录有教育意义的事例、领洗人数，1653 年，张玛诺从常熟赴上海，途中遭劫，他的领洗者名单也损失了，无法提供当年受洗人数②。1602 年年信中提到，因为窃贼，"南昌住院的来信在半路上丢了，我们没有收到"③。1649 年，梅高（Joseph de Almeida，1611—1649）从北京往澳门寻求给养和人力的支持，途经江西住院，遇害④，他携带的信件一并丢失。

明清战争在二十几年中使中国南北交通中断，耶稣会的通信亦受影响，中国副省分成南北二部，年信亦随之分成华南、华北二份，这主要是由战乱阻塞了帝国的南北交通干道，信息不通所致。1645 年，清与南明南北对峙，该年年信作者何大化说："我还不能向您提供近几年来耶稣会士及其传教情况的清晰信息，因为这两年来，我没收到清占区、匪占区神父和住院的任何消息，要得到这些消息不容易……四川二神父（安文思、利类斯）也没有消息和传教纪要寄来。目前，本年信只有福建的消息，和有神父活动的广

---

① Nicolao Longobardo, *Carta Annua da China 1613*, ARSI, JS113, ff. 335v - 338.

② Manoel Jorge, *Annua da Vice-Provincia da China do ano de 1652*, BAJA, 49 - IV - 61, ff. 222 - 222v.

③ Diego Anthunez, *Annua do Collegio da Madre de Deus da Companhia de Jesu de Machao e Residencias da China do anno de 602*, ARSI, JS46, f. 321.

④ António de Gouveia, *Cartas Ânuas da China (1636, 1643 a 1649)*, edição, introdução e notas de Horácio Peixoto de Araújo, pp. 427 - 429.

东、广西二省的部分消息。"①1646年,华北各住院的传教纪要无一抵达,华南也有部分住院的传教纪要没送到。何大化只好引用了一些私人信件作为年信的消息源,比如,1647年8月收到的一封北京来信②。未能将传教纪要寄出的原因,多因战乱导致,比如,在汉中的方德望前后经历了李自成、张献忠和李自成的某个降清的将领③制造的三轮浩劫。方德望靠一个教徒送的玉米糊才活下来,"他的传教纪要,他付洗的人数,一定很有教育意义,一定很吸引人,可惜,截至目前,我未收到"④。1648年时,广东、江西二省战乱频仍,道路淤塞,从澳门发出的人员、经费、信件进不了中国内地,这种情况已经持续3年,在正常情况下,澳门提供的补给每年都有。在何大化动笔写该年度的年信时,北方诸省份的神父,还未寄出传教纪要,何大化只能从来自北京的私信中搜索素材。南方各住院中,除了上海、常熟两座住院外,其余皆没有将新受洗的人数报呈。何大化说:"因为在严重的打家劫舍、饥饿、物资匮乏和成千上万种灾祸中,既无安全可言,心也静不下来。"⑤1649年时,年信作者抱怨:"关于北方诸省,无甚可写,因为传教纪要没有送来。"⑥1654年时,由于常年战乱,消息闭塞,年信作者不能确切得

---

① António de Gouveia, *Ânua da Vice Provincia da China nas Partes do Sul no Anno de 1645*, BAJA, 49-V-13, f. 305.
② António de Gouveia, *Ânua da Vice Provincia da China nas Partes do Sul no Anno de 1645*, in *Cartas Ânuas da China*(1636, 1643 a 1649), edição, introdução e notas de Horácio Peixoto de Araújo, p. 289.
③ 可能是牛金星,据1646年年信的记载,该将领在降清前,为了表示诚意,先让士兵身穿清军服装,洗劫汉中。
④ António de Gouveia, *Ânua da Vice Provincia da China nas Partes do Sul no Anno de 1645*, in *Cartas Ânuas da China*(1636, 1643 a 1649), edição, introdução e notas de Horácio Peixoto de Araújo, pp. 304-305.
⑤ António de Gouveia, *Cartas Ânuas da China*(1636, 1643 a 1649), edição, introdução e notas de Horácio Peixoto de Araújo, p. 386.
⑥ António de Gouveia, *Cartas Ânuas da China*(1636, 1643 a 1649), edição, introdução e notas de Horácio Peixoto de Araújo, p. 409.

知各神父的情况，甚至不知他们生死①。整个南明时期，耶稣会中国年信都带着信息残缺的遗憾，字里行间流露着作者的抱怨。

由于邮路上的风险造成的信息延误，年信作者通常采取两种方式补救：第一，归入下一年度。南昌、建昌住院 1622 年的传教纪要未来得及收录进当年年信，由 1623 年年信收录②。1635 年年信福建部分，只载泉州、永春、漳州三处教务情况，因为其他地区，包括省城福州，都未找到邮差，而当年福州 4 名神父牧养的范围已有 9 到 10 处，副省会长命令来年的年信作者补上这一年的缺失部分③。1658 年、1659 年常熟住院的传教纪要，在编撰 1660 年年信时才送到，该年信作者成际理便将这两年常熟住院的情况补在 1660 年的年信之后，单列一章④。第二，对于在年信已完稿但未寄出前送达的消息，通常直接附在已完稿的年信之后。何大化在写完 1645 年华南年信后，又收到瞿纱微（André Xavier Koffler，1613—1651，又译"瞿安德"）写给艾儒略的、汇报其从澳门进广西的行程以及在广西宣教的信，就直接附在已截稿的年信之后。瞿纱微的信写于 1645 年 8 月 19 日。该年信完稿于 1646 年 6 月 15 日⑤。有时在完稿后不久即收到新的消息，年信编撰者会将新的消息补录。1654 年 11 月 26 日，Luiz Pinheiro 的年信已经签署，几天后收到永历死亡的消息，重新签署为 12 月 3 日⑥。这个消息事

---

① Luiz Pinheiro, *Carta Annua da V. Província da China do Anno de 1654*, BAJA, 49 - IV - 61, f. 299.

② Francisco Furtado, *Carta Annua da V. Província da China do Anno de 1623*, BAJA, 49 - V - 6, f. 129.

③ Manoel Dias, *Carta Annua da China de 1635*, BAJA, 49 - V - 11, f. 225.

④ Feliciano Pacheco, *Carta Annua Da Vice Província da China do Anno de 1660*, BAJA, 49 - V - 14, f. 708v.

⑤ António de Gouveia, *Ânua da Vice Provincia da China nas Partes do Sul no Anno de 1645*, BAJA, 49 - V - 13, ff. 554v - 555.

⑥ Luiz Pinheiro, *Carta Annua da V. Província da China do Anno de 1654*, BAJA, 49 - IV - 61, ff. 324v - 326.

后证明是假消息，可能是由李定国在广东新会大败引发的恐慌中制造的谣言，Luiz Pinheiro 在没有时间核实的情况下，匆匆收进年信。

总之，耶稣会士入华后逐步建立起一条联系东西方的邮路。这条"邮路"并非通邮专用，它借道于传教士的巡回传教网络、传教物资补给通道、大航海时代的定期商船贸易等。关于国内邮路，本节以数据挖掘的方法，利用传教士对亲身旅行的日行程记录，钩织出一张传教士的国内交通网，并找出网上的几个重要枢纽（广州、南雄、南昌、南京），这张网、这些点，与实际相比是很不完整的，但求能够以管窥天，以锥插地，能以具体显现共相。该网显示，绛州也是传教士通信网络中的一个重要枢纽，这个预测是否准确，有待进一步的史料印证。关于国际邮路，本节介绍了东、西印度航线及其在17世纪的整体规模，指出国际航线中的变与不变的特征，即在"大方向"不变前提下，"小方向"时常随机调整，入华耶稣会士为开辟路上通道而进行的探索，是对邮路新发展而做出的努力；在国际邮路部分还介绍了"管区代表"，这是赋予航海贸易线以通邮功能的关键制度安排。本节第三部分重点归纳了邮路上的风险，因为"风险"是传教士书信中的一个重要议题，不可不提，而且风险事关邮传效率，是讨论邮路时的必选项。最后，需补充说明的是，这条横亘东西方的邮路是双向的，因为本研究是关于中国年信向欧洲的邮递，容易给人是自东向西的单向的印象，实际上这条邮路中也流通着发自欧洲的书信、指令，在传教士的诸多文献中都有提及。

第三章 作为史料的年信

第一节 馆　　藏

耶稣会中国副省年信目前主要以手稿的形式保存于欧洲的几座档案馆中。收藏最齐全的是里斯本阿儒达图书馆、罗马耶稣会档案馆，前者收藏的是 18 世纪抄本，从属于"耶稣会士在亚洲"(Jesuítas na Ásia，简为 JA)文献系列；后者收藏的是 16、17 世纪原件，从属于"和—汉"(Jap-Sin，简为 JS)文献系列。其他如葡萄牙国家图书馆(Biblioteca Nacional de Lisboa，简为 BNL)、葡萄牙海外史档案馆(Arquivo Histórico Ultramarino, Lisboa，简为 AHUL)、马德里王家历史学院图书馆(Biblioteca da Real Academia de la História, Madrid，简为 BRAH)等也都有一些收藏。不同馆藏之间除了并列关系，更重要的是互补关系。比如，《1644 年耶稣会中国副省南部年信》原本藏于马德里王家历史学院图书馆[①]。另有三个抄本，一个藏于罗马耶稣会档案馆[②]，两个

[①] 编号 BRAH, Legajo 4, Número 53, Tom. 14, ff. 722 – 753.
[②] 编号 ARSI, JS122, ff. 204 – 234.

藏于里斯本阿儒达图书馆[1]。四个版本源自同一底本,但是略有差异,应该对勘使用。因此,耶稣会中国年信的存世情况极为复杂,需要一封一封个别讨论。

一、里斯本阿儒达图书馆、罗马耶稣会档案馆馆藏年信详细统计

总体而言,里斯本阿儒达图书馆、罗马耶稣会档案馆的收藏最为齐备,自成系列。本书对年信内容的研究是基于这两馆的藏本展开的,下表即列出这两馆中所收藏的年信(表5)。该表只列出中国年信和对中国传教区概述性的报告,年信周边文献,即某传教住院的传教纪要等不列入统计。个别年份的年信出版情况比较难统计,疏漏在所难免,出版地、出版商和出版时间列入表中,书题请见脚注。

二、阿儒达抄本

里斯本阿儒达图书馆(BA)保藏的17世纪耶稣会年信,及这些年信所属的"耶稣会士在亚洲"系列馆藏,内容丰富,自成体系,对于研究16世纪中叶至18世纪中叶耶稣会士在东方的活动很有价值,以下将对该馆藏的由来、状况做一简单介绍,也是对本研究主要依据文献的评介。

"耶稣会士在亚洲"共61卷,总计5万7千余页,绝大部分为18世纪中期的抄本,也有少量16世纪的抄本。关于该系列文献的主要内容、研究价值,请参阅本研究的《中国年信为何多用葡语,

---

[1] 编号 BAJA,49-V-13,ff.229-252 和 ff.520v-541v.

第三章 作为史料的年信　149

表 5　里斯本阿儒达图书馆、罗马耶稣会档案馆藏中国年信情况

年份	标　题	作者	发出时间（年-月-日）、地点	语种	编号/页码	出版情况（地点—出版商—时间）①
1584	Relation delle cose della Cina.	利玛窦	1584-09-15，韶州	意	JS123, 43-47.	
1594		孟三德	1594-10-28，澳门	葡	JS52, 40v-46.	
1596	Do Collegio e Casa de Macao e Residências q estão no Reino da China por a terra dentro que pertencem também a Vice-Província de Japão.	孟三德	1596-01-16，澳门	葡	JS52, 118-123, 172-177v.	

① 出版情况主要参考以下著作：Robert Streit, *Bibliotheca Mossionum*, vols IV and V, Aachen: Franziskus Xaverius Missionsverein Zentrale, 1928, 1929; Louis Pfister S. I., *Notices biographiques et bibliographiques sur les jésuites de l'ancienne mission de Chine (1552 - 1773)*, Chang Hai: La Mission Catholique Orphelinat de T'OU-SÈ-WÈ, 1932; Donald Frederick Lach and Edwin J. Van Kley (ed.), *Asia in the making of Europe*, Vol. III, Book Four, Chicago and London, The University of Chicago Press, 1993, pp. 1983 - 1999.

续 表

年份	标　题	作者	发出时间(年-月-日)、地点	语种	编号/页码	出版情况(地点—出版商—时间)
1598	Collegio de Macao com as Residências q estão polla China dentro do ano de 98.	李玛诺	日期不详，澳门	葡	JS53, 80 – 184v.；JS52, 267 – 269v.	
1598	Littera annua e Sinis, ann. 1598.	龙华民	1598 – 10 – 18，韶州	意	JS13, 174 – 178.	Mainz-Albini-1601；Mantova-1601. ①
1601	Do Collegio de Machao & Suas Residências de 601.		1602 – 01 – 25，澳门	葡	JS121, 1 – 30v.；JA, 49 – v – 5, 20 – 25.	Rome-Zannetti-1603. ②
1602	Annua do Collegio da Madre de Deus da Companhia de Jesu de Machao e Residencias da China do anno de 602.	Diego Anthunez	1603 – 01 – 29，澳门	葡	JS46, 318 – 322v.	

① *Breve relatione del Regno della Cina. Nella quale si dà particolar contodello stato presente di quel Regno, della dispositione di quei popoli alla Fede Christiana, & de'loro costumi, studij, &.dottrina.* Scritta di là dal R. P. Niccolò Longobardi della Compagnia di Giesu. In Mátova, Per Francesco Osanna Stampator Ducale. 1601.

② *Lettera della Cina dell'Anno 1601. Mandata dal P. Valentino Carvaglio Rettore del Collegio di Macao, …In Roma nella Stamperia di Luigi Zannetti, 1603.

第三章 作为史料的年信　151

续　表

年份	标　　题	作者	发出时间（年-月-日）、地点	语种	编号/页码	出版情况（地点—出版商—时间）
1606—1607	Annuae Sinensis a MDCVI et MDCVII.	利玛窦	1607-10-18	拉	JS121, 33-44（缺尾）	Rome-Zannetti-1610;① Milan-Pontio-1610; Antwerpen-Plantin-1611.②
1606—1607	Annua das Casas da China dos Anos 1606 e 1607.	李玛诺	1607-10-18, 南昌	葡	JS113, 44-60.	
1607—1608	Annua das Casas da China desde Outubro de 607 até Abril de 608.	李玛诺	1608-04-27, 南昌	葡	JS113, 64-72.	
1608	Annua das Casas da China do Anno de 1608.	李玛诺	1608-11-03, 南昌	葡	JS113, 74-89.	

① *Annua della Cina del M. DC. VI e M. DC. VII. del Padre Matteo Ricci della Compagnia di Giesu*… In Roma, Nella Stamparia di Bartolomeo Zannetti. Anno, M. DC. X.
② 包含 1591,1606—1607 两份年信。书题为 *Annuae Litterae a Sinis annis 1591, 1606 et 1607*.

续 表

年份	标 题	作者	发出时间(年—月—日)、地点	语种	编号/页码	出版情况(地点—出版商—时间)
1609	Annua da China do Anno 1609.	龙华民	1609-12-21, 韶州	葡	JSI13,07-117.	
1610—1611	Litterae Annuae Societatis Iesu a Sinarum Regno anni 1611.	金尼阁	1612-08, 南京	拉	JSI13,149-212.	Rome-Zannetti-1615; ① Augsburg-1615. ②
1612	Carta Annua das Residências da China do Anno de 1612.	龙华民	1613-02-20, 南雄	葡	JSI13,215-262.	
1613	Carta Annua da China 1613.	龙华民	1614-08-01, 南雄	葡	JSI13,333-370.	
1613	Informação da Missão e Casas da China do Ano 1613.	龙华民	1613-04-13, 南雄	葡	JSI13,291-300.	

① Due Lettere Annue della Cina del 1610 e del 1611…Dal Padre Nicolò Trigaut della medesima Compagnia di Giesu. In Roma, Per Bartolomeo Zannetti, MDCXV.

② Rei Christianae apud Japonios Commentarius. Ex litteris annuis Societatis Jesu amorum 1609, 1610, 1611, 1612, collectus. Autore P. Nicolao Trigautio Eiusdem Societatis. Augustae Vindelicorum apud Christophorum Mangium M DC XV.

第三章 作为史料的年信　153

续 表

年份	标　　题	作者	发出时间(年—月—日)、地点	语种	编号/页码	出版情况(地点—出版商—时间)
1613	Annua da China do Anno de 1613.	Joam Roiz Giram	1615-02-20, 澳门	葡	JSl13, 310-331.	
1614	Annua da Christandade da China do Anno de 1614.	罗如望	1615-08-10, 中国	葡 拉	JSl13, 373-392;(葡) JSl17, 18-22.(拉)	
1615	Annua da Missão da China do Anno de 1615.	李玛诺	1616-12-30, 澳门	葡 拉	JSl13, 394-424, 465-493, 429-459;(葡) JS16, 222-223, 224-225, 226-228.(拉)	
1616—1617	Annua da Missão da China dos Annos de 616 e 617.	李玛诺	1618-01-14, 澳门	葡	JSl14, 13-51.	
	Annua della Missione della Cina degli anni 1616 e 1617.	Castello di Costanzo	1618-01-15, 澳门	意	JSl14, 99-139v.	

续 表

年份	标 题	作者	发出时间(年-月-日),地点	语种	编号/页码	出版情况(地点-出版商-时间)
1616—1617	Litterae Annuae Societatis Jesu é Regno Sinarum annorum 1616 et 1617.	金尼阁	1618-12-25,果阿	拉	JS112, 53-92.	
	Annua da China de 1618.	曾德昭	1618-11-20,澳门	葡	JS114, 164-174.	
	Annua della Cina del 1618.	王丰肃	1618-11-20,澳门	意	JS114, 152-163v.	Paris-Cramoisy-1625.①
1618	Carta Annua da Missam da China do Anno de 1618.	李玛诺	1618-12-07,澳门	葡	JA, 49-v-5,232v-264v.	
	De itinere et navigatione P. Trigautii et Sociorum Goam usque.	金尼阁	1618-12-20,果阿	拉	JS121, 95-113v.(缺尾)	Cologne-Agrippinae-1620; Valenciennes-Ian Vervliet-1620.

① 该年信被翻译成法文,与耶稣会日本年信放在一起,于 1625 年在巴黎出版。但这份出版的年信的年份,被写作"1619 年年信"。书题为 Histoire de ce qui s'est passé es Royaumes de la Chine et du Japon, Tirées des lettres escrites és années 1619, 1620 & 1621, Adressées au R. P. Mutio Vitelleschi, General de la du Japon Compagnie de Jesus, Traduire de l'Italien en François par le P. Pierre Morin de la mesme Compagnie.

第三章 作为史料的年信 155

续表

年份	标　　题	作者	发出时间（年—月—日）,地点	语种	编号/页码	出版情况（地点—出版商—时间）
1619	Annua da China e de Cochimchina de 619	傅汎际	1620－11－01, 澳门	葡	JS114,219－233; JS121,116－131.	Lisboa－1621.①
1620	Annua da China do Anno de 1620.	傅汎际	1621－08－24, 杭州	葡	JS114,234－261v.	
1621	Carta Annua da China de 1621.	傅汎际	1622－07－02, 杭州	葡	JA,49－v－5,309－335v; JA,49－v－7,283－307.	
1621	Litterae Annuae Societatis Jesu é Regno Sinarum Anni 1621.	金尼阁	1622－08－15, 杭州	拉	JS114, 274 － 296; 297－319.	Paris-Cramoisy-1625;②

① 包含 1615—1619 年共 4 份年信。书题为 Historia y Relacion de lo Sucedido en los Reinos Japon y China, en la qual se continua la gran persecucion que ha avido en aquella Iglesia, desde en año de 615. hasta el de 19. Por el Padre Pedro Morejon de la Compañia de Jesús, Procurador de la Japon, natural de Medina del Campo. Anno 1621. con licencia en Lisboa por Iuan Rodriguez.

② 包含 1619—1621 年共 3 份年信。书题为 Histoire de ce qui s'est passé es Royaumes de la Chine et du Japon, Tirées des lettres escrites és années 1619, 1620 & 1621, Adressées au R. P. Mutio Vitelleschi, General de la du Japon Compagnie de Jesus, Traduire de ll'Italien en François par le P. Pierre Morin de la mesme Compagnie.

续　表

年份	标　题	作者	发出时间(年－月－日),地点	语种	编号/页码	出版情况(地点—出版商—时间)
1621						Paris-Cramoisy-1627.①
1622	Carta Annua da Missão da China do Anno de 1622.	曾德昭	1623－06－23,杭州	葡	JA,49－v－7,361－372. JS114,344－367.	Milan-1627; Paris-Cramoisy-1627.②
1623	Carta Annua da V. Província da China do Anno de 1623.	傅汎际	1624－04－10,杭州	葡拉	JA,49－v－6, 105－133v.[葡] JA,49－v－7, 377－411.(拉)	
1624	Annua da Província da China de 1624.	傅汎际	1625－04－17,杭州	葡	JA,49－v－6, 158V－193; JA,49－v－7,465－531v,547－572.	

① 包含 1621、1622 年共 2 份年信。书题为 Histoire de ce qui s'est passé es Royaumes du Japon et de la Chine, Tirées des lettres escrites en années 1621 & 1622, Adressées au R. P. Mutio Vitelleschi, General de la du Japon Compagnie de Jesus.
② 同上。

续　表

年份	标　题	作者	发出时间(年-月-日),地点	语种	编号/页码	出版情况(地点—出版商—时间)
1624	Annua da China	祁维材	1625-10-27, 澳门	拉	JSI14,368-401v.	Rome-Corbellotti-1628①
1625	Annua da V. Província da China do Anno de 1625.	李玛诺	1626-05-01, 嘉定	葡 意	JA,49-v-6,211-238; JA,49-v-8,23-50; JSI15,69-92(缺尾),30-68[意].	Rome-Zannetti-1629.②
1626	Annua da Vice-Província da China do Anno de 1626; Annua da China do Ano de 1626.	李玛诺		葡	JA,49-v-6,308-334v(缺尾); JA,49-v-8,77-130v;(缺尾) JSI15,93-118v, 241-265.	

① *Lettere Annue del Tibet del M. DC. XXVI. e della Cina del M. DC. XXIV…In Roma, Apresso Francesco Corbelletti. 1628. Com Licenz de' Superiori.*
② *Lettere dell'Etiopia dell'Anno 1626. fino al Marzo del 1627 e della Cina dell' Anno 1625. fino al Febraro del 1626. com una breve relatione del viaggio al Regno di Tunqim, nuovamente scoperto…In Roma, Appresso l'Erede di Bartolomeo Zannetti 1629.*

续 表

年份	标 题	作者	发出时间(年-月-日)、地点	语种	编号/页码	出版情况(地点—出版商—时间)
1627	Carta Annua da Vice-Província da China do Anno de 1627.	李玛诺	1628-05-09, 上海	葡	JA, 49-v-6, 465-496v; JA, 49-v-8, 171-231; JSl15, 120-153v.	
1628	Annua da V. Província da China do Anno de 1628.	费乐德	1629-08-22, 杭州	葡	JA, 49-v-6, 584-607v; JA, 49-v-8, 355-375v, 543-563v; JSl15, 155-196.	
1629	Annua da Vice-Província da China 1629.	郭居静	1631-09-12, 地点未载	葡 拉	JA, 49-v-8, 581-594, 595-608, 608v-627v.(拉) JSl15, 197-207.(缺尾)	

续 表

年份	标题	作者	发出时间（年-月-日）、地点	语种	编号/页码	出版情况（地点—出版商—时间）
1630	Annua da Vice-Província da China do Anno de 1630; Annua da Vice-Província da China de 630.	郭居静	1631-09-12, 地点未载①	葡	JA,49-v-8,667-692,713-739; JA,49-v-9,12v-41v; JS115, 208-240, 132-141.（缺头）	
1631	Annua da V. Província da China do anno de 1631.	伏若望	时间、地点未载	葡	JA,49-v-10,1-32v,36-74.	
1632	Annua da Vice Província da China do Anno de 1632.	伏若望	1633-08-01, 杭州	葡	JA,49-v-10, 76-130v.	
1633	Annua da V. Província da China do anno de 1633.	伏若望	1634-09-20, 中国	葡	JA,49-v-11,1-99v.	

① 1629年、1630年两封年信由郭居静在同一日发出。

续 表

年份	标 题	作者	发出时间(年-月-日),地点	语种	编号/页码	出版情况(地点—出版商—时间)
1634	Annua da Missão da China de 1634.	伏若望	1634-09-08,杭州	葡	JA, 49-v-10, 374-426, 432-481v, 494-541; JSl15, 241-265.	
1635	Carta Annua da China de 1635.	李玛诺	1636-09-01,南昌	葡	JA, 49-v-11, 195-236v, 279-305v, 311-369; JSl15, 321-344.	
1636	Ânua da Vice-Província da China de 1636.	何大化	1637-11-20,杭州	葡	JA, 49-v-11, 521v-555v. (缺头)	
1637	Annua da Vice Província da China de 1637.	孟儒望	1638-10-16, 地点未载,应为南昌	葡	JA, 49-v-12, 1-59, 119-176＋259-260; JSl15, 369-435v.	

续 表

年份	标 题	作者	发出时间（年-月-日）、地点	语种	编号/页码	出版情况（地点—出版商—时间）
1638	Annua da Vice Provincia da China do anno de 1638.	孟儒望	1639-9-20，地点未载，应为南昌	葡	JA, 49 - v - 12, 277 - 344v, 361 - 425; JSI21,142 - 193.	
1639	Annua da Vice Provincia da China do anno de 1639.	孟儒望	1640-10-08，地点未载，应为杭州	葡意	JSI21,221 - 313v； JSI22,4 - 36（缺尾）； JSI16, 29 - 207.[意]	
1640	Annua da Vice Provincia da China do Ano de 1640.	安文思	1641-08-30，杭州	葡	JA, 49 - v - 12, 479 - 520（缺头，缺尾），559 - 602（缺头，缺尾）； JSI16a,110 - 185v+48, 39 - 109（缺尾）； JS122,79 - 121.	

续 表

年份	标 题	作者	发出时间（年－月－日），地点	语种	编号/页码	出版情况（地点—出版商—时间）
1641	Annua da Vice Província da China do Anno de 1641 athe setembro 642.	孟儒望	1642-09-07，地点未载，应为宁波或杭州	葡意	JS117, 43-66v; [葡] JS118, 1-34v. [意]	
1642	Annua das Províncias do norte da China do anno de 1642. (华北)	傅汎际	1643-08-10，北京	葡	JS122, 153-178v.	
	Annua delle província della Cina Spettanti Al Norte del 1643. (华北)	傅汎际	1643-08-10，北京	意	JS119, 21-38.	
	Annua da Vice-Província da China de 1642.	傅汎际	1643-12-24，北京	葡	JS122, 124-150.	
	Annua della Vice-província della Cina del 1643.	傅汎际	1643-12-24，北京	意	JS119, 1-20v.	

续表

年份	标题	作者	发出时间(年-月-日),地点	语种	编号/页码	出版情况(地点—出版商—时间)
1643	Ânua da Missão da China da Vice-Província do Sul de 1643. (华南)	何大化	1645-08-13, 福州	葡	JA,49-v-13,85-102v, 175-196, 502-520v; JS122,180-201.	
1644	Annua da V. Província do Sul na China de 1644. (华南)	何大化	1645-08-16, 福州	葡	JA,49-v-13,229-252,520v-541v; JS122,204-234.	
1645	Ânua da Vice Província da China nas Partes do Sul no Anno de 1645. (华南)	何大化	1646-06-15, 福建	葡	JA,49-v-13, 303-320v(缺尾), 541v-560.	
1646	Ânua da Vice Província da China nas Partes do Sul no Anno de 1646. (华南)	何大化	1647-08-30, 福州	葡	JA,49-v-13, 405-433(缺头).	
1647	Annua da Vice Província do Norte na China do anno de 1647. (华北)	何大化		葡	JA,49-V-13, 439v-473.	

续 表

年份	标 题	作者	发出时间(年－月－日),地点	语种	编号/页码	出版情况(地点—出版商—时间)
1647	Ânua da Vice Província da China nas Partes do Sul no Anno de 1647. (华南)	何大化	1649－01－20,福州	葡	JS122,243－280v.	
1648	Ânua da Vice Província da China de 1648.	何大化	1949－08－08,福州	葡	JS122,311－322v.	
1649	Annua da Vice Província da China de 1649.	何大化	1650－11－15,福州	葡	JA,49－V－13,479v－502(缺尾);620－635.	
1651	Carta Annua da China a 1651. Carta Annua da China dos annos 1651,1652.①	聂伯多	1651－08－31,赣州	葡	JA,49－IV－61,75－140;480－565.	

① 涵盖1651、1652两年。

续 表

年份	标　　题	作者	发出时间(年-月-日)、地点	语种	编号/页码	出版情况(地点—出版商—时间)
1652	Annua da Vice-Província da China do ano de 1652.	张玛诺	1655 – 05 – 07，杭州	葡	JA, 49 – IV – 61, 205 – 229.	
	Carta Annua da China dos annos 1651 e 52.			葡	JS117, 69 – 146v, 149 – 160v(缺尾).	
1654	Carta Annua da V. Província da China do Anno de 1654.	Luiz Pinheiro	1654 – 11 – 26，澳门	葡	JA, 49 – v – 61, 299 – 324v.	
	Annua da Vice-Província da China dos ano 1652, 1653, 1654.	张玛诺	1655 – 05 – 16	葡	JA, 49 – v – 61, 590 – 610v, 634 – 650.	
1656	Annua da Vice Província da China.①	郎安德	1659 – 01 – 29，澳门	葡	JA, 49 – v – 14, 62 – 93v.	

① 涵盖 1650—1656 年内容。

续 表

年份	标 题	作者	发出时间(年-月-日)、地点	语种	编号/页码	出版情况(地点—出版商—时间)
1657	Annua da Vice-Província da China de 1657.	张玛诺	1658-05-12，南京	葡	JA, 49-v-14, 148-169v.	
1658	Annuas das Residências Do Norte da Vice-Província da China do Anno 1658. (华北)	安文思	1659-09-20，北京	葡	JA, 49-v-14, 224-265v, 565v-608.	
1659	Annua das Residênciasdo Norte da Província da China anno de 1659. (华北)	安文思	1661-11-20，北京	葡	JA, 49-V-14, 513v-551.	
1660	Annua das Residência do Norte da V. Província da China no Anno de 1660. (华北)	安文思	1662-07-20，北京	葡	JA, 49-V-14, 674-702v.	
1660	Carta Annua Da Vice Província da China do Anno de 1660. (华南)	成际理	1661-07-19，地点未载，应为淮安	葡	JA, 49-V-14, 702v-719.	

续 表

年份	标题	作者	发出时间(年-月-日),地点	语种	编号/页码	出版情况(地点—出版商—时间)
1662	Annua Vice Provincie Sinensis Societatis JESU Anni 1662.	殷铎泽	1662-12-31, 建昌	拉葡	JA, 49-v-16, 356v-394.	Rome- Tizzoni- 1672. ①
1663—1664	Carta anua do Collegio de Macao e Residências a ele anexas com alguns casos particulares dos anos de 63 e 64.	Bertulameu da Costa	1664-11-21, 澳门	葡	JS22, 383-387; JS48, 38-41, 42-47.	
1669—1670	Litterae Annuae Vice Prouincia Sinica ani 1669 et 1670.	裴仲证	1670-10-20, 广州	拉	JS122, 326-363; JS120, 0-201.	
1671	Litterae Annuae Prouincia ani 1671.	齐又思	1671-12-20, 澳门	拉	JA, 49-v-16, 397-403.	

---

① *Compendiosa Narratione Dello Stato della Missione Cinese, cominciando dall' Anno 1581. fino al 1669* ⋯ Dal Prospero Intorcetta della Compagnia di Giesu. In Roma Per Francesco Tizzoni, MDCLXXII.

续表

年份	标题	作者	发出时间(年-月-日)、地点	语种	编号/页码	出版情况(地点—出版商—时间)
1672	Nouvelles de la Chrétienté de la Chine.	聂仲迁		法	JS127, 35v–40v.	
1675		张玛诺	1675-05-07, 杭州	葡	JS, 49–v–16, 193–200.(缺头)	
1678—1679	Annua V. Provinciæ Sinensis Anni 1678 et 1679.			拉	JS117, 161–182, 183–198.	
1677—1680	Litterae Vice-Annuae Prouincia Sinica	柏应理		拉	JS116, 214–275v.	
1683	Notícias da China 1683.			葡	JA, 49–v–19, 467–472.	
1685—1690	Carta Annua de la Mission Sinica de la Compañia de Jesus deste el año 1685 hasta el de 1690.			西	JA, 49–v–19, 648–703.	

续 表

年份	标题	作者	发出时间(年-月-日)、地点	语种	编号/页码	出版情况(地点—出版商—时间)
1685—1690	Carta Annua da Missão Sinica da Companhia de Jesus do anno de 1685 athe o de 1690.	庞若翰	1691-09-30,赣州	葡	JS117, 203-228, 229-253.	
1694—1697	Annua do Colégio de Pekim desde o fim do anno de 94 até o fim do mesmo de 97 e algumas outras Rezidências e Christandades da Missão de China.	苏霖	1697-07-30,北京	葡	JA, 49-V-22, 597-652.	Valencia-1698.①

① Annua do Collegio de Pekim desde o fim do anno de 1694 até a fim de Mayo de 1697 e d'algumas outras Residenicas, e Christandades da Missão da China, escrita em Pekim 30 de Julio 1697. Valencia 1698.

兼谈葡语文献的重要性》一节。本节主要介绍 18 世纪抄本的由来，并从版本的角度评估其作为史料的质量。

该抄本缘起于 1720 年，葡萄牙布拉干萨王朝国王若望五世（D. João V, 1689—1750）的史料征集计划。当年，若望五世成立葡萄牙王家历史学会（Academia Real da História）。1721 年，即在葡萄牙全国的档案馆、资料室中展开回忆录、记录的收集工作，教会的、世俗的文献都在征集之列，但是，出于这样或那样的原因，澳门档案的危机情况完全不为葡萄牙所知晓[1]，未被列入征集之列。耶稣会不仅有发达的通信制度，还在海内外广泛建立保存通信的档案馆，东方的首座档案馆由远东视察员范礼安于 1584 年在果阿建立，至 1623 年耶稣会在日本和澳门的档案馆都建立起来，其中澳门的档案馆在圣保禄学院内。此外，在中国内地的各住院中也大都建有档案室。耶稣会士寄往欧洲的书信往往留有副本存档，在北京、澳门等重要的档案馆中积存尤多。但是，经过一世纪后，这些档案因为年久，保管不善，岌岌可危。

1742 年，新抵任的澳门主教罗主教（Dom Frei Hilário de Santa Rosa，1693—1764）发现澳门档案受损严重，1743 年 2 月 29 日，他告诉历史学家 D. António Caetano de Sousa 这批档案亟须抢救：

> ……如果他们的某位先人写下了一些东西，正如所见，借此留存记忆，他们眼见灰尘、潮湿毁了纸张和书，却因为可耻的懒惰而任由这一切毁灭。这种情况甚至在公共文件上也发生了，而公共文件本应受到全然的照管和监控；因为我花了很大力气检阅那些教会的、民事的公证书，被书记员们的不尽职

---

[1] Manoel Telles da Silva, *História da Academia Real da História Portuguesa*, Lisboa Occidenal, 1727, pp. 89 - 91.

深深地激怒了,一个又一个议事会的书记员从来没有及时地派人去誊抄哪怕是主要的书籍,因为今天它们全都没法读了,被虫蛀了,烂了和败坏了。①

于是,这批档案纳入葡萄牙的国家史料征集计划。没有证据表明葡萄牙王家历史学会与耶稣会之间有正式的、直接的联系机制,可以说身为方济各会会士的罗主教对于推动这次耶稣会史料的保存行动居功至伟。从 1742 年起,耶稣会的 José Montanha(1708—1764)神父、谭若翰修士,指导澳门当地的抄写员,将耶稣会日本教省及隶属于该教省的全部传教团的原始档案进行收集、整理、归类、编目、抄写,然后将它们送往欧洲。这项工作一直持续至 1759 年,当年,葡萄牙首相庞巴尔侯爵(Marquês de Pombal,1699—1782)取缔了葡国的耶稣会。

在澳门制作的复本,据阿儒达图书馆前馆长 Francisco G. Cunha Leão 的研究,分成 3 批寄往欧洲。第一批由 Montanha 神父、谭若翰修士寄往葡萄牙王家历史学会,今保存于葡萄牙国家图书馆②和葡萄牙海外史档案馆中③;第二批由谭若翰修士全权负责,在 1745 年之后,陆续寄往里斯本耶稣会圣安当学院(Colégio de Santo Antão)的日本教省代表处。1758 年耶稣会在葡萄牙被宣布为非法组织,1759 年被查抄财产,圣安当学院的这批文献被全部或部分地并入阿儒达的"耶稣会士在亚洲"系列,成为"王冠手稿部"(colecção dos Manuscritos da Coroa)的一个重要组成部

---

① Francisco G. Leão, *Jesuítas na Ásia*, *Catálogo e Guia*, vol. 1, Lisboa: Instituto Cultural de Macau, Instituto Português do Património Arquitectónico, Biblioteca da Ajuda, 1998, pxiii.

② 编号 Fundo Geral, tomos 684 - 716, 176 - 178, 1522, 1528, Correspondência da Academia.

③ 编号 Cód. 1659.

分①；第三批的规模最大，包括 85 卷复本及其原件，由谭若翰修士于 1761 年运往耶稣会士菲律宾省的马尼拉圣伊尔德丰索学院（Colégio de Santo Ildefonso），1767 年时，西班牙国王卡洛斯三世（Carlos III，1716—1788）开始驱逐妨碍殖民地集权的耶稣会，1770 年前后，马尼拉的这批文献遂转运至马德里，在辗转中，85 卷复本散佚，幸运的是，原件及一部分清单保存下来，现在分别藏于马德里的王家历史学院（Real Academia de la Historia）②、国家历史档案馆（Arquivo Historico Nacional，Madrid）③ 和国家图书馆（Biblioteca Nacional，Madrid）④。据耶稣会士舒特（Josef Franz Schütte，S. J.，1906—1981）神父的研究，Montanha 神父、谭若翰修士当年在澳门制作了两份复本，第一份复本与原件一起保存在澳门圣保禄学院的日本教省代表处，第二份复本就是前两批分别寄往葡萄牙王家历史学会和里斯本圣安当学院的，从马尼拉往马德里转运途中丢失的是第一份复本，所以，马德里所藏原件中的大部分在里斯本都可以找到抄件⑤。

对抄本使用者来说，抄写质量及忠于原件的程度很重要。以下将从抄写员及其工作两方面来探讨抄本质量。

首先，是抄写员的数量及语言水平。除了 Montanha 神父、谭若翰修士两位责任人在抄本上有签名之外，其余抄写员未留名，本节附录中列出笔迹不同的抄本以供参考，因为未经专业笔迹鉴定，可能有同一人的笔迹被重复收录的情况。从其抄写错误与今日中国人学葡语容易犯的典型错误一致来看，这些抄写员很可能是中

---

① 编号 códs. 49‐IV‐49 a 66，49‐V‐1 a 34，49‐VI‐1 a 9.
② 编号 Legajos 7236，7236 bis，7237，7238，7239，7239 bis，7239 ter.
③ 编号 Legajos Jes. 270‐272，Cod. 1176.
④ 编号 Tomos ms. 17620，17621.
⑤ Francisco G. Leão，*Jesuítas na Ásia*，*Catálogo e Guia*，vol. 1，pp. xvii‐xviii.

国籍。以两个此类错误为例来说明：第一，l 与 r 不分，中国人发大舌颤音"r"有困难时，常以"l"代替，在阿儒达抄本中，这种替代时而出现，emprastro 写为 emplastro①，avaria 写为 avalia②，tresvario 写成 tresvalio③，等等；第二，清浊辅音不分，obreiro 写成 opreiro④（b 与 p 相混淆），relíquia 写成 relíguia，qual 写成 gual⑤（q 与 g 相混淆），等等。

但是，这些抄写员具备较高的葡语水平是毋庸置疑的，在同一原件的不同抄本中，时常见到抄写员在不影响原意的情况下，换个表达方式。比如，1644 年年信有两个阿儒达抄本，第一个抄本中有一句话：Com hum golpe de soldados guarecia os Padres, tapou a boca aos upos com prata.⑥（神父们由一小队士兵保护着，用银子堵住了衙役的嘴。）第二个抄本中这句话改成：Com alguns soldados estavão em defensa dos Padres, tapou a boca aos upos com prata. 这句话有 3 个语言点：① 第一个抄本中的 golpe，在古葡语中有一个义项是"一次出入的人或物品"，现在此意已经不常用了，第二个抄本中就替换为 alguns（一些）；② 第一个抄本中 guarecia（保护）是西班牙语，体现了原始抄本产生的时代，葡、西语混用的情况，第二个抄本换成葡语词 defensa（保

---

① Gabriel de Magalhães, *Annuas das Residências Do Norte da Vice-Província da China do Anno 1658*, BAJA, 49-V-14, f. 588.

② Gabriel de Magalhães, *Annuas das Residências Do Norte da Vice-Província da China do Anno 1658*, BAJA, 49-V-14, f. 592.

③ Manoel Dias junior, *Annua da Missão da China do Anno de 1615*, ARSI, JS113, f. 409.

④ Gabriel de Magalhães, *Annuas das Residências Do Norte da Vice-Província da China do Anno 1658*, BAJA, 49-V-14, f. 589v.

⑤ Gabriel de Magalhães, *Annuas das Residências Do Norte da Vice-Província da China do Anno 1658*, BAJA, 49-V-14, f. 591.

⑥ Antônio de Gouvea, *Annua da V. Província do Sul na China de 1644*, BAJA, 49-V-13, f. 244v.

护);③ upo是皂隶、衙役的意思,今日葡语词典已查不到这个词。可见,第二个抄本进行了一定的通俗化改造,使之更易读懂,而做这番改造,说明抄写员对葡语的运用已达到一定自由度。

其次,从抄本的外貌来看,整体而言,抄本较原件的字体更大、更加工整,便于识别、阅读,这体现了抄写员这个职业的价值。当然,这也因人而异,有的抄写员的字迹仍很潦草;有的抄写员的字迹整洁,但是没有句读,甚至单词与单词间也没有间隔,整页纸是排列均匀的"字母表",这些都造成了阅读困难。此外,就是漏抄和抄串行等抄写工作中的一般性失误。

再次,抄写员不仅仅是照抄,还做了一定的文本整理工作,按照年序,将收集到的该年度的所有信件归入其中,在每年度的信息结束之后,加上一句起分隔符作用的话:"以上就是我找到的 xxxx 年的消息。"有时还会附上一句,当年的中国主教是谁,甲必丹末(capitão mor)暨澳门总督是谁,以便读者参考。

第四,从抄本的内容看,上文提到,抄写员有一定的自由发挥的余地,用了另外一种表达方式来表达相同的意思,然而,抄写员对内容的改动不限于此,18世纪这次档案复制工作,顺便对17世纪原件进行了审查、过滤,抄写员不仅是审查结论的执行者,甚至自身就有一定的审查权限。因为这项改动对研究的影响最大,就以一个样本详细解析这项工作是怎样执行的。样本选择《1644年耶稣会中国副省南部年信》的两个阿儒达抄本①。因为与其余有两个及以上抄本的年信相比,本年信各抄本之间的差异较大,主要表现为:一是表达方式上的差别,对同一件事用不

---

① BAJA,49-V-13,ff.229-252(本文中称抄本一)和 ff.520v.-541v.(本文中称抄本二)。

同的措辞、句式,这种表达方式上的差别几乎每段都有;二是内容上的"实体性的差异"较多,某些段落、句子,只在其中一个抄本上有。

在"实体性的差异"中有一处最大的不同,该年信的《南京住院》部分,有两大段讲述一个名叫位笃(Vito)的教徒自杀。自杀行为违背天主教"十诫"之第五诫,不利宣传。这两段在作者何大化的原始写本中被划去了,在该页右边的空白处,有人(应该是该年信的审查者)写道:"被划去的部分不要抄录。"① 抄本一中果然没有再出现这个故事,抄本二仍然照抄了这两段。可以推测抄本二是更早的抄本,在命令发出前就完成了,经过对比,抄本二基本上原封不动地复制了原件。这说明在抄写的过程中,审查也在同步进行,造成审查前后产生的抄本之间的差异。下表(表6)列出两个抄本在实体内容上的差异,并在必要处附以对该差异的评注,以观察抄写工作中是怎样渗透进宣传审查以及怎样对原件进行了完善。

表6 《1644年耶稣会中国副省南部年信》的两个抄本对比

编号	抄本1	抄本2	评注
1	(明朝)历十七帝	历十八帝	洪武至崇祯历十六帝。"十七帝"的说法也可能是明英宗朱祁镇做过两次皇帝,拥有两个年号,而被计算两次。

---

① BRAH, Legajo 4, Número 53, Tom. 14, ff. 722-753.

续　表

编号	抄本 1	抄本 2	评　注
2	李自成进到皇宫里，里面到处都是自杀者的尸体，他们或是投身深水池中，或是自缢而死。	李自成进到皇宫里，里面到处都是自杀者的尸体，他们或是投身深水池中，**就像太子与自己的几个侍女一样**，或是自缢而死，**就像几位王妃一样**。	据《明史·李自成传》，"宫女魏氏投河，从者二百余人。"[①]与两抄本记载相符。关于太子朱慈烺的下落，明清史料记载了多种不同的去向，但似无太子投水一说。
3	鞑靼人的水师浩浩荡荡地渡"洋子江"，直奔南京而来。……弘光帝可不敢坐以待毙，带上满朝文武以及所有要员逃之夭夭。	**在很多中国叛徒的帮助下**，鞑靼人的水师浩浩荡荡地渡"洋子江"，直奔南京而来。……弘光帝可不敢坐以待毙，**因为他对自己的人不太相信**，带上满朝文武以及所有要员逃之夭夭。	抄本二指出明廷中的内奸，在之前对明清战争的记载中，内奸经常是帮助清军向内地推进的一个因素。
4	目前，鞑靼军正行进在福建边境。他们对一名福建猛人有些忌惮。靠着在广东、福建沿海的抢劫，此人积累起了巨额财富，他的名声令人闻风丧胆，他的势力很大，他才是闽粤二省的唯一掌控者。朱家宗室	目前，鞑靼军正行进在福建边境，他们从那里向省城福州发出了一封劝降信，福州现在是"福京"。他们对一名福建猛人有些忌惮，靠着在广东、福建沿海的抢劫，此人积累起了巨额财富，他的名声令人	抄本二更突出郑芝龙的势力。

---

① （清）张廷玉等撰：《明史·李自成传》，北京：中华书局，2011 年，第 7965 页。

第三章 作为史料的年信　177

续　表

编号	抄本 1	抄本 2	评 注
4	一名亲王逃亡至福建省的省城福州,他叫唐王,仅仅倚靠这名福建人的实力和忠心就在福州组建了朝廷。	闻风丧胆,他的势力很大,他才是闽粤二省的唯一掌控者,也是唐王的唯一掌控者。唐王是朱家(chù què)宗室的一员,是从杭州逃至福建,仅仅倚靠这名福建人的实力和忠心就在福州组建了朝廷,将其擢升为"侯伯"(Heù Pô),这是军方第二高的爵位。	
5	毕方济本来也在南京堂区,因事前往澳门期间,鞑靼人打进来并占领了南京。	毕方济本来也在南京堂区,他第二次从澳门返回之时,鞑靼人打进来并占领了南京。	抄本二对毕方济的活动描述更加详细,为相关研究提供了更多信息。①

---

① 汤开建从考证《毕方济奏折》的上疏时间入手,将毕方济出使澳门的次数确定为三次(汤开建、王婧:《关于明末意大利耶稣会士毕方济奏折的几个问题》,《中国史研究》,2008 年第 1 期,第 139—162 页),与耶稣会中国年信的记载相符。毕方济的三次出使分别为:第一次是 1643 年,"毕方济在巡视淮安府的教徒期间,拜访了驻节淮安的总督,应该总督请求,前往澳门,为中国协调炮手、火炮,用以对付乱贼"。(据《1643 年中国副省南方省份年信》之《南京住院》部分,参见 BAJA, 49 - V - 13, f. 86v.)"总督"应为史可法,其于崇祯十四年(1641)总督漕运,巡抚凤阳、淮安、扬州等地,崇祯十六年(1643)七月拜南京兵部尚书,参赞机务。第二次是 1645 年 3 月,弘光帝任命毕方济为钦差出使澳门求援(其出使报告见 BAJA, 49 - V - 13, ff. 381v. - 386),其间弘光被俘,隆武帝立,隆武帝"仍以弘光委任之事委诸方济"([法]费赖之:《明清间在华耶稣会士列传》,第 163 页)。关于该次出使报告,参见 Antônio de Gouvea, Cartas Ânuas da China (1636, 1643 a 1649), pp. 270 - 289,该报告是《1645 年中国副省华南年信》之一部分,题为《毕方济神父往广州及返福京》。第三次是 1646 年,隆武帝再遣方济"偕同太监庞天寿同奉使至澳门"([法]费赖之:《明清间在华耶稣会士列传》,第 163 页)。

续 表

编号	抄本 1	抄本 2	评 注
6	潘国光神父被调往南京去接替毕方济神父,他是与一名戍守一座前线城市的将领一道出上海的,但是目前音讯全无,除了听一名中国人说,神父与那位将领以及两千名兵士一起撤往福建之外,我没有更多的消息,不知道他会去哪儿。	……除了听说他与那位将官返回浙江之外,我没有关于神父的更多消息。浙江是那位将官的老家。因为,目前浙江全省已由鞑靼人所占领,我们就更不知道潘国光神父的去向,可以推测,他深受上海教友的爱戴,他应该已想办法在其间安顿下来。	抄本一对潘国光的下落叙述得更客观。
7	附属于南京住院的常熟县住院,每年新受洗人数的数字也总是很可观,但是,我还没有拿到常熟住院的传教纪要,目前常驻常熟县的是贾宜睦神父。	该段缺失。	
8	该段缺失。	用了两个长段讲述南京一名18岁的教徒因爱妻去世而上吊,神父安慰死者母亲,她的儿子因为疯了才自杀的,如果没有丧失理智,不会干出这事,母亲的罪恶感得到缓解,第二年竟又得一子。	《祖传天主十诫》之第五诫为:"莫乱法杀人。"①该例不宜传播,尤其神父还缓解当事人的罪恶感,天主又赐子于当事人,更不应该得到宣传。

---

① 天主十诫的首份中文翻译本(1583—1584)。引自[意]利玛窦著,P. Antonio Sergianni P. I. M. E 编,芸娸译:《利玛窦中国书札》,第 11 页。

续　表

编号	抄本 1	抄本 2	评　注
9	路加姓 Chim,是南京的一名老教徒,他的祖父母也信教。	路加姓 Chim,**系武进士**,是南京的一名老教徒,他的祖父母也信教。	"武进士"对于考证该教徒是一个重要的信息,本研究考证为成大用。
10	某妇女不信教,丈夫病重,她遍寻各式的药方,从佛教徒和他们的大师们,**尤其是从道士(Taó Sú)们那里打听良方。**	某妇女不信教,丈夫病重,她遍寻各式的药方,从佛教徒和他们的大师们那里打听良方。	
11	(上海县令判决邪教分子)"你们这些人都应该以谋逆罪处死。"**这种死法叫做"凌迟"(Liên chî)。**	(上海县令判决邪教分子)"你们这些人都应该以谋逆罪处死。"	
12	上海县城里有数以万计的壮丁,以及极尊贵的退休官员,却没有一个人肯出来抵抗,只是静静地等待着灾难的降临。	上海县城里有数以万计的壮丁,以及极尊贵的退休官员,却没有一个人肯出来抵抗,**他们就像老弱病残一样**,只是静静地等待着灾难的降临。	抄本二更强调当地人面对清军入寇时的不抵抗。
13	那些想说话和讲道理的,遭到暴打、凌辱,**这其中就有给我们留下了美好回忆的奉教阁老保禄的第二个孙子。**①	那些想说话和讲道理的,遭到暴打、凌辱。	抄本一突出徐光启后代徐尔爵的事例,以增强年信的教育意义。

---

① 徐尔爵(1605—1683),字縻之,号抑斋,洗名依纳爵。徐骥次子,徐光启的第二个孙子。

续 表

编号	抄本 1	抄本 2	评 注
14	村民揍了一名不愿意凑钱求雨的天主教徒,这是一场"侮辱性的蛮横行为(injuriosa insolência)"。	"嫉妒性的暴力行为(invejoso violência)"。	
15	崇明教徒医生徐启元(洗名若望,1603—1676)"给神父带来了十个待领洗的人。"	未提具体数字。	
16	卫匡国神父在此间的教徒中度过圣周……。周五当晚,教堂里的教徒超过 600 名。	卫匡国神父在此间的教徒中度过圣周……。周四当晚,教堂里的教徒超过 600 名。	周五是耶稣受难日,周五在教堂中瞻礼较为符合实际。
17	李之藻的母亲在办七十大寿的时候,组织女教徒的敬虔活动。	将"李之藻(1565—1630)的母亲"改为"杨廷筠(1557—1627)的妻子"。	从年龄看,这里更有可能是指杨廷筠的妻子。
18	杭州住院的老仆人常被李之藻、杨廷筠两个奉教进士家的富贵的女教徒们叫到府上。	杭州住院的老仆人常被两个奉教进士家的富贵的女教徒们叫到府上。	抄本一直接点明了当事人,为李之藻、杨廷筠研究提供了材料。
19	该段缺失。	杭州住院的居住条件改善许多,以前住得很不舒适。这全靠(卫匡国)神父的辛劳,现在采光、通风都好,还有一片开阔的苗圃用以养花和种果树,在学习和迎来送往之余终于有一个地方可得片刻放松,那可是两项很艰巨的工作任务。	可能因为该段于年信的教化作用无关,在后完成的抄本一中省略。

续 表

编号	抄本1	抄本2	评 注
20	在八月初,费奇观神父在孟儒望神父的陪伴下,至南雄府,孟儒望神父则要返回澳门。	"八月初"变为"八月一日"。	
21	将"洋子江"以葡文意译:Filho do Mar,意为"大洋之子"。	将"洋子江"以葡文音译:Yâm çû kiâm。	意译更便于葡文读者的理解。
22	一名奉教士人,得知神父们的生活窘迫,就带上12两银子来到府城,他想把钱借给神父。	"12两银子"变为"20两银子"。	
23	(一个女人喝圣水治好病,领洗)同样的事也发生在一名"王府"(Vâm fú)的身上,"王府"就是皇亲国戚。	王爷入教事例,在该抄本中没有。	
24	一名新受洗的教徒,领了一幅救世主的圣像返回家中,他打算将一件佛像挪开,以腾出最好的地方给圣像。同住的异教徒们不同意。他只好在佛像旁找了一个尽可能好的位置将圣像挤进去。第二天一早他们发现那具佛像碎在了地上,而天主圣像依旧在原处,像打败了恶龙偶像的凯旋者。尽管异教徒们怀疑这是基督徒动了手脚,然而,他们都不	一名新受洗的教徒,领了一幅救世主的圣像返回家中,他打算将一件佛像挪开,以腾出最好的地方给圣像。同住的异教徒们不同意。他只好在佛像旁找了一个尽可能好的位置将圣像挤进去。第二天一早他们发现那具佛像碎在了地上,而天主圣像依旧在原处,像打败了恶龙偶像(idolo Dragam)的凯旋者。尽管异教徒们怀疑这	只是表达方式不同。

续 表

编号	抄本1	抄本2	评 注
24	敢言,亦不追究。**于是,天主就牢牢地占据了最佳的方位,尽管整个环境是异教徒构成的"地狱",到处是异教的喽啰**。	是基督徒动了手脚,然而,他们都不敢言,亦不追究。**救世主以凯旋者的姿态盘踞在唯一的王座上**。	
25	安文思神父写信汇报了利类斯神父及他自己入川的事,他的汇报对象是驻在澳门的日本—中国视察员。但是,他的报告很长,字里行间充满好奇。	安文思神父写信汇报了自己入川的事及旅程,他的汇报对象是驻在澳门的日本及中国的视察员神父,但是,他的报告很长。	
26	有一名老教徒,28年前在南京受洗的,他返回了家乡成都,一直坚守着从受洗那天起就接受的信仰。	"28年"变为"18年"。	
27	这些进教官吏的部分同事和朋友也想受洗,但是被神父以其纳妾为由拒绝了。	但是被神父以其有入教的障碍为由拒绝了。	因为纳妾是中国士大夫入教的普遍性障碍,所以,在年信中常以"有障碍"代指"纳妾"。
28	成都僧道密谋发动打击天主教的计划达成共识:"然而,这一揽子计划要想见到所期待的成效,达成图谋,尚需保守秘密,暗中操作,在探知民意前,我们暂且不能动手,民意不可能不站	"最后,这全盘的计划需保守秘密,除了与会的人,不得与外人知,一切必须暗中推进,不得泄密,否则,传到外夷耳中,立即就会有护教词和书籍出来,那会混淆人的视听,搅乱人	

续　表

编号	抄本 1	抄本 2	评　注
28	在我们一方,无论我们的同胞还是我们的上师、住持,我们要等待一个合适的机会、由头。"	的思想。首先,必得试探民意,民意不可能不站在我们一方,无论我们的同胞还是我们的上师、住持,我们要长千只眼睛,密切关注任何合适时机,我们要在引爆我们热情的同时还不能弄出大动静。"	
29	在这场狂躁的风暴中,神父们最好的靠山是成都县的官员,他从北京来此一个月了,还带来北京神父的信,他与北京的神父们交往密切。	"官员"变为"进士官员"。	该官员为吴继善,字志衍,南直隶太仓人,中崇祯十年(1637)进士,崇祯十六年(1643)任成都知县。
30	皇帝对京中的神父很重视。	具体指出"皇帝"是"崇祯(Cùm Chĩm)皇帝"。	
31	和尚们闯进一些教徒的家中,撕破圣像,像疯狗一样辱骂亵渎神。但是,和尚们也不是毫发无损,在两户教徒的家中就吃了大亏。一名好人教友看见和尚在撕他的圣像,又急又怒,就与和尚扭打成了一团,打了他很多拳。但是,和尚年轻有力,也狠狠地还手。	和尚们闯进一些教徒的家中,撕破圣像,像疯狗一样辱骂亵渎神。但是,和尚们也不是毫发无损,在两户教徒的家中就吃了大亏。一名好人教友看见和尚在撕他的圣像,又急又怒,就与和尚扭打成了一团,打了他很多拳。但是,和尚年轻有力,**还是个不守斋的肉和尚**,也狠狠地还手。	

续 表

编号	抄本1	抄本2	评 注
32	多默将军就披坚执锐带上50名兵士骑马上街,边擂战鼓,边将张贴在公共场所的檄文撕下,换上他的檄文,文中批评了那诽谤之文的作者,盛赞、捍卫天主圣教,宣称若是圣教需要,他与其他教友愿用生命与剑护教。	"50名兵士"变为"一队兵士"。	
33	这场动乱的三个为首的和尚被判迁离省城。	三名和尚改为"数名和尚"。	
34	在京中做过察院(Chà Yvén)的某大员的妾,想以自己的父母(她的父母都是优良的教徒)为榜样进教。	抄本二未提及"京中"。	
35	连江县的某个秀才前来省城参加贡生(Cum Sém)考试。	抄本二中只提"前来省城参加考试"。	
36	某年轻人在开考前做了三场弥撒,考中秀才。	抄本二记载了这个年轻人的名字叫Chín Cafaiono。	
37	连江县建造教堂受到异教徒的阻挠。"工程不得不停下来,因为那些反对者说,这教堂很妨碍耕作,也侵犯了他们的土地权利。现在,我们在省城中有了一个大	"工程不得不停了一段时间,直到更大的说情者介入才完工,这件事也起到了助攻的作用:天旱不雨,水稻遭殃,因为这种作物总是生长在水中,异教徒们举	抄本一更突出奉教宦官庞天寿的作用。

续　表

编号	抄本1	抄本2	评　注
37	靠山,是宦官亚基楼(Aquileo),当他还在北京时,年信中就总是提到他。于是,按之前的设想将天主的教堂完工就变成了一件容易事。"	行了大规模的、亵渎天主的迷信仪式和祈雨队伍巡街,但是,天空依然烈日高照,村民中的基督徒就向天主祈雨,主恩浩荡,大雨连下三日,村民们都兴高采烈。"	
38	连江乡村的教友中常以圣水、圣十字架驱魔。还治愈了许多重病患者,是通过教友们在团契中共同为患者祷告而实现的,教友们做起这件事来是那么虔诚、纯真……他们是使异教徒信服的最好的传道员,这是吸引异教徒入教的最有效的原因。	抄本二中没有"这是吸引异教徒入教的最有效的原因"一句。	
39	还有很多看起来很神秘的梦,我就不特别报告了,诸如看见许多光球在逝者们的上空之类,因为对于这些口述还需要进一步的调查,对新信徒的话,需要十分谨慎。**多明我会的人已在这里,靠近福安(Fô Ngañ)县的地方,他们有一个痴迷的女信徒,是个村妇,想要不用翅膀飞翔。多明我会士已**	多明我会事例不见于抄本二。	

续表

编号	抄本1	抄本2	评注
39	经接到其省会长从马尼拉发来的通知——这封信我读过——今后不得再进行神魂超拔（elevação/rapto）的祈祷,因为对新教徒来说,这两项修炼还太过新奇,尤其是对于那些愚昧无知的村民们而言。		
40	"儿子立即就领洗了"一句没有。	一名女望道友,劝自己16岁的儿子入教,儿子嘲笑母亲。后来,儿子得了重病,在母亲规劝下,起床,向天主磕头一百个,发誓要成为基督徒。儿子回到床上,突然就康复了,有力气了,他和这名热心的女望道友都很高兴。儿子立即就领洗了。	
41	某异教徒之家,深受贫穷、疾病折磨。一名教徒恰好路过,就劝这一家人入教,再把那些魔鬼、佛像扔出家门。这家中的病人听从教徒的话,一个女眷打碎佛像,在其原处代之以圣十字。魔鬼忍受不了这种屈辱,跑上屋顶,抛掷石块,闹出很大响声。这斗志昂扬的女人对魔鬼	某异教徒之家,深受贫穷、疾病折磨。一名教徒恰好路过,就劝这一家人入教,再把那些魔鬼、佛像扔出家门。全家人都听从教徒的话,他们动手将佛像打碎,又在全家最好的地方摆上圣十字,其中,一名女眷尤为热心,她看见魔鬼上了自己的屋顶,抛掷石块,闹出很	抄本一留给读者的印象是这家人的进教,是由女主人主导的,其间还经历了反复、曲折;抄本二省略了女主人入教后病情反复及儿子又去求佛的情节,留给读者的印象是这家人全都很顺利地进

第三章　作为史料的年信　　187

续　表

编号	抄本 1	抄本 2	评　注
41	说:"我已不怕你了,你去死吧,我拜天主。"魔鬼就离开了,再也没有回来,这个家的病人全都好了。一个月后,这个女人又生病了,她便领洗,又好转了,但是,旧病再次复发。**她的儿子还没入教,就向魔鬼磕头,还向魔鬼许愿。儿子回家,用从寺庙里带回来的几张纸为生病的母亲擦脸,母亲生气地把儿子赶走。母亲在极短的时间内就康复了,但是她的儿子,为拜偶像付出了代价,病了。母亲让他求天主的怜悯,儿子接受了这番良言后,就摆脱了危险、病痛。**	大响声。	教,过程也很顺利,没有波折。
42	一座有城墙的村镇,属于泉州住院管辖,此镇位于海滩之上,距离泉州住院一日行程。那里居住着 200 名来自各阶层的黑人,他们都是被一名福建将军①邀请来的,他们是从澳门的主人那里逃出来的。	一座有城墙的村镇,属于泉州住院管辖,此镇位于海滩之上,距离泉州住院一日行程。那里居住着 200 名来自各阶层的黑人,他们都是被一名福建将军邀请来**或骗来的(据后来他们自己所说)**,他们是从澳门的主人那里逃出来的。	抄本一略去郑芝龙欺骗澳门黑奴的事实。

---

① 指郑芝龙。

续表

编号	抄本1	抄本2	评注
43	神父去探视了这些黑人两次,既有风险,又有收获:担有风险,是因为这福建将军不喜欢神父,因为澳门的居民不同意他的一个信教的女儿从日本前来。	神父去探视了这些黑人两次,既有风险,又有收获:担有风险,是因为这福建将军不喜欢神父,因为他与澳门人有一些过结。	抄本一指出郑芝龙与澳门人的具体矛盾。
44	"当他们从澳门走海路前来时"一句没有。	这个镇上的黑人教徒中的有教育意义的案例如下:**当他们从澳门走海路前来时**,有几个黑人被几条盗匪的船俘虏,盗匪看到他们脖子上挂着玫瑰经念珠,就扯下来扔进海里,并强迫他们拜佛,否则就杀他们。	
45	该句缺失。	福建将军赦免了黑人们的性命,将他们收编作为士兵。	
46	当黑人们打了胜仗,凯旋而归,将军赏给他们一些银子,用以办场犒劳盛宴。因时值圣诞节,他们认为买一些漂亮的大蜡烛更好。他们擎着蜡烛编成一支宗教巡游队伍前往他们的小教堂,异教徒们深受教育。	该段缺失。	抄本一收录在中国的黑人教徒事迹,使年信更具备教化功能。

续 表

编号	抄本 1	抄本 2	评 注
47	神父在靠近仙游（Sién Yeu）县的一个村子开教，为近 30 人施洗，其中大部分是文人，这是因为学官（Hio Quon）的劝化之功。这名主管学政的官员叫司德望（Estevão），是本地人，但在省城为官。神父去为一名信教文人处理临终圣事，效果很好，文人是在接受圣礼之后去世的。**他还立下遗嘱，不得在他的葬礼上举行圣教允许之外的仪式。遗嘱被原原本本地执行，但是，这违逆了很多佛教徒的意愿，他们不能忍受不为死者烧纸，以及另外一些佛教的荒诞可笑的仪式**。	1. 抄本二点明了其接受的是哪两种临终圣事："文人是在接受了临终告解和终敷礼后幸福死去。" 2. 立遗嘱事抄本二中没有。	抄本一提及不举行异教葬礼的遗嘱，增加了该事例的教育意义。
48	当季大旱，村民们去求雨，文人教徒们请神父向天主求雨，因为天由天主掌管。翌日，就下了一场很痛快的大雨，大家都很高兴，有一些人准备好了接受圣洗。	当季大旱，村民们去求雨，教徒们与神父一起祈求天主下雨，就成功了。	抄本一强调天主掌管着一切，还点明了有人受触动而入教，更具教育意义。
49	一名女异教徒生病，脖颈疼痛难耐，不得安宁。她向神父请求良药。神父告诉她信天主，没有	一名女异教徒生病，脖颈疼痛难耐，不得安宁。她向神父请求良药。神父给她圣水，她	抄本一的教化功能更强：1. 在文笔上强调归信天主才是良药。

续 表

编号	抄本1	抄本2	评 注
49	比这更好的药。她接受了这个建议,神父给她圣水,她便拿来冲洗脖颈,疼痛立即就消退了,竟痊愈了。圣水之功,在另一名受眼疾折磨的妇女身上,也灵验了。她与丈夫很快就领洗了。	带着入教的强烈心愿和信仰用圣水冲洗脖颈,当她刚一做完,奇迹就出现了,疼痛突然消退。圣水之功,在另一名受眼疾折磨的女教友的身上,也灵验了。	2. 在效果上,加上丈夫一起进教这个事实。
50	没有神父返回兴化一事。	魔鬼通过一个卑官小吏,想在人们对天主教的热心中掀起尘埃,但是,只落得一场空。神父广散圣教书籍,这对中国知识分子来说,就像许多出色的传道士一样。**神父在此开教取得圆满成功,返回兴化,教友们对神父很是想念,就连一些小孩也对神父的告别感到伤感。**	
51	建宁住院总共新付洗330人。	建宁住院总共新付洗300人。	
52	没有载明此人籍贯。	在汀州府,施洗120人,这要归功于一名年轻学生的勉力,**他是省城人氏**。	
53	雅各(Jacobe)在建宁的教徒中发挥了重要作用。	抄本二中还交代了该教徒的姓:蔡雅各(Caï Jacobe)。	

续 表

编号	抄本 1	抄本 2	评 注
54	建宁教友团的负责人是一名 80 岁的老士绅。	抄本二中还交代了这位老人的姓和洗名：刘明我(Leâu Domingos)。	
55	当他领圣体时，首先跪在神父面前，征得神父应允。	当他领圣体时，首先跪在神父面前，征得神父应允，**而他总是眼含热泪**。	
56	建宁府及其周边地区正闹匪患，计有数千本地山贼，他们节节胜利，坐而望大。他们杀了许多官军将领，其中一名是基督徒，**官职守备**(Xeú Poí)。	抄本二没有交代其职位。	
57	(上述守备在死后由家人举办天主教式葬礼) **天主教的葬礼习俗在中国传教区的引入已经很多，尤其是在该福建省。**	抄本二中没有该句。	抄本一介绍了天主教式葬礼在中国的普遍性，这是传教工作成果。
58	神父经过沙县（Xā Hién)，那里有座大堂，为一名举人（Kiú Gin）所捐，但是，那里没有教徒。	还经过了沙县，那里有座大堂，教徒不是很多，因为无人牧养他们、教化他们。	抄本一强调了教堂的来历，是由举人所捐，这也是一件有教育意义的事。
59	在延平府，还发生了一件奇事。一名教徒在路经某条街时，见一户人家在为一个死了的小孩哭泣，他就进屋，跪下，为逝者(defundo)祷告。	抄本二中用阴性名词defunfa(逝者)指明这个小孩是女孩。	

从以上逐项对比中可以看出，经过审查后完成的抄本有以下几方面的变化：① 不利教化、宣传的内容被删除。② 强化事例所蕴含的教育功能。③ 修正了一些从常识就能识别出的差错，比如将"李之藻的母亲"改为"杨廷筠的妻子"；周五是耶稣受难日，周五在教堂中瞻礼较为符合实际，遂将周四改为周五。④ 弱化了原作者的主观性表达，比如推测性的结论，以使表达看起来更客观。⑤ 使某些表述更便于理解，比如将"洋子江"由音译改为意译。

以上这些变化只是从1644年华南年信的抄本中总结出的，能使我们更具体地体会抄写工作，并不具备普遍意义。同样，由对耶稣会审查制度的批评推导出年信可信或不可信的整体结论，也不具说服力。无论如何，对每一封年信，找齐所有版本，进行具体讨论是必要的，当然，整体结论能为我们指明大方向。这也是使用阿儒达抄本的方法。

本节附录

阿儒达抄本的笔迹样本

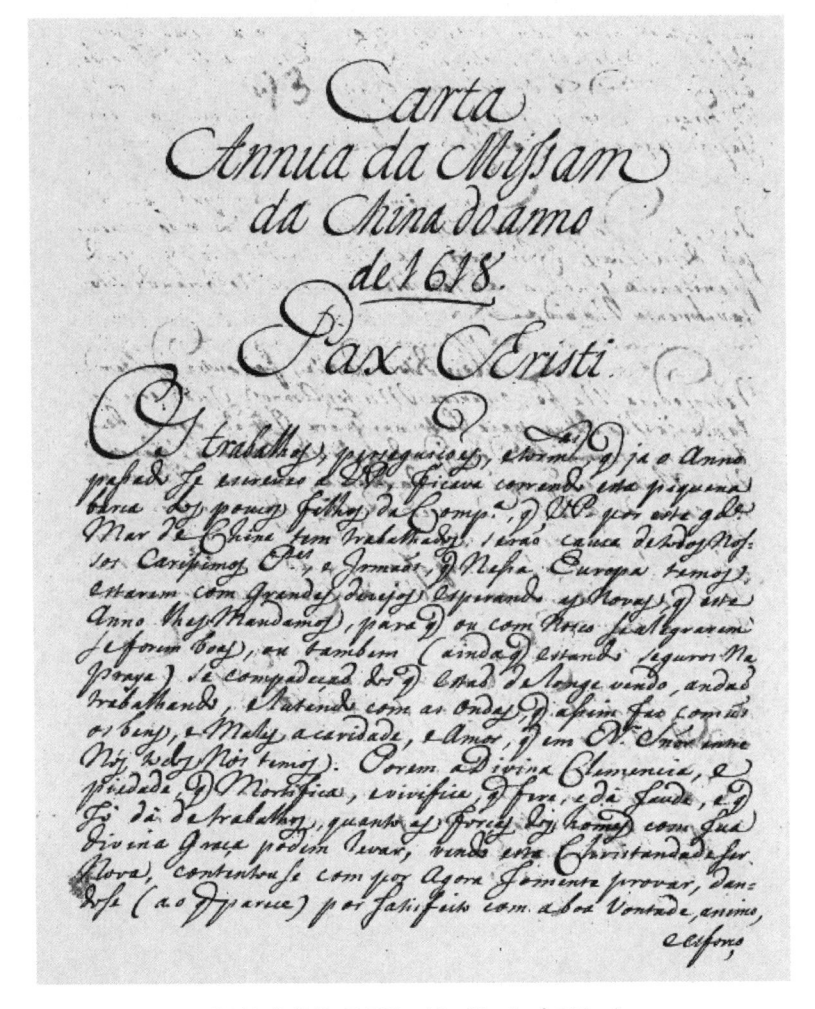

(1618 年年信,BAJA, 49 - V - 5, f. 232v.)

(1621年年信,BAJA, 49-V-7, f.283.)

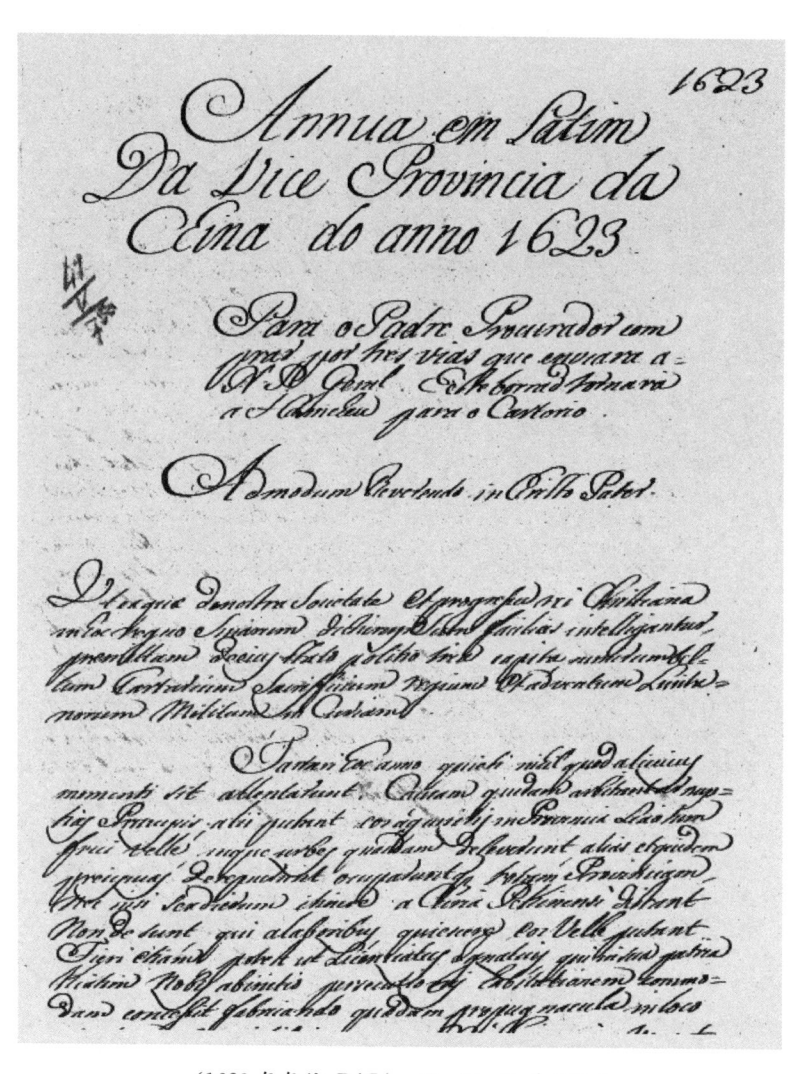

(1623 年年信，BAJA，49-V-7，f. 377.)

(1624年年信, BAJA, 49-V-7, f.547.)

第三章　作为史料的年信

> Anno 1628.
> Annua da V.ª Provincia da China do anno 1628.
> Ao Muito Reverendo em Christo Padre N[osso] o Padre Mutio Vitelleschi Praepo[si]to Geral da Companhia de JESUS.
>
> Muito Reverendo em Christo Padre,
>
> Pax Christi.
>
> Trabalharão este anno na Vice-Provincia da China vinte, e tres da Companhia de nove Sacerdotes, e quatro Irmaons repartidos em nove casas nas principaes oito Provincias deste grande Imperio. Alem dos tres Ir- maons, que o anno passado forão recebidos, e este continua- rão seu Noviciado, e alguns estudantes de Macao que para o mesmo se vão criando, morreo hum Padre, morreo outro, despediraõ hum Irmão.

(1628 年年信，BAJA，49-V-8, f. 355.)

(1629年年信,BAJA,49-V-8,f.581.)

(1630年年信,BAJA, 49-V-8, f. 713.)

(1631年年信,BAJA, 49-V-10, f.1.)

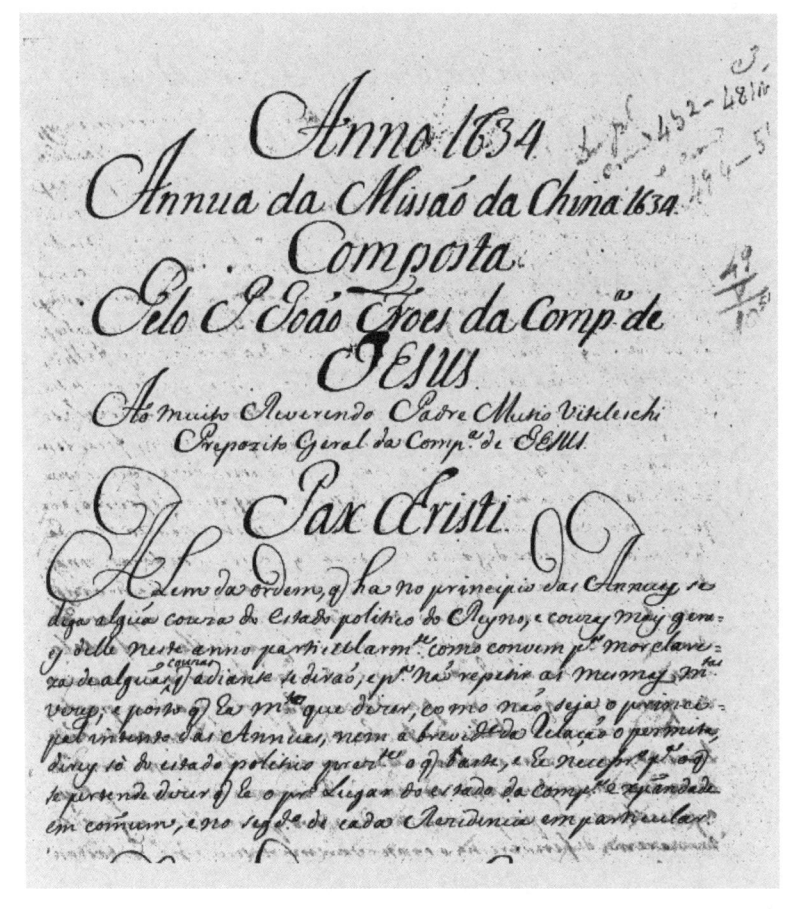

(1634年年信,BAJA, 49-V-10, f. 374.)

(1635年年信, BAJA, 49-V-11, f. 279.)

(1637年年信,BAJA, 49 - V - 12, f. 119.)

(1638年年信,BAJA, 49 - V - 12, f. 277.)

(1643年年信,BAJA,49 - V - 13, f. 85.)

(1644年年信, BAJA, 49-V-44, f. 175.)

第三章　作为史料的年信　207

(1651—1652 年年信,BAJA, 49 - IV - 61, f. 480.)

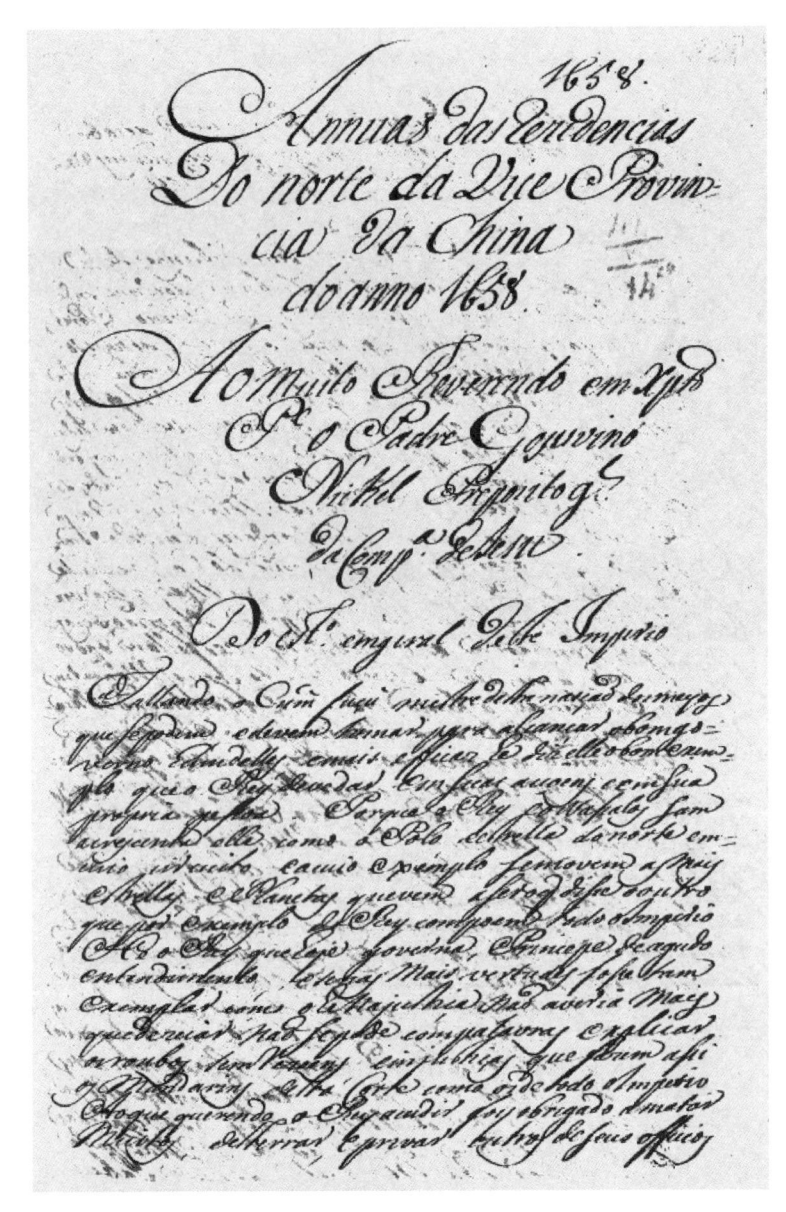

(1658年年信,BAJA, 49 - V - 14, f. 224.)

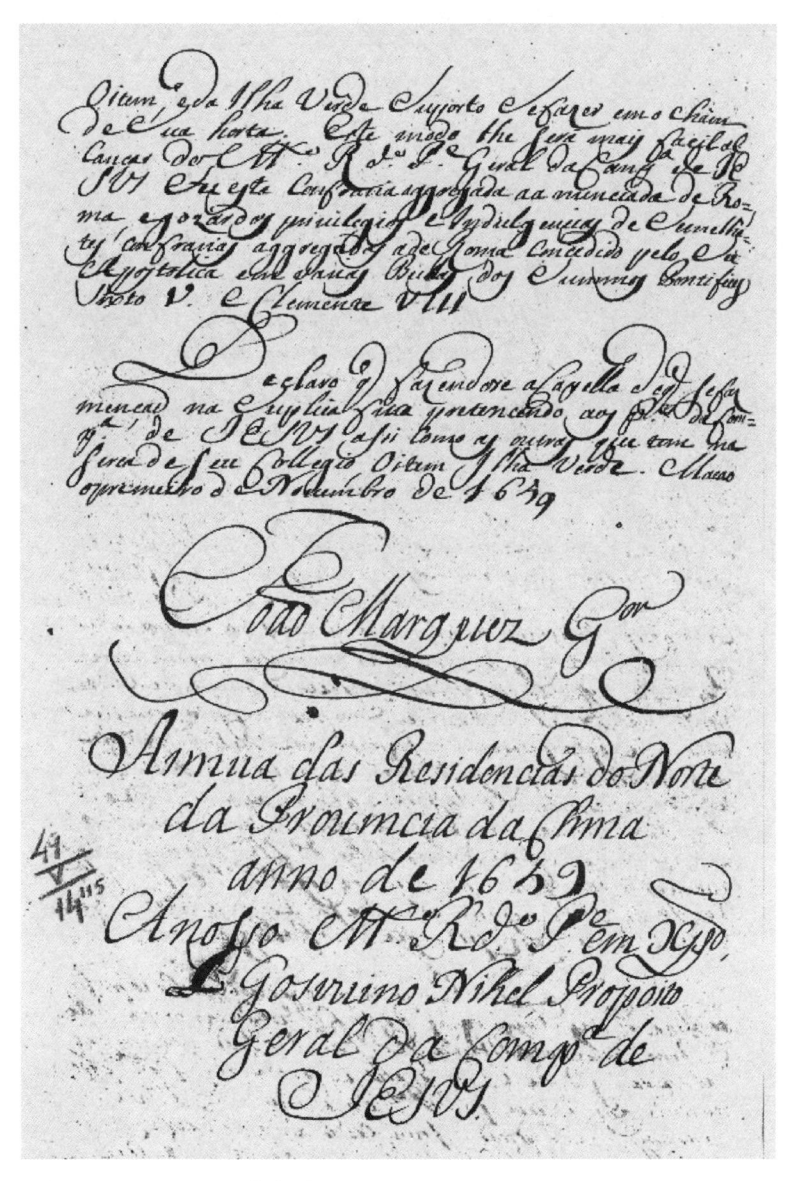

第三章 作为史料的年信

(1659年年信，BAJA, 49-V-14, f. 513v.)

(1660年年信, BAJA, 49-V-14, f.674.)

(1671年年信, BAJA, 49-V-16, f. 397.)

第二节　对年信作为史料的可信度评价

耶稣会年信能否作为可靠的史料被利用，在学界存在较大的争议。戚印平认为16至17世纪耶稣会士留下的书信和其他文献，"不仅内容大多不够完整，甚至夹杂着许多偏差、谬误和别有用心的谎言，因而被外国学者称为'被美化了的殉教史'"①。钟鸣旦则认为："虽然书信中报告的成功多于失败，而且往往过分强调教诲，但一般所描述的仍是十分真实的。"②钟鸣旦的博士论文《杨廷筠——明末天主教儒者》中，关于杨廷筠的西文史料主要由耶稣会年信构成。有的学者认为可以披沙沥金、辩证使用："作为一个历史学者，不应该仅仅将这些主观性很强的写作视为德育教材。"③"信中所呈现的信息不仅仅透露着精神控制和消灭多样化的企图。"④

仅就耶稣会17世纪的中国年信而言，本研究认为其真实度较高，但在反映历史事实上存在较大的片面性，在使用时应该具体情况具体分析，并与多种文献互相参照、综合利用。对于这个结论，将从以下5个方面着手论证：1. 年信的目标及服务于该目标的耶稣会的相关规定，从目标及规定上找出耶稣会士想要彰显什么，想

---

① 戚印平：《远东耶稣会的通信制度：以1587年丰臣秀吉传教士驱逐令的相关记述为例》，收《远东耶稣会史研究》，第434页。

② ［比］钟鸣旦著，香港圣神研究中心译：《杨廷筠——明末天主教儒者》，第94—95页。

③ Fernando Torres Londoño, "Escrevendo Cartas: Jesuítas, Escrita e Missão no Século XVI", *Revista Brasileira de História*, São Paulo, 2002, vol22, n. 43, pp. 11 - 32.

④ Paulo Assunção, *A terra dos brasis: a natureza da América portuguesa vista pelos primeiros jesuítas* (1549 - 1596), pp. 81 - 89.

要回避什么,如耶稣会士眼中的"敏感信息",被删改、被扭曲的概率非常大,也是被历史学家质疑最多的地方,在使用时,应该加以注意,而耶稣会士"不敏感"的信息,可信度就相对较高;2. 耶稣会士的教育背景及知识素养,即通过作者的质量看作品的质量;3. 耶稣会士用于年信书写的信息来源,即从史源学的角度讨论其真实性;4. 从中国天主教史和明清史两方面(这是年信中最主要的两项内容)进行分类讨论,并以实例加以验证;5. 年信如何对失实的信息进行纠正。

一、年信的目标及耶稣会的相关规定

年信有"信息"和"宣传"两大基本功能,服务于年信的 4 个目标:汇报工作、互学互励、招募新人、筹集资金。

汇报工作。《耶稣会会宪》要求传教士必须通过书信使上级对传教团的进步、退步知情,以便上级决定传教士的调配。会宪还要求上级要通过回信指导下级的工作(会宪第 673、673 条)[①]。中国副教省年信逐年对教务情况进行汇报,当年有几名神父、几名修士、几名学生在中国工作,分别属于哪座住院,做了哪些具体工作,到过何地传教、牧养教徒,当年为多少人施洗,新建主要教堂几座等,是较固定的汇报项目。

互学互励。耶稣会是一个高度中央集权的组织,强调"统一性"(unidade),但其会士奔赴世界各地传教的分散性,对其管理模式提出挑战,且传教事业做得越大,与中央集权间的张力越大,通过书信而保持的持续交流等(会宪第 662 条、第 673—676 条)成为将地理上相距遥远的会士捆绑在一起的纽带,信件内容要能激励

---

① 侯景文译:《耶稣会会宪》,第 207—208 页。

他人和有助于相互教育(会宪第 673 条)①。1549 年 6 月 20 日,沙勿略从马六甲寄给在摩鹿加的 João da Beira 神父及其他同事,其中这样写道:"你们要给伊纳爵神父和 Simão② 长上神父写一封长信,详述那里全体人员所取得的成果,要写有教育意义的事,注意那些不该写的。""写给伊纳爵长上神父和 Simão 长上神父的信,你们要记住有很多人会读到,因此,要确保写出来的东西不教坏任何人。"③

招募新人。虽然没有逐个统计,但是可以断定,大多数来华耶稣会士是通过中国来信了解中国、激发起去东方传教的使徒精神。会宪规定,神学院的学生就餐期间,应该阅读虔信的书,讨论或"朗读有教育意义的信",使身体和精神都得到补养。1620 年年信的封面上写有"第一抄本","供在埃武拉学院和在里斯本阅读"④。埃武拉学院是耶稣会在葡萄牙开设的最重要的神学院之一。杜禄茂(Barthélemy Tedeschi, 1572—1609)在耶稣会罗马神学院作为初修士时,"对印度的年度报告有特别浓厚的兴趣",他本人"在餐厅中会做非常严肃的自我批评"⑤,他于 1604 年启程东航,进入韶州住院⑥。年信作者有时在信中特意明确表达招募新人之意,似乎就是对正在洗耳恭听的神学院的学生说的。1635 年年信作者阳玛诺说:"本年度的年信中满是关于传教事业的好消息,能使您(耶稣会总会长)高兴,能教化我们在欧洲的全体同仁,能触动很多

---

① 侯景文译:《耶稣会会宪》,第 204—205 页,第 207—209 页。
② 应为 Simão Rodrigues,葡萄牙教省的会长。
③ Artur Basílio de Sá, *Documentação para a História das Missões do Padroado Português do Oriente: Insulíndia*, Vol. 1(1506 - 1549), Lisboa: Agência Geral do Ultramar, 1954, p. 608.
④ Francisco Furtado, *Annua da China do Anno de 1620*, ARSI, JS114, f. 234.
⑤ [意]利玛窦著,文铮译:《耶稣会与天主教进入中国史》,第 472 页。
⑥ [法]费赖之著,梅乘骐、梅乘骏译:《明清间在华耶稣会士列传(1552—1773)》,第 95 页。

人来为这事业出力。"①1694—1697 年年信作者苏霖写道:"在这遥远的亚洲真实发生的事,比在欧洲通过阅读而得出的印象丰富得多……出于谦逊、害羞,每位传教士神父都不愿意将自己的疲惫、沮丧、辛劳和不幸写出来,因为他们更愿意汇报教堂、小堂、祈祷室和新受洗教徒的数目。对于有自我表扬嫌疑的话,他们不说,因为他们并不想为自己立传。……他们希望这份年信不会使你们减损对中国福传事业的信任,这份年信的普遍教化功能也不会受影响,那就是为中国招募更多的传教士,天主通常是通过'老兵'的事例打动新人,使他们加入此间的传教事业,为这项事业服务并推动它前进。"②

筹集资金。远东耶稣会士的资金来源是多渠道的。比如,通过澳门—长崎间的中日贸易获利,还有来自葡萄牙国王为履行"保教权"义务而进行的拨款,以及来自果阿、澳门、中国内地等传教区教友的捐献等;通过书信等描绘耶稣会在中国壮丽的福传事业,博得欧洲读者的赞许和同情,获得捐赠,也是年信致力于达成的目标。1694—1697 年年信作者苏霖将该年信特别抄送给葡萄牙国王 D. Pedro II(1635—1709)的顾问和告解师 Sebastião de Magalhães 神父,就是为了获得资金救济:"我衷心地请求您保持住您对此间传教事业的燃烧着的热情,您要保护这番事业,帮助这番事业,您要想方设法既在人员上援助它,又在必要的津贴等世俗方面援助它,以使它能维持下去。"③

---

① Manoel Dias, *Carta Annua da China de 1635*, BAJA, 49‑V‑11, f. 195.
② Joze Suares, *Annua do Colégio de Pekim desde o fim de Julho de 94 até o fim do mesmo de 97 e algumas outras Rezidências e Christandades da Missão de China*, BAJA, 49‑V‑22, ff. 650‑650v.
③ Joze Suares, *Annua do Colégio de Pekim desde o fim de Julho de 94 até o fim do mesmo de 97 e algumas outras Rezidências e Christandades da Missão de China*, BAJA, 49‑V‑22, ff. 82‑82v.

上述 4 个目标,除了第一个外,其余 3 个都带有公开性。1541 年、1542 年 11 月、1542 年 12 月、1543 年,耶稣会创始人伊纳爵·罗耀拉连续 4 次发出指示、通函,要求将书信分成适合于公开传阅的和需要保密的两类①。年信属于前者。也就是说,年信有更大的宣传属性,其信息属性要服从于宣传属性。从撰写、编辑手法上,凸显能够增强宣传效果的事实,遮蔽不利于实现宣传目标的事实,在必要时不惜"篡改"事实。

年信中呈现的一切事例、所进行的一切议程设置,都是作者基于上述 4 个目标,想凸显的。比如,耶稣会的奋斗理想是"愈显主荣",这是耶稣会着力宣扬的主题之一,围绕这一宣传任务,年信所呈现的是,耶稣会士在四面八方,在异教国度,宣传圣教的优越性,使越来越多的异教徒心悦诚服,改宗归主;将摆满偶像的神龛一拂而净,供奉上唯一的真主;以天主的名义,济贫救危,拯救灵魂;帮助教友养成勤于圣事、争相敬虔的宗教生活习惯,使纳妾的中国士大夫过上"不二色"的符合天主教道德规范的生活等等,这些在灵魂劳作中收获的累累果实,不仅是耶稣会的荣耀,更是主的荣耀,所以,在耶稣会的通信中到处是此类事例。同时,通过往来信件,得知同会会士在做哪些奋斗,便能通过为同会的代祷而参与其中,即使是在欧洲的传教士也能通过这种方式而有了亲身参与,从而使"愈显主荣"成为全体会员都能勠力同心的事业。请同会神父为本传教区代祷,成为中国年信的标准的收尾句式。阳玛诺在 1618 年年信的结尾写道:"我们最亲爱的全体神父、修士,请为我们代祷,我们在你们的祝福、祈祷、祭献中。"②1621 年年信作者傅汎际的结尾是:"通过阁下与全耶稣会的神圣祷告,我们葆有着对天主

---

① 详情请参阅本研究的《耶稣会的管理特色、通信制度与年信》一节。
② Manoel Dias junior, *Carta Annua da Missam da China do Ano de 1618*, BAJA, 49 - V - 5, f. 264v.

我主的信心,困难的风浪因此而得以每次消散得更多一些。"①罗耀拉所追求的团结在这样四海一家的同心祷告的气氛中也实现了。

再如,耶稣会士自视为"天主的葡萄园"中的工人(operário),是天主的工具(instrumento),这是耶稣会想要宣传的与其他修会不同的价值观。通过年信汇报劳动成果,展示天主通过这些工人及他们的劳作,降下哪些神迹、恩荣,有利于在教会内形成你追我赶的劳动气氛。还有许多会士,在读了海外传教士的此类来信后,为其中充满了使徒精神的英雄事迹打动,志愿投身外方传教事业。同时,这类宣扬传教成绩的信件,还能取悦耶稣会的朋友和资助人,争取更多赞助。当然,也有利于总会掌握局部情况,以制定因地制宜的工作策略,进行业务指导,以及在全球范围内调配资源,促进各传教区平衡发展。

年信作者想遮蔽的,是不利于宣传效果即 4 个目标实现的内容。在年信中,被遮蔽的内容大约有以下几类:第一,不利于教化的内容。比如,上文已述 1644 年年信《南京住院》一章,有两大段讲述一个名叫位笃(Vito)的教徒自杀。这两段在作者何大化的原始写本中被划去了,在该页右边的空白处,有人(应该是该年信的审查者)写道:"被划去的部分不要抄录。"在该年信《上海住院》一章,记载了一个自杀未遂的商人,因为他每次尝试自杀时,眼前总会浮现出圣母的形象,最终悔悟,这个事例可以彰显圣母感化之功,故被保留。金尼阁于 1628 年 11 月 14 日在杭州上吊自杀。耶稣会士对这件事保持沉默,在年信中没有提及,而按照惯例,每个神父去世,当年年信中有一篇该神父的小传。

第二,易引发矛盾的内容。比如,张玛诺在编撰 1657 年年信

---

① Francisco Furtado, *Carta Annua da China 1621*, BAJA, 49-V-5, f.335v.

的《南京住院》一章,提到南京的和尚将两名教宗大使视为大施主,并为他们塑像。一个人叫 Jacobe Cezar,是教宗的第二特使,出生于 Collonia Agripina,因为他比较白,和尚们把他的脸塑得"比石灰还白",另一个大使叫 Petro Hayer,出生于阿姆斯特丹,和尚们把他的脸塑得"像火漆一样红"。在以讽刺的笔调描述完塑像的样貌后,张玛诺说:"我不知道那些看见这两座像的人会不会拜,尽管它们在神台上,可它们怎么看都不像是偶像。""使团这些人在中国留下了极坏的例子,在这些新的天主教徒中造成了极坏的影响,关于他们的来华事,我可以说许多,我只是不想放在年信里,以免让任何人读后觉得受了冒犯。"[①]葡萄牙人在东南亚海域中与荷兰人的战争在年信中时有提及,但考虑到此荷兰人的教宗特使的身份,这次,张玛诺对他们客气得多,虽然他还是忍不住流露出一些讥讽。再如,耶稣会与方济各会、多明我会的紧张关系,早就表面化了,但是,在年信中几乎找不到这些兄弟修会间斗争的痕迹,而是有不少耶稣会士无私地帮助方济各会会士、多明我会会士的故事。郎安德在编撰 1656 年年信时,一方面强调自己严格按照各住院传教纪要的内容,另一方面表示,出于"神圣服从"这条纪律,他将任何可能引起某些人不悦的内容都剔除了[②]。

第三,有损耶稣会形象或功绩的内容,亦即"负面报道"。据中文文献的记载,"南京教案"发生以后,曾经与传教士有过往还的士大夫极力洗白自己,所谓"都士大夫,尤晓然知狡夷不可测"[③]。许多平民信徒惶惑不可终日。"自王丰肃被论被羁之后,闻从其教

[①] Manoel Jorge, *Annua da Vice-Província da China de 1657*, BAJA, 49-V-14, ff. 166-166v.

[②] André Ferram, *Annua da Vice-Província da China de 1656*, BAJA, 49-V-14, f. 93.

[③] (明)沈㴶:《再参远夷疏》,收(明)徐昌治辑:《圣朝破邪集》卷一,金程宇编:《和刻本中国古逸书丛刊》(32),第 54 页。

者,一时尽裂户符,而易门对矣;安家堂而撤夷像矣;悔非远害,散党离群,无复可虞矣。"①这些叛教信徒、决裂官员,在年信中并不记载。在年信中,只看得到成功,而看不到失败,只看得到令人鼓舞的,而看不到令人泄气的。这是年信的"正面宣传"使命使然。

第四,该保密的教会内部事务。罗耀拉在将耶稣会通信进行了信息类、宣传类的分类之后,年信中基本就不再提教会内部事务了,正如 1554 年 2 月 24 日罗耀拉写信告诫 Berze 神父时的指示,当给高素质、高知识的会外人士写信时,"不要触及与会内人员有关的话题,而要引向一般性的话题"②。因为教务话题容易暴露耶稣会内部的矛盾。1614 年年信提到陆若汉（João Rodrigues,1561—1633）奉日本传教区长上的命令到北京调查术语问题（他坚定地反对利玛窦使用"天""上帝"等术语）,年信只是简单地提了一句立场积极的"与他在日本一样取得了不菲的成果",随即笔锋一转,"关于这个问题,此处不再赘述,因为说来话长,随后,我将专门汇报"。这句话之后还有一句话,被涂抹掉,无法辨识③。1627 年的嘉定会议是中国天主教历史上第一次代表会议,会上讨论了"天主"的译名问题,意义重大,但是,这么重要的会议在年信中没有反映,对嘉定会议偶尔提及还是为了说明其他的事。伏若望在 1632 年年信中介绍孙元化为教会做的贡献时,提到"神父们要聚在一起,解决中国传教区的一些问题（应为嘉定会议）",但是,要为这么多外国人找一个合适的场所很难,孙元化将自家房子让出,用于开会,他还从北京致信自己的儿子,全力照顾神父们的各种需求。为

---

① （明）吴尔成:《会审王丰肃等犯一案》《移咨》《南京都察院回咨》,收（明）徐昌治辑:《圣朝破邪集》卷一,金程宇编:《和刻本中国古逸书丛刊》(32),第 74 页。
② Ignácio de Loyola, *Obras Completas de San Ignacio de Loyola*, p. 854.
③ João da Costa, *Annua da Christandade da China do Anno de 1614*, ARSI, JS113, ff. 374 - 374v.

了保证万无一失,开会期间,孙元化还亲自返家,提供服务①。因为嘉定会议中持不同立场的耶稣会士交锋激烈,并直接导致了金尼阁自杀。嘉定会议对敬孔祭祖问题,决定沿用利玛窦的方案;对于译名,采用龙华民一派的意见。1633年传教士们再度集会,又允许采用"天"与"上帝"的名称。1633年年信的《南昌住院》一章提到该年度的这次会议,但是仅有一句:"神父们被召集在一起,讨论事关整个中国传教区的几个有争议的问题。"②而提这次会议的原因是,当年南昌只发展了48名新教徒,要解释为什么这么少,神父去开会了就是原因。同样,对礼仪之争的走向起关键作用的1665年的"广州会议",在年信中亦是无踪可寻。1630年代之前的年信中尚有一些无关紧要的教内事务的讨论,比如,1620年年信中陈述了在中国举行弥撒宜戴帽的理由及帽子的样式等③。1630年代之后的年信转向更纯粹的事迹报告,甚至连中国世俗状况的篇幅也压缩了。

所以,尽管年信看起来是完整的、连续的编年史,但据此来编写中国天主教史,将会严重偏颇,正如教会学者Joseph Franz Schütte所言:"所谓年报,显然与布教长致印度管区长(事务性的或保密性的)书信有很大不同。不过是在被许可的范围内讲述传教的形势而已。从实证性的报告这一点而言,它是完全真实的。但传教活动的真实背景、失败以及混乱,是不会提到的。""这就像现在的公开文件,对于了解背后秘密的人来说,他可以毫无困难地从报告的字里行间读出俗人看不到的东西。年报也是如此……就

---

① João Fróes, *Annua da Vice Província da China do Anno de 1632*, BAJA, 49-V-10, ff. 111-111v.

② João Fróes, *Annua da V. Província da China do Anno de 1633*, BAJA, 49-V-11, f. 68.

③ Francisco Furtado, *Annua da China do Anno de 1620*, ARSI, JS114, f. 242v.

像美丽的挂毯,年报提供了很有价值的事件,但织物里的丝线是如何织成的却看不到……有异于传教权威的出入和丑闻,通常只是暗示的程度。"①

但不能就此轻视年信作为史料的价值,《耶稣会历史词典》的编者认为"这些书信连同事务性汇报并用于教务管理。这些书信还供史学家们记史,史学家们知道该怎样从麦壳中筛出麦粒来"。至于那些乏味的、重复的"有教育意义的事例","固执地寓教化于书信中,不时招致批评,但是,在耶稣会的会宪中,书信教化这件事丝毫没有假道学或表面上守戒规等贬义,而是与增益个人的灵魂有关(会宪第 276 条、第 280 条等)。这是这些书信要达成的第一目标"②。这本身就是耶稣会的管理特色之一。而以上宣传行为本身也构成耶稣会的历史。

最后,需要补充的是,耶稣会士是否在年信中篡改事实,制造"别有用心的谎言"。戚印平以 1587 年丰臣秀吉传教士驱逐令的相关记述为例,讨论耶稣会年信的可信度,认为《1587 年度日本年报》故意歪曲了教案的起因,将传教士因"反对神佛"、"对日本的宗教与风俗造成很大的危害"而引发教案,归因为丰臣秀吉个人的性格缺陷,而他的这一弱点又被身边阿谀奉承、居心叵测的小人所利用③。年信作者的解释当然在一定程度上为遭受挫败的日本传教士开脱责任,但也不失为一种解释。既然解释是主观性的,就不是唯一的,多元化的解释反而对历史研究有益。无独有偶,阳玛诺撰写的 1616—1617 年中国年信,整篇是一份"南京教案"报告,他对南京

---

① Joseph Franz Schütte, Valignano Mission Grundsätze für Japan, Rome: Storia e Letteratura, 1951-1958, pp. 351-352. 转引自戚印平:《远东耶稣会史研究》,第 465—466 页。

② Charles E. O'Neill, Joaquín María Domínguez, *Diccionario histórico de la Compañía de Jesús: Biográfico-temático*, Volume 1, p. 965.

③ 戚印平:《远东耶稣会的通信制度》,第 434—466 页。

教案的诸多原因分析中的一条,如日本年信的作者一样,归因为沈㴶的个人因素:"沈㴶发动教案之前,南京住着一名从印度来的瑜伽士(iogue),十分受中国佛教徒的尊敬,因为中国人知道佛教是从印度来的。沈㴶将其接到自己家中住了数日,礼待有加。沈㴶没有子嗣,求子心切,他让自己的10个妻子对瑜伽士行某种大礼,请瑜伽士代为向佛许愿,因为有违中国公序良俗,这件事在南京城中遭到非议。瑜伽士还劝沈㴶灭天主教,承诺他只要为佛办了这件事,佛一定会赐子于他。"① 对于这个解释,我们可以认为阳玛诺在避重就轻,回避传教士的冒进传教行为激怒主管意识形态的南京礼部侍郎沈㴶,引发教案。但是,这个解释为现有研究所不载,从而为研究提供了新"史实",何况历史事件的发生本身就是多种因素的复合。

年信中许多此类主观性的解释,的确有回避矛盾的嫌疑。再如,1650年下半年,卫匡国被委任为中国耶稣会传教团特派员,赴罗马教廷为中国礼仪辩护。1651年年信指出卫匡国赴罗马的原因是:受明清战争、补给短缺、神父死亡等影响,中国传教事业有相当的萎缩,各住院的院长议定,派卫匡国以特派员的身份返欧,向教宗、耶稣会总长等陈述中国传教区之需,以尽快地补足②。年信回避礼仪之争,但它说的确实是当时中国传教局势的事情,而它为什么这样说,亦可成为"礼仪之争"的研究对象。

那么,除了上述主观性的偏差,年信会否篡改客观性的事实?即使对年信的史料价值认同度较低的学者,也认为尽管年信不呈现完整的事实,但其实证性的报告是完全真实的。下文将对年信中的明清史内容与中文史籍对勘、检验。

---

① Manoel Dias, *Annua da Missão da China dos annos de 616 e 617*, ARSI, JS114, f.15.
② Pedro Canevari, *Carta Annua da China a 1651*, BAJA, 49-IV-61, ff.75-120, ff.133-133v.

二、年信作者的文化素质及"参与度"

16—17世纪,向西方报道中国的外国人主要有三类:使节、商人和传教士(此处专指耶稣会士,"耶稣会士与基督教其他修会的会士们相比较人数最多,文化程度最高"①)。与前两类作者相比,传教士的作品可信度更高,源于三方面的优势:第一,传教士拥有较好的教育背景和知识储备。耶稣会的创始会员是圣女巴尔伯公学(Colégio de Santa Bárbara)的一批学生。第一代耶稣会士都是文学硕士,在后代的会士中不乏博士。教育与外方传教是耶稣会最主要的两项活动。耶稣会在全球大力兴办教育事业,在1580年共有学校144所,1599年245所,1608年293所,1626年增加至444所②。其学校的课程设置成为之后欧洲学校的蓝本。耶稣会课程设置的新颖之处在于"系统学习自希腊、罗马文明以降的非基督教哲学家和作家的著作"。"每个成员都必须通过不少于十四年的系统训练——不仅学习神学,还要选学各种自然科学知识",因此耶稣会士自称为"知识阶层","耶稣会士通常是欧洲最有才华的人"③。连中国人都很认可这些"西儒"的知识水平,《明史·意大里亚传》记:"其国人东来者,大都聪明特达之士。"需要指出的是,尽管耶稣会士的学识水平受到广泛的认可,但来华的传教士并非都是顶尖的学者,事实上他们中的大部分,在启程东来时,并未完成学业,后来,又在果阿、澳门等处的神学院中,通过学习、教学两方面的实

---

① [法]荣振华著,耿昇译:《在华耶稣会士列传及书目补编》,"译者的话"。
② 刘小珊、陈曦子、陈访泽著:《明中后期中日葡外交使者陆若汉研究》,北京:商务印书馆,2015年,第247页。
③ [意]柯毅霖著,王志成、思竹、汪建达译:《晚明基督论》,成都:四川人民出版社,1999年,第12—13页。

践,最终养成①。来华传教士个个都是"科学家"、一流的饱学之士,或许是人们的错误印象,但是,他们确实都受过良好的教育,这个判断可以从来华耶稣会士名录的标注中得到验证,绝大多数人名旁边都注有其学历:"学习两年社会人文科学,三年哲学,四年神学。"②

经过严格、扎实、广泛的学术训练养成的理解力使传教士对中国的观察更准确、更深刻,而"旅行日记的作者(欧洲商人和海员),往往不懂汉语,对儒家伦理和佛教思想也一无所知。他们只看到了中国宏伟政治架构最粗略的轮廓,至于其实际是怎样运作的,他们毫无概念也无从想象"③。冯·约斯蒂(Johann Heinrich Gottlieb von Justi,1720—1771)在谈论中国最详细的著作《欧洲政府与亚洲及其他诸般可想象的蛮族政府的比较》(*Vergleichungen der europäischen mit den asiatischen und andern vermeintlich barbarischen Regierungen*)中评价了他所能看到的有关中国历史和制度的材料,把耶稣会士提供的材料和商人提供的材料作了明确区分,痛斥孟德斯鸠怀疑耶稣会士报告的真实性而过于相信商人叙述的故事。在冯·约斯蒂眼里,这些商人不够资格评判中国,因为他们看待每件事物都用他们那狭隘的、实利主义的标准;而耶稣会士要胜任得多,他们受过高等教育,并接触到中国的广大地区④。

第二,使臣对中国的造访是一时一地,定期商船上的商人仅多次接触某个局部区域,而传教士在中国常住,大多终老于此,活动范围广泛。据高一志的死亡小传中的统计,他一生中走访了中国

---

① 关于耶稣会在远东培养传教士的教育理念与实践,可参考戚印平:《澳门圣保禄学院研究——兼谈耶稣会在东方的教育机构》,北京:社会科学文献出版社,2013年。
② *Index alphabeticus Patrum ac Tratrum Societatis Jesu qui sunt in Missione Sinensi Ano 1621*,ARSI,JS134,ff. 300 - 414v.
③ [美]唐纳德·F. 拉赫著,朱新屋、孙杰译:《欧洲形成中的亚洲》,第三卷《发展的世纪》,第四册,第1568页。
④ 张国刚、吴莉苇:《启蒙时代欧洲的中国观——一个历史的巡礼与反思》,上海:上海古籍出版社,2006年,第266页。

的 102 个府县①。其"参与度"(involvement)是前两者无法比拟的。根据张西平的观点,耶稣会士在中国定居是从"游记汉学"到"传教士"汉学的转折点②。1511 年,葡萄牙人占领马六甲后,与中国人开始有直接接触,也从这些非法前往海外的中国人口中了解中国。1517 年,第一个前往中国的正式葡萄牙使团由皮列士(Tomé Pires)率领在广州登岸,这队人马在曲折中入京,又于 1521 年或 1522 年在广州被关进监狱。其中两个囚犯 Cristóvão Vieira 和 Vasco Calvo 成功地发出了信件,这两封信写于 1524 年,讲述了中国的朝贡制度,中国的十五省目录,省级和地方一级的行政机构,物产,战舰及防御工事,对山脉水道的一般性观察,馆驿系统和邮驿制度,广州府的风貌,官民间的紧张对立关系,等等。这两封信,是 16 世纪上半期由西方人完成的唯一关于中国的第一手记录。16 世纪后半期出版的葡萄牙人在东方活动的大部头的历史著述中都直接或间接地利用了这两封信件③。

16 世纪后半叶的传教士尽管也踏上了中国大地,但是时长极为有限,加斯帕尔·达·克鲁士(Gaspar da Cruz)只在广州一带盘桓月余(1556),便写成了《中国志》(*Tractado em que se cōtam muito pol estéco as cous da China*);马丁·德·拉达(Martin de Rada)在福建滞留了两个月零九天(1575 年 7 月 3 日—9 月 14 日),就写出一部《菲律宾群岛奥斯定修道会神父马丁·德·拉达与其同伴赫罗尼莫·马林以及与他们随行的士兵在中国观察与体验到的事物》(*Las Cosasque los Padres Fr. Martin de Rada,*

---

① Gabriel de Magalhães, *Annua da Vice Província da China do Ano de 1640*, ARSI, JS116a, f. 131.
② 相关论述请参阅张西平:《欧美汉学研究的历史与现状》,郑州:大象出版社,2006 年。
③ [美]唐纳德·F. 拉赫著,胡锦山译:《欧洲形成中的亚洲》,第一卷《发现的世纪》,第二册,第 297—302 页。

Provincial de la Orden deS. Agustin en las Islas Filipinas, y su companero Fr. Jeronimo Marin y Otros Soldudos que fueron con ellos vieron y entendieronen aquel Reino,简称《中国札记》)。而葡萄牙人克鲁士和西班牙人拉达的这两部著作又成为西班牙奥斯定会修道士胡安·冈萨雷斯·德·门多萨(Gonzales de Mendoza)所著《中华大帝国史》(1585)的主要资料来源。门多萨从没有到过中国。从中可见当时对中国话题的创作风气。更让人不安的是,《中华大帝国史》一经问世,立刻在欧洲引起轰动,仅在16世纪余下的区区十多年间,即先后被译成拉丁文、意大利文、英文、法文、德文、葡萄牙文以及荷兰文等七种文字,共发行46版,堪称盛况空前,成为《利玛窦中国札记》发表以前,在欧洲最有影响的一部专论中国的百科全书,可是这部伟大作品所立基的事实根据多么薄弱。

总之,17世纪之前,关于中国之著述大多来自间接的信息源,或是从商人口中的道听途说,或是参照他人著作等等,将零散的信息拼凑而成,以讹传讹在所难免,更谈不上建构起关于中国论述的整体框架。所以,一部由较长时期生活在中国并能深入中国内地的西方人,将其对中国的切近的体察完整介绍出来的著作,是跨入17世纪的欧洲人所盼望的。

1583年耶稣会士罗明坚及利玛窦入华后,才有了关于中国的长期而直接的经验。耶稣会士的中国经验不再是游记式的,很多耶稣会士从里斯本港出发的那一刻起,便将余生托付中国。1540年3月31日,沙勿略在临行前对耶稣会创始人罗耀拉说:"今生若再相见,也只是在信笺上了。"[①]至何大化写作《远方亚洲》(*Ásia Extrema*)时(1644),他在"致读者的前言"中称,耶稣会于中国深

---

① John Correia-Afonso, S. J., *Jesuit letters and Indian History*, Bombay: Indian Historical Research Institute, St. Xavier's College, 1955, p. 11.

耕 60 多年后,这一代传教士已"实践和深谙该帝国的习俗、律法、书籍、科学及古史,年资高的传教士已恍若土著,就算是只有四年、六年乃至十年在会经验的传教士也敢用中文写作,写了大量很有学者气的著述,所论不仅涉及基督徒的教化,还有欧洲科学,以震撼中国人"。对于难掌握的汉字,已能"流利书写,使用中国毛笔,就像中国知识分子一样"①。

何大化本人就是一个有代表性的年信作者。何大化共编撰了 1637 年、1643—1649 年的 8 份年信,是耶稣会士中撰写年信最多的传教士。他先后在王家科英布拉耶稣会学院(Real Colégio de Jesus de Coimbra)和埃武拉圣灵学院(Colégio do Espírito Santo de Évora)接受了严格的人文学科教育,并有在果阿教授文学的经历②。何大化于 1636 年从澳门进入中国内地传教,从此在华三四十年③,足迹遍及江南、湖广、福建、北京和广东等地,历经明清鼎革。熟谙中国语言、文化,这不仅使他直通中国的典籍,也使汉文写作成为常事④。

---

① António de Gouveia, *Asia Extrema: entra nella a fé, promulga-se a Ley de Deus pelos padres da Companhia de Jesus*, Primeira Parte, Livro I, edição, introdução e notas de Horácio P. Araújo, Volume I, Lisboa: Fundação Oriente, 1995, ff. VII - VIII.

② [法]费赖之著,梅乘骐、梅乘骏译:《明清间在华耶稣会士列传(1552—1773)》,第 251 页。

③ 关于何大化的在华时间有多种说法,Diogo Barbosa Machado(1682—1772)认为是 30 年(参阅 Diogo Barbosa Machado, Bibioteca Lusitana, Tomo I, Lisboa Occidental, 1741, p. 296),Joaquim Veríssimo Serrão(1925—)与他持有同样的观点(参阅 Joaquim Veríssimo Serrão, História de Portugal, Vol. IV, Lisboa: Editorial Verbo, 1998, p. 240);Augustin et Aloïs de Backer 和 António Franco(1662—1732)认为超过 36 年(分别参阅 Augustin et Aloïs de Backer, *Bibliothèque de la compagnie de Jésus*, Tome III, Liège: Grandmont-Donders, 1872, Coll. 1637 和 António Franco S. J. , José Cassani S. J. , Imagem da Virtude em o Noviciado da Companhia de Jesus no Real Collegio de Jesus de Coimbra[…],Tomo II, Évora: na officina da universidade, 1719, p. 612);还有学者认为 43 年、47 年。

④ António de Gouveia, *Asia Extrema: entra nella a fé, promulga-se a Ley de Deus pelos padres da Companhia de Jesus*, Primeira Parte, Livro I, edição, introdução e notas de Horácio P. Araújo, f. 69, f. 90.

第三,耶稣会的通信系统庞大,信息管道众多,每一名传教士都有书信汇报的机会,尽管有严格的通信纪律、信息管控手段,但在耶稣会的内部,仍是一个有活力的"信息自由市场"①,信息在竞争中趋向于真实。年信中的许多信息都可与其他种类的通信互相对勘,从而达到多信源求证同一件事的效果。比如,1636 年年信中提到:"(崇祯)皇帝多次下令神父陪同视察城墙及墙上的堡垒,神父们身着文人的日常服装,这是只有传教士才享有的恩宠,因为其他文武官员都要换装。战争最高统帅、兵部尚书(Pim Pù Xám Xú)以及其他高官,十分重视神父,对神父们非常热情,采纳神父们的意见。鞑靼退兵之后,神父向皇帝上疏列数在战争中立功的和该赏的人,神父们还划出了其中的前三功,列出了受赏官员。皇帝批准了这一份奏疏。神父们向皇帝提出一些要求,以更好地服务于我们劝更多人信教的目标。皇帝按照惯例将其批转给相关的部,以使他们知道,给予神父帮助。"②传教士享受到的这番殊荣似不见于中文文献的记载,是否可信? 在一封日期落款为 1638 年 1 月 1 日致日本教省和中国副教省视察员的信中,时任中国副教省会长何大化讲述了汤若望、罗雅谷对北京保卫战计划的有效参与,该计划实施于 1636 年,用以抵抗鞑靼军队可预见的进攻:

> 该任命拖延至(1)636 年 7 月才做出,此时,随着鞑靼人的到来,多处起了暴动,他们与鞑靼人一起横扫多地,攻入、洗劫了 12 个县。因为非常害怕,所有城门都关闭了,城墙上有 6 万人在日夜把守。该国一位国公(Que Cûm),相当于我们的公爵,当时是战事总兵官,就向皇帝上了一疏,说我们的二

---

① "意见自由市场"(Marketplace of ideas)是西方自由主义报刊理论的基石,萌发于 19 世纪初期,要义是各派观点在获得充分表达后,真理会在这个过程中完成自我修正。

② Francisco Furtado, *Ânua da Vice-Província da China de 1636*, BAJA, 49-V-11, ff. 523-523v.

位神父,不仅能文,而且能武,善于筹划,能对国家很有帮助。皇帝下诏,命令神父效力。总兵官立即与其他的高官前来邀请神父,奉皇帝的谕令,请助时艰一臂之力。神父们则不能拒绝,便前往了,不过,仍穿戴着自己的文人服装、软帽,而其他所有人,包括最大的官,当时都穿上了戎装。神父们与总兵官和其他的官员跑了几次城墙,每次都受到他们给予的尊贵而彬彬有礼的接待。神父们指出了应该准备好的很重要的东西,比如用于置炮的炮车和壕沟、空地,他们可从这里操纵火炮。一切都按照神父们说的做了。神父们还指出,应该试射城墙上的火炮,这批火炮大小适中,超过 1 万门,其中很多来自欧洲。一个陪同的大太监立即与总兵官去禀报皇帝,他批准了这个方案,下令执行,先在全城广而告之,要百姓们不要慌乱。所有的炮试射两次,一批炮接着另一批炮响,围着城墙响了一圈,耗时很长,绕城墙一周有四五里格,这些时间是需要的。皇帝对着火炮齐射十分振奋,他和全京城的人都对于拒敌更有劲头,这些敌人却在洗劫了被打败的城市,掳走财富、人口之后已觉满意,便从那些地方撤了。

这两段在行文上大相径庭的文字,讲了同一件事,使其可信度大大地提高,当然,其中提到的一些小细节,比如 1 万门炮之说,有待考证。

三、年信的信息源

为了收集信息,传教士可谓眼、耳、鼻、舌、身、意"六识"俱用。"眼"代指阅读中文典籍、邸报、与信息提供者之间的通信等;"耳"代指聆听教徒的宗教生活汇报、告解、团契中的分享、当事人或知情者口述、中文教师的传道授业等；"鼻"代指传教士的"新闻"嗅觉和敏感度，对引起轰动的奉教事迹进一步调查、主动搜集与传教利益相关的信息，比如，1615年南京神父往高邮巡回传教，"采集到一些李之藻的奉教事迹，将之记入年信"，其中有一件事是李之藻自入教之后，就养成了一个习惯，逢周五、周六不吃肉，"这条习惯李之藻从未向其他教友公开过，是神父发掘出来的"①；"舌"代指通过询问、"采访"获得将写入年信的消息，比如，1657年孙可望（？—1660）投降后，安文思直接上门去拜访，因为"利类斯和我都欠他一个很大的人情，是他平息了暴君（张献忠）的怒火，免了我们一死，将我们从刑场上拉回来，当时我们已被带到刑场，屠刀已架在脖子上"，访谈之后，安文思将孙可望的事迹写入1658年年信②；"身"指的是"亲历"，年信中所记的大部分内容都是传教士亲身参与的，比如有教育意义的事例、明清战争、对景教碑等遗迹的探访、对开封犹太人的调查等；"意"指的是传教士对消息真实性有一定的判断标准，会进行适当的核查。

通过细读年信，采取内容分析、文本分析方法，梳理出每一件事的信息源是可行的。有时作者直接注明消息来源，比如孙元化（1581—1632）入教前将一个女儿嫁给一个极虔诚的佛教徒。她想利用神父前来当地宣教之际，前去告解，丈夫不允，还说了不该说的重话，她剪掉自己的头发，以示不畏死的决心。1633年年信作者伏若望在记录这件事时，还加了句："据她本人所言。"③阳玛诺在1627年年信中批评魏忠贤的奢侈，"他给自己的亲戚高官厚俸，

---

① Manoel Dias junior, *Annua da Missão da China do Anno de 1615*, ARSI, JS113, f.409v.
② Gabriel de Magalhães, *Annuas das Residências Do Norte da Vice-Província da China do Anno 1658*, 49-V-14, ff.230v-231v.
③ João Fróes, *Annua da V. Provincia da China do anno de 1633*, BAJA, 49-V-11, ff.52v-53.

甚至是府邸，这些都出自皇银，仅邸报（o jornal dos oficiaes）披露的数额，就达 4 万两"①。有时作者不直接点明消息源，但作者是作为事件的参与者出现的，还往往以第一人称出现，此类信息属于亲历，而且是真实度较高的一手信息。通过对里斯本阿儒达图书馆、耶稣会罗马档案馆藏年信的分析，可以追溯到年信作者的以下信息源（在分述每一个消息源时，对该消息源的可靠性会有一个简短评价）：

邸报是传教士易获得、常使用的一种信息源，传教士对此带有公开传播性质的"报纸"有一定了解。阳玛诺在 1616—1617 年年信中这样描写邸报："每 5 日即有 14 名信差从北京出发，分赴北京之外的另 14 省（明共两京十三省），他们携带着京中各类事务的最新消息，抵达各省省垣，在各省城内都有一座类似于公证处（paço de tabeliães）的报房，负责承接、抄录京中来讯，供该省的官员阅读，尤其是与各自府、县相关的消息。这新京中来讯最主要的内容是奏疏及皇帝的批复，一些皇帝未批的奏疏也在其中，因为奏疏内容是大家最关心的消息。除了官员，一些人付钱给抄写员也可以买到想要的信息。而那些有地位的人，除了阅读邸报，京中还有友人通风报信。"②

1616 年，发动了南京教案的沈㴶派军士去搜查传教士在南京城郊的一个院子，意外地发现了庞迪我（Diego de Pantoja，1571—1618）派人送给南京住院的《具揭》文书，在看过《具揭》后，沈㴶发现传教士们对于朝廷政局的变化十分了解。载有其上奏的《参远夷书》的邸报，南京官府七月十九日才收到，而庞迪我却在七月初

---

① Manoel Dias, *Carta Annua da Vice-Província da China do Anno de 1627*, 49 - V - 6, ff. 467 - 467v.

② Manoel Dias junior, *Annua da Missão da China dos Annos de 616 e 617*, ARSI, JS114, f. 19v.

就已知道了该期邸报上所载沈㴶奏疏的内容。于是,沈㴶再度向万历皇帝上疏参劾传教士,其中特别强调:"裔夷窥伺,潜住两京,则国家之隐忧当杜也。"①"夫置邮传命,中国所以通上下而广宣达也。狭焉丑类,而横弄线索于其间,神速若此,又将何为乎?"②南京教案是传教士与反教者之间的一场信息战,哪方的信息渠道效率高,哪方就占据了预先应对的先机,邸报是传教士在这场战役中所使用的一个重要工具,除了从它获取信息,还主动地使用邸报公开信息,而对邸报得心应手的使用,是以传教士在官场中经营多年的关系网、信息网为依托的。不妨就以南京教案中的信息战为例来说明传教士的信息渠道,因为这些信息不仅服务于传教士的这项圣教保卫战的实战,也构成相关年份年信中南京教案报告的主体,是年信的信息源。

1616年5月,沈㴶进呈《参远夷疏》。在上疏前,沈㴶即对传教士高效的消息网络有所防备。阳玛诺在1616年12月26日从澳门致耶稣会总长的南京教案报告中说:"他(沈㴶)极秘密地向皇帝上疏参劾我们,并且叮嘱信差,若是皇帝不批,绝不能使他上该奏疏的事被北京城的人知道,以免他丢面子,因为以他这么大的官,却扳不倒几个外国人,是很丢面子的事。他担心的情况还是出现了,皇帝根本没有理会这份奏章,因此,这件事就被秘密地掩盖起来,在两个月的时间中,我们在南京的人员无从确切得知他已上疏攻击我们,只是有些传言和迹象说明有此事。"③为了防止风声走漏到传教士那里,"他用礼物、人情,将神父们能得到消息的所有的'门'和'洞'都堵上了"④。那么,传教士所察觉的

---

① (明)沈㴶:《再参远夷疏》,第49页。
② (明)沈㴶:《再参远夷疏》,第52页。
③ Manoel Dias, *Das Coisas desta Perseguição*, ARSI, JS114, f. 89.
④ Manoel Dias junior, *Annua da Missão da China dos Annos de 616 e 617*, ARSI, JS114, f. 17v.

"传言和迹象"是从哪里来的呢？在杭州有一名与杨廷筠和沈㴶都有密切交往的官员，还在沈㴶奏疏发出之前，就向杨廷筠透露了此事，可是，言之不详，只知沈㴶将向皇帝参劾天主教和神父，杨廷筠立即将这个消息通报南京神父。杨廷筠还增加了另一条线索：他有一个密切的文友，专门帮自己处理与官员们的礼节性的书信往还，也知道沈㴶在起草奏疏的事①。6 月 20 日，即在《参远夷疏》见"报"前，北京就收到龙华民的南京来信，为沈㴶上"本"参劾天主教预警②。

沈㴶没有等到皇帝批复，三个月后，给北京礼部尚书方从哲写信，请他连同上疏参天主教，这件事被礼部的一名钦天监历官周子愚（chēu）得知，立即就知会了徐光启并神父③。8 月 4 日，周子愚将"本"弄到，转交神父。8 月 15 日，礼部尚书方从哲上疏参劾传教士，这份奏疏连同沈㴶的两封奏疏（包括极秘密的第一封）一同被送进了报房，才在京中公开。8 月 19 或 20 日，北京消息汇编送往各省④。8 月 30 日夜里 10 点，教会信使比北京礼部尚书方从哲签发的逮捕令提早半日抵达南京住院，通报了"西洋先生被南北礼部参论"⑤，以及徐光启、李之藻对沈㴶可能得逞的忧虑，"神父们由此得知朝廷所发生的事"⑥，并做好了应对准备，为自救赢得了宝贵时间，天刚破晓，龙华民、艾儒略启程北上，当日，王丰肃、谢务

---

① Manoel Dias junior, *Annua da Missão da China dos Annos de 616 e 617*, ARSI, JS114, f. 17v.
② Sabatino De Ursis, *Jornal de Sabatino de Ursis*, BAJA, 49‑V‑5, f. 174v.
③ Manoel Dias junior, *Annua da Missão da China dos Annos de 616 e 617*, ARSI, JS114, f. 18v.
④ Manoel Dias junior, *Annua da Missão da China dos Annos de 616 e 617*, ARSI, JS114, f. 19v.
⑤ 徐光启撰，王重民辑校：《徐光启集》下册，上海：上海古籍出版社，1984 年，第 492 页。
⑥ ［葡］曾德昭著，何高济译，李申校：《大中国志》，上海：上海古籍出版社，1998 年，第 254 页。

禄被捕①。传教士在这场信息战中步步领先,并做好了应对准备。

庞迪我等撰写《具揭》以反击,苦于投送无门,就找来一名熟悉邸报业务的教徒,将《具揭》连同徐光启的《辩学章疏》带到北京的报房复制,才得流布全国②。被关押在监狱中的神父依然有获取信息的渠道,在狱外的教友,几乎每日都去探监,除了带去物质上的援助,还会向神父等在押人员提供信息,比如沈㴶做了什么,公堂上的对质情况,南京城中对教案的舆论③。狱中的情况则是由被关押的神父、修士乃至教友提供,这些教友一旦获释,立即就将狱中情形记录下来,主要是在逆境中怎样坚守信仰的表现,发给其他住院,以供教化④。也构成当年年信的主体内容。

南京教案中的信息战是传教士综合调度邸报、内线获取信息、使用信息的案例,教案是对其信息网的效率及可靠性的一次高强度的实战测试,至于日常从邸报中获取信息自然不在话下。邸报上的信息属于二手信息,但可靠性较高,被传教士引用的内容可以与邸报或其他引用邸报的篇章对照、检验。

中文书籍主要被传教士在介绍中国的国情概貌、典章制度等知识性、静态性信息时引用。何炳棣认为耶稣会士掌握的有关中国的地理知识,很可能参考了中华帝国编撰的有关政治地理方面的文件,如晚明时期的《赋役全书》(Fu-i Ch'üan-shu)⑤。有学者认

---

① Manoel Dias junior, *Annua da Missão da China dos Annos de 616 e 617*, ARSI, JS114, f. 20v.

② Manoel Dias junior, *Annua da Missão da China dos Annos de 616 e 617*, ARSI, JS114, ff. 24 – 24v.

③ Manoel Dias junior, *Annua da Missão da China dos Annos de 616 e 617*, ARSI, JS114, f. 37.

④ Manoel Dias junior, *Annua da Missão da China dos Annos de 616 e 617*, ARSI, JS114, ff. 23 – 23v.

⑤ Ho Ping-ti, *Studies on the Population of China*, Cambridge: Mass, 1959, chaps. ii, vi.

第三章 作为史料的年信　235

为金尼阁"对中华帝国的描述"与最早由朱思本（Chu Ssu-pen）1312 年编制的《广舆图》（Kuang-yü t'u）极为相似①。《广舆图》则为卫匡国的《中国新图志》奠定了基础②。

有时，神父将查阅典籍的任务交给传道员等与教会关系密切的中国人。《耶稣会罗马档案馆明清天主教文献》中的《赣州堂夏相公圣名玛第亚回方老爷书》就记载了神父"方老爷"责成传道员（相公）夏玛第亚查阅生祠典故之事："罪仆玛第亚承谕详查生祠故事，罪仆无书可查，因为兵乱散失，堂中又无古籍，只得略述一二以复老爷之命。"③夏玛第亚据《白玉蟾集》查阅许逊之生祠，据《明朝通纪上》查阅魏忠贤之生祠。他还引用了徐日久的《徐子卿别集》、左丘明的《国语》、《周书·洛诰篇》、《礼记·祭义篇》等，以推断生祠的根原④。以上这封书信未载日期，但是在同一编号 Jap-Sin I. 39 下，紧接着是一篇《生祠缘由册》，对上述问题做了更细致的回答，据"通鑑""一统志"介绍了浙江绍兴府、四川泸州、黎州安抚、广东广州府、韶州府、惠州府、雷州府等地的生祠，落款时间为"康熙二十五年十月二十九夜奉要灯下誊清呈寄"⑤。而紧接着《生祠缘由册》后仍是夏玛第亚的一篇《生祠故事》，是从另一角度再度介绍生祠，呈现了邵宝、苏轼、韩世忠、岳飞、马光祖、廉希宪等人的生祠故事，足见作为传道员的夏玛第亚对神父命令的重视。

除了上述知识性、静态性的信息，传教士还引用中文书籍进行

---

① Walter Fuchs, The "Mongol Atlas" of Chu Ssu-pen and the Kuang-yü t'u, PeiPing: Fu Jen University, 1946.
② Chen Min-Sun, "Geographical Works by Jesuits in Chinese, 1584 – 1672", M. A. diss., University of Chicago, 1959, pp. 1 – 7.
③ 夏玛第亚：《赣州堂夏相公圣名玛第亚回方老爷书》，收［比］钟鸣旦、［荷］杜鼎克主编：《耶稣会罗马档案馆明清天主教文献》（第 10 册），第 37 页。
④ 夏玛第亚：《赣州堂夏相公圣名玛第亚回方老爷书》，第 35—43 页。
⑤ 夏玛第亚：《生祠缘由册》，收［比］钟鸣旦、［荷］杜鼎克主编：《耶稣会罗马档案馆明清天主教文献》（第 10 册），第 65 页。

奉教事例的写作。比如，1620年年信中讲马呈秀的事迹。"马呈秀在山西为官期间，曾治理10到12个城市，每次离开，不仅没有民怨遗留，老百姓反而印书来称颂他的善治"，书中收录了马呈秀的许多事迹，傅汎际在撰写1620年年信时，摘录其中一则："中国有条不成文的司法惯例，若是有人自杀，如果不是出于病因，相关人等会受惩罚，罪名是给自杀者制造了机会或'建议'，没有及时报知他的自杀倾向以阻止这场自杀等。于是，就有一些欠债者以自杀来栽赃债主。马呈秀要刹住这股歪风。一个男子自缢，经查，也是这个情况。马呈秀下令将尸体抬来，鞭尸，也不体面埋葬。从此无人再敢动歪脑筋了。"①

年信中引用的中文书籍亦是二手信息，其可靠性取决于被引书籍的质量，但至少是言之有据。被传教士征引的中文书籍，有些可查，有些未必流传至今，这使得年信在有些时候可以补中文史料之缺。

教友提供的消息与传教士亲历的消息构成年信内容的大部分，"有教育意义的案例"的消息源基本上全是这一类。教友主动向神父提供信息的原因如下：

第一，日常性的宗教生活汇报。尤其在没有常住神父的地区，教友通过书信，与神父保持着精神上的联系。据1614年年信记载，江西江州两名秀才，一叫若望，一叫保禄，领洗返乡之后，源源不断地向南昌住院写信汇报奉教情况。② 1639年，孟儒望神父、陆有基修士从杭州往宁波传教，返回杭州后，不断收到宁波教友寄来的信和礼物③。重要教徒与神父的交流则更频繁。韩霞经常写信

---

① Francisco Furtado, *Annua da China do Anno de 1620*, ARSI, JS114, ff. 252 - 252v.

② João da Costa, *Annua da Christandade da China do Anno de 1614*, ARSI, JS113, f. 385v.

③ João Monteiro, *Annua da Vice Província da China do anno de 1639*, ARSI, JS121, f. 288.

向绛州神父汇报圣会做善功的情况①。徐光启在北京为官,除了向神父汇报自己的思想动态、奉教生活,在上海的神父还向徐光启写信,使徐光启掌握其家人在上海的奉教情况②。有时这种汇报未必是一个具体的事件,只是表达一下决心。1615 年,杭州的一名教徒多次向神父汇报,自己的妻子、儿子、女儿都准备好了为圣教赴死,他问妻儿,若是发生教难将会如何,他们回答宁肯舍弃生命。神父也将这件事记在了年信中③。1638 年,建宁某教徒很注意检视自己的良心,随身带着一个小本,发现过失,随时记下,在告解时,就翻阅这一本小册子反省。他还将这些自省的记录刻印,分发给教友以提供借鉴④,他的事迹自然就被周知。

第二,团契中的分享。定期聚会是教徒重要的宗教活动,与教友分享自己的宗教体验、心得,是聚会的一个活动内容。比如,华州是西安住院神父的巡视区,没有常住神父,为了在神父缺席的情况下,保持信仰氛围,1634 年,神父在华州成立了三个圣会:文人会、商人会、妇女会。各会在约定的日子中,分别在教堂中团契。做完祈祷之后,还会分享发生在自己身上的案例、圣迹⑤。

第三,教徒就自己奉教中碰到的疑惑,向神父寻求解答,顺便就汇报了自己的事例。徐光启孙女许甘第大的幼子,疏于告解,梦见自己身处一座高山,看见一块光洁白石,石上刻着他自奉教以来直到 16 岁的全部罪愆。他很害怕,想要悔改。可是,明清战乱尚

---

① Miguel Trigault, *Annua da Vice Província da China do anno de 1639*, BAJA, 49 - V - 12, f. 434.
② João Fróes, *Annua da V. Província da China do Anno de 1633*, BAJA, 49 - V - 11, f63v.
③ Manoel Dias junior, *Annua da Missão da China do Anno de 1615*, ARSI, JS113, f. 411v.
④ João Monteiro, *Annua da Vice Província da China do anno de 1638*, BAJA, 49 - V - 12, f. 344.
⑤ João Fróes, *Annua da Missão da China de 1634*, BAJA, 49 - V - 10, f. 477v.

未平息，他既不能从松江府前往上海找神父告解，而神父也不能到他家里。于是，他就写信给神父报告了这个梦，并将自己的过错开列于信中①。潘国光神父不但给他回信，而且将这件事记录在是年的传教纪要中②，何大化在年信中基本完整地使用了潘国光的原文。还有许多教友，遭受魔鬼折磨、生病的人前去寻求帮助，这些都构成了传教士的消息来源，在年信中不胜枚举。求助者在困难得到解决之后，通常会向神父致谢。如1615年时，南雄有名10—12岁的少年，生病数月，父亲在外地，母亲没有钱，医生治不好。母子与一名教徒同住，教徒的神龛上有一幅圣像，于是就在像前祷告。夜里，男孩或是梦见或是看见，一些骑马的人想将自己带走，处在险境中的男孩，看见一个面容与圣像中人一般的人将骑马者赶走，受到惊讶的他大喊："天主！天主！"母亲、教徒闻声赶来。教徒以为孩子快不行了，跪下来为他念王冠经，祈求天主赐他健康，还拿了些当地常饮的草药茶给他喝，在他身上画十字，翌日，孩子竟然好了。母亲到教堂向天主致谢，讲了事情经过，决定等丈夫回来后，与儿子同受洗③。在这类案例中，神父通常会有亲身参与解决问题，可信度比较高。

第四，告解是另一种可信度较高的信息来源，诚信悔罪的教徒更愿意将实情和盘托出。1635年时，永春县教友闻知艾儒略神父已常住泉州，纷纷前去告解，一名七旬教友向神父讲述了一件亲历的事，并被载入年信：他将一个欠自己一小笔钱的异教徒告上官府，受情绪的驱使，在大堂上说了许多言过其实的话，法官见他浮

---

① António de Gouveia, *Cartas Ânuas da China* (1636, 1643 a 1649), edição, introdução e notas de Horácio Peixoto de Araújo, pp. 390 – 391.

② Francisco Brancato, *Annua da Residência de Xangai do Ano de 1648*, BAJA, 49 – V – 13, ff. 474 – 474v.

③ Manoel Dias junior, *Annua da Missão da China do Anno de 1615*, ARSI, JS113, f. 493.

夸,抽他一顿鞭子,他猛醒了过来,这是天主在惩戒他,没有按照诫命中的"爱人如己"行事,为了悔罪,他又加抽自己八百鞭子①。

第五,互相监督。为防不良言行损害圣教名誉,教友之间有互相监督的风气,在互相揭发中,许多事例便被披露出来,此类事例因为经过对质,其可信度也比较高。1697年年信记载:归德及周边地区的教友,信教尤为热切,若是教友中有一丁点儿欠教养、不安分或丑事,他们就禁止相关人进入教堂,哪怕他卑微地求情和发誓悔改,必须听候神父②的裁决,神父在听取了事件的汇报后,会赶来,在聆听了当事人的忏悔,表示信服之后,再接纳他③。1601、1602年年信连续记载了韶州教友的互相监督风气;"当有教徒犯错,他们就尽快地报告神父,即'牧人',他们请教神父该怎么办,并及时地做必要的悔罪。"一名教徒发现菜园里的菜都枯萎了,拜土地神(Thuti),被信教的邻居发现,揭发出来④。"教友们之间热情地相互监督,以免犯错,若是看见或听说某项过错,立即就向神父报告,好让神父纠正,因此,神父对教友的事情非常了解,了解程度就连教友也非常惊讶。教友们小心翼翼地行事,免得再做错事,他们认为任何一名教友都是其他教友的纠察员"⑤。

第六,提请神父裁决比教友间的互相监督更进一步,当事双方甚至不一定是教徒。韶州教友"不仅希望将自己的良心问题交给神父管理,而且将彼此间的分歧与诉讼交给神父处理。他们会将自己的案子报与神父知晓,让其审查之后,给出裁决。对于裁决结

---

① Manoel Dias, *Carta Annua da China de 1635*, BAJA, 49-V-11, ff. 223-223v.
② 此时的神父为艾逊爵(Antonio Provana Piemontes)。
③ João Fróes, *Annua da V. Província da China do Anno de 1633*, BAJA, 49-V-11, ff. 74-74v.
④ Anonymous, *Anua da China de 1601*, ARSI, JS121, f. 46.
⑤ Diego Anthunez, *Annua do Collegio da Madre de Deus da Companhia de Jesu de Machao e Residencias da China do anno de 602*, ARSI, JS46, ff. 320-320v.

果,他们总是能心平气和地接受,仿佛控辩双方都是赢家,双方都会感谢神父所做出的裁定,他们认为这是符合教规的,对他们的灵魂是最有益的,而这样的结果在官府的公堂上是不容易得到的,在那里不仅要花钱,还要忍辱受屈,有罪者还经常被宣告无罪,无辜者则被罚。当教徒与异教徒之间发生诉讼,需要在官府解决时,他们首先去找神父,讲述原委,告诉神父自己在诉讼中的请求,请神父检视其中是否有良心问题,因为那些不信教的讼师在书写诉讼请求时,常在其中添加不实之词,以'润色'自己的主张,但天主教徒只求以最纯粹的事实说话,尤其当其中包含了神父的意见时,也是对天主的拥护"[①]。神父因为是案件的判官,所以,对该类事实的掌握也较全面、公允。

  第七,有时当事人为事件中展现的异能、神恩感到震撼、折服、领悟,有迫切的欲望向神父诉说,以作为神迹的见证或宣教的素材。许甘第大在参加圣事时,用心极虔,有几次"看见"两个天使,跪在她的两侧,与她一起敬拜天主,许甘第大深感慰藉,将这件事亲口告诉神父,在讲述时,眼泪流成了线[②]。1696年,上海 Pā Tù 村有个叫玛尔大(Marta)的女教徒,在梦中得到耶稣、玛利亚赐的药方,治好了病,1694—1697年年信作者苏霖记道:"玛尔大亲自将这件事告诉孟由义神父,这里几乎是照录其原话。"[③]苏霖在该年年信中讲述太仓教友的奉教事迹时,则引用了另一名教友的报告。"太仓州城内外共1 500名教友,……在这些教徒中发生了许多有教育意义

---

  ① Diego Anthunez, *Annua do Collegio da Madre de Deus da Companhia de Jesu de Machao e Residencias da China do anno de 602*, ARSI, JS46, f. 320.

  ② António de Gouveia, *Cartas Ânuas da China (1636, 1643 a 1649)*, edição, introdução e notas de Horácio Peixoto de Araújo, pp. 131 – 132.

  ③ Joze Suares, *Annua do Colégio de Pekim desde o fim de Julho de 94 até o fim do mesmo de 97 e algumas outras Rezidências e Christandades da Missão de China*, BAJA, 49 - V - 22, f. 634v.

的事例，即便不称其为圣迹，也堪称'罕见'。一名目睹的教徒记载了32件，以资流传，他将手写笔记交给了李西满神父。"①

由圣会提供信息是由教友提供信息的更高阶形式，其"高阶"体现在制度化、组织化，由专人负责搜集和汇报教友情况，因为教友会组织与教友存在地缘或亲缘上的紧密关系，对教友更了解，同时，这些信息因是通过组织行为而获得的，也更可靠。比如，圣母七苦会的司笔，其职责包括："每月之主保单，以足人数而预备之，至总会日，呼名领受，勿至缺误。"这样，就能掌握缺席会友。"会友奉差出外，或染病回乡，告假远近者，必写其姓名交总会长，转与本会会长，如初入会者，则问总会长，当列于何会，即记姓名于该会册内，以便顾病等情。""若闻本会他会病危者，新亡者，即登其姓名于通功牌，以便诵经祈祷。"②"会助必须各认本会之友，不时往顾，勿惮烦劳。凡有疾病将危而求解罪望受形神诸恩者，即通知本会会长，转请神父如何处置，遂传会友轮助其善终。已亡之后，入殓送殡，勿分贫富贵贱，以行之会助之责。"③年信中的许多事例是由圣会渠道获得的，因与教友渠道类似，此处不赘。

传道员是联系神父与教徒的纽带，传道员最艰巨的任务可能是要扮演道德审查员的角色，要在书面评价里把"有关每个教徒行为的准确信息"告诉神父④。至17世纪末，当中国各住院牧养的教徒数普遍达到以"万"为数量级后，每个住院个位数的神父只能通

---

① Joze Suares, *Annua do Colégio de Pekim desde o fim de Julho de 94 até o fim do mesmo de 97 e algumas outras Rezidências e Christandades da Missão de China*, BAJA, 49-V-22, f. 636v.

② 无名氏：《圣母七苦会规》，收[比]钟鸣旦、[荷]杜鼎克、王仁芳编：《徐家汇藏书楼明清天主教文献续编》（第13册），台北：利氏学社，2013年，第49页。

③ 无名氏：《圣母七苦会规》，第53页。

④ Philippe Couplet, *Historia de una Gran Senora Christiana de la China, llamada Dona Candida Hiù*, Madrid: En la Imprenta de Antonio Roman, 1691, pp. 40-41. 转引自[美]柏里安著，陈玉芳译：《东游记》，第256页。

过分层管理来牧养教徒,传道员即是其中的一层。1697年时,北京住院中"管理教友团的,除了神父之外,还有约20名传道员,他们相当于教友团的神经,或是臂膀,神父通过他们来管理、牧养教友。传道员分散居住在京城的不同区,他们也各自有负责的区域,或者劝诫已倾心于圣教的教外人士,或去探访病人,当发现这些病人病危时,就为他们做好领圣事的准备,或去激发那些已冷淡的教徒的宗教热情,或者去为那些奄奄一息的小童举行洗礼,或者给未入教的成人施洗,趁他们还活着的时候,听了传道员的布道,迫近的死亡使他们形成了关于下一段生命旅程和圣教奥义的不一样的概念"。以上列举的传道员的这些工作,都是年信中常见的事例类型,可以说传道员也是奋战在一线的信息员。"除了传道员外,在教徒中还有一个第二阶层,同样服务于圣事,只是没有传道员的名衔,因为他们不具备宣讲圣教奥义的才能。……无论是他们的事工还是传道员的事工,或者在教徒中发生的任何事,经常被清楚地向领导这些教友团的神父们汇报,由神父告诉他们哪些事该做、哪些事不该做。"教徒管理除了在纵向上分出更多层级之外,许多传道员加入教友会,又从横向上加强了信息的通联。在1696—1697年之间,北京的圣母领报会(成立于1694年3月25日)进行了革新,"传道员都是领报会的会员,在领报会中还设了会长、会长助理以及其他职能岗位。他们比以往更严格地履行职责,凡教友中发生的事,神父都能立即知晓,并提供相应的帮助"。为了解决与女性教徒的联系问题,领报会还开始任命女传道员。总之,教徒"在该地区的所有的活动,都通过该地区的传道员汇报给神父"[1]。

许多事件得以被传教士采集并进入年信,并非经由某个具体

---

[1] Joze Suares, *Annua do Colégio de Pekim desde o fim de Julho de 94 até o fim do mesmo de 97 e algumas outras Rezidências e Christandades da Missão de China*, BAJA, 49-V-22, ff. 600v-601.

的人或组织,而是来自大众传播渠道。这些事被口口相传,因为其自带的"新闻"性,即使不信教的也参与了传播。1648年,两千满人家庭从北京到杭州定居,选址在钱塘门,与教堂为邻。满人军官常带兵去教堂转悠,许多教徒因此不敢再去教堂。军官梦见天主,受到天主训诫:若再踏进教堂,必死无疑。军官不敢再去造次。这件事很快传遍了杭州城,在信教与不信教的群众中引起议论。何大化因此得知这件事,将其载入年信[1]。当然,更多的时候是教徒为给圣教作见证而传播。1619年时,神父用十字架驱走杨廷筠家的魔鬼,并使一名家仆进教,"杨廷筠向全世界讲这个例子"[2]。1633年时,建昌某女教徒为一个瘫痪的女孩治病,将圣枝烧成灰,再用圣水调和,给女孩内服和外敷,女孩痊愈。"女孩立即去向神父汇报这件事,她和母亲还成了这个神迹的宣传员,四出传播圣教。"[3]1643年时,福州泉州间的"西安"(Sî Hâm)村,一名妇女结婚多年未育,她想通过领洗得子,梦中圣母教她画十字符,并安慰她,当年便得一子,"她在村中广泛宣传圣母的神力。神父因此采集到这一条信息"[4]。教徒认为,传教神迹是他们的使命,正如1640年福建泉州信徒颜魁宾生病期间,所有见的天主审判等"奇异"事件,天神弥额尔与颜魁宾对话,还要求颜将"今所见传之",即在信徒群体中传扬此事[5]。本着这项使命,更有热心教徒不满

---

[1] António de Gouveia, *Cartas Ânuas da China* (1636, 1643 a 1649), edição, introdução e notas de Horácio Peixoto de Araújo, 1998, p. 389.

[2] Francisco Furtado, *Annua da China e de Cochimchina de 619*, ARSI, JS114, ff. 227v-228.

[3] João Fróes, *Annua da V. Provincia da China do anno de 1633*, BAJA, 49-V-11, ff. 72v-73.

[4] António de Gouveia, *Cartas Ânuas da China* (1636, 1643 a 1649), edição, introdução e notas de Horácio Peixoto de Araújo, p165.

[5] 颜维圣:《天主审判明证》,收[比]钟鸣旦、[荷]杜鼎克、[法]蒙曦编:《法国国家图书馆明清天主教文献》(第23册),台北:利氏学社,2009年,第208—212页。

足于口口相传,而是做文章记之传之。1637年时,距福州3里格某地,有个患天花的少年因梦见守护天使而痊愈,"少年的老师也是一名天主教徒,将这件事写下来在当地几个公共场所广泛张贴,广而告之"①。绛县有个文人Leāo,他的仆人,儿子生下6天就夭折了,按照习俗带往村外埋葬,路上遇见一个女子,问他去哪,他讲述了原委,女人非要看看孩子,他只好打开给孩子裹尸的布,发现死了多时的孩子竟然在动,女人让他赶紧抱回家去喂奶。仆人高高兴兴回家,遇见Leāo,讲了事情经过,Leāo查看了这起死回生的孩子,知道这孩子的命不久矣,赶紧为其施洗,刚刚洗完,孩子就带着被洗涤的灵魂安息主怀。"Leāo特意写了一篇文章,记述此事,颂扬天主对这个孩子的特恩,这篇文章在当地的流传很广。"②

除了奉教事例,还有其他一些信息在无法核实的情况下,作者引用道听途说。在明清战争正式爆发之后,阳玛诺根据一批1618年逃到澳门、充满恐惧的华商的说法,在致欧洲友人的信中写道:"鞑靼的马匹甚至也吃中国人,一万名明朝士兵组成的反击队伍瞬间就被击溃。"③此类风传信息,往往已数不清经过几手,失真度较大。但是,对于奉教案例,传教士通常是以之为线索,加以核实之后,写入年信,下文在讲述传教士对信息的审核时再讲。

亲见、亲历的消息是可信度最高的。年信中大部分事件,无论奉教事例,还是诸如战争、诉讼、社交、购置屋宇等世俗类事件都有传教士亲身参与的影子。年信作者尽量使用亲见、亲历的第一手材料。安文思撰写1659年华北年信,大致叙述了当年郑成功北伐

---

① João Monteiro, *Annua da Vice Província da China de 1637*, BAJA, 49‑V‑12, ff. 53v‑54.

② João Monteiro, *Annua da Vice Província da China do anno de 1637*, BAJA, 49‑V‑12, f. 306.

③ Manuel Dias Junior to Manuel Severim de Faria, Macau, 18 November 1618, BNL Mss. 29, no. 22. 转引自[美]柏里安著,陈玉芳译:《东游记》,第52页。

的战事,安文思说:"关于此战争的细节,我留给华南的年信来讲,因为只有亲见、亲历,才更值得相信,才有资格讲述、记录,通过邮差所获悉的消息,通常会增加或删减事实,因为它会受到记录者个人的喜好、想阿谀奉承某人等因素的影响。"①

或许是为了增加可信度的需要,年信作者在年信中也乐于强调其亲眼所见、亲身经历。比如,1613年南京的两个"有教育意义的事例":有个16岁的少年,开始学教义后,手掌中长出一个"十字架","神父、修士在洗礼中都见到了,此事记了下来"②。某文人教徒的房屋四邻起火,只有他的房子像孤岛一样安然无恙,"一名神父亲眼所见,更加确信这是天主对新教徒的护佑"③。何大化在撰写1647年年信时,记录明监国鲁王攻福州所造成的战争伤害,在两小段中连续用了6个"亲眼所见":

> 包围时间越来越长,饥荒日益严峻。很快,**我们看见**小孩子被父母煮了、烤了,**我用自己的眼睛见到**的是两个这样的小孩,有时,他们吃的是能找到的别人家的孩子。**我们看见**路上塞满尸体,再没有人埋葬它们或是将它们运到城外。在城墙的西门,**我们看见**一天焚烧的尸体超过100具。**我们看见**500多个妇女等候在刑场边,一旦行刑,她们就涌上前,接血而饮。她们用碎瓷片割被斩首者的肉,直到骨头剔得精光,她们就生吃割下来的人肉。如果刑场没有收获,她们就扑向街上躺着的无名尸首。这是平民百姓中常见的情况。贵族妇女则主要投井或者自缢。福州城内本来有102万人口,4个月

---

① Gabriel de Magalhães, *Annua das Residênciasdo Norte da Província da China anno de 1659*, BAJA, 49-V-14, f. 516v.

② Nicolao Longobardo, *Carta Annua da China 1613*, ARSI, JS113, f. 347v.

③ João da Costa, *Annua da Christandade da China do Anno de 1614*, ARSI, JS113, f. 377.

后,不足7万。

反清军队在城墙外两三里格的地方,清军攻出城外,将他们洗劫得一无所有。因为城外的战斗进行了很长时间,田没人种,因为农夫被杀了,农具被毁了。**据我亲眼所见**,在我从福州去连江的路上,这种景象绵延了7里格。①

对于无法亲见、没有亲历的事,通过当事人、知情者了解情况,也是一个比较可靠的信息获得渠道,此处的当事人、知情者专指提供教外情报的,上述教友、传道员等是奉教事例的当事人、知情者,主要提供教内情报。比如,清人京建政前,传教士是不能与满人合法联系的,而年信中有大量对满人的介绍,知情者的介绍是其中一个重要的信息源。1624年,李玛诺在北京巡视,"于是,我就有一些时间来了解关于鞑靼人和他们的战争的一些事情。举人孙元化的口述都是事实,他现任战事的顾问②,在前线效力了将近两年,在边疆筑台两座抗击鞑靼人,他了解那里的情况,他的叙述在我看来非常清晰,对我一些问题的回答很简洁,还讲了一些我不知道的其他事,他很了解,其讲述的环境有大量的细节,说明他融入得很好。他还是一名好的天主教徒,很严肃、很文雅,所以,我毫不怀疑他对我讲述的一切,他是像下面这样讲述的"③。孙元化向李玛诺讲述了鞑靼人的地理方位、人种、风俗、治理模式、明清战争起因及以后的发展等。清政府成为合法政权后,代善曾多次拜访汤若望,向汤若望述说他的民族以往时代的传说与历史④。甚至皇帝本人

---

① António de Gouveia, *Ânua da Vice Província da China nas Partes do Sul no Anno de 1647*, in *Cartas Ânuas da China (1636, 1643 a 1649)*, edição, introdução e notas de Horácio Peixoto de Araújo, pp. 353 – 354.
② 兵部司务。
③ Francisco Furtado, *Annua da Província da China de 1624*, BAJA, 49 – V – 7, f. 465v.
④ [德]魏特著,杨丙辰译:《汤若望传》(第1册),第171页。

也曾是传教士的消息源。毕方济与隆武私交甚好，1645年年信中记载的关于南明政权的形势，部分出自隆武在北伐前与毕方济的面谈，"皇帝立即将允神父进书房，用手扶起跪在地上行礼的神父，两人站着慢慢聊天，皇帝将关于时局的重要的事都向神父做了通报，不仅没有拿神父当外国人，而且还当成极信任的人"[①]。当然，免不了有人怀疑这次见面的真实性，认为传教士想以此来为自己的脸上"贴金"，这种怀疑可以通过是否能与中文史料互证、细究传教士面圣记录中的细节、分析当时耶稣会更倾向于同哪个政权交好的官方态度等方法验证，不过，这是信息源之外的另一个话题，但就信息源本身而言，隆武帝是一个顶级的信息源。当然，也有质量很差的知情者。1597年龙华民甫抵中国，就请了一位对自己的国家颇有浪漫主义情怀的中国教书先生教他中文。这位先生说的，龙华民一字不差地全盘接受了。不到一年，在他寄往欧洲的一封长信中，就充满了对中国局势过于天真的判断和不实际的赞扬：在这块土地上处处体现着美德，人们孜孜不倦地救济穷人，为医院捐款，帮助弱者；人们还盛赞一夫一妻制（龙华民没有注意到，在中国有相当多的人过的是一夫多妻制的生活）；他们检讨自身的品行，做忏悔、行斋戒、做冥想，如同"远古时期荒漠之中的神父"[②]。这是传教士初入中国时的故事，随着传教士对中国了解的深入，对信息的判断力也大大提高。

知情者、当事人除了提供知识类的静态信息，也提供关于某个事件的动态信息。1644年，谢贵禄、梅高神父在清兵抵达南昌前，躲藏进乡下一名秀才的家中。清兵在拉网式的屠村和抢劫中，找

[①] António de Gouveia, *Ânua da Vice Provincia da China nas Partes do Sul no Anno de 1645*, BAJA, 49-V-13, ff. 558v-559.

[②] ［美］邓恩著，余三乐、石蓉译：《一代巨人：明末耶稣会在中国的故事》，第108页。

到神父,梅高因为年富力强,立即就被砍了脑袋。谢贵禄则忍受酷刑,清军用烙铁烧遍其全身,向其索要钱财,最后将半死不活的神父弃之不顾,神父在无人照护的情况下苟延残喘了几日后死亡。教友及神父的仆人们躲了起来,待清军过后,才将神父的尸体收殓,葬在村里的山中,然后,前往南京、北京,将二位神父的死亡报告带去①。费赖之《明清间在华耶稣会士列传》中对梅、谢二神父的遇害经过叙述非常粗略:"梅高和谢贵禄神父和陆有基修士出城避难途中,在城郊被一伙土匪袭击,3人同时遇害。"②年信中的描述不仅细致,而且来自目击者的报告,更加可信。

有一类比较固定地向传教士提供信息的知情者、当事人是友教官员。他们未必是基督徒,但是乐于提供传教士感兴趣的信息。神父也乐于将友教官员作为"通讯员",与他们保持着通信联系。明代地方官员每三年一次进京朝觐、述职,逢辰、戌、丑、未岁进行,万历四十一年(1613)为癸丑年,是地方官进京述职的年份。许多地方官慕名往住院拜访,许多人在返回本省后继续与神父保持着书信联系③。当时,北京住院的神父正在编译《泰西水法》、制造水器,神父通过与这些友教官员的联系来了解水器在全国各地推广的情况④。

关系更密切的友教官员甚至成为传教士在政府中的"内线"。上述南京教案的信息战中,足见由"内线"织成的信息网的成色。高级"内线"如首辅叶向高,与北京住院的修士邱良厚往来频繁,经常通过邱良厚向神父们通报将会有什么事情发生⑤。据1621年年

---

① António de Gouveia, *Cartas Ânuas da China* (1636, 1643 a 1649), edição, introdução e notas de Horácio Peixoto de Araújo, p. 428.
② [法]费赖之著,梅乘骐、梅乘骏译:《明清间在华耶稣会士列传(1552—1773)》,第283页。
③ Nicolao Longobardo, *Carta Annua da China 1613*, ARSI, JS113, f339.
④ 详见本研究《年信中的科技史——以〈泰西水法〉成书过程为例》一节。
⑤ [美]邓恩著,余三乐、石蓉译:《一代巨人:明末耶稣会在中国的故事》,第194—195页。

信,叶向高还参与了以邀请神父作为军事顾问为名,使神父合法回归北京的策划。低级别的"内线"则如"书记员",1623年年信中,据李玛诺透露,当传教士们在焦急地等待天启皇帝批复请传教士译西洋历书的奏疏时,全靠一名与邱良厚修士相善的礼部书记员(escrivão)通报消息,奏疏转到哪一名官员的案头,该官员的倾向性及对策,都来自这名书记员。该书记员甚至还亲身参与来影响事件进程,礼科给事中在该奏疏上加了一条批注:"这个玛诺(即李玛诺)过去几年给国家带来了很多麻烦,因此,别再理他,驱之即可。"[①]书记员悄悄将写有这条批注的封面撤掉,呈进宫内[②]。上至内阁首辅,下至刀笔小吏,足见传教士的信息网编织之阔。

值得一提的是,信教宦官作为传教士的宫廷"内线",向传教士提供了许多在年信上见报的消息,足见传教士的信息网的触角之深。龙华民对从万历皇帝获得传教自由的恩准孜孜以求,可是,万历不肯见任何人,就连阁老们也见不到他。太监们向龙华民透露了万历不上朝的隐情:"在内宫完全过着伊壁鸠鲁式的生活[③],胖到动也动弹不得,脂肪还压迫了皇帝的嗓子,说话气短而且语词杂拌,很少有人能听懂他在说什么。"[④]龙华民将这个隐私写进1612年年信。当然,太监向传教士透露最多的,是关于皇帝、皇后的信仰生活的信息。例如,相比万历皇帝,太子朱常洛有更大的信教希望,"太监们说,他与道士们打成一片,在宫中供养了许多道士,他

---

① Francisco Furtado, *Annua da Província da China de 1624*, BAJA, 49-V-7, ff. 468v-469v.

② Francisco Furtado, *Annua da Província da China de 1624*, BAJA, 49-V-7, f. 484v.

③ 伊壁鸠鲁(Epicurus,公元前341—前270),古希腊哲学家,伊壁鸠鲁学派的创始人,他的学说主要宗旨就是要达到不受干扰的宁静状态,并要学会享乐。传说中该学派居住在他的住房和庭院内,与外部世界完全隔绝。

④ Nicolao Longobardo, *Carta Annua das Residências da China do Ano 1612*, ARSI, JS113, f. 216v.

有时也穿得像个道士,向魔鬼做祷告,然而,这个深深迷信于道教的太子,有望通过谬误达至真理"①。太监们还向神父汇报,崇祯对佛教不热心,甚至有些反感。崇祯还禁止太子呼求任何佛的名字,而是像他一样求"主"保佑②。1645 年时,庞天寿将一幅圣像送给隆武帝的皇后,皇后天天敬拜。"这是太监告诉毕方济的。不过,皇后是将天主与佛混在一起拜的。"③

以上是通过内容分析法、文本分析法,从年信中倒溯出的信息源,多元的信息源交织成传教士的信息网。有交往的地方就有信息交换发生,这张信息网也可以看作传教士的关系网,供研究传教士的社会交往的研究者参考。为了更直观的展示各信息源处在信息传递的第几手,以及它们各自主要提供哪方面的信息,制图如下(图3):

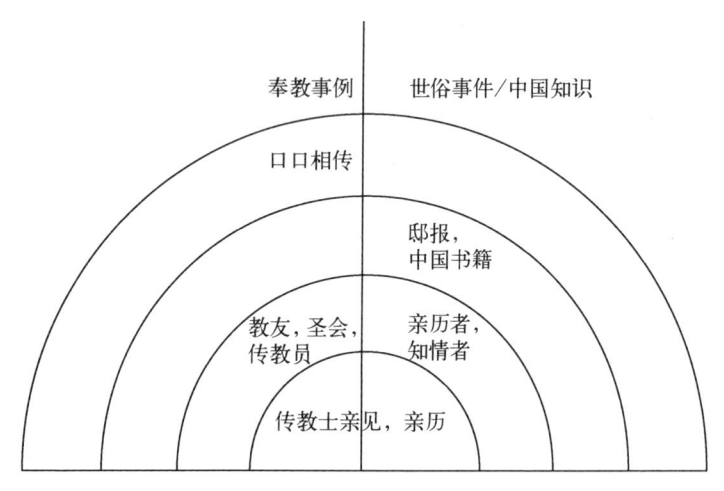

图 3 年信作者的信息源

① Nicolao Longobardo, *Carta Annua das Residências da China do Ano 1612*, ARSI, JS113, f. 217.
② Manoel Dias, *Carta Annua da China de 1635*, BAJA, 49 - Ⅴ - 11, f. 197v.
③ António de Gouveia, *Ânua da Vice Provincia da China nas Partes do Sul no Anno de 1645*, BAJA, 49 - Ⅴ - 13, f. 558v.

该图说明如下：① 按照所提供的信息内容分类，左侧"象限"是奉教事例，右侧"象限"是世俗事件、中国知识，这两个"象限"基本涵盖了年信的全部内容；② 从信息源的"远近"看，最靠近圆心的圆弧是一手信息，传教士是年信作者，其亲见、亲历的事件，当属第一手的。第二层圆弧是离事实最近的当事人、知情者，他们向年信作者提供的消息是二手信息。第三层圆弧中的邸报、中国书籍等，既有当事人直接著述而成的二手信息，也有转引、转述来的信息，所以放在该层。第四层圆弧中是口口相传或道听途说的信息，当置于最外层。需要指出的是，真实性固然与信息是经过几手传递后到达作者的密切相关，但不是"越近则越真"的正比例关系，比如，邸报可能较个体的信息提供者更可靠，而那些口口相传的奉教事例，传教士一般会进行审核、实地验证，使其可靠性大大地增加；③ 各信息源归于左侧"象限"，还是右侧"象限"，只是根据其主要提供哪一类信息，事实上每个信息源都不是只提供某类信息的"条线记者"，友教官员不是教徒，但也会提供与奉教有关的消息，比如韩爌因家族中的韩云、韩霖、韩霞信教，便与教务有更密切的关系。在各信息源中，只有传教士在两个"象限"中提供的信息可以等量齐观。

四、年信中的信息审核及对失实信息的纠正

罗耀拉对耶稣会通信的书写规范的所有要求可归结为两点：简洁性、真实性。简洁性在很大程度上又是为真实性服务的。罗耀拉欣赏的语言风格是语法正确、用词简单，这样就保证了叙述的可靠性与信仰的真实性。对真实性的追求或许可视为一种自我标榜，但至少中国年信的作者们一直在用这种标榜自我"提醒"。第一代中国使徒利玛窦称，他只想写下"那些他肯定的事情，若非亲

眼所见,便是从权威人士那里了解到的"①。在罗耀拉逝世整一百年后,1657年年信作者张玛诺仍然在谨遵罗耀拉的教诲,自我"标榜"说:"我不陈述事实之外的东西,因为我确信除了事实与质朴的叙事风格,年信不需任何其他内容。真实的,未经雕琢,就很美。即使在中国人中间,真实是稀缺的,他们更欣赏的也是矫饰更少的。这将是我写作该年信的风格。"②

为达致其所称的"真实",年信作者尽量使用第一手的信息,对于转述来的信息,则进行一定的核实,尤其"有教育意义的事例",如前所述,此类信息是年信四大目标之所系,是年信作者的重点关切。何大化在1645年华南年信的《福州住院》一章开始之前,先下一条按语:"我举两个事例,这两个事例都经过了严格的甄别,还有许多证据不确凿的,我就不再讲了。"③反之,1652—1654年年信作者张玛诺在叙述山西曲沃县Caò Cū(高村?)一名叫高斐理(Cao Felix)的教徒的事例时,只写了他是修建当地天主堂的主要出力者这个事迹,张玛诺提到该教徒身上还发生了一些与中魔有关的超自然事迹,但是"当地神父(金弥阁)对此存有疑问,不能肯定,就没在传教纪要中汇报"④。苏霖在真定府找到大量因拜偶像而附魔的事例,但他仅挑选了几例,"还有大量的例子就不举了,因为它们并未得到确证"⑤。

---

① [意]菲利浦·米尼尼著,王苏娜译:《利玛窦——凤凰阁》,第110—111页。
② Manoel Jorge, *Annua da Vice-Província da China de 1657*, BAJA, 49-V-14, f. 148.
③ António de Gouveia, *Ânua da Vice Provincia da China nas Partes do Sul no Anno de 1645*, BAJA, 49-V-13, f. 305v.
④ Manoel Jorge, *Annua da Vice-Provincia da China do ano de 1652*, BAJA, 49-IV-61, f. 216.
⑤ Joze Suares, *Annua do Colégio de Pekim desde o fim de Julho de 94 até o fim do mesmo de 97 e algumas outras Residências e Christandades da Missão de China*, BAJA, 49-V-22, f. 625.

年信作者核验事实有一些较常使用的技巧。比如,追问细节。1643年,福州泉州间的Ngàn Hién村,某教徒有一个8岁儿子,得了天花,眼看就不行了。他跪地向圣母祷告,儿子看见屋子中飞满了天使,遂愈。神父询问这个孩子天使什么样子,分别穿着哪几种颜色的衣服①。1697年4月,北京一名新受洗的教徒去找神父告解,"出现在神父面前时,脑袋完全被包裹着,显然,头上有几处伤。听告解神父推测是醉酒后受的伤,因为中国人在饮酒后常常会打架斗狠。这个教徒承认是喝酒引起的伤,不过不是这个品行优良的教徒饮酒,而是一名异教徒喝多了。这个异教徒不问情由就袭击教徒,火气还非常大,教徒仅仅试图自卫,最后终于从打斗中脱身,头已受伤。神父估计这个教徒不可能是完全无辜的,就用几个问题来审查他:当这个异教徒动手打你的时候,你有没有对他说难听的话(这种情形在中国人中极为普遍,因为任何一点儿细小的事或一言不合就大打出手)?你有没有因为生气而想教训他?或者说你没有想过要告官来为自己受到的这冤屈和侮辱而复仇?对这几个审查性的问题,这个好教徒坚定地回答,既没有对他说难听的话,也没有想教训他或复仇,自己所想只是尽快地摆脱他,因为当时在他心里扎根的理念是以坚定的耐心来对待一切(他的心遵从基督的律法,这律法教育他对各种侮辱宽容以待)。通过这件事情,圣洗之恩典在他的身上得到了强化。听告解神父最终也没在他身上找到一丁点儿愤怒,就宣告这教徒无罪,只是指出了他的几个小小的瑕疵。将这个教徒的事例在此作为教材,他的无敌的耐心可以使人深受教育"②。再如,勘查证据。1648年时,清军在福

---

  ① António de Gouveia, *Cartas Ânuas da China (1636, 1643 a 1649)*, edição, introdução e notas de Horácio Peixoto de Araújo, p. 165.
  ② Joze Suares, *Annua do Colégio de Pekim desde o fim de Julho de 94 até o fim do mesmo de 97 e algumas outras Rezidências e Christandades da Missão de China*, BAJA, 49-V-22, ff. 616-616v.

州府严查奸细,某个富裕基督徒被误抓,在牢狱中受尽酷刑,后来拿钱赎回性命,这名教徒很感谢天主的护佑,何大化告诉他,这应该是天主对他的惩罚,因为他平时的心思都用在赚钱上,疏于打理灵魂之事。何大化一边教育他,一边查验他的伤口①。还有一个事例发生在"南京教案"时期,钟鸣仁修士被捕后拒不交代为多少名妇女施洗,为此忍受酷刑,某女教徒得知后向天主祷告,期望自己也感同身受地遭受这种刑罚。某日,她在祈祷当中,仿佛被带到了沈㴶主持的公堂上,衙役将其团团围住,她拒不交代哪些妇女是教徒,衙役对其动刑,手指被夹,身上挨了鞭子,她清醒过来后,发现手上、身上果然伤痕累累,她认为这是天主的恩典,却为不能因此殉教而感惋惜。阳玛诺在查验了其伤口并将这个事例写进年信之后,为了稳妥起见,加了一句:"事情怎样发生,我们不得而知,但是,能确信的是她的手上和身体上的伤痕真的存在。"②又如,查找破绽。1637 年年信的《蒲州住院》一章,以一件"起死回生"的奇迹收尾:蒲州某村,一名天主教徒与一名异教徒住得很近,但是势不两立,后者总想陷害前者,想出了一条恶毒的计策:他的 3 岁女儿病了,就想杀了女儿嫁祸,先扭转女儿的脖子,怕她不死,又用石块砸头,"他对教徒的恨完全盖过了一名父亲对女儿应有的爱",她将女儿尸体抛进教徒家中,大叫教徒杀了他的女儿,众人过来帮他看住教徒,他跑去 1 里格外报官。教徒出来看见死婴,知道自己凶多吉少,按照规矩,最起码要抵命,但"他相信天主,他抱起女婴放在一张桌子上,这张桌子摆在圣像前,供奉着香。他深深地跪下,头、胸贴地,恳切祈祷天主救救孩子、救救自己。奇迹便发生了。他抬

---

① António de Gouveia, *Cartas Ânuas da China* (1636, 1643 a 1649), edição, introdução e notas de Horácio Peixoto de Araújo, p. 397.

② Manoel Dias junior, *Annua da Missão da China dos Annos de 616 e 617*, ARSI, JS114, ff. 49v - 50.

起头,看了一眼孩子,她竟活了! 他抑制着满心惊喜,赶紧再向天主叩首致谢"。下午,仇家气势汹汹地带着捕快来了,看见孩子活了,惊得一句话都说不出来。"这件奇迹传遍当地。教徒到教堂来再谢天主,讲述了这件事",孟儒望最终决定采纳这一条事例,是因为当事人"又当着几个人的面向副省会长讲述了这件事,前后一致",没有从中找出破绽①。

神父严谨的工作作风也影响到为神父提供信息的传道员。《耶稣会罗马档案馆明清天主教文献》中的《湖广圣迹》,记载了一个由传道员报告的圣迹,在报告前,传道员先做了一番调查,走访乡里:

> 顺德县紫坭乡,此乡韩族有一人,阖家奉教,父圣名方济各,大子若望,第三子雅可伯,其第二子向亦有心入教,但以外出故,未领洗。倐值外归,于七月初九日为欠钱粮事,偶遇县差到乡催粮被捉,与两原差同锁禁在伊祠。是晚一更时分,天上月傍现一大十字架,约有一丈方圆,其色是碃的,周围俱是蓝红二色镶边,约现一个时辰,始散不见,有两原差同见为证,其本乡海傍拆船栏亦有十余家人俱得见。次早,本乡多人遍讲,方济各与子若望尤不信,恐教外之人虚传,是以再三细审问其第二子,确确言之如此。又本乡所见得月傍十字者,人人凿凿言之如此也。罪人据韩若望来堂所言实实无虚,故赶报方大老爷台前。
>
> 沐恩罪人魏未多具禀。②

上文中的魏未多(Vito)可能是广东顺德县的传道员或圣会会

---

① João Monteiro, *Annua da Vice Província da China de 1637*, BAJA, 49-V-12, ff. 21-21v.
② 无名氏:《湖广圣迹》,收[比]钟鸣旦、[荷]杜鼎克主编:《耶稣会罗马档案馆明清天主教文献》(第12册),第437页。

长,而"方老爷"可能就是当时在福建、江西传教的方玛诺。

也有少部分教徒能谨慎对待所谓"神迹",使自己的理性保持不被激动淹没。1633年时,杨廷筠的女儿伊搦斯在梦中见到一个发光人影,使她感到慰藉,几个月的病也好了。遗憾的是,她既没有问这个人是谁,也没有问来者何意。众人都惊讶于病程逆转,但是无人知道原因。因为伊搦斯将原因掩盖了起来,他只对自己的告解神父讲了,请求神父别传出去,"因为她担心这奇梦中有风险,害怕是魔鬼幻化成光明天使而为"[1]。有时,甚至异教徒比教徒更易相信奇迹。杭州一名10—12岁的女童失明,父母日日祈求圣路济亚(Santa Luzia),请该圣女代向天主求情。某夜,女童看见两名异美的女子,一着红衣,一着黄衣。父母认为是梦,女童说这不是梦,而是亲眼所见,还说一名女子正在用扇子为她扇风。父母起床查看,女儿果然复明。作者伏若望在记载了这个事例之后,补充说明:"异教徒们认为这是神启、神视,绝不是梦,而教徒们知道,这不可信。"[2]

在诸多"有教徒意义的事例"中,称之为"神迹"或"圣迹"的超自然事件,往往最具争议。传教士是怎样处理的呢？可概括为严格审核、恰当表述。在认定时,凡是自然原因能解释的,就不被认定为超自然事件。南京教案时,在教徒中流传着一些圣梦、神视的故事。其中流传最广的一则发生在一名女信徒的身上。她的丈夫被捕,与钟鸣仁修士同受杖责,信教的公公担心她退缩,她表明了誓死捍卫圣教的决心,为了证明她的坚定,她讲述了这样一个故事:天主夜里来到她的面前,问她圣像放在哪了,她答,衙役在逮

---

[1] João Fróes, *Annua da V. Provincia da China do anno de 1633*, BAJA, 49-V-11, ff. 44v-45v.

[2] João Fróes, *Annua da V. Provincia da China do anno de 1633*, BAJA, 49-V-11, f. 45v.

捕丈夫的时候,将一幅圣像带走了,还有一幅被她藏在大柜子里,免遭劫难。天主表扬她做得好,让她不要害怕,尽管将藏起来的圣像挂出来,她的丈夫是为天主受苦,天主自会帮她。阳玛诺在讲完这个故事后,这样评论:"这个故事可能只是纯粹想象,或是这个女人的梦,她在日间必定想了许多事情,包括丈夫的生死和家庭的出路。她将此当作'神视',不仅使自己的家庭得到慰藉,其他教友也感到莫大的安慰。这个故事传播很快,使教友们的信仰更坚。"[1]再如,1621年时,高要县的一名教徒在家中为神父置备了舒适的居住条件和一个小礼拜堂。在小礼拜堂中讲弥撒的第一天,在念诵约翰福音的时候,附近一座偶像的庙突然垮塌,大家惊讶不已。傅汎际说:"垮塌原因很可能是建筑物的老化,但是,教徒将此当作显灵,这件事无疑使人相信福音中的话,魔鬼尊重和礼敬神圣,这是我们从其他故事中早就知道了的。"[2]

"恰当表述"是叙事方式上的技巧,在叙述时留有余地。比如1633年时,杭州一名刚领洗的未婚女子,去世的前几天,梦见一个着装鲜丽的少年,给她带来食物,因为她已连续数日不吃不喝。她坐起来进食,而她本来至少需要两个人帮忙才能在床上翻身。她就一直保持着坐姿直到被发现,家人对此惊讶不解,伏若望在记载这件事时,只肯定了事实部分:"不管她是否真见到了天使,她坐起来却是真的。"[3]这样,既回避了争议,又使这个故事得以传播,教化教众。

另一个文本处理上的技巧是,不对事件的真实性下论断,只是

---

[1] Manoel Dias junior, *Annua da Missão da China dos Annos de 616 e 617*, ARSI, JS114, ff. 37v - 38.

[2] Francisco Furtado, *Carta Annua da China de 1621*, BAJA, 49 - V - 5, f. 330v.

[3] João Fróes, *Annua da V. Provincia da China do anno de 1633*, BAJA, 49 - V - 11, ff. 46v - 47.

表达个人观点。比如，1615年，南京有个教徒临终时，喃喃自语，亲戚以为只是胡话，没有在意，教徒说自己神智清醒，在与两个中国学生打扮的俊俏小童讨论三位一体等奥义，因亲戚们对教义的了解甚少，就没追问细节。伏若望认为教徒的话可信，"不管是真正的显圣，还是病人想象出的，他在临死的状态下没有必要假装，也没必要骗人"①。这番表态体现了作者如何在传播这个事例的愿望与遵守真实性审核的规矩之间达成平衡，文本处理技巧是一个重要手段。伏若望采取了这样的处理方式，在伏若望身后，孟儒望也如此处理与伏若望有关的神迹。伏若望去世的当夜，某女教徒梦见伏若望与4个漂亮的小童，伏若望身穿讲弥撒时的法袍，劝诫该女教徒在德行上更进一步，4个小童自称天使，愉快地说：伏若望神父已去世，他的灵魂将进天国。女教徒惊醒后，让丈夫立即去教堂里核实，发现伏若望真的去世了。"她相信这不仅仅是一个普通的梦。"孟儒望评论道："伏若望的堪为楷模的一生，足以使我们相信这是真的。"②

请注意孟儒望在表述"这不仅仅是一个普通的梦"时，在这句话前面加了"她相信"，使其成为当事人的观点，这样报道者的立场立刻就变得客观了，在如实报道当事人的观点。诸如"她领悟到这是一个神迹"③"据其本人讲"④之类的插入语，在年信作者的叙事中非常常见，这样能达成的效果是，事件本身可被存疑，但是从神父的叙事方式中抓不到造假之举。

---

① Manoel Dias junior, *Annua da Missão da China do Anno de 1615*, ARSI, JS113, f. 409.
② João Monteiro, *Annua da Vice Província da China do anno de 1637*, BAJA, 49-V-12, f. 324v.
③ João Monteiro, *Annua da Vice Província da China do anno de 1637*, BAJA, 49-V-12, ff. 337v-338.
④ João Fróes, *Annua da V. Província da China do Anno de 1633*, BAJA, 49-V-11, f. 55v.

以下这个事例是耶稣会17世纪中国年信中最长的，里面充满了驱魔、神视、圣迹等各类超自然现象，在自然主义者看来这就是一幅魔幻的长卷，孟儒望凭借着高超的叙事技巧在一桩桩超自然事件中穿梭，将它们编织成一篇在逻辑上无懈可击的真实事件报告：

故事发生在1638年，距离西安府2里格的某村，方德望、杜奥定二神父为一个叫Marta的女教徒驱魔，魔鬼通过Marta之口说话，神父便与魔鬼对话，对话内容主要围绕批判佛教、宣扬天主教是真理展开。神父还问了魔鬼发生在当地的事，比如，为何当年大旱，魔鬼回答因为官员带着百姓去庙里求雨，天主想让百姓知道谁掌管着下雨。魔鬼还说城东的3条毒蛇咬死数人的事件是真的，天主想放出千条毒蛇惩罚罪人，幸亏圣母说情，天主才没放蛇等等。驱魔共进行了13天，神父还探问出魔鬼折磨Marta的方式：每日三次附体，每次2个魔鬼。早晨先有一批魔鬼附体，神父念好驱魔咒后，这些魔鬼去了地狱，下午又有魔鬼附体，接着就是神父念咒和魔鬼下地狱的循环，13天中共有32个魔鬼附体。魔鬼都赶跑了，Marta才恢复了神智，神父问她这些日子去哪了，她答，在天主、圣母和其主保圣人S. Marta的脚下。神父问她这几天看见了什么，她说许多天使在高处飞，全副武装，闪着光芒，手握金矛。二位神父确认Marta在做这番描述之前未见过天使像。Marta说还见识了魔鬼，黑人、狰狞，全身都是被天使刺出的伤口。每次神父念完驱魔咒后，天使都会抓住魔鬼，塞进下面的一个窄小的洞内。Marta还说，在受洗前，魔鬼三次想把她的灵魂拖入地狱，穿红的天主与穿蓝的圣母及时出现，命令魔鬼将灵魂还给Marta。在驱魔取得阶段性成功之后，神父暂回住院，Marta与魔鬼的斗争又出现了反复，大致情节与上述差不多，充满了与魔鬼的对话、神视、邻居家佛像的头莫名其妙被砍等情节。孟儒望用单独一章的篇幅来详述这个故事,尽管这些情节看起来都匪夷所思,但孟儒望在每一处有疑问的地方,都进行了求证。比如,Marta 一觉醒来脸上画满十字,家人问是谁画的,她答这是圣母恩典。大家都不相信,Marta 就对持怀疑态度的婆婆说:你认为是我画的吧,那你离我远点,看看你的手上是不是没十字,把手合上,打开,你再看看是不是有一个美丽的十字。婆婆照做,果然如此! 在讲述完这个有许多人见证,并有 30 多人因见证而皈依的这个 17 世纪耶稣会中国年信中最长的故事之后,孟儒望是这样收尾的:"以上每一件事,神父都一丝不苟地做了甄别,根据神父做这项工作所花费的功夫,以及从事实本身看,其中每一件事都是值得信任的,没有存疑之处。"①

孟儒望的讲述方式是完全客观而真实的,那些神视等超自然现象,是通过 Marta 的口转述的,他不需要对 Marta 是否真看见了负责,而只需对 Marta 是否真的这么讲的负责。至于神父与魔鬼的对话,在现实世界的人看来,就是神父与 Marta 的对话,当然,信徒可以理解为是魔鬼在借 Marta 的口说话。孟儒望的笔法是教内外读者都能够信服的。

以上主要讨论了年信作者对"有教育意义的事例"的真实性审核与叙事技巧,其中,叙事技巧体现的是年信作者想将更多在真实性上有疑问的"神迹"呈现给读者的灵活操作,以增益宣传的效果,即本章开篇所列举的年信的目标。真实性审核与叙事技巧从正反两方面表明了年信作者对真实性的重视与采取的行动,但结果并非总是与愿望、行动相一致,占年信 2/3 以上篇幅的"有教育意义的事例"仍然有许多存疑处。比如 1633 年新年时,绛州一名围观

---

① João Monteiro, *Annua da Vice Província da China do anno de 1637*, BAJA, 49-V-12, ff. 293-297.

佛事的基督徒受到天主惩罚,"被凌空悬吊 60 多厘米高。他说,只有教友们的祷告才能救他下来。果如众人所述,教友们赶到现场时,看见他还悬在空中。教友们在教堂中祷告的同时,他就掉下来了。事后,这名惊魂未定的教徒说,那些话是附体的魔鬼所说,自己完全不记得了"[1]。尽管伏若望说"这起神迹有众多的见证者,而且许多见证者因此而入教",可是,空悬半米多高是未目睹者难理解的。

对于世俗事件等,年信中并未特别提及是怎样审核的,或许因为年信中记载的世俗事件基本上是神父亲历、亲见的。但是,在年信中有对误报的世俗事件进行纠正的例子。此类情况不多,不足以总结出蕴含其中的年信信息纠错机制或规则,更适合用于对事件本身的个案研究,即年信为何会关注该事件,又是怎样记叙该事件,与其他文献记载有哪些同与不同,耶稣会对该事件的立场和观点是什么,为何在前期的报道中出现失实,更正失实信息对作者有多重要,等等。以下例子是安文思在 1658 年年信中对一个"小错误"的更正。

安文思首先回顾了 17 世纪 40 年代以来俄罗斯人屡犯黑龙江下游一带,最后,聚焦到当年的"尚坚乌黑[2]之战"。顺治十五年(1658),斯捷潘诺夫率领五百余名哥萨克,往松花江流域抢粮食、劫貂皮,清政府派宁古塔昂邦章京沙尔虎达(1599—1659)率军征剿,并派使臣赴朝鲜再请出兵助剿,朝鲜政府"差北道虞侯申浏为领将,率哨官 2 员,鸟铳手 200 名,及标下旗鼓手、火丁共 60 名,带三个月粮往待境上"[3],朝鲜将"俄罗斯"译为"罗禅",类似于当时

---

[1] João Fróes, *Annua da V. Província da China do Anno de 1633*, BAJA, 49-V-11, ff. 18v-19v.

[2] 地名,在今黑龙江省佳木斯市郊。

[3] 《通文馆志》卷九,纪年,孝宗九年。

清朝称呼为"罗刹",将这次出兵称为"罗禅征伐"。经过激战,联军打死和俘获哥萨克共270余人,击毙斯捷潘诺夫,并获甲仗、貂皮等物①。年信中的记载如下:

> (顺治)皇帝既是出于保护他的臣属,又是因为皮子、珍珠的利益被侵犯,这几年间,连续派了很多军队过去,既有步兵,又有骑兵,可是,他们总打败仗。因为莫斯科人都是退进木堡,再从堡里用枪、用炮攻击"鞑靼人、中国人"②、朝鲜人,后者被迫撤退,丢下死尸遍地,将重伤员抬走,却杀不死也抓不住哪怕一个莫斯科人。今年,即1658年,三千鞑靼骑兵前去与中国人的军队会师,骑兵是在许多步兵的护送下行军的,这些步兵是(顺治)皇帝从朝鲜王国召来的。在距木堡几里格时,他们发现150名莫斯科人,这些莫斯科人正在搜刮穷人或打劫当地人,他们突袭向前大开杀戒,这个非常容易,因为莫斯科人没有防备,也没注意,但是,仍然有几个莫斯科步兵向鞑靼人开枪,夺路而逃,逃回木堡之内。其余莫斯科人被鞑靼人包围,鞑靼人与他们对打,杀死他们,最终胜出。莫斯科人也使鞑靼人付出了高昂的代价,他们死得英勇。在死去的莫斯科人当中,鞑靼人找到了七个活口,每个身上都有五六处伤,鞑靼人将他们带回去,又为他们疗伤,带到北京,对他们的实力、勇猛赞不绝口,称他们是罗刹。

在松花江口会战的同期,沙皇使臣也刚离开北京,这两队俄国人被某些清军将官混淆了,安文思亦被误导。安文思这样记载被误导的过程及正确的信息:

---

① 刘民声、孟宪章、步平编:《17世纪沙俄侵略黑龙江流域史资料》,哈尔滨:黑龙江教育出版社,1992年,第120—152页。

② 在耶稣会中国年信中,"鞑靼",有时也作"东鞑靼",大都指的是满洲人;"中国人"主要指的是汉人。

在1656年,沙皇(鞑靼人称之为Oruz)派了使臣前来北京①,关于这个使节团的报告,我已经寄往印度和欧洲,提到了特使是怎样离开北京的,也提到了(顺治)皇帝如何,后来,就发生了鞑靼人与莫斯科人之间的这场冲突。鞑靼骑兵的一个将领在返回北京后,拜访了汤若望神父,他告诉神父说,他和他的士兵去追击这个使臣及其人马,在靠近对方边境的地方将他们擒获,杀死,并带回来几个活口。在当地教会中,两个鞑靼人也对我们说了同样的话,这两个人参与了这件事。因为他们是无知且喜欢信口开河的鞑靼人,估计他们所说的对方的土地是指木堡,他们将在木堡外发现的150名士兵,当成是陪着使臣同来的140人。我们相信了鞑靼人对我们所说的,我也是在寄往澳门和其他个人的信中这样写的,然而,这是错的,是个大错。因为使臣一直由(顺治)皇帝陪同,一直到阿布赉王国(Allaj)都平安无事。尽管该国是一支友好的鞑靼人,但是尚不臣属于(顺治)皇帝,阿布赉台吉为使臣派了人手,陪同他们直到阿斯特拉罕汗国(Atracan),该国是一支信奉基督教的鞑靼人,就与莫斯科人一样,因为莫斯科人占领了他们的国家。不久之后,使臣就抵达了俄国的国都,沙皇非常愤怒,他不愿意他的使臣屈就于鞑靼人和中国人的礼节、仪式,因为他不喜欢,就将这个使臣关押起来,他说,来年,亦即1660年,他将派更多的人、带着更大的礼,前往中国修正上次遣使中发生的问题,并巩固两个国家之间的友谊和商贸关系。

---

① 1656年,俄国向清国派出了第一个正式使节费奥多尔·伊萨科维奇·巴依科夫,3月3日抵达北京,因为礼节分歧,无功而返。9月4日,巴伊科夫离开北京,是由一位扎尔固齐、两名低级官员及三十名官兵护送到边界。1657年3月4日才到达阿布赉台吉,1658年7月19日返抵莫斯科。引自[俄]尼古拉·班特什-卡缅斯基编纂,中国人民大学俄语教研室译:《俄中两国外交文献汇编:1619—1792》,北京:商务印书馆,1982年。

接下来安文思讲述了通过走访俄罗斯人的翻译、被俘虏的哥萨克来复核信息的过程,当然,他也没有忘记传教士的本职,使哥萨克转投罗马教会。

今年,也就是1659年,我们是从一个摩尔人那里得知以上所述的,他为莫斯科人做翻译,与他们同来本教堂许多次,还陪同他们直到阿布赉国,在那国待了5个月后,来了几名莫斯科商人,告诉他上述的事情。为了核实这些道听途说,我尝试着直接去问被俘虏来北京的莫斯科人(尽管我与他们见过几次,因为缺少翻译,我没能与他们交谈),我设法弄清楚了这伙莫斯科俘虏共7人,一人死了,另一人叫弥额尔的得了重病。通过翻译,我们与弥额尔交谈,劝服他转投了神圣的罗马教会,他在告解之后,在虔信中去世,我们为他举行了天主教徒式的葬礼。其余莫斯科人深受教育,大哭不已,这是慰藉的泪,他们说在这异教的世界中寻到传教士和基督徒真是他们的万幸。他们说当他们被鞑靼人俘虏的时候,得到消息说他们的君主派了5 000名步兵来继续这(殖民)事业。这些莫斯科步兵估计已经到了,因为鞑靼皇帝发起了大规模的征兵令,包括征募水师,以从陆上、河上进攻莫斯科人。在京中的5个莫斯科人,鞑靼人待他们很好,大概是通过摩尔人与西鞑靼人,他们弄明白了这些莫斯科人是来自哪个国家的,原来来自俄罗斯(Oruz),不是罗刹,如果他们回去,正如他们所说,毫无疑问,会受到热烈的迎接,甚至他们的君主会撤军,这些军队给东鞑靼人带来很多灾难。我们也相信莫斯科并不知道,他们建造木堡的那几片土地是属于满汉皇帝的,如果他们知道,就不会派那个使臣前来,更不会打算再派新使臣。对于目前所知这些,东鞑靼人也已弄明白了,那殖民地和木堡中的人以及那个使臣属于同一个君主,来自同一个国家,如果早知道,就不会让那个使臣早早地返回莫斯科。①

安文思勤奋的信息核实工作至此为止,他最后得出的对中俄关系的乐观结论仍然未必正确,因为他能接触到的信息源都只掌握零散的、夹杂着个人理解的信息,势必只能像盲人摸象般片面,但是,安文思的努力被年信的每一个读者看见。他对山海关外这大片地区的报道兴趣,或许出于对开辟新牧地的责任感,或许也与维护其个人声誉有关,因为安文思在之前的多封书信中汇报了失实信息,从安文思生平的言行看,他是一个敏感而认真的人,所以,安文思的这次纠正失实信息之举,更多体现个体因素,加之这种"更正启事"在年信中并不多见,目前很难断定年信有纠错机制或不成文的规矩,而只能说偶有此类情况。

五、中国史籍与年信的对勘

以上分析了有利于年信真实性的条件,那么,这些条件能得出年信真实性比较高的结果吗? 下面就以中文史籍与年信相对勘的方法"检验"其真实性。需要说明的是,年信与中文史籍中相一致的事件,未必是真实的;与中文史籍不一致和中文史籍中不载的事件,未必是虚构的。因为中文史籍也不是事实本身。本研究将尽量使用可信度、权威性较高的中文史籍来与年信对照。年信中得到中文史籍验证的事件,可信度更高,不过作为"新史料"的价值也大打折扣。但是,这些得到中文史籍验证的事件,可为年信中其他未得到中文史籍验证和中文史籍所不载的事件做"背书",使之显

---

① Gabriel de Magalhães, *Annuas das Residências Do Norte da Vice-Província da China do Anno 1658*,49-V-14,ff. 234-236.

得更可信。

取自年信的用于对勘的事件有：发生在1618年的几场自然灾害；1621年中央政府中的几次人事调动、明与后金间的"辽沈之战"；1644年的"甲申之变"；天主教徒徐启元、张识的事迹。选择以上事件，既有随机性，又有代表性。从年份上，1618年年信是中国传教区升级为副教省之后的第一封年信，1644年是明清鼎革之年，1621年则是一个随机年份。从题材上，涉及自然、社会、战争、事变、教务、有教育意义的奉教案例等，基本能够涵盖年信中主要的报道题材，以下在讲到每一个事件时，将再详述该事件的代表性。此外，1618、1621、1644年年信的三个作者分别是阳玛诺、傅汎际、何大化，各不相同。

对勘的形式是在年信中相关事件的中文译文中加注，每一个能得到中文史籍验证的信息点都有一个脚注，注明中文史籍是怎样记载这件事的，这种形式能更好地保持年信原貌。若将年信中相关的信息点拎出来，与中文史籍放在表格中左右栏对照，可以更直观地展示相同之处，但不容易形成对年信的整体印象，也抓不住作者的行文思路——而这两项对于评估年信的可信度也有用，所以，本文采取前一种对勘的形式。

事件1：发生在1618年的几场自然灾害

1618年是"南京教案"发生后的第3年，中国传教区的教牧工作正处在开教以来最艰难的时刻，该年度年信作者在《中国世俗政权的局势》一章中特意列举了发生在中国境内，尤其是南北二京的系列灾异。历年年信中几乎都有关于中国灾情的零散记载，记载之目的是作为传教士的工作背景，展示其在人间苦厄中救赎灵魂的劳动，以及教友间的互爱互助等等。像1618年年信这样对灾害的大篇幅集中报道并不多见，作者认为这些灾害像"埃及十灾"一样，是天主在惩罚中国驱逐传教士的罪愆。译文如下：

对于拒绝其至神圣信仰的,天主施以繁苛惩罚,甚至摧毁它整个国,先例数见不鲜。由来如此,并将永远如此。我们悉心看护主的荣耀,就如以前一样。在这教难期间,主给了这个国这么多的、这么大的惩罚。现状验证了神的智慧关于末世的预言:磨尖盛怒有如利刃;整个世界都要跟随他来攻击愚顽的人。①

　　皇帝已对我们做出轻微裁决,要我们离开他的国土,两名驻南京的神父②随后被捕,大部分教产被褫夺。天主见我们缄默,便施以援手,以一些新神迹来震慑这片王土,又以各种方式来惩戒它。现行惩戒仍在继续,使它处在动荡不安之中,令所有或大部分人都感到害怕。

　　我们的牢狱之灾和被逐之前的神迹先不表,因为它们不属今年。我们就从发生在南京的神迹开始说。南京是教难开始的地方,迫害在这里展现出了最大的残酷和严峻,"埃及十灾"的一些惩罚便落在留都南京。天主降灾于埃及是不想让他的子民离开埃及,天主降灾于这座城市是因为朝廷令天主的传教士们在蔑视中不体面地离开,如在去年所述。

　　首先,南京省③很大部分被蝗灾"摧毁",蝗虫多得挨山塞海,遮天蔽日,在全域内流移,庄稼、树木、蔬菜或倒伏或被噬空,富人失财严重,穷人连必需品都失去了,为生存愁苦④。

　　蝗灾之后,鼠灾接踵而至,数目庞大的老鼠在南京城河的

---

① 年信此处原文系拉丁语:pugnabit pro illoorbisterrarum contra insensatos。引自《圣经·旧约·智慧篇》5:21。拉丁文《圣经》原文:acuet autemduramiram in lanceam et pugnabit cum illoorbisterrarum contra insensatos。
② 王丰肃、谢务禄。
③ 即南直隶,传教士文献中经常称其为南京省。
④ 《神宗显皇帝实录》卷五百四十七,万历四十四年七月二十四日:"常镇淮扬诸郡蝗、土鼠千万成群,夜衔尾渡江往南,络绎不绝,几一月方止。"《明实录》第 64 册,《神宗实录》第 10370 页。

对岸突然出现,流徙四方,恍如了无障堑,竟以互助方式粘连成片,越过长江,抵达城的另一边。众人惊恐万分,因为这景象实在是不寻常、超自然,如此弱小之动物竟能安然地渡江①。这条宽阔的江,流量甚大,而且水流湍急,世界范围内也极少能与之相较者,中国名川大江亦无出其右者,故此得名曰洋子江(yam̀ çù kiām),即"海之子"。

此番鼠灾所造成的损失,从其状况、规模,从以往的损失经验,或者参照天主安排的蝗灾过后所留下的,都很容易推断出来。惩戒总是那么相似,就像天主在他处、他时的降罪。

在北京,赤旱持续一年,多处地表裂开大而险的口子②。另有一些神迹,旨在让中国人好好想想,乃至做番哲学思考。一件发生于京畿地区的保定府,有一个两张嘴、额上三只眼的婴儿降生。另一件事更使皇帝恐慌,皇宫附近的河变成血色,更让皇帝惊恐的是,并非整条河皆染血色,只有最靠近皇宫的一段,大约接近半里长③。似乎天主在暗示,死与血不止应验在平民身上,恰如正在进行中的战事,亦会殃及皇帝本人。如以前所述,皇帝已经很害怕了。

在山东省,坊间盛传天见两龙,一白一蓝,互相缠斗。龙是这个国家的徽标,历算家(Mathematicos)④和占星师表示,

---

① 《神宗显皇帝实录》卷五百六十七,万历四十六年三月二十九日:"直隶巡按龙遇奇奏:应天鼠妖,方头短尾,渡江啮禾不绝,江北地震、天鸣、龙斗种种见告。"《明实录》第64册,《神宗实录》第10677页。
② 《神宗显皇帝实录》卷五百五十七,万历四十五年五月二十六日:"户部覆奏:畿辅旱情可危,乞赐蠲税以存子黎。"《明实录》第64册,《神宗实录》第10516页。
③ 《神宗显皇帝实录》卷五百六十八,万历四十六年四月二日:"自宣武门至正阳门外约三里余,河水尽赤,深红如溃血,经月乃止。"《明实录》第64册,《神宗实录》第10679页。
④ 这里指钦天监中的历官。

此异象是国内将起战祸之兆。

在山西省,有一怪人现身,黄衣绿帽,这番打扮迥异于中国风俗,手持一把羽扇,奔于路陌,以悲恐之音大呼曰:万历(Vánliě)(现任皇帝名字)不知治国,昏睡于宫日久,国之将亡,平民变饿殍,将士亡于阵。此谶传播甚广,引发民众恐慌,而怪人却消失了,官员严令缉拿,多方寻捕,终无所获。

在辽东省①,战火正燃,又降巨量天火,状如雷电,一座有铁门的塔解体,焚为红炭,在巨响中猛烈爆碎,瓦梁四散飞射,碎片在相距很远的多处找到。

还有一些异象,据皇帝的历算家之看法,则应验于在该省与鞑靼人之间的战争上。就在辽东省,一名妇女诞下了怪胎,额生犄角,四齿丑陋外露,貌似猿类。中国人对自己及自己的一切自视甚高,却喜欢以畜兽来附会外国人,常将两者名字连缀书写。这一畸胎事例表明,他们对于侵入该省并使他们陷入窘境的鞑靼人也持同样的观念②。

除了在特定地点出现的这些异象,还有全国性的灾异,使得整个帝国陷入莫大恐慌:双彗星扫过天空,在全国其他许多地方都能见到。我们可以认为,根据所见的这些发生的事情,天主是以此宣示将降刑于这个国。有整整三天,两日同出,先分后合,最后合二为一。那些历算家视之为上天在提示当下中国法律腐败,不清不明,不若以前;律令之行,不讲道、

---

① 辽东都司。耶稣会士在年信中以"省"称"辽东"。
② 《神宗显皇帝实录》卷五百七十,万历四十六年五月六日:"大学士方从哲言:今天心示警,灾异叠呈。如广宁民妇产猴;殷家堡两处樟杆发火;山西州县地震,压死五十余人;狂风毁坊拔木,摧折门楼,烈火焚宫,河水变赤,群鼠渡江,风霾昼晦,皆变异之大者。伏望皇上停榷税,录废弃,宥直臣,举热审,补阁部、科道等官,以匡国事;而又时勤临御,以整顿朝纲;大发帑金,以弘宣德泽,庶天变可回。时言官亓诗教等,亦以为言。俱不报。"《明实录》第64册,《神宗实录》第10732页。耶稣会中国年信的内容与《明实录》几可对读,由此推测,传教士很可能是通过阅读邸报上的奏疏而获得这些信息的。

不讲德,皇帝不如他的先祖。双日又应天道要求合二为一,兆示帝国将会自我修正,重现昔日和平繁荣。历算家在该例中之所以敢对皇帝畅所欲言,是因为天上这些征兆、异象和论断在古书中都有,对他们而言,照本宣科即是;皇帝也有同样的书,还给他们宣读多遍。若历算家们出于害怕或是其他原因,不照着书上说,反而招致责罚。①

上述灾异,大都可在《明实录》中得到印证,可证明耶稣会年信这方面的记载并非杜撰。阳玛诺在年信中列举南京教案后发生的这些灾异,旨在展示天主对中国迫害传教士的惩罚。但事实上,从《明实录》中不难发现,此类灾异事件的记载在各个时期都有,在南京教案之前亦很常见。而中国士大夫亦从超自然的角度解释灾异事件,将其归因于天罚,并规谏皇帝减税、勤政,以息神怒。据《神宗显皇帝实录》万历四十六年十月十七日:"大学士方从哲言:自三月狂风昼晦,火光烛天,嗣后猴妖豕怪,见于辽东;山西纯阳之月大雪,冻毙骡马,见于关内;至于祖陵之地,以是月而有天鸣地震之报;辽左八月同时而震者三,京师大内,咫尺天颜,而地震一见于秋初,再见于秋杪;未几白气现于东南,彗星出于氐宿;妖象怪征,层见叠出,夫岂偶然?除臣等奉职无状、痛自修省外,所望皇上大奋乾纲,亟修郊庙,临御储,讲实政,以与天下更始,立补阁部台省诸臣,举废宥懑,罢征停织,批发如流,将人心悦而天意得,太平万世之休祯,以一念转之而有余。时礼臣台省亦多以为言。"

事件 2:1621 年中央政府中的几次人事调动

1621年,"南京教案"后一波新的反对天主教的浪潮正在酝酿,一方面是辽东战乱造成的内迁流民为白莲教补充了力量,天主教受镇压白莲教的牵连,正如钟鸣旦的判断,"1620—1621 对山东

---

① 董少新,刘耿:《〈1618 年耶稣会中国年信〉译注并序》,第 138—139 页。

白莲教和叛乱者的镇压很快又重新点燃了南京教难的烈火"[1]。另一方面,随着魏忠贤的掌权以及与沈㴶"同里相善"的方从哲担任首辅,自 1620 年被免职归乡的沈㴶,于 1621 年进京任礼部尚书兼东阁大学士。在这紧要时刻,传教士在京中的主要靠山徐光启、李之藻却要双双离京。李之藻被动地调任广东,徐光启是因受排挤主动请辞。该年信作者傅汎际对徐光启请辞过程中与皇帝每一回合的奏疏往还之记载,都与中文史籍若合符节,而年信还提供了中文史籍所不载的徐、李二人在这场变动背后的宗教上的考量。傅汎际如此细致地关注徐光启、李之藻的人事变动,因为其与教务密切相关,而事实上傅汎际正是将这些内容放在该年年信的《中国的教会概况》一章,作为教务对待。

> 这年充满着美好的希望,但是,因为我们的敌人[2]的到来,使得我们没有达成成果。我从保禄进士[3]说起,他对该教会有大功,在我们历年的年信中都提到了他。(万历)皇帝任命他为战争练兵,保禄在这个岗位上干了几个月,发现备战所需要的经费短缺,便不再干这个为他招致了很多人嫉妒的职位;他向皇帝上疏,因为自己身体不好,请皇帝将更合适的人放在那个位子上[4]。皇帝将这一个请求批转给兵部,然而,兵部尚书回复,不应该将保禄从这个位置上调离,而是给他开支,没有经费,不仅保禄,任何人都做不成事。皇帝准奏。不几日后,出现一篇弹劾文章,针对某一阁老,顺带涉及了保禄

---

① Nicolas Standaert, *Yang Tingyun, Confucian and Christian in Late Ming China: His Life and Thought*, Leiden: Brill, 1988, p. 93.
② 指沈㴶。
③ 即徐光启。
④ 梁家勉原编,李天纲增补:《增补徐光启年谱》,朱维铮、李天纲主编:《徐光启全集》(第 10 册),上海:上海古籍出版社,2010 年,第 225—227 页。

的门生①。保禄抓住这个机会回到了京师,匿居于城外的一处庙宇中(就像官员们所习惯的)。他从那里第二次向皇帝请求准其回家养病,皇帝批复,就在京城治疗,康复之后再回原职。保禄立即回到了原岗位,但他以一种更容易得到皇帝批准他休致的方式来处理政务。因此,他将麾下所有兵士分成三等:最强健的,派往驻守与鞑靼接壤之地的军中;中等资质的派往重要性稍逊的其他要塞之中;弱的和无用于战争的,打发回家,发给盘缠,以免其在途中行窃②。做完这些之后,保禄回到北京,再向皇帝请辞,说他已经履职,完成了交给他的任务,目前他已无兵可练,所以,他想归乡③。对于这份请求,皇帝回答,假若已经完成任务,仍旧留在京中,保留同样官阶,以备需要时再效力④。保禄没有放弃其请求,再次请辞⑤,他的态度卑谦,也就没有那么令人生厌,最终,他达到了目的⑥。

---

① 这篇弹劾文章是山西参政徐如翰写的。徐如翰,浙江上虞人,万历二十九年(1601)进士。徐光启万历四十八年(1620)一月二十三日上疏略谓:"昨接邸报,见山西参政徐如翰论列时事,因及于臣。"梁家勉原编,李天纲增补:《增补徐光启年谱》,第232—240页。

② 指的是1620年末至1621年初的"简兵"工作。《熹宗哲皇帝实录》卷三,泰昌元年十一月七日:"前者练臣徐光启奏建置统驭之宜,臣部亦疏陈更番、赡家二事,该科谓通昌之练兵,宜汰其老弱无用者,选其习练精强者,付一大将统驭。兹参酌练臣与科臣之议,应于通昌见在七千余人,简汰老弱,尽使还家,大约留三四千人。"《明实录》第66册,《熹宗实录》第137页。亦参见徐光启泰昌元年(1620)十二月十一日《简兵将竣遘疾乞休疏》,收王重民辑校:《徐光启集》,第163页。

③ 参见徐光启《简兵事竣疏》(天启元年正月二十一日),收[明]徐光启撰,王重民辑校:《徐光启集》,第165—167页。

④ 《熹宗哲皇帝实录》卷六,天启元年二月二日:"管理练兵少詹事兼河南道御史徐光启奏报昌平练兵实数,……复称病求去,且辞御史兼衔,欲以原任坊衔致仕。得旨:徐光启练兵事竣,着以少詹事协理府事。"《明实录》第66册,《熹宗实录》第274页。

⑤ 参见梁家勉原编,李天纲增补:《增补徐光启年谱》,第243页。

⑥ 《熹宗哲皇帝实录》卷六,天启元年二月十一日:"少詹事徐光启以疾请告,许之。"《明实录》第66册,《熹宗实录》第290页。三月三日奉"准回籍调理"。参梁家勉原编,李天纲增补:《增补徐光启年谱》,第243页。

在保禄准备离京的时候，良进士①来找他（对良进士，通过年信我们已有充分了解，现在他已被召往一个好职位）。良对保禄的离去感触良深，因为他曾筹划和盼望两人在京中勠力推动教友会的事业。

保禄在他的一处庄园中住了数月，为致仕归乡做好了准备，这处园子离京城不是很远②。其间，他又来到京中，与良以及我们在城中的人讨论，怎样助力于他们所热心的福音传播。

皇帝安排给良的职责是为万历皇帝（现皇帝的祖父）的陵墓配以庄严隆重的丧葬礼和名号。完成这件事后，又为他在广东省指派了一个好职位③。我们在京中的人对良的这次赴任深感不安，因为担心失去这两个柱石后，就没有多少力量来抵御敌人，而这个敌人天天都有传闻将抵京，我们却不知道他将带着何种意图而来。

此时，辽阳城（辽东省城）的城门发生了我们上述的危机，因为这个原因，皇帝下令，任何人都不得出京，甚至被任命外放的官员也不可以，良因此就留在了京中。过了不久，负责公共工程——比如修城墙等——的部的尚书④，向皇帝陈述了良的才干及其所完成的分内之事，以此说明这样的人值得用。皇帝觉得很好，便在京中为良安排了一个好职位，除此之外，还让他负责制造兵器、马车及其他所有必需的战事器械，发往

---

① 即李之藻。
② 徐光启虽奉旨回籍，但他并未直接回到上海老家，离京后在天津暂住："准备回籍养病，三月下旬顷出都，恐途中医药未便，暂居天津调理。拟于六月四日前后就道。"参见梁家勉原编，李天纲增补：《增补徐光启年谱》，第244页。
③ 广东布政使司右参政，天启元年三月二十二日升任。
④ 时任工部尚书王佐（？—1622）。

辽东;皇帝还派给良监察城门防务的职责①。所有这些职责都是需要皇帝对其极大信任的。

保禄已做好了启程(回籍)的准备。此时,陆续有一些奏本呈给了皇上,陈说这个时候不应该让保禄这样的栋梁离京,其众所周知的谨慎和理智正是国家所亟需。皇帝立即令保禄来京②。因为出于谦逊、恭卑,也为了缓和政敌的嫉妒,保禄便迁延几日,据说,皇帝说了这样的话:"为什么这么拖拉呢,徐光启就在天津卫(Tiencinguei)(他当时正驻足的一处要塞)附近,速来京师,不得延误,我想用其才干。"③

保禄不能拒绝皇帝如此明确的意愿,他让自己的一部分人回乡,然后就进京了。在京中他受到了来自朋友们的热情接待,甚至来自政敌们的,既已如此,这些政敌在很多场合下也就装作服从时局。

于是,保禄和良在北京会合了,他们开始讨论怎样恢复在中国的耶稣会,及耶稣会在过去的自由,以使耶稣会可以传播福音。根据当时局面,他们不认为抓住国家所陷入其中的繁事及危险之机会是合时宜的,因为他们害怕人言如刀,会激发起对我们的反感,筹划这件事还不能暴露自己。良抓住了出现在其岗位上的一个机会。京中都在寻找有效力的武器,良写了份奏疏,进呈皇上。他首先摆出了国家迫在眼前的危机,

---

① 《熹宗哲皇帝实录》卷九,天启元年四月八日:"改新升广东布政使司右参政李之藻为光禄寺少卿管工部都水司郎中事。"《明实录》第 66 册,《熹宗实录》第 444—445 页;《熹宗哲皇帝实录》卷九,天启元年四月十五日:"命光禄寺少卿管工部郎中事李之藻调度十六门城楼军器。"《明实录》第 66 册,《熹宗实录》第 457 页。

② 参见梁家勉原编,李天纲增补:《增补徐光启年谱》,第 246 页。

③ 《熹宗哲皇帝实录》卷九,天启元年四月三日:"少詹事徐光启尚驻天津,即刻取回,以制火器、修敌台;自通州至山海关一带,某地应设城,某地应设堡,某地可埋伏,某地可结营,宜敕少詹事徐光启任相度之劳,立限回奏。"《明实录》第 66 册,《熹宗实录》第 425 页。

然后说，往年京中有一名外国文士（我认为他指的是利玛窦神父），他来是向今上的祖父万历皇帝进贡礼物，万历待之以礼，他活着时拨给他生活费，在他死后还赐墓地。良听这个外国文士提起过很多次，有种武器（我认为他指的是我们的大炮）可以以少搏多，给敌军造成巨大的伤害，能保多座城池、要塞无虞；但是，因为他是从其口中得知这些器物的，既不知怎么制作，亦不知怎样使用；而在广东有座滨海之城（我认为他指的是澳门），从那名外国文士的祖国来的商人在此间贸易，从他们那里可以获得这些武器；他们中还有一些人会使用这些武器，可以来教习中国人；这个不难做到，只要向利玛窦神父的同事寻求帮助即可，利神父的同事还有一些在国内的，皇帝只要批准就可以了，因为皇帝的权威很被澳门人看重。在陈述完这些，良又说："去年是由保禄负责练兵备战，他分别致信我与弥额尔进士①，请求我们派一些能工巧匠赴澳门寻找武器，我照他们要求做了。"良接着说："派了我的一名门生②，带着广东官员的命令抵达了澳门城，向葡人宣布了此行的目的。葡人对向自己提供这个服务国家的机会非常高兴，他们立即自出巨资造了四门大炮，还配备了四名炮手，展现出了为我国效力的极大意愿。但是，当我听说保禄已经去职，而我是应他的请求来责成广东做这件事的，我便匆匆停下，炮手回了澳门，大炮停在了江西省，等待朝廷出台新的命令。根据我所奏陈的这一切，若是新令出台，尤其是利玛窦神父的同事可以居间斡旋的话，或可期待那一些葡人的善意援手。"③

---

① 杨廷筠。
② 张焘，教名亦为弥额尔。
③ 可参考李之藻《制胜务须西铳，乞敕速取疏》，见［明］徐光启撰，王重民辑校：《徐光启集》，第179—181页。

良用词考究地去陈述这些事,就像其一如既往的上疏风格。皇上批复他道,兵部已经知悉,会立即给他答复。

兵部的人略微质疑了一下良的奏疏,因为外国人的名声在中国是强烈可憎与引发恐慌的,但是,一位大员解除了兵部尚书的疑惧。他回答道:良奏疏中所提之策,全都可以指望,召那些外国人携大炮而来是好主意,去找利玛窦神父的同事也是好的,通过他们,达成目的就简单了①。

事件3:明与后金间的"辽沈之战"

在中国年信的世俗事件类中,明清战争是体量最大的一个主题,战争持续期间,几乎历年年信中都有或多或少的相关报道。1621年年信报道的是辽沈之战,详述了后金军攻打辽阳城战役的经过,刻画了袁应泰、张铨的忠烈,后金设彀套取南方商人钱财的狡诈,及明廷的慌乱,言简意赅地点明了朝廷内斗严重影响了解决辽事的效率。战事经过与中文史籍的记载大同小异,年信的叙事特色在于关注了南方商人被欺骗这个小插曲,以及从前线到后方、从民间到朝廷、从明战到谍工等多"镜头"对战争的报道。

这场战争已持续经年,发生于中国人和相邻的鞑靼人之间。因为该国政府的大部分事务都围绕着这一无休止的战事开展,要找其他值得讲述的事,或新鲜事,或与之类似的事,是有难度的。

如同往年一样,是年战争中最漂亮的几场胜利属于鞑靼人。他们几乎征服了辽东全省,掳掠了极丰富的战利品。一

---

① 六月二十日兵部尚书崔景荣(1565—1631)上《制胜务须西铳,敬陈购募始末疏》,将徐光启、李之藻、张焘等此前购募西铳经过陈述,并谓"少詹事徐光启请建敌台,其法亦自西洋传来。一台之设,可当数万之兵。……实有灼见,急宜举行"。参见梁家勉原编,李天纲增补:《增补徐光启年谱》,第247页。

些人判断胜利者满足了，不会乘胜追击；然而，他们流露出另有所图，鞑靼国王要凭借这一系列胜利来称帝。据说，他在所攻取的诸城中的一座，建起一座王宫①，以供居住。从那儿起，接着又是一场大捷，发生在省城城门之下。这鼓舞着他，坐望更多更大的胜利，因为他不费吹灰之力就拿下了这座省城②。他派了一支7万人的部队来攻城，由他的几个儿子和一名优秀的中国将领统领。因为曾受到一些不公正的对待以及猜疑，这名中国将领投奔了鞑靼人。鞑靼国王对他非常重视，将一名女儿嫁给他，还让他与自己的儿子们在这场战役中共同担任将领③。这场战役四个小时就结束了，因为去年闹饥荒的鞑靼人，纷纷投奔了中国人，而中国人轻率地收留了他们并在战争中使用他们④；当他们看到鞑靼人的军队兵临城下，便忘记饥窘，拿起武器指向了中国人，杀死很多人后，由于害怕处境变得更糟，他们叛逃回了鞑靼阵营，或者还想特意当众向一名守将报受辱之仇——这名守将负责其中一座城门，他

---

① 天命五年(万历四十八年,1620)十月，后金的临时都城从界凡迁至萨尔浒，距辽、沈更进一步。参见孙文良、李治亭：《明清战争史略》，北京：中国人民大学出版社，2012年，第85页。

② 辽阳总辖辽东地区二十五卫，是明朝统治辽东乃至全东北的政治、经济、文化中心。这部分主要描述的是辽阳之战。1621年3月13日，沈阳已被后金攻破，19日中午，后金军进抵辽阳城，攻城之战发生在20日。孙文良、李治亭：《明清战争史略》，2012年，第90—93页。

③ 这里指1618年投降后金的明朝抚顺游击李永芳(？—1634)。努尔哈赤给予李永芳极高的礼遇，封之为总兵官，还将自己的亲孙女，七阿哥阿巴泰的女儿嫁给了李永芳。本《年信》说"将一名女儿嫁给他"或为误记。

④ 当时辽东的蒙古诸部和女真地区均闹饥荒，此处指蒙古人。辽东经略袁应泰(约1595—1621年)的"致命错误是决定用蒙古族成员补充辽东的明军，这些蒙古人是为了躲避饥荒和满洲人的进攻而逃到明朝边疆的。1621年春，这些蒙古人中有一部分在紧要关头叛逃。由于他们的帮助，后金军队在1621年5月4日占领了战略城市沈阳，几天以后又攻陷总部所在地辽阳。袁和几个官员宁愿自杀而不肯投降"。参见[美]牟复礼、[英]崔瑞德编，张书生等译：《剑桥中国明代史》(上卷)，第580页。

们打开了城门,放鞑靼人进城①。该城中本有十万人镇守,在入口处有三万名中国人战死,其余的人,或是逃了,或在激战平息之后活着离开了鞑靼人。至于鞑靼人,据说战死两万。这样,在这场四个小时的鏖战中,有五万人阵亡。

省城沦陷后,一些中国人闯入总督(V. Rey)②官邸想把他交给敌人,但他宁死不肯受辱,便自杀了。

还有另外一个类似的刚烈(他配得上该名)榜样,即那省的巡按(Vizitador)③,他被绑到鞑靼国王面前,无论恐吓或是带威胁的许诺,要他对努尔哈赤像对皇帝那样行礼,要他认鞑靼人为主人,又以那个鞑靼国王的女婿这个不忠的例子来劝服他,他都没有屈服。最终,鞑靼人敬佩他只服从和忠于自己的皇帝,就给了他安宁,也不再羞辱他,让他回自己的家和官署。他在家中,因为战事惨败而变得焦躁不安,便自杀了。他对自己下手比对敌人还狠。

为了不至于人去城空,鞑靼人发出了官方布告,说不会对任何人进行伤害、凌辱,以令休养、安居;布告还说,他只是顺从天意取回自己原先的土地及其属民,大家亦可以信任他、效力于他,所有人都剃发、易鞑靼服。

有这些话,城中居民感觉被俘虏的压力轻了些许,这样过了一些日子,富人开始感受到贪欲之渴。在该城中,有很多南方省份来的商人,财大气粗,鞑靼人是排斥他们的,或因他们

---

① 22日傍晚,混入辽阳城内的谍工放火骚扰,小西门的弹药起火,攻打西门的后金军队进入了辽阳城。孙文良、李治亭:《明清战争史略》,第93页。此处城门应为西门。

② 指袁应泰,在城东北的镇远楼上自缢而死。孙文良、李治亭:《明清战争史略》,第93页。

③ 指巡按御史张铨(1577—1621),山西沁水人,万历三十二年(1604)进士,与徐光启为同年。《明史》有传。

是异乡人，家在外省，不甘束手被俘，或因鞑靼觊觎其财。出于一个原因或以上两个原因的共同推动，鞑靼人命令城内南方省份的全部商人可以携财自由返乡、返家。可怜的商人们对于这道命令互相庆幸，并确定了全体离城的日子。但是当他们缓慢地行进了约四里格，入毂之时，遭到洗劫，在刀锋下，一个接一个地被押解回城，满是惊惧。

这些消息传至北京，与之同来的是巨大的恐惧。敌人已经在家门口，恃胜而骄。北京城门设了新的防备，禁止以面纱遮脸的任何人进出①。该城路多尘土，以纱遮面是种习俗，后来，那些不愿意被认出来的人觉得这是个好办法，便也使用面纱。

尽管这般小心、勤勉，北京城中仍然发现了一些鞑靼人的谍工。其中有名谍工，鞑靼付以厚酬，他经常将京中发生的事告诉鞑靼人。在他那里还找到寄给一些朝中官员（Mandarins de tribunaes）②的信，没写姓名，只列上了官职，等到良机出现，就用这些信来引诱。对这名被判决的人，刑罚很是残酷：用铁夹子将他的身体撕成了碎片，将他的一个儿子砍头，其余家人逮捕，尚在狱中听候处决③。这名谍工是中国人，所以，对他的处罚就这样。被发现的另外一些谍工，因为是鞑靼人，只被判了正常处死。

---

① 《熹宗哲皇帝实录》卷八，天启元年三月二十五日："辽东巡抚薛国用、总兵李光荣各飞报辽阳失守，京师戒严，诏廷臣集议方略。"《明实录》第 66 册，《熹宗实录》第 408 页。

② 这里很可能指的是言官。

③ 该处所述当指明朝兵部的提塘官刘保及其儿子的间谍活动及下场。据《熹宗哲皇帝实录》卷九，天启元年四月二十九日："磔刘保于市，并诛其子于翰。保父子就讯，各供吐，素与李永芳通好，每月传送邸报，逐月报银一百两；又时有书往来，密输情实，谋为不轨。巡视中城御史梁之栋以闻，拟坐谋反大逆之律。从之。"《明实录》第 66 册，《熹宗实录》第 483 页。

这些情况使得年轻的(天启)皇帝慌无头绪,据说很多次有人听到他在哭。他眼见这样一个强敌在京师门口,却无多少手段拒之。但他感触更深的还是朝中大员间的龃龉,妒忌之弊习在他们中很常见,不管是胜是败,其工作就是向皇帝上奏疏,一方攻击另一方,全然忘了国家正处险境之中。尽管这些奏疏是有用的,皇帝可以通过它们察觉朝中或地方官员们的施政之失,屡有奏效。但是,因为现在要将更多的时间放在迎击外敌上,而不是对内的惩错,皇帝就公开地命令停止相互间的言语攻讦,号召大家安静、和谐,将其全部思虑、目标转向保卫国家①。

事件4:"甲申之变"

1644年,李自成攻入大明首都北京,明朝作为全国统一政权灭亡,随后清军入关,史称"甲申之变"。这作为当时世界上最大的政治事件之一,影响力在欧洲持久回荡。1644年年信是最早报道该事件的西文文献之一,记载了李自成攻占北京,崇祯皇帝自缢,吴三桂引清军入山海关,清军乘机成为北京的主人并挥师南下,弘光政权在南京的建立及覆亡,史可法在扬州抗清,郑芝龙家族的势力,一直到隆武朝廷的组建。这些大事件,如李自成收买守北京城门的太监、崇祯帝的自缢经过等,在《明史纪事本末》《明季北略》《清世祖实录》等中国典籍中均有记载,但在具体细节上互有异同,需仔细比对。有个别内容为中国史籍中本就模糊的一些记载提供了新"说法",比如太子朱慈烺及督师扬州的史可法的下落,而李自成"大秦王"(Tá Cim Vâm)的称号,似为中国史籍所未载。至于耶

---

① 朝廷的会议竟闹得连打带骂的样子:"辽阳失守,京师戒严。召廷臣集议方略,越日议于后府。时言官气张甚,或攘袂诟詈,无复朝庙之容。诸大僚多缄口逊避,自催熊廷弼、张鹤鸣之外,无他策。"《熹宗哲皇帝实录》卷八,天启元年三月二十五日,《明实录》第66册,《熹宗实录》第408页。

稣会士毕方济之效力弘光皇帝、奉教太监庞天寿之受重用于南明等内容，均有补于中文史料。

动荡、惨祸在中华帝国中一浪高过一浪，最终终结了朱家的统治，其践祚凡 280 年，备极繁华，历十七帝。中国君主政权现在落入了鞑靼人的手中，由其掌管，鞑靼人的皇帝已经是南北两京（北京、南京）的主人。他们得到这一切竟然没付出什么代价，他们大喜过望，从来就没指望能这么快，能够这样完胜，运气能这么好。因为鞑靼人有这份野心已近 30 年了，他们数次侵入中国边界线内，烧杀抢掠了无以计数的中国人，然而，从未攻破北京，因为它有坚墙利炮，鞑靼人只是返回自己的地盘，去大吃、去享用从被他们劫掠的府、县、村镇带回去的丰盛战利品。然而今年，即 1644 年，出乎鞑靼皇帝自己意料的是，他成了偌大北京城的主人，这座大城竟然没有坚闭城门，亦未向他亮剑。

两个造反军的领袖，李、张正在北方的省份肆虐，每日都大肆地抢掠，队伍也便随之壮大，皇帝梦也日益膨胀。他们侵入河南、陕西、山西、湖广、四川诸省。在四川省，张献忠驻留下来称了帝，他还意图攻下广西，甚至广东，这一切都在他的行军路线和计划中。

李自成在陕西省垣西安府称帝，号大秦王（Tá Cim Vâm）①，随后，他便着手策划如何攻下北京。首先，是将数百名兵士安插进京城内，这些兵士乔装扮为商人，带着丰厚货财，用贿赂去腐蚀某些同乡官员的意志力，甚至还去拉拢太

---

① 李自成于崇祯十七年（1644）一月在西安称帝，国号"大顺"。根据读音，及陕西又名秦，暂译 Tá Cim Vâm 为"大秦王"，但未必准确。在中文史籍中尚未见到李自成有"大秦王"称号的记载。

监，因为城门都是由太监们把守①。一切都按计划顺利实施，神不知鬼不觉地达成了造反者的愿望。因为大秦王收到谍报说，北京城已解除警备②，他就带着一小队人马出发了，有人说这队兵士不超过六千人，有人说是三千。他们渡过黄河(Hoâm Hô)③，意即"黄色的河"，于中国阴历的三月十八日突然出现在北京城，叛变的内应们为他打开了一扇城门④，闻讯而来的援军被他们杀死，用了一个昼夜，他们轻松地成为城内这一切的主人。

崇祯皇帝眼见陷入绝境，无可挽回，先亲手杀死了一个未婚的公主，免得她落入反贼的手中⑤。他谋划着逃跑，但是从太监那里得知，已经逃不掉了⑥。便在几名太监伴随之下，来到宫苑内的一处小树林中。他让人取酒来，饮了几杯⑦，随即，咬破

---

① "贼自破中原，旋收秦、晋，久窥畿辅空虚，潜遣其党辇金钱毡罽，饰为大贾，列肆于都门。更遣奸党赇贽充衙门掾吏，专刺阴事，纤悉必知。都日中遣拨马探之，贼党即指示告贼，贼掠之入营，厚赇结之。"（清）谷应泰：《明史纪事本末·甲申之变》，北京：中华书局，1977年，第1378页。

② "始，贼欲侦京师虚实，往往阴遣人辇重货，贾贩都市，又令充部院诸掾吏，探刺机密。朝廷有谋议，数千里立驰报。及抵昌平，兵部发骑探贼，贼辄勾之降，无一还者。贼游骑至平则门，京师犹不知也。……京师久乏饷，乘陴者少，益以内侍。内侍专守城事，百司不敢问。"（清）张廷玉等撰：《明史·李自成传》，第7964页。

③ "二月，自成渡河。"（清）张廷玉等撰：《明史·李自成传》，第7964页。

④ "日暝，太监曹化淳启彰义门，贼尽入。"（清）张廷玉等撰：《明史·李自成传》，第7965页。

⑤ "上召公主至，年十五，叹曰：'尔何生我家！'左袖掩面，右挥刀断左臂，未殊死，手慄而止。"（清）谷应泰：《明史纪事本末·甲申之变》，第1382页。

⑥ 在处理完身后事之后，崇祯帝往来中南门、东华门、齐化门之间，到处奔窜，企图逃跑。"易靴出中南门。手持三眼枪，杂内竖数十人，皆骑而持斧，出东华门。内监守城，疑有内变，施矢石相向。时成国公朱纯臣守齐化门，因至其第，阍人辞焉，上太息而已。走安定门，门坚不可启，天且曙矣。帝御前殿，鸣钟集百官，无一至者。遂仍回南宫，登万岁山之寿皇亭自经。"（清）谷应泰：《明史纪事本末·甲申之变》，第1382页。

⑦ "上即同王承恩幸南宫，登万岁山，望烽火烛天，徘徊逾时。回乾清宫，祧书谕内阁：'命成国公朱纯臣提督内外诸军事，来辅东宫。'内臣持至阁。因命进酒，连沃数觥。"《明史纪事本末·甲申之变》，第1381—1382页。

手指，蘸着自己的血写了下面的话："为臣子的都不忠心，敷衍塞责，全都该死。百姓不该受到虐待。我丢掉了祖宗们传下来的江山，没有脸面去见他们。"①随后，他披散开头发，以发遮面，自行吊死在了一棵树上。在此之前，皇后得知女儿已被枭首之后，已先上吊自尽②。一名近亲将皇帝的遗体装进一口棺材，封好，在棺材前行了拜（paí）礼或是朝（chaô）礼，起身，就在棺材旁边，用自己的剑抹了自己的脖子。

新皇帝进到皇宫里，里面到处都是自杀者的尸体，他们或是投身深水池中③，**就像太子与自己的几个侍女一样**，或是自缢而死，**就像几位王妃一样**④。李自成下令去搜寻财宝，他已是这宫殿的主人，是全北京城的主人。他在京中又举行了一次登基仪式⑤。他下令京中的官员们报上自己的名字，因为他想继续留用他们。尽管许多官员用自刎、自缢、自溺表达了对先帝的爱戴和忠诚⑥，但是，大部分官员还是乖乖地向新皇帝报名，向这篡位的新皇帝表示臣服⑦。李自成拿着完整的名录，强迫他们缴纳巨额银两，根据各人先前的官阶和官位，

---

① "御书衣襟曰：'朕凉德藐躬，上干天咎，然皆诸臣误朕。朕死无面目见祖宗，自去冠冕，以发覆面。任贼分裂，无伤百姓一人。'"张廷玉等撰：《明史·崇祯本纪》，第335页。

② "皇后拊太子、二王恸甚，遣之出。后自经。"（清）谷应泰：《明史纪事本末·甲申之变》，第1382页。

③ "宫女魏氏投河，从者二百余人。"（清）张廷玉等撰：《明史·李自成传》，第7965页。

④ 此加粗内容，为抄本一所无，而见于抄本二（BAJA, 49-V-13, f. 521v.）。关于太子朱慈烺的下落，明清史料记载了多种不同的去向，但似无太子投水一说。

⑤ "二十九日丙戌僭帝号于武英殿。"（清）张廷玉等撰：《明史·李自成传》，第7967页。

⑥ "文臣自范景文、勋戚自刘文炳以下，殉节者四十余人。"（清）张廷玉等撰：《明史·李自成传》，第7965页。

⑦ "越三日己酉，昧爽，成国公朱纯臣、大学士魏藻德率文武百官入贺，皆素服坐殿前。"（清）张廷玉等撰：《明史·李自成传》，第7965页。

各有差等。那些交足了的,得以保命。那些没有钱的,或是不想给的,被酷刑折磨死。即使人已死了,其子女们仍然逃脱不了罚金,要么补缴,要么也死①。

就在此时,镇守一处关口②防鞑靼人入侵的一位中国将领,姓吴名三桂的总兵,想为崇祯皇帝报仇,想为他的父亲报仇。他的父亲也是一名将军,是守卫京师的一名高级将领③,也死于造反者手中④。吴三桂便与鞑靼人结盟,后者越过边境,为吴三桂助攻。鞑靼军队在鞑靼皇帝的亲自率领下入关,他们发现比预想的容易,来得正是时候。大军向北京城开拔,而篡位的新皇帝(李自成)发觉没有兵力以拒敌⑤,于是,在鞑靼人抵达前三天,就带着大量金银财宝撤出了北京。李自成恨当地人不欢迎自己,却邀请外国人入主,所以在撤出前,先对城民进行了一场大屠杀⑥。他退到了陕西,并在那里组建他的朝廷。

鞑靼人追击了李自成几里格,立即就返回了北京⑦。尽

---

① "其余勋戚、文武诸臣奎、纯臣、演、藻德等共八百余人,送宗敏等营中,拷掠责赃略,至灼肉折胫,备诸惨毒。……征诸勋戚大臣金,金足辄杀之。"(清) 张廷玉等撰:《明史·李自成传》,第 7966 页。

② 指山海关。

③ 吴三桂之父吴襄,1644 年死于农民军之手。"崇祯十七年正月,调襄入京,提督御营。"(清) 计六奇:《明季北略·吴三桂请兵始末》,北京:中华书局,1984 年,第 493 页。

④ 吴三桂向清兵乞师时,李自成是否已杀吴襄,中文史籍记载不一。据《明史》与《明史纪事本末》,李自成进北京后,活捉吴襄,"胁三桂父襄作书招三桂"。李自成在得到吴三桂拒降的消息后,决定发兵东征,且携吴襄出征,和吴三桂交战之后,认为吴襄已失去招降价值将其杀掉。但是《明季北略》的记载与传教士年信相同,即李自成从北京出发时就杀了吴襄,"初九丙寅,自成得书,大怒,即尽戮吴襄家口三十余人,下令亲征"。(清) 计六奇:《明季北略·吴三桂请兵始末》,第 495 页。

⑤ "贼初破京师,精锐不过数万,所至虚声胁下,未尝经大敌。既饱掠思归,闻边兵劲,无不寒心。"(清) 谷应泰:《明史纪事本末·李自成之乱》,第 1363 页。

⑥ "贼奔窜还京师,毁京城外民居数万间,并夷牛马墙,稍迟者杀之,凡数万人。"(清) 谷应泰:《明史纪事本末·李自成之乱》,第 1363 页。

⑦ "吴三桂追自成至保定,胜之。明日,追至定州,夺其驼马。又三日,及于真定,逐之出故关而止。"(清) 计六奇:《明季北略·吴三桂请兵始末》,第 497 页。

管北京城的百姓想做一些抵抗，但最终不得不向鞑靼人打开了城门①。后金国皇帝也在京城内进行了加冕。鞑靼人随即攻下了与北京相邻的山东、山西二省②，同样十分容易，凡遇抵抗之处，他们就会大肆杀人。

南都的官员们在得知北京被攻破和敌军近在咫尺的消息后，将一位王爷的世子拥立为皇帝。他是死去的崇祯帝的堂兄弟，当时正在"洋子江"以北的南京省淮安府。这位王爷是从河南省逃到此处的，造反军抢劫和摧毁了他的封地与家园，杀了他的父亲，其父是万历的儿子。他的状态非常糟糕，披麻戴孝。他拒绝当皇帝，因为他不想承担皇帝要做的那么多工作。但是，官员们强迫他挺身而出，他便进了南京，并在那里登基，年号弘光（Húm Quam），意为"大片明亮"。弘光帝立即就着手为前沿阵地上的城池配备大批兵力和将领，沿"洋子江"布防，凡是可能给鞑靼人以可乘之机的江岸，全部都有水师重兵把守；又任命了两名心腹担任阁老。他还想方设法取悦人民，给了百姓很多自由以及优抚。在短短几月内，就有许多官员来投奔他，为他效力。弘光将朝廷打理得井井有条，似乎保住南方省份不成问题，而南方是中华帝国最好的部分。

弘光帝统治了一年，百姓对他巴克与维纳斯式③的生活

---

① "五月二日，我大清兵入京师，下令安辑百姓，为帝后发丧，议谥号，遣将偕三桂追自成。"（清）张廷玉等撰：《明史·李自成传》，第 7967 页。

② 清军入关之后，潼关之战之前，已先取得山东、山西，因为"山东乃粮运之道，山西乃商贾之途"，把这两条道路打通，"财赋有出，国用不匮"。《清世祖实录》卷五（顺治元年五月至六月），北京：中华书局，2008 年，第 1550 页。

③ 巴克（Baco）是罗马神话中的酒神，维纳斯（Venus）是罗马神话中的爱神、美神，该处指代弘光帝纵酒享乐的生活方式。巴克对之于酒，维纳斯对之于美色，与中国史籍"弘光好酒喜内，日导以荒淫"的记载相合。参阅（清）张岱：《石匮书》卷四十八"马士英阮大铖列传"，上海：上海古籍出版社，第 3 册，2008 年，第 682 页。

作风不太满意,文人们则对卖官鬻爵心生厌恶,认为这有违一个中国良治政府的理念。鞑靼皇帝的一个叔叔①挥师向南京而来,先是攻克了"洋子江"北岸的一些城市,在这些城中展开大屠杀,尤其是在一座名叫扬州府的城市中,因为该城在史阁老的领导下,对鞑靼人进行了卓绝的抵抗,造成几百名鞑靼人阵亡。最终,城被攻破,阁老投了一口深井自尽②。在很多中国叛徒的帮助下,鞑靼人的水师浩浩荡荡地渡"洋子江",直奔南京而来。一名福建将军展开顽强抵抗,他有一百多名从澳门逃出来的黑人助阵,黑人全都携带火器,然而,南岸终于失守。敌人登岸,整装列队,行军二日,扑向南京。弘光帝可不敢坐以待毙,因为他对自己的人不太相信,带上满朝文武以及所有要员逃之夭夭,南京城内只剩下穷苦的当地人。鞑靼人进入了这座宏伟而著名的大城③。如果南京是在两千名欧洲人手中,那么,面对一支强敌仍然能坚守很多年,因为南京城的位置得天独厚,城墙也很坚固。

事件5:徐启元经历的医闹事件及张识的圣梦体验

徐启元(1603—1676)是崇明籍信教医生,洗名若望④。张识

---

① "(顺治二年二月)辛酉,谕定国大将军和硕豫亲王多铎曰:闻尔等破流贼于潼关,遂得西安,不胜嘉悦。初曾密谕尔等往取南京,今既攻破流寇,大业已成,可将彼处事宜,交与靖远大将军和硕英亲王等,尔等相机即遵前命,趋往南京。"《清世祖实录》卷一四(顺治二年二月),第1618页。

② 关于史可法的下落,中文史籍记载不一。该年信中的投井说是一个新的说法。

③ "大军于四月初五日,自归德府起行,沿途郡邑,俱已投顺。……十七日……至扬州城北,获船百余艘。是日,大军距扬州城二十里列营……二十五日……攻克扬州城,获其阁部史可法,斩于军前,其据逆命者并诛之。五月初五日,进至扬子江。时伪福王下镇海伯郑鸿逵以水师守瓜州……初六日,我军陈北岸。相拒三日。初八日晚……由运河潜至南岸……十五日,我军至南京。忻城伯赵之龙,率魏国公徐州爵、保国公朱国弼……并城内官民迎降。"《清世祖实录》卷十六(顺治二年五月),第1637—1638页。

④ 关于徐启元,详参董少新:《形神之间——早期西洋医学入华史稿》,第136—137页。

(1604—?)是明末福建著名天主教徒张庚(1570—?)①之子。1621年年信中记载了徐启元、张识的奉教事迹。徐的事迹属一般性事迹，张的事迹属带有神迹性质的圣梦类事迹。这两个事迹在中文书籍中均有记载。如前所述，某些奉教事迹在教友、传教士中间流传较广，所以，中国文人、年信作者可能不约而同地选择其中一些事迹为文以志之。但是，此类中西文的同题作文，与年信中的海量事例相比非常少。因为传教士与士大夫作文的目标取向不一样，传教士着力于以广泛的事例展现传教的成果和教化意义，收录了大量船夫、农夫、裁缝、瓦匠等底层劳动者的事迹，士大夫借助异迹将传主神圣化，有为个人立传之意，所以，只收录某些有地位之教徒的事迹。徐启元、张识二人与徐光启、杨廷筠、李之藻"三柱石"相比，算是次要教徒，他们的事迹在中西书籍中同时出现，但鲜为人知，所以，此处以徐、张二人的事迹为例。

年信中的徐启元的事例如下：

> 一个待人极亲切的医生，崇明(Çum Mim)岛人，他是岛上教友会的缔造者，是岛上的第一个传教者。他永不停歇地劝化人信教，因此，他为佛教徒们深深憎恨。终于，他们再也忍受不了这医生对佛像的不恭。由这个医生治疗的一名男童死了，他们抓住这个借口，将其怨恨发泄出来：他们闯进医生家里，打了医生一顿，还将他那很新奇的圣像柜砸烂，撕烂圣像，口出秽语，污蔑天主圣教，就像一帮全瞎的异教徒。这位有修养的医生耐心地忍受着，继续热心地规劝当地人进教，他给神父带来了十个待领洗的人。②

---

① 关于张庚，详参邱诗文：《张庚简谱》，《中国文哲研究通讯》2012 年第 22 卷第 2 期，第 125—140 页。

② Antônio de Gouvea, *Annua da V. Província do Sul na China de 1644*, BAJA, 49‑V‑13, f. 235v.

陆丕诚等著《奉天学徐启元行实小记》中也收录了这个事例：

> 昔年某有子抱病将危中，有人荐公，诊脉便知不起，因伊父母惨伤，勉强下药一剂，数日果亡。某瞰公良善，欲札公买棺，不遂，随造庸医杀人等事控县，公即卖差入诉，欲与审结，适值鼎革之期，未曾理明。①

从内容看，这应该是同一件事，但西文更关注圣像遭损毁的情况，及徐启元在折磨中表现出的耐心，还提到了使十人受洗的成果，寥寥几句，每句都是年信关注的点：敬拜、保护圣像得神恩佑，亵渎、损毁圣像被神降罪，是年信中常见的一类事件主题；"耐心"是年信中诸多"有教育意义的案例"中宣扬的教徒品性之一，有许许多多"耐心类"的事例；至于受洗人数，更是传教士热衷于汇报的劳动果实。中文则侧重于徐启元幸运地逃过一劫，将中国传统观点中的好人有好报，转化为天主护佑虔信者。

关于张识事例，年信记载如下：

> 今年发生在一名少年身上的神圣的归信事例也很引人注目。这名少年是福建省人，17岁，是一名举人（kiu gin）——我们称其为"学士"——的儿子。父子二人都听过几次我们圣教的布道，通过我们的书，已对天主之事有些好感，但还没达到让他们信教的程度。这名士人今年待在杭州，他的儿子病了，病得很重，几乎丧失了康复的希望，因为最后他连药都不能吃了。一日，我想是八月五日下午，少年坐在床头，任由想象驰骋。他感觉自己的灵魂沐浴在一道天光之中，他之前从未体验过。在这道光的照耀下他开始自言自语：幸亏天主施我这一场病，以惩我的过失，这一定不是小过失，因为我聆听

---

① （明）陆丕诚、沈湘成、周南宾：《奉天学徐启元行实小记》，收［比］钟鸣旦、［荷］杜鼎克、王仁芳编：《徐家汇藏书楼明清天主教文献续编》（第16册），第572页。

过天主的神圣教律，我到现在还没准备好接纳圣律、追随圣律，若听从那召唤我们的人就好了。他对天主诉说，请求原谅他的过失和生命中所有的罪，还向天主请求，再给几天生命，以便他可以展示自己的心意之真，这个心意就是在他的灵魂中追随、崇拜、服侍唯一的神——天主，我们的主。天主总是在从心里乞灵于他的人的身边，聆听这些人虔诚的乞求，从内里确保实现乞灵者之所求，而从外在的恩惠或许更大，这是通过如下的方式应验在这名年轻的病人身上的：在病床的帐幔上出现了一些用无形之手书写的字，字很大，病人从床上能很清楚地看到；在光与光轮的包围中，出现了两个或三个字，是用汉字写的，这些字组成了句子，又消失了；接着，又出现了另外两三个字，组成另一句话。这些字所传达的内容可简单地归结为三点：第一，天主在召唤他，选中了他来为自己服务，振奋起来、鼓起干劲，做这件事；第二，给了他坚定的希望，让他战胜在服务于天主过程中所遇到的困难，他将成为他这地方的人认识天主、服务天主的中介；第三，三年之后，天主将会给他一个大的恩典。病人在床上读完了这总共二十一字，他理解并领会了这道天光的含义，那么确切，那么清晰，像是在阅读一部书。①

"二十一字神迹"在《口铎日抄》②《张弥格尔遗迹》③等多种中文天主教书籍中都有记载。这二十一字是：愤勘、解虐、德邻、白

---

① Francisco Furtado, *Carta Annua da China de 1621*, BAJA, 49-V-5, ff324v-325.
② 艾儒略：《口铎日抄》卷一，收[比]钟鸣旦、[荷]杜鼎克主编：《耶稣会罗马档案馆明清天主教文献》（第7册），第43—45页。
③ 熊士旂、张赓：《张弥格尔遗迹》，收[比]钟鸣旦、[荷]杜鼎克、[法]蒙曦编：《法国国家图书馆明清天主教文献》（第12册），第417—437页。

乡、听简、健盟、百系亦脱、三年当受予。张识本人也曾做过一番解释。①

尽管"抽检"带有一定的局限性、偶然性，但是，在以中西文对勘的方法"检验"了年信中五类有代表性的事件后，我们对年信作为史料的"成色"应该是有信心的，它并不像某些批评者所批评的那么不堪，尤其是关于中国的世俗事件，并不是传教士的敏感话题和核心关切，而只是作为传教士的工作背景介绍，年信又以西文写作，读者在遥远的欧洲，既无动力又无必要造假。

总之，一个最简单的传播过程至少包括传者、受者、传播行为三个要素，本节从这三要素分析了年信对信息的传播为何可信度较高。其中，受者（读者）要素没有单独分析，因为它蕴含在年信的传播目标中，年信是以目标读者为导向制定传播策略的。年信的传播目标是判定年信可信度的一把钥匙，凡是无害于其传播目标的，可信度就较高，至少在主观上造假的嫌疑比较小。至于在客观上能否做到符合事实，在很大程度上取决于信息源。年信中的绝大部分信息都是传教士亲见、亲历的一手信息。我们不能将年信作者理解为在信尾署名的那一个人，署名者只是年信的总编撰者，他是根据各住院寄来的传教纪要来编辑年信，而传教纪要是由工

---

① 解释如下："识窃解曰：愤勘者勇于自讼；解虐者，识性素酷少恩，虐矣，可不解乎？德邻者有二解焉，孔子曰'德不孤必有邻'，识入此教必有慕道之朋群起而助我，此一解也，人生斯世，乡国天下皆属吾邻，甘苦与共，忧乐与俱，为吾主长施恩德于傜，此二解也；白乡者，自教之入华也，都省省共知有天主，知有天主爱人之慈，惟吾泉人闻而知者希，见而知者尤希，主今救吾大恩如是，其以白之吾乡，俾人人咸戴生成之惠；听简者斋心白意，惟帝所命，《书》曰简在帝心，其斯之谓与？健盟者，《易》曰'天行健，君子以自强不息'，《春秋传》曰'而不惟命是听者，有如此盟'，主既鉴吾愚诚，又虑渝变其志，是以每数字出，则健盟辄随之；百系亦脱者，富贵贫贱，人之受缚久矣，故不得壹意事主，如拘系然，识今奉主透破此关，安时处顺，哀乐不能入，即百系亦脱矣；三年当受予者，三年学不至于邪，主或长我慧智，增我力量，识也愚昧，曷敢当焉？"参见张识：《天主洪恩序》，收［比］钟鸣旦、［荷］杜鼎克、［法］蒙曦编《法国国家图书馆明清天主教文献》（第12册），第496—497页。

作在传教第一线的传教士撰写的,他们的活动范围、社交网络足够他们获得丰富的一手信息,毋庸提每一个传道员、每一个圣会的会长乃至每一名教徒都是传教士的通讯员。

年信作为一种史料的最大的弱点,与其说不真实,不如说不丰富。"由于耶稣会士的书信并无意编写历史,因而有关政治事件的资料就不会像史学家所希望的那么丰富和有系统。"[1]至于教会内幕,基本上不可能在年信中找到,年信中连正常的教务都很少讨论。年信中占大部分篇幅的是"有教育意义的事例"。这些事例展示的普通社会阶层的天主教信仰情况,是中文史籍所欠缺的。世俗事件虽然在单篇中占比不多,但是在17世纪百年的年信中,总量和覆盖面还是很可观的,最可贵的是这些事件在发生后不久就被传教士记录,正是记忆最鲜活的时候,另外,年信几乎每年都有,这个持续性的特征,便于对某个主题进行过程研究。年信的这两个特点是其他史籍较少具备的。

年信作为一种史料最受诟病的或许是其过于强烈的宣传色彩。尽管它报道出来的信息的真实性较高,但是它故意遮蔽的信息太多。虽然任何文献都不可能反映全部事实,然而,称得上客观、公正的文献的,还是会力求全面地记录事实,而非故意掩盖事实。若片面地报道事实也是一种失实,那么年信的真实性的确不高。但是,如果问题换成可以用某机关的机关报来研究历史吗,答案是肯定的。那么,用年信来研究历史也是可以的。要点在于掌握该文献的特点,多种文献互参、辩证使用。可是,难道不是任何一种史料都只是全部事实的一部分吗?难道不是任何一种史料都需要辩证地使用吗?

---

[1] [比]钟鸣旦著,香港圣神研究中心译:《杨廷筠——明末天主教儒者》,第94页。

上编小结

耶稣会不同于天主教其他修会的两个最主要特征是全球性和集权制。"全球使命"为耶稣会的组织结构带来强烈的外向张力,"中央集权"则要求坚定的向心力。通信是耶稣会总部保证对遍布全球的众多派出机构有效管理、政令通达的重要手段。耶稣会的通信系统发达、体制完备。

年信是耶稣会通信体系中一类独具特色的文件,其特色体现在通信频率稳定、有相对固定且全球一致的格式、教区内全体传教士参与写作、强调教化意义、包含丰富的住在地信息、宣传取向等等。

同时,耶稣会中国年信对耶稣会中国副教省的变动存在着较强的依附关系。中国副教省的变动、兴衰决定了中国年信在17世纪不同年份间的频率疏密、内容厚薄、话题取舍、兴起与终结等。因此,要在耶稣会与中国副教省双重背景下理解耶稣会中国副教省年信。

年信在中国制作完成后,通过邮路寄达欧洲,从而实现中西交流史上的一项重要交流。邮路分成中国国内、国际两段。国内段邮路主要是借用传教物资补给、转运路线,传教士的巡回传教路线,教内长官巡视路线等。国际段邮路就是大航海贸易路线。

本编对耶稣会17世纪年信中提到的中国内地行程进行了完全统计，得到一张传教士的中国交通网，并以统计词频为依据发现了邮路上的一些交通枢纽，包括广州、南雄、南昌、南京、绛州等，还复原了国内段邮路与国际段邮路的衔接，从而打通了中国的书信是怎样从最初的作者手中流转到阅信者手中的完整路线。

为了保证送达，每年度的年信制作多份副本通过不同航路运往欧洲，最后抵达欧洲的这些副本又历经变迁，存世的便是我们今日所看见的耶稣会年信文献。此外，18世纪葡萄牙发起的史料征集计划推动了澳门等地亚洲耶稣会文存的复制，这些抄件也被运往欧洲，也成为耶稣会亚洲文献的组成部分。本编着重讲了里斯本阿儒达图书馆所藏"耶稣会士在亚洲"系列文献的由来、流传，在与原件对比中对其史料价值做出评价。还对里斯本阿儒达图书馆、耶稣会罗马档案馆收藏的年信做了统计、表列，标明位置、出版情况等，以便学界查阅、利用。

耶稣会年信能否作为可靠的史料被利用，在学界存在较大的争议。本编重点分析了该问题，认为年信的可信度较高，但带有较大的片面性。

| 中编 |

17 世纪耶稣会中国年信与中国天主教史

中编引言

耶稣会年信的属性是教内文献,因此,年信对明清天主教史研究的价值是其首要的史料价值。

本编从人、事、物、话题四个方面来说明这种价值。这四方面在年信中是自然地联结在一起的,只是出于研究需要,将之分离提取出来。当然,还能提取更多方面,也可以有其他分类提取标准。话题与另三者不在同一分类标准当中,如果在一道找出不同项的选择题中,它是该选出的一项。但是,从年信的实际情况看,确实有最多的内容指向死亡、纳妾、斋素、守贞四个主题,而且这四个话题是中西方观念存在巨大差异的地方,是观念交锋的主战场,更能反映中西文化的碰撞、妥协与融合,所以,本编将话题单拎一章出来详析。

在本编其他部分的议题选择、谋篇布局上也以遵从年信实际情况为首要考虑。比如,关于王徵的存世中文文献比杨廷筠、李之藻都多,仅次于徐光启,王徵与徐、李、杨并称"四贤",更符合中文文献给人的印象,但是,在年信中,对王徵的报道量远低于徐、李、杨,甚至不及孙元化等,因此,本编在按照重要性对教徒进行分类时,将徐、李、杨"三柱石"归为最高等级,将王徵与孙元化、段衮、韩霖等归为同一等级。年信对王徵的刻画进行淡化处理,是教会对王徵纳妾的不良评价的体现,如果在分类中没有展现教会对王徵报道规格的降格处理,就损失了一个重要史实。为了更好地展示教会对王徵的态度转变,本编还详述了年信对王徵的报道量由大变小的过程。

本编在议题选择上的另一个原则是突出年信对明清天主教史研究的新意。对已获得充分研究的问题,重在说明年信对该问题的记载、态度有何不同;对目前研究得还不够充分,或未进入研究视野的问题,尽量完整地展示年信是怎样处理该问题的。

为了便于学界利用年信,本编还做了大量的编译、统计工作。在每一个议题后,选择一篇或几篇年信中最具代表性的章节,原汁原味译出。对散落在各年年信中的一些同类信息做了收集、整理,比如各住院历年新付洗的教徒数目。

第四章　传教史中的人

第一节　传者小传：神父、修士、相公

年信记录的是天主教传行中国史。传播行为中必有传者、受者双方。明末清初在中国传播天主教义的主要角色有三个：神父（padre），一般是欧洲人；修士（irmão），一般是澳门人；传道员（catequista），一般是中国内地人，常被教友称为"相公"。以上三个角色的职权是按照降序排列的。

神父、修士都是正式的耶稣会会士，区别在于发愿多少。前者要发服从、神贫、贞洁、服从教宗四愿，后者只发服从、神贫、贞洁三愿。修士可称为神父的教务、庶务助理。

耶稣会的员工共分四级：第一级是神父，又译"显愿会士"；第二级是修士，又译"辅理会士"；第三级是学生（estudante），又译"读书修士"，在经过充分教育后，便可正式加入，成为耶稣会士，至于成为显愿会士还是辅理会士，要依考核、才能而定；第四级是招募入会之后，尚未决定日后列入哪一级的[①]。因为第三、第四级不是

[①] 侯景文译：《耶稣会会宪》，第27—28页。

正式的耶稣会士，所以，在费赖之《在华耶稣会士列传及书目》、荣振华《在华耶稣会士列传及书目补编》等传教史书籍中，通常只见第一、第二级的记载。

年信中记载的在中国工作的耶稣会员工只有前三级。各级占比，即耶稣会中国副教省的人力资源结构，以1600—1650年每一年代抽取一年为例说明之：

1609年时，中国共有13名神父，8名修士；1613年时，15名神父，7名修士，10名学生；1624年时，18名神父，5名修士（1名欧籍，4名华籍），5名学生（3名澳门土生葡人，2名来自中国内地）；1635年时，24名神父（都是欧洲籍），4名修士（都是澳门籍）；1643年时，14名欧洲籍的神父，4名澳门籍的修士，4名学生；1654年时，18名神父，4名修士。

以上可见，神父与辅助人员在数量上呈"倒挂"状态，即神父的人数更多，辅助人员不够分配。因此，神父需要招募耶稣会编外的辅助人员，最主要就是传道员。

传道员不属于耶稣会成员，属于教徒阵营，义务或受雇辅助神父的传教工作，他们是教徒中的优秀分子，有一定的知识、活动、组织能力。随着教牧负担日重，17世纪末，在教徒中又发展出辅助传教工作的"第二阶层"（传道员被称为教徒中的"第一阶层"），"其同样服务于圣事，只是没有传道员的名衔，因为他们不具备宣讲圣教奥义的才能"[①]。

如前所述，传教主力是神父、修士、传道员。因为读书修士乃以学业为主，只在必要时分担一定的庶务。比如，1645年时，阳玛诺忙于著述和译书，忙得不可开交，"他带的学生加禄（Carlos）就

---

① Joze Suares, *Annua do Colégio de Pekim desde o fim de Julho de 94 até o fim do mesmo de 97 e algumas outras Rezidências e Christandades da Missão de China*, BAJA, 49-V-22, f. 600v.

起了很大的作用,这是一名中国学生,除了字写得好,还能动手处理杂事,代表神父迎来送往访客及慕道者,神父对这名学生的评价是有德、抗压、耐心、淳朴"①。年信在报道传教者事迹时,凸显度也是按神父、修士、传道员降序排列。

年信中有一项特色报道,可称之为"逝者小传"。对耶稣会重要或有贡献的人物去世后,当年年信中会为该人物写一篇生平小传,兼有其死亡时的情形和悼念情况。传主包括神父、修士、传道员和著名教徒。徐光启、李之藻、杨廷筠"三柱石"均有较长篇幅的人物传,可被视为一项哀荣。

这些小传对于丰富中国天主教史的人物谱系大有裨益,聊举两例:

徐复元是第一个中国籍的耶稣会士。据费赖之《在华耶稣会士列传及书目》:"关于徐复元修士的行实,除墓碑(在北京)铭文之外,我们别无所知。"②1640 年年信中,有一个徐复元小传。根据小传,徐复元生于 1593 年,1640 年 8 月 4 日在北京去世。为耶稣会服务 37 年,但是正式成为耶稣会士仅 4 个月。徐复元的原籍广州,10 岁时由神父收养。因为他的忠诚、可靠,徐复元为修会服务的一项重要内容,是每年从广州出发,由南到北奔波于各住院间,分发物资。出于对徐复元的信任,中国传教区全体神父的工资都由徐复元统一领取③。

又如,1629 年年信中,记载了一位名叫 Martim Brugencio 的神父,此神父不见于费赖之、荣振华书。因为他刚进入中国内地不

---

① António de Gouveia, *Ânua da Vice Província da China nas Partes do Sul no Anno de 1645*, BAJA, 49-V-13, f.550.
② [法]费赖之著,梅乘骐、梅乘骏译:《明清间在华耶稣会士列传(1552—1773)》,第 220 页。
③ Gabriel de Magalhães, *Annua da Vice Província da China do Ano de 1640*, ARSI, JS116a, ff. 119v-120.

久就去世了,没有留下活动记录,但他已在组织程序上完成了向中国教会的转会,属于耶稣会中国副教省的一员。关于该神父的简短记录如下,从中可以看见耶稣会对东方教徒事迹的宣传在西方产生的反响,吸引了该神父前往东方。而去日本不成,转往中国传教区的类似情况也有很多。

> 该(南昌)住院是第一个接收从澳门来的神父的住院,Martim Brugencio 神父于该住院中去世,他是今年刚进来的,在途中染上了一种伴有高热和疹子的病。他出生于佛兰德的 Duāo,享年 40 岁,在会 23 年,发过四愿,在墨西哥 14 年,广受欢迎,尤其很令西班牙人满意,西班牙人对其品端和文字评价很高。他在那里听闻殉道者的事迹,天主因为这些事迹而为我们在日本的神圣工作加冕,他升腾起了想获得天主这种特别的恩宠的愿望,他再三地请求,终于从您的那里获得这项使命。他在澳门待了一段时间,发现不能进入(日本),便决定前来这个国家(中国),毫无疑问,他的巨大热情和非常勤奋对于来中国非常重要,他在学习语言和文字中已展示了这种热情和勤奋。然而,天主另有安排,在我们很需要他和其他类似的成员时,天主将他从我们中间带走了,这留给了我们痛苦。但是,我们并不气馁,将我们的需求置于您的眼前,相信您会看在眼里,提供给我们所必需的①。

除了耶稣会士(神父、修士)之外,偶见年信也收录学生(estudante)的死亡报告。比如:1641—1642 年年信收录了一个名叫 Jerônimo Roiz 的学生的小传②。该学生是澳门籍,1636 年入

---

① Lazaro Catano, *Annua da Vice-Província da China 1629*, 49 - V - 8, f. 603.
② João Monteiro, *Annua da Vice Provincia da China do Anno de 1641 athe setembro 642*, ARSI, JS117, ff. 51v - 52.

华,在杭州住院学习完汉语之后,已经开始辅助神父工作,1640年8月23日病重,随后去世,归葬于神父、修士的墓地(杭州城外方井)。

诸小传中,神父小传最多、最详,对于明清时期入华神父研究,帮助很大。经过与费赖之书、荣振华书对比,书中人物的许多事迹都取材于年信,有的直引,有的转引,转引更多。作为素材库的年信,拥有这些人物更多、更完整的事实。

比如,逝者小传中有更准确的最后时刻。对邬若望的去世情况,包括死亡时间、地点,荣振华之《在华耶稣会士列传及书目补编》列出两种说法:1620年4月22日死于南京;1621年"圣周"(4月4日—11日)逝于南昌,葬于南京①。而据年信,邬若望在南昌病重期间,得到江西住院负责人罗如望的悉心照料,罗在邬好转后,指派一名修士照料,邬神父去世后,该修士向中国传教区负责人做了书面汇报。1620年年信中有邬若望的死亡报告,直接引用该修士的报告②。此外,1620年年信在介绍南昌王爷伯多禄(Pedro)的事迹时,还提到王爷亲自照顾病中的邬若望。从消息源看,年信中关于邬若望的死亡报告更可信。据此年信,邬若望于1620年复活主日后的礼拜三(4月22日)逝于南昌,由该修士扶柩北上,与林斐理神父合葬于南京。

再如,年信中有传主更多的生活化的细节。"龙华民神父出奇地爱干净,他的衣服、他的房间总是最干净的。他对食物的要求很简单,不寻常的克制,无论多少美味摆在桌上,他都吃离自己最近的,从没有抱怨过口味,他在饭桌上从来不加醋、盐、油等,以使食物更合口味。龙华民总和衣而睡,他夏天的床铺与冬天的床铺是

---

① [法]荣振华著,耿昇译:《在华耶稣会士列传及书目补编》,第688—689页。
② Francisco Furtado, *Annua da China do Anno de 1620*, ARSI, JS114, ff. 241v-242.

一样的,下面一层铺的,上面一层盖的。"①这或许是与龙华民共同生活的人回忆的。

因为逝者小传在逝世当年就发往了欧洲,可谓时间接近;写传的人,是同住院的会士或熟悉传主的人,可谓关系接近;采写的人,往往参与了逝者的救治、为逝者做临终圣事、主持葬礼,可谓位置接近。特别的是,此类小传感情色彩浓烈,因为在神父去世后不久,悲伤气氛还未消散,趁热打铁写出来的文字,永久地封存了彼时彼刻感情上、情绪上的温度,相比事后多年再动笔时的冷静、客观、权衡、过滤、矫饰等,前者更能使后世的读者体察作者对逝者的真情实感,而这份感觉是有助于理解、解释、纠察"史实"的。

为了便于读者利用年信中的逝者小传,兹将年信中的耶稣会士小传列成表格,注明位置,放入本节附录一中。

另外选译郭天爵神父、庞类思修士和杭州一个叫李保禄的传道员的逝者小传作为样本,分别作为本节附录二、三、四。选此三例的理由是:郭天爵的小传是神父小传中较特别的一份,它详细地记录了郭天爵的临终情形,有较详细的病症描述和治疗方法,兼对医疗史研究有用;庞类思是中葡混血,即"土生葡人",又曾经最有希望成为澳门第一个本土神父,对土生葡人群体研究和澳门天主教史研究都有价值,同时,该小传中突出刻画了庞类思在与父母亲情和舍身事天主之间的感情挣扎,还有庞类思是怎样从学生(第三级别)升为修士(第二级别)的,以及他在职业前景的选择上怎样与耶稣会上级协商,对于更真实地认识耶稣会也有帮助;李保禄小传是传道员小传中篇幅较长的,尽管与神父、修士的小传相比,非常单薄,但绝大多数传道员只有零散的事迹传世。

---

① Manoel Jorge, *Annua da Vice-Provincia da China do ano de 1652*, BAJA, 49-IV-61, ff. 209-209v.

除了逝者小传,历年年信对神父、修士等活动的记录,也颇具研究利用价值,可提高其活动记录的清晰度。例如,1644年是明清鼎革之年,何大化在当年的年信中汇报了各住院的人员在岗情况,译文如下。为使阅读流畅,将之与费赖之书、荣振华书相关记载对比,列于脚注当中。

在北京城,汤若望神父的声望正隆,他很受鞑靼皇帝的尊重;在山东的省城有龙华民、李方西二位神父;在山西省,有傅汎际神父,他是北方的副省会长,还有金弥阁神父、万密克①神父;在陕西省,有郭纳爵、方德旺、梅高②等神父。在南方诸省中:四川有利类斯、安文思神父;费奇观神父在广东的南雄府③;在江西省,谢贵禄神父与陆有基修士④住在省城中,南方的副省会长艾儒略神父也在江西省,在建昌府;在福建有何大化神父住省城中,聂伯多神父在泉州府,阳玛诺神父在建宁县;在南京省,只有贾宜睦神父⑤在常熟县,他收获了大批优秀教徒,毕方济本来也在南京堂区,因事前往澳门期间,鞑靼

---

① 据荣振华,万密克神父于1644年2—3月间逝于山西蒲州,参[法]荣振华著,耿昇译:《在华耶稣会士列传及书目补编》,第735页。据费赖之,万密克于1643年卒于蒲州,1645年的会士录记载当年万神父还在蒲州,参[法]费赖之著,梅乘骐、梅乘骏译:《明清间在华耶稣会士列传(1552—1773)》,第281—282页。据此年信,在此年信截稿之前,没有收到万密克的去世消息。
② 据荣振华《在华耶稣会士列传及书目补编》(第18页),梅高神父1640年或1644年在西安府。据此年信,可以确定梅高是1644年在西安府。
③ 据荣振华《在华耶稣会士列传及书目补编》(第222页),费奇观神父1630年在江西建昌,后到河南,1648年在广州。据此年信,费奇观1644年(或1645年)在南雄,可补充荣振华书。
④ 据荣振华《在华耶稣会士列传及书目补编》(第276页),陆有基助理修士1647—1648年在江西南昌府。据此年信,其在南昌府的时间可提前至1644年(或1645年)。
⑤ 据荣振华《在华耶稣会士列传及书目补编》(第291页),贾宜睦神父于1637年到达杭州,然后到达上海,1648年到达常熟。据此年信,贾宜睦到达常熟的时间可提前至1644年(或1645年)。

人打进来并占领了南京;上海这些年的教友繁庶,数目增长很快,这归因于教牧此间的潘国光①神父的勤劳、热忱,他被调往南京去接替毕方济神父,他是与一名戍守一座前线城市的将领一道出上海的,除了听说他与那位将官返回浙江之外,我没有关于神父的更多消息。浙江是那位将官的老家,因为目前浙江全省已由鞑靼人所占领,我们就更不知道潘国光神父的去向,可以推测,他深受上海教友的爱戴,他应该已想办法在其间安顿下来;在浙江的杭州,有卫匡国神父与费藏裕修士,还有一名学生。一名奉教的大太监,叫亚基楼(即庞天寿),以三省总督②的身份过杭州府,极力邀请卫匡国神父与其同去福建、广东,为此他还上疏于弘光帝。于是,卫匡国神父便上路了,费藏裕修士则留在堂中③。仅仅几个月后,政权又更迭了,太监亚基楼也失去了官差,这段时间,卫匡国神父不得不滞留在建宁府与延平的堂中,因为他已无法返回杭州,杭州已落入鞑靼人的控制④。

仅此一段,已使多位传教士的活动年表更为精细。

总之,在年信中有丰富的传教者信息,既以分散的形式存在于各年度,又集中地呈现在小传中。以传者中心论、受者中心论为本位看待年信,均失之于偏颇,传者、受者从体量上在年信中获得平衡报道。

---

① 据荣振华《在华耶稣会士列传及书目补编》(第 83 页),潘国光神父于 1647 年到达上海,每年为 2 000—4 000 人举行洗礼。据此年信,潘国光到达上海的时间可提前至 1644 年(或 1645 年)。

② "十一月壬子,使阉人庞天寿管两广珠池。"黄宗羲:《弘光实录钞》卷三。

③ 据荣振华《在华耶稣会士列传及书目补编》(第 221 页),费藏裕助理修士于 1648—1650 年间在杭州。据此年信,费藏裕在杭州的时间可提前至 1644 年(或 1645 年)。

④ Antônio de Gouvea, *Annua da V. Província do Sul na China de 1644*, BAJA, 49 - V - 13, ff. 523 - 523v.

本节附录

附录一 表7 年信中的耶稣会士小传统计

会士	小传在耶稣会年信中的位置
林斐理	João da Costa, *Annua da Christandade da China do Anno de 1614*, ARSI, JS113, ff. 379-380.
庞迪我	Manoel Dias junior, *Carta Annua da Missam da China do Anno de 1618*, BAJA, 49-V-5, f. 240.
邬若望	Francisco Furtado, *Annua da China do Anno de 1620*, ARSI, JS114, ff. 241v-242.
熊三拔	Francisco Furtado, *Annua da China do Anno de 1620*, ARSI, JS114, ff. 259-259v.
罗如望	Francisco Furtado, *Carta Annua da V. Província da China do Anno de 1623*, BAJA, 49-V-6, ff. 105v-106.
金尼阁	Rodrigo de Figueredo, *Annua da V. Província da China do Anno de 1628*, BAJA, 49-V-6, f. 599.
史惟贞	Rodrigo de Figueredo, *Annua da V. Província da China do Anno de 1628*, BAJA, 49-V-6, ff. 599-602.
Martim Brugencio	Lazaro Catano, *Annua da Vice-Província da China 1629*, 49-V-8, f. 603.
庞类思	Lazaro Cattaneo, *Annua da Vice-Província da China do Anno de 1630*, BAJA, 49-V-9, ff. 31v-35v.
邓玉函	Lazaro Cattaneo, *Annua da Vice-Província da China do Anno de 1630*, BAJA, 49-V-9, ff. 16-16v.

续 表

会士	小传在耶稣会年信中的位置
卢安德	João Fróes, *Annua da Vice Provincia da China do Anno de 1632*, BAJA, 49-V-10, ff. 124-124v.
游文辉	João Froes, *Annua da V. Provincia da China do anno de 1633*, BAJA, 49-V-11, ff. 50-51.
罗雅谷	João Monteiro, *Annua da Vice Província da China do anno de 1637*, BAJA, 49-V-12, ff. 282v-284.
伏若望	João Monteiro, *Annua da Vice Província da China do anno de 1637*, BAJA, 49-V-12, ff. 323-324v.
黎宁石	João Monteiro, *Annua da Vice Província da China do anno de 1639*, ARSI, JS121, ff. 291-291v.
高一志	Gabriel de Magalhães, *Annua da Vice Província da China do Ano de 1640*, ARSI, JS116a, ff. 129v-132v.
郭居静	Gabriel de Magalhães, *Annua da Vice Província da China do Ano de 1640*, ARSI, JS116a, ff. 153v-155.
邱良厚 徐复元	Gabriel de Magalhães, *Annua da Vice Província da China do Ano de 1640*, ARSI, JS116a, ff. 119-120.
徐日升（瑞士）	João Monteiro, *Annua da Vice Provincia da China do Anno de 1641 athe setembro 642*, ARSI, JS117, f. 51v.
费乐德	Francisco Turtado, *Annua das Províncias do norte da China do anno de 1642*, ARSI, JS122, ff. 174-178v.
杜奥定	Antônio de Gouvea, *Ânua da Missão da China da Vice-Província do Sul de 1643*, BAJA, 49-V-13, ff. 518v-520v.
艾儒略	Antônio de Gouvea, *Annua da Vice Província da China de 1649*, BAJA, 49-V-13, ff. 483v-484v.

续 表

会士	小传在耶稣会年信中的位置
谢贵禄 梅高 陆有基	António de Gouveia, *Annua da Vice Província da China de 1649*, BAJA, 49 - V - 13, ff. 488 - 488v.
毕方济	Pedro Canevari, *Carta Annua da China a 1651*, BAJA, 49 - IV - 61, ff. 104 - 104v.
费奇观	Pedro Canevari, *Carta Annua da China a 1651*, BAJA, 49 - IV - 61, ff. 104v - 105.
费藏裕	Pedro Canevari, *Carta Annua da China a 1651*, BAJA, 49 - IV - 61, f. 80. Manoel Jorge, *Annua da Vice-Província da China do ano de 1652*, BAJA, 49 - IV - 61, f. 206v.
傅汎际	Manoel Jorge, *Annua da Vice-Província da China do ano de 1652*, BAJA, 49 - IV - 61, ff. 206v - 207.
龙华民	Manoel Jorge, *Annua da Vice-Província da China do ano de 1652*, BAJA, 49 - IV - 61, ff. 206v - 210.
林公撒	Manoel Jorge, *Annua da Vice-Província da China de 1657*, BAJA, 49 - V - 14, ff. 162 - 163v.
方德望	Gabriel de Magalhães, *Annuas das Residências Do Norte da Vice-Província da China do Anno 1658*, 49 - V - 14, ff246 - 246v. ; ff. 247v - 248.
苏纳	Gabriel de Magalhães, *Annua das Residência do Norte da V. Província da China no Anno de 1660*, BAJA, 49 - V - 14, ff. 692v - 695v.
阳玛诺	Feliciano Pacheco, *Carta Annua Da Vice Província da China do Anno de 1660*, BAJA, 49 - V - 14, ff. 717v - 718v.

续　表

会士	小传在耶稣会年信中的位置
郭天爵	Joze Suares, *Annua do Colégio de Pekim desde o fim de Julho de 94 até o fim do mesmo de 97 e algumas outras Rezidências e Christandades da Missão de China*, BAJA, 49-V-22, ff. 620-623v.
殷铎泽	Joze Suares, *Annua do Colégio de Pekim desde o fim de Julho de 94 até o fim do mesmo de 97 e algumas outras Rezidências e Christandades da Missão de China*, BAJA, 49-V-22, ff. 639v-641.

附录二　郭天爵神父的临终报告

1694年5月5日，上午7时1刻，主将葡萄牙人郭天爵神父带走了，带往永生，去服侍主，享年44整岁。所有照料郭神父的人，都嫉妒郭神父的善终。逝前，郭神父忍受了四个半月病痛的折磨，更确切地说，是多种很痛苦的疾病。

在这段病程中，尽管病痛很深，郭神父展现出伟大的精神和品德，他遵从天主的意志而表现出的耐心和忍耐力堪称无与伦比的典范。他对于救赎灵魂的热情加速了自己的死亡。去年，他在京中养病，其主要症候是水肿，这病尚未痊愈，他就坚决要求出京料理该省教友，因为这些教友归他负责，大家没有理由建议他推迟外出的行期，他也一心想着尽快出发。上级们考虑到郭神父的这种急切心情确实与教友的实际需求有关，有些教友在生病后，面临着未受终敷礼就去世的危险，还有一些教友，冬季是脱离耕种的唯一农闲时节，是最适合将圣教的种子播撒在他们心田的时候，所以，上级们认为还是让郭神父外出传教更好，上级们的这个决定，还考虑到一定量的传教活动反而使郭神父的健康状况好转。郭神父在这次外出传教当中收获颇丰,新开辟了教友聚落,为900多人施洗。

在他出发后的头十五天里,身体情况大为好转,收获的成果与他的热情和精神成正比,从京城到真定府沿路的村子里,他走到哪,哪里的教徒就得到抚慰。随后,他在真定府短暂地休息了几天,他决定去探视周边的教友,教友数量很多,我们将在下文看到。因为体力不允许他骑马上路,教友们就用车子载着他从几座教堂到另几座教堂。

郭神父在这趟圣工中,以超出体能所允地劳动着,其时,天已入冬。突然,从北方来了一场暴风雪,冷到极点,持续二日,这寒冷的穿透力极强,以致这勤奋的神父以为自己快死了,他全身疼,正在当地某个教友家中。他不想给教友带来不便,只小住了几日,因为热敷和药力的作用,他看起来好了许多,加之天气转暖,他要重新上路,继续这使主荣愈显的事业,他爬上车,带着新蓄养的气力和活力返回了耕耘岗位。

没过多少日子,他的病情又反复了。他因疼痛晕厥,双腿几乎瘫痪,感觉非常不适,恶心反胃。这种情况以前也出现过,他只能努力多吃一点儿东西,加上教友们的祷告,缓解症状,这样挺有效的。

眼见自己陷入这般惨境,他不得不带着深深的遗憾第二次中止其巡回传教,在他将到的那几块地方,有大批人准备好了受洗,可是这些果实不能采摘。有多少不能采摘的果实,他的遗憾就有多大。最终,他返回了住院,教友们从四面八方赶来,每个教徒都带来了爱的问候,或是带着草药,或是带来能减轻病痛的任何东西。这次,仍然是以热敷加药物的办法对其施治。郭神父遂再次好转,也再次筹划着在某一日外出传教,他提前通知了相关村子,以使他们做好准备。我们的主又得到了他的服务,然而,病又犯了,而且犯得更凶,他不得不放弃他使徒般的志愿。

恰在此时,一封北京来信送到郭神父的手里,在这一封信中,上级很强烈地要求他无论如何都不能再继续外出传教了,而要退养,假如病又犯了,又没有神父照顾他和抚慰他,那么,就回北京。因为这封信的缘故,又受迫于情况紧急,郭神父返京了,他是躺在床上被肩抬回来的,行动极为困难,在漫长的旅途中几度生命垂危。

他最终抵达学院时已是极度虚弱,都认不出来了,只能通过声音辨识他是郭神父,他已几乎不能站立,从门房到居室的这一小段路,是在住院神父们的搀扶下才走进去的。

最初几天,他先休息,倾尽全力为他延聘各方名医,其中两位还是御医,这二人也是神父们的朋友,其中一人据说是该帝国的头号医生。他们多次前来问诊、用药,但是,没有达成预想中的效果。因为他身上的病不止一种:脾硬、肝堵、持续发烧、腹部巨大肿瘤,每走一步,神父们都担心他会窒息而亡,或者他不堪忍受疼痛的折磨。这些病症互相背反,药物能减轻一些症状却加重另一些症状。在经过长时间的合议之后,御医们已丧失信心,放弃尝试,他们认为没有一种药能去除这一系列病症,这些病症已在郭神父的身上根深蒂固。两名御医之后,又找来了其他形形色色的医生,他们用了各式各样的药,同样没能奏效,只是使这备受折磨的神父的顺从天命、逆来顺受和耐心等美德愈发突显,留下许多伟大事例。

最后,因为病情所迫,神父们不得不摸索着使用欧洲的药物。他们翻查群书,根据书中记载,根据病情紧急程度和现实的条件,使用药膏及其他类似的保守疗法。当时,他们又在京中找到一名澳门来的外科医生,名叫 Antonio da Sylva,他在其他类似情况之下,挽救过一些腹水患者的性命,他使用的是危险的激进疗法,打开腹腔,让腹水从伤口中流出来。

在请这名澳门医生之前，神父们进行了大量讨论，他们十分在意这手术的风险，然而，眼见除此之外他们已经没有求助对象，而郭神父的自然循环已几乎完全堵塞，从而引起更难捱的疼痛，加速将他推向死亡。征得郭神父本人的同意后，大家决定尝试这危险的也是最后一种治疗方案。刺血针将腹部划开四次，郭神父连"啊"一声都没有，甚至没有叹气。放出来的水有80磅重，因为在检查后，我们称了。病人腹中的水排出之后，神父们对他的生存抱有很大希望，因为他的恶心缓解许多，循环得以改善，人也有了一些气力。然而，这种疗法只是针对水肿，脾、肝依然受痼疾的困扰，并引起了病人持续高热，因此，那本来能够很好地缓解病人的痛苦和延长病人生命的排腹水疗法，已经不起作用。又过了约20天，病情开始恶化，瘦得看起来只剩下一层皮包着骨头，极度虚弱，雪上加霜的是，痢疾又来捣乱，并在八天之后终结了这遭罪的生命，送他去往那极快乐的永福。可以肯定地判断郭神父立即就享有了永福，因他早已做好了迎接这一刻的准备，这长达四个半月的苦难、病痛、罪罚就是在为通向永福做准备。

郭神父很理智地意识到自己命不久矣，立即就着手进行了一生的总告解，尽管他在其他时机也做过多次总告解。在这次病程中，他总共做了40多次总告解，按照规定，最少6次。此外，他还接受了3次终敷礼，每次之间也间隔了较长时间，因为有几次他看起来好转了许多，甚至有生还的希望。

在这极痛苦的顽症中，郭神父保持着清醒的理智，恶心、疼痛、难受都没能扰乱其心智，因此，在此期间，他的任何行为全都出于理性、信仰、品德，我们能够期待的最好状态也不过如此了。在郭神父善终前三天，恶心、昏迷以前所未有的强度猛烈袭来，他将所有照料他的神父叫到跟前，用微弱到断断续续的语句说：帮帮我吧，我的神父们，我的好友们，帮帮我吧。当神父们为他进行简短而热切的祷告时,他自己也在重复着,他很高兴,灵魂得到慰藉。在将近24小时内,他喋喋不休地说,口里呼唤着至圣的名字耶稣和玛利亚,一刻也没有停,并且不时重复着上述的话:帮帮我吧,我的神父们,我的好友们,帮帮我吧。

5月2日晚上7时,只剩下告解神父陪伴着郭神父。郭神父问:屋子里是不是有很多卡菲尔人(Cafres)?告解师答:一个也没有。又问郭神父:您何出此言呢?郭神父答:因为我看到几个卡菲尔人在我床边。告解师问:您是否想让我将他们赶走?郭神父答:是的。告解师去拿来圣水,洒在床上以及周围。郭神父说:他们已经跑了。

过了一小会儿,郭神父说:他们又从这边过来了,快把他们赶出去。告解师便再次喷洒圣水,整个小卧室都洒了。郭神父说:您坐下吧,因为他们都出去了。之后,郭神父再也没提这件事。他还在不停地说话,一直说到5月3日凌晨2时。

可以推测,这些邪灵想在郭神父的弥留之际去扰乱他,但是,他们狡猾而又聪明,知道郭神父仍有清醒的理智,灵魂也做好了去天堂的准备。这些从郭神父生病期间的英雄般的行为和意志力上可以看得出来,尤其是当他们看到郭神父虚弱到只剩最后一口气时,还在不间歇地呼唤着耶稣和玛利亚的至圣之名,与神的敌人作斗争。大概他们推测自己不能得逞,所以,就轻易地撤退,无功而返。

此时,优秀的郭神父自己也意识到,因为极度虚弱,自己神智已不稳定。不过,在涉及灵魂和救赎的问题时,他控制得很好,警觉着没有犯一点错误。5月3日上午,他请求神父们为自己进行临终祷告,神父们就为他祷告。最后,他又请求为他朗读与最后时刻相关的灵性课文,这个要求他在生病期间提过了好多次。顺从主的安排,忍耐无尽病痛,使他觉得灵魂非常放松。终于,5月3日下午从1时到2时之间,他的感官都关闭了,好像沉入梦中,对于外界环境的刺激和神父们为他重复了一遍又一遍的祈祷、呼唤不再做出反应。这种状态一直维持至5月5日7时1刻,他的灵魂脱离肉体,持续数月的病痛将他的肉体折磨成了一副骨架。

主的这位忠实仆人留给我们莫大思念,他集那么多的才华、品德、学识及各样的天赋于一身,凡是了解他的,都能举出他的许多优点。他的死亡得到那么多的护持,真是令人羡慕,还有他为了预备死亡而做了那么多的精心准备,也树立了伟大榜样。失去这样一位会友的哀痛,增进了神父们对神将降福的一致认同,他们擦干眼泪,对于主的仁慈更有信心,他们服务于主,主就以永福来厚赏他们,哪怕是最琐细的服务,也能得到恩典。郭神父的服务看起来也微不足道,他对拯救灵魂始终抱有爱和热切,当他仅仅听说果阿省的总督想要派一些人前往中国副省,以缓解传教士的人手短缺,便决定放弃在果阿省的优渥条件。他在果阿省已备受尊敬,同会的会友们敬佩他的品德,就连其他宗教的信徒和不信教的世俗人也都因其渊博的科学知识而尊崇他。

他的宗教精神、他的学识,吸引了各式各样的人在困难中向他寻求帮助,既有生活在人间地狱中的卑贱之民,又有全印度的地方长官、武将、王公贵胄,悦纳他、聆听他,他的大名在印度流传甚广。他下定了去中国的英雄般的决心,还意味着放弃校长的头衔,这可是果阿省最好的学院之一。他由一个发号施令的人变成了一个服从命令的人,由一个生活丰裕的人变成了一个穷困拮据的人,在中国的最初几年,他忍受的可谓赤贫,他还由一个良伴相随的人变成了孤军奋战的人,由悠闲的人变成了劳累的人,正是在劳累中,疾病缠上了他,死亡终结了他,而享受了他的使徒般侍奉的天主则为他加冕。[①]

---

① Joze Suares, *Annua do Colégio de Pekim desde o fim de Julho de 94 até o fim do mesmo de 97 e algumas outras Residências e Christandades da Missão de China*, BAJA, 49-V-22, ff. 620-623v.

附录三　庞类思修士的小传

庞类思(Luiz Gonsalves)[①]修士去往了天国,他是一名23岁的青年,孔武有力,性情温和,发耶稣会的学生愿才六七个月。他父亲是葡萄牙人,母亲生于澳门,他在澳门出生,并在那里学习拉丁语,他的拉丁语水平足够他听讲灵性事例。有了榜样,有了好的教义,加之他学到的东西,尤其是在一位勤奋而娴熟的神父(该神父负责管理圣母会,那所学校的学生服务于圣母会,经常参与其中)的帮助下,他的进步很大,无论是在谦逊方面,还是外在仪表方面,相较于其他人,他都是一个罕有的表率,以至于同学们通常都称他为"圣保禄神父"(耶稣会在东方的神父们的统称)[②]。他在爱德、施舍、苦修、德行方面,很有教育意义,也经常表现在如何对待穷人上,他去探望他们,还在澳门城的公共医院里服侍他们,尤其常去照看麻风病人,因为这个病的特性,要花去病人的大半家财,因此,当他探望麻风病人回家,常常半裸,他将能留下的都留给了病人,他希望看到病人体面地遮体。

他在做了这些善工之后,便去了主那里,主召唤他,达至至善,至善正是他想在耶稣会内所播扬的,他进入这个国家也正是为此。

他是独子,父母很宠爱他,对他爱有多深,就期望他有多么好。他离成为神父只有一步之遥,这可是所有幸福的顶点,是所有快乐的极致,因为他的善良、虔诚,澳门城的居民们盼望着努力着从土生葡人[③]中出一位神父。庞类思修士的父母也具备这样的善良、虔诚,也感觉到了儿子身上承载的这些愿望,也从中感受到特别的

---

① 关于庞类思的简略事迹,可以参阅[法]费赖之著,梅乘骐、梅乘骏译:《明清间在华耶稣会士列传(1552—1773)》,第193页;[法]荣振华著,耿昇译:《在华耶稣会士列传及书目补编》,第281页—282页。
② 因为圣保禄宗徒是"外邦人传福音的先锋"。
③ 像庞类思这样的由葡人和澳门人生下的孩子被称为"澳门之子"(Filho de Macau),有的译为"土生葡人""澳门子嗣"。

安慰，尽管忍着涟涟泪水，揪心的痛，及天伦之爱的种种表现——天主的爱才是最大的爱——出于好心好意，他们还是将庞类思送到了这个传教团中，让其服务于传教团，他的父亲甚至陪伴着他亲自将他送来，随他一起交给我们的就像是两颗心。他是那么干劲十足、那么慷慨，在其后的日常生活、服务和对各种岗位的效命中，都体现着他们这种干劲、慷慨，这些都是为了我们身在其中的耶稣会的利益、好处。

庞类思修士当初没有被立即接受进入初学修士的初修期，而是学习了一段时间当地的语言、文字，他以外来学生（estudante de fora）的身份与我们生活、交往，在这里我们称这类人为"外来学生"。然而，他来到时，已经对于各种灵修之事非常了解，驾轻就熟，甚至包括宗教仪式、心灵修炼、苦修、告解和谦卑礼等，他不仅不像初修士，反而像一个完美的宗教人士。因此，这段时间，当该住院的神父谈起庞类思的事情时，总这样说：我还没有见到，也不知道澳门（澳门是庞类思修士的老家）有何圣人，然而，要说将来会有的话，毫无疑问，他将是第一个。

在这期间，特别要提的是他对神父们的爱、忠、敬、礼，这些不仅是神父们认为他应该做的，而且是神父们希望他能做到的。但是，他所做的，远远超出了神父们要求他做的，因为他将自己放在全住院中最低最卑的位置上干事、服务，他在住院内是这样做的，他说，如果神父们同意他，当着外人的面，在街上和在外人的家里也这样做，那就好了。对待仆童、仆人，也是如此。那段时间，庞类思修士所在的地方有个小童生病，这个小童几个月前刚刚买来，还未进教，他对这个小童的服侍是那么勤快、有爱、吃苦，许多天内，每次小童要大小便，他总是将小童抬起来架在自己的臂弯内。在同一座住院，还有一个学生与庞类思交往，这个学生比他年小，给了他许多磨练其耐心和展示其谦卑的机会，在这学生面前，有很多次,他跪下来,请求原谅,只要这个学生表现出一点儿生气或是不悦,他就这样,在他看来,如果有错的话,过错一定不在对方。

他在自己父母家中养大,他的父母并不贫穷,非常富足,非常安逸,而我们在这个国家的住院非常贫困,尤其在吃方面,备受匮乏,无论量上,还是质上,能找到的,都逊许多。但是他的劲头总是很足,非常乐观,在很大程度上缓解了我们所感到的痛苦、可怜,这使创业阶段更好过些,使他的这个新选择不会那么痛苦。

他从家乡带来很多玩物和新奇的物什,有用于圣事的,比如香、巾等等,他带这些东西是赠送给朋友们的,但是,这样分发,一下子就分派完了,他什么也没有剩下,无可再奉送了,这倒出乎他的意料和原先的想法。

慷慨和爱德在他的身上一直有、曾经有①,他很容易、也很愿意将自己的任何东西赠人,哪怕这是他最用得着的东西,最满意的东西。他要将某样东西送人时,这样东西就不再是他的必需品,无论从何途径得知,只要有人想要。就好像他送出去的这些东西,是他本来就忙不迭要扔掉的。在他已经成为初修士后,他写信给一名修士,说道:这样做是最难能可贵的,我的心里有时感觉到神枯(espírito da pobreza),只要有机会我就摆脱它。

关于悔罪、祷告、纯良及其他内在的美德,毋庸再说,在初修士阶段,有必要对这些保持谨慎,还会用暴力及苛责来惩戒自己,这在那些最虔诚、最狂热的初修士身上是常见的,以致在手臂上甚至在身体容易被发现的部位上,会出现这些严厉与粗暴的痕迹。庞类思修士就是用严厉与粗暴来对待自己的,这些部位上布满了血与痂,这是他用自己的指甲掐出来的,当时他找不到其他的用来体

---

① 作者在这里用过去时态来提醒庞类思修士已逝去,含蓄地表达了一种惋惜之情。

罚自己的工具。有些时候他要惩罚自己，就用手指去动炭火和燃烧着的煤，好像他的手指是铁的。他还要掩盖自己的痛，就表现出一番谦逊之态，对那些看见他这样做并吃惊不已的人说，他皮糙肉厚，没感觉到火有多烫。而事实是，他这样做，经常把手烧成半焦，这达到了苦修极致，这是胆汁质的性格特征，对于那些较少与他交往，不了解他的人，却认为他是粘液质的。

他有出色的记忆力，且又很机灵，但是，当他开始学习当地的语言文字，他学起来兴致索然，几乎完全没将注意力放在这上面，因为他将大量精力投入到灵魂之事和敬虔活动上，他还缺乏经验去理解使异教徒归信的成果之妙工，在很大程度上依赖于语言和文字，因此，他的进步很小，或者可以说是没有。他的另外一个同学，与他同时开始学习，在语言文字上很花功夫，除了年龄没超过他，其余都超过他。这为他招致了批评和惩罚，最主要的，他被判定为在文字上顽冥不化，缺少才华。庞类思修士都知道，也很明白，但是，他仍然在这样继续他的虔敬活动，同时，又聆听着批评和接受着惩罚，承受着别人对他形成的不良评价。不乏有人认为他在课业和背诵上是深藏不露，以此来求惩罚、苦修。

他的这些德行已经很高了，对很多人来说，已是顶峰。在初修士期间，又有提升，尤其是在敬虔活动中更放任感情了，几乎在每次祷告和灵修中，他都泪流不止，他是那么频繁地参与讨论，讨论在他的小卧房中进行，哪怕他手头正忙着其他的事，他总是要热切抒怀。我，即写这份东西的人，与一个外来人交谈，他在该住院待了几天，我问他在这里最受教育的是什么，他回答我：一切我都觉得像天堂，然而，最触动我的和最透入我心的，是看和听庞类思修士在他的斗室中不停地哭、不停地感怀。他患有长期而严重的焦虑症，因为焦虑的关系，使他这样做、这样说，看到他、听到他这样的人不少，大家都饶有兴趣和耐心，却好像一点儿也不信他。

父母寄给他的精致物品很多,尽管父母见他服侍天主,巨大的喜悦和满足由衷而生,儿子还是收到他们发来的喋喋不休的、持续不断的消息和信件,信中洋溢着天伦之爱的情感,因为他们除他之外没有其他儿子,也没指望这个儿子还是自己的。然而,庞类思修士的决心是这么坚定、持久,不管这些东西多么打动他,他都佯装不见,好像不认识自己的父母,甚至更少使用也不想用父母寄给他的东西,一送到他手里,他就送给想要的人。在这个人身上,对长上的感情是显著的,有好几次,他将几串昂贵的念珠和圣物十字交给他所在的住院的几位长上,这念珠和十字是母亲在道别时送给他的,用以证明母亲的虔与爱。他对天伦之爱是默然的,将代表这爱的信物戴在身上,他的心会承受重负。

他很少有机会甚或没有机会与外面的人交往,但是,他的德行却受广泛好评。当他死于杭州,他做初修士的地方得知这个噩耗,那些俗世之人听到之后,就想了解情况,坊间传是他死了,他们互相打听,互相告知:就是那个很谦恭、能吃苦、心肠好、德行高的人死了。他们又从这里得到证实,死者叫庞类思修士,这说明了,相较其德行,他还少为人知,他的德行比他的名字更有名气。

他进入这个国家的时候,带着一个承诺,就是返回澳门当一名神父,像其他神父一样在那座修道院中服务,因为这个条件,他被接受入耶稣会。当他结束初修期后,必须要发愿了,他了解到自己要接受的圣阶,不想发任何形式的愿,他写信给长上,表示自己不当(在澳门的)助理修士,他生死都要在中国,宁可耶稣会不再要他了。这个决定,使很多人认为太过分了,的确如此,但是,这个决定出自对拯救灵魂的谦恭和热情,因为他考虑到,返回故土,就是将自己置身于丧失志向的危险之中,他在澳门就难以避免天天见到父母、亲戚、熟人,与他们打交道。他想起了他的一些同乡,也是已经加入耶稣会了,因为类似情况,后来都离开了澳门。他便打定主意,如果长上们不想在中国授予他圣阶——他请求和希望得到的圣阶是(在中国的)助理修士,他就先做修会中的仆人,干仆人该干的更低微和卑贱的活,宁可这样,他也不愿意发学生愿加入耶稣会,这将迫使他往澳门去做神父。他把自己的这个决定和这份情感——这是天主赐给他的——写信告诉了一位神父,该神父经常与他交流一些灵魂之事,他请求神父在这件事上给他建议,他还说道,我很坚决(如果我可以这样做而无罪的话),如果没有其他解决方案使我获得神父资格,并且使我肯定能够留在中国,而不必命令我返回澳门,我就切断一根手指。

这是他所做的,这是他所说的,庞类思修士很明白,他所拒绝的与他所选择的两者之间的差别,他只想拥抱更低微的、更费力的工作,在他看来,这与谦卑、耐心更相符,这是十字基督,作为全善的老师,所教给我们的。他将这天主降给他的感受和情感写在了几张纸上,在他死后,我们找到了这些纸,其中一张写着这样的话:在这一天,在这一刻,我感觉到一个至大的愿,就是在临时助理修士这个卑微的岗位上服侍天主,我拜伏在耶稣受难像的脚下,泪水止不住流,我将自己呈送给奉献给他,对此我感到莫大的慰藉。

这些就是庞类思修士的愿望和决心,但是,他被劝告发愿,按照长上们的命令,正规地加入耶稣会,然后,他就容易地达到了自己的目的,没了这些障碍。长上们应允了他的所求,即他认为的更能确保得救赎的方式,让他留在中国,授予他希望得到的圣阶,因为这件事而迁延了两年又几个月之后,他发了学生愿,而后,立即就从他做初修士的地方来到本城杭州。

这里,有一件事引人注目,对于一些认真思考过这件事的人来说,它是超自然的。事情是这样的,在进入初修期之前的几个月中,庞类思在学习语言,正如前文所述,他的初修期几乎有两年半,在此期间,他不仅没用来学习,还不得不忘记学习,尽管他很清醒。在初修期结束之时,他开始展现出对于语言文字的丰厚知识,考虑到他用于学习的时间是那么少,这引起了一些人的惊讶,根据这些人的经验,在几年中,努力学习,全心投入,要达到这样的水平也是有困难的。总体而言,他不仅学会了自己所欠缺的,而且还践行了他已会的,他所会的不少,对于向李之藻进士的几名仆人传道是足够了。他住在李之藻进士的家里,那年四旬斋的圣周中,他向仆人们传授我们的道,有很多次,他很热情,精神十足,除了让他们流了很多泪,还在结束时使他们接受了一顿结实的鞭笞,我不敢将此全部归因为他在布道时说了什么,因为不能否认,事实是要在很大程度上归因于他的身先示范,他是第一个开始痛哭的,是最后一个结束忍受鞭打的。

在这种情况下,我们认为庞类思修士对于自己的选择满怀真正的慰藉和满意,我们也对其能够助力于我们寄予厚望。此时,天主来召唤他,用一场重病将他带到了身边。他对这场病展现了很大的耐心和忍受力,他首先意识到自己生病了,快要死了,但他没有告诉大家,因为在最后的七天,他仍步行如常,除了他去世的那天上午。他是下午两点到四点之间去世的,留给认识他的人慢慢的思念,因为我们知道失去了他,我们知道他是很有希望进天堂的。

还有件事不得不提,很多人认为天主不仅将这个恩典赐予了他,而且在他的请求下,也赐予了他的父母同样的恩典。因为就在他死于中国的这年,他的父母双双死于澳门,他们却彼此不知道。可以认为,是天主让他们在天国里相聚了,这是出于天主的爱,对他们在大地上离散的奖赏。

这寥寥几件事,与庞类思修士的其他许多件事相比,在我看来,是不能缄口不言的,我就不再写冗长的报告,出于同样原因,我也不再详述那些很有教育意义的事迹在哪里,这里的几个住院都知道。①

附录四 杭州传道员保禄的小传

今年,在杭州住院中,一名曾为住院服务的老仆人去世了。他叫保禄(Paulo),圣德非凡,敬爱天主,配得上列名于天主最伟大的仆人中。他早年曾出家为僧,然而,随着他的智慧增长,以及混迹在僧人中的耳濡目染,觉得自己应该另寻一条救赎之路。他通过接受洗礼而走上了这条道。他在堂中服务多年,除了各项圣德增益灵魂,获得灵魂上的提升之外,还有许多异教徒在其规劝下进教。他的行实如下:他总是在寻找需要拯救的灵魂,牧养基督徒的灵魂;他于牧养富贵女教友的灵魂着力最甚,她们十分喜欢他讲天主之事,并且学以致用。他在讲解之时,活力充沛,善于使用当地语言,用词妥帖,他使用的对比,恰当贴切,总能使人信服。他的品行端正,他尽心尽力地对待杭州的所有教徒,以及同住院的所有神父,我们亲眼所见,他们都愿与他交往。他是那样谦恭,唯恐干的工作还不够多,他不停地请求神父让他这个无用之人搬出住院,他将以乞丐的身份乞讨度日。同时,他又是一个慷慨的布施者,当寒天到来时,大家都穿上厚衣物御寒,他却将自己身上最好最暖和的衣服脱下来,这些好衣都是热心人赠送给他的,他却穿在穷人身上。他的施舍那样大方、潇洒,在他身上,施人以惠就像受人之惠一样开心。他的待人之道、他的生活纯净至极,他常被李之藻、杨廷筠两个奉教进士家的富贵女教徒们叫到府上,他总不失谦逊和沉稳庄重,聆听其讲道的人因此也深受教诲。他的祷告守时,他的

---

① Lazaro Cattaneo, *Annua da Vice-Província da China do Anno de 1630*, BAJA, 49-V-9, ff. 31v-35v.

忏悔严格,在他主持的所有仪礼中,特别强调平和、宁静。从未听到他有咒骂之语,或是抱怨之词。中国的仆人通常都不容易满足,即使主人待他们很宽厚,这是该民族的天性。然而,我们这位保禄,早已超越了这些天性中的不完美,因此,神父们在给予他任何东西时,还要做大量的工作来使他收下。对于其他仆人,则是他们提出要求或是告诉神父他们想要什么,神父就给他们什么。

他的一生是奉献给宗教的一生,他身上的神赐的善令人感激不尽,这个天主的仆人受到所有人的爱戴,这从他身故时的情况可以看出来。他是在行了数次告解并最终受过涂油礼后才去世的,女教友们普遍很伤心,哭天抢地,她们都将保禄视为老师、父亲。他的遗体停在教堂,大家都去对着他的遗体磕头,这说明了其德行在他们心中的地位有多高。当他向神父请求施终敷礼时,神父说他的病看起来不急,可以待之翌日。保禄坚持要求立即就做,他确凿地说等不到明天早晨了。确如所言,午夜时分,他大口吐血而死。他已年过八旬,将自己的灵魂交给了天主,他一直都是天主忠实的仆人。在保禄去世的当夜,一名教徒在梦中见到了保禄,这名教徒的宗教热情已冷淡,很少记得去履行作为一名教徒参与圣事的义务。他看到的保禄穿着大官的官服,使用的是大官的仪仗,许多旗帜和徽标竖在队伍的前头。这名教徒就问队里的人,那个大官是谁?答曰:"是李保禄,刚刚去世的。"教徒惊起,立即前往教堂,打听到保禄果然已咽气,这与他的梦境相符。这个梦完全改变了他的人生航道,他重返原初的热忱。他说,天主之仆保禄,不仅用尽其一生去规劝教友们好好表现,而且在其死后还继续发挥这副热心肠。[①]

---

① Antônio de Gouvea, *Annua da V. Província do Sul na China de 1644*, BAJA, 49-V-13, ff. 530-530v.

第二节 "三柱石"的教徒面相

徐光启、杨廷筠、李之藻并称明末清初天主教会的"三柱石",这是一个从宗教信仰而来的称谓,此三人能并列在一起,也是基于宗教关系。中文史料对徐、杨、李的记载,少有从宗教本位出发的,主要展现的是他们作为政治人物、文人、科学家的面相,以这些史料为基础的研究,难以描绘"三柱石"的信仰生活,也难以将"三柱石"作为一个整体来研究,因为"三柱石"间的关联、互动是以信仰为纽带的。耶稣会年信对"三柱石"的记载则是宗教本位的,"三柱石"间的联动亦构成教务活动的一部分。这些记载涵盖"三柱石"的家庭关系、职业生涯、教内教外活动,甚至他们的隐秘的宗教生活,细节深入到了人前背后(避静苦修),床帏之上(徐光启摆在床上的念珠、羔羊蜡),衣冠之下(穿苦修衣),为我们理解作为教徒的徐、杨、李提供了丰富素材。

本节首先将分别介绍年信对徐、杨、李的记载包括哪些内容,重点突显哪些方面,在叙述中注意区分他们各自的特点,然后将对"三柱石"的记载置于年信整体的叙事框架中考察,由此论述年信对"三柱石"研究的价值。最后,附上"三柱石"的小传,这些小传是在传主刚去世时由熟悉他们的传教士写的,应该是他们最早的个人传记。

一、徐光启

徐光启第一次以教徒身份出现在耶稣会年信中是在1603年,罗如望在从南京住院发出的传教纪要中,特别提及他当年付洗的20名教徒中,"有一个很优秀的士人,姓徐(Ciũ),洗名保禄,我们的主很轻松地转化了他,我们几乎没有花费力气"①。徐光启留给罗如望的一个较深刻的印象是,很快就学会了字母 ABC,并用这些字母拼自己的名字。相比日后徐光启在年信中受到的重点关注,他的初次露面无甚惊艳,甚至因为罗如望要为其他的望道友施洗,而未能与徐光启详聊。从此,徐光启作为年信中最固定的角色之一,年年露面,直至 1633 年去世。综合徐光启个人的人生经历及年信刻画徐光启的侧重点的变换,可将年信中的徐光启划分为三个阶段:

第一阶段自 1603 年至 1616 年沈漼发动"南京教案"。年信中的徐光启主要从事两类活动:第一,科技活动。与利玛窦合译《几何原本》《测量法义》等;研究天文仪器,撰写《简平仪说》《平浑图说》《日晷图说》和《夜晷图说》;举荐传教士修历并翻译西方历书;与熊三拔合作《泰西水法》等。但年信只记载徐光启与传教士合作的科技活动。徐光启进行的各种农业实验,不在年信报道之列。而据中文史料,徐光启在"农政"方面的成就是其主要的科技成就,可见,同样是谈徐光启的科学家身份,中西亦有不同侧重。第二,宗教活动。主要事迹包括邀请郭居静至上海促成在家乡开教,日常奉教行为,驳斥莲池和尚等攻击天主教的言论。

徐光启在此阶段的活动中,有两件事值得一提,从中可见年信对徐光启研究的价值。第一件事,徐光启代笔《利先生复莲池大和尚〈竹窗天说〉四端》。高僧莲池(1535—1615)②在去世当年撰《竹窗天说》四则,即《竹窗三笔》外加《天说余》。传教士立即组织奉教的大人物反击,遂派人从杭州捎信给在上海的徐光启,请他执笔反驳,当时徐光启正生病,他在圣像前祈求天主给自己力气和才思,

---

① João da Rocha, *Carta do Padre Joam da Rocha da Caza de Nanqui*, BAJA, 49-V-5, 49-V-5, f.17v.
② 俗姓沈,名袾宏,字佛慧,别号莲池,因久居杭州云栖寺,又称云栖大师。与紫柏真可、憨山德清、藕益智旭并称为"明代四大高僧"。

几日之后,文章出炉,文笔优美、立论有据,传教士称,欧洲的神学家也未必达到这个水平。这篇文章又传阅到李之藻手中,李之藻补充了几点关于死亡的论点,莲池提出来了这个论题,但徐光启因为对此论题不太熟悉,就没回应。① 该文是托利玛窦之名而作(利玛窦已于1610年去世),目前学界对于真正作者是谁,尚不明确,有研究者推测其作者为徐光启或杨廷筠②,吴莉苇更倾向于认为是杨廷筠③,钟鸣旦将《拟复竹窗天说》考为徐光启的作品④。阳玛诺撰1615年年信直接给出答案:该文是徐光启与李之藻合作的成果。第二件事,徐光启可能未曾赴澳门。徐光启在沪守制期间(1608—1610),曾"二赴澳门"以"僻静"⑤和在澳门圣保禄学院进修神学⑥的说法常被引用,详查此时间段内的中国年信、澳门圣保禄学院年信均未见相关记载。从1603年起,几乎每年年信都有徐光启的活动记录,比如,1608年年信讲述徐光启为父亲治丧的经过,非常详细,1609年年信讲述徐光启在圣诞节期间赴南京探望业师⑦。赴澳门这么大的活动应该记上一笔,年信却未见记载,使得徐光启曾赴澳门进修的说法在可信度上大打折扣。

从1616年至1621年,即"南京教案"时期,为第二阶段。叙事主线是徐光启如何护教,包括上《辩学章疏》为传教士辩护等大事,

---

① Manoel Dias junior, *Annua da Missão da China do Anno de 1615*, ARSI, JS113, ff. 413v – 414.
② [意]利玛窦著,朱维铮主编:《利玛窦中文著译集》,上海:复旦大学出版社,2001年,第656页。
③ 吴莉苇:《晚明杭州佛教界与天主教的互动——以云栖袾宏及其弟子为例》,《中华文史论丛》2014年第1期,第347页。
④ [比]钟鸣旦著,香港圣神研究中心译:《杨廷筠——明末天主教儒者》,第223页。
⑤ 比如,梁家勉原编,李天纲增补:《增补徐光启年谱》,第166页。
⑥ 比如,卓新平:《澳门学与基督宗教研究》,《广东社会科学》2010年第4期,第78页。
⑦ Nicolao Longobardo, *Annua da China do Anno 1609*, ARSI, JS113, ff. 110 - 110v.

也有为传教士提供栖身之所等小事。在此阶段,有一件事值得一提,从中可以看出徐光启的政治活动背后的宗教动机可能比我们通常认为的更深。1619 年二三月间,"萨尔浒之战"后,朝鲜表现出背离明帝国的倾向,徐光启上《亟遣使臣监护朝鲜》疏,主张监察朝鲜的内政和外交,到朝鲜训练朝鲜的军队,以使朝鲜自强。该年年信作者傅汎际揭示了徐光启请求赴朝鲜的"真正"原因:目的是将耶稣会士带入朝鲜,同时,试图亲自影响朝鲜国王,使其进教。同年,徐光启、李之藻等提出"西洋大铳可以制奴,乞招香山澳夷,以资战守"①。傅汎际说,这是为了强化澳门与内地的紧密关系,为传教士创造随炮进入内地的机会。而朝鲜、澳门二疏又是相关的:徐光启考虑到中国内地与澳门直接通联可能有障碍,试图将朝鲜打造成桥梁,因为葡萄牙人进朝鲜要相对容易。徐光启此番谋划的直接原因,是他认为中国境内的传教士太少,明与后金之间的战争是个机会。徐光启力图劝服皇帝在朝鲜境内建一座要塞,交给葡人,以此防御日本,申说葡人是忠诚而善战的,将为中国筑起一道牢固屏障②。万历准了徐光启出使朝鲜的申请。徐光启即叫来北京住院的院长,连同一名正在自己家中的神父,商量怎样在朝鲜施展传教的计划,最后议定派一名神父与一名修士随行,加急印刷一批由传教士著的宣教书籍。后来,以阁老方从哲、兵部尚书黄嘉善等为代表的反对派使赴朝之行搁置。若非傅汎际的揭示,外人很难揣测当事人背后的动机,即使揣测到了,也难证实,主观想法只有当事人亲自透露的才最确切,徐光启应该是将自己的这番打算对传教士讲了,尤其是去澳门购炮的想法,必得先征求传教

---

① 《熹宗哲皇帝实录》卷二十七,天启二年十月二十六日,《明实录》第 67 册,《熹宗实录》第 1383—1384 页。

② Francisco Furtado, *Annua da China e de Cochimchina de 619*, ARSI, JS114, ff. 222v - 224.

士的意见和帮助。也许徐光启与传教士间的交谈,及传教士的记载,有突出宗教目的的倾向,但是,至少宗教作为徐光启之朝鲜、澳门策的目的之一是无疑的,而且二策之间存在关联。

从1622年至1633年可视为年信中的徐光启的第三个活动阶段。此阶段的叙事分为三条主线:第一,"南京教案"已逐渐平息,但是,驱逐传教士的法令并未撤销,徐光启围绕着如何使传教士合法回归进行了系列活动。这涵盖整个17世纪20年代,直至1629年徐光启所推动成立的"历局"运作成功,以及1630年崇祯帝将在西安传教的汤若望、在山西传教的罗雅谷调入历局任职,传教士们才在13年来头一次可以公开地进行传教工作。第二,此阶段徐光启在时进时退中加官进爵,逐渐达致职业生涯高峰。传教士认为徐光启的仕途与中国福传事业的命运休戚与共,因此,对人事动态有较多的关注和记载,甚至徐光启之子徐骥的仕途也在传教士的关注中。同期,魏忠贤在官场搅动起的不安因素,及可视为南京教案余波的诸多小型教案,也是促使传教士更关心徐光启的官运的原因。第三,作为一名越来越重要的教徒,徐光启的奉教生活也被更多记录下来,因其教育、示范意义也比普通教徒的事例更大了。徐光启的家人、仆人亦都进入传教士的报道视域。徐光启的家人和后人的事迹,在徐光启去世后一二十年间依然以稳定而强烈的存在感出现在年信中。

二、杨廷筠

钟鸣旦认为年信中保存着有关杨廷筠生平的最重要的西方资料。① 钟鸣旦的博士论文《杨廷筠——明末天主教儒者》中,第一

---

① [比]钟鸣旦著,香港圣神研究中心译:《杨廷筠——明末天主教儒者》,第93页。

编《杨廷筠生平》第四章《西方资料》基本上完全使用的1611—1627年间的年信。他将年信中涉杨廷筠的内容归为三类：（一）关于杨廷筠的官场生涯；（二）社会地位和家庭状况；（三）基督徒的生活（1. 皈依；2. 赫赫善功；3. 教案；4. 死亡和葬礼）。所以，想了解耶稣会年信是怎样塑造杨廷筠的，参阅钟鸣旦的这本著作便能概其全貌。需要说明的是，尽管钟鸣旦将内容做了上述分类，分好的类别看起来是并列的，实际上这三类内容在年信中不能等量齐观。年信记载杨廷筠的方式与记载徐光启的方式不同，徐光启是以教徒和重要官员的双重身份出现在年信中，无论在"教徒事例"部分还是在"世俗状况"部分，都能找到徐光启的身影；杨廷筠整体上是按照优秀教徒的"角色设定"被塑造的，关于他的官场生涯、社会地位和家庭状况，是从其事例集的字里行间抠出来的。为避免与钟鸣旦的大作重复，也为尊重年信原貌以及本义，本节主要概述年信在塑造杨廷筠的教徒形象时，所重点突出的几个切面。

第一，善功。杨廷筠第一次出现在年信中是1611年，该年，杭州开教。郭居静等开教神父返回南京后两个月，杨廷筠、李之藻即写信，邀请神父再临杭州，促成了往杭州的第二次传教。杨廷筠留给传教士的初印象中，最突出的是其慷慨。当年，受荷兰人的骚扰，往年从澳门运往内地的传教物资迟迟未到，杨廷筠承担了这次传教开销，还为神父准备下榻之处。[①] 慷慨地向神父捐助、慷慨地向教友施舍，是贯穿杨廷筠奉教生涯始终的线索。最突出的事例是他向教会捐赠屋宇。杨廷筠将房舍免费借给神父，据租赁代理人的估算，根据这些物业所坐落的位置，杨廷筠每年的租金损失约20两银子。一日，神父偶然与杨廷筠谈起想在市中心购置屋宇的

---

① Nicolao Longobardo, *Carta Annua das Residências da China do Anno de 1612*, ARSI, JS113, f. 237v.

想法。杨廷筠似乎是对神父要离开自己的家而伤感，说道："你们想去哪里，就住在我租给你们的房子里，想住多久就住多久，这是我奉献给天主的。"神父为杨廷筠预料之外的慷慨吃惊，就说："先生，您可要理智地说话，看你刚才说了什么。"杨廷筠答："我是在理智地说话。"神父见他当真，而不只是说说，就告诉他，若真想将房子捐给天主，就找一天去教堂里，当着圣像的面请他收下。两三天后，杨廷筠果然去教堂，听完弥撒之后，当着教友的面，对神父说："我已将房子捐给了天主，您代他收下吧。"除了捐出房子之外，杨廷筠还对目前的小圣堂不满意，打算扩建。正好有两名士人因蒙冤请杨廷筠帮忙，杨廷筠还给了他们清白，他们为表谢意，备了一份厚礼，杨廷筠引导他们将钱捐给了圣堂扩建工程。而杨廷筠本人也捐出 12 两银子，精绘和装修了圣堂的穹顶。杨廷筠的捐献，是耶稣会在中国内地受捐的第一套物业。除了大笔捐助之外，杨廷筠还经常有零散的捐助。1613 年新年，住院中搭建了一座祭坛，还将四个柱子包金，这番装点花费 34 两银子，都是杨廷筠出的。[①] 1627 年，杨廷筠去世前不久又为神父买了一套房子，在他死后，由他儿子将房契转交给神父。杨廷筠还资助普通教友，比如 1613 年他资助了一个患肺结核的教师的葬礼。[②] 泽被更广的是杨廷筠组织的善会，为各类穷苦人做了许多善事，全城引为谈资，传教士记录了当地的一句民谚：杭州人烟阜盛，到处是人，只要有两名弥额尔（Miguel），全城就不会再有一个穷人了。[③]

第二，组织化的传教。传教是所有基督徒的共同冲动，杨廷筠的特点在于组织化地推进传教工作。仁会、书院、学堂是杨廷筠活

---

① Nicolao Longobardo, *Carta Annua da China 1613*, ARSI, JS113, f. 348v.
② Nicolao Longobardo, *Carta Annua da China 1613*, ARSI, JS113, ff. 349 - 349v.
③ Manoel Dias junior, *Carta Annua da Missam da China do Anno de 1618*, BAJA, 49 - V - 5, f. 245.

跃其中的三个组织。1613年,杨廷筠从古书中发现杭州在古代有一种救危扶困的慈善组织,他写了一篇优美的文章称颂这种互助机构,号召德高之人重建这个组织。朋友中的一些重要文人、有地位的人响应,于是,一个叫"仁会"(Ginhoei)的组织在杭州成立了。杨廷筠从一开始就想让"仁会"与传教事业紧密结合,会规规定,每个农历月的月初聚会,讨论会中具体事务及与道德有关的话题,而聚会的地点就定在住院,每期都有一名神父讲授道德议题,"渐渐地将听众引上信教之路"。而在开讲之前,还有一个拜天主像的仪式。一些听众果然因此对天主教发生了兴趣。由于仁会在中国还是一个新鲜事物,天主教通过仁会与慈善绑在一起,名声大振。①书院也是来自对古老传统的复兴。1618年,浙江巡抚②"决意焕其新生,为其寻找一位领袖,主持全局。不费时力就找到了人选,因为大家一致推选杨廷筠,即便他推辞也没有用,只得从巡抚之命,接受会长之职。每次聚会(每月一次),杨廷筠就按照巡抚之意居首席,巡抚居次席,其下则按年龄、官阶排序。众人讨论某一议题,由于杨廷筠进士才华横溢,博览群书,加上在与神父的交往、交谈中得来的新知识,听众非常满意,总是掌声如鸣。这个组织及其会长的名声鹊起于邻近各地,附近来者众多,请求成为他的门生"③。杨廷筠的志向不仅是教好自己的儿子,他在家中办了一所学堂,以

---

① João da Costa, *Annua da Christandade da China do Anno de 1614*, ARSI, JS113, ff. 382v–383.
② 可能指的是浙江巡抚刘一焜。万历四十七年(1619)二月,"山东道御史沈珣言巡抚浙江刘一焜窃讲学之名,为藏奸之薮,胪列脏迹十款以闻。不报"。可能即指刘一焜振兴杭州会社一事。见《神宗显皇帝实录》五百七十九,万历四十七年二月二十日,《明实录》第65册,《神宗实录》第10960页。钟鸣旦曾引用过这一段资料,推测该会社可能是万历年间杭州两个著名书院——万松书院和崇文书院中的一个。参见[比]钟鸣旦著,香港圣神研究中心译:《杨廷筠——明末天主教儒者》,第100页。
③ Manoel Dias junior, *Carta Annua da Missam da China do Anno de 1618*, BAJA, 49–V–5, ff. 246v–247.

"仁"为名,邀请一位才学极佳的教友担任塾师,杨廷筠本人也多次到学堂中检查课业。该学堂以让更多的学生通过科举考试的选拔做官为重要目标,这是杨廷筠对教会未来有靠山的长期投资。其中,也有部分学生受杨廷筠和塾师的影响而入教。①

第三,护教。"三柱石"都有显著的护教事迹,"柱石"一词本身就有"护教"的意味。杨廷筠最突出的护教表现是在"南京教案"期间,相较于徐光启谨慎的、静水深流般的呵护方式,杨廷筠的护教蒙着一层壮烈的、自求殉教的感情色彩。亲朋好友常警告他,收留神父在家,会为自己带来危险,但杨廷筠的回答是掉头也在所不惜。② 杨廷筠的洗名是弥额尔,神父称其为名副其实的"守护天使":"正如天主安排天使长(Arcanjo)弥额尔(São Miguel)③为所有遭遇战事之教会的保护者、守护者一样,又派与弥额尔同名的杨廷筠来守卫这片特殊的教区。"④教案期间,从 1617 年底开始,杭州已成为收留传教士最多的地方,"除了住江西的两位神父、一名修士,还有住南京的一位神父与李之藻在一起,另有一名修士在北京以为利玛窦神父守墓的名义留下来,其余的人都藏身在杨廷筠进士的荫庇及善意下"⑤。"杨廷筠觉得在中国还有其他神父流落在他家之外四处躲藏,就是他的耻辱,于是他写信给还在其他地方的神父,邀他们来杭州。"神父们担心会给他带来不测,他说:"我已准

---

① Francisco Furtado, *Annua da China e de Cochimchina de 619*, ARSI, JS114, ff. 225v‑226.

② Francisco Furtado, *Annua da China do Anno de 1620*, ARSI, JS114, f. 274v.

③ 米迦勒或弥额尔(Michael 或 Michaël)是在《圣经》中提到的一个天使的名字,神所指定的伊甸园守护者,也是唯一提到的具有天使长头衔的灵体。米迦勒这个名字的意思是"谁似天主"。《圣经》的记载显示,与撒旦的七日战争中,米迦勒奋力维护天主的统治权,对抗天主的仇敌。

④ Manoel Dias junior, *Carta Annua da Missam da China do Anno de 1618*, BAJA. 49‑V‑5, f. 240v.

⑤ Manoel Dias junior, *Carta Annua da Missam da China do Anno de 1618*, BAJA. 49‑V‑5, ff. 243v‑244.

备好了,如有必要,可以丢掉官职、财富、家庭乃至生命。"①杨廷筠另一个比较显著的护教功绩,是在 1623 年赴京出任光禄少卿后多次挫败太监收回利玛窦墓地的图谋。此外,就是一些个别的小案子,比如,1620 年杭州地方官让里长抓信邪教者,一名天主教徒被抓,不肯用烧圣像换取自由。杨廷筠致信地方官,称该教徒与自己是同一信仰。地方官了解了天主教,并释放了教徒。②

以上三个侧面是杨廷筠在年信中被着重塑造,又有别于徐光启、李之藻二"柱石"的奉教特征。此外,年信还着力描写了杨廷筠的另外两个侧面:一是个人修行;二是作为一家之长,如何组织和维持家庭内的宗教气氛。

第四,个人修行。诸如勤于圣事、严格守戒、敬虔奉神之类的表现此处不赘,重点讲一讲教徒身份特征是如何嵌入杨廷筠的日常生活和宦游生涯的。1622 年 7 月,杨廷筠被委任为河南按察司副使③,从杭州出发前,他特意将自己关在一处乡间院墅中几日,"与神父频频谈论他的信仰,事事告解,极虔诚地领受圣餐圣事。在出发前,他问神父们在一些场合、时机下该怎样做,他知道这些场合、时机是一定会出现的,他的习惯看起来会与天主教律的纯洁发生冲突,他还知道很多人会为此感到奇怪,作为一名完全的基督徒,他不能对他的义务打一点折扣"④。最后,他在多日斋戒、穿苦

---

① Manoel Dias junior, *Carta Annua da Missam da China do Anno de 1618*, BAJA. 49-V-5, ff. 244-244v.
② Francisco Furtado, *Annua da China do Anno de 1620*, ARSI, JS114, ff249-249v.
③ 《熹宗哲皇帝实录》卷二十三,天启二年六月十九日:"起原任江西按察司副使杨廷筠为河南按察司副使分巡大梁道。"《明实录》第 67 册,《熹宗实录》第 1142 页。年信中称其赴任的地方是湖广(Hūquam),可能是年信的作者弄错了。参阅 Álvaro Semedo, *Carta Annua da Missão da China do Anno de 1622*, BAJA, 49-V-7, ff. 341-341v.
④ Francisco Furtado, *Carta Annua da V. Província da China do Anno de 1623*, BAJA, 49-V-6, f. 117v.

行衣、做了总告解后，往行囊里塞了一本《神操》才上路。① 1623 年 5 月，杨廷筠被委任为光禄寺少卿②，在启程去北京之前，杨廷筠做了告解并接受圣事。官员们和朋友们来辞行那天，他按照本国的规矩，冠带盛服，衣装下则仅有一套苦修衣。"当出发时，他对全家人、子女、仆人做了一次谈话，再三叮嘱所有人要遵守神的诫命，经常参加圣事、告解、圣餐，要经常与神父交流。他在途中又手写了一些备忘录给他的仆人，不厌其烦地叮嘱他们要端正行事。他将所有人的名字写在手边的一本书中，将书寄给负责这个教友会的神父，吩咐一名信得过的仆人，当他在京期间，有人缺席弥撒，就悄悄记下其名字，因为等他回来之后，就检查每一个人的功过，据此奖惩。当他去湖广时，同样也是这么做的。"③1625 年 3 月，杨廷筠受排挤，观时事已变，遂乞归。杭州神父记载："杨廷筠进士自京师抵达，回来就做了一连串奉献、告解、弥撒等，因为他在那里不能按照成为基督徒后的习惯，有规律地和经常地做这些。一名神父为帮助他，就停留了一些日子，在这几日，他没错过弥撒，多次忏悔，领受圣餐，还有其他一些圣事，他表现得非常虔诚，看起来得到了特别的慰藉。"④1622 年至 1625 年是杨廷筠官宦生涯中职位最高的阶段，也进入他作为教徒的成熟期，年信的记载很好地反映了他这两个身份融合的状态与程度。

第五，信仰齐家。杨家 100 多人，几乎全是教徒。⑤ 年信记载

---

① Álvaro Semedo, *Carta Annua da Missão da China do Anno de 1622*, BAJA, 49-V-7, f. 341v.

② 《熹宗哲皇帝实录》卷三十三，天启三年四月八日："升湖广按察司副使杨廷筠为光禄寺少卿。"《明实录》第 68 册，《熹宗实录》第 1693 页。

③ Francisco Furtado, *Carta Annua da V. Província da China do Anno de 1623*, BAJA, 49-V-6, ff. 118-118v.

④ Manoel Dias, *Annua da V. Província da China do Anno de 1625*, BAJA, 49-V-6, f. 230.

⑤ Francisco Furtado, *Annua da China do Anno de 1620*, ARSI, JS114, f. 248.

了杨家的一些主要家庭成员的信教情况：杨廷筠的父亲杨兆坊于1616年受洗，1618年去世，举行的是天主教仪式的葬礼。[1] 杨廷筠的母亲陈氏于1618年受洗，洗后不久辞世。[2] 母亲领洗之后，他又敦促长兄杨廷策归信，后者因贪恋优渥的物质生活，曾经迟迟不肯受洗。[3] 妻子吕氏、小儿子杨骥之、三个女儿及另几个女眷在1615年受洗，洗礼安排在圣体节前夜。[4] 杨骥之洗名若望，其中一个女儿洗名伊搦斯。1619年，杨廷筠的大儿子杨约之入教，洗名加禄，"这是杨廷筠辛勤栽培的结果，也是向圣徒加禄祷告的结果"[5]，因此取名加禄。加禄之妻，洗名克拉拉，1623年患肺结核病逝。[6] 1625年，杨廷筠的侄子在病逝前受洗，其罹患的也是肺结核。[7] 在这个基督教大家庭中，杨廷筠是一个有力的管理者，他热衷于为全家的信仰制定统一的行动。"1620年，教宗发布赦罪诏书，他们全家都想抓住这个机会，想让神父来听告解，他们听说神父只听那些充分理解教义之人的告解，便重新学习了教义，严格按照赦罪诏书的指示做，比如奉行斋戒，在神父看来这对中国人是很难的，因为中国人每日进食四五次。"[8]1621年，他向杭州住院神父请求，每月除了在家里女眷中举行弥撒、论道之外，他还想对他的

---

[1] Manoel Dias junior, *Carta Annua da Missam da China do Anno de 1618*, BAJA, 49-V-5, ff. 244-247v.

[2] Francisco Furtado, *Annua da China do Anno de 1620*, ARSI, JS114, f. 248.

[3] Manoel Dias junior, *Carta Annua da Missam da China do Anno de 1618*, BAJA, 49-V-5, f. 245.

[4] Manoel Dias junior, *Annua da Missão da China do Anno de 1615*, ARSI, JS113, f. 410.

[5] Francisco Furtado, *Annua da China e de Cochimchina de 619*, ARSI, JS114, f. 225v.

[6] Francisco Furtado, *Carta Annua da V. Província da China do Anno de 1623*, BAJA, 49-V-6, ff. 117v-120.

[7] Manoel Dias, *Annua da V. Província da China do Anno de 1625*, BAJA, 49-V-6, ff. 229-229v.

[8] Francisco Furtado, *Annua da China do Anno de 1620*, ARSI, JS114, f. 248.

仆人进行教育，尤其是在他们的责任方面，至少每月两次，一场放在月中，一场放在月末。① 1622年、1623年，每次外放赴任前都为儿子定下"每三天见一次神父"等规定。② 如徐光启一样，杨廷筠在去世二十年后，其家族的奉教事迹依然被年信记载和报道，如同徐光启的孙女甘第大是主角，杨廷筠的女儿伊搦斯是主角。伊搦斯的丈夫去世时仍未进教，她与丈夫留下的妾、一个女儿，还有她请来的一名贵妇共同生活，进行天主教的修行，伏若望称"这里与其说是一处府邸，不如说是一座女修道院"③。1645年，"杨廷筠已去世18年，家中还维持着良好的宗教气氛，女性教徒60多人，都是热心教徒"④。1647年，"杨廷筠的女儿伊搦斯在乱世中深居简出，她的家中收养了几个未婚的女子，她们都发贞洁誓愿，终身不嫁，只做耶稣伴侣"⑤。这是最后一封记载杨家奉教事迹的年信。

三、李之藻

现存关于李之藻的中文史料较匮乏⑥，年信中的相关记载可补充其生平、职业生涯、家庭等方面的情况。例如，关于李之藻的

---

① Francisco Furtado, *Carta Annua da China de 1621*, BAJA, 49-V-5, f. 323v.

② Francisco Furtado, *Carta Annua da V. Província da China do Anno de 1623*, BAJA, 49-V-6, ff. 117v-120.

③ João Fróes, *Annua da V. Provincia da China do anno de 1633*, BAJA, 49-V-11, ff. 44v-45v.

④ António de Gouveia, *Ânua da Vice Provincia da China nas Partes do Sul no Anno de 1645*, BAJA, 49-V-13, f. 553v.

⑤ António de Gouveia, *Ânua da Vice Provincia da China nas Partes do Sul no Anno de 1647*, in *Cartas Ânuas da China（1636,1643 a 1649）*, edição, introdução e notas de Horácio Peixoto de Araújo, p. 366.

⑥ 对李之藻全面、深入的研究当推方豪《李之藻研究》，台北：台湾商务印书馆，1966年。

出生年，目前说法不一，方豪认为是1665年①，裴化行认为是1666年②，也有学者认为是1571年③。据1620年年信，李之藻时年55岁，算是支持方豪考证的一个证据。如同年信对所有教徒的书写一样，年信是在塑造一名模范教徒的叙事框架内书写李之藻的。与徐光启、杨廷筠相比较，年信在塑造李之藻时，重点突出的两个切面是李之藻对翻译西方书籍的重视，以及李之藻家的女人们的奉教情况。本节主要讲述这两方面，以便于在"三柱石"的相互比较中观察彼此间的异同。其余诸如李之藻在"南京教案"中的护教事迹，为修历、引进西洋火器所进行的努力等，在年信中亦有翔实记载，此处仅做线索提示，以供学者在做相关研究时注意使用年信。

李之藻与另外两"柱石"相比的一个突出特点是译书。李之藻认为使中国人信服天主教的最有力手段就是使国人"惊讶于欧洲的博学与科学"，因此，"他（一生）最大的着眼点就是一直在劝神父将时间用在书籍的翻译上，他则尽其所能提供帮助，他的帮助不小"④。这句话是郭居静在李之藻逝世当年为其写的小传中的总结之语。该小传前半部分就是写李之藻在推动西洋书籍入华中的贡献，将之作为李之藻一生中最值得彪炳的功绩。小传从李之藻与利玛窦的初次会面讲起，是利玛窦的渊博知识、科学素养吸引李之藻与传教士继续交往下去。据李之藻自述，其与利玛窦的首次见面是在1601年："万历辛丑，利氏来宾，余从

---

① 方豪：《中国天主教史人物传》，上海：天主教上海教区光启社，2003年，第112—114页。

② ［法］裴化行著，管震湖译：《利玛窦神父传》，北京：商务印书馆，1993年，第300页。

③ 龚缨晏、马琼：《关于李之藻生平事迹的新史料》，《浙江大学学报》（人文社会科学版），2008年第3期，第89—97页。

④ Lazaro Cattaneo, *Annua da Vice-Província da China do Anno de 1630*, BAJA, 49 - V - 9, f. 37v.

寮友数辈访之。"①同年,李之藻就参与了译述《经天该》《坤舆万国全图》两项工作。此后,"从他结识我们,并与我们交往,凡约30年,他一直忙于这件事"②。"李之藻不与神父们谈除了天主与科学之外的事,他有一个习惯大家都知道,每当他与我们见面,尽管这周之内见过多次,他亦首先要问,你们在译什么书呀,若是他知道了我们在翻译什么书,他就会问这几天你们译了多少啊。"③

多份年信中都记载了李之藻的译书事迹。1612年,郭居静等往杭州宣教,李之藻、杨廷筠都为神父准备了住所,神父最终选择了杨廷筠的,因为李之藻正忙于翻译神父带来的哲学类书籍,不想干扰他的译书工作。④ 1623年,李之藻因东林党祸罢官回籍,"目前正住在本城(杭州)中的李之藻进士对全部这些作品倾注了极大的热情,因为他和其他奉教进士都认为,大量编撰、印刷书籍是当下我们所能采取的传播福音的最好手段"⑤。1625年,"杭州三名神父中只有一人通晓(中国)语言,该神父占用了全部时间来将科英布拉新生课程书籍中的问题翻译成中国话,这是李之藻进士强烈要求他做的。后来,他知道了还有亚里士多德的文章,他对亚氏的主张很感兴趣,逼着神父翻译这些文章。他说,因为这些文章是支撑起为圣教辩护的问题的骨骼,没有它们,只剩软肉,立不起来。

---

① (明)李之藻:《刻职方外纪序》,收[意]艾儒略:《职方外纪》,上海:商务印书馆,1936年。

② Lazaro Cattaneo, *Annua da Vice-Província da China do Anno de 1630*, BAJA, 49-V-9, f. 38v.

③ Lazaro Cattaneo, *Annua da Vice-Província da China do Anno de 1630*, BAJA, 49-V-9, f. 39.

④ Nicolao Longobardo, *Carta Annua das Residências da China do Anno de 1612*, ARSI, JS113, f. 238.

⑤ Francisco Furtado, *Carta Annua da V. Província da China do Anno de 1623*, BAJA, 49-V-6, f. 120.

李之藻指派了一名训练有素的读书人给神父给予全面帮助。这样,作品已在付印前的校对阶段。① 因为这些进士一致认为,作为改宗归主之有效手段,除了要用他们的语言来书写天主之律,还要写我们的科学,中国人对后者几乎一无所知。还有,这里就像欧洲,人们有强烈的好奇心,他们对学问的敬重远远超过对武力和高贵血统,在这方面满足他们,向他们打开真理之路中就能取得最大成果"②。传教士对像李之藻这样的中国知识分子,以开放的胸襟博采西方知识,尤其在逻辑学等哲学知识方面,是赞赏的。费乐德说:"(中国人)能理解哲学的很少,因为他们缺少哲学思考所需要的灵光、博学,他们洞察到了我们领先他们,从未停止对我们的敬意,既是对我们所传授的事物、科学,更有对我们做事有秩序、求完美的名声的敬意。"③

年信中对李之藻的刻画与另外两"柱石"相比的又一特点,是李之藻家的女眷奉教之虔。这似乎是当时杭州教友圈中的一个共识。1627 年年信作者阳玛诺采撷了当时当地的一句民谚:"杭州男人,数杨廷筠;杭州女人,数李之藻家的。"④年信中描绘了李之藻家各类女眷,形成女教徒的群像。首屈一指的是李之藻的母亲玛利亚(Maria)。1622 年时,"良进士的母亲,是一位 93 岁的老妇人⑤,无论在属灵操练、斋戒,还是在其他敬虔之事和悔罪中,从来

---

① 此作品应为《寰有诠》。
② Manoel Dias, *Annua da V. Província da China do Anno de 1625*, BAJA, 49 - V - 6, f. 229.
③ Rodrigo de Figueredo, *Annua da V. Província da China do Anno de 1628*, BAJA, 49 - V - 6, ff. 598v - 599.
④ Manoel Dias, *Carta Annua da Vice-Província da China do Anno de 1627*, 49 - V - 6, f. 493v.
⑤ 此据里斯本阿儒达抄本,耶稣会罗马档案馆藏抄本的笔迹看起来像 83 岁。请参 Álvaro Semedo, *Carta Annua da Missão da China do Anno de 1622*, ARSI, JS114, f366v.

是第一个"①。玛利亚于1624年去世,在去世前8天,她召来了儿子、两个孙子、两个孙女(孙女俱已婚配),她嘱咐了许多事情,作为最后告别,她对每一个人进行了个人品德方面的忠告,告诉他们如何管理家庭。李之藻为母亲举办了一场基督徒的葬礼,在供备选的诸多位高权重的官员中,李之藻却请一名叫西满(Simão)的教友为母亲写祭文。西满是一名云南籍举人,1623年张庚授中州教谕,与张庚在河南相识,受张庚的影响逐渐倾向于天主教,但是,西满突然遭到撤职,他选择去杭州,并在杭州领洗。② 选择西满,"这是出于对基督徒的敬意,而且不是在落葬的那天题写祭文,因为届时若不是在家里写作的话,会有很多的异教徒到场,在教徒中,只有西满可以完成这项使命,尽管他的位阶比李之藻低,他是举人,李之藻是进士,官职也比李之藻低,他想跪着题写,李之藻不同意。于是,他就站着执笔,问道:逝者洗名为何?答曰:堂·玛利亚(Dona Maria),李之藻对在场的人说。为了逝者灵魂,李之藻跪下了,所有人都随他跪下,虔诚祈祷,念《天主经》《圣母经》,然后起身,捧起祭文,又完成了其他礼节,全体女教徒都进行了祷告"。参加葬礼的神父说:"我注意到只有被挑选的教徒来参加这场荣耀而盛大的仪式。"③李之藻的夫人亚纳(Ana)也多次出现在年信中,她最突出的事迹是劝儿媳进教。1621年,李之藻的两名儿媳、一名已出嫁的女儿受洗。其中一名儿媳已经望教三年,迟迟不能领洗,"因为她不能在公开场合现身,被家外的男人看见,中国大户人家的女人都是这样的观念,这像一种迷信。当需要向她讲解我们圣

---

① Álvaro Semedo, *Carta Annua da Missão da China do Anno de 1622*, BAJA, 49-V-7, ff. 341v-342.
② Francisco Furtado, *Annua da Província da China de 1624*, BAJA, 49-V-7, ff. 480v-481.
③ Francisco Furtado, *Annua da Província da China de 1624*, BAJA, 49-V-7, ff. 482-482v.

教之奇迹时,要么是通过其他已入教的女教徒,要么是这名聆听教理者在一间小室内,对其讲解教理者在另一间小室。但是,今年在亚纳(正如已说过的,她是一位十分令人尊敬的女主人)的劝导下,打消了儿媳妇的过分的耻愧感,并接受了圣洗"。另一名儿媳的入教障碍更大,她是一名佛教信仰根深蒂固的佛教徒,"在亚纳的劝说和祈祷下,她聆听了理性",但她提出要跟神父辩论一番,看看神父是否能让自己信服,她在辩后归信天主。① 李之藻的4个孙女全是教徒,1624年杭州天花爆发性地流行,死了很多小孩,李之藻的4个孙女全都死了,年龄最大的才将近5岁。李之藻也为她们安排了基督徒的葬礼,葬礼中的一个特别之处是为每个孩子制了一顶王冠,还有许多红白色的手工玫瑰,因为她们"还不到自然终老的年龄"②。年信还记载了李之藻的一名亲戚,叫Simforoza,系张焘(Cham Miguel)之妻,她热衷于劝化他人信教,热情、勤于圣事,从举止看"更像一名欧洲女人"。③ 此外,李之藻家的婢女也被年信记录。④

最后,值得一提的是能反映李之藻性格特质的一个细节。徐光启、杨廷筠、李之藻都有与佛教作斗争的事迹收录在年信中,但是,唯有李之藻出现过毁佛像等激烈的举止及与佛教徒在肉身上的短兵相接,李之藻对佛教的批判不仅是形而上的,也有形而下的。1615年,李之藻迁高邮任敕理河道工部郎中。一次,他往邻府视察,下榻的地方有佛像,李之藻很生气,要人取来一个梯子,命令仆人将佛像都推倒,仆人不敢,他就亲自爬上梯子推倒塑像,还

---

① Francisco Furtado, *Carta Annua da China de 1621*, BAJA, 49-V-5, ff. 323-323v.
② Francisco Furtado, *Annua da Província da China de 1624*, BAJA, 49-V-7, ff. 492-492v.
③ Francisco Furtado, *Annua da Província da China de 1624*, BAJA, 49-V-7, f. 492v.
④ Nicolao Longobardo, *Annua da China do Anno 1609*, ARSI, JS113, f. 108v.

不解气,又要来了一把斧头,劈成碎片,命令仆人就用这些柴火为他做饭。仆人都吓坏了,说李之藻疯了。① 1624年,杭州僧众纠集了一起以李之藻为靶子的民变。当时,许多显贵都在湖边造屋,岸上还有几处供大型朝觐的寺庙,渔民因与李之藻的家仆发生矛盾,就向官府告发,李之藻的别墅有一大部分侵占了水面,渔民不能按照他们想要的地点、时间、方式捕鱼了,李之藻同意拆出自家的物业,但是,乘机要求将包括寺庙在内的湖边别墅全部拆除。"城内知道这个消息之后,几乎全体骚动。房屋的主人都骂李之藻,他们人多势众,都是重要人物,还有和尚及他们的信众,一大群人,甚至小孩也在路边唱骂他的歌谣。又来了一群佛教徒,他们向一座庙集中,在佛塔前,全体宣誓捍卫将被拆除的寺庙(他们在此收到捐献最多),不达目的,不惜一死。他们想在夜里弄倒李之藻的房子,放火活烧,得到这个消息,他做好了戒备。因为眼见人民的暴怒非人性所能抵抗,便求助于神的方式,李之藻与全家绝食三天,甚至还有小孩,在第三天,都堂得知民变,命令公布重大防御手段,没人再谈关于湖的事情,一切恢复如初,李之藻又率全家连续绝食三天以谢天主。"②此外,年信中还有一些李之藻在家族中抵制佛教的事例。

四、年信对"三柱石"角色设定及研究价值

年信致力于塑造"三柱石"作为天主教徒的一面。归纳诸多事例,可发现年信是按照以下十个角色来塑造"三柱石"的:护教者、赞助者(在房、钱、物等方面捐助教会)、宣教者、修行者、备询者、圣礼助手、润

---

① Manoel Dias junior, *Annua da Missão da China do Anno de 1615*, ARSI, JS113, ff. 409v–410.
② Francisco Furtado, *Annua da Província da China de 1624*, BAJA, 49-V-7, ff. 476–476v.

笔人、普通教友中的一员、行善者（向穷苦人施舍以彰显天主教的爱德）、信教家庭的家长。全部事例，基本不外乎此，而且徐、杨、李都有事例对应于这些角色。下面重点说四个不常见于中文典籍的角色。

神父时常邀请传道员、有威望的教徒在宗教仪式中担任助手。徐光启为了担当弥撒助手，专门学习了礼仪用语，其中有个别词的发音对中国人来说是极困难的。① 1618 年圣周六②，杨廷筠为复活节的庆祝帮忙，就像是一个世俗助手（Dogico）③，甚或家奴。④ 1609 年，李之藻的一名仆人因为痢疾病危，神父为仆人行终敷礼时，李之藻就帮忙熏香和清扫仆人的卧室，并为仆人净身。⑤

年信在塑造"三柱石"时，既强调他们是大人物的身份，以为圣教树立威望，又渲染他们是教众中的普通一员，宣扬教内皆兄弟般的平等。李之藻家有个仆人叫 Faustino，言行端正，堪为榜样，李之藻让其不称自己为主人，而以兄弟相称，若自己有什么过失，就指出来。全家也都尊敬 Faustino，似乎忘了他是一名仆人，而是一名良师。⑥ "三柱石"中，徐光启的官阶最高，年信中对徐光启与普通教友交往的事例记载最多，也常写他立在普通教友中间同领弥撒等圣礼的场面。某普通佛教徒写信批评徐光启信外国教，徐光启措辞委婉、有理有据地回复他，使他大受触动。佛教徒生病了，徐光启去看望他并劝他进教，郭居静为其施洗后几天去世，临终时

---

① João da Costa, *Annua da Christandade da China do Anno de 1614*, ARSI, JS113, f. 383v.
② 圣周最后一天，即复活节前一天。
③ 通常写作 dogiques，这个术语是从日本流传过来，在日本 dojuku 的字面意思是同居人，通常指神父的世俗助手，或者祷告首领。
④ Manoel Dias junior, *Carta Annua da Missam da China do Anno de 1618*, BAJA, 49-V-5, ff. 244-247v.
⑤ Nicolao Longobardo, *Annua da China do Anno 1609*, ARSI, JS113, f. 108v.
⑥ Francisco Furtado, *Annua da China do Anno de 1620*, ARSI, JS114, ff. 248-248v.

口念"天主救我",这是上海第一个以教徒身份去世的人。① 杨廷筠平易近人的事例也有不少,他像劳力者一样在宗教活动中打杂、干粗活,还为神父建造新屋亲自去扛木头柱子。

"三柱石"作为修行者的一面则揭示了他们隐秘的宗教生活。徐光启的床头常年摆放着羔羊蜡、念珠、苦修衣和鞭子。② 1618年四旬斋期间,教友们带上苦修鞭去教堂悼念耶稣殉难,杨廷筠没有带鞭子,当大家自我鞭笞时,"他有一些茫然不知所措,全程便以拳头、耳光代之"③。一名朝廷大员当众做出如此有失体面和斯文的举动,是难以入史的。杨廷筠的官服下穿着苦修衣也是被传教士揭示的。有些奉教行为是传教士经过采访才得知的。比如,1615年,南京神父前往高邮巡回传教,从当地教徒中收集到李之藻的一些奉教事迹,其中一条是"李之藻自入教后就养成了一个习惯:逢周五、周六不吃肉。不仅在自己家奉行,就连在交游的宴饮上也保持着这条戒律,有些官员就取笑他"④。这些日常生活中的奉教表现,或许时人知道,但是未必会记下来,传教士则重视其中的宗教教育意义,使之流传。再如,杨廷筠在筵席上也有类似表现。1621年,"圣周中的一日,一名官员去拜访杨廷筠,按照中国礼数,(杨廷筠的)长兄设宴款待。杨廷筠本人是那位官员的好友,不能缺席。他思量着,在我主基督为我们遭受了这么多苦难的纪念日里,去赴宴娱乐,不合教徒本分,于是决定拒绝。但是,众人不放过他。杨廷筠寻求神父的意见,这种场合该怎么办。神父们对他说,为了不

---

① Nicolao Longobardo, *Annua da China do Anno 1609*, ARSI, JS113, ff. 112v-113.
② João Fróes, *Annua da V. Província da China do Anno de 1633*, BAJA, 49-V-11, f. 63.
③ Manoel Dias junior, *Carta Annua da Missam da China do Anno de 1618*, BAJA, 49-V-5, ff. 244-247v.
④ Manoel Dias junior, *Annua da Missão da China do Anno de 1615*, ARSI, JS113, ff. 409v-410.

使我们的圣教显得面目可憎,好似剥夺了友谊中的礼节、交际、规矩,去赴宴吧,但使庄重、谦逊外形于色,要多想我主当时的遭罪,重现我主附在我体中的灵魂。他照办了,就像一个和善而听话的初修士,他在宴会之上如此举止,引得在场的全家人注目"①。通过 1621 年年信作者阳玛诺的这段描写,我们可以想象在推杯换盏中正襟危坐的杨廷筠该是多么特别。

"备询者"角色是指传教士在遇到困境时,或在权衡某项计划的利弊时,常常征询中国官员朋友的意见。"三柱石"不是唯一的备询者,许多未进教的友教官员亦担当了该角色。年信显示,传教士与中国友人之间的基于意见征询的互动较见诸于现有研究的多,而中国友人在传教士的决策中的影响力也比已知的大。"三柱石"中,徐光启是被征询意见最多的,徐光启则通常给出一个较稳妥的意见,彰显着他的谨慎的性格特征。庞迪我等在北京为利玛窦申请墓地时,"南京教案"中的若干时刻,以从澳门获取军事援助的借口使传教士合法入华时,向皇帝推荐传教士修历时,都有显著的中西人士意见整合,徐光启都在其中起了主导性的作用。徐光启作为备询者的角色,更多体现在日常性的、"小事"上的建议提供中。1615 年,几名广东官员到京,向北京的官员谈及传教士们与澳门的葡萄牙人在秘密地做生意等。幸亏,这是一番闲谈,并非正式指控,否则,必将引发调查。神父们将此事告诉了徐光启,徐光启说,若是人们得知传教士是靠国外资助的,尤其资助来自澳门,那将很难在中国立足。此事之后,中国传教团就寻求在经济上独立于澳门。② 1618 年,费奇观等候在北京城门外徐光启的家中,准

---

① Manoel Dias junior, *Carta Annua da Missam da China do Anno de 1618*, BAJA, 49-V-5, ff. 244-247v.

② Nicolao Longobardo, *Carta Annua das Residências da China do Anno de 1612*, ARSI, JS113, ff. 218v-219.

备进城,因为辽事初发,城门戒备加强,费奇观请教徐光启怎么办,徐光启说沈㴶正在城里散布攻击天主教的言论,建议神父再等一等。① 1626 年,苏松常镇兵备道发告示缉拿松江神父,嘉定住院一名神父奉上级的命令赴上海见徐光启。嘉定神父此行的目的是征询徐光启的意见,他想直接去面见兵备道,澄清事实。徐光启阻止了这次冒进的冲动。在劝服了嘉定神父之后,为了稳妥起见,徐光启还向派嘉定神父来的上级写了封信:不管是以何种方式,神父都不应该去面见兵备道,完全无益,无论如何,都不妥当。在杭州的杨廷筠也接受了类似的咨询,杨廷筠给出了与徐光启一致的对策。嘉定神父返回嘉定住院之后,向孙元化的孙子孙伯多禄(Sum Pedro)转述了徐光启的意见,并征求伯多禄的意见,嘉定住院神父是否需要撤到杭州。孙伯多禄表示没有必要。神父按照多名友教官员的意见来应对,最终化险为夷。②

年信对"三柱石"的刻画在以上十个角色设定中展开,甚至连一些细节也"雷同"。比如,同样是对传教士的嘘寒问暖,李之藻是这样做的:"有很多次,他亲手解开我们衣服的前襟,看看穿了什么,穿了多少,是不是够抵御寒冷。如果我们当中有人生病,他就命令在自己的家里为病人做饭和准备药品。"③徐光启是这样做的:"徐光启细致到连神父的过冬棉衣不足都注意到,(南京教案期间)神父搬家时,他站在窗口瞭望,一直到神父安全地进屋。"④可以说年信中"三柱石"的形象,是一个标准化"模子"中的文本产品。

---

① Manoel Dias junior, *Carta Annua da Missam da China do Anno de 1618*, BAJA, 49-V-5, f. 250v.
② Manoel Dias, *Annua da Vice-Província da China do Anno de 1626*, BAJA, 49-V-6, ff. 317-321v.
③ Lazaro Cattaneo, *Annua da Vice-Província da China do Anno de 1630*, BAJA, 49-V-9, ff. 39v-40.
④ Francisco Furtado, *Annua da China do Anno de 1620*, ARSI, JS114, f. 246.

这种标准化的塑造手法，与对普通教徒的塑造，既有一致性，又有特殊性。前文十个角色设定，如宣教者、赞助者、行善者、修行者等角色，是普通教友也承担的角色，这些角色是天主教道德和价值观的体现；如备询者、护教者、润笔人等角色，是有一定的社会地位、政治实力的教友承担的，但也并非"三柱石"独力承担的。"三柱石"的特殊性在于承担了最多的角色。越是重要的教徒，他的世俗角色在年信中提到的就越多，普通的平民教徒只有他们的奉教事迹。这正是"三柱石"占篇幅多的原因，因为他们的活动能力使他们对教务有深入而广泛的参与，使年信作者在教务篇章中也必然提及他们，关于他们的记载便成了"有教育意义的事例"与教务的合集。从报道的文字量来看称呼他们为"三柱石"确是恰如其分，在"三柱石"去世之后，中国天主教徒似乎进入了一个群像时代，再没有哪个教徒在年信中占的分量能与他们比肩。

年信对"三柱石"研究的价值，可从被塑造者与塑造者两方面来看。从被塑造者角度，尽管他们的形象、行为被一个相同的框架取景，然而，在传教士文学化的笔调下，又可同中见异：徐光启之持重，杨廷筠之热心，李之藻之睿智跃然纸上。这些鲜活的性格特质在简略的方志中、在掩饰性较强的文集中很难得到像年信中这么充沛的展现。这正是年信对徐光启、杨廷筠、李之藻三个重要人物研究的价值之一：填充了历史人物的"血肉"，生动了他们的面容。这种塑造是通过正如上述列举的大量事例与细节完成的，只有拉开大篇幅、长时间段的写作空间，人物形象才得舒张、树立，"三柱石"的奉教生涯几乎一年不落地被年信记录。与以终为始的人物塑造模式相反，年信塑造人物的特点是每年添砖加瓦，并不知道最后盖出什么样的房子，正是这种无目的指向的逐渐塑造，使人物更真实，待人物盖棺定论时，蓦然回首，原来是这样的徐光启、杨廷筠和李之藻。当然，年信也提供了诸如传主的家庭成员、职业生涯、对某事件的参与情况等方面的史实,将有补于相关研究。

以上是从被塑造者的角度来讨论年信对"三柱石"研究的价值。年信对塑造者的研究亦有价值,即传教士是怎样塑造、如何看待明清天主教史上最重要的三个人物呢?传教士对"三柱石"的塑造方式与中国官方、中国民间、中国教友的塑造方式有显著的差别。塑造方式带有强烈的主观性,即使基于同样史实,以信仰为论点时,科学就成为论据;以科学为论点时,信仰就成为论据,那么,哪种是传主的初心呢?传教士当时对"三柱石"的塑造方式,反映着"三柱石"当时在教内的真实地位。我们今日对"三柱石"的评价,亦不能脱离同时代人对他们的评价。对塑造者意识的探讨与对被塑造者的探讨同样重要。

最后,本节附录中将附上杨廷筠、李之藻的人物小传。徐光启小传已由董少新译注发表,小传原题《保禄进士生前身后的几件有教育意义的事》,收录在伏若望所撰1633年年信中,董少新译题为《徐保禄进士行实》[①],可供参阅,本节不再赘译。这些小传是在传主去世当年由熟悉他们的传教士书写,附在年信中的。通常只有当年去世的神父才享受在年信中有传的"待遇",从中也可看出"三柱石"的地位。它们应该都是传主最早的传记,在时间上靠近史实现场。悼念的热度与气氛未消散,被带入作者的笔尖,是对最新鲜的记忆的采割,因此更有价值。虽然许多素材取自历年年信,但是,作者的选材与强调代表着作者的态度,传主哪几件事,在作者看来更重要,才被写入小传。

[①] 董少新译:《伏若望〈徐保禄进士行实〉》(1634),《澳门历史研究》2007年第6期,第153—159页。

本节附录

附录一　杨廷筠小传

为了讲述弥额尔进士之死及他对在中国的神父们的帮助，就不得不提他入教后的生平，还有他入教前的一些事迹。即便这不算荣耀的果实，它们也是展示了这土地有多么丰腴的花朵，只要用天主的爱德之火将这异教的丛林烧毁，并以恩泽之水灌溉，这片土地就能给予。不过，由于在过去这些年，对弥额尔进士做了逐年的记载，我就只说今年的事，我们的主在这一年带走了他。

弥额尔做圣诞告解，因为会来很多教徒，他没有像其他时候那样在前夜做，而是在圣诞日的当日上午，身着官服，出现在教堂中，站在所有人的面前，在弥撒的尾声，他与来做弥撒的其他人同领圣体，他是所有人的表率，这也是他所追求的。

我们圣灰节的当天，正好是中国新年的第一天，大家都在庆祝，在大年夜，不再禁食，而是整夜不眠，消耗在无休止的宴饮中。为此，前一天的下午，全家就要忙成一团，准备桌子，烹饪，收发礼物，以及其他乡俗仪式，比如七日狂欢，这是最热闹的。弥额尔有一个大家庭，亲戚多，就最忙碌，也最嘈杂，准备这些便很费力。他在教堂发出作万福玛利亚的钟声之后[①]，前来告解，又在翌日早晨，以与圣诞日同样的方式领受圣体，但要做出这种表率更难，因为在这一日，他要从无限繁忙中抽出身来。在圣诞日（已经做完告解），神父对他说起主人们该做的事及其仆人们要遵守天主之律的诫命。这个好进士从此就把这个提醒（他做成了提示）装在心里。在圣灰节前夜，神父慢条斯理对他谈起："我们对于你躬行的那些

[①] 日暮时分。

诫命非常了解,对于我们,你加入我们的家庭有11年了,你还带给我们其他很多帮助,对这些事,我们之间会有谈论,对这些事,我们总是用笔记下。因此,我们所有人希望你的全家一切都好,我们在弥撒中,在祷告中,会向天主祈福,不仅仅是为你,还为你的妻子、儿子,甚至你的随身仆从。"这个善良的老人听到后,哭了起来,流露出深深的感激,差点儿把神父也弄哭了,他立即就用行动来表达,因此,从此之后,他的所有仆人都令人惊讶地从不间断地参加弥撒,几乎从来不缺一人。

他最年长的儿子加禄,有三十四五岁,才智出色,因此被寄予众望,将会当上大官。加禄患病有些时日,今年恶化了,弥额尔进士很伤心。神父就为这件事安慰他,劝了他很多话之后,又说:"看到你现在的样子,我很难过,你儿子的病也刺穿了我的心。主公(senhor),你就把他交到天主的手中吧,天主知道怎样对他灵魂得救、对你的尊荣和我们这个家的利益最好,就让天主在他身上做天主想做的吧。"这个老人老泪纵横,答道:"我对天主想为他做的深感慰藉,我只求你为他向天主代祷,让他按应该做到的去忏悔,以使他的灵魂得救,这就是我想为他要的。"我提这件事是因为,中国人非常宠爱自己的儿子,尤其当这儿子被寄望当官时,宠爱尤甚,这就是一个很好的例子,比 Fábio 的例子更好,后者在两岁时夭折,用了更少的时日就迎来了自己的喜悦之日。

加禄想告解已经有段时间,但是,没人催他,因为医生们想把他救活,直到三天之后,病人亲自要求告解。弥额尔进士立即叫来了神父,感谢我们的主使他的儿子理解了死亡,并且想为死亡做好准备。出于一个父亲的爱,弥额尔请神父别对儿子做得太多,适可而止,因为儿子不能长时间地祷告,也不能多说话。但是,加禄知道自己的状况有多糟,就很慢地告解,他表现得悔意切切,神父写道:他得到深深的慰藉,为了获得救赎,他无论如何也要从床上起来,跪在地上,他做这些非常吃力,只好叫他父亲来制止他。告解结束之后,他开始询问地狱里的酷刑,神父回答他说:"你要相信我们的主已经将你从那些酷刑中解救出来,因为你做了很好的告解。"他还问了有关炼狱的事,以及其他类似的事,因为他很虚弱,神父就讲得非常慢,比设想的更慢。然而,他说:"先生,再过两天我就死了,你也就不用再来这里了。"

这个过程很长,弥额尔在小室外等候,他对于神父与儿子待得那么漫长不耐烦了,然而,当他知道为什么后,加之对病人的爱,便喜不自胜,他很高兴地陪着神父,一路上对神父千恩万谢,因为神父为儿子所做的。儿子立即请求父亲原谅,因为他本来应该按照父亲的意愿来做,却没做到,他还向家里的其他人道歉,因为他未作出表率,起到教化作用,而这本来是其义务。他叫来自己的儿子路加(Lucas),这是他的独子,已婚,嘱咐儿子做一名好教徒,继续去听弥撒,遵守天主诫命。他烧毁了很多借据,都是别人欠他的钱,出于对天主的敬爱,还有这些欠债人的贫穷,他将这些债务全部豁免。

弥额尔进士从这些事情中感觉到的慰藉有多么大,难以使人相信。翌日,他感受到的这种慰藉好好地表达了出来。因为得知良进士正拜访神父,他立即去那里,对二人讲起关于自己的事:"天主以其洪恩施之于我,感化我的儿子,通过这种方式,使我儿子准备好了面对死亡。如果他这一辈子一直是一名好教徒,而现在却不得好死,我又能如何呢?看到他能死得这么幸福,我为什么不大大地高兴呢?"弥额尔还说了其他类似的事情。

从这天起又过两天,弥额尔来找神父说,加禄请求接受终敷礼。在终敷礼之前,他用情很深地忏悔,然后带着很大虔诚受终敷礼。而后,神父给他一具耶稣受难像,他对着像拜了三拜,因为他是躺着,不能起身,就用点头表示,他把圣像捧在手里,深情地抱着它,高声做了信拜,忏悔自己的罪。所有的人都听到了,父亲、儿子、他的兄弟若望,他们哭了,一部分是出于见他死得这么幸福而喜,一部分是出于将失去他而悲。终了,他们三人都拜谢了神父。首先,是弥额尔进士单独来拜,他不停地感谢神父,又感谢十字架前的我们的主,感谢他们为儿子所做的,他的感恩之词重复多遍:现在我的儿子重生,就相当于我又生了一个儿子,现在,我很感激天主赐予我的。随后,若望和路加做了同样的致谢,直至不久之后,加禄非常平静地离世。神父在两名修士和一名学生的协助下为加禄祷告,这些人是住院的全部人。在道别后,弥额尔进士陪着送我们到住院,他又说了很多感谢的话,也流露着悲伤。

当必须得把遗体装入棺材(即便是最穷的人、最卑微的人,按照习俗,也要入殓下葬)的时刻到来,弥额尔进士派人问,因为儿子要行祷告,将念珠和其携带的羔羊颂与他一起入棺是否合适。然后,按照当地风俗,给他穿上上好的绸缎和其他丝织的衣服,而没有使用我们的裹尸布,这个好父亲将玫瑰经放在儿子手中,将圣物袋挂在儿子的项间,以标识其天主教徒身份。神父还是与那几名同事一起去为他祷告,弥额尔来陪伴左右,在我们的住院,他向神父行了拜礼,还是说着那些同样的话,也带着自然流露的丧子之痛,这个儿子他是那么宠爱。但他非常平静,悉听天主安排,就像他在翌日所展现的。这日是圣玛窦使徒庆日,弥额尔在前一晚守夜,彻夜未眠,一早就像往常那样来听弥撒。

在全年的某些日子当中,弥额尔会佩戴苦修腰带,还有一些日子,则在自家的祈祷室中上课,但在濯足节的当夜,他与其他教徒一同来到教堂上课。

碰巧在 1627 年,在该住院,除了 Reynol 神父,别无其他神父,神父抵达仅仅几月,患三日疟已 11 个月。因为初来乍到,他对当地奉教仪式并不了解,两名修士虽是他的工伴,却不想对他讲,因为他很虚弱,很多事他都做不了,这很让人焦急。直到弥额尔进士来住院,他对两名修士谈起神父:"我的兄弟,为什么会这样,今天我们没有课吗?"修士们告诉弥额尔原因。进士回答他们:"你们说得有道理,神父不能上课,他太虚弱,但是,我们可以诵祷《求主垂怜》(Miserere),你、我和来这里的一些教徒可以上课,这些教徒并不知道神父生病,我们还是不要放弃我们的好习惯。"神父在结束了赞美诗后,未向众人合掌,因为他不知道这是他的职责,好心的进士就与众教友继续,直到累得晃不动胳膊了,才做了一个手势示意将蜡烛拿过来。

弥额尔自告奋勇地为待在那里的神父念书,这些书可以帮助神父了解中国字和中国的事情。因为他已71岁,有持续不断的事务缠身,有来访者,有谈事的,还有很多来交往的,全都需要他的介入、建议及其他的帮助。每个早晨,他前来为神父念书,当他恐怕会被杂事羁绊,就将念书时间提前,或者晚间再来,他很勤奋,亦很准时,好像他是一个等着靠此赚取酬金的塾师,还要用这笔钱养家。

我们已经讲过,魏忠贤的第一座生祠就是在杭州建起来的,从时间上,该祠位列第一,在建造规模上,也是第一,建造费用超过九百两银,大珰派人来说用这笔钱再买几所房屋,送给生祠司事。这是个恶魔般的异教徒,他将会来监视教堂,侍奉魏忠贤像。

弥额尔进士在那附近有几所房子。一名太监是魏忠贤的代理人,很受魏的赏识,因此,人们都怕这个太监,他成了那个城中的大人物。出于同样目的,他想将弥额尔的房子买下来,就派人去要求出售,因为送信的人见房主不想卖,就在房主家里说道:"先生应该卖啊,因为这是卖给魏公公的,不论你想卖不想卖,他都会从你这里得到它。"弥额尔对教友一向和颜悦色,对于教内事务亦是慷慨奉献,为使他们不笼罩在阴影之中,他对信差委婉地说:"我不会考虑的。"亲戚们知道这件事，立即全部向弥额尔施压，不要为了这件小事株连全家，他们知道魏忠贤是怎样将很多高官投入监牢的，是因为他们未遂他的意，或者对他不够尊重，以及类似其他事情。但是，进士绝不屈服，他认为金钱、生命都不及尊严重要。了解弥额尔的人都不觉得奇怪，因为那座城中有句俗语："杭州男人，数杨廷筠；杭州女人，数李之藻家的。"弥额尔的妻子，还有儿子若望，再三请求、忠告和讲道理之后，派人去把这一切对神父讲了，请求神父劝一劝弥额尔，只有神父能软化他，事实就是这样，弥额尔没说二话就听从。他的妻子、儿子立即派人去向神父表示感谢，因为神父将他们从一场大难中拯救出来。其他亲戚则惊讶于弥额尔进士为何会如此敬重神父，根本不需要神父的动员，他就帮助其他教友。对于以上这些事情，我想说的是做好一个人的工作就足够了。

某个堕落的异教徒，对待他的信教妻子差之又差，妻子对他没有什么利用价值，他就打算卖给另一个人，为给自己洗脱罪责，他还诬告这女子的父亲。因为她的父亲也是天主教徒，就来求助神父，神父将他留在厅里，弥额尔进士正经过这里去听弥撒，见到这个伤心的人，就去问他怎么回事，在这里做甚。他便将遇到的事情告诉了进士。进士回家立即就给审理这案子的官员写了封信，通过这封信将陷入苦恼的女子及其父亲救了出来，弥额尔又叫来原告，狠狠责骂了他，并警告他，再虐待妻子和丈人，就对他不客气。

弥额尔进士过去喜欢在一个月中找几天时间为他的仆人们讲道，他的仆从众多，全是教徒，大部分都已婚，或者就住在弥额尔的家里，或者住在同一条街，很近，还有居住在弥额尔的所有府邸的人，他们形成了有共鸣的一片地区。神父得知弥额尔已经不再为仆人们讲道，就问为何。弥额尔答，因为没什么用，为他们讲解了许多，看得到的成果很少。神父告诉弥额尔该怎样做，弥额尔照做了，但是，他说："为了更有效果，先生您来为他们讲，他们更愿意听。"布道晚间进行,所有人在此时都不忙了,听众达一百人,男人们在外面的一间厅里,女人们则在一间内室里,她们在里面能听到,又能不被看到。神父讲一会儿之后,弥额尔进士就接过话来,评论刚才神父讲的,将这些大道理落实到具体的案例上,弥额尔知道使用哪种方式对他们有用。还有一次,没有布道,而以他的两个童仆复述教理代之,这教理书是由 Marcos Jorge 神父著述,罗如望神父译成中文,一仆发问,一仆答对,这对女教友们非常有用。弥额尔进士很专注地听他们,欣慰喜悦,仿佛不像高龄老人。神父布道翌日早晨,他在祈祷室内做完奉献,念完一段祷词,总是一出房间就立即到神父处致谢,感谢神父在昨夜的劳动。

弥额尔对神父几次提起,自己已70岁,希望死前能将神父们安置在属于神父们的房屋中:"既然现在沈㴶已死,魏忠贤也完了,你们已无危险,自己住吧。"

最终,弥额尔买了几间宅,离神父们住的地方稍微有点儿远,足够宽敞,只是缺少教堂,他立即叫人用好木建造,因为在中国所有的建筑都是木制。在我们的神父沙勿略圣人庆日,是立柱子的日子,弥额尔与神父去了那里,他的儿子若望同去,弥额尔模仿君士坦丁的身先士卒,在木匠们的帮助下首先将柱子立在当立之处,木匠们惊讶于弥额尔的这一举动,他是那么大的官员,是京师的监察御史(Corregedor),差点成为都堂,即一省的总督,大家见他委身于众人中,接着,他的儿子若望效仿照做。工程推向前进,过了两天,这老者却因以下这件事而病倒了。

他正在编一本小册子,关于神父们的生平、品德,他们所传授的科学,他们所布道的基督律法,因为他说,我是自家的人,我留你们在我家中这么多年,所以,中国人相信我,也就爱戴你们,就想成为教徒,如你们向他们所建议的。这件事花去了夜里的数小时,夜里很冷,杭州开始变凉是很厉害的,寒冷一点一点渗透进来。

要补充的,是在教堂开始动工之后一天,弥额尔请来了正在这个省的户部参议(vereador da fazenda),其将要去南京高就,还有两位退休官员,是杭州人,神父也被请来一道,这样做就是为了让官员们认识神父,听神父讲我们的事以及一些天主律法之事。弥额尔达成了目的,因为神父讲了很多,这三个异教徒都很满意,称赞有加,既赞神父所讲,又赞神父。弥额尔进士便想将这次精心安排的聚会写入自己书中。聚会结束已经深夜,他回到书房后,开始全篇记下,因为沉浸其中,竟未觉察寒冷透入肌体,一早就发起了高烧。

在第四日,他极其忧伤地忏悔,因为羁绊,他在许多事上没服侍好天主。但是,他为这神圣愿望做出很大牺牲,财富、妻儿都没被他放在心中,一心想着教堂快点完工。发烧最严重的时候,他还开始胡言乱语。

在第七日,情况恶化,神父去为他讲弥撒,给他临终圣餐。弥额尔想起身,跪着听完弥撒,就像他在身体好时那样做的,神父不允许他这样,告诉他坐在床上就够了;当要受圣餐时,他又坚持下床跪在地上,神父对他讲道,天主所希望的是受合理的敬拜,教友根据自己的年龄和是否生病,各尽所能。弥额尔用深有感触的声音答,尽管我的年事已高,但是您为我的舒适考虑得太多了。我怎么可以在床上接待来眷顾我的天主呢,尽管我在病中,我也想按照应有的敬礼迎接天主,我能起来。然而,神父又对他说,如果你实在想,在你这个状态之下,在外在上,坐着,把头尽可能地压低,就足以表达内在恭卑。他听从了神父,满脸涨得通红,羞愧之红,仿佛在做一件低贱的事,或对天主犯罪,被捉住了。之后,他一整天都在向自己的仆人抱怨神父强迫他做了那么失敬的事,就像他对神父说的,如果不是病殃之灾,他一定会跪下。

在第九日或第十日,弥额尔接受终敷礼。一名仆人对神父说,不要脱光他的双脚,因为很冷,他的脚上穿着丝绸制的袜子。这位优秀的进士听到,就对他说,给我把袜子脱下来,因为我想走得更快。最后几日,他全部都用来感谢我们的主,为了主赐予的恩典。他离世了,非常喜悦,带着与天主谋面的巨大希冀,那么宁静,那么安详,完全写在脸上。他就像一个无妻无子的人,在弥留的两日,他几次要神父陪伴着他,代他向主祷告,他死时很欣慰,带着升入天国及至长眠于主内的希望。

神父们住在弥额尔家的这11年里,他的异教徒亲戚们年年对他喋喋不休地施压,他不理会他们,不想屈服。在前8年,沈㴶活着,他是针对我们的教案的始作俑者,其中大约两年时间,他当阁老,其余时间,住在杭州,沈㴶知道弥额尔的情况,他有感觉,如果他想,他就可以报复,他确实想。后来,弥额尔被向皇帝举报在家窝藏被公开判决驱逐的外国人。最后3年,是魏忠贤掌权,他对东林党心怀恶意,弥额尔则被认为做着与东林党同样的事,甚至更坏。但是,弥额尔对魏珰不理不睬,反而,与我们交往时展现出的爱一次比一次显著,他以更大的热情寻求宣扬天主的律法,以及对教徒的牧养。这些事情都在他的家中进行,在他家中,我们有座教堂,教徒们常去那里望弥撒、听布道、行忏悔。关于这点,我想起两件事,此前忘记写了。

1623年时,弥额尔得去北京履职,这是一个他从湖广道御史(Desembargador de Huquàm)升任的职位,沈㴶前来为他送行(在他动身之前那天)。弥额尔在参加讲道仪式的过程中,对沈㴶说,与我们和解吧,我们不值得你憎恨。沈㴶回答,我已记不起来,我跟他们的事也没有任何关系了。弥额尔说,若你不记得他们了,我就不求你了,如果你再记起他们,就帮他们,因为他们都是伟大的人,优秀学者,德行很高。沈㴶笑了,没有作答。

另有一次,弥额尔与几名退休在杭州的高官在一个宴席上,当着众人,一人对弥额尔说道:进士贵人,你是我们这乡里的桂冠,因为你有才华,又有品德,等等等等,然而,就是因为你与天主教搞在了一起,使你逊色很多。弥额尔非常安静地回答他,这是我拥有的最好的东西。这句话使得该朋友闭嘴,相当尴尬,所有人都面面相觑,聊开其他话题。

因为这个原因,现在,在他死时,不信教的亲戚们立即来建议他的儿子若望,家里不要再收留神父了,将父亲的遗体按照其应有的规格下葬(意思就是找许多和尚来)。若望答复他们:我的父亲在生病前,就在外面为神父们找好了房子,他们在那里已住了20天了。他去世时是名天主教徒,我也是的,因此,在葬礼上,除了教律所允许的,什么都不得做。葬礼就是这么办的。本来用于盛大的迷信仪式的钱,在那几天,若望派人在家门口给了很多穷人。

在杭州的两位神父,在第七日为弥额尔做了一场逝者仪式,在仪式上点了很多蜡烛,仪式期间,两名修士焚香膜拜,在弥撒上还有布道,许许多多教徒前来参与全程,良进士则全身缟素。

正在嘉定的副省会长神父,除了命令为弥额尔在各住院讲弥撒和诵玫瑰经之外,还命令我们的修士——他也曾是修士——与几名神父再为他举办一场弥撒,并且通知上海也为弥额尔做一些事。随后,副省会长去了杭州,与另五六名神父会合,又为他举办了第三场祭礼,更加盛大,教堂内停放灵柩的高台更大,又做了第二场布道,来的教友很多。我们都应该好好地纪念弥额尔进士,这全部的仪式乃至更大的仪式都配得上他。[1]

---

[1] Manoel Dias, *Carta Annua da Vice-Província da China do Anno de 1627*, 49-V-6, ff. 490v-496v.

附录二 李之藻小传

良进士(李之藻)之死在召唤我,要我去讲关于其生前的很多故事,因为我一直住在良进士的地方。

他出生于该(杭州)府,在京师就任其第一个官职,这是在他取得进士的功名后,被委任的。他在那里见到了利玛窦神父并与之交往,就像京中其他官宦与文人一样,他们都是被新鲜感带去看一个欧洲来的人。因为他的好奇心尤其重,又有涌动和异于常人的才华,在与利玛窦神父的交往和交谈中,发现其在科学和才能上非常渊博,利玛窦神父向他展示的一些地图和奇巧物也佐证了他的判断,这些深深吸引了他,使他不能离开利玛窦神父的左右。

他先是听和讲了很多遍天主之律,而后帮助神父重新润色、订正"教义问答"(Cathecismo),这本多年前就完成了,此时开始付梓。他发现有了这本书就非常方便,也保证了教义解释的一致性,尽管他还不完全相信这书中所讲的内容,但他经常提及这些传播圣教的神父;尽管圣教于他还是不经之谈,但他还是乐意看到圣教的东西被好好地照管,被编排得更有条理。在这些年中他持续不断地帮助神父,他的建议和权力对神父的帮助很大,那个住院就是在他的帮助下建立起来的,他是第一个鼓励神父购买房舍和修建教堂的人,并且还出了钱。

对于守斋、忏悔等这样和那样的圣工,他很乐意去做,尽管他还没有进教。天主赐他彼时他还缺乏的智慧之光,他逐渐认识到我们圣教的真理,请求领洗,但他还有某种障碍,神父不想对他让步,直到他的死亡时刻。他后来逃脱了死亡,这是因为终敷礼这件圣事的关系,他就其一生进行了总告解,并感谢主。

随后不久,他回了家,某日下午,他正忙着指挥摔碎、焚烧家里所有偶像,老朋友弥额尔进士(杨廷筠)来看望他,当时弥额尔还是异教徒,拜偶像的,对于侍奉偶像特别用心、特别虔诚,他忍不住对眼前的一切好奇。听了回答,他有了聆听和了解天主之律的愿望,后来,他接受了天主之律,在洗礼中,良进士本人成了其教父。因为那段时间,郭居静神父和龙华民神父住在良进士家,在那里见到了弥额尔进士,弥额尔就将二位神父接到自己乡间院墅去住,他也经常去住,探讨天主之律,如此许多次后,慢慢地就改宗受洗了。在这件事情上,良进士亦有其功劳,他作为朋友来帮助我们,是大恩人,在这许多年中,当我们处在苦难、迫害和匮乏中,我们总是受到他的保护、救济和帮助。

从那天起,弥额尔和良两位进士就是在这个国家中的我们的圣教及其传教士的领袖和保护者。在教案迫害的最狂潮中,我们全被驱逐出境,我们就是聚在这个城市,这里可以收留七八个人。这几年中,我们过着半隐匿的生活,做得却足够多,除了保住已有收获,还使收获有所增长,在 10 或 12 年中,我们的教堂不超过 3 座,但是今天我们在 8 省有 11 个住院,不仅比杭州的更大,而且会有比现在更大的出现,因为一直都在成长。

这些成果是良进士在任上取得的。在他进教之后首次履新,文书和其余僚属对他说,在他们必得下榻的府邸中,有一房子,里面有大量的偶像,按照习俗,要去拜拜这些偶像,还要在这些偶像前发愿。良进士便去了,他没在偶像前跪拜,反而将它们全部扫到地上,砸碎它们。衙役们被迫作为执行者,这对他们而言是不虔敬和亵渎神明的,他们面面相觑,说道:我们的这个新主人看起来是疯了。他表现出来的对魔鬼的厌恶和憎恨就是这么深。他一生中都在疏远两种人,这两种人在他看来不是君子,一种是互相欺骗的,另一种是将魔鬼视为神的。后一种人有机会聆听我们的圣教,或者阅读圣教书籍,但是因为判断失误、没有智慧,而不认为圣教就是真理。他相信只要是识字的人和喜欢读书的人,不可能不惊讶于欧洲的博学与科学,通过这些,认识天主并接受天主的圣教来得不就容易了。因此，他最大的着眼点就是一直在劝神父将时间用在书籍的翻译上，他则尽其所能提供帮助，他的帮助不小。从他结识我们，并与我们交往，凡约 30 年，他一直忙于这件事，他带着强烈的求知欲很用心地做这件事，即便是去乡墅休闲，外出拜访，以及参加日常宴饮，他总是将某本书放在袖中前往，这样，坐在人力用肩抬的轿子中，在一人独处的时候，他就可以阅读、写作。他干这项工作，与哪怕才华稍逊的人相比，也更艰难，因为他的视力不逮，一只眼睛几乎失明，另一只眼视力很弱，严重近视，为了阅读，他几乎是趴在纸上看字。就是通过这种方式，没用很多时间，他就掌握了我们的很多知识，在很多人面前，他可以就任何学科开讲，这些人在欧洲是可以被视为知识分子的。

他精通的，不仅是欧几里得著述的前六章①，它们已被译为中文，以及我们的算学的全部门类，他带着认真劲儿和好奇心自学了算学，为此还写了约七卷关于球体②和其他类似专门领域的书，而且他还能够掌握并且帮助翻译了 Calo③ 的书，亚里士多德的《世

---

① 《几何原本》。
② 《圜容较义》，由利玛窦、李之藻编译自克拉维《萨克罗伯斯科〈天球论〉评注》(*In Sphaeram Ioannis De Sacro Bosco Commentarius*)一书的《天为球形》(*Coelum Esse Figurae sphaericae*)，主体为其中的专门注释《论等周形》(*De Figuris Isoperimetris*)。其中包含立体几何的相关知识，以及双归谬法等重要数学思想的运用，同时引征包括当时尚未译出后九卷在内的《几何原本》的命题及阿基米德等几何名家的相关著作，是《几何原本》前六卷之外西方古典几何学传入中国的重要补充。同时，该书以"圜故无不容，无不容所以为天"为目的的几何论证，为天穹恢廓进而至于宇宙完满、上帝至善提供了数学依据，而其序言又以文学手法将中国传统语境中自然、社会等各类圆形的文化意象与上帝创世而万物皆圆的宗教观念相融，这既是利玛窦"学术传教"策略的典型案例，也是李之藻"缘数寻理"而理、器并传的实学思想的重要体现。
③ 可能是克里斯托佛·克拉乌(Christopher Klau/Clavius, 1538—1612)，从拉丁荣号译名"克拉维"(-us 只是形态词尾)，由于其姓氏之原义为钉子，其弟子利玛窦译其著作时皆标为丁氏所著。他是活跃于 16、17 世纪的天主教耶稣会士，在数学、天文学等领域建树非凡，并影响了许多后日名家，包括伽利略、笛卡尔、莱布尼兹等人。李之藻与利玛窦同译的《同文算指》，即据克拉维所著的《实用算术概论》(*Epitome arithmeticae practicae*)，此书是欧洲数学传入中国之始。

界》(el Mundo)①。他是那么慧光明亮，洞悉各个学科，科英布拉的课堂上讨论的问题，他都涉及了，就连这么难的问题也没回避：*maximos , minimos termos in captiones , et divisionis*②。最后，还有相当一部分的逻辑书籍③，他已将约20卷中文译本交稿，可以印了。他谈论起所有这些学科，兴致勃勃，轻车熟路，对于已将这些知识遗忘的神父们来说，要跟上他并不是很轻松。对于那些奇巧的玩物和贵重的物品，尽管它们是欧洲可能出现的最好的，其他人也非常珍视，而他一点儿也不上心，他的所有兴趣和快乐来自向他展示一本从欧洲来的新奇的书。他也时常叹息自己老了，累了，他在其他中国知识分子身上没有找到愿意帮助我们翻译书的这种热情，他认为这对国家的福音化是很重要的。

李之藻不与神父们谈除了天主与科学之外的事，他有一个习惯大家都知道，每当他与我们见面，尽管这周之内见过多次，他亦首先要问，你们在译什么书呀，若是他知道了我们在翻译什么书，他就会问这几天你们译了多少啊。

就是这样，他在译书工作中发挥了重要作用，神父们译成中文的作品有50多部，既有关于天主之律的，也有科学方面的，还有一部书中有很多卷的，不经过其手的作品很少见，或者由他来写，或者他来帮助订正，或者拿去润色、印刷，或者作序为其增加权威，所有这些事情他都干得极为欢喜。对他来说，没有一件礼物比从我

---

① 与傅汎际合译的亚里士多德名著《寰有诠》。这是一部宇宙学著作，与宗教并无关联，第一册源于八卷本巨著《亚里士多德论天讲义》，于1592年由耶稣会士在葡萄牙科英布拉大学整理出版。原著是拉丁文，由傅汎济先译成中文，然后经李之藻润色修改。每卷末尾都附有李之藻的题词"波尔杜葛后学傅汎济译义/西湖存园寄叟李之藻达辞"。

② 译者暂未搞清这是什么问题。

③ 《名理探》，原名《亚里士多德辩证法概论》，由李之藻和傅汎际合译。原著为17世纪葡萄牙科英布拉大学的逻辑讲义，主要内容为中世纪经院派所述亚里士多德的概念、范畴等学说，基本上代表了经院哲学的逻辑的面貌。译本计十卷，初刻于1631年，为西方逻辑著作从译述方面介绍到中国的最早的一部。

们这里给他一本这样的书更大。

由此,他萌生了一个伟大的愿望和急切的渴望,就是看到中国有许许多多的神父。这个愿望非常消磨他的耐心,于是,有时他就对(教会)长上们非常抱怨,他说,长上们不了解情况,因为他们不来亲眼看看这件事的重要性,因此他们就不会根据需要来予以回应,除非有一天他们亲身沉浸在此间的热心中。与他交谈的神父向他伸出手,很温和地对他说道:"进士先生,我们感激你的热心,也感觉到了你在这抱怨中对我们的帮助,但是,长上们有许多地方需要照管,不可能根据每个人的喜好来做事。"他很感激很认真地回答:"阁下你就批评我吧,你一定认为我胆敢妄议我们的长上我们的父,不是这样,我说的是,我很希望能够见到我们尊敬的总会长神父(他是用中文讲出这些称谓的,他总是这样称呼耶稣会的长上们,称之为'我们的长上'),我将再三地请求他特意派大批的神父来中国,因为中国的语言和文字是那么难学,从现在起,在中国的诸位明天就知道自己很老了,干不动了,不能再去带教新来的神父了。"他是这么说的,他的感觉就是这样,这在一封信里可以得到很好的印证,尊父您碰巧会在京师中读到(这封信),他这封信是回另一封信的。那另一封信是这几个教省的视察员努诺·马什卡雷尼亚什写的,视察员在信里向他施惠,他想要的任何东西都可给他,只要这几个教省找得到,李之藻说,其他都不想要,只求视察员能让尊父您派很多耶稣会的传教士来这个国家。

他的愿望就是这些,他的学习就是这么努力,他关注于健康,以及在家中的言行,与外人交往时讲究辞藻。他很有爱地教我们,当有些情况是因为不了解该国的习俗造成的,需要被提醒时,他就直言不讳地来提醒我们。甚至到了这个地步,有很多次,他亲手解开我们衣服的前襟,看看穿了什么,穿了多少,是不是够抵御寒冷,如果我们当中有人生病,他就命令在自己的家里为病人做饭和准备药品,他说,因为我们的仆人不会也不习惯根据病人的需要来做,不够得力,不堪使用。只要他看第一眼,凭三四句话,就能立即判断出这个人的才能如何,如有必要,他很懂如何将他们分辨出来。他的这份爱德、和蔼、评价、鉴人之术,是针对所有人的。对于我们新来的人,还不会说中国话的,他更带着一份感情,对其特别关照。当他们为工作感到劳累,对现状感觉到厌倦,为了好好鼓励他们,当他们开始学说话时,每当从他们的口中听到一个新词,他都庆祝一番;他与他们个别长谈,告诉他们怎样学习,向他们推荐书,还亲手为他们句读(在中文中句读是一门单独的学问)。

只要听说良和弥额尔两位进士在我们的住院聚首,我们的担惊受怕就终止了,感觉特别安心。他们经常碰头,除了怎样传播圣教,他们几乎不谈其他事情。他们谈论怎样保护、救济全国的传教士,怎样为传教士树立权威,他们商量可以将传教士引荐给哪些朋友,哪些书要完成,先去哪些省份更好,向长上申请派哪个神父过来,派往哪里,而这些探讨往往是以叹息收场的,他们两人都是这样说的:我们已经老了,明天就要死去,我们可以让谁来接替我们的位置,将我们还健在时开始的事业推向前。

还有很多次他们在畅想,在京师中,通过奏疏,告诉皇帝本人我们圣教的贞与真,从他那里得到许可和影响力,以建造公开的教堂,他们已经选好地址,建筑的蓝图也画好了;他们还会设想,如果为此而被罪收监甚至砍头,他们将会盎然而快乐,若能成义的话,那是多么大的一个恩典。

这些不止停留在讨论和愿望中,我能肯定,耶稣会在中国这么多住院和教堂,没有一座不是良进士帮助建起来并为其维持出了很大的力,尽管他不富有,他捐献了数量可观的钱。

当我们返回并安札在杭州府和北京,恢复我们在被驱逐出这个国家之前的状态,他的这份热心更是明澈可鉴,他寻找各种可能的途径和利用一切机会使我们能效力于战事。他举荐我们说,我们除了博通广识,还在澳门居民中有很高的威望和权势,我们可以很轻松地动员他们带上武器前来助战、驰援这个国家。为了说服皇帝及其顾问同意此事,他精心地推敲修辞,还援引了许多关于我们的书和古编年史的例子,在这方面他极精通,如果大家不是十分想看,我在这里就不摘抄他呈上去的那份奏疏的内容,以免这份报告显得冗长,尽管我不抄了,他可十分清楚该怎么为自己和为朋友说话,他达到了目的,为此他很高兴,我们全体对他的感激也同样多。后来,他因为这件事而丢了官,因为不乏有人在皇帝面前参奏他,指责他与利玛窦神父过从甚密,而利玛窦是外国人,他与利玛窦之间生发了感情,还追随了利玛窦教给他的宗教,而这宗教与这国家的所有教派都不同,因为他信教的原因才有了那些请传教士助战的建议。

不过,天主在这点上很好地补偿了他,不仅补偿了他当时甘冒风险所做的,还有他失去的,四五年后,使他重新得到了同样级别的官位,而且这个职位尊贵得多,在全国都享有盛誉,这是通过保禄进士来实现的。因为良进士是天主教徒,对于帮助和促成我们的事大有能力和意愿,就利用修历这个机会来予他这个恩典,就像我去年所写的。良进士带着对天主之律的干劲和热忱接受了这个职位,就在众病缠身中上了往京师的路,与病种同样多的是他带在手头上的工作,加之路途遥远,天气恶劣,非常寒冷,他的病加重了,在抵达几个月之后,在万圣节这天,他进入了死亡名录。在这一天,在杭州府两座住院中的一座,举办了四年来的第一场弥撒,这住院是他特意建造了送给耶稣会的。

我不再说有多少次他在忏悔中的虔诚,他在聆听弥撒、领受圣体和终敷礼时感到的抚慰,他在那个(死亡)时刻听三名神父对他讲话时的信和虔,天主既然受他服侍,就派了三个神父在他的床头(作为对他待我们之爱的回报,在他认识我们之后,就用一生在照顾和帮助我们),他是多么睿智的人,又是一名那么好的教徒,对于当时的情况是很容易想象的。我只说说他与保禄进士的事。保禄进士握住将死的良进士的手(握手在中国的含义比在欧洲包含着更多的爱和信任),良进士先向保禄表示了感谢,因为他多次收到保禄进士的恩惠,尤其是在那一(将死)时刻,他说:我死得很心安,因为我亲眼看到了因为你的热心和帮助,我们的神父们受到了很好的保护,先生,我就不需再把他们托付给你了,因为我知道他们在你心中的地位。而我,因为我犯的罪,不值得忝列这项事业中,是你给我恩典,才召唤我为同仁的,但是,当这件事完满完成,若你能记得我,我将感激不尽,我将这件事视为效力于天主的荣耀和其至神圣律法的弘扬,现在这件事就交给你了。

良进士是这么说的,表达了他对神父们和天主之律的关怀。他还乘兴回忆起了他与弥额尔进士之间的事,那时弥额尔进士在弥留之际,几乎说不出话,除了还能让人把他叫去,不省人事,弥额尔拉着良的手说:"先生,现在交给你了,你懂我吗?"良进士后来做得很出色,他向身边两个教徒解释,这两个人已经泣不成声:"这就是弥额尔进士所思虑的,从这番话语中,我看到他的心,他想说的是神父们和天主之律的事,在他死后,就是我的责任。"

而我们的责任是不要忘记这样一个杰出的恩人,我们期待他能在主面前,享受他该得的奖赏,我们将为帮助他的灵魂而进行很多的祈祷,很快整个副省都会为他祷告,我们也乞请尊父您在方便时下令全耶稣会为他祈祷①,以帮助我们报偿他给予我们的诸多恩情,他作为这项事业的一个最小个体单位,总是给予我们很大帮助。②

---

① 李之藻的讣文传到欧洲,耶稣会总会长谕会士各举行弥撒一台。据顾卫民《中国天主教编年史》,上海:上海书店出版社,2003年,第127页。
② Lazaro Cattaneo, *Annua da Vice-Província da China do Anno de 1630*, BAJA, 49-V-9, ff. 37v-41v.

第三节 "中游"砥柱：年信中的"中层教徒"

耶稣会士走"上层路线"传教，除了从上层争取合法性和活动自由，还使一批文人、官员信教，以起示范作用。徐光启、杨廷筠、李之藻，无论从中文文献看，还是从西文文献看，都是当仁不让的"三柱石"。不妨将教内声望在"三柱石"之下，但在籍籍无名的社会底层教徒之上的、有一定社会地位的教徒称为"中层教徒"。此处"中层"可视为社会阶层的概念，因为"上层路线"本就是就社会阶层而言，与其相对的"中层""底层"自然也是。但这种分层又不是与社会地位严格对应，不会因为庞天寿的官位比李之藻高，而在教内地位更高，所以，这个分层更确切地说是，有多少来自社会地位的能量转化为教内贡献，并综合了其自身作为一名教徒的水准，而获得的教内地位，是社会地位在教内的模糊映射。

中国年信中对许多"中层教徒"都有记载，包括王徵、孙元化、段氏三兄弟（段衮、段袭、段戻）、韩氏三兄弟（韩云、韩霖、韩霞）、庞天寿、瞿太素、瞿式耜、瞿式穀、张庚、许乐善、李应试、李天经、张焘、孙学诗、马呈秀、林一儁、金声、宁阳王朱翊鏼等，对于这些中国天主教人物的研究很有价值。如同对"三柱石"的刻画一样，年信对这些"中层教徒"的刻画也是突出其作为教徒的面相。他们的奉教事例可能因相似、重复、只有正面报道、不够丰富而令研究者失望。仅靠年信是做不成某个人物研究的。必须将年信与其他材料拼接成立体的人物形象，也只有在其他材料的对比下，才能读懂年信，读到年信文字外的信息。

一、王徵

从存世的中文材料看,王徵资料的丰富程度超过杨廷筠、李之藻,仅次于徐光启①,因此,有说法将王徵与"三柱石"并列,称为明末清初天主教"四贤"。然而,在年信中,王徵的材料不及孙元化、段氏三兄弟、韩氏三兄弟的材料多,中西文天主教文献中王徵的地位不等高,这可能是因为王徵在1623年娶妾,在1644年自杀,违背天主教的诫命,教会内部对其淡化处理。而在年信中又找不到王徵纳妾、自杀这两件事,年信只是用发稿量这种无声的版面语言来表达对王徵的态度。1623年之前,王徵在年信中较常出现,比如,1618年年信大篇幅记载龙华民、史惟贞、钟鸣仁、钟鸣礼等4人受王徵之邀前往陕西开教的经过,1621、1622年年信记载他在北京会试期间与传教士的交往。在他娶妾之后,在年信报道中仅维持着极低的存在感:1625年年信提了一笔他邀请金尼阁至三原一带传教,还有他将大秦景教流行中国碑的拓本寄给李之藻。1627年年信略提他与邓玉函合著《远西奇器图说录最》、授任南直隶扬州府推官。② 在此期间,王徵数次请金尼阁等神父为其解罪,全都遭拒,王徵则努力解决妾的问题。

王徵重新在年信报道中活跃是1628年之后:1628年年信详细描述他变着花样给教会捐钱,比如向神父借来望远镜,将银子塞镜筒里还回等等,还盛赞他撰写的《畏天爱人极论》水平很高,"神学博士也不敢指望达到他的高度"。③ 1630年年信讲王徵热心传

---

① 方豪:《李之藻研究》,第7页。
② Manoel Dias, *Carta Annua da Vice-Província da China do Anno de 1627*, 49-V-6, f. 474.
③ Rodrigo de Figueredo, *Annua da V. Província da China do Anno de 1628*, BAJA, 49-V-6, ff. 590v-591v.

教,还被允许担任弥撒助手,"仿佛他是职业神职人员"。① 1634年讲王徵在官场积极地传教,耶稣会副省会长还亲自致信鼓励他。② 1637年年信讲他言必称教义,赞王徵是"陕西教会的柱石",以及他集资建造了一座教堂,孟儒望说,这是迄今耶稣会在中国最好的天主堂。③ 1639年提到王徵又在距离西安1日行程的某府建造了一座天主堂。④ 1640年讲述王徵安排后事,赞他生活简朴。1642年提到"王徵的信仰和品德在当地很有声望",是奉教官员学习的榜样。⑤ 在此阶段,不仅报道量有显著的增加,而且使用了明确的赞语,这表明教会原谅了王徵,原因可能是1628年,王徵已过继大弟徵之次子永春、季弟彻之三子永顺为嗣,表明他不再指望妾生子,1636年他又公开发表《祈请解罪启稿》,立誓断色以求解罪。但在王徵去世之后,他在年信中就彻底消失了,这与徐光启、杨廷筠在去世后仍被提及不同,可能与他自杀违诫有关。

从王徵例可以看出,仅仅依据年信研究人物,难免偏颇;年信中的新材料固然有补于人物研究,而年信对某人物的故意留白,也有补于人物研究,因为这表明了教会对该人物无声的评价,算是以虚补实,而这种文字外的信息,只有在通观年信对王徵的报道起伏,横向与年信对其他同等人物报道的处理方式进行比对,并结合其他类文献,才能读出。

---

① Lazaro Cattaneo, *Annua da Vice-Província da China do Anno de 1630*, BAJA, 49-V-9, f. 21v.

② João Fróes, *Annua da Missão da China de 1634*, BAJA, 49-V-10, ff. 479v-480.

③ João Monteiro, *Annua da Vice Província da China de 1637*, BAJA, 49-V-12, ff. 17-17v.

④ João Monteiro, *Annua da Vice Província da China do anno de 1639*, ARSI, JS121, f. 234.

⑤ Francisco Turtado, *Annua das Províncias do norte da China do anno de 1642*, ARSI, JS122, f. 165.

年信在王徵研究上体现的是以虚补实类的价值，以下再以成启元、赵鸣阳为例，说明年信对人物研究的以实补实类的价值。成、赵二人的天主教身份已被揭晓，但是，关于他们奉教情况、家庭情况等资料仍然不多，年信在这方面则有些记载。

年信除了补益于已知的天主教人物研究，还能从中挖掘出一些未知的信天主教的重要人物，下文将以成大用、曾陈易、侯拱宸为例说明，成是武将，曾是文官，侯是勋戚，有一定代表性。除此三人，年信中还有一大批待考证的进士、官员、宗室成员等天主徒。

二、成启元

利玛窦在南京付洗的第一个天主教徒是成保禄（Chim Paulo），时年71岁。其子玛尔定（Martinho）由郭居静施洗。在较长的一段时间内，"Chim 家"被翻译为"秦家"，黄一农先生将玛尔定考定为成启元（chim ki yuen）。① 此论当为定论。本文将介绍年信中对成启元及其家族成员的记载，以补充成启元作为教徒的一面，供学者研究时使用。

南京首个天主教徒成保禄于1601年去世。保禄还在世时，他的妻子、儿子、孙子计7人已受洗。保禄共有3个女儿，俱已嫁给尊贵之人，其中一个女婿属于皇室，这个皇族女婿只娶一个妻子，已经承诺进教。1602年复活节的当日，保禄另一个当武官的女婿在南京领洗入教。"他是南京的大人物，出行时总有一大帮扈从，在其麾下还有其他武官及数以千计的士兵。"他的男女仆从及全家人也跟随他入教，计十八九个人。当年，他得到了提拔，将往河南

---

① 黄一农：《两头蛇：明末清初的第一代天主教徒》，上海：上海古籍出版社，2006年，第74—75页。

赴任。他有一个 12 岁的儿子，曾被送到耶稣会住院小住 15 日，学习弥撒礼仪，学成之后就成了自己家和舅舅成启元家的"弥撒司事"。这两家人共三十几口，每个周末聚会，轮流在两家中听弥撒和布道。① 以上记载来自罗如望写的 1602 年南京住院传教纪要。罗如望还提到"我们在他家中的小圣堂里做弥撒，这是他为了弥撒而精心修建的一所小堂，因为他的妻子、儿子、女仆不能前来我们住院。"这与高龙鞶在《江南传教史》中的叙述几乎一致："利玛窦赠耶稣像一帧，成氏特辟一室供奉。神父便开始到他家中举行弥撒，教导妇女，因为按照中国风俗，不便在住院中接待妇女。"②此类《江南传教史》等教会史著作，经常以年信为资料来源。

1602 年传教纪要还记载了成保禄的两个孙子的事迹。其一："中国教徒感觉最为难的一件事是告解及揭发自己的错误。在这 6 个月（1602 年 4—10 月）中，有几个从未告解过的人也告解了，其中一个是 16 岁的少年，他是个好学生，是南京首个教徒保禄的孙子。因为他很快就要结婚了，决定在结婚前进行一次告解。他计划于复活节来，住在我们这里，因为他的家与我们住院间相距遥远。然而，他又对告解怀有很大的恐惧，没有告解就回家了，假装原本就没这个计划，他掩盖自己来此的目的，只说是为了庆祝耶稣复活而来的。他以最隆重的礼器来庆祝耶稣复活，慢慢体味，一点也没害怕，于是，几天之后，他又来了，好好地忏悔了一通，感觉舒服多了。"③

其二："某身份高贵的教徒有一个三四岁的儿子，他很宠爱，患

---

① *Carta do Padre Joam da Rocha da Casa de Nanquim*，49 - V - 5, ff. 10v - 11v.

② ［法］高龙鞶著，周士良译：《江南传教史》，上海：天主教上海教区光启社，2008 年，第 60 页。

③ *Carta do Padre Joam da Rocha da Casa de Nanquim*，49 - V - 5, ff. 13 - 13v.

了严重天花。他见儿子快不行了,就来住院报信,说是来叫我们看看,是否有必要为孩子做个告解或是教徒在临终前通常做的其他仪式。神父答他,这个孩子天真无邪,还在天主恩宠之内,因为在这孩子受洗之后,还未做过有罪之事。这个父亲就满意地走了,一个神父也立即跟着去了他家里。父亲到时,发现孩子已在弥留之际,神父到时,孩子已经死了。父亲说道,是孩子让他去叫神父来的,好让神父帮助自己善终。神父问道,这个孩子想去哪里。父亲答道,他说要去天上见他爷爷。他的爷爷就是南京首个教徒保禄,两三个月前在这个家里去世。父亲又问,这个孩子得救有无问题。神父回答,孩子已经领洗,得救没有任何障碍。父亲非常高兴,仿佛一点儿也不为孩子的夭折悲痛。"[1]

以上事例中包含着许多成启元家族的信息。对于南京第一个天主教家族的研究有用。在接下来的年信中,以对成启元的记载为主。

万历三十三年(1605),南京龙江右卫指挥成启元授浙江总捕守备。[2] 1609 年年信《南京住院》一章记载:"成启元往杭州任职已经 3 年。他与父亲是南京的首批教徒,他的父亲是由利玛窦亲手施洗的。他在杭州也热衷于宣教,为传教士树立威望。他当年去信向神父报告,他的士兵已开始拜天主像,若是神父得空前往,将有很多人去领洗。"[3]成启元在浙江的传教成果,还包括在杭州使一名 Vam(音"王"或"万")姓军官受洗,后者又使衢州的一名叫 Felix 的军官受洗。[4]

---

[1] *Carta do Padre Joam da Rocha da Casa de Nanquim*,49 - V - 5, f. 16v.
[2] (明)林应翔修,叶秉敬纂:《(天启)衢州府志》卷五,黄灵庚、诸葛慧艳主编:《衢州文献集成》第 29 册,北京:国家图书馆出版社,2015 年,第 97 页。
[3] Nicolao Longobardo, *Annua da China do Anno 1609*, ARSI, JS113, f. 110v.
[4] Nicolao Longobardo, *Carta Annua das Residências da China do Anno de 1612*, ARSI, JS113, f. 238v.

随后,成启元从浙江升江西都指挥使。① 根据年信,这次升迁发生在万历四十年(1612)。"1612 年,成启元从浙江升任江西,担任督抚(tufu),这是南昌府的最高武职。"都指挥使正是地方最高军事长官。关于成启元在江西任上的奉教表现,年信记载:成启元的全家都是教徒。他想在南昌为神父树立威望,频繁造访住院,每次仪仗都很盛大。因为职务不允许他长期在住院中出现,就派儿子常去住院,聆听弥撒、布道、嘘寒问暖。还通过在家中设宴等方式创造与神父的交往机会,以便细聊教义。从浙江赴任前不久,他有两个孙子出生,没来得及受洗,甫抵南昌,就为孙子施洗。其中一个孙子很快夭折,他却非常高兴,因为他相信受洗后的孙子在天国获得了新生。他得知住院的生活拮据,为神父送来了大笔捐资。在房产诉讼中为神父疏通关系,因为帮不上太多的忙而自责。他安慰神父说:"自己在南昌城做官,不为别的,就为保护神父。即使神父被判逐出南昌,也别担心,因为他才是执行者。"他为此丢官也在所不惜。②

关于成启元的仕途,中文史料记之不详,只提到在任浙江总捕守备、江西都指挥使之后,历任广东惠州游击、西山参将以及福建南路副总兵。③ 年信记载:1613 年,由于政敌攻讦,在南昌的成启元被去职,他认为这是天主对自己疏于奉教、疏于对家人信教事务管理的惩罚,他立即让自己的三个儿媳以及孙辈受洗,又前往南京住院中告解,感谢天主给他这个改错机会。他得知南京神父的生活困难,给了大笔捐助。接着,他去北京运作,谋职,临行前请圣像

---

① (清)谢旻:《(康熙)江西通志》卷四十七,收《中国地方志集成·江西府县志辑》,南京:凤凰出版社,2009 年,第 291 页。

② Nicolao Longobardo, *Carta Annua das Residências da China do Anno de 1612*, ARSI, JS113, ff. 247-247v.

③ 《熹宗哲皇帝实录》卷三十一,天启三年二月二十六日,《明实录》第 66 册,《熹宗实录》第 1597 页;《熹宗哲皇帝实录》卷六十九,天启六年三月十三日,《明实录》第 69 册,《熹宗实录》第 3307 页。

上轿,这样他就一路都在圣像眼前,随时向神祷告。①

成启元的北京时光似乎比计划的漫长。1619年年信记载:成启元在京中已有七八年的时间,想要谋求一个职位,但是花光所有,未能如愿。这年,徐光启给了他一个在兵部的职位。成启元谋得的职位是兵部的一个助理岗位,负责练兵、发饷。据傅汎际透露,徐光启选择成启元的原因,是他们都有将天主教传入军中的愿望。这个计划得以实施的一个表现是,军营中供奉的"战神",被天主教的标识所替换。②在京中的这段时间,成启元的奉教事迹包括:家中收留因"南京教案"而避祸的一名神父、一名修士;成启元还利用一切机会宣教,比如,1619年时,有一名进京赶考的武举人,访成启元,在成启元的言传身教下,领洗入教。在受洗前,这名举子按照当地教会惯例,提前三日斋戒,进行了一场总告解,成启元携妻子参加;③1620年时,利玛窦墓园的前主人太监杨某的义子想要收回墓园,成启元协助平息了此事。④

1621年时,成启元的行踪已在杭州。当年,杭州发生一起民变。北京翰林院的一名官员在杭州造了座豪华府邸,在建造时,没有遵守当地关于风水的约定俗成的规约,"妨碍或阻挡了好运向邻居的房屋流动",民意愤然,要求拆掉这座房子,那名京官不在此地,既不能处理这件事,又不能保卫他的房子。当老百姓们在抗议的时候,杨廷筠到达了现场。他说,他不认为有必要拆除那一些房子,也不必害怕会因那种方式而对该城不利,其他官员纷纷附和这

---

① Nicolao Longobardo, *Carta Annua da China 1613*, ARSI, JS113, f. 348.
② Francisco Furtado, *Annua da China e de Cochimchina de 619*, ARSI, JS114, f. 224.
③ Francisco Furtado, *Annua da China e de Cochimchina de 619*, ARSI, JS114, f. 224v.
④ Francisco Furtado, *Annua da China do Anno de 1620*, ARSI, JS114, ff. 246-247v.

个观点,老百姓悻悻地散去。这件事之后不久,城中失火,愤怒的居民所遭受的损失要大很多,他们都咆哮着,认为这是对那名官员不顾后果地打破规约和习俗的惩罚。他们为火灾给自己家中造成的伤亡而悲痛欲绝,放火烧了那名官员的府邸,还有他泊在河中的三艘船。这尚未平息暴民的怒火,他们又在图谋烧毁杨廷筠和其他官员的房子,因为这几个官员全都认为不要拆被他们宣告有罪的那名京官的房子。杨廷筠得知了这起密谋,便在内外布置警戒,传教士将住院中最重要的东西放进棺材,以躲过可能发生的火灾,彻夜不眠。成启元在这件事上帮了杨廷筠和神父,"他是一名武官,他派了一队兵,在那几个担惊受怕的夜晚,守卫杨廷筠的几处房子"①。

据傅汎际1621年年信的介绍,成启元在当地教徒中的威望很高,"将玛而定(成启元)与弥额尔(杨廷筠)、良(李之藻)并列在一起表彰一点也不过分。玛而定,这名已有盛名的武官,今年他的声誉又有提升,他的儿子(也做官)、他的教徒品性和热忱都为人知"。该年年信还记载了成启元的一件奉教事例:"他模仿(与自己同名的)圣玛而定(S. Martinho)②,对帮助穷人有着特殊的情感。一日,他出行了,在轿子上看到一个光身子的穷人,在用絮团蔽体。玛而定便问护卫队的兵头此人是谁,得知这是一个被劫匪扒光了衣服扔在路上的可怜人。这一幕使玛而定想起了自己的圣人的闪光事例,还有我主基督的被高度称赞的事例。他下了轿,脱下内里的一件丝制的衣服,这件衣服垫衬很厚,足以防寒。他叫穷人穿上,这令周围所有人都为其谦卑和仁慈而惊讶。他每次去公开场合都令人准备好给穷人的施舍,他在穷人当中很有名望,穷人又为

---

① Francisco Furtado, *Carta Annua da China de 1621*, BAJA, 49-V-5, ff. 321-322.
② 圣玛而定(316—397),著名圣人,在入教前曾于寒冬路遇乞丐,衣不蔽体,心生怜悯,挥剑割袍,将割下的一半袍子送给乞丐。当晚梦见耶稣,所披的正是他送的一半袍子,因受启发,退伍领洗,成为一名隐修士。庆日在11月11日。

收到施舍欢欣不已。"①

此后,年信中未再出现成启元的事迹,原因不明。1635年年信河南住院部分提到成启元家族的另一名成员,叫成若瑟(Chim Jozé)。

> 若瑟20岁,某官员的孙子,另一名在任官员的侄子。他的家族是南京最显赫的,享受皇家俸禄已有200余年,因其祖上为皇室立下的功勋。他自小就入教,一心想着抛弃世间荣华,尽心侍奉天主。南京及他的南京天主教家庭不能满足他的宏愿,听南京的神父们说河南住院缺少仆人,他就脱去儒服,穿戴成普通长班的样子,偷偷去了河南,谁也没有告诉。他自愿为河南神父服务,不要工钱,只要管吃,他谦卑而快乐地劳动着,无论多么低微的活儿,他都是第一个抢着做,既当采购员又当厨师。大家都喜欢他。这样过了六七个月。副省会长巡视河南,一眼就认出了乔装打扮的成若瑟,因为副省会长知道南京的成若瑟不见了。副省会长告诉河南住院的负责人费乐德原委,逼着成若瑟脱下仆人的服装,穿上符合其身份的儒服,让成若瑟作为神父的同伴住在这里,直至条件允许时返回南京。费乐德问他为何要背井离乡,来河南为神父服务,他说:"我是因爱天主而来为你们服务的,我走得不算远,你们却是出于对我们的爱,真正去国离乡,来到世界尽头。我本来的打算是隐姓埋名在这里服务一辈子,帮助你们在豫省使更多的人改宗归主。"后来,成若瑟在城市和乡村进行了大量的宣教工作,他尤其对在乡间宣教充满了热情。②

---

① Francisco Furtado, *Carta Annua da China de 1621*, BAJA, 49-V-5, ff. 323v-324.

② Manoel Dias, *Carta Annua da China de 1635*, BAJA, 49-V-11, ff. 228v-229v.

1640年代的年信中,记载了几则成路加(Chim Lucas)的事迹,本文考定为成大用,高龙鞶认为他是成启元家族的成员。① 可惜,目前没有找到支持该说法的西文史料。

成启元在中文史料中的记载寥寥几句,耶稣会年信记录了他及其家族的数则奉教故事,内中夹带着其生平、家庭、职业、信仰、社交等信息,使这位明末武官的形象变得生动、丰满。这是就其个人研究而言。年信提供的这些信息也有助于明清天主教史的研究:从中可以窥见天主教在军中传播的一些情况;徐光启、杨廷筠等奉教文官与武官交往的情况,他们互相提携、互相保护,而这种友谊基于共同的信仰,这是一种不同于同乡、同门、同年等官场交谊传统类型的友谊;从年信对成启元的着墨多少、评价口吻可以看出该教徒的重要性,傅汎际称,成启元在杭州教徒中的地位甚至可与李之藻、杨廷筠二"柱石"并列,阳玛诺表示成家这个著名的天主教家庭在欧洲也有一定的知名度②,这提示我们在勾画明末清初第一代天主教徒的"群英谱"时,要给成启元这样的著名教徒留出位置,而且是比较重要的位置。

三、赵鸣阳

赵鸣阳,五都人,字伯雍。才名甚盛,坐万历丙辰科事,除名。③ 赵鸣阳是天主教徒,洗名赵默尔爵(Chāo Belchior)④,其教徒身份

---

① [法]高龙鞶著,周士良译:《江南传教史》,第160页。
② Manoel Dias, *Carta Annua da China de 1635*, BAJA, 49-V-11, ff. 228v-229v.
③ (清)陈和志修,沈彤、倪师孟纂:《(乾隆)震泽县志》卷十六人物四,收国家图书馆编:《地方志人物传记资料丛刊·华东卷·下编》第26册,北京:国家图书馆出版社,2012年,第68页。
④ Belchior更常见的写法是Melchior,所以音译为默尔爵。

已为学界所知。年信对赵鸣阳的记载共有三处,特辑于此,以供学界利用。

其一,万历丙辰科事。赵鸣阳卷入的这起科场舞弊案,既是其个人留名于史的主要事件,也是中国科举史上最著名的舞弊案之一。《明史》记载:"吴江举人沈同和者,副都御史季文子,目不知书,贿礼部吏,与同里赵鸣阳联号舍。其首场七篇,自坊刻外,皆鸣阳笔也。榜发,同和第一,鸣阳亦中试,都下大哗。道南等亟检举,诏令覆试。同和竟日构一文。下吏,戍烟瘴,鸣阳亦除名。"①

1622年年信也记录了此事:"按照中国惯例,每三年在京城举行一次会试,即由举人升为进士的考试,有5 000人集中接受测试,考试非常严格,从这莘莘举子中选拔出来的很少,在接受了做文章的考试之后,有300人选中,他们就是进士。1616年的会试中发生了这样一件事。我们的赵默尔爵(这是他现在的名字)去参加考试,做完了自己的文章,每人要做七篇。邻号是其亲家,富有家财,贫于才思,他有自知之明,便设法剽窃赵的文章,抄完当自己的文章交给考官。原作者很清楚亲戚是在利用自己的成果,但装作没有看见,他想帮助亲戚,他原以为亲戚只会抄些要点,因为他的亲戚能力有限,不会跻身最好之列,可没想到亲戚会照原文全抄。但是亲戚就是这样全抄,还在抄完之后,向他解释,劝他另写,以免两人雷同。赵被纠缠上了,只得重新另写,仍是轻车就熟。亲戚凭借其剽窃的文章拔得头筹,成为所有进士之首,这是中国在该领域能达到的最好位置,赵凭借自己的二度创作也在榜上有一个位置。会试结束,张榜公布中进士者,还有名次。那些名落榜单的人对于自身运气非常不满,嫉妒他人,他们看到榜单上有很多自己

---

① (清)张廷玉等撰:《明史·吴道南传》,第5743页。

认识的人,会元(Hoei yueň)——对进士第一名的称谓——没有与其名次相匹配的才华,以前有人确称自己从某人那儿得知会元的业士、举人的功名是买来的。因此,大家前来揭发他是抄袭别人文章,在选拔中舞弊,他们上请愿书抗议,奏疏上达皇帝。皇帝下令重试,每一件事都被严格检查,由此揭开真相,两个人的所有功名都被夺去,沦为平民。"①

年信记载得更翔实,比如赵鸣阳、沈同和之间是亲家关系,可在其他中文史料中得到验证。② 无论是从姓氏发音,还是事迹,能很容易确定 Chāo Belchior 即赵鸣阳。目前,赵鸣阳是天主教徒只有结论,未见考证过程③,大概是直接引用了西方学者的结论,西方学者的结论可能就是由西文史料对该舞弊案的记载而来。

1622年年信提及这桩6年前的案子,是因为案件主角在该年领洗入教。"因为这个案子罕见,很快传遍全国,赵亦举国皆知,今日没有不知道他这个人的,对他评价很高,希望他能当自己的老师,抢着当他学生。今年,弥额尔进士(杨廷筠)邀请他担任自己大儿子的老师,其他高官之子也在其中。因为这个机会,他见到了神父,并与神父讨论天主之律,在第一次讨论之后,他已表现得对圣教十分倾心,待慢慢地聆听更多之后,则更加入迷。在接受了良好教理辅导,并协调好了家事及他在家中所遇到的阻挠之后,他在圣诞节这一天领受圣洗,我们希望通过他有更多的其他人受洗。后来,当着四五名神父的面,他说起了我们圣教之事,他说,在他看来,若是神父们按照应有的方式来好好筹划这件事,没有人会不被打动并

---

① Álvaro Semedo, *Carta Annua da Missão da China do Anno de 1622*, BAJA, 49 - V - 7, ff. 369 - 369v.
② (清)陶煦纂:《周庄镇志》卷五《流寓》,收顾廷龙主编,《续修四库全书》编纂委员会编:《续修四库全书》(717),上海:上海古籍出版社,2002年,第110页。
③ Nicolas Standaert, *Handbook of Christianity in China*, Volume One: 635 - 1800, p. 403.

臣服于圣教。"①以上是赵鸣阳的进教过程。年信记载的赵鸣阳在结案后的际遇,也与中文史料相符。赵鸣阳去当了老师,号称"新盘先生"②,他的知名度正如年信所形容的,"他是今日这个国家的文人中最有名望的,尽管这个声名的获得是以其不希望的方式"③,连宫中大珰都邀请他,"天启中,大阉魏某,艳其名,延至家塾"④"训其姪"⑤。这应该是比较符合实际的评价,而非《明神宗实录》中故意贬低性的评价:"薄有文声。"⑥从中可以看出中西写史者各自的主观倾向性:传教士有将赵鸣阳的重要性夸大的倾向,以隆传教成果;其家乡的《震泽县志》称他"才名甚盛",以为家乡增辉;秉持正统价值观的《明实录》称这个作弊者只是小有名气。今人则可通过连大太监都赶时髦延请他来推测其知名度。因为本研究的一个重要着眼点是对年信作为史料的评价,所以,此处宕开一笔,略作比较。

其二,促成福建开教。1625年,叶向高帮助艾儒略在福建开教成功,叶向高在其中居功至伟似乎是人们的一般印象,但据1625年年信,赵鸣阳的作用更大。首先,从福建开教的原由看,年信中列为第一位的,是赵鸣阳的请求。赵鸣阳自己受洗后,还为6—8名福建人"施洗"(这是不合乎教规的,神父去福建后又为他们重新施洗)。1623年,这些由赵鸣阳施洗的"教徒",给赵鸣阳的施洗者艾儒略写信,邀请艾儒略去福建牧养教徒,他们同时还给赵

---

① Álvaro Semedo, Carta Annua da Missão da China do Anno de 1622, BAJA, 49-Ⅴ-7, f.340.
② 《(民国)震泽县志续》,收国家图书馆编:《地方志人物传记资料丛刊·华东卷·下编》第26册,第258页。
③ Álvaro Semedo, Carta Annua da Missão da China do Anno de 1622, BAJA, 49-Ⅴ-7, f.339.
④ (清)陈和志修,沈彤、倪师孟纂:《(乾隆)震泽县志》卷十六人物四,第68页。
⑤ (清)文秉:《烈皇小识》卷一,收顾廷龙主编,《续修四库全书》编纂委员会编:《续修四库全书》(439),2002年,第10页。
⑥ 《神宗显皇帝实录》卷五百四十二,万历四十四年二月二十七日,《明实录》第64册,《神宗实录》第10310页。

鸣阳写信，请赵鸣阳帮助劝说艾儒略赴闽。而耶稣会内部早有去福建传教的计划，因为福建人与海外交往频繁，"对与外国人交往的畏惧要小很多"①，于是，艾儒略就准备接受邀请。此时，第二个原由出现了，"第二个原由是叶（向高）阁老从官位上退休回他的故乡（同在福建），正如去年所写，1624年12月，他对艾儒略神父说，第二年可以去该省，他将帮助神父住下来并宣扬天主之律"②。

　　1625年5月26日，艾儒略抵达福州府，却发现叶向高对自己冷淡了，"从叶阁老的表现看，他的意向有少许变化"。艾儒略查出使叶向高"害怕"的三件事：1. 魏忠贤的耳目在监视叶向高的活动；2. 叶向高亲自将神父来闽之事告知福建"都堂"，"都堂答道，别来，因为神父所持天主教律与荷兰人的一样，荷兰人在北京是被杀头的"；3. 有个德清（Tecim）文人写了一本攻击天主教的书籍，正在福州散发，特别发给一些官员，这些官员是他父亲的门生，他的父亲曾是该省都堂。赵鸣阳对神父却很热情，自始至终陪着神父，在陪神父亲自去叶向高家拜访之后，叶向高的态度有所回暖，"还写信将神父介绍给一名致仕官员（省城里最有钱、最重要的人物），曾任工部尚书，以前是阁老的老师"。该尚书或许是黄克缵（1549—1634），天启四年（1624）十二月任工部尚书，履任方数月，因复建三殿事与魏忠贤冲突，遂引疾归福建。赵鸣阳则将艾儒略引荐给一名刚退休的礼部尚书。这位礼部尚书可能是翁正春（1553—1626），侯官人，天启元年（1621）任礼部尚书，天启四年疏请辞归，获准。赵鸣阳还将艾儒略介绍给某一座公共书院的山长，艾儒略由此第一次参加福州书院的集会，获得一个宣讲教义的新

---

　　① Manoel Dias, *Annua da V. Província da China do Anno de 1625*, BAJA, 49-V-6, f. 232.
　　② Manoel Dias, *Annua da V. Província da China do Anno de 1625*, BAJA, 49-V-6, f. 232v.

讲台。除了帮助艾儒略扩大在当地的交友圈，赵鸣阳还帮助解决了两个当务之急：一是当地人将神父与正骚扰福建沿海的荷兰人混为一谈，神父不厌其烦地向访客解释其与荷兰人的不同之处，旁听的赵鸣阳将这些要点记下来，印成散页，广为散发。二是关于那名出书抨击天主教的德清文人，赵鸣阳和艾儒略去叶向高家拜访时遇见该文人，发现彼此认识，就和解了。①

年信记载的赵鸣阳的第三件事，是1639年时他在连江县一带传教，此时他已年过82岁②，仍像年轻人一样热心地传教，他为来听讲的文人做好教义辅导，只等神父前来施洗。当年，连江县新建天主堂一座，赵鸣阳是主要促成者。③赵鸣阳的儿子赵玉成"崇祯十年(1637)成进士，授长沙知县，廉干有善政，后调惠安察狱"④，在福建陪着父亲度过生命的最后时光。

四、成大用

在年信及多种传教士书信、著作中，有一个名叫路加(Chim Lucas)的著名教徒。萧若瑟于1917年在《圣教史略》中首次将路加确定为焦琏。⑤ 然而他并未附任何参考文献，亦无论证。冯承钧曾质疑焦琏奉教事："焦琏奉教事有可疑，盖西书仅言洗名路加者，并未实指其人为琏也。"⑥

---

① Manoel Dias，Annua da V. Província da China do Anno de 1625，BAJA，49-V-6, ff. 232v-234.
② 赵鸣阳的生卒年在中文文献中并无记载，照此推算，应该生于1557年之前。
③ João Monteiro，Annua da Vice Província da China do anno de 1639，ARSI，JS121, f. 306.
④ （清）陈和志修，沈彤、倪师孟纂：《（乾隆）震泽县志》卷十六人物四，第69页。
⑤ 恩利格、刘准：《圣教史略》卷十二，河北：河北献县耶稣会，1932年，第91页。
⑥ ［法］沙不烈撰，冯承钧译：《明末奉使罗马教廷耶稣会士卜弥格传》序，上海：上海古籍出版社，2014年，第2页。

黄一农指出近代许多学者接受焦琏奉天主教之说,应多是受伯希和《卜弥格传补正》(1934)的影响,但"他径以 Lucas 为焦琏"。① "陈纶绪同样直指 Lucas 即焦琏。"②总之,萧若瑟、伯希和、陈纶绪三位学者都是直接给出结论,没有回答冯承钧的疑问,但是焦琏的天主教徒身份(洗名路加),目前得到普遍承认。

冯承钧之问可以分解为对焦琏奉教事的 7 个疑点:1. 路加姓 Chim,与"焦"的发音对不上,按照传教士的注音规则,"焦"可注作 Chiû 或 Ciao,前者字形形似,但是,目前尚未见到注作 Chiû 的情况,只有注作 Chim 的情况,不太可能所有写本都错得这么一致;2. 根据西文资料,路加是南京人,焦琏非南京人(一说山西③,一说宣府④,一说陕西⑤);3. 根据西文资料,路加有在江南一带履职的经历,焦琏没有;4. 路加是进士(Doutor),焦琏不是;5. 焦琏被封为宣国公,也就是传教士所说的"Rey"("王"),这个身份应该会被传教士大肆宣扬的,但是,路加在年信中被宣扬的程度远低于同期的庞天寿,也从未出现以 Rey 指称路加的情形;6. 卫匡国在《鞑靼战纪》中称 Lucas 家族五代皆在朝中任职。⑥ 1643 年年信中也称 Lucas 家族庞大,奉教已经五代。⑦ 此与焦琏家世不同;7. 中文史料多指焦琏在陈邦傅说降时不屈自杀⑧,违背教义。

---

① 黄一农:《两头蛇:明末清初的第一代天主教徒》,第 337 页。
② 黄一农:《两头蛇:明末清初的第一代天主教徒》,第 338 页。
③ (清)金铁修,钱元昌、陆纶纂:《(雍正)广西通志》卷一一八,收《中国地方志集成》,南京:凤凰出版社,2010 年,第 30—34 页。
④ (清)温睿临:《南疆逸史》卷五十《焦琏传》,收顾廷龙主编,《续修四库全书》编纂委员会编:《续修四库全书》(332),2003 年,第 435 页。
⑤ (清)王夫之:《永历实录》卷八《焦琏传》,长沙:岳麓书社,1982 年,第 81 页。
⑥ Martini, *Bellum Tartaricum*, pp. 144-145.
⑦ António de Gouveia, *Cartas Ânuas da China* (1636, 1643 a 1649), edição, introdução e notas de Horácio Peixoto de Araújo, Macau: Instituto Português do Oriente; Lisboa: Biblioteca Nacional, 1998, p. 127.
⑧ (清)徐鼒:《小腆纪传》卷三十六,收顾廷龙主编,《续修四库全书》编纂委员会编:《续修四库全书》(333),2003 年,第 4—5 页。

黄一农力图解答冯承钧的疑问①,但是,对于上述疑点只能推测性地圆说焦琏是天主教徒的结论。比如,对路加的姓氏,"疑卫匡国等人或因与焦琏不相熟,且因传抄时 u 与 n 极易混淆"等原因,误以 Chim 为 Chiû;②再如,"焦琏的家世与卫匡国所称之五代出仕截然不同,倒是瞿式耜家族从其祖景淳至其孙昌文,恰有五代在明朝任官,因知卫匡国有可能是将两人混淆了"③;又如,焦琏自杀"虽与天主教的教义有所违背,但却是当时一些中国奉教士人(如王徵、陈于阶等人)在绝命之际所共同选择的自处之道"④;还如,称焦琏为进士是因为"Doutor 大多是被用来称呼获得进士头衔之人,但亦有拿来尊称一般之官员,如 Dr. Ignatius 即指的是举人出身的孙元化"⑤。孙元化的确有被以"Doutor"相称的场合,纵观 17 世纪年信,只有 1623、1624 年的两份年信中出现这种情况,而且这种指称情况只在孙元化的身上出现过这两次,未有对其他不是进士出身的官员使用"Doutor(进士)"相称的情形,因此,该例不能作为一般情况对待。正如明末官场中对出身的重视和在意,传教士的"业士—Bacharel、举人—Liçenciado、进士—Doutor"对应非常精准,搞清楚官员的出身,关乎传教士在社交中对交往对象的价值评估、礼节等。

但是,黄一农先生为考证 Chim Lucas 是谁提供了另外一条线索。路加的姓比较特殊,姓 Chim,是南京人,1643 年年信提到家中五代都是教徒。很容易使人想到南京的第一个天主教徒 Chim

---

① 黄一农:《两头蛇:明末清初的第一代天主教徒》第九章第四节《焦琏与天主教》,第 333—340 页。
② 黄一农:《两头蛇:明末清初的第一代天主教徒》,第 339 页。
③ 黄一农:《两头蛇:明末清初的第一代天主教徒》,第 340 页。
④ 黄一农:《两头蛇:明末清初的第一代天主教徒》,第 340 页。
⑤ 黄一农:《两头蛇:明末清初的第一代天主教徒》,第 338 页。

Paulo。高龙鞶的《江南传教史》称之为"秦保禄"。① 保禄有个儿子,也是教徒,叫玛尔定(Chim Martinho),中文名字注音则为 chim ki yuen,黄一农考为"成启元",无论发音,还是事迹,都对得上。② Chim 即为"成",这个较少见的姓氏,对于考定 Chim Lucas 提供了方便。

根据路加可能姓"成",是南京人,进士,有在江南一带的履职经历,后又在南明朝任武官等限定条件,可以找到一位叫成大用的。据王昶《(嘉庆)直隶太仓州志》卷六职官上:成大用,南京人,武进士。③ 1623 年,"升南直吴松游兵把总成大用为中都留守司佥书"④。1626 年,"升浙江都司掌印成大用为温处参将"⑤。1628 年,闽寇周三老拥众数万自东瓯攻打石浦、杭城,"参谋成大用以火攻之,焚其巨舰三十余艘,擒贼首"⑥。以上这些中文史料可以满足西文史料提出的姓氏、籍贯、进士出身、任职江南 4 项条件,这些条件是静态的。

1643—1645 年间的中西文史料可以在动态的事件上两相勘合。1643 年华南年信《南京住院》一章,常住南京的毕方济神父,在巡回传教的途中,前往常熟县的邻县,"这是一个大县,姓 Chim 的 Lucas 进士在此担任总兵(General de Guerra/Cúm Pim)"。因此 Chim 家是一个庞大的基督教家族,这次,是他们主动邀请毕方

---

① [法]高龙鞶著,周士良译:《江南传教史》,第 60 页。
② 黄一农:《两头蛇:明末清初的第一代天主教徒》,第 74—75 页。
③ (清)王昶等纂修:《(嘉庆)直隶太仓州志》卷六职官上,收顾廷龙主编,《续修四库全书》编纂委员会编:《续修四库全书》(697),2003 年,第 103 页。
④ 《熹宗哲皇帝实录》卷三十二,天启三年三月二十九日,《明实录》第 67 册,《神宗实录》第 1675 页。
⑤ 《熹宗哲皇帝实录》卷七十一,天启六年五月十日,《明实录》第 70 册,《熹宗实录》第 3430 页。
⑥ (清)查继佐:《罪惟录》列传卷十一下,收顾廷龙主编,《续修四库全书》编纂委员会编:《续修四库全书》(322),2003 年,第 554 页。

济去听全家人的告解,并行其他圣事。毕方济在他们家居住12天。① 1644年年信记载:"毕方济神父抵南京后,就筹划着去广西省,路加将军与他同行。路加姓Chim,系武进士,是南京的一名老教徒,他的祖父母也信教。他向神父许诺,在广西省修建一座教堂,彼省迄今圣教尚未传入。但是,这个计划未能实施,因为神父晚到了一小会儿,错过了登船的时间,而路加将军接到一份变更启程时间的急令,立即就动身了。"②路加接到的急令是什么呢?据《崇祯实录》,崇祯十六年(1643)十月十四日,"授进士陈丹衷河南道御史,同副总兵成大用往调广西土司兵,赍金、币分赉土司"。陈丹衷也是南京人,崇祯十六年进士,成大用任广西即是由其疏荐的。③ 年信未必只记载当年度的事情,经常会有前后一两年的时间跨度,所以,发生于1643年年尾的这件事出现在1644年年信中是正常的。

据1645年信,8月22日,瞿纱微应成路加(Chim Lucas)之邀前往广西开教。8月22日,抵达路加进士(Doutor Lucas)所在的太平。在光荣十字圣架瞻礼日(9月14日),施洗了一名官员,是将官路加(General Lucas)的亲戚。④ 瞿纱微还提到,"当地正与一名反贼(ladrão que se alevantou)作战,此贼与我们的总兵路加(Cúm Pim Lucas)展开激烈交锋"⑤。此反贼是谁呢?据屈大均

---

① António de Gouveia, *Cartas Ânuas da China (1636, 1643 a 1649)*, edição, introdução e notas de Horácio Peixoto de Araújo, p. 127.
② Antônio de Gouvea, *Annua da V. Província do Sul na China de 1644*, BAJA, 49-V-13, f. 524v.
③ (明)钱士馨:《甲申传信录》卷一,收顾廷龙主编,《续修四库全书》编纂委员会编:《续修四库全书》(440),2002年,第424页。
④ António de Gouveia, *Ânua da Vice Provincia da China nas Partes do Sul no Anno de 1645*, BAJA, 49-V-13, f. 554v.
⑤ António de Gouveia, *Ânua da Vice Provincia da China nas Partes do Sul no Anno de 1645*, BAJA, 49-V-13, f. 555.

《安龙逸史》,高平都统莫敬耀反:"广西土府思明、龙川、明江、江州等处尽归交趾。幸南太参将成大用调兵奋击,敬耀退走高平。"①

之后,中国史料对成大用仍有一些零星记载。1646 年,"上命兵部侍郎林佳鼎率总兵成大用、李明忠等以舟师问罪广州"②。1650 年,成大用的职务是"援剿督镇"。③ 但是,在被战乱打断的年信中,暂时找不到关于成大用的记载。

最后,成大用是不是成启元家族的一员?高龙鞶认为他是成启元(Chim Martinho)的侄子。④ 年信等西文史料目前未见这么直接的表述。但是,成启元的籍贯是南京,来自一个庞大的基督教家庭,在赴广西之前,主要是在江南活动,确实是与成启元家族有共性的。还有一个事实:成保禄有一个女婿在 1602 年赴河南上任;⑤1635 年,成家有名 20 岁的成员,叫成若瑟(Chim Jozé),乔装扮作仆人,从南京去河南住院服务,后被巡视至此的副省会长认出。⑥ 这两件事说明成家与河南有一定的关系。成启元与河南道御史陈丹衷的密切关系似乎也与上述关系可以印证。但是,这只是个冥冥之中让人感觉或许有关系的线索。可惜的是,目前并未找到成家的家谱之类的中文史料。

就现有的中西史料而言,在 Chim Lucas 与成大用之间画等号,证据还不充分,但是,优于在 Chim Lucas 与焦琏之间画等号。

---

① (清)屈大均:《安龙逸史》卷上,收戴文年、陈训明、陈琳编:《西南稀见丛书文献》(第六十四卷),兰州:兰州大学出版社,2003 年,第 69 页。

② (清)屈大均:《明四朝成仁录》,收周骏富辑:《明代传记丛刊》(67),台北:明文书局,1991 年,第 59 页。

③ (清)屈大均:《安龙逸史》卷上,第 102 页;(清)三余氏:《南明野史》,收《台湾文献史料丛刊》第 5 辑,台北:大通书局,1984 年,第 204 页。

④ [法]高龙鞶著,周士良译:《江南传教史》,第 60 页。

⑤ *Carta do Padre Joam da Rocha da Casa de Nanquim*, 49 - V - 5, ff. 10v - 11v.

⑥ Manoel Dias, *Carta Annua da China de 1635*, BAJA, 49 - V - 11, ff. 228v - 229v.

五、曾陈易

曾陈易，字少鲁，号东阳，番禺人。万历十三年(1585)乙酉举于乡，二十六年(1598)戊戌成进士，知新淦县。三十六年(1608)擢南京御史，三十九年(1611)巡按上江，丁父忧归，服阕，复请庐墓三年。四十六年(1618)补福建道御史，巡按真定、顺德、广平、大名，丁大母忧，补江西道御史。天启二年(1622)，晋太仆寺少卿，天启四年(1624)，任大理寺右少卿，与九卿合疏纠魏忠贤。天启七年(1627)，魏忠贤以中旨使之落职，冠带闲住。忠贤伏诛，廷臣会题起用，未即赴以疾卒，与父并祀。①

耶稣会年信中记载了一个洗名多默(Thomé)的进士，可能即曾陈易。年信中以拉丁字母拼写的多默中文名字是 Cem Chin Ye，与"曾陈易"之读音一致。还有两个具体事件可以在中西文史料间互相印证。

其一，曾陈易于万历三十九年(1611)巡按上江，之后，丁父忧归。② 今浙江省的金华、衢州一带，因居浙江上游，旧时也称"上江"。据1612年年信，曾陈易于1612年在衢州(kiu cheu)与两个儿子同时受洗。中西文史料在地点上相符。据1613年年信，当年10月，林斐理神父、石宏基修士从杭州往衢州传教，26日抵达，正好赶上为多默的父亲行终敷礼。多默的父亲叫保禄，已经80岁了，几个月前刚刚领洗。得了重病，已经没有生的希望，话都不能说了。多默教会父亲怎样为一生的罪告解。神父则为保禄做了临终仪式。神父在衢州停留16日，最后一日为保禄举行了天主教仪

---

① 据《明神宗实录》《明熹宗实录》、《(光绪)广州府志》卷一百二十列传九等综合。
② (清)戴肇辰、苏佩训修，史澄、李光廷纂：《(光绪)广州府志》卷一百二十列传九，收《中国地方志集成·广东府县志辑》，上海：上海书店出版社，2013年，第118页。

式的葬礼。中文文献也提到曾父在曾陈易巡按上江期间去世，未及去世日期，但是提到曾陈易在丁忧27个月又庐墓三年之后，于1618年补福建道御史，可倒推出曾父约在1613年去世。中西文史料在时间上也相符。①

其二，1618年，努尔哈赤起兵反明之后，万历为抗金而撤换一批官员，任用新的官员，"我们的进士多默就在其中"②。据《明实录》，1618年是曾陈易为辽事而忙碌的一年。7月28日，"补福建道御史曾陈易真定巡按，命屯田"③。清理屯田，储备粮饷，应该是为辽事准备。8月12日，"御史曾陈易言嘉靖庚戌之变"④，比附辽事。11月1日，因"今辽左多事"，"直隶巡按曾陈易请增畿南武科名数"，"上然之"。⑤ 曾陈易对辽事的关心，多有史料记载，程开祜《筹辽硕画》提及1618年时，福建道御史曾陈易为"东事"的一份奏疏，题为《东事决裂可虞朝政后时酿衅恳乞圣明奋持太阿以保全大业事》。⑥ 据明实录，1622年时，"御史曾陈易请集众思以定庙算，大约谓自有东事以来，战守之议几成聚讼，今日欲省议论，宜求画一，乞敕该部会集九卿科道从长计议"⑦。

曾陈易是在另一名天主教徒成启元的规劝下进教的。关于曾陈易奉教事，年信中的记载也不多，最详细的是1613年年信中林

---

① Nicolao Longobardo, *Carta Annua da China 1613*, ARSI, JS113, ff. 352 - 357.
② Manoel Dias junior, *Carta Annua da Missam da China do Anno de 1618*, BAJA, 49 - V - 5, f. 238.
③ 《神宗显皇帝实录》卷五百七十二，万历四十六年七月二十八日，《明实录》第64册，《神宗实录》第10813页。
④ 《神宗显皇帝实录》卷五百七十三，万历四十六年八月十二日，《明实录》第64册，《神宗实录》第10829页。
⑤ 《神宗显皇帝实录》卷五百七十六，万历四十六年十一月一日，《明实录》第65册，《神宗实录》第10891页。
⑥ （明）程开祜辑：《筹辽硕画》卷十。
⑦ 《熹宗哲皇帝实录》卷二十九，天启二年十二月二十二日，《明实录》第67册，《熹宗实录》第1468页。

斐理、石宏基的衢州传教报告。这次传教过程，简报如下：

1613年10月20日（周日）林、石二传教士从杭州出发，涉水而行，6日之后，抵达衢州。这次旅程非常顺利，没有延误，正好赶上为多默的父亲行终敷礼。因为多默家的士兵进进出出，传教士一行下榻在一处藏书阁，这是由多默的文人邻居借给神父的，非常适合举行宗教活动。当即，即有7名教徒前来探望神父，还有一些望道友也来了，他们都由多默事先进行过教义教育，因此，神父从抵达的第一天（10月26日）起，就投入对这些望道友的辅导中。

翌日（10月27日，周日），多默用几幅画屏从一个大厅中隔出一个空间，搭建起一个临时的小圣堂，摆上圣母像，供神父举行弥撒。教徒们纷纷前来恭听。

在诸圣节（11月1日，周五），神父开始为第一批合格的望道友施洗，共18人。圣天使（Santos Gloriosos）便成为衢州教会的主保圣人。11月3日（周日），再洗6人。11月4日（周一），又洗12名妇女，她们都是多默家的。为此，家里搭建了一个外人进不来的厅，里面有一祭台，摆上圣像。洗礼之后，神父讲了一场弥撒。弥撒之后，多默及其兄弟、多默的两个儿子和几名军官，依次携妻子在圣像前重温婚约，以示志同道合。当日，又有一些人慕名前来想入教，神父用一个礼拜的时间对他们进行教义教育，11月10日（周日），便为他们施洗，这批共21人。

11月11日（周一），神父为多默家族的另外11名妇女施洗，多默家族的上一批受洗的妇女也到现场，作为洗礼的见证人，并参加了洗礼后的弥撒。当日，神父返回住处，又为找上门的2人施洗。至此，在神父抵达当地的16天内，已为70人施洗。

在临走前一天，为多默的父亲举行了天主教式葬礼。在这场葬礼上，还发生了一段小插曲，一个小和尚、一个小道士，要求当场与传教士辩论，无奈这两个年轻人的理论根基并不扎实，对自己的教义书的理解甚至不及神父,很快败下阵来。葬礼结束当夜,神父一行就在船上过夜,很多教友一直陪到船上。翌日,又有许多教友前来送行,还有一些利用这最后的机会做了告解。神父鼓励教友尽快建造一座教堂,他会送一幅精美的圣像给教堂。神父还教会了当地教徒首领多默怎样洗礼,以拯救奄奄一息的人,使他们在咽气前得到救赎。

返程因为逆风,比去程多用了几日才返抵杭州。[①]

在此次巡回传教中,传教士还采集了曾陈易及其家庭的信教情况。曾陈易也像成启元一样热衷于宣教,当地有30多名望道友,都是他培养的。在此次巡回传教前,多默还是当地仅有的7名教徒(1名在南昌受洗,6名在杭州受洗)之一。因为曾陈易是由成启元劝化而入教的,受洗地点应该是在杭州,因成启元时任浙江总捕守备。成启元还使衢州的一名叫Felix的军官受洗。[②] Felix这次应该与曾陈易共同接待了神父,因他"告诉神父,自己的妻子在入教后,在家不再无端害怕"[③]。多默是天主教徒的名声在外,有人就去请他帮忙。有个士兵的小儿子生病,尝试了各种迷信的方法,无效。某夜病情加剧,父亲怕儿子撑不过天亮,去向多默求助,多默在确认了他真心信天主后,为他儿子代祷,又跟他出门去救治病人,多默为孩子画十字。翌日,孩子好了,士兵去向多默致谢,他将家里的佛字撕了,最终,他与两个儿子全部受洗。[④]

关于曾陈易家人的信仰状况,年信提到多默的大儿子夫妇将

[①] Nicolao Longobardo, *Carta Annua da China 1613*, ARSI, JS113, ff. 352 - 357.

[②] Nicolao Longobardo, *Carta Annua das Residências da China do Anno de 1612*, ARSI, JS113, f. 238v.

[③] Nicolao Longobardo, *Carta Annua da China 1613*, ARSI, JS113, ff. 355 - 355v.

[④] Nicolao Longobardo, *Carta Annua da China 1613*, ARSI, JS113, ff. 354v - 355.

自己的儿子奉献给天主,在教堂中为天主服务终身。多默的独生女愿为天主终身守贞。多默的小儿子的妻子,婚前,在父母家无端害怕,即使在白天也不敢走动,嫁给多默的小儿子后,听丈夫讲天主教的教义,按照习俗回娘家住一段日子,已经不害怕了。① 尚不知道曾陈易有几子,据《罗村镇志》,曾陈易次子是郡贡生,娶的是潘濬长女。② 不知是否就是这个小儿子。潘濬(1567—1628)字季深,号澄源,南海县人,万历二十八年(1600)进士,生三子二女,长女配太仆寺卿曾陈易次子为妻。③

曾陈易的亲家之一,因对圣教充满疑惑,对于入教久而未决,在多默的陪伴下去找神父澄清了疑虑,决定入教,魔鬼用噩梦阻止他,他意识到这是魔鬼的伎俩,受洗,洗名保禄,热心向周围人宣教,神父将他与多默视为当地教会的"两柱石"。④

六、侯拱宸

侯拱宸(又作"侯拱辰"),穆宗第三女、神宗妹寿阳长公主驸马。⑤《畿辅通志》卷七十一载录侯拱辰传:"侯拱辰,大兴人,尚寿阳公主。掌宗人府事五十余年,凡所谏言,皆慷慨切直。万历中,青宫久虚,廷臣拟上疏,莫敢首署名者,拱辰曰:'《会典》以宗人府

---

① Nicolao Longobardo, *Carta Annua da China 1613*, ARSI, JS113, ff. 355-355v.

② 佛山市南海区罗村街道地方志编纂委员会编:《南海市罗村镇志》,佛山:南海年鉴社,2009年,第511—512页。

③ (清)戴肇辰、苏佩训修,史澄、李光廷纂:《(光绪)广州府志》卷一百十七列传六,第77页。

④ Nicolao Longobardo, *Carta Annua da China 1613*, ARSI, JS113, ff. 354v-355.

⑤ 《神宗显皇帝实录》卷一百八,万历九年正月十三日:"上敕谕礼部,今册封朕妹为寿阳长公主,选南城兵马副指挥侯一恭男侯拱宸为驸马都尉,择三月十三日成婚,合用册诰仪仗及一应礼仪照旧例行。"《明实录》第55册,《神宗实录》第2081页。

为文职第一,愿首署名。'至册封代王与梃击狱起,拱辰据经引义,无所顾忌,国是耆定。卒,谥荣康。"①《明史》卷一百二十一《公主列传》亦载侯拱辰事迹:"寿阳公主,万历九年下嫁侯拱辰。国本议起,拱辰掌宗人府,亦具疏力争,卒赠太傅,谥荣康。"该驸马可能是天主教徒。

1624年年信中记载了一则驸马进教的消息:

> 北京本年度受洗人数是39人,其中一人堂·迪我(Dom Diogo),是皇帝认的表兄弟或堂兄弟。该亲戚关系的由来是这样的:当今皇帝天启的祖父万历皇帝,将女儿嫁给一个人,因种种原因,这个人不满意,但是对她一如既往,因为她是皇帝的女儿。后来这位公主死了,岳父命人转告这个人,"根据国法,我女儿留下的鳏夫不能再娶另一个女人,但是,你对我的女儿小心翼翼、礼貌有加,我恩准你再娶,我还要给你另一个恩典,你与你的女人将来的孩子可视为我的孙子,就像皇室血亲一样享有同等爵位,视为我的女儿所出"。这人就是堂·迪我。②

万历共有10个女儿,其中云和、静乐、云梦、仙居、灵丘、泰顺、香山、天台8位公主早夭,未嫁。嫡长女朱轩媖,即荣昌公主(1582—1647),下嫁杨春元,1616年,年仅35岁的杨春元就先去世了。③与年信中公主先于丈夫而死不符。明神宗第七女朱轩

---

① (清)唐执玉、李卫等监修,田易等编纂:《畿辅通志》卷七十一,收《景印文渊阁四库全书》(第505册),台北:台湾商务印书馆,1986年,第724—725页。
② Francisco Furtado, *Annua da Província da China de 1624*, BAJA, 49-V-7, f. 485.
③ 《枣林杂俎》和集:"驸马都尉杨春元,固安人,尚荣昌长公主,极有家范,贵而能孝,富而能礼。每召客,亲视鼎俎。子光夔,锦衣卫,带俸任都督。光皋、光旦,俱锦衣都指挥使。并读守礼,有父风。父卒于京,哀毁不胜,扶榇归葬,徒步百余里,庐墓。母丧,七日不食,衣不解带者三月,竟羸瘠而亡。"(清)谈迁:《枣林杂俎》,收顾廷龙主编,《续修四库全书》编纂委员会编:《续修四库全书》(1135),2002年,第116页。

婢,即寿宁公主(1592—1642),活到明朝末年,去世时间也不相符。因此,这位驸马娶的不是明神宗的女儿。"是皇帝认的表兄弟或堂兄弟"一句中的"皇帝"可能是指万历,即这位驸马娶的是明穆宗隆庆皇帝的女儿。穆宗7女,4个公主存活嫁人,其中,寿阳公主朱尧娥(1565—1590)的经历符合年信中的描述,她是明穆宗朱载垕第三女,明神宗朱翊钧的同母妹妹,生于嘉靖四十四年(1565)四月初九日,万历九年(1581)下嫁侯拱辰。万历十八年(1590)九月十九日薨,享年26岁。公主死后,侯拱辰有一个庶出子叫侯昌国。

侯昌国享受的与皇帝承诺的相符。万历四十五年(1617)二月十一日,"驸马侯拱宸为其子昌国乞恩。欲比先朝驸马蔡震、李知子孙及见任都指挥使李承恩例。上许之。章下,大学士方从哲以李承恩初授指挥使,后升都指挥使,因照两例拟两票以进。上随命照例做都指挥使"①。二月二十五日,庚申兵科给事中赵兴邦言:"驸马都尉侯拱宸援李承恩事例,为其子昌国求赐职衔,以奉寿阳公主庙祀。皇上准照例与做都指挥使。臣等查承恩初授职衔不过指挥使耳,后因乞恩,并弟之官始加以都指挥使。在承恩乞之原非有例之事,在皇上予之已为破格之恩,是承恩之例不可照也明矣。况承恩无弟,并弟之官而后得此,如昌国有弟,皇上复予之官乎?不予之官乎?即昌国无弟,亦必待其陈乞,并官斯予之。今初请而遽予以都指挥使,是承恩之例乎?非承恩之例乎?至承恩者公主所出,而昌国者非公主所出也,其中应否微有差别?又与承恩之例不尽合矣。乞斟酌往例,不失亲亲之仁,毋坏祖宗之制。疏留中。"②赵兴邦对万历破例之恩之上再加恩的做法不解,上疏反对,

---

① 《神宗显皇帝实录》卷五百五十四,万历四十五年二月十一日,《明实录》第64册,《神宗实录》第10458页。
② 《神宗显皇帝实录》卷五百五十四,万历四十五年二月二十五日,《明实录》第64册,《神宗实录》第10466页。

援引的理由就是这个孩子"非公主所出也"。七月十九日,"兵科给事中赵兴邦言:如郑养性、侯昌国之亲,祖宗以来皆有之。未有如养性以贵妃之侄,三世而犹得左都督者,亦未有如昌国驸马之子,不由公主所出,而骤得都指挥使者。宜裁之以杜其渐。上仍命遵前旨行"①。七月二十四日,"兵科给事中赵兴邦疏言,侯拱宸以妾子妄拟公主,奏请得官,赏不当功,罚不当罪,恐不足以服天下之心。不报"②。时隔几个月后,赵兴邦再次对侯拱宸拿妾出当嫡出领官的事情提出异议,皆被皇帝驳回。十一月三日,"玉牒告成,加驸马都尉侯拱宸太子太保,其子昌国等并命遵前旨授官。兵科给事中赵兴邦以上所予拱宸之子之官全不合例执奏,疏留中"③。侯拱宸的庶出儿子侯昌国终于获得皇帝外孙待遇。从赵兴邦执拗地接二连三上疏反对看,驸马的庶出子享受的这些恩荣应该是不合规的,赵兴邦有充分的理由反对。但赵兴邦不知道皇帝与侯拱宸有约定的"内幕",这"内幕"正是年信透露给我们的,皇帝不顾反对坚持给侯昌国以皇室血脉待遇,也印证了年信所述无误。后来,侯拱宸的另一个庶出子也得到了皇亲待遇,天启三年(1623)七月二十八日,"以玉牒告成,荫宗人府掌府事驸马都尉侯拱宸子昌胤入监读书"④。

另,侯拱宸曾经为李应试1603年刊刻于北京的《两仪玄览图》作跋,而《两仪玄览图》是以利玛窦的《坤舆万国全图》为蓝本的。这不能作为侯拱宸入教的证据,但能说明他与奉教官员群体的关

---

① 《神宗显皇帝实录》卷五百五十九,万历四十五年七月十九日,《明实录》第64册,《神宗实录》第10551页。
② 《神宗显皇帝实录》卷五百五十九,万历四十五年七月二十四日,《明实录》第64册,《神宗实录》第10554页。
③ 《神宗显皇帝实录》卷五百六十三,万历四十五年十一月三日,《明实录》第64册,《神宗实录》第10610页。
④ 《熹宗哲皇帝实录》卷三十六,天启三年七月二十八日,《明实录》第68册,《熹宗实录》第1886—1887页。

系密切，能获得关于天主教的知识，而这是入教的必要条件。常胤绪(1560—1640)①在《两仪玄览图序》中说，如都尉侯虞山公(侯拱宸)，及缙绅宪臬冯慕冈(冯应京)、铨衡吴左海(吴中明)、缮部李我存(李之藻)、典客祁念东(祁光宗)、驾部杨疑始(杨景淳)、都水陈坚白(陈民志)、世冑李省勿(李应试)、阮余吾(阮泰元)诸贤，皆信慕利玛窦之人之学，协助完成《两仪玄览图》的制作与刊刻。② 侯拱宸的跋也说明了他对西学的了解，感叹于利玛窦的博学贞行和视野的宏广。其跋如下：

> 欧罗巴，职方不载于周，博望未通于汉，迄唐宋犹蔑闻焉。盖其域去中国八万里远也。今我圣天子声施八垠之外，西泰利子始自彼航海来朝，视重九译者无让矣。其人贞笃纯粹，学博天人，爰制《两仪玄览图》，发挥乾坤精奥，周遍法界人文，乃自赤县神州，以至遐逖要荒，居然图次。披阅之倾，恍接万国于咫尺，陈王会于几筵。六合之外，圣人所存弗论者，盖有所裨也。而南华罍空大泽之喻益征焉。于惟西泰子之达观，真足与庐敖友矣。③

关于侯拱宸的奉教事迹，年信还有两处记载。1625 年年信中记：

> 还有领洗 6 个半月的堂·迪我，他就是我们去年提到过的，皇帝的那个过继来的表兄弟(或堂兄弟)，他把象征其身份和地位的衣服、标识全都脱了，改为学生装扮，穿上一件白色

---

① 明朝开国元勋开平王常遇春后裔，世系怀远侯、锦衣卫指挥使，官至太子太师。
② 黄时鉴、龚缨晏：《利玛窦世界地图研究》，上海：上海古籍出版社，2004 年，第 173 页。
③ 黄时鉴、龚缨晏：《利玛窦世界地图研究》，第 172—173 页。

法衣,去为弥撒帮忙。①

1628 年年信中记:

> 这份勤勉在圣诞日展现得越发明显,虽然这天酷寒、大雪,几乎所有教徒都来参加了弥撒和布道,保禄进士是第一个到的,伊纳爵举人不想错过这样的场合,还有通过婚姻途径与皇室攀上亲戚的那位也不想错过。他在那儿称为迪我进士,因为他刚出使归来,奉皇帝命被派往山西,根据惯例、礼仪,应该首先前去汇报,他却外出干了他事,故此乔装打扮以免在外被人认出,通过这件事情,更加向全体教徒宣示了他的信仰和教徒品性。②

总之,年信中记载的信教的文人、官员、重要人物数量,超乎我们据现有材料对该群体规模的估算,若能逐一考证出来,将大大地提高该群体影像的清晰度。大多数情况下,年信只能起到线索提示作用,需要结合其他西文文献、中文文献互相参证,如年信中该人物的籍贯、功名、官职、姓氏发音、事迹等事实都是重要的线索。有时候,年信能提供的仅够考证出某人的教徒身份,并无更多事例记载。比如,据 1627 年年信,天启在"宁远大捷"重奖有战功的人员,其中有一名受奖的姓 Chin,名伊纳爵(Ignacio),"他只负责兵器,在宁远城被围之时,点燃某物,使鞑靼人损失惨重,伤亡众多"③。此人很可能是宁远通判金启倧。据计六奇之《明季北略》卷二,后金军攻宁远,在城下凿城墙不止,金启倧把火药均匀地筛

---

① Manoel Dias, *Annua da V. Província da China do Anno de 1625*, BAJA, 49‑V‑6, f. 219v.

② Rodrigo de Figueredo, *Annua da V. Província da China do Anno de 1628*, BAJA, 49‑V‑6, ff. 585‑585v.

③ Manoel Dias, *Carta Annua da Vice-Província da China do Anno de 1627*, 49‑V‑6, f. 466v.

在芦花褥子和被单上,卷成一捆捆投掷于城下,在后金军抢被褥时,城上明兵急速投下点燃的火箭、硝黄等易燃物,引燃被褥,"延烧数千人"。① 金启倧因操作不慎殒命,死后,"赠光禄少卿,世荫锦衣卫试百户"。② 事迹、职位、姓氏发音都对得上,从其履历来看,是受友教官员孙承宗的提拔,金启倧入教可能是孙元化在军中宣教的成果(有多份年信提及孙元化在军中传教的事迹)。可惜,年信中此人只出现过一次,若做进一步的研究,尚需补充其他材料。

总之,年信的重要价值之一是挖掘一些历史人物的教徒身份,在做此番运用时要尽可能多地找出散落于各份年信中的信息点,将这些点与中文文献中的对应信息点"握手",越多的点对应起来,考证就越牢靠。

第四节　底层基石:明末清初第一代天主教徒的人群画像

耶稣会年信可被称为"明清天主教徒事例集萃",因为其占年信总篇幅的2/3强。这些事例之中,除了少数著名教徒,大部分都籍籍无名。年信作者为了不影响阅读的流畅,或在西方修道院餐桌上大声朗读时不被拗口的中文名字磕绊,对于所涉人物往往以某地的某人或洗名称之,而将重点放在叙事本身。但我们依然可以形成对明末清初天主教徒的整体印象,细览年信仿佛在欣赏一幅由明清天主教众构成的清明上河图,人物众多、情节多样、运笔

---

① (明)计六奇:《明季北略》卷二《袁崇焕守宁远》,收顾廷龙主编,《续修四库全书》编纂委员会编:《续修四库全书》(440),第33—34页。
② (清)张廷玉等撰:《明史·袁崇焕传》,第6709页。

生动、细节毕现,虽然绝大部分图中人物在年信中只露一面,只留下了彼时彼刻在干某一件事的定格画面,但这一个个的细小片段拼凑出一幅明清天主教的风景长卷。本文将从这些事例中提取和展示中国第一代天主教徒的行为、修炼、道德、入教动机、宗教生活等侧面。

一、入教原因

中国人加入天主教的原因一直是个迷人而无解的问题,因为其主观性太强,除了天主,谁人可以浏览他人的内心世界呢? 尤其考虑到明末清初的普通中国人是第一次与西洋传教士打交道,他们的社会、文化心态及所处的传统、环境,必然使他们经历更多的挣扎,这个问题就更迷人。时人有观点认为是他们贪图祷物等蝇头小利,或受夷人蛊惑,今人有观点认为奉教士大夫是为西洋科技所吸引等,从特定的观察角度看,这些观点都有道理。那么,从引导他们入门的传教士的角度看,中国人信教的原因有哪些呢? 阻挡他们入教的障碍又有哪些呢? 以下将通过总结年信中的入教事例,归纳出当时中国人信天主教的原因及障碍。

入教原因可分为宏观原因和个体原因。宏观原因诸如政策环境改善,比如,1638 年,修历取得阶段性成果,崇祯、首辅等赐匾、嘉奖,带动了北京的入教风气,这年,北京住院的新受洗人数前所未有的多。[①] 还有灾荒调节着人们对天主的需求度,比如,1641 年,西安新洗 1 042 人,1642 年,新洗 438 人,下降明显的原因是 1642 年是个丰裕的年份,人们较少祈求上天,因饥饿而出现的弃

---

① João Monteiro, *Annua da Vice Província da China do anno de 1637*, BAJA, 49 - V - 12, f. 285.

婴也少，而为濒死的弃婴施洗构成传教成果重要的一部分。① 对宏观原因的研究更具有客观性，可以通过将历年新领洗人数与某项外部环境之间建立关联，观察互动，分析原因。本节将主要分析更具主观性的个体原因，因为这更能体现年信作为史料的独特价值。

神迹震撼。年信中记叙了许多超自然事件，被称为"神迹"，诸如病患得到奇迹般的康复、久旱无雨的天空在祈祷声中突降甘霖、赶不走的扰民异响在驱魔仪式后消失了、孤立无援的扁舟被一阵风安全地送抵靠岸、与豺狼狭路相逢而对视时以画十字驱之、将圣物袋投入熊熊燃烧的烈火中使受保护的房舍在四周灰烬的包围中光洁如新、通过神视或圣梦见到神或圣徒得到启示、亵渎神的异教分子遭现世报等，体验者、亲历者都有可能受震撼而投入主怀。比如，据1637年年信，漳州某女教徒病危，请神父来听告解和涂油（终敷礼），神父做完之后，她说自己已经完全好了，还向在场的8人宣教，而这8人见证这番奇迹之后，全都入教。② 1696年，藁城（caó chim）县某村闹魔鬼，众天主徒为某户人家驱魔成功后，使该人家进教，"魔鬼又从第二户人家跑到了第三户人家，接着，由三而四，一路被驱赶着跑了约50户人家，这些家庭正是天主拣选出来服侍自己的，天主教徒走到哪家，并为哪家驱魔之后，哪家就像第一家一样准备好进教"③。1635年年信作者阳玛诺说，对于顽固分子，只有亲见一些神迹，才会信主。④ "每次神迹之行，天主都有收

---

① Francisco Turtado, *Annua das Províncias do norte da China do anno de 1642*, ARSI, JS122, f. 164v.

② João Monteiro, *Annua da Vice Província da China de 1637*, BAJA, 49-V-12, f. 51v.

③ Joze Suares, *Annua do Colégio de Pekim desde o fim de Julho de 94 até o fim do mesmo de 97 e algumas outras Rezidências e Christandades da Missão de China*, BAJA, 49-V-22, ff. 625v-626.

④ Manoel Dias, *Carta Annua da China de 1635*, BAJA, 49-V-11, f. 203v.

获,因为神迹在异教徒中传播,受吸引而来住院进一步探询的人就很多,一些出于好奇,想听闻所未闻的故事,一些带着渴慕真理的愿望而来,被天主选中的就会留下来。"① 或许为了增进神迹促信教的效果,神父积极地施行求雨、驱魔等仪式,看起来与异教仪式只有一线之隔,或在教外人士的眼中并没有分别,这实在是一种冒险,确实会造成观者的理解偏差。在传教士看来,无论哪种"神迹",都可以归结为一个终极原因,即天主的拣选,降病、降梦、降灾、降魔等都是天主促成人入教的手段,人在天主的启发和帮助下,其自身才是主动接受信仰的原因。但观赏者却不一定这么认为。1694—1697年年信作者苏霖反思了这种传教手段:"毫无疑问,在新教友中显现的神迹,十分有助于增加对圣教的信服。初期教会时代,圣灵通过使徒、圣人所宣传的颠扑不破的真理,有人并不理解,也不信服,当他们见证了神迹,就信服了。不过,天主没有将这份(奇迹增进信仰)恩典赐给中国人。这或许是因为中国人的理解力太敏锐了,中国人普遍有这样的理解力,他们很容易领会圣教中的事实,却偏离了奇迹增进信仰的初衷,他们会给这些事实某种不经的解读,真理就明显地摆在那里,他们却不接受。"②

将皈依系于神迹意味着天主教必须在灵验性上与异教直接竞争,年信中有许多因佛教不灵而改宗归主的事例,有时成果喜人。据1639年年信,稷山县某村"因为体会到拜佛花许多钱,却没有用,将兴趣转向天主教,这个村几乎成为基督村,庙也改建成教堂。"③ 但可以从传教士的一面之词想象另一面的情况:有多少人

---

① Manoel Dias, *Carta Annua da China de 1635*, BAJA, 49-V-11, f. 209v.
② Joze Suares, *Annua do Colégio de Pekim desde o fim de Julho de 94 até o fim do mesmo de 97 e algumas outras Residências e Christandades da Missão de China*, BAJA, 49-V-22, f. 613v.
③ João Monteiro, *Annua da Vice Província da China do anno de 1639*, ARSI, JS121, ff. 258v-259.

因天主未拣选他们、未施神迹,而转向了异教。

寻求真理。从事件主角看,受神迹震撼而入教的以劳力者为多,为寻求真理而入教的以劳心者为多。不可低估天主教教义本身对部分中国人的吸引力,尤其是天主教教义能补缺的部分,天主教对"死亡"这个议题的处理,就吸引了包括徐光启在内的许多人入教。1633年年信中,西安某文人这样总结天主教优越于其他所有宗教的原因:对敌人的爱、内心全然的纯洁与谦卑、教律本身的真。① 年信中有许多在真理之路上遍寻不获,最终择定天主教为信仰归宿的人。1614年,江西江州一名叫保禄的秀才,在入天主教前,遍寻真理,拜了超过30名不同教派的师傅,没有一个教派能进到心里,直到天主教才使他感到心灵的抚慰和平静。② 1623年,杭州一名90岁的郎中,在各种教派间换了31个师傅,"最后才找到了使心栖息于其中的天主教",领洗并以杨廷筠为代父。③ 1635年,泉州一名学官,他想要的真理在其他宗教中多番探求,亦曾入佛门许多年,在读了天主教的书籍后,进教。年信作者在他这种情况后加了一个括号,说明"许多人坦诚自己是这样信教的"。④ 1601年,南京一位名医在瞿太素(qhiu tai sú)家见到神父,为天主教教义折服,第二次去拜访神父时,将一张字条塞进神父的手中,当年年信全文抄录,从这份独白中可以更直接地看见一个准备归信天主教的中国知识分子的心迹:

> 我名叫"唐"(Tam),是一个浅陋的人,虚度光阴三十又四

---

① João Fróes, *Annua da V. Província da China do Anno de 1633*, BAJA, 49-V-11, f.14v.
② João da Costa, *Annua da Christandade da China do Anno de 1614*, ARSI, JS113, f.385v.
③ Francisco Furtado, *Carta Annua da V. Província da China do Anno de 1623*, BAJA, 49-V-6, f.120v.
④ Manoel Dias, *Carta Annua da China de 1635*, BAJA, 49-V-11, f.219.

年。自幼年就浑浑噩噩，习气不良，在二十岁弱冠（trazer barrete）时，蒙昧无知，坠入歧途，抛却人生真正财富，将自己的信仰交给了两个和尚。我没坚定信念，只是随波逐流。昨日，读毕真正的天主的书，我才开始懂得真正至高的只有天主。在我诞生之前，我从天主那里受领灵魂，在我降生之后，又从天主得到恩典。天主创造人与万物，人与万物皆有亲善理性之灵，这是真正的和颠扑不破的真理。我是一个很幸运的人，得以脱离局促歧路，得进康庄大道。现在，我遇到了一位通透的老师，他能教我真教之理，我岂敢不毕恭毕敬地迎接这绝妙的真教？我有一个卑微之请，希望这尊贵的老师打开他无边的仁慈和善心，正式收我为徒，这样我就能够日夜伴候在他身边，聆听其渊博的话语，这样我的心愿也就了了。①

密切关系。包括亲属关系、同业关系、同乡关系、师徒关系等。家族内的血缘传播是天主教的一个重要传播途径，年信中此类例子不胜枚举。业缘也是一条重要传播途径，内中还夹杂着业内互助、集体过宗教生活等内容，1635 年、1697 年年信分别记载了福州府、无锡县的船夫间互相传教并形成一个庞大的信徒团体。②③ 地缘传播既包括邻近开教地区的人更容易受到影响而进教，也包括基于祖籍地的地缘更容易受到信教同乡的影响而进教，如 1613 年，在南雄做生意的广州人，进教之后，还将许多同乡带进了天主教。④ 沿着

---

① Anonymous, *Do Collegio de Machao & Suas Residências de 601*, ARSI, JS 121, ff. 19v - 20.
② Manoel Dias, *Carta Annua da China de 1635*, BAJA, 49 - V - 11, f. 230v.
③ Joze Suares, *Annua do Colégio de Pekim desde o fim de Julho de 94 até o fim do mesmo de 97 e algumas outras Rezidências e Christandades da Missão de China*, BAJA, 49 - V - 22, f. 637.
④ Nicolao Longobardo, *Carta Annua da China 1613*, ARSI, JS113, ff. 365 - 365v.

师徒关系传教,则如1639年,神父在北京某村遇见一个吃素的女佛教徒,该女佛教徒还是许多女佛教徒的老师,神父成功劝服这个老师,这个老师又使弟子几乎全部入教,她们则更进一步将村中许多人带进教中。① 此外,还有同僚关系、主仆关系、同学关系等各种人际关系,都可以成为天主教传播的通路。在实践中,各种关系互通互联,形成网状传播。1609年年信作者龙华民梳理了一条传播轨迹:北京著名教徒李路加是被李之藻带动入教的,他又带动70多岁的老父和父亲的妹妹等家人,以及朋友、同事进教,其中一名同事又带动了全家进教。②

人之将亡。年信中在临终前突击受洗的事例非常多,这一方面因为神父重视这灵魂最后得救赎的机会,另一方面,濒死者因肉体已经无望得救,只得寻求灵魂得救。于是,因有纳妾等障碍未能得洗者在这一刻破除障碍,犹豫不决的人在这一刻下定决心,此前未曾听说过天主教的人在这一刻爽快答应。例如,1637年,北京有个文人极度仇教,对信教的亲戚也不例外,他生病了,教徒亲戚不计前嫌,前去探望,劝他受洗,这才是得救的唯一道路,他觉得有道理,但仍然想康复后再领洗,后病情加重,快要死了,他急忙去找神父施洗,向信教亲戚们悔罪后领洗,不久去世。③ 总之,临终时刻是神父大举和大量收获灵魂的时刻。

善举感召以及报恩。善举是年信中的一类突出报道,往往伴随着当事人、见证者受感化而入教的结果。这些受助者包括仕途失意者、流离他乡者、惨遭遗弃者、家道中落者、患病无助者、蒙受

---

① João Monteiro, *Annua da Vice Província da China do anno de 1639*, ARSI, JS121, f. 227.
② Nicolao Longobardo, *Annua da China do Anno 1609*, ARSI, JS113, ff. 108v-109.
③ João Monteiro, *Annua da Vice Província da China do anno de 1637*, BAJA, 49-V-12, f. 279v.

冤案者、街头待毙者、投河自尽者、商旅遇劫者、无家可归者、脏污不堪者等等，以上列举在年信中都能找到对应的案例，而且不只一处。在此类皈依者中，往往掺杂着报恩或偿还人情的心理，有的施助者直接要求受助者以入教来报恩。1639 年，段衮听说稷山县有一个人被冤枉，判了死刑，亲自前往救助，许多人因为被这个正义之举感动而决定入教。为此，段衮特意请金弥格去稷山县为 70 人施洗。① 据 1658 年年信，"有一名大人物向太监保禄求救，此人是异教徒，被有司判莫须有的大罪，受到不公正的对待，害得他财产与名声两失，备受屈辱。为了疏通保禄这条门路，他向保禄贿赂了 50 两银子。保禄收下银子，通过友人关系，把这个人放了。此人获释之后，保禄又把那 50 两银子还给他，对他说道：'我已经帮助了你的身体，现在是时候帮助你的灵魂了，我把你救出来就是为了要你的灵魂。'这异教徒顽冥不化，将钱放在地上，硬要保禄收下，这表示他欠了保禄很大一个人情，他回家后一定会再给保禄更多的钱，因为是保禄帮他摆脱了这么大的伤害，这是他人生中所受的最大的侮辱。保禄仍然不收，反而劝他：'你的问题已解决了，我的还没有开始呢。你的肉体已自由了，但是，你的灵魂还被禁锢，你不是多亏了我帮助你嘛，如果你真想表达对我的感谢，你就留在我这儿吧，我就可以慢慢地教化你，这件事比你之前遇到的事重要得多。'这人就在保禄家住了 17 天，最终领洗"②。

求得保佑。如同有人信佛、修道，有人在祈福避祸的期待中，将天主教作为诸多宗教选项中的一种而选定。1613 年，住在南京住院附近的某人，倾心圣教，一直没有领洗。直到看见邻居家的几

---

① João Monteiro, *Annua da Vice Província da China do anno de 1639*, ARSI, JS121, f. 255v.

② Gabriel de Magalhães, *Annuas das Residências Do Norte da Vice-Província da China do Anno 1658*, 49 - V - 14, f. 243.

个孩子死了，为了避免悲剧发生在自己孩子的身上，让自己的孩子全部受洗。① 1639 年，方德望在城固县的传教结束，返回西安，已经登船，仍有人奔跑来请求受洗，神父问他们为何不早一些来，答曰：我们现在仍不相信圣教道理，但是相信神迹。原来，这几个人经常嘲笑信天主教的亲朋，他们认为正因为此，天主降病给他们以惩罚，教友给他们圣水治愈了他们，使他们获得"奇迹般的完美康复"，"我们为神迹的力量而不是理性的力量所折服，我们希望圣洗能带来身体和灵魂的健康"。②

视觉吸引。耶稣会是一个十分重视在传教工作中使用视觉资源的修会。装帧精美的书籍、铺锦列绣的教堂、栩栩如生的圣像、华丽庄重的葬礼等都构成传教的视觉资源。大部分人是受视觉吸引而产生进一步了解天主教的兴趣，甚至还有人因为想得到一幅圣像而入教。1639 年，某奉教太监带着另一个太监访北京教堂，神父请他们到自己的卧室中小坐，室内的一幅精美的天主像使这个还不信教的太监爱不释手，他向神父索要，被神父拒绝，他竟强行带走。几日之后，他又带着圣像来找神父，请求受洗，还说，只要给他一幅发给教友的普通圣像就可以了，不要这么好的，他也很满意的。神父很高兴这幅圣像使他信教，就将这幅圣像送给他，为他施洗，洗名 Mathias。他花重金在家中建造了一座祈祷室，供奉这幅圣像。③

科技吸引。正如现在研究者所分析的，有一部分中国知识分子是受欧洲先进科学的吸引而加入天主教的，但是，此类事例在年信中极少，或许耶稣会内部对科技传教路线存在分歧的缘故。此

---

① Nicolao Longobardo, *Carta Annua da China 1613*, ARSI, JS113, f. 346v.
② João Monteiro, *Annua da Vice Província da China do anno de 1639*, ARSI, JS121, f. 251v.
③ João Monteiro, *Annua da Vice Província da China do anno de 1639*, ARSI, JS121, ff. 228 – 228v.

处聊举一例。1621年,杭州一名重要文人打算改信天主,在接触到深层次的奥义时,对于"三位一体""道成肉身","他全然地挣扎其中,失去方向",入教程序难以向前推进,"他因好奇想听神父讲解欧几里得。一名神父接过这项工作,只是为使这位朋友高兴,也抱着天主通过这种方式来施恩的希望"。"他带着兴趣听了欧几里得几何学的前几卷,展现出优秀的天赋。他最擅长的是欧几里得的证明题,知道如何验证不能被证明的。通过这种方式,他推断出,自己对欧洲神父们的科学重视不足,只是掌握了他们知识的边角料;这些知识如此可靠、显而易见且又明确,任何天才都不能找出其中的谬误;传教士们所重视的科学如此确信,而他们如此尊重、笃信并置得救的真理于其中的奥义同样可信。经过这番推敲,他决定服从于自己的理性,他被信仰的益处所俘获,重新聆听这神圣的奥义,极谦卑地领受圣洗"。[①]

受感于神父的魅力。在中国复杂的和布满风险点的传教环境中,身为外国人的神父,格外注重个人仪表、言行举止、与中国女性打交道时的分寸等,年信中有许多事例表明相当一部分佛教徒是不满和尚的修为,受感于神父的魅力而入教的。比如,1636年,杭州"某人供养着一个和尚,将之作为'活佛'对待(这在异教徒中间很普遍)。他发觉自己的'活佛'备受指摘,因为大家发现了'活佛'职业中的龌龊之事,抹去了其伪圣洁之上的镀金层。这个人内在有天主赐予的理性和智慧,他去听了教义讲解,然后与全家人共同领受圣洗,脱离了这个低劣的异教群体——那里简直是瞎子待的地方,向着纯洁而干净的天主之家投奔而来"[②]。神父具体在哪一

[①] Francisco Furtado, *Carta Annua da China de 1621*, BAJA, 49-V-5, ff. 324-324v.

[②] Francisco Furtado, *Ânua da Vice-Província da China de 1636*, BAJA, 49-V-11, f. 535v.

点上打动了异教徒,则是五花八门。1637 年,泉州某人打算弃佛归耶的原因是,"他认为这些和尚的生活混乱,言行不足为训","神父言谈举止得到他的认可",然而,最终使他下定决心的是一个小细节,"他与神父说话时想跪着,神父坚决不允"①。1626 年,使绛州某年老村妇决心入教的一个细节是,她去住院了解天主教时,"她还根据当地习俗,带来一件礼物,以及购买基督手册的钱,手册上有祷词。当神父答这些不该收时,她开始很惊讶地说,在中国没有这种话,也没这么无私的人,既不收徒弟拜师的礼物,也不想要书钱"。记录此事的阳玛诺还加上一句评论,表示该案例是一种常见情形:"而这事实上成为一个谈资,不仅仅是年老村妪,而且很多来自城市的知书达理的男人们,对此都很惊讶,天主教与其他相比,就是最完美的,因为中国所奉行的,拜金甚于佛教。"②

齐家。天主教的诫命约束、言行规范、道德提倡等被一部分人拿来处理家庭关系,用以治家,而应用这些"治家工具"的最好方式是入教。年信中该方面的事例,以为了管教孩子而让孩子入教为最多。1613 年,南昌一个少年,沾染种种恶习,父母、长兄想尽办法,将他从不良的生活习气中拉出来。父亲入教之后,发现天主教才能"换"儿子的心。于是,就通过许多办法将儿子带去教堂,让他听讲教义。儿子最终领洗,不仅痛改前非,而且变得孝敬父母。③1637 年,开封有个少年,生活放荡,名声很坏,朋友想挽救他,劝他加入佛教某派,以克制其欲望,为了降低他的入教门槛,只要他肯遵守约法三章就可以了,他犹豫后表示,约法三章已不足以管束自

---

① João Monteiro, *Annua da Vice Província da China de 1637*, BAJA, 49-V-12, f. 49.
② Manoel Dias, *Annua da China do Ano de 1626*, ARSI, JS115, f. 111v.
③ Nicolao Longobardo, *Carta Annua da China 1613*, ARSI, JS113, f. 358.

己,恐怕十章才行。不久之后,天主教在当地传开,其中十诫引起他的注意,他说要履行自己的承诺,于是受洗。① 1639 年,北京有个小官虔诚奉教,但是儿子生活放荡,不服管教,这个小官在临死前,叫来儿子,说自己的遗训就是希望他入教。后来,儿子入教,言行与入教前判若两人。② 其次,是为了家庭关系的和谐。1637 年,杭州某村有个大户人家之女,因与家人不和,想要削发为尼,"在学习天主的道理后,她的耐心也赢得了家人的谅解。当家人得知这变化背后的原因,都决定入教了,因为这提倡忍耐的宗教有助于家庭的和谐"③。1637 年,建宁兄弟二人截然不同,一奉天主,一信佛教,"就像雅各与以扫的关系",信佛的受洗后,兄弟二人也由在信仰、习惯上的针锋相对,变为志同道合。④

任由天定。这在年信中是一个很小众的入教原因,可能传教士在这上面无甚可做,所以记载不多。1612 年,衢州一名军官,为选佛选耶而拿不定主意,就让真正的主为他抉择。他在望得见天的庭院中摆了一张桌子,敬上香烛,以抓阄的方式写了两张字条,一张写着天主,一张写着观音,跪拜叩首之后,第一次抽到了天主,他不甘心,连抽三次,都是天主,遂撕碎观音字条,弃佛归耶。⑤ 杨廷筠的妻子也是这样入教的,1614 年,"她派了一个信得过的人去某座庙里求签,一张纸上,一面写'主'(chu),一面写'佛'(fa),结

---

① João Monteiro, *Annua da Vice Província da China do anno de 1637*, BAJA, 49-V-12, ff. 298v-299.
② João Monteiro, *Annua da Vice Província da China do anno de 1639*, ARSI, JS121, f. 229.
③ João Monteiro, *Annua da Vice Província da China de 1637*, BAJA, 49-V-12, f. 35v.
④ João Monteiro, *Annua da Vice Província da China de 1637*, BAJA, 49-V-12, f. 43.
⑤ Nicolao Longobardo, *Carta Annua das Residências da China do Anno de 1612*, ARSI, JS113, f. 238v.

果,佛替她选择了主"①。

二、入教障碍

关于中国人的入教障碍,我们听到最多的故事是纳妾,因为纳妾犯了十诫中的第七诫"不可奸淫",犯诫者不被接纳入教。纳妾现象在明末清初很普遍,据苏霖的观察,"即便是在普通人中,一夫多妻也很流行"②。因为纳妾在年信中被提及的太多,在用词上,竟简化成"那个障碍"。还有一个较为人熟知的障碍是斋素,这主要是针对想改宗归主的佛教徒而言的。除此两个障碍,从年信中,还能归结出以下常见的障碍。

第一,知识上的。从教义言,中国人最难理解的知识点是"三位一体""道成肉身""复活"。以"道成肉身"为例,阳玛诺结合自己的传教经验表示:"中国人很关注这个话题,而天主并没有在这个问题上使他们心眼明亮,他们将之视为天主陛下的不检点。"③某海南籍进士的大儿不相信道成肉身,耶稣替人受苦,为人的罪而死,他认为天主应该有代价更小的救世方法。④ 苏州一个文人对十字架的疑惑颇具代表性,该文人的父亲是一名当官的进士,1639年,潘国光往苏州开教,下榻在他的家里。潘国光在厅里的圣坛上布置了一个十字架。文人问十字架代表什么意思,潘国光向他讲

---

① João da Costa, *Annua da Christandade da China do Anno de 1614*, ARSI, JS113, f. 382v.

② Joze Suares, *Annua do Colégio de Pekim desde o fim de Julho de 94 até o fim do mesmo de 97 e algumas outras Rezidências e Christandades da Missão de China*, BAJA, 49-V-22, ff. 610v-611v.

③ Manoel Dias, *Annua da Vice-Província da China do Anno de 1626*, BAJA, 49-V-6, f. 323.

④ João Monteiro, *Annua da Vice Província da China do anno de 1637*, BAJA, 49-V-12, ff. 329v-330v.

了"道成肉身""救赎"两个神迹,说天主之子为救赎世人,被钉死在十字架上,因此,十字架该受敬拜。这个文人不解地问:这是处死天主之子的刑器,不是该唾弃吗,为何反而受敬拜呢? 神父打了一个比方:杀死父亲的剑或其他凶器,该受儿子们的憎恨,但是,十字架应该被看作天主为救赎我们而选择的宝座,"光荣的王"坐在宝座之上,我们子民应该敬拜他的宝座。十字架在此之前是卑微的、低贱的刑具,它被基督的宝血祝圣后,就该得到与基督一样的敬拜。文人对这个解释很满意,也让人画了一个红颜色的十字,摆在自己客厅。[①] 知识阶层更难以接受天主教的神迹,可能因为根深蒂固的无神论,"他们过于关注现世,无视永世,要么就是他们执迷于无神论。无神论在读书人中非常普遍,这使他们不能接受圣教道理"[②]。

学习拉丁语祷词也是一个较常见的困难,尤其对于老年教徒,或非知识阶层。还有一些教徒,动辄脱口而出"阿弥陀佛",难以换成"天主救我",他们"这辈子习惯了持续不断地向偶像祈福,念叨他们名字,总是挂在嘴边,将这谬误从其嘴边移除费力良多,因为这是习惯"。据1631年年信,西安地区有大批望教者不识字,看不懂教理书,只好求助识字者给他们念出来,直至能够背诵,这个困难反而带来意外收获,那些本来只是照本宣科的人,却在这个过程中对天主教发生了兴趣,因此而受洗的竟有很多。[③] 总之,传教对象学习能力较弱,构成一个较普遍的困难。

---

① João Monteiro, *Annua da Vice Província da China do anno de 1639*, ARSI, JS121, ff. 276-276v.

② Joze Suares, *Annua do Colégio de Pekim desde o fim de Julho de 94 até o fim do mesmo de 97 e algumas outras Residências e Christandades da Missão de China*, BAJA, 49-V-22, ff. 610v-611v.

③ João Fróes, *Annua da V. Província da China do anno de 1631*, BAJA, 49-V-10, f. 50v.

第二，行为上的。传教士在某地宣教时往往遇见喧闹的盛景，对天主教感兴趣的人很多，看起来将收获满满，但是，最终领洗者往往比预估大打折扣。龙华民认为中国人对天主教的优越性是真心认同的，只是当他们了解到奉教的困难后，就吓退了，"他们不能纳妾、不能放高利贷、不能算命、要将佛像扔掉、特别是终身恪守严格的诫命，这些使他们感到痛苦"①。孟儒望持同样观点，认为使中国人认同天主教不难，难的是跨出受洗这一步，难点可概括为两方面：1. 克服障碍，以使自己达到领洗标准；2. 遵守十诫。② 有数不清的人是担心不能守诫或受束缚而放弃入教的。1630年，杭州一个有钱的大人物在受洗前，与神父就遵守十诫讨价还价，"最多遵守九诫（正如他自己所说的）"，神父见前期的宣教努力结果无望，伤心地说："我们毫不怀疑主迟早会赐给他一个恩典，使已开头的能善终。而我也将在知道并亲眼看到这个时机之后再写他，现在就不写了，因为他现在还不想为领受圣洗做好准备，他的行为中还缺乏光明，我是很痛苦的。"③苏霖将不能守诫的行为障碍归结为两点：对肉欲和不义之财的追求。"大部分进教遇阻的人都是出于这两个障碍"。④ 此外，天主教要求教徒勤于圣事和定期聚会，在这方面的要求较其他教派严格，也阻挡了一部分人入教。1637年，南京某道吏拖着不入教的原因是"工作太忙"，没有时间

---

① Nicolao Longobardo, *Carta Annua das Residências da China do Anno de 1612*, ARSI, JS113, f. 239v.

② João Monteiro, *Annua da Vice Província da China do anno de 1639*, ARSI, JS121, f. 222.

③ Lazaro Cattaneo, *Annua da Vice-Província da China do Anno de 1630*, BAJA, 49-V-9, f. 35v.

④ Joze Suares, *Annua do Colégio de Pekim desde o fim de Julho de 94 até o fim do mesmo de 97 e algumas outras Rezidências e Christandades da Missão de China*, BAJA, 49-V-22, ff. 610v-611v.

参加宗教活动。① 1639年,西安一个女望教者迟迟没有领洗的原因是"家住得远",不方便参加定期的聚会。②

第三,职业上的。该类应该归于行为上的困难,由于年信中因为职业内容与十诫相冲突而不得入教的事例很多,所以,单列一类。据苏霖的总结,职业障碍"主要是在官员、在官府中做事的人及商人中比较普遍",因为他们的职业中普遍存在着"尔虞我诈","商贾在生意中,绝大部分都有不公平的交易"。③ 此外,一些为异教或迷信服务的职业,尽管是正当的职业,也没有良心上的问题,因为与天主教信仰冲突,也构成了入教障碍。

第四,观念上的。中国人的华夷观对外来的天主教有很强的拒斥力。即便是在普通人中,这种阻力也非常大。1637年,北京有一个贵妇目睹女信徒们举行各种虔诚事工,亦想进教,她的丈夫是佛教徒,以天主教是外国的宗教为由阻拦她,他让妻子信奉老祖宗的教,放弃新奇事物。④ 1639年,杭州有个女人也对教理信服,但是怕在异教妇女中显得"不合群",一直拖着不肯入教。⑤ 同年,西安有个老妇,害怕被异教徒嘲笑,不敢入教。⑥ 苏霖这样描述笼罩在全中国的这层坚硬的华夷之防外壳:"这个民族与生俱来的高

---

① João Monteiro, *Annua da Vice Província da China de 1637*, BAJA, 49-V-12, ff. 25v-26.

② João Monteiro, *Annua da Vice Província da China do anno de 1639*, ARSI, JS121, f. 240.

③ Joze Suares, *Annua do Colégio de Pekim desde o fim de Julho de 94 até o fim do mesmo de 97 e algumas outras Residências e Christandades da Missão de China*, BAJA, 49-V-22, ff. 610v-611v.

④ João Monteiro, *Annua da Vice Província da China de 1637*, BAJA, 49-V-12, f. 7.

⑤ João Monteiro, *Annua da Vice Província da China do anno de 1639*, ARSI, JS121, f. 282v.

⑥ João Monteiro, *Annua da Vice Província da China do anno de 1639*, ARSI, JS121, f. 289v.

傲，使得他们轻视圣教，不是因为他们不理解、不信服圣教，而仅仅是因为圣教来自外国。他们不进教的理由就是从这里生发出来的，他们会说，为什么被他们视为圣人、智者的先人，没听说过圣教，没有信教，也没有在书中留下关于圣教的任何记载。还有些人在谈起耶稣道成肉身，降生拯救罪人这个神迹时，郑重地说，如果天主之子为了拯救世界，化为肉身，那么，毫无疑问，他该选择中国，因为中国比世界上其他所有的国家先进（他们就是这么说的）。他们对世界是完全的无知，他们常对我说，周边国家与中国比，小得没法更小。"①

第五，方式上的。中国人的信教方式是逢神就拜、多神并敬，凡是能够保佑平安、赐福于人者，都想处好关系以求保佑。屡屡有人问神父能否将天主像与佛像一起拜，愿意将天主像供得高一点，如果得到应允，他们即刻领洗。神父则不得不屡拒诱惑。据1601年年信，韶州"林村"全体村民愿意集体入教，前提则是神父允许他们继续拜佛。②据1621年年信，某大太监愿意在北京西山为传教士建一座豪华的教堂，按照欧洲样式涂绘，条件是"让真神与其他的偶像一道接受敬拜"。③当在神父的要求下，在天主教与异教之间只能选择一端时，提出各路神仙都拜的这个功利主义要求的人，也往往做出一个功利主义的选择。比如，据1631年年信，建昌有个老妇，终于在一切准备妥当准备领洗时，子孙却用一个无可辩驳的实际理由阻止了她：既然她已向阎王爷施舍了那么多钱、物，就

---

① Joze Suares, *Annua do Colégio de Pekim desde o fim de Julho de 94 até o fim do mesmo de 97 e algumas outras Rezidências e Christandades da Missão de China*, BAJA, 49-V-22, ff. 610v-611v.

② Anonymous, *Do Collegio de Machao & Suas Residências de 601*, ARSI, JS121, ff. 27-27v.

③ Lazaro Catano, *Annua da Vice-Província da China 1629*, 49-V-8, f. 598v.

不能让这么多银子白费。奶奶果真放弃入教。①

第六,"噪音"干扰。异教徒和保守分子在对天主教的攻击中,制造出耸人听闻的流言,成为干扰天主教传播的噪音。1602年,神父在韶州"王村"(vancum)的传教工作前期进展顺利,"当神父收网时,魔鬼开始兴风作浪,引发三四场突然而至的风暴,一场接着一场,想把神父捕在网中的鱼放回海中"。"第一场风暴像惯常一样与佛教有关。第二场是在民众中引发担心,神父会按照中国的惯例向信徒们收大笔钱财,数额根据神父向信徒传授的教义而定,他们是根据要向自己的师傅、和尚缴钱的经验做出上述判断的。第三场是基于教徒中的一个错误想法,他们认为教徒要过着与神父完全一样的生活,不能娶妻,深居简出,整日祷告、静默冥想,等等。第四场来自平民大众的无端想象,凡受洗者,将被神父带往泰西之地,因此,许多妇女恳切地请求自己的丈夫,别与神父交友,可是,丈夫们并不理会妻子们的无根据的警告,一如既往地与神父交往,甚至开始制作洗礼上要用的蜡烛。她们将此视为丈夫要跟着神父逃走的征兆、线索,就像疯了一样,跑到街上,大喊大叫,'大家都来看啊,他们要把我们的夫君抢走了啊,要带到背井离乡的地方去!'"入教后被带往国外当时似乎是个流传比较广的说法。又如,1633年,开封某王爷的儿子失踪,儿子在失踪前,告诉父亲,他想去葡萄牙,这是耶稣会的人建议的。后来,在神父的帮助下,王爷找回了儿子。②

安文思在1658年年信中从民族文化、心理特征的角度,对汉人、满人的宗教可塑性做了一番比较,算是对上述具体的入教障碍

---

① João Fróes, *Annua da V. Província da China do anno de 1631*, BAJA, 49-V-10, f. 69.

② João Fróes, *Annua da V. Província da China do Anno de 1633*, BAJA, 49-V-11, ff. 15v-16.

的升华,摘译如下:

神意的安排是中国人没有那么懒惰、疲沓,而鞑靼人却是那么粗鲁、饶舌,因此,鞑靼人对天主教律知之甚少,而中国人认为圣律是必需的、给人以力量的。这两个民族都了解了天主创造他们的目的是什么,以及创造他们是种恩典。不过,中国人确实是有些涣散,因此,鞑靼人也对他们以"怂蛮子"(súm mân çu)相称,意思是"松松散散、疲疲沓沓、随随便便的野蛮人"。无论天性如此还是后天养成,中国人是有一点儿畏首畏尾。他们阅读书籍,聆听讲道,用赎罪金或者用赞美天主之律是真理来忏悔,当你以为已经在牧群里拥有这只羊时,你却发现自己与这只羔羊还在山上,他仍像以前那样是只迷途的羔羊。因为,有的人说,来年我就入教。有的人说,我现在的岁数还小。有的人说,我担心在受洗后不能遵守戒律,这反而是更大的罪。有的人说,我有多个妻子。有的人说,我的职业,我赖以生活的营生就是这样,找口吃的还得耍诡计和诓骗。有的人说,天主教是好的,但是,佛教也不坏啊。有的人说,佛教害过我吗,我怎么可以抛弃它呢?我已经事佛这么多年了!有的人说,我们改日再谈吧。无知的人则说,谁看到过这些事呢?谁看见过天主,谁看见过灵魂,谁看见过你对我们讲的这些奥迹?在文人中有一些人,嫉妒使他们看不见,另一些则是被刚愎自用蒙蔽了双眼。这些刚愎自用的人说道,你们怎么会有一种教与我们士人的教相媲美呢?你们来自外邦蛮夷之地,无法与中国这个中央之国的广袤和文明昌盛相并论,你们的诸宗教和天主教,怎能出现在儒教的面前呢?那些嫉妒的人则说,你们天主教的这些证据和道理都是真实的,也能使人信服,不再有承认那些奥迹的障碍,但是,我们儒教的道理、证据、奥义在真实性上毫不逊色,在昌明程度上毫不逊色!在这类文人中,有一个人,嫉妒心强,胆大无忌,说了很多亵渎神明的话。他说,即使天主之子借着你们的基督的身体降世,你所说的全都在理,你说的是事实,但是,你没有对我们说出另一个事实,就是天主之子在借着你们的基督降世之前的许多年,首先就借着我们的孔夫子降世了。这个狂妄的人就是这样胡言乱语,对自己的无知漫不经心,他就这样说着亵渎神明的话,仿佛说了就当没说,或者他所说的才是更高明的结论、是最大的真理。在这些文人的日常交谈中,有诋毁佛像和佛教的万般恶语,在他们的书籍和文章中有诋毁佛像和佛教的万般侮辱,可是,在现实中,他们放下书、笔,转身就拿起香火,俯身拜佛,求佛保佑。他们的反复无常是多么难以理喻、让人不齿、不值钱啊!他们的善变是多么没原则啊!主啊,原谅他们!①

鞑靼人的天性则相反,他们敏锐、坚定,只是他们又太野蛮而不开化,喜欢多嘴饶舌,无论怎样努力,也不能将圣教奥义的道理和真理说到他们的心里去。因为他们走出那野蛮人的习俗、那野蛮人的土地、那野蛮人的生活没多久。他们在那蛮荒之地,既对天主教的永生、灵魂没有认知,也不了解偶像崇拜或是佛教。现在,这些鞑靼人在跟着中国人拜佛,他们去拜佛和礼佛,只是为了长命百岁、身体健康、多财、多妻、多子、多仆和多良马。令人吃惊的是,他们在(拜佛)这些事上看起来是非常有理解力和机智的,但是在关于自身的救赎上,他们又是那么无知。你跟他们布道,讲述圣教道理,他们立即就变

---

① Gabriel de Magalhães, *Annuas das Residências Do Norte da Vice-Província da China do Anno 1658*, 49-V-14, ff. 237v-238v.

成了一群傻子。当你在谈话中插入关于此生的话题时,他们则又立即变得聪敏起来,好像是一群很有判断力、很有智慧的人,特别是那些鞑靼人中的大人物,他们是统治者,通常力求使自己的统治完美、公正。目前,鞑靼人在认识天主教律上的最大障碍,一是他们的未开化,二是他们之间的僵硬的隶属关系和严格的服从关系,无论上层人士还是平民阶层都是如此。只有皇帝是自由的,其余所有人都被当作奴隶对待。人身控制达到什么地步?就连那些被称为"血亲"公爵,若没有皇帝的许可,也不能在城墙外睡一夜。即使堂兄弟、亲兄弟之间也不能互相拜访。他们要定期去宫里向皇帝磕头请安,皇帝通常每五天才会见他们一次。侯爵、伯爵、将军、大官们则每日在皇官的大殿前磕头,他们会被一个一个清点人数,好像他们是学校的学生。如果有人事先未请假而缺席,会受惩罚,并会被罚一大笔钱充入国库。如果未经允许出城,其俸禄和官阶就会被褫夺,很多时候连命都没有了。那些服侍这些人的奴婢,也要受到鞭挞,打得衣衫褴褛,最终活活饿死。奇怪的是,奴婢们还在尽心尽力、殷勤地服侍着主子。在大人物们的眼里,皇帝就像是一尊佛,而且皇帝排在佛前。下等人和卑贱的人对主子们的尊重程度,好像每个主子都是一位皇帝。在这种严苛的服从关系之下,在这种密不透风的人身控制之下,鞑靼人既不多说话,也很少动。他们总是不知所措,小心翼翼。因此,当我们对他们谈起圣教时,那些大人物们会问我们,皇帝是否已经入教。如果告诉他们,尚未入教,他们就会回答,那么,等他入教,我们也会入教。那些下人、平民则说,当我们的主人、主子受洗了,我们也会跟随。大门就这样一下子骤然关闭了,任何道理他们都听不进,更加不会接受。好在这些人中,有我们的主拣选的人,他们是信仰满满的教徒,以爱德来拥抱信仰。当我们不像以前那样，对收获丰硕的教徒还抱有希望，他们足以慰藉我们，他们在传教工作中很好地发挥了作用。我们请求尊父您及全体神父、修士们，在读到或听闻该年信后，能够对中国人、鞑靼人这两个民族，生起怜悯之心。这是两个占地辽阔的民族，却又处在蒙蔽当中，祈求我们的主，带领他们去认识天主的律法，使他们能得到这番恩典，使他们能成为主的仆人。①

三、洗礼

洗礼是入门礼，通过洗礼，受洗者的基督徒身份得到确认，传教士的工作成绩也需要通过受洗人数得到确认。

志愿皈依天主教的人称"望道友"。望道友在入教前需接受必要的教义教育，这项工作通常由传道员、教友担当。每年，神父在巡回传教至某地时，当地往往已经"准备"好一批受过教育的望道友，只等神父前来付洗。神父对这些望道友进行测验，合格者方接受圣洗。除了理论测试，还有两项最常见的行为测试，以验证受试者与异教决裂和改宗归主的决心：打破佛像、打破斋素。

佛教徒要将家中的佛像一件不留地带到神父面前，自行当众销毁。无论是否出于信仰原因，不得留在家中任何有关于偶像崇拜的残余。这点执行非常严格，年信中有许多案例，当事人或是出于佛像的造价昂贵，不舍得扔，或是转赠信佛的亲戚和朋友，或是打算将天主像、佛像供在一起拜等，都被神父拒绝施洗。销毁佛像是针对佛教徒而言，实际上凡异教偶像，都要销毁。1631 年新年

---

① Gabriel de Magalhães, *Annuas das Residências Do Norte da Vice-Província da China do Anno 1658*, 49-V-14, ff. 238v-239.

时,一个异教大师前往西安,众人纷纷请他算命。他与一名熟知教义的天主徒辩论,竟被说服,还想进一步与神父会面,他先返回家中将偶像、算命书籍、算命签等烧毁,再来教堂受教,为了证明他是真心归信,又将所有算命工具焚毁,终得受洗。[1] 甚至还要毁自己的塑像。1636年时,杭州一个异教徒将自己的塑像放在一个庙中已经有些年了,这像栩栩如生,代表着他作为奴才服侍佛像,这样就能在来世占得一个好位置。为了向过去的自己决裂,他去庙里,用刀毁了塑像,和尚们对此很生气,对他粗言恶语,威胁他要告官,把他抓走。[2] 福州一个异教徒比照他的儿子做了两件塑像供养在庙中,为了领洗,将这两件塑像与42件佛像带到教堂焚烧。[3]

打破斋素的难度往往比打碎佛像更大,有许多几十年茹素的佛教徒,除了进行心理上的调节,还得进行生理上的调节。好在神父追求的是使吃素与佛教信仰之间的意义关联断裂,只要受试者象征性地吃一口肉就可以了,并非强迫转换生活习惯,而且天主教也有守斋的修行方式,可以在吃素行为背后的意义转换完成之后,继续在天主教的信仰内斋素。

此外,受试者还必须掌握祷词、会画十字,这是参与圣事和过宗教生活所需要的。尽管这是一项纯粹的只与学习有关的事,但是,由于许多中国人在学习拉丁语词汇和发音上的障碍,这出人意料地成为一项较为显著的入教障碍,年信中因此有许多刻苦学习祷词的事例。比如,1637年时,汴梁有个石匠,做工很忙,没有时间没有条件学习祷词,每日一早出工前去教堂学几句,利用工休时

---

[1] João Fróes, *Annua da V. Província da China do anno de 1631*, BAJA, 49-V-10, f. 51.
[2] Francisco Furtado, *Ânua da Vice-Província da China de 1636*, BAJA, 49-V-11, f. 534.
[3] Francisco Furtado, *Ânua da Vice-Província da China de 1636*, BAJA, 49-V-11, ff. 545-545v.

间复述,以免忘记,通过这种方式,全学会了,而后受洗。①

有时,神父还进行临场发挥性质的加试,以最后确认望教者的诚意。1637年时,距福州3里格某地,神父想试探一下符合受洗条件的某三兄弟的诚意,佯装要走,这三兄弟立即到神父的起居室跪地求洗。过了几日,神父真要走了,三兄弟又含泪相送,坚决求洗,神父就近找了一个教徒的家,终于为三兄弟施洗。②

洗礼中使用的语言混合着西方语言和中文。据1614年的年信记载,郭居静在为徐光启的家人施洗时,徐光启总是在现场观摩并充当翻译,"以使神父说出来的话能被理解"。③ 神父在洗礼中应该还会使用中文说一句"我信肉身之复活长生,亚门"(gò siǹ jǒ xīn chī fō hŏ chām sem Amen)。④

水洗部位可简化为额头。1637年,杭州某不信教的女子病危,回了娘家,因为其父亲是天主教徒,她表达了想灵魂得救赎的愿望,父亲对她进行教义辅导,在洗礼中,"刚把圣水洒上她的额头,她说了临终的话,就安息主怀了"。⑤ 1641年,泉州一个小孩受洗时,也是将圣水淋洒在额头上。⑥

受洗之后,要及时将姓名记入"受洗名册",这个名册是住院的重要档案,将会一直保留。1601年,韶州某妇女受邻居的影响想

---

① João Monteiro, *Annua da Vice Província da China de 1637*, BAJA, 49-V-12, ff. 23v-24.

② João Monteiro, *Annua da Vice Província da China de 1637*, BAJA, 49-V-12, f. 53v.

③ João da Costa, *Annua da Christandade da China do Anno de 1614*, ARSI, JS113, f. 383v.

④ Gabriel de Magalhães, *Annua das Residência do Norte da V. Província da China no Anno de 1660*, BAJA. 49-V-14, f. 696.

⑤ João Monteiro, *Annua da Vice Província da China de 1637*, BAJA, 49-V-12, ff. 33v-34.

⑥ João Monteiro, *Annua da Vice Provincia da China do Anno de 1641 athe setembro 642*, ARSI, JS117, f. 57v.

进教,去教堂请求"将我的名字与我邻居的名字写在一起,写进你们花名册中"。① 1612 年,南雄住院启用,神父按照利玛窦遗留的名册,找到了几名 20 多年前由利玛窦付洗的教徒。② "受洗名册"是年信中报告每年新受洗人数的依据,每个数字需要做到有据可查。

当然,登上名册的教徒要有一个拉丁化的洗名。教徒在神父的帮助下选择一个与自己有特殊关联的名字作为洗名,这类关联五花八门。以奉教官员马呈秀一家的洗名为例:马呈秀洗名伯多禄,取这个名字既是为向教会的奠基者伯多禄致敬,也是为与徐保禄(徐光启)"配对",保禄与伯多禄是常被并称的使徒(即今日常称的保罗和彼得)。③ 马呈秀有一个 13 岁的独子,与一名 6 岁的堂弟同时受洗,当日是使徒 São Filipe e São Tiago 的庆日(5 月 3 日),马呈秀之子取洗名斐里伯,堂弟洗名玛第亚(Mathias),以纪念神父在扬州举行第一场弥撒的日子(5 月 14 日)。④ "西来孔子"艾儒略感化了许多文人入教,以"儒略"为洗名的文人就比较多,1646 年时,清军进攻福州之前,一名在教外徘徊了许久的文人终于下定决心入教,洗名儒略,"是为了向他的精神之父艾儒略致敬"。⑤ 1647 年时,艾儒略在延平施洗了一个南京籍的文人,"他与艾儒略进行了数日尖锐而顽固的激辩,最终,他为主的温和的威严所折服,领受圣洗,取洗名为儒略,这是在向说服他

---

① Anonymous, *Do Collegio de Machao & Suas Residências*, ARSI, JS121, f. 27v.

② Nicolao Longobardo, *Carta Annua das Residências da China do Anno de 1612*, ARSI, JS113, ff. 258 – 258v.

③ Francisco Furtado, *Annua da China do Anno de 1620*, ARSI, JS114, f. 252.

④ Francisco Furtado, *Annua da China do Anno de 1620*, ARSI, JS114, f. 253.

⑤ António de Gouveia, *Ânua da Vice Provincia da China nas Partes do Sul no Anno de 1646*, in *Cartas Ânuas da China* (*1636, 1643 a 1649*), edição, introdução e notas de Horácio Peixoto de Araújo, p. 322.

的神父致谢"。① 有的教徒选择自己喜欢的圣人之名为洗名。1614年时,徐光启的一名高(Cao)姓学生在杭州受洗,"在接受入教前教育时,为沙勿略的事迹所深深折服,就选择了方西(Francisco)这个对中国人来说极为拗口的名字"。② 1631年时,杭州某人在受洗时已能背诵列位圣人的事迹,他按照自己的喜爱程度,一一道出。神父问他想用哪个名字,他说"多默"(Thomaz),并复述了一段对该圣人的赞美。③ 有的教徒选择与自己职业相关的圣人之名为洗名。1636年时,福州一位名医,"听神父说,圣葛斯默(São Cosme)和圣达弥盎(São Damião)是医生,因着天主之爱,免费救治病人",便以葛斯默为自己的洗名。④ 同年,兴化府的一名新中举人受洗,"亲朋好友认定这是天主助他,握着他的笔杆子代他应试的。神父为他取名路加,这有道理,因为这是一个用笔的圣人"。⑤ 有的教徒会选择对自己有特殊意义的圣人之名为洗名。1612年时,南雄住院开院,第一个受洗的教徒是当地一个重要文人,叫Kieu tao lie,神父为真福神父伊纳爵举行的庆日仪式,深深打动了他,因此,他的洗名就定为伊纳爵。⑥ 1637年时,北京某文人的妻子,在祷词的发音上有困难,圣母在梦中向其显现,并教会

---

① António de Gouveia, *Ânua da Vice Província da China nas Partes do Sul no Anno de 1647*, in *Cartas Ânuas da China（1636，1643 a 1649）*, edição, introdução e notas de Horácio Peixoto de Araújo, p. 340.
② João da Costa, *Annua da Christandade da China do Anno de 1614*, ARSI, JS113, f. 382.
③ João Fróes, *Annua da V. Província da China do anno de 1631*, BAJA, 49-V-10, f. 59.
④ Francisco Furtado, *Ânua da Vice-Província da China de 1636*, BAJA, 49-V-11, f. 545.
⑤ Francisco Furtado, *Ânua da Vice-Província da China de 1636*, BAJA, 49-V-11, f. 553.
⑥ Nicolao Longobardo, *Carta Annua das Residências da China do Anno de 1612*, ARSI, JS113, f. 258.

她祷词,她在洗礼上要求神父赐洗名"玛利亚"。① 总之,教徒在选择圣名时有很大的自由度,神父以尊重教徒的意愿为主。圣名之选择对教徒日后的宗教生活产生影响,教徒通常将与自己同名的圣人视为自己的主保圣人,不仅以其为学习的榜样,还在该圣人的庆日进行特别的庆祝。

神父将教徒选择的洗名"写在一张一指长的红纸上"赐给教徒。教徒很重视这张洗名条。1630年,绛州一名80岁的老翁临终前,要求家人将其洗名条压在他的额头,将写有"耶稣"的圣名条压在他的胸口,将念珠放在他的手中,为他穿好寿衣。②

领洗之后,圣父会赐予新教徒祷物,比如念珠、圣像。天主像、圣母像最为常见,这是行礼拜仪式所必需的。为此,1601年,日本—中国传教区视察员应中国内地的传教士之请求,派了一名有绘画才能的日本籍传道员进入中国,专画圣像,"以赠予新受洗的中国教徒,这些新教徒就会用圣像替换下神龛中的偶像"。③ 圣像仍然常常供不应求,就以红纸剪出的十字、写有"耶稣""玛利亚"的纸条代替。④

以上是正常情况下的洗礼程序,在面对濒死者时,为高效地救赎灵魂,洗礼会走简易程序。神父临场进行最基本的教义宣讲,只要领教者表示"信"就可以了,若领教者还能支撑更多时间,神父还会适当增加悔罪等必要的步骤。⑤ 总之,神父有充分的自由裁量

---

① João Monteiro, *Annua da Vice Província da China de 1637*, BAJA, 49-V-12, ff. 8v-9.

② Lazaro Cattaneo, *Annua da Vice-Província da China do Anno de 1630*, BAJA, 49-V-9, f. 17v.

③ Anonymous, *Do Collegio de Machao & Suas Residências de 601*, ARSI, JS121, f. 3v.

④ João Monteiro, *Annua da Vice Província da China do anno de 1639*, ARSI, JS121, ff. 278v-279.

⑤ João Monteiro, *Annua da Vice Província da China de 1637*, BAJA, 49-V-12, ff. 39-39v.

权,根据情势紧急程度,增减步骤。若面对的濒死者是弃婴,或没有理解能力的婴孩,最基本的教义教育也免除了,洗礼只要找水就可以了。1631 年时,西安一个婴儿快不行了,母亲抱到门口透气,恰巧一名住院仆人路过,仆人学过洗礼,上前佯装讨水,悄悄地为婴儿施洗,"在她母亲的怀抱中去了天国"。①

关于施洗的职权施行人,从年信的记载来看,除了神父之外,随着教牧任务加重,神父还授权修士和传道员在必要时施洗,甚至一些平信徒也分享了该权利。1609 年,徐光启在上海最好的朋友之一病危,在徐光启的劝化下决定入教,可惜,神父未能及时赶到,徐光启则亲自为他施洗。② 但是,在绝大多数情况下,未经神父授权的施洗是无效的。神父常常在巡回传教中发现,有热心教友擅自为其发展的望道友施洗,神父只得再重新洗一遍。

由于施洗者的主体资格界定模糊,如果不是由神父施行的洗礼,其有效性,有时会被怀疑。1637 年,北京有个叫儒略(Julio)的教徒,他是由一名修士施洗的,他临终前,对洗礼的有效性仍心存疑虑,教友、神父在劝解后,好了一些日子,随即又陷入焦虑中。就在死前不久,为其施洗的修士在 6 名俊美的人的陪同下,在睡梦中向其显现,对他说道:"儒略兄弟,别再忧心忡忡,你的洗礼是有效的,你要高兴、振作起来,因为你很快就要与我们一起去见天主了。"这终于解开了他的心结,他叫来妻子、女儿,嘱咐她们入教,不要为自己举行异教的葬礼,而后安然离世。③ 1628 年,杭州某个奉教文人,也遇到了同样疑问,"他有一个儿子,刚出生时没有生命迹

---

① João Fróes, *Annua da V. Província da China do anno de 1631*, BAJA, 49-V-10, f. 52v.

② Nicolao Longobardo, *Annua da China do Anno 1609*, ARSI, JS113, ff. 111v-112.

③ João Monteiro, *Annua da Vice Província da China de 1637*, BAJA, 49-V-12, f. 9.

象，便由他的另一个儿子、这婴儿的哥哥为这婴儿施洗，天主得到事奉，这个孩子活了下来。但是，两年之后死于另一疾病。当这父亲回想起这孩子是怎样受洗的，和由谁为其施洗的，他便有些疑问，他问其大儿子是否也发觉了，他以疑问的语气，关切地说：'我们在这么重大的问题上是否犯了错误，因为我的过错，使你的弟弟失去了永福。'"当晚，哥哥梦见弟弟，确认洗礼有效，方才安心。①这种认识上的混乱主要存在于教徒中，神父对洗礼有效性的把握原则是很明确的，在紧急情况下由未经授权者举行的洗礼是有效的，这与特利腾大公会议（Council of Trent）的圣洗圣事部分（大会第7期，1547年）做出的决定是一致的，即必要时，"即使是异端者所施行的洗礼也仍然是有效的"。②

此外，年信中还记录了"愿洗"这种特殊的洗礼。比如，据1636年年信，常熟邻县中某奉教官员，叫弥额尔，他的父亲"到了将死之时，他表达出的意思都是想成为一名教徒，接受圣洗。可是，因为儿子不知施洗流程，父亲就将双手高举向天，喊'救世主'，就咽气了"。傅汎际说："可以相信天主在这个紧迫且重要的时刻眷顾了他，他领受了愿望中的洗。"③

四、圣事

天主教有七件圣事：洗礼圣事、坚振圣事、圣体圣事、告解圣事、病人傅油圣事、圣秩圣事、婚姻圣事。年信中重点记载的是洗

---

① Rodrigo de Figueredo, *Annua da V. Província da China do Anno de 1628*, BAJA, 49-V-6, ff. 598-598v.
② [美]麦百恩著，天主教上海教区光启社编译：《天主教》之第五部分《圣事》，上海：天主教上海教区光启社，2002年，第35页。
③ Francisco Furtado, *Ânua da Vice-Província da China de 1636*, BAJA, 49-V-11, ff. 529-529v.

礼、圣体、忏悔、终敷四项。洗礼是其他圣事的门，鉴于其在年信中受重视的程度最高，已在上文详述，以下将略述明清天主徒对另三项圣事的参与。

在年信记载中，教徒对告解的热衷度仅次于对洗礼的。逢节庆日，或神父巡视至某地时，是教徒集中告解的高峰期，神父被整日困在小室中听告解，甚至通宵达旦。1657年5月，郭纳爵神父在汉中探望教徒时，"一直处在疲惫状态，甚至深夜仍在听教徒的告解"。郭纳爵在听告解的中途有好几次累得在无意识中说母语。① 1658年年信这样描述西安教徒对告解的热衷："各教友圣会的告解每个月都很多，经常到了午后一两点钟，神父仍然饿着肚子。有些教徒为神父的健康着想，劝说告解者改日再来，那些告解者的理由则五花八门：比如住得很远，比如已经有两三个月未告解了，比如自己正在生病，那些妇女则说，丈夫是异教徒，难得让她们出来参加圣会的活动，还有其他类似理由，尽管所列举的这些理由都非紧急情况②，却也足以显示出他们对得救赎的虔诚之深、热情之浓、愿望之切……逢礼拜日和节庆日，告解的人更多。"③还有更热切的教友当众宣读自己的罪过或写下来，广泛散发。比如，1601年韶州有一个教徒，将自己一生中犯过的所有罪写下来，等聚会的教友和神父到齐，"跪下，面朝着地，磕了三四个头之后，开始宣读自己的罪，整个过程当中，他的膝盖一直跪着"。④ 但是，对内敛、含蓄的中国人而言，"新入教者感觉最困难的事情之一是告

---

① Gabriel de Magalhães, *Annuas das Residências Do Norte da Vice-Província da China do Anno 1658*, 49-V-14, ff. 247v-248.
② 指的是行临终告解。
③ Gabriel de Magalhães, *Annuas das Residências Do Norte da Vice-Província da China do Anno 1658*, 49-V-14, ff. 253-253v.
④ Anonymous, *Do Collegio de Machao & Suas Residências de 601*, ARSI, JS121, f. 23.

解,他们不得不暴露自己的过错"。① 1602 年,南京有一名新入教的文人的告解,教育了许多其他的教友,"因为文人在中国通常是最高傲的,是受其他人敬畏的,这也是为什么很少有文人愿意听从神父的告解教诲的原因之一,当看到有一名文人如此谦恭地跪在听告解者面前,其教育意义是非凡的。可以期待,不仅男教友,而且女教友,都能够很容易地参与告解"。②

圣体圣事被视为教会生命的顶峰,在明清教徒中一直处于供不应求的状态。据卫匡国 1644 年在常熟的统计,当年已告解的人数达至 2 000,已领圣体的人数有 500③,因为神父只对优秀教徒发放领圣体的资格。但是,满足哪些具体条件才能获得资格,年信当中没有交待,也难以从零散的描述中总结出成共性的条件。聊举三例。1639 年,建昌有个新入教的教徒请求领圣体,神父认为他的入教时间太短,就给他安排了 4 个月的准备期:每月 2 次告解;每日阅读圣徒生平事迹;每个周五鞭笞苦修;每个周六斋戒。在完成后,这名教徒得到领圣体的机会。④ 福州有个教徒,入教 9 年,仍未获得领圣体的资格,1640 年四旬斋中,他向神父请求,表示自己年事已高,也经受了这么多年考验,期望领圣体以激励自己更好地度过守斋期,神父在四旬斋的第一个礼拜日满足了其请求。⑤ 1645 年,泰宁县有个信教的医生,洗名保禄,神父不在当地的两年

---

① Diego Anthunez, *Annua do Collegio da Madre de Deus da Companhia de Jesu de Machao e Residencias da China do anno de 602*, ARSI, JS46, ff. 321 – 321v.

② Diego Anthunez, *Annua do Collegio da Madre de Deus da Companhia de Jesu de Machao e Residencias da China do anno de 602*, ARSI, JS46, f. 321v.

③ Antônio de Gouvea, *Annua da V. Província do Sul na China de 1644*, BAJA, 49 – V – 13, ff. 528v – 529.

④ João Monteiro, *Annua da Vice Província da China do anno de 1639*, ARSI, JS121, f. 294v.

⑤ Gabriel de Magalhães, *Annua da Vice Província da China do Ano de 1640*, ARSI, JS116a, f. 179v.

中，负责召集教友到自己的家里进行宗教活动，维持信仰。当地的新教堂落成，在神父讲的第一场弥撒中，他获得领圣体的资格。①尽管当时的标准不明确，但显然较现在严格得多。

终敷礼在明清天主徒中的应用也很广泛，因为临终是每个人必临的时刻，终敷礼在信徒的眼中又总是有效的：终敷礼后，获得康复，则是救治肉体；安然辞世，则救治了灵魂。具体可参本研究《向死而生：天主教徒的身后事》一节。

关于婚姻圣事，年信对中国教徒的天主教式葬礼记载较多，关于天主教仪式的婚礼则很少，目前仅见福建地区有此婚俗。1639年、1644年年信提及居住在福建的黑人教徒按照天主教的仪式举办婚礼。②③从澳门进入中国内地的黑人，主要聚居在福建的安海（Ngañ Hay）。因为这批黑人教徒，神父将安海作为每年巡视的目的地，为其主持婚礼。1654年，漳州有个叫Julião的教徒，一心想把女儿嫁给教徒，如愿以偿，他请神父为新人举行天主教式的婚礼。这是当地第一场天主教的婚礼。众教友表示将为自己的子女举行这样的婚礼。④但是，年信对中国天主徒择偶观的记录较多，天主徒更愿意找天主徒婚配，或至少不妨碍自己拜天主的。1613年南昌的一对信教夫妻，丈夫去世之后，妻子有许多改嫁的机会，但是，这些备选丈夫都不信教，她提出要么是个信教的男人，要么不干涉她信教。有个男人提出可以满足她提的第二种情况，他们

---

① António de Gouveia, *Ânua da Vice Província da China nas Partes do Sul no Anno de 1645*, in *Cartas Ânuas da China (1636, 1643 a 1649)*, edição, introdução e notas de Horácio Peixoto de Araújo, p. 262.

② João Monteiro, *Annua da Vice Província da China do anno de 1639*, ARSI, JS121, ff. 296 - 296v.

③ António de Gouvea, *Annua da V. Província do Sul na China de 1644*, BAJA, 49 - V - 13, ff. 538v - 539.

④ Luiz Pinheiro, *Carta Annua da V. Provincia da China do Anno de 1654*, BAJA, 49 - IV - 61, f. 314v.

就结婚了,婚后不久,在妻子的带动之下,这个新丈夫也入教了。①1628年嘉定某女教徒,一个各方面都优秀的年轻人向她请求,想要娶她一个女儿为妻,她果断地回答,他不首先入教,她就不允。②在教徒择偶中,天主或神父的意见很重要。1639年,淮安有个奉教文人,考中举人之后,要在一个富家女、一个贫家女中选择结婚对象,他将选择权交给了天主,抽签的结果是贫家女,他高兴地接受,并很快使妻子入教。③ 1626年,南昌某教徒收到一大笔彩礼,他去征询神父意见,是否可把女儿嫁给提亲的异教徒,神父觉得该异教徒家庭教养不好,亲事未成。④

五、瞻礼

天主教内称教会的节庆和纪念日为瞻礼。瞻礼一般都有固定的日期、内容和形式。中国教徒根据天主教的宗教日历,即瞻礼单,来确定庆祝的日期。利玛窦、金尼阁都曾致力于用中国使用的农历推算教会所用阳历的瞻礼日期。瞻礼单每年年初由传道员分派到教友的手中。⑤

圣诞节、复活节是最重大的两个节日,在各地都得到隆重庆祝,同时,各地又有不同侧重。比如,兴化教徒主要庆祝的节日有

---

① Nicolao Longobardo, *Carta Annua da China 1613*, ARSI, JS113, ff. 358 - 358v.

② Rodrigo de Figueredo, *Annua da V. Província da China do Anno de 1628*, BAJA, 49 - V - 6, ff. 593v - 594.

③ João Monteiro, *Annua da Vice Província da China do anno de 1639*, ARSI, JS121, f. 263v.

④ Manoel Dias, *Annua da Vice-Província da China do Anno de 1626*, BAJA, 49 - V - 6, f. 324v.

⑤ João Monteiro, *Annua da Vice Província da China do anno de 1637*, BAJA, 49 - V - 12, f. 304.

圣诞节、圣周、圣母诞辰庆日、圣母升天节。① 绛州教徒最隆重的 3 个节日是复活节、耶稣受难日、圣诞节。② 西安教徒更重视圣诞节、圣周、复活节、耶稣升天节、圣母升天节。③ 此外，还有一些重要性相对较低的节庆日得到庆祝，如追思亡者节（1636，北京）④、圣烛节（1638，上海）⑤、圣灰节、圣枝节（1602，韶州）⑥等，1640 年代，福州住院引入庆祝圣伊纳爵日的活动⑦，伊纳爵是耶稣会创始人，于 1622 年封圣。南昌教徒流行除了宗教历上的节庆日，还要庆祝自己的受洗日。⑧

教友去教堂参加瞻礼，要身着隆重而得体的衣装。1639 年，杭州某个教徒，父亲不允许他参加天主教的活动，他就另外买了一套专门参加圣礼时穿的衣服，寄存在另一个教友的家中。在瞻礼日，他穿着普通的衣服出门，先去教友家换好了衣服，再去教堂。⑨ 另一名杭州的教徒在赴弥撒途中，遇见一个即将领洗的望道友，穿得非常寒酸，就将之叫到避人处，把自己穿在里面的衣

---

① João Monteiro, *Annua da Vice Província da China do anno de 1637*, BAJA, 49 - V - 12, ff. 341v - 342.

② Ignacio da Costa, *Annua da Vice Provincia do Norte na China do anno de 1647*, BAJA, 49 - V - 13, f. 456.

③ Gabriel de Magalhães, *Annuas das Residências Do Norte da Vice-Província da China do Anno 1658*, 49 - V - 14, f. 253v.

④ Francisco Furtado, *Ânua da Vice-Província da China de 1636*, BAJA, 49 - V - 11, f. 524.

⑤ João Monteiro, *Annua da Vice Província da China do anno de 1637*, BAJA, 49 - V - 12, f. 313.

⑥ Diego Anthunez, *Annua do Collegio da Madre de Deus da Companhia de Jesu de Machao e Residencias da China do anno de 602*, ARSI, JS46, ff. 320 - 320v.

⑦ António de Gouveia, *Ânua da Vice Provincia da China nas Partes do Sul no Anno de 1645*, in *Cartas Ânuas da China* (1636, 1643 a 1649), edição, introdução e notas de Horácio Peixoto de Araújo, p. 312.

⑧ Nicolao Longobardo, *Carta Annua das Residências da China do Anno de 1612*, ARSI, JS113, f. 247.

⑨ João Monteiro, *Annua da Vice Província da China do anno de 1639*, ARSI, JS121, f. 283v.

服脱下来给他。① 但是，又不可太浮华。1637年，杭州"耶稣苦会"一个会员，在春节时身着盛装前往教堂，会长批评了他浮夸的衣着，他诚信地忏悔，并向会长磕头道歉，迅即回家，换衣再来。②

参加节庆日聚会的教友，一般性的活动事项包括守斋戒、望弥撒、听布道、办告解、领圣体、行鞭笞等个体活动，祷告、念经、守夜、讨论、游行、互赠礼物等集体活动。还要做些善事：向穷苦人施舍；为教会捐献，如为教堂的油灯添油、贡献香烛等。

郭纳爵对1647年西安圣诞节的描述很有代表性，不妨以之为例说明：

> 在圣诞节前一两天，外地教友已经陆续赶到，他们通常是花了一两天的时间才赶到西安。见到神父的教友都做了告解，在这几天的庆祝中，一直都有教友告解。在圣诞节的前一日，白天，教友们各自安排着自己的活动，有的互相讨论教义，有的邀请教外朋友前来观礼，有的在向望道友传授必要的入教知识，有的在天主像、圣母像前祈祷，有的专心研读宣教书籍，有的守在僻静之处为翌日领受圣体做准备。入夜，几次祷告之后，各自进行鞭笞苦修，在等候天亮的时间里，教友们集体守在圣烛前，或者是互相交流各自的虔敬事工，或者听聪明的教友发表高见，或者阅读宗教书籍。当夜，在教堂里守夜的教友大约300人，他们基本都在守斋。圣诞节的当夜，他们全都参加弥撒，讨论、祈祷，向童年耶稣像跪拜，他们在圣像前祷告良久，既有集体祷告，也有单独祷告。③

---

① João Monteiro, *Annua da Vice Província da China do anno de 1639*, ARSI, JS121, ff. 283v‑284.

② João Monteiro, *Annua da Vice Província da China de 1637*, BAJA, 49‑V‑12, f. 31.

③ Ignacio da Costa, *Annua da Vice Provincia do Norte na China do anno de 1647*, BAJA, 49‑V‑13, ff. 446‑446v.

以上活动都属于与宗教相关的圣工,为了增加节日欢乐气氛,还有一些世俗化的庆祝活动,比如燃放烟火、乐器演奏和唱戏等。

除了以上常规活动,教友时常会有一些临时发挥。1641年大年夜,上海一些激进的教徒走向田间去破坏小庙,在第一个晚上就破坏了约20座,他们的目标是将当地供奉异教神的小庙统统捣毁。神父制止了这激进的做法,因为这会激发异教徒的反教情绪,神父要求教徒倚靠讲道理和以身作则来劝化人们。① 1645年,聂伯多神父往福建安海巡视,这里住着约120名从澳门逃来的黑人,神父与他们一起欢度耶稣升天节。刚刚破晓,就吹响清脆的喇叭,而后放了十响火铳。当地官员听到响动,受到惊吓,弄清楚原因后,给他们送来酒、糕点、银子以庆贺,但是命令他们不得再放枪了,以免扰民。②

教徒除了参与庆祝活动,还有部分教徒参与组织工作,主要两项:布置场地、礼仪助手。

花朵是常见的布景道具。1615年圣诞节,南京教徒用各式各样的花束装扮教堂。③ 1625年新年,北京教徒"带来了手工制作的玫瑰花作为奉献,中国人做这个手艺很好"。④ 1645年,泉州过圣灵节时,"整个教堂用菊花等花朵装点得像一座花园,这些花象征着他们美丽的灵魂"。⑤ 偶尔还有与中国传统审美不一样的软装潢。1629年建昌圣诞节,"大家很新奇地布置圣堂,搭了一个纸的

---

① João Monteiro, *Annua da Vice Provincia da China do Anno de 1641 athe setembro 642*, ARSI, JS117, f. 47.
② António de Gouveia, *Ânua da Vice Provincia da China nas Partes do Sul no Anno de 1645*, BAJA, 49 - V - 13, f. 548.
③ Manoel Dias junior, *Annua da Missão da China do Anno de 1615*, ARSI, JS113, f. 408.
④ Manoel Dias, *Annua da V. Província da China do Anno de 1625*, BAJA, 49 - V - 6, f. 219v.
⑤ António de Gouveia, *Ânua da Vice Provincia da China nas Partes do Sul no Anno de 1645*, BAJA, 49 - V - 13, f. 548.

祭台,是按照澳门的样式来的,整个平安夜中,有各式的焰火,还有用中国乐器演奏的音乐"。① 1637 年耶稣受难日,邵武教友"将教堂完全布置成服丧的装饰,地上铺着黑布,众人向十字架行礼"。②

上海教徒在布景制作上似乎格外突出,年信对此多有记载。制作马槽成为上海庆祝圣诞节的传统。1628 年,嘉定,为庆祝圣诞节,孙元化家的私塾的师生们制作了一个耶稣诞生的马槽,"他们想利用精良的制作和好奇心招徕人们的虔敬","是一个宗教上的创新",这次展示非常成功,以致这展示不得不持续至圣母献瞻节。③ 1636 年上海的圣诞节,"在我们教堂中,制了一个马槽,非常漂亮,非常精致,阁老(徐光启)的孙子、孙女们带着布施来看这个马槽"。④ 1637 年圣诞节,"上海住院制作了耶稣降生时的马槽,引得教徒纷纷仿制。住院还花 13 天的时间制作耶稣降生场景中的人物塑像,就连许多异教徒也在好奇心的驱使下前来观瞻。阁老夫人与其全体孙女们来到教堂。她们在教堂中待了整个下午,见到神圣的马槽很幸福,她们很详细地询问关于马槽的一切"。⑤ 1638 年圣诞节,上海教堂"制作了耶稣诞生的马槽场景。教友们在长达 20 天的庆祝期一直留在教堂。来看热闹的异教徒太多了,只好关门,一点一点地往里放人"。⑥

还有在圣周中制作圣墓模型也渐渐地固定下来。1638 年圣周,上海教徒制作了一个圣墓布景,里面摆满蜡烛,这是在上海第

---

① Lazaro Catano, *Annua da Vice-Província da China 1629*, 49 - V - 8, f. 603.
② João Monteiro, *Annua da Vice Província da China de 1637*, BAJA, 49 - V - 12, f. 46v.
③ Rodrigo de Figueredo, *Annua da V. Província da China do Anno de 1628*, BAJA, 49 - V - 6, ff. 593 - 593v.
④ Francisco Furtado, *Ânua da Vice-Província da China de 1636*, BAJA, 49 - V - 11, f. 531.
⑤ João Monteiro, *Annua da Vice Província da China de 1637*, BAJA, 49 - V - 12, f. 27v.
⑥ João Monteiro, *Annua da Vice Província da China do anno de 1637*, BAJA, 49 - V - 12, f. 312v.

一次纪念耶稣受难的神迹。① 1639年圣周,"制作了一个精美的圣墓模型,内中有一个十字架。教堂中的每个人都穿孝。四个圣坛上摆放着耶稣受难的4个最主要的神迹"。②

担任礼仪助手事例则如,1611年起,北京开始专门针对教徒的小孩进行教义培训,这些孩子中有4名被选中在弥撒中作为神父的助手,这使孩子的家属感到无上的光荣。③ 1625年,南昌住院的圣礼很繁忙,6名秀才成为圣礼助手,他们都是四五十岁的人。6人分工,助力很大,其中,2人接答(respondem),1人换祈祷书(muda o missal),1人拨亮(espivita)烛台上的蜡烛和大蜡烛,1人分发洒水壶(dà as galhetas),1人发放手巾、还要升起吊炉。④

中国教徒普遍对这些宗教礼仪很重视,业者停工、学生停学,前往教堂观礼。⑤ 1631年时,开封有个老妇,入教不久,对规矩不熟悉,但是很有宗教热情。她见自己因为性别,不能去教堂望弥撒,就找人仿制了神父的法袍,买来面粉、蜡烛和酒,按照自己的理解,做了一场弥撒,她念的祷词也是根据自己的理解从宣教书中选取的,她说这样就弥补了自己礼拜日、庆日、圣日不能去教堂的缺憾。伏若望在讲完了这个令人啼笑皆非的故事后,这样评论:在主面前,她的做法也有价值,因为其动机是悦主。⑥

---

① João Monteiro, *Annua da Vice Província da China do anno de 1637*, BAJA, 49‐V‐12, f. 312v.

② João Monteiro, *Annua da Vice Província da China do anno de 1639*, ARSI, JS121, f. 269.

③ Nicolao Longobardo, *Carta Annua das Residências da China do Anno de 1612*, ARSI, JS113, f. 226v.

④ Manoel Dias, *Annua da V. Província da China do Anno de 1625*, BAJA, 49‐V‐6, f. 220v.

⑤ João Monteiro, *Annua da Vice Província da China do anno de 1637*, BAJA, 49‐V‐12, ff. 341v‐342.

⑥ João Fróes, *Annua da V. Província da China do anno de 1631*, BAJA, 49‐V‐10, ff. 55‐55v.

最后，需要提醒的是，尽管中国内地的瞻礼庆祝很热闹，但与基督教领地上的庆祝相比，不算隆重，而且少了官方色彩。以1601年澳门的复活节庆祝作为对比：澳门当地教徒大放烟火，葡萄牙人、甲必丹末齐聚教堂，几乎所有在澳门的葡人都到了。就在天主复活的这一日，学童们表演了一个与节日主题有关的节目，激发了全体观众的虔诚、喜悦。当年澳门共举行了6次大赦典礼(jubileu)，每次人都很多，教徒来做告解和领圣体，通常会超过700起，而且这些告解者还会做服务天主的其他许多事。①

六、守贞

明清时期天主教的守贞观也被引入到中国，女性信徒中流行的守贞不嫁现象是天主教在华传播的本土化特色之一。② 年信中也有许多关于守贞的事例，与现有的研究相比，年信可在两个方面"平衡"现有研究。

---

① Anonymous, *Do Collegio de Machao & Suas Residências de 601*, ARSI, JS 121, ff. 2v – 3.
② 相关研究可以参阅鄢华阳《18世纪四川的基督徒贞女——从生命教育的角度谈中国基督教史研究》，收［美］鄢华阳等著，顾卫民译：《中国天主教历史译文集》，桂林：广西师范大学出版社，2010年，第25—38页；张先清：《贞节故事：近代闽东的天主教守贞女群体与地域文化》，收刘家峰编：《离异与融会：中国基督徒与本色教会的兴起》，上海：上海人民出版社，2005年，第351—370页；周萍萍：《明末清初的天主教贞女群体》，《江苏社会科学》2010年第6期，第194—199页；康志杰：《被模塑成功的女性角色——明末以后天主教贞女研究》，收陶飞亚编：《性别与历史：近代中国妇女与基督教》，上海人民出版社，2006年，第126—154页；Eugenio Menegon: *Ancesetors, Virgins, And Friars, Christianity As a Local Religion in Late Imperial China*, Cambridge: Harvard-Yenching Institute Monograph Series, no. 69. Harvard University Asia Center and Harvard University Press, 2009; Eugenio Menegon, "Christian Loyalists, Spanish Friars and Holy Virgins in Fujian during the Ming-Qing Transtion", *Monumenta Serica*, 2003, 51(1), pp. 335 – 365; Eugenio Menegon, "Child Bodies, Blessed Bodies: The Contest between Christian Virginity and Confucian Chastity", *Nan Nü: Men, Women and Gender, Early and Late Imperial China*, Leiden: Brill, 2004, 6(2), pp. 177 – 240.

第一,目前研究以方济各会与多明我会在中国贞女上所做的工作为主,因为这两个修会在来华传教的修会之中尤其注重对女性的传教,更善于使用贞女向中国女性传教。据沙百里的考证,中国最早的贞女修行是由多明我会传入闽东的福安地区。福安县下邳村的陈子东(Chin Pedronila,1625—1720)被视为是福安地区同时也是中国最早的贞女,被后人誉为"中华第一朵童贞之花"。在她 18 岁时,正式发愿将其童贞献给上帝①,已经是 1643 年。年信显示,耶稣会早就开始培养贞女了。据 1613 年年信,奉教进士曾陈易的独生女愿为天主终身守贞。② 据 1637 年年信,漳州一个小女孩在很小时,就被父母许配给一个异教徒,后来,女孩受洗,洗名Paula,因爱天主,发下终身不婚的贞洁愿,只将耶稣作为唯一伴侣。几年过去,未婚夫来提亲,父母违逆女儿意愿。女孩去向神父求助,祈求圣母、守护天使救她,为此她守斋 8 日并告解、领圣体。婚礼前夜,未婚夫在睡梦中死了,死因不明。Paula 和教友认为这是耶稣对他的伴侣的保护。③ 据 1642 年年信,有一些未婚女教徒,在费乐德的劝说和建议下,终身守贞。南京一些寡妇,也发了终身贞洁愿。杨廷筠的女儿伊搦斯也在寡居,她收养了一些与她一样守贞的女子。④

第二,对贞女的研究只使我们看见守贞修行的一面,另一面是男教徒的守贞,而且在年信中的事例占比,守贞的男教徒还略微多一些。中国传统的守贞观念是儒家(尤其宋明理学)所强调的一种

---

① [法]沙百里著,耿昇、郑德弟译:《中国基督徒史》,北京:中国社会科学出版社,1998 年,第 211—214 页。
② Nicolao Longobardo, *Carta Annua da China 1613*, ARSI, JS113, f. 355v.
③ João Monteiro, *Annua da Vice Província da China de 1637*, BAJA, 49-V-12, ff. 51v-52.
④ Francisco Turtado, *Annua das Províncias do norte da China do anno de 1642*, ARSI, JS122, f. 178.

妇德，强调的是女性对男性的单方面的忠诚和贞节，天主教的守贞观强调的是一种人对神的完全奉献，不分性别。《圣经》中的守贞事例就男女均有，《旧约·依撒意亚》第56章第4—5节，天主这样对先知谈论那些为了天国的缘故自阉的人："对那些遵守我的安息日，拣选我所悦意的和固守我盟约的阉人，我要在我的屋内，在我的墙垣内，赐给他们比子女还好的纪念碑和美名，我要赐给他们一个永久不能泯灭的名字。"为天主教守贞的中国男性，较陈子东更早的也有很多。据1615年年信，南京叔侄二人，叔叔是个优秀教徒，他一手带大的侄子步其后尘，回绝一门亲事，终身不娶。另一个南京的教徒终身不娶，还劝服了一个由他介绍入教的伙伴终身守贞。① 据1616—1617年年信，南京一名机工发了终身贞洁愿，为了守住这个愿望，经常鞭笞自己。② 据1630年年信，西安一名12岁男孩，在受洗后，很恳切地请求母亲为他解除已定好的婚约，因为他想保持终身的贞洁以侍奉天主。③ 同年，嘉定一名十四五岁的男孩"有一个发自肺腑的热爱和愿望，就是终身守贞，他的父母此前已在家中收养了一个与他同岁的女孩，抚养着她，准备等他大了，给他当做媳妇。因为他的这个心愿，父母听从了他，将小女孩赶出家门，他们明白，在儿子的强烈愿望面前，只能向他让步，否则，没有其他办法将他留在家中，使他安静下来"④。同年，杭州一名20岁青年，"发了永远贞洁的愿和决心，他一丝不苟地进行敬虔活动、悔罪，经常性地参加弥撒、告解和领圣体，以守候其所发的

---

① Manoel Dias junior, *Annua da Missão da China do Anno de 1615*, ARSI, JS113, ff. 407v - 408.
② Manoel Dias junior, *Annua da Missão da China dos Annos de 616 e 617*, ARSI, JS114, f. 35.
③ Lazaro Cattaneo, *Annua da Vice-Província da China do Anno de 1630*, BAJA, 49 - V - 9, f. 21.
④ Lazaro Cattaneo, *Annua da Vice-Província da China do Anno de 1630*, BAJA, 49 - V - 9, ff. 24v - 25.

愿"。年信作者认为,"他做的这一切,带来了很多很大的希望,即这朵如此芳香的独枝花,会一花引来百花香"。① 由上可见,在1630年之前,中国男女教徒中的守贞行为在耶稣会传教区,尤其江南,已较流行。

七、苦修

若说细节是最能打动人的写作技巧,那么,读罢年信,历历在目的细节以中国天主徒的苦修方式为多,这是些读来都觉得疼的细节。

苦修很受中国教徒欢迎且很流行。据1633年年信,福建地区有一批虔诚的教友,每个周五下午都聆听关于耶稣受难的布道,每次最后的部分就是鞭笞自己。而在圣周期间,天天都有鞭刑苦修,几乎没有教徒没有用鞭笞来悔罪。② 据1636年年信,苦修在杭州"圣母会"中十分经常,于一年中几乎没有一天听不到该圣会的教堂中有鞭笞,教堂中有一个特别布置的小室用于苦修目的。"有好几次,我听说有人向神父讲述他用坏了很多鞭子。"③1639年初,一名老资格的教徒跪在开封教堂的院中公开自我鞭笞、悔罪,从此,这种苦修方式在当时流行起来,受欢迎程度甚至超过了弥撒,没有一场弥撒不伴着鞭子抽打肉体的啪啪声,许多教友家中都备了苦修鞭。④ 据1640年年信,每个周五,福州都有教徒进行鞭笞,有个

---

① Lazaro Cattaneo, *Annua da Vice-Província da China do Anno de 1630*, BAJA, 49-V-9, ff. 35v-36.
② João Fróes, *Annua da V. Província da China do Anno de 1633*, BAJA, 49-V-11, ff. 77v-78.
③ Francisco Furtado, *Ânua da Vice-Província da China de 1636*, BAJA, 49-V-11, ff. 532v-533.
④ Rodericius de Figuerdo, *Carta do Padre Rodericius de Figuerdo para o Padre VProvincial*, ARSI, JS116a, f. 169v.

教徒抽了自己 5 000 鞭子。① 据 1648 年年信,"鞭笞苦修在当地很流行,几乎没有教徒没有鞭子。这其中的很多教徒还穿着苦修衣"。"'苦会'的教友们尤其认真进行这项苦修,每个周五都有,上海县的大教堂中如此,上海周边村落里的小教堂亦如此。"② 据 1649 年年信,西安府住院的神父前往周边某村牧灵,听取了全体教徒的告解,待要离开之时,全体教徒又都做了鞭笞苦修。这项苦修在当地极流行,就算是宗教热情最低的教徒,对此也是严格奉行。③ 据 1658 年年信,"西安教徒于斋戒、苦修、鞭笞等各项忏悔之热心程度,难用语言描述。忏悔活动通常逢周六及重要节庆日举行,其中,斋戒、苦修,教徒则在自己的家中逢周三、周五、周六进行。家中每日三次祷告,一般情况下不系上苦修腰带是不会祷告的。领圣洗时亦如此,苦修带、苦修鞭摆在旁边"。④ 可见,苦修在南北各地的教徒中都有,有的还是制度化、组织化行为。

苦修时机通常有四:第一,逢天主教节庆日进行集体、公开的苦修,作为庆祝活动的一部分。1602 年,澳门教徒于四旬斋、基督降临节,在食堂中进行公开的鞭笞。据 1634 年年信,在耶稣受难瞻礼日、耶稣升天节,福建教徒有三项苦修活动:斋戒、鞭笞、系上苦修腰带。⑤ 1648 年圣周最后三天,上海参与庆祝的教徒们进行公开鞭笞苦修,非常严苛,很多教徒自我鞭笞时间很长,血流得不

---

① Gabriel de Magalhães, *Annua da Vice Província da China do Ano de 1640*, ARSI, JS116a, f. 179v.

② Francisco Brancato, *Annua da Residência de Xangai do Ano de 1648*, BAJA, 49-V-13, BAJA, 49-V-13, f. 473v.

③ António de Gouveia, *Cartas Ânuas da China (1636,1643 a 1649)*, edição, introdução e notas de Horácio Peixoto de Araújo, p. 431.

④ Gabriel de Magalhães, *Annuas das Residências Do Norte da Vice-Província da China do Anno 1658*, 49-V-14, f. 247.

⑤ Diego Anthunez, *Annua do Collegio da Madre de Deus da Companhia de Jesu de Machao e Residencias da China do anno de 602*, ARSI, JS46, f. 318v.

够多,绝不停手。受刑的人泪流满面,听者在鞭子抽打的声音中,心生虔敬。① 1660 年四旬斋期间,每逢周三、周五、周六,西安教徒都聚在教堂中自我鞭笞,还有许多人在家中增加鞭笞次数。② 第二,将苦修作为日常修行的一种方式。徐光启的孙女许甘第大即是苦修的认真践行者,她最常使用的两个苦修项目是斋戒、鞭笞。③ 据 1634 年年信,福州一些热切教友在全年的每个周五下午都要奉行鞭笞。④ 福建某府教友还自行规定,在告解前三日奉行斋戒。⑤ 1637 年,福建上镜村某退休监察官的侄子,在一周内自我鞭笞 3 次,神父在他的卧室里看见苦行衣、苦修鞭。⑥ 第三,专为某事悔改而进行的苦修,以表示悔改、祈求、感恩等。据 1637 年年信,泉州一名叫多默的教徒,一心想让全家进教,为此,每天晚上都用鞭子苦修,流了很多的血,最终,他感动了天主,全家进教。⑦ 1643 年,福州泉州间某个叫 Xán Kién 的村子,两个年轻已婚女子,双双弃教,一个入教 4 年,一个不足 4 年,她们又后悔了,以斋戒、鞭笞的方式忏悔,终被神父重新接纳。⑧ 1645 年,泉州一名 75 岁的老人丧子,"走进教堂,用粗糙的鞭子抽自己,每一鞭都狠狠地抽在骨头上,出血,尽管他有丧子之痛,但他理解天主自有安排,他用

---

① Francisco Brancato, *Annua da Residência de Xangai do Ano de 1648*, BAJA, 49-V-13, BAJA, 49-V-13, f. 473v.
② Gabriel de Magalhães, *Annua das Residências do Norte da V. Província da China no Anno de 1660*, BAJA, 49-V-14, f698v.
③ António de Gouveia, *Cartas Ânuas da China (1636, 1643 a 1649)*, edição, introdução e notas de Horácio Peixoto de Araújo, pp. 131-132.
④ João Fróes, *Annua da Missão da China de 1634*, BAJA, 49-V-10, f. 466v.
⑤ João Fróes, *Annua da Missão da China de 1634*, BAJA, 49-V-10, f. 473v.
⑥ João Monteiro, *Annua da Vice Província da China de 1637*, BAJA, 49-V-12, f. 55.
⑦ João Monteiro, *Annua da Vice Província da China de 1637*, BAJA, 49-V-12, f. 49.
⑧ António de Gouveia, *Cartas Ânuas da China (1636, 1643 a 1649)*, edição, introdução e notas de Horácio Peixoto de Araújo, p. 164.

这种方式取悦天主"。① 第四,随时随地以体罚来自我惩戒。1620年,扬州马成秀13岁的儿子入教前严格的斋戒,不小心在应酬中吃了一口肉,马上退回斗室反省,鞭笞。② 1627年,杭州一名教徒因"说了一句话,我没觉得其中有何过错,但他根据自己觉悟判断,认为问题十分严重",在他忏悔之后,趁着神父没有注意,他从胸口掏出一根自带的针,开始猛刺嘴唇。③ 1636年,河南某官员的仆人口无遮拦地说了一些欠温和、欠和善的话,便拿起一根针,当着耳闻了这粗话的所有人的面,刺穿了双唇。④ 1643年,建宁县文人首领 Lí Estevão 的小儿子(已婚)与友人在游船上玩乐时,招来歌妓,他逼着县令将该歌妓驱离出县境。在礼拜日的教堂弥撒后,他当众忏悔对儿子的管教不严,拿出一条铁制的鞭子,往自己的脚上狠狠抽了一下,因为他是常年瘫痪,这重重的一击,对他的脚无疑雪上加霜,在一旁的神父赶忙上前制止。⑤

　　守斋、鞭笞是最主要的苦修方式,此外是苦修衣。中国教徒在刑具上的创造力和惨烈度给传教士留下深刻印象。在年信中多有记录:1631年,西安有个教徒为自己制作了一件独具创意的苦修衣,衣服上有7个锋利叶片,每个叶片上有7颗锐利钉子,他用"7"来象征耶稣受难过程中,身体破裂和流血的7处(背、头、双手、双脚、心)。⑥ 1632年,杭州的教友发明了一种缚在额头上的苦修带,

---

① António de Gouveia, Ânua da Vice Provincia da China nas Partes do Sul no Anno de 1645, BAJA, 49-V-13, f. 549v.
② Francisco Furtado, Annua da China do Anno de 1620, ARSI, JS114, f. 255.
③ Manoel Dias, Carta Annua da Vice-Província da China do Anno de 1627, 49-V-6, f. 489.
④ Francisco Furtado, Ânua da Vice-Província da China de 1636, BAJA, 49-V-11, f. 542v.
⑤ António de Gouveia, Cartas Ânuas da China (1636, 1643 a 1649), edição, introdução e notas de Horácio Peixoto de Araújo, pp. 153-154.
⑥ João Fróes, Annua da V. Província da China do anno de 1631, BAJA, 49-V-10, f. 52.

根据敬虔程度不同,装不同数目的钉子:150、63、33 或 72。带子中间还有十字架上的耶稣面容。他们以这种苦修带来模仿荆棘冠。① 1633 年,海澄县的妇女发明了新型的悔罪器具,"残酷到了无法忍受,不爱天主的人看了胆战心惊"。②

要论对自己肉体的残忍,在传教士笔下,中国女性胜于男性。此类例子很多,只看郭居静在 1630 年年信中所记录的一例就够了:

> 在该堂区(杭州),苦修鞭和苦行腰带(甚至是铁的)的使用很常见,妇女的苦修更严苛、更粗暴,在各方面,她们都总是很热烈,中国女人甚至比男人要有生气、有精神得多。
>
> 一个 20 岁出头的女人前来告解,她的丈夫和全家还是异教徒,告解之后,她很谦恭地将头在地上磕了三下,请求神父为她制作一根铁制的苦修带,有 32 根尖刺的。她说,尽管她有另外一根,但是,这根使她更加虔诚,她听说刺在主耶稣头上的(荆棘之冠的)刺也是这么多,她得到了她想要的。当她下次来做告解,见到神父,她把苦修带带来了,是束在额头的正中间,她说,如果稍事打扮,就不会被发觉。
>
> 就是这个女人,神父对她下了禁令,不准再用鞭子抽打自己。因为她觉得这鞭笞没有自己希望的那么猛烈,就用一些针扎在自己的腿上,然后,再用鞭子抽打背部,只要她能找到地方,找到时间,她就鞭笞自己,好在这种机会不算太多,因为天主不想她死。她的血流很多,伤疤又开裂了,大家都知道她在这样做。因为一个地位显赫的奉教夫人在听说了这个姑娘

---

① João Fróes, *Annua da Vice Província da China do Anno de 1632*, BAJA, 49-V-10, f. 108v.

② João Fróes, *Annua da V. Província da China do Anno de 1633*, BAJA, 49-V-11, f. 96v.

之后，邀请她到自己家里住上几天，与她谈谈天主之事，她在那里找到了在自己家里找不到的时间和地点上的便利条件，就在体罚上过度地苛求自己，以至于大家发现她的衣服被血浸透了。来这里的人碰巧遇到，亲眼见到她对自己多么严酷，便从她那里学会了，今日，那户人家的女眷们都这么做，她们受到打动很快都进教了。在此之前，除了邀请她来的女主人，这户人家只有一人受洗，这是一个濒死的人。某夜，我们正在说的这个女教友看护这个生命垂危的人，注意到她因为疼而痛苦不堪，表现得没有承受力和耐心，女教友应该去鼓励这个病人，她熟练地握住病人的手，一点一点扶她起来，直到把她放在苦行带上。那根盘整好的苦行带早已放在那里，她见病人注意到了苦行带并对触摸到的这件东西感到好奇，她就很亲密而清晰地说：我的夫人，这个是我们制作的，我们就是这样折磨自己，我们是基督徒，我们以此来赎我们的罪，这在一定程度上是效仿我们的仁慈耶稣（Bom Jesus）为赎罪而忍受的痛苦，我们在身体很健康很良好的时候，在如花的年龄就这样做了，正如我现在的状态，而夫人您已经不劳您亲自动手来做这件事了，那么，为什么您不带着喜悦和同样的劲头来接受这个考验呢，这个可是天主亲手赐予您的，这可是幸福的顶点，似乎再过不久，作为结果，您就会收到真福的奖赏。病人听到这番话后，加上其所见的，手所触的，足够打起精神，感到安慰，从那刻起直到死亡，她再没表现出痛苦和伤感，而是充满乐意、喜悦。①

---

① Lazaro Cattaneo, *Annua da Vice-Província da China do Anno de 1630*, BAJA, 49-V-9, ff. 36v-37.

八、嵌入日常生活的奉教行为

本节旨在描述天主教信仰渗透进中国人原有的生活方式后，所引起的行为改变。

第一，是在原有的日程表和作息时间中嵌入一段宗教时间，这在各行各业中都有表现。1602年时，福州有一个剃头匠，叫Belchior，他入教前，天天早起，为了赚钱。在入教后，仍然早起，但是为了去望弥撒。若赶上圣日的弥撒，通常要上午十点钟后，才从教堂出来。① 1635年时，福州城外某大村共有近90名船夫入教，他们之间互相渲染信教气氛。信教船夫在船上摆圣像，清晨出船之前祈祷，下午再做一次祷告。② 1642年时，西安周边某村居民，在神父逗留当地的期间，每日清晨先去教堂，开启新的一天，收工再去教堂，表示一天结束。开始和结束的标志是诵念《万福玛利亚》，接下来是应答祈祷，然后是念玫瑰经第三端，最后，是神父向他们讲解信经和十诫中的某一句话，每个人都可以提出不了解的地方，而后还有苦修、告解。③

为了满足随时随地与神沟通、向神请示的需求，祷物成为出行时的必备品。1627年，崇德县教友对神父讲了一个裁缝的事迹，这个裁缝走村串巷，做其营生，以此糊口，他走到哪里都要带着一个藤条工具箱（因为他穷，没有其他家当），在这箱上有不同的抽屉，抽屉里有救世主像、念珠、日课、苦修用具、蜡烛及其他的教徒用品。每当夜幕降临，他就打开箱子，组装起他的圣像柜，点燃蜡

---

① António de Gouveia, *Ânua da Vice Provincia da China nas Partes do Sul no Anno de 1645*, BAJA, 49-V-13, f. 306.
② Manoel Dias, *Carta Annua da China de 1635*, BAJA, 49-V-11, f. 230v.
③ Francisco Turtado, *Annua das Províncias do norte da China do anno de 1642*, ARSI, JS122, f. 164v.

烛,在圣像前焚香,诵念祷告,清晨再做一遍,然后才收起来投入工作。① 据1636年年信,某杭州籍的北京奉教官员出行时随身携运着圣像龛,遇下榻处,将圣像龛装配起来,祈求天主为他引路。②

第二,是体现在重要人生时刻和家庭生活中的信教痕迹。据1629年年信,上海县及周边的教徒,"当他们的小孩子1岁时,就带过来,在祭台前奉献给主,连带着一些根据家庭微薄的财力所出的施舍。而当他们要结婚时,也这样做,他们前来忏悔,为开始一种新的生活状态而感谢主,他们盼望主赐给他们所企盼的兴旺。这些神圣的风俗正在改变被异教徒滥用的迷信"。③

对于养育子女,据1602年年信,韶州一对信教夫妻的"共同想法是,要培养孩子对天主的敬畏,使他们远离一切恶。因此,这家的男孩们除了去教堂和学堂,哪也不去"。④

夫妻生活也受天主教禁欲观的指导。绛州某热心教徒与妻子达成了一致意见,终身禁欲。⑤ 著名教徒李应试与妻子达成了一致,分开睡觉,他们生活在一起就像一对无欲的兄妹。⑥ 据1628年年信,西安很多夫妻达成共识,逢礼拜五、六就分房睡;在四旬斋圣期当中,分居的夫妻就更多了;还有一些夫妻只在四旬斋期间守戒禁欲。⑦

---

① Manoel Dias, *Carta Annua da Vice-Província da China do Anno de 1627*, 49-V-6, f. 488v.

② Francisco Furtado, *Ânua da Vice-Província da China de 1636*, BAJA, 49-V-11, f. 537.

③ Lazaro Catano, *Annua da Vice-Província da China 1629*, 49-V-8, f. 604v.

④ Diego Anthunez, *Annua do Collegio da Madre de Deus da Companhia de Jesu de Machao e Residencias da China do anno de 602*, ARSI, JS46, f. 320v.

⑤ João Monteiro, *Annua da Vice Província da China do anno de 1637*, BAJA, 49-V-12, f. 304.

⑥ Manoel Dias junior, *Carta Annua da Missam da China do Anno de 1618*, BAJA, 49-V-5, f. 256v.

⑦ Gabriel de Magalhães, *Annuas das Residências Do Norte da Vice-Província da China do Anno 1658*, 49-V-14, f. 248.

关于遗产分配，1620年时，55岁的李之藻因为进京赴任，打算提前分割家产。他将分配方案写在纸上，供在圣像之前，做完弥撒之后，将儿子们叫到面前，讲了自己的财富观，这些家产都不是自己的，而是来自天主，李之藻要求儿子们对此常怀感恩，并告诉他们怎样正确地使用这笔财富。① 李之藻对遗产的处理方式体现着基督教的财富观：财富是天主的恩赐，人是天主的财富的管家，财富属公，个人不可永久占有财富。

生日是一个重要的人生时刻。阳玛诺多次提到中国人庆祝生日的习俗，"中国人庆祝生日的习俗也许比其他任何地方的异教徒都更隆重"，宴饮尤甚。② "中国人的习俗是每年以宴饮及类似的活动来庆祝自己的生日，每逢整十更要盛大许多，而一个人在50岁之后，更是如此。"③传教士不提倡这种奢靡、豪饮之风，就记录了许多移风易俗过生日的事例。据1618年年信："杨廷筠的生日到了④，他为自己所做的庆祝，就是在该年岁的最后一日告解。翌日，他即去我们的小礼拜堂，带着虔诚聆听弥撒，还做其他敬虔活动，肉体苦修，以此替代欢宴（他在以前亦惯于办宴席），感至深处，他便会为自己的同胞尚在蒙昧中而哭泣。在这一日，应该更感谢主，因为是主赐给他们生命，他们却用新的和更大的罪来冒犯主。对于那些无法拒绝的拜访，他就接受，但是对于礼物，他都一概拒

---

① Francisco Furtado, *Annua da China do Anno de 1620*, ARSI, JS114, ff. 248v–249.
② Manoel Dias junior, *Carta Annua da Missam da China do Anno de 1618*, BAJA. 49-V-5, f. 246.
③ Manoel Dias, *Carta Annua da Vice-Província da China do Anno de 1627*, 49-V-6, ff. 482v–483.
④ 杨廷筠出生于嘉靖四十一年五月二十四日（1562年6月25日），参见［比］钟鸣旦著，香港圣神研究中心译：《杨廷筠——明末天主教儒者》，第6页。推测杨廷筠会按照传统农历生日来庆祝，万历四十六年五月二十四日为公元1618年6月16日，是杨廷筠的56周岁生日。

绝,因为在他看来,在他生而为罪人的这天,不去谢主,不去向主表达亲近,却用这样的方式为自己庆贺,是不合适的。"①1626年年信则记录了徐光启过生日的方式:"在徐光启66岁(应为64岁,可能是指虚岁)生日这天,他没宴请,亦无庆祝——当时,其他官员都会做的——而是派送出了四份丰厚施舍,第一份给有病人的药局,第二份给狱中囚犯,第三份给贫穷老人,第四份大得多,是给神父们的,神父因为教徒们的需要,分住各地。"②

还有很多天主教徒将受洗日作为自己的生日,在这一天,会做施舍,告解和领圣体。③ 如1637年,杭州某官员与上司不和,遁入空门,一个信天主的朋友得知后前去拜访,向其分析佛教、和尚之谬,和天主教之真,成功地劝服其改信天主。他正好生病了,不能前往教堂,就请神父来为自己施洗,洗后病就好了,他宣布受洗日才是自己的生日。④

第三,是在社交中的体现。天主教徒喜欢称自己的"洗名",在通信时⑤,在著书时⑥,在日常交往等场合中皆如此。在年信等西文文献中指称某个中国教徒,通常也用洗名,这是现代研究者判断

---

① Manoel Dias junior, *Carta Annua da Missam da China do Anno de 1618*, BAJA, 49-V-5, f. 246.
② Manoel Dias, *Annua da Vice-Província da China do Anno de 1626*, BAJA, 49-V-6, f. 322.
③ Gabriel de Magalhães, *Annua das Residência do Norte da V. Província da China no Anno de 1660*, BAJA, 49-V-14, f. 698v.
④ João Monteiro, *Annua da Vice Província da China do anno de 1637*, BAJA, 49-V-12, f. 321.
⑤ 比如,1702年,中国籍耶稣会士刘蕴德收集了南京及附近地区教友的约430个签名,给教宗写集体信以表明中国教徒在礼仪之争中的态度,这些签名都是洗名,如姚斯德望、冯伊纳爵、许奥吾斯定。参阅Nicolas Standaert, *Chinese Voices in the Rites Controversy: Travelling Books, Community Networks, Intercultural Arguments*, Rome: Institutum Historicum Societatis Iesu, 2012, pp. 7-8.
⑥ 比如,陆丕诚、沈湘成、周南宾撰《奉天学徐启元行实小记》,署名分别为陆安多尼、沈若翰、周路加。参阅[比]钟鸣旦、[荷]杜鼎克、王仁芳编:《徐家汇藏书楼明清天主教文献续编》(第16册),第555页。

某人是不是教徒的重要证据。孟儒望在 1637 年年信中记载了一个 3 岁小童用洗名自称的故事，这个尚处语言能力形成阶段的孩子，以洗名为自然而然的称谓，更反映出洗名在教友间的通用程度："密密教'暴动'时，建昌周边居民搬进城内居住，一个女教徒住进了另一个女教徒家中，发现主人家中有个 3 岁多的小童，就问他叫什么名字，小童回答：Clemente。女客人很惊喜，这个小童竟是教徒，便说自己也是，小童回答：那我们是亲戚，因我们都是天主的孩子。"①

在待人礼节上，当礼节义务与宗教义务发生冲突，前者当为后者让路，或者两者调适。1639 年，张庚的孙子出生的当日，"尽管当日来宾很多，到了祷告时间，张庚还是向众来宾'请假'，要先暂退，去做祷告。连不信教的都为张庚的认真奉教打动"。② 1621 年四旬斋期间，正在守斋的杨廷筠在一场不得不出席的宴饮中，始终正襟危坐，不苟言笑，十分特别。③

逢年过节是重要的社交场合，但是，有些虔诚教徒会将自己孤立起来，抽身事主。

1602 年，"韶州天主教徒按照宗教历来过新年，就像中国人庆祝春节一样来庆祝 1 月 1 日，中国人的春节通常比元旦晚一两个月，当春节姗姗来迟时，亲朋好友按照节俗送给他们礼物，他们就说，我们的新年已过了，以此来彰显自己的教徒身份"。④ 1641 年上元节，上海地区的教徒不赏灯，而去教堂，点燃圣母像前的蜡烛，

---

① João Monteiro, *Annua da Vice Província da China do anno de 1637*, BAJA, 49-V-12, ff. 328v-329.

② João Monteiro, *Annua da Vice Província da China do anno de 1639*, ARSI, JS121, ff. 294v-295v.

③ Manoel Dias junior, *Carta Annua da Missam da China do Anno de 1618*, BAJA. 49-V-5, ff. 244-247v.

④ Diego Anthunez, *Annua do Collegio da Madre de Deus da Companhia de Jesu de Machao e Residencias da China do anno de 602*, ARSI, JS46, ff. 320-320v.

跪在像前诵念玫瑰经十五端，还向天主祷告，剩下的大半夜的时间，教友们就互相切磋灵魂之事，怎样劝异教徒改宗，等等。①1657年，西安春节，大家都忙于宴饮、作乐和各种欢庆活动，有一些教徒沉迷于宣教，他们在那几日齐聚教堂，向异教徒宣传要认主、拜主，主是他们的创造者，他们还向那些特意来瞻仰、敬拜天主的人展示圣像。②

九、"有教育意义的事例"

"有教育意义的事例"是年信中的说法，传教士采写中国教徒的符合基督教伦理道德的言行，以教育、启发、激励欧洲的教友。从中也可看见明末清初中国第一代天主教徒的奉教生活，尽管它作为一份宣传性材料有明显的主观倾向性，是片面的。

讲述某一具有教育意义的事例时，通常包括以下三个要点：从事件的主题分，属于宣教、治病、驱魔、求雨、拒绝迷信、调解纠纷等较固定主题中的某一类；从事件中体现的圣德分，该事件折射出虔敬、信心、宗教热情、耐心等基督教道德的某一种；从事件的效果看，该事件导致了领洗进教、坚振信仰、奖善惩恶等教牧工作成果的某一个。除了单一事件，还有复合事件。在复合事件中，当事各方体现出不同的圣德，有不同的收获，如肉体的健康，或灵魂的救赎。

传教士通过这些事例为中国天主教徒构建了一套怎样的道德体系，其与基督教道德体系的关系是怎样的，将在下一小标题下论

---

① João Monteiro, *Annua da Vice Provincia da China do Anno de 1641 athe setembro 642*, ARSI, JS117, ff. 46v-47.
② Gabriel de Magalhães, *Annuas das Residências Do Norte da Vice-Província da China do Anno 1658*, 49-V-14, f. 247.

述，本小标题之下主要介绍中国教徒做了哪一些事。尽管从诸多事件中可以总结出一套固定而常用的主题"模板"，但仍显得繁杂凌乱，对它们进行分类整理的标准也有很多。本文尝试以"关联"为标准进行分类，即天主徒与神的关系、与教内弟兄姐妹的关系、与教外的关系、与自我的关系等四对关系。这样分类的理由是，下节将讨论道德这个主体性的问题，本节就讨论伦理这个主体间的问题，以更好地展现这些"有教育意义的事例"的一体两面。本节只就事例类型进行归纳，实例将在下一节中列举。

第一，人与神的关系。① 神迹。以超自然力量展示神的伟力，以证明天主之存在，且与人间互动，使不信者归信，使怀疑者坚定，使冷淡者热切，使虔敬者受赏，使亵神者得惩，使有罪者知悔，使反教者倒戈，使受困者得救，使作恶者止息等等，以上列举在年信中都有对应事例。② 勤于圣事，履行教徒义务，密切与神的联系和交流。③ 热心宣教，向身边人传教，扩大主的牧群。④ 捍卫圣像，爱护圣物。⑤ 向教会捐赠和奉献。⑥ 护教/殉教。

第二，与教内的关系。① 互助。包括在物质上；在教理学习上；在遇到宗教生活的阻碍时，互相掩护、互予方便；在科举中、在官场中，奉教士人互相照顾；在官司中互相支持等。年信中较有特色且受重视的一个互助项目是，为贫穷的教友办一场体面的葬礼。② 互相监督，免犯过错，互相督促，免误圣事，互相鞭策，免堕消沉。③ 团契。定期聚会，过宗教的集体生活，共同庆祝宗教节日，营造宗教氛围。

第三，与教外的关系。① 救助穷人或落难者。② 救治收养弃婴，将他们培养成教徒。③ 搜寻和付洗濒死者，不使他们失去灵魂得救赎的最后机会。④ 以天主教仪式等专业技能治病、求雨、驱魔、救火、救溺等，以及助人避害（劫匪、豺狼、落石、酷刑、责罚、战乱等）。⑤ 和谐相处，不生事端，以隐忍对待挑衅。⑥ 勇斗异教,年信中以主动破坏佛像的事例为最多,其次则是针对各项迷信活动。

第四,与自我的关系。① 克服困难进教,包括来自家庭、社会、性别、保守观念等各方面的阻力。② 苦修、灵修、守斋、守贞等修炼活动。③ 模仿耶稣、圣徒、神父、模范教友等的事迹。④ 获得善终,种种迹象表明灵魂确已进入天国。

十、美德及入教后的道德提升

以上故事体现的是基督教的道德神学立场。传教士通过这些事例要展现的是包含于其中的道德内核。从"有教育意义的事例"中提取出的各项美德,串联成传教士在明清天主教徒中力图构建的道德体系。这些美德包括:

信德。天主教教义的核心是"信"。据1618年年信,杭州有一名70岁的教徒,"我主想要证明他是另外一个多俾亚(Tobias)①,天主使其失明日久,以使他与圣徒多俾亚的遭遇更加类似。不乏有认识他的人嘲笑他,包括他的妻子,他却逆着众人,佩戴着十字架,祈求天主将他从那些魔鬼中救赎出来,那些魔鬼是试图来磨掉他的信心的"。②

热情。这是年信中出现频率最高的词之一,是最受神父称赞的教徒品质之一,或许在中国这个非基督教国家,保持信仰热度更加难能可贵。热情可体现在信仰生活的各方面,向身边人传教、勤于圣事、乐于助人、与异教作斗争、护教等都需要热情。据1645年

---

① 恪守天主律法的老多俾亚,为行爱人的善工成了瞎子,但毫不减少其笃信与倚恃天主的心。可参阅《旧约·多俾亚传》。

② Manoel Dias junior, *Carta Annua da Missam da China do Anno de 1618*, BAJA, 49 - V - 5, f. 248.

年信,福州有一个穷医生,名叫保禄,是狂热的传教者,逢人就劝入教,还想劝化几名恶霸,招来皮肉之苦,并被送入监狱,几个月后,才用银子赎出。神父以为他经受打击,不会再像以前那么热情,但他热度不减,神父只好教他怎样在降低风险的同时提高收获。①

平和。据1630年年信,西安某教徒路遇异教徒的多次截道和羞辱,"面对这极大的麻烦和显见的痛苦,他就是一个高贵而隐忍的中国人与虔敬而温驯的好教徒的混合体,合着双手,藏在袖中,抄在胸前,眼睛看地,微微颔首,就那么听着他们说,除了将袖着的手抬起来,抬至头部,对着口出秽语的人低头说声'请(cim)'字之外,什么都不回答,而后就向教堂走去。他的修为正如我们形容一个有修养的葡萄牙人时所说的:'脱下帽子,低至地板,并说,这是出于天主的爱。'"②

耐心。据1636年年信,杭州"一名学生听闻天主之律之后,请求圣洗,他的请求获准,他很好地接受了入教前的教育,就领洗了。他的父亲对于这个决定十分生气,就与全体亲戚联合起来,恶待这个书生,直至将他赶出家门。这个好青年耐心地承受着这一切,谨遵神父对其教导,继续保持着其信仰热情。一次,父亲将他赶了出来,他在家外门边度过了酷寒的一整夜。这份耐心使得父亲动容,再次接纳了他。这个儿子安静地生活着,希望有朝一日能为天主赢得父亲坚硬的心"。③

宽恕。据1602年年信,韶州神父"要求众教友与一名引起公愤的教友断绝联系,一名老年教徒跪下请求神父,为犯错的教友求

---

① António de Gouveia, *Ânua da Vice Provincia da China nas Partes do Sul no Anno de 1645*, BAJA, 49-V-13, f. 306v.

② Lazaro Cattaneo, *Annua da Vice-Província da China do Anno de 1630*, BAJA, 49-V-9, ff. 19-19v.

③ Francisco Furtado, *Ânua da Vice-Província da China de 1636*, BAJA, 49-V-11, f. 534v.

情，神父向他列举要将这只生病的羊逐出羊群的种种理由，这样做是为了不传染整个羊群。老者问道，如果这个罪人悔改，他能否被接纳。神父回答，可以，根据主的教诲，悔罪者可以再次被接纳，再与忠诚的教友建立关系。老者承诺将去规劝罪人，使他认识到错，并前来为这些过错请求原谅，这样，不仅对他好，对其他人也好。最终，他达成了目标，那个迷途的羔羊重新被接纳，所有人都异常高兴，欢庆不已。而更让人称奇的是，他维护的那个罪人，曾经对他做过许多坏事，但他却以为伤害自己的人说情的方式以德报怨，这是真正在践行福音书上所说的'当为迫害你们的人祈祷'（orate pro calumniantibus vos ac persequentibus vos）[1]"。[2]

爱德。既有爱教内弟兄的心，又有爱众人的心。1618年时，杭州一个病了四年的麻风病人去世，"教友们全程帮助他、探望他、陪伴他，怀有极大爱德"，"在儿子死的这一天，母亲拿出一张长纸卷，上面有50多名异教徒的签名，儿子还健康地活着的时候，他们盟誓成为兄弟（这在中国非常常见）。母亲向所有人展示了这张纸，当着他们的面撕碎了它，她说：当我儿子富贵时、有钱时，全都来攀兄弟，但是，在他生病之时，他们中没有一个人来保护他，只有基督徒在他身上践行了什么是真兄弟"。[3] 据1637年年信，开封有个教徒，贫穷但是乐于助人，尤其是救助狱中穷人。好心教友也捐助他，他就归拢起来，买了食物，每日都向狱中送饭。他不仅是用自己富余的工钱来做这件善事，还从自己的日常必需中匀出来，实在没有可往狱中运送的物资时，他就运几车水，有时为了筹资，他

---

[1] 《新约·玛窦福音》5：44，"我却对你们说：你们当爱你们的仇人，当为迫害你们的人祈祷"。

[2] Diego Anthunez, *Annua do Collegio da Madre de Deus da Companhia de Jesu de Machao e Residencias da China do anno de 602*, ARSI, JS46, ff. 320-320v.

[3] Manoel Dias junior, *Carta Annua da Missam da China do Anno de 1618*, BAJA, 49-V-5, ff. 248-248v.

甚至沿街乞讨。他因此在开封被视为圣人。①

"圣妒"(santa inveja)是一个经常在年信中出现的在一般场合不常见的词,传教士用它指称"好的嫉妒"②,是因羡慕教友而引发的竞相敬虔的氛围。据1631年年信,嘉定两个女教徒是亲戚,"这两个人就像在竞争谁更优秀",神父在一个家中讲弥撒使另一个心生"圣妒",立即也建造了一座小堂,邀请神父每15日来讲一次弥撒。③

"圣勇"(sancta ouzadia)是因着或为了"圣教"而产生的勇气。据1601年年信,"某日,韶州一些教友和望道友聚在某家,就圣教中的几个问题热烈讨论,一个名叫Placido的教友不请自到,这是一名对天主之事极有热情的教友,他加入进来继续他们的讨论。当谈到佛教问题时,Placido问户主:'你家的佛像怎样处理了?'答曰:'扔在自己的床下了。'Placido问:'你为什么不听话呢,这些佛像是要统统清理出户的,要么烧掉,要么扔进河里。'户主回答:'你说的对,可是谁敢这么做呢?'Placido说:'唉呀,你呀,难道你还认为这些木头、石头能伤害你?把那些佛像都交给我,我要清清楚楚地给你们展示一下,这些木石之物根本没有你们瞎想的那些能力。'Placido抡起一把斧头,就开始将那堆佛像劈成碎片。有多大力,使多大力,朝着佛像中的一根横梁砍去,砍到肚子附近,特意将这佛像开膛破肚,口里念念有词:'你可用自己的眼睛看清楚了,谁说佛有真实的肚肠和血肉,你看这儿,全是塑像师傅放进来的铁丝和颜料,你再靠近一点,用手摸摸,你们所谓的血肉就是这些铁丝啊。现在,你可以从内心中完全确定,这些佛像无论如何是不会伤

---

① João Monteiro, *Annua da Vice Província da China do anno de 1637*, BAJA, 49-V-12, ff. 299v-300.

② Francisco Furtado, *Ânua da Vice-Província da China de 1636*, BAJA, 49-V-11, f. 540.

③ Francisco Furtado, *Ânua da Vice-Província da China de 1636*, BAJA, 49-V-11, f. 540.

害到人的。所以,你根本不用怕,按照教义指示,打碎它们,烧毁它们。'众人见此,纷纷如释重负,尤其是那些在内心中还残存着无知的人。他们决定,凡是遇到佛像,全都如法处置。经过这次教育之后,目前,不管有多少人受洗,他们家中不会再有佛像,连佛像留下的痕迹和气味都寻不到,这点是可以肯定的"。①

守诚是指遵守天主教的诫命。据1638年年信,绛州有个举人请另一个奉教举人多默为某个贞洁烈妇写篇颂词,这个妇女因为丈夫死亡之痛,也自杀了。多默拒绝,他认为自杀是一件有悖于教义的坏事,尽管殉夫在中国是被表彰的妇德。多默后来写了一篇文章,明确地批评自杀既有悖于"人性之光"(lume natural),又违背了十诫中的第五诫。②

守信。据1694—1697年年信,"在新乐(Sim Lǒ)县某地,有名教徒,他的家里中魔,惊扰不断。教徒多次求于天主,却没找到解忧之策。一日,他自省时,想起多年以前自己曾经说过,要将一块地和几间房捐给天主建教堂,可是,许诺之后,他的宗教热情却冷淡了,迟迟没有行动,时间过了许久,就变成了空口许诺。天主便通过魔鬼来惩罚他的过错。他将这件事对教友讲了,教友们都劝诫他要履行承诺。他带着言必信、行必果的诚挚重申诺言,之后,困扰他多年的魔鬼的侵扰便终止了。天主以这件事来教育他,让他自己找出被魔鬼缠身的原因,让他懂得对天主的所有承诺,都要慎重、守信"。③

---

① Anonymous, *Do Collegio de Machao & Suas Residências de 601*, ARSI, JS 121, ff. 24v‑25.
② João Monteiro, *Annua da Vice Província da China do anno de 1638*, BAJA, 49‑V‑12, ff. 301v‑302v.
③ Joze Suares, *Annua do Colégio de Pekim desde o fim de Julho de 94 até o fim do mesmo de 97 e algumas outras Rezidências e Christandades da Missão de China*, BAJA, 49‑V‑22, f. 626v.

诚实。据 1637 年年信,"北京某官员的家仆在路上见几名商人的钱袋子掉了,里面有许多银子,他主动交还,却没得到一个'谢'字,但他并不心灰意冷,因为他这是为天主的爱和自身的救赎而做的。还有一次,他去一家店里买东西,店主没留意将一根银条卷进了包裹里,这根银条有 70 pataca①重,教徒回家发现银条,立即就还回去了,店主对这样的诚实大为惊讶,非要他留下 15 patacas 作为酬谢,他只好收下,但捐给了善事"。②

节制。据 1636 年年信,"河南一名官吏,他的职位与佛有关,领受圣洗之后,就放弃了职务上的一些行为,他也陷入赤贫。他的一个不信教的邻居,就他活得这么落魄而数落他。这名教徒答道:如果你们在粗茶淡饭中体会到了天主所赐予的味道,赐给他的神贫的仆人的,你们也会节制物欲。当天,这名教徒吃的是一块玉米窝头,他确信自己在这窝头中尝到了惬意、喜悦和美味,对他来说,就像是天使的面包"。③

智慧和掌握天主教知识。据 1618 年年信,建昌一名叫安当(Antāo)的学生,年龄在十八九岁之间,与神父们谈起天主之事从来不停,并向神父提出他的问题。在整个住院中,关于天主之事,没有人知道得像安当一样多,也没有人表达得比他好,只要他说此类话题,其他人都不说话了。在思辨中,在日常中,没人占其上风,也不可能比他做出更好示范。④

谦逊。1630 年圣诞夜,"有一名虔诚的教友,将自己认为最虔

---

① 澳门货币单位。
② João Monteiro, *Annua da Vice Província da China do anno de 1637*, BAJA, 49 - V - 12, ff. 279v - 280.
③ Francisco Furtado, *Ânua da Vice-Província da China de 1636*, BAJA, 49 - V - 11, f. 543.
④ Manoel Dias junior, *Carta Annua da Missam da China do Anno de 1618*, BAJA, 49 - V - 5, f. 262v.

诚的教友邀请来,在祷告、灵魂对话和其他敬虔活动中度过这一夜。他还将那个叫弟茂德(Thimoteo)的少年带到自己家里,因为后者的圣德、虔诚,几乎所有人都言必称他。受邀者们聚在一起,在进行了几轮祷告之后,就请求弟茂德给大家讲讲关于'时间奥理'(mysmerio do tempo)。弟茂德很虔诚、懂礼,又有辩才,又很谦恭,就谢绝了,他说:'诸位先生弟兄,你们叫我来做见证,是想我成为罪人吗?他邀请我来是做听众的,你们却想我当讲道者,对身边的人说错话永远都是罪。在这样的一个夜晚,在这样的一个时刻,我们身处其中,这不是一个好教徒该做的。'最终,大家见既不能劝服其谦逊,又不能在雄辩中胜过他,就全都跪下来,不是跪他,是跪天主。他们对着祭台上的基督圣像说了一番发自肺腑的话,请求天主不要让弟茂德跌入吝啬的大罪当中,因为弟茂德不愿意与他们分享'教诲四言'(quatro palavras de edificação),而他们是那么想要听弟茂德的讲话,他们下决心要践行他所讲的。弟茂德只好出手了,但是,他用的是一种作为学生来讲话的方式,尽管大家逼着他做老师,因为对于他知道的、可以讲的很多东西,都没有讲,只是复述上个礼拜日他在教堂里听到的布道的一部分内容,然后,他从众教友中起身,扮成一名想入教的,问了几个关于我们的圣教的问题,他又将圣教与这个国家的其他教派做了对比。那一夜的大部分时间就花在这上面了,大家从头到尾都很开心"。[1]

以上是年信在叙述中国教徒的奉教事例时集中折射出的各项道德,每项道德都像一个熠熠闪光的折射面,呈现在欧洲乃至世界读者的眼前。基督教道德体系以"三超德"(信、望、爱)、"四枢德"

---

[1] Lazaro Cattaneo, *Annua da Vice-Província da China do Anno de 1630*, BAJA, 49-V-9, ff. 36-36v.

（智、义、勇、节）为主干①，在《圣经》中还有直接的论述可作为根据，比如，《新约·彼得后书》第 1 章第 5—10 节："有了信心，又要加上德行。有了德行，又要加上知识。有了知识，又要加上节制。有了节制，又要加上忍耐。有了忍耐，又要加上虔敬。有了虔敬，又要加上爱弟兄的心。有了爱弟兄的心，又要加上爱众人的心。你们若充充足足地有这几样，就必使你们在认识我们的主耶稣基督上，不至于闲懒不结果子了。"《新约·加拉太书》第 5 章第 22 节："圣灵所结的果子，就是仁爱，喜乐，和平，忍耐，恩慈，良善，信实，温柔，节制。"《新约·以弗所书》第 5 章第 9 节："光明所结的果子，就是一切良善，公义，诚实。"②从以上列举的这些基督教道德体系中的关键词看，与年信中传教士描述中国教徒道德的关键词完全对应。

年信还着力于报道入教后的道德提升，通过进教前后对比，来说明洗礼能使人焕然新生。得到提升的道德是多方面的，包括职业道德，比如，据 1635 年年信，福建某官员去教堂将圣像迎回家，随从见他虔敬之态，窃窃私语：以后再没油水捞了，老爷已经入教，教义不允许他侵占牟利。③ 除了官德，普通职业者的例子更多，1623 年，德清某人在洗礼现场为神父感化，将秤折断，这是一把作弊的秤，是他用来做买卖的，因为他说，一个见过圣人的人，再行类似欺骗就不好了。④ 还有家庭伦理道德，比如，1613 年，南雄有个老人，在入教前，与几个兄弟都不管 80 多岁的老父，入教之

---

① ［美］麦百恩著，天主教上海教区光启社编译：《天主教》之第五部分《圣事》，第 35 页。

② 以上引用《圣经》均取自"和合本"，因该版本的译词较"思高本"的更能直白体现年信的用词。

③ Manoel Dias, *Carta Annua da China de 1635*, BAJA, 49-V-11, ff. 236-236v.

④ Francisco Furtado, *Carta Annua da V. Província da China do Anno de 1623*, BAJA, 49-V-6, f. 123.

后,他主动并说服兄弟共同为老父亲养老送终。① 还有同事关系中的道德,比如,1609 年,北京著名教徒李路加的一个同事,在入教前高傲、目中无人,在入教后,变得谦卑、和蔼可亲。② 以及邻里关系中的道德,比如,1623 年,德清某人在入教前,作风混乱、叛逆,所有人对他都这样看。他的教徒邻居非常害怕他的胡言乱语,感到担忧,因为曾有一次,这招致了迫害。他主动要了一些教义书籍,回家研读,"发现了其中的纯与善",抛弃恶习。"他对母亲说道,之前自己是她和众人眼中的那个不服从的人、挥霍者、赌徒和叛逆的人,但是,现在他决心彻底地修正自己的生活,尤其是在服从与爱的方面完善自己,这是他该做的,因为是天主教律要他这样做的"。③

当然,得到提升的"道德"也是基督教道德伦理体系中的。以此例说明之。1658 年,北京某异教徒,以造假银为生,入教后放弃了这不光彩的营生。他的儿子以生产纸钱和纸元宝为生,"这些纸钱要在异教的偶像和佛像前焚烧,相当于向这些偶像行贿",父亲对儿子说:"儿子,我以前是用铜来冒充银子骗人,而你不仅仅在骗人,还在骗神。"于是,父子二人改换职业。④ 父亲制造假币,世俗道德也是不允许的,但儿子从事锡箔业,从世俗标准看,是一个正当的职业,只是它为异教服务,而为基督教所不允。

以上从年信的教徒事例中归结了明末清初中国第一代天主教徒的群体特征,对该案例库的精细化挖掘可进一步推进,方向有二:1. 将拥有多信息点的人物,比如进士、籍贯、职官、中文姓名发音等信息点,考证出来,尽量使更多的人面目清晰;2. 对案例库中

---

① Nicolao Longobardo, *Carta Annua da China 1613*, ARSI, JS113, ff. 364v–365.
② Nicolao Longobardo, *Annua da China do Anno 1609*, ARSI, JS113, f. 109.
③ Francisco Furtado, *Carta Annua da V. Província da China do Anno de 1623*, BAJA, 49-V-6, ff. 125v–126.
④ Gabriel de Magalhães, *Annuas das Residências Do Norte da Vice-Província da China do Anno 1658*, 49-V-14, f. 244.

的人物进行全面标注,关联上年龄、性别、阶层、职业、教育程度、城乡分布、教民密度等要素,从而实现对这一代天主教徒进行人口学、社会学、地理学等方法的研究。

第五节　特殊信教群体:太监

关于明末清初太监信奉天主教情况的中文资料几近于无。年信中的相关记载也不丰富,但可供我们窥见天主教信仰在这个特殊群体中流行状态的一些片段、特征。本文将利用年信大致勾勒17世纪天主教在太监中的传播情况,力图划分出不同的阶段,总结出各阶段特征,及天主教在这个特殊群体中传播的特殊性。

其中,传教士与太监群体的大面积接触之始发生在利玛窦墓园中,关于墓园初期的历史,有一份得天独厚的史料,是《熊三拔日记》[①],熊三拔于1600—1606年间主要居住在墓园中,逐月甚至逐日记载了此间发生在墓园中的日常活动,内中有许多与太监交往

---

① 本文所用《熊三拔日记》是里斯本阿儒达图书馆所藏18世纪手抄本,分布于Biblioteca da Ajuda, Jesuítas na Ásia(简为BAJA), 49-V-5, ff. 85-89v, 122-125v, 139v-145, 148v-149, 154v, 173v-174v。《熊三拔日记》之名为本文作者所加,抄本中未注明作者,但很容易推断出是熊三拔,因为作者在行文中使用第一人称,在排除了"我"提到的其他同时在京的传教士姓名后,只剩下"熊三拔"一个可能性。荣振华将这批材料作为"传教纪要"(pontos)处理,参阅 Joseph Dehergne, S. J., "Les Lettres Annuelles des Missions Jésuites de Chine au Temps des Ming (1581-1644)", *Archivum historicum Societatis Iesu*, 49(1980), pp. 384-385。"传教纪要"是由中国传教区各住院上报给传教区负责人的年度教务报告,在传教区负责人处汇总后用以编撰该年度的中国传教区年信。《熊三拔日记》与"传教纪要"存在两点不同:1. 从内容上,《日记》记载了许多不宜公开的耶稣会内部事务,甚至内部矛盾,"传教纪要"以"有教育意义的事例"为主,用以宣传教会工作业绩等,对比对应年份的年信与《日记》,可以发现年信对《日记》的引用很少。2. 从形式上,《日记》中将日期精确到月日的按照时序记录,与"传教纪要"不同,后者并不要求这么精确,常以某日、某人代替。另外,《日记》中大量使用汉语句子(以拉丁字母注音,并非汉字),看起来并不打算给不懂汉语的读者阅读,只要作者自己明白就可以了。这两项都是"日记"的特征。

的细节，从文字量占比来看，与太监的交往可称为当时墓园中的主要活动之一。为了更好地还原传教士与太监交往政策的由来，本文将主要使用《熊三拔日记》，辅以王丰肃和阳玛诺各自关于南京教案的报告、传教士间的私人通信等。因为此政策之由来涉及教会内部的分歧，年信不会反映这些矛盾，无法承担这项任务。此例亦说明年信作为史料的局限性，使用年信的最好方法是参照同期相关教内外的史料综合利用。

耶稣会传教士自1580年代入华后，即与太监有零星的接触，至1600年利玛窦成功地留居北京之前，太监并不是传教士特别记录的对象，传教士对太监的评价也没有明显的倾向性。他们与太监打交道的经历，有时被记入年信中。比如，1601年年信记载：每年赴广州贸易的葡国商人通常在河中心小岛的一座寺庙中参加弥撒圣事，这个习惯持续了约30年，因为庙中一名男童改信基督，导致葡人失去了这个落脚点，神父联合葡商公关某太监，"该太监是广东省职位最高的人"，重获此地。① 传教士对太监的印象变糟糕，是从利玛窦入京的艰难尝试中开始的，临清税使马堂的刁难，使这次事关中国福传事业前途的努力差点儿就断送了。传教士因此对太监印象很坏："（像马堂一样的太监）在全国各省、府州和主要的航道都有，总数超过一千。……整个国家充斥着太监造成的不公和烦扰。太监都是低劣的人，生于贫穷家庭，父母无法养活他们，就让他们当了太监，这样能吃皇粮。……太监们尽心尽力地将大量银子搬运给皇帝，因他们弄到的银子越多，就越得皇帝的欢心，官就做得越大，他们对任何人都很残忍和蛮横，人们说这是因

---

① Anonymous, *Do Collegio de Machao & Suas Residências de 601*, ARSI, JS121, ff. 3-3v.

为太监还缺少父爱吧。"[1]也许因为这段不愉快的经历,未见利玛窦有利用太监向宫廷传教的特别计划。1610年,利玛窦病逝于北京,万历将太监杨某的宅院赐为其墓地。在墓地交接和墓园建设的过程中,又不断受到太监的骚扰,甚至肢体冲突。同期,礼部奏请传教士修历迟迟得不到万历的"复本"(fǒ puèn),龙华民认为是部分太监与嫉妒的历官勾结而从中作梗。然而,就在传教士与太监的关系走向低谷时,双方却因在墓园中的意外接触而启动了通过太监向宫廷传教的进程。

一、1610年代:接触太监引发教内分歧

1611年11月,墓园完工、葬礼结束之后,墓园中神父们的工作重心立即转入"水器"(xùi kí)制造、译著《泰西水法》。西洋奇器引来许多官员观瞻,太监也加入猎奇者行列。比如,有个姓刘(leû)的太监是某内府衙门(yâ muên)的头子,非常喜欢这些奇器,请徐光启的木匠也在自己的家中做了,刘太监就与另外5个太监带上吃食往南堂[2]致谢,龙华民陪着他们吃,席间还稍微向太监们宣传了一些天主之事。后来又有一个沈(xì)姓太监前来请求派木匠为其造水器,并带来了礼物,后又设宴相邀,龙华民和倪雅谷赴宴。传教士发现太监比文官在接触了墓园中的天主像和宣教书籍后更容易对这种信仰发生兴趣。熊三拔将《天主实义》拿给太监们看,试图将一些太监吸引到信仰天主教的道路上,也使宣传天主教

---

[1] Anonymous, *Do Collegio de Machao & Suas Residências de 601*, ARSI, JS 121, ff. 8 - 8v.
[2] 当时北京住院分为两处,一处是利玛窦于1605年建造的南堂,位于城内,另一处是利玛窦墓园,位于城外。"南堂"之称,是明末清初,北京东堂、北堂相继落成之后才出现的,其本名是"圣母无染原罪堂",本文为了叙述方便,称之"南堂"。

教义的书第一次进入了宫廷。① 熊三拔是水器项目的负责人,与太监的接触最多,他是传教士中最支持与太监接触的。

1612年9月3日,龙华民启程前往南雄与视察员巴范济会面,行前留下指令:鉴于前来墓园参观的太监渐多起来,要通过太监将关于传教士的消息多多带往宫中。作为中国传教区最高负责人,龙华民是倾向于联合太监的。原因可能有二:第一,太监能帮助龙华民实现将福音种子带进宫廷的夙愿。1609年,龙华民致信日本副教省②视察员巴范济,请视察员命令利玛窦直接向万历皇帝上疏,争取在中国的传教自由,未能如愿。③ 在担任中国传教团负责人后,龙华民又重拾这个打算,被徐光启等劝阻。④ 第二,访问墓园的太监相较于士大夫,对信仰的兴趣远大于对水器的兴趣,在当时"科技传教"路线备受争议的情况下,更符合龙华民的直接传教而非间接传教愿望。龙华民对太监的宗教热情较高明显更有好感,认为他们是天主为修会搭建的通向皇帝的"桥"。⑤

从1613年4月初起,太监来得比以往任何时候都频繁,几乎每日都有。他们携拜帖(tiě)和礼物而来,寻求木匠制造水器,也对圣母小堂中的圣像、物什爱不释手。有个姓徐(chū)的大太监,三次送礼,两次盛邀,希望将熊三拔请到太后的御花园里制造水器。还有太监主动提出,希望帮助将水器进呈给皇帝。5月13日,一

---

① [美]邓恩著,余三乐、石蓉译:《一代巨人:明末耶稣会士在中国的故事》,第116页。
② 1581年,日本成立独立的副教省,其上级是印度教省,中国传教区的上级是日本副教省。1603年,日本副教省从印度分离。1608年,日本副教省升格为教省在法律上生效,不过由于文件直到1611年7月才行至日本,在这之后才正式地生效。因此,本文有时称"日本教省",有时称"日本副教省"。至于中国传教区,1615年,耶稣会总会长命令中国传教区独立于日本教省而成为中国副教省,但是,直到1623年才被最后确认。
③ 张铠:《庞迪我与中国》,第188—189页。
④ Nicolao Longobardo, *Appontamentos acerca de Pedri-se a Licentia del Rey (1615)*, ARSI, JS113, ff. 461v - 462v.
⑤ Nicolao Longobardo, *Annua da China 1613*, ARSI, JS113, f. 340v.

名赵(cháo)姓东厂(tūm chám)大太监访问了墓园。在赵太监之后，又有7名内官到访，其中2人受洗。还有一名杨(yâm)姓大珰，带了一个著名高僧前来。5月，管军事的、即将升任司礼监(sū lī kién)的彭(pūōn/pūēn)姓大珰代万历往昌平祭扫皇陵，这个乘八抬轿、率三百骑的大太监，中途特意拜访墓园，卫队充塞道路，引起轰动，他在圣母小堂中逗留良久，问了许多天主之事，主动表示可以帮助神父实现在宫中的愿望。八日之后，彭又派了一名太监前往墓园问候，再提愿意帮忙之事，因为自他瞻仰圣像之后，每日念念不忘。还有一名孙(sūn)姓太监前来，他是一个衙门(yâ muên)的负责人，带着5名太监前来，孙姓太监已经70岁，后来也进教了。有太监对神父们说：现在宫中都知道天主教了，你们要耐心些，我们每天都有人来。实际上，"每天"的造访频度只在某几个时间段成真，但是，太监确实成为墓园中最频繁的访客。熊三拔在日记中说：希望天主能通过这些太监做些什么。北京住院的另一名神父庞迪我对与太监走得越来越近的熊三拔提出告诫。熊三拔是与太监交往最坚定的拥护者，庞迪我是最坚定的反对者，前者对太监的好感或许是在制造水器过程中积累的，后者主要负责北京住院对外交往，或许因为他与士大夫的关系最为紧密，担心与太监密则与文官疏，徐光启就在很多场合表现得不愿意与太监有瓜葛。因为熊三拔主要居住在墓园，庞迪我主要居住在南堂，与太监的交往则主要发生在墓园，传教士是否居住在墓园就代表着是否愿意与太监交往，因此，教会内对太监的政策之争就表现为"堂园之争"。

10月2日，东厂太监邀熊三拔作客，极尽美意。熊三拔对通过太监将圣教传入宫中的希望之火愈发旺盛，他在日记中写道："太监们可以在各方面帮助我们，他们在宫廷中无所不能。我期望天主能得到太监们的侍奉，如果魔鬼不从中作梗的话，可是，魔鬼已蠢蠢欲动了,因为我的同事认为没有必要与太监一起工作。在南堂的庞迪我对我说,这些太监只不过是玩乐上的朋友,他们来圣所没有玩乐之外的目的,但是,根据我的观察,很多太监前来是严肃地探寻教义和救赎问题的。"[1]10月4日,又有司礼监的4名大太监带着拜帖、吃食到墓园拜访,到夜里才离去。熊三拔说,他们此行的目的是长谈天主之事,还谈了灵魂、天堂、地狱等。庞迪我又告诫熊三拔,让太监在园子里饮食、玩乐不好,这园子是给会士们休闲的,不是给太监预备的。熊三拔却认为,带吃食来拜访并长时间逗留,是中国的礼节。庞迪我说,他已写信并将继续写信报告中国传教团的会长龙华民,要熊三拔别再住在园中,也别再与太监交往,这纯粹是浪费时间。熊三拔也致信会长,作出辩解。

尽管熊、庞之间在太监问题上的分歧越来越显化,徐光启的态度却由不愿接触太监转向主动接触太监,他见来墓园的太监越来越多,其中不乏直通皇帝、皇后的大太监,就让熊三拔印一批关于天主圣像的解说词,要简明些,赠给太监,好让他们带回宫中慢慢领会。熊三拔对这个支持喜不自胜:"这名优秀的教徒(徐光启)不仅对天主之事抱有热忱,而且深谙当地事务。"后来,徐光启亲自写了解说词,考虑到太监们的阅读能力低,写得非常直白,像大白话。熊三拔拿到解说词后,交给庞迪我、阳玛诺,听取意见,他的心里忐忑得很,向天主祈祷能早日付梓。

尽管庞迪我不支持熊三拔,阳玛诺是支持的。不久之后,那名刘姓大珰又携几名太监前来,仍旧带了吃食,阳玛诺陪了他们一整天,边吃边聊,最后,刘表达了进教心愿。接着,1613年随阳玛诺

---

[1] Sabatino de Ursis, *Journal de Sabatino de Ursis*, BAJA, 49 - V - 5, ff. 142v. - 143.

进京的学生维森特·科雷亚（Vicente Correa）[①]，修士邱良禀（Domingos Mendes，1582—1652）住进墓园，主要为了在园中学习和弹奏管风琴，同时，对越来越多慕名而来的太监的接待能力大幅提升，熊三拔说："因为他们素质很高，帮了很大的忙。"

熊三拔、庞迪我同时向龙华民写信陈情，然而，11月初熊三拔等到的答复，是龙华民改变了支持与太监交往的立场。龙华民自广东发来的系列指令，其中一条表示：墓园应是会士们的郊外田庄，不能用于常住，因此，大批太监来休闲是不妥的。

熊三拔将"抗议"写在日记中，"期望将来读到的人有知"。他认为一面放弃墓园，一面寻求转化太监，很不现实，全体教徒都希望有更多太监进教，尤其是徐光启也这么想，他还援引郭居静的信，称李之藻也是这么想的。他认为上级的决策基于事实扭曲或被误导，而自己的观点才是基于实际经验。熊三拔说，太监不是纯粹为游玩而访墓园，他们通常带着吃食，因为按照中国礼俗，如果打算在外人家长时间逗留，就自带食物与主人一起享用。至于太监增加了神父的工作，他认为这是天主的恩典，天主赐给这个墓园，是为了更容易地使皇帝信教，而要达到这个目的，天主又安排了太监这个桥梁。

熊三拔只将自己的不同意见保留在日记中，龙华民的指令得到贯彻。1614年起，墓园不再保留常住神父，但是，熊三拔仍然找机会住回墓园，他先是陪阳玛诺在园中住了20来天，阳玛诺在此期间完成《天问略》（tiēn vén liŏ），熊三拔则接待了许多批来访的

[①] 此人不见于费赖之《明清间在华耶稣会士列传》、荣振华《在华耶稣会士列传及书目补编》等名录记载。耶稣会在华的工作人员由神父、修士、学生三部分组成，例如，据1613年信，该年在中国有15名神父、7名修士、10名学生。修士、学生通常为澳门人。学生通常不被耶稣会史的名录记载，因为学生不是"会士"。

太监。后来,若望·罗德里格斯(João Rodrigues)①神父抵京,在南堂住了几日后,住进墓园共3个月,其中,熊三拔在墓园中陪伴两个月。罗德里格斯在园中画地图,熊三拔则接待太监,熊三拔认为找到了赞同者,因为罗德里格斯对京中的传教士放弃与太监合作感到诧异,而"视察员向中国投入了大笔银子和礼物,不就是为了将福音传进宫廷吗"。

1616年,对待太监的态度再次发生了摆动。已被日本教省的省会长瓦伦丁·卡瓦略(Valentim Carvalho,1559—1630)任命为中国传教区视察员的阳玛诺从南京发来命令:熊三拔和科雷亚回墓园常住,主要为了接待太监。因为阳玛诺认为太监是使皇帝皈依的必要手段。阳玛诺的命令于1616年2月20日抵达北京,由于天冷,熊三拔未立即动身。2月,龙华民的命令也到北京,由庞迪我自行选择在南堂或墓园居住,以待康复,熊三拔、艾儒略住进墓园修订历算书籍。反对与太监往来的庞迪我选择独自住在南堂,熊、艾搬回墓园。太监又像以前一样盈门,还抱怨神父们没有按照他们愿望住在墓园。

然而,3月18日,情节再度反转,北京又收到正在中国各住院巡视的阳玛诺从南昌发来的命令:熊三拔暂搬回南堂。原来,阳玛诺在南昌遇到龙华民,后者从南雄往北京途径南昌,还带着卡瓦略的指令,其中一条是下达给阳玛诺的:目前在墓园中设立常住神父尚有诸多弊端,静观一段时间再说。阳玛诺要熊三拔在南堂等候新的指令,因为阳玛诺打算面见省会长,陈述住进墓园对传教事业的重要性,而省会长为了传教成果会同意的。熊三拔对指令的反复无常有些愤怒,他在日记中写:"这是第四次了,

---

① 该传教士没有中文名字,现有研究也未提及他进入过中国内地,只知他与中国的关系在1614—1627年期间在澳门,签署了1615年度中国年信。参阅荣振华著,耿昇译:《在华耶稣会士列传及书目补编》,第563—564页。

是住进墓园的第四次受阻……他们说的那些弊端,我却没有看见……视察员巴范济神父一得知我们得到了这片墓园,就明确地命令我们入住,他列举了诸种好处,与徐光启所列举的一样,不谋而合。"

6月13日,熊三拔又找借口搬回了墓园,称为了与罗雅谷绘圣像。8月初时,庞迪我住进墓园,阻断与太监的交往,熊三拔则搬回南堂。然而,这种摆动很快就因"南京教案"爆发戛然而止。1616年8月,传教士们全部住回南堂,以示收敛。

阳玛诺于1616年12月26日从澳门寄给耶稣会总会长的关于"南京教案"的专报中,在最后的反思部分提出:"我们还有必要结识更多的北京皇宫中的太监,与他们交朋友,要比现在力度更大,因为太监对我们有好感,消息灵通,可以在皇帝面前极大地帮助我们,他们可以说我们的好话,让皇帝了解我们的情况和我们的圣教。因为这个皇帝从不出宫,也不与官员们见面,只与太监交流,任何事都必经太监之手。截至目前,我们与太监的交情还没升华到应有的水准,原因就是我们没有足够的经费供一名神父常住墓园(皇帝赐给利玛窦神父的)。因为当太监们返回自己的庄园时,就会顺路前往墓园,而他们不习惯去拜访我们城内的住院,因此,我们就与他们不太交流,如果我们在墓园中有神父的话,与他们的交流就会大大增多。因为我们在这个问题上有多种想法,有人认为没必要在墓园中设常住神父,我在京中多年,我认为应该在墓园中留一名神父,对京中情况了解的人也会持同样的想法。因此,当我获得这个职务任命之后,我立即写信给熊三拔神父,要他搬到墓园中住,可是,几个月后,省会长神父瓦伦丁·卡瓦略又命令,任何神父不得住在墓园,因为我们经费不够。我不知道省会长是否收到了持不同意见者的信息,做出这番决定,反正一切又如从前。最终,我们打算在增进与高官的交往和友谊中多做努力,因为高官既能成就我们，亦能毁灭我们。"①

在阳玛诺的信件之前，1616 年 11 月 22 日，罗如望自南昌寄往澳门的一封信中，提出适合中国传教区的几条建议，第一条就是请求放宽与太监的交往限制。②

但是，这些呼声未及等到回音即湮没在中国政局新出现的另一个残酷现实中。1620 年代，随着东林党和阉党的斗争进入高潮，传教士自觉地站在士人阵营。在这十年的年信中，太监都是负面形象，1625、1626、1627 年年信中花了很大篇幅刻画魏忠贤的邪恶，因为这三年正是斗争高潮，直至 1629 年庞天寿进教后，太监的形象才好转。

二、噤声的 1620 年代与热闹的 1630 年代

1610 年代，尽管教会内对与太监交往存在分歧，仍然有所收获，宫中出现一些信教太监，并达到形成一定宗教气氛的人数。已受洗的太监约定，互相监督，若是一不小心拜佛的恶习又暴露出来，就要彼此提醒。1615 年，宫廷中成立了一个教友会，以助维持宗教活动。他们还多次邀请神父进宫，去他们的住处。神父清楚，频繁进宫，尤其是外国人频繁出现在宫中，是很容易引发猜忌的，因此，有时就推却太监们的邀请。③

"南京教案"的发生打断了这个进程。魏忠贤在教案中以反教的面目出现，沈㴶"串通同乡京官方从哲，内结太监魏进忠，日图构

---

① Manoel Dias junior, *Ao Nosso Reverendo Padre Geral em Roma*, ARSI, f. 40.
② João da Rocha, *Carta do Padre João da Rocha pedindo que se revogam algumas ordens que deo o Padre Manoel Dias Junior*, 49-V-5, ff. 174v.-175v.
③ Manoel Dias junior, *Annua da Missão da China do Anno de 1615*, ARSI, JS113, f. 409.

陷"。① 从此直至魏忠贤在1627年自缢,年信中对太监的记载主要是魏忠贤的独角戏。他的骄纵专权事例、挑拨帝后间夫妻关系的阴谋、在辽事中所起到的负面作用等,年信均有刻画。当然,年信记载最多的是魏忠贤查封书院、严禁集会等恐怖手段对信教者造成的肃杀氛围。阳玛诺对魏忠贤制造的恐怖有一句很妙的修辞:"人们相互之间也不信任,害怕就连墙也会告诉魏忠贤自己干了什么。"②当时北京城内的情况是,"我们建议在可能时就先隐居起来,避免走动串门,以免被宦官安插在京城中的很多密探发现。就连教徒也不再去弥撒,逐渐减少主要节庆。由修士来探望教徒,教化他们。当教徒生病时,神父才去听他们的告解,也在条件具备的一些教徒家里讲弥撒"。③ 远离京师的地方也难以幸免,"一个很有名的举人,生于泉州(Ciuencheu),他与几名进士商议,为神父买房子,建座公共教堂,大家都同意了他的建议,并且解囊相助。但是,神父感谢他的好意,却暂时不接受,因为泉州府衙不肯为这新事物让路。天主肯花时间等待这新教堂,以及与它一道而来的许多灵魂,我们期待着在这些灵魂中种子扎根,神父会用时间浇灌这种子。不建公共教堂,是为避免可能在京师引发的动荡,太监的耳目很快就会将新建教堂的消息传递到北京。我们在那里(泉州)建立了住院,但是,神父没住进去,只是让它建好空在那里"。④

在魏忠贤去世当年,1627年年信作者阳玛诺以飞扬的笔调写道:"过去,太监魏阻碍了外出传教,现在,他完蛋了,我们有了一片

---

① 萧若瑟:《天主教传行中国考》,第164页。
② Manoel Dias, *Annua da Vice-Província da China do Anno de 1626*, BAJA, 49 - V - 6, f. 309.
③ Manoel Dias, *Annua da V. Província da China do Anno de 1625*, BAJA, 49 - V - 6, ff. 217.
④ Manoel Dias, *Annua da Vice-Província da China do Anno de 1626*, BAJA, 49 - V - 6, f. 327v.

自由田地。"在年信的末尾,阳玛诺还呼吁可以扩大传教士队伍了,"因此,我请求副省会长按照应来的为我们增派人手,以免丧失这难得的机会"。①

1628年,随着魏忠贤的死亡,太监宗教活动迎来冰封解冻般的恢复。"有那么多重要的大人物前来教堂,观摩、敬拜圣像,全年每时每刻都不停歇。此外,在平常日和节庆日,有非常多重要而虔诚的教徒,他们不会错过弥撒,还有布道,这类欢聚已经能邀请到一些宫内的太监。从宫里来我们神圣之家的人很多,太监是其中一部分。其中,有一位威望还不小的中官,尽管他还没有决定入教,但不能说一无是处,他不仅在护卫圣教,而且在想办法使圣教深入其同僚和朋友的心中,我们可以期待硕果。我们已经开始看到宫里面的状况,就是宫里已经有关于我们的消息。"②

至少在年信的反映上,1630年代是17世纪太监信天主教最繁荣的时期,繁荣程度不仅是空前的,在该时间段内也是绝后的。其繁荣可从以下四方面看出:

第一,年信中的太监奉教事例爆发性地增多,太监作为一个清晰而凸显的信徒群体亮相。在本节附录中,1630年代太监奉教事例将以表格形式完全呈现。从中可以看出,这些事例展示的大多是天主教徒一般性的美德,但又因太监身份而具备一定的特殊性。

第二,涌现出一批著名的奉教太监。首屈一指的当属庞天寿(1588—1657),洗名亚基楼(Aquelio),历任崇祯、弘光、隆武、永历四朝御马太监、司礼太监等职。传教士称庞天寿为"柱石",在字眼上,与徐光启、李之藻、杨廷筠"三柱石"并列,足见其在传教士心中的地位。何大化、卫匡国、毕方济、曾德昭等与庞天寿的直接交往,

---

① Manoel Dias, *Carta Annua da Vice-Província da China do Anno de 1627*, 49-V-6, f. 496v.
② Lazaro Catano, *Annua da Vice-Província da China 1629*, 49-V-8, f. 598.

在年信中都有记载,这些记载对研究永历朝与天主教关系颇有价值。传教士与庞天寿之间的密切关系超乎一般想象,比如曾德昭可以睡在庞天寿的房间里。① 排第二位的可以是一名叫保禄(Paulo)的太监,安文思称"通过往年年信,宦官保禄在欧洲应该已有一定的知名度"。② 可惜,除了他的诸多奉教事迹之外,并不能从年信中获得保禄的职务、籍贯、姓氏等信息,也就暂时难以考证这个著名的太监是谁。另外几个比较有名的信教太监包括:"救世善老人"(Bom Velho Salvador),南京的老太监,这个不同寻常的洗名是他自己取的,从佛教改信天主教后,他还给和尚起了许多侮辱性的外号;③刘普罗托(Lieû Proto),顺天府大城(Tà Chîm)县人,他是自己家乡的开教者;④⑤⑥刘玛窦(Lieù Matheos),北京太监,最重要的事迹是平息了一场发生在北清沟的教案。⑦

第三,宫廷内的宗教气氛变浓,传教士在宫廷内获得更大的行动自由。1632年,崇祯新招入宫3500名太监,立即成为奉教太监们的宣教对象。⑧ 因为宫中奉教太监已达到了相当规模,崇祯在1632年又有将"异教神"搬出内殿的行为。1632—1633年间,时有

---

① Pedro Canevari, *Carta Annua da China a 1651*, BAJA, 49-IV-61, ff. 109-110.

② Gabriel de Magalhães, *Annuas das Residências Do Norte da Vice-Província da China do Anno 1658*, 49-V-14, f. 242v.

③ João Fróes, *Annua da Missão da China de 1634*, BAJA, 49-V-10, f. 439v.

④ João Fróes, *Annua da V. Província da China do Anno de 1633*, BAJA, 49-V-11, f. 10v.

⑤ João Fróes, *Annua da Vice Provincia da China do Anno de 1632*, BAJA, 49-V-10, f. 83.

⑥ João Fróes, *Annua da Missão da China de 1634*, BAJA, 49-V-10, ff. 436-436v.

⑦ Francisco Furtado, *Ânua da Vice-Província da China de 1636*, BAJA, 49-V-11, f. 524v.

⑧ João Fróes, *Annua da Vice Provincia da China do Anno de 1632*, BAJA, 49-V-10, f. 83.

崇祯信奉天主教毁碎诸铜佛像一说，这条谣言不仅在北京城流传，还在全国流传，就连阁老们也信了，有好几次，徐光启受到不同阁老的道贺，因为"皇帝信了他的教"。[1] 伏若望在1633年年信中进行了辟谣，"许多官员、太监甚至和尚，来住院问，是什么原因使皇帝成为天主教徒的，他们还想进一步了解那些相信和传播我们宗教的人，信的是一种什么样的教，他们猜测甚至肯定地认为促成皇帝入教的是徐光启进士的某份未公开的奏疏。他们肯定的这件事，我们却不知道，但是，我们估计，中国迄今为止的所有皇帝在入教上的障碍都比崇祯要多，他不信任何教，他只是很迷信"。[2] 崇祯信教尽管只是谣传，但也从侧面说明了天主教当时在宫中的流行程度。

至于传教士在宫内的活动自由，可从太监频繁要求神父进宫，宫中不信教的太监也自然地与神父交往等事例中看出。1631年，某奉教太监参观了教堂后，在宫内也建造了一个相仿的小圣堂，太监邀请副省会长神父去讲弥撒。这是在中国皇宫内举行的第一场弥撒，神父很是重视，将住院中最好的圣器都带去了，许多不信教的太监也受邀观摩了这场弥撒，他们都向小圣堂的主人表示祝贺，

---

[1] 崇祯受徐光启的影响而毁佛像的说法中文史料亦多有记载。《崇祯朝野纪》卷六："上初年崇尚天主教。徐上海，教中人也。既入政府，立进天主之说，将内殿供餐诸铜佛像毁碎。至是，悼灵王病笃，上视之，王指九莲娘娘现立空中，历数王爷毁坏三宝之罪及苛求武清云云。言讫而薨。上乃痛悔前事，频谕内外，有但愿佛天祖宗知、不愿人知等语，几不成皇言。"（明）李逊之：《崇祯朝野纪》卷六，收周宪文主编：《台湾文献史料丛刊》第3辑《明清关系史料特辑》，台北：大通书局，1984年，第121页。《崇祯宫词》注云："内玉皇殿永乐时建。有旨撤像，内侍启钥而入，大声陡发，震倒像前供桌，飞尘满室。内侍相顾骇愕，莫敢执奏。像甚重，不可摇动，遂用巨绳曳之下座。时内殿诸像并毁斥，盖起于礼部尚书徐光启之疏。"（明）王誉昌：《崇祯宫词》，收（明）朱权等：《明宫词》，北京：北京古籍出版社，1987年，第87页。

[2] João Fróes, *Annua da Vice Provincia da China do Anno de 1632*, BAJA, 49-V-10, ff. 80-81.

神父也寄望以此小圣堂为根据地，向皇宫更深处传播福音。① 另一名已搬出皇宫居住的老太监对这场隆重的弥撒心生"圣妒"，仿照此例邀请副省会长神父也去做了一场弥撒。而这两次弥撒又引发了更多的"圣妒"，住在宫中的奉教太监纷纷邀请副省会长神父去自己家讲弥撒，副省会长不能一一满足，又不能出现厚此薄彼的情况，只好以去南方巡视其他住院为由全部婉拒。② 不信教的太监也与神父交往，神父受邀去参观宫中的一座敬天的庙，守庙的太监久闻神父的盛名，对其热情接待，在神父告别时，他们高声念诵"耶稣，怜悯我们，帮助我们，拯救我们"欢送神父，这些祷词是他们在观摩弥撒时学会的。③ 相比 1610 年代神父进宫时的谨慎，当时放松多了。

第四，太监们的宗教活动不局限于宫廷。一名热诚的太监向老家来京人员传教，对来北京做生意的，他说寻得救赎之道才更重要，对来北京打官司的，他就带到自己家中，向他们讲教义，要求他们和解。通过这种方式，这名太监劝化了许多人进教。④ 更有一些太监像宦游的文官一样，成为将福音散播在各地的媒介。某太监的老家在 Cō Cù Cūm⑤，1637 年，该太监返乡，龙华民便随他同行，去探视当地的教徒。太监为龙华民提供了便利的条件，安排了一艘豪华的船，桅杆上悬挂着耶稣之名，供着香火，借着太监之威，

---

① João Fróes, *Annua da V. Província da China do anno de 1631*, BAJA, 49-V-10, f. 39.
② João Fróes, *Annua da V. Província da China do anno de 1631*, BAJA, 49-V-10, ff. 39-40.
③ João Fróes, *Annua da V. Província da China do anno de 1631*, BAJA, 49-V-10, f. 40.
④ João Fróes, *Annua da V. Província da China do anno de 1631*, BAJA, 49-V-10, f. 40v.
⑤ 地名待考。

所经之处,龙华民都备受尊敬。① 1636年,一名小太监在返乡之旅中,劝化70多人入教,还在当地成立了教友会。② 1637年,河间府的开教者是一名太监,率先将守寡的姐姐和几岁大的侄子带入教内。他像一个职业传道员一样向左邻右舍宣教。还组建了两个教友会,一男会,一女会。③

有两个例子可以说明太监信天主教在民间的知晓度和影响力。1639年,神父在北京某个村中找不到投宿的地方,一个好心人邀请他住在自己家,神父进门听见有哭泣声,原来是这家的独生子快死了,神父请求父母为孩子施洗,否则不得救赎,父母不知好坏,恰巧有一个外村的女人在家中,说听某个太监说过,天主教是好的,于是,孩子得以在去世前受洗。④ 1639年,绛州某读书人,未经父亲允许就入教了,邻居见父亲气得很,帮着父亲劝儿子回归佛教,儿子用天主创世、拯救世人等道理说服邻居,还说宫中的太监、宫女都在信教,官府不会捉拿基督徒的。最后,邻居反劝父亲。父子和解。⑤

那么,太监进教为耶稣会的中国传教事业带来哪些增益? 第一,开始了向宫廷深处传教的探索性尝试,这正是传教士发展太监成为天主教徒的初衷。宫廷中的传教对象不仅限于太监群体,同期,大批宫女信教,有太监的功劳,洋教士要向宫中女性传教只有

---

① João Monteiro, *Annua da Vice Província da China do anno de 1637*, BAJA, 49-V-12, f. 281v.
② Francisco Furtado, *Ânua da Vice-Província da China de 1636*, BAJA, 49-V-11, f. 526v.
③ João Monteiro, *Annua da Vice Província da China do anno de 1637*, BAJA, 49-V-12, f. 282.
④ João Monteiro, *Annua da Vice Província da China do anno de 1639*, ARSI, JS121, ff. 226v-227.
⑤ João Monteiro, *Annua da Vice Província da China do anno de 1639*, ARSI, JS121, ff. 260v-261.

以中性人宦官为媒介，太监还代神父教牧宫中的女性教徒。明朝宫廷中甚至还出现了向皇后传教的试探。某新近进教太监在服侍皇后时，瞅准时机，坦诚自己是天主教徒的身份，还尽自己所能解释了一番天主教是怎么回事。皇后没有因为这个闻所未闻的教派而惊诧，面色一直保持和悦。太监深受鼓舞，随时准备另觅时机再讲。阳玛诺认为福音的种子正式在一片未开垦的土壤中播下了。阳玛诺这样评价太监在宫廷传教中的独特价值："尽管他们的威望、官秩都不高，但他们中有些人最贴身地为皇帝、皇后服务，因此，大家都敬他们。中国皇宫宫闱森严，任何人等难以渗透，圣教的消息通过一般的途径不能达到居于深宫的女性，只有奉教太监、书籍两种途径是可行的。"①

第二，为传教士提供宫廷中的信仰情报，以供决策。他们透露，劝化万历信教的可能性为零，相比而言，太子朱常洛有更大的信教希望。② 他们还向神父汇报，崇祯对佛教不热心，甚至有些反感。崇祯还禁止太子呼求任何佛的名字，而是像他一样求"主"（chù）保佑。阳玛诺评论说："但愿皇帝拜的是真神，只是他还不认识这真神而已。"③庞天寿将一幅圣像送给隆武帝的皇后，皇后天天敬拜。这是太监告诉毕方济的。不过，皇后是将天主与佛混在一起拜的。④

第三，利用职权为传教士提供特殊的便利。太监也像行政官员一样，能为神父平息教案，纾解困境，还能做一些一般官员做不了的事。比如，太监们一般是经过平则门到墓园的，某次，一个太

---

① Manoel Dias, *Carta Annua da China de 1635*, BAJA, 49-V-11, ff. 197-197v.
② Nicolao Longobardo, *Carta Annua das Residências da China do Ano 1612*, ARSI, JS113, f. 217.
③ Manoel Dias, *Carta Annua da China de 1635*, BAJA, 49-V-11, f. 197v.
④ António de Gouveia, *Ânua da Vice Provincia da China nas Partes do Sul no Anno de 1645*, BAJA, 49-V-13, f. 558v.

监头子过城门时，说自己是神父们的东家（tūn kiā），从此，神父们的物品进出城门不再缴税。再如，1636年，龙华民往北京周边乡村传教，因为清军当年侵入长城、遍蹂京畿，北京城处在最高级别的戒严中，不让任何人进，不管他的地位多高。神父不敢进城，就在城墙外的墓园中隐匿起来。宦官们得知神父回来了并且藏了起来，便带着浩浩荡荡的随从和卫队骑马出城，接到神父，再以同样阵仗进城。从队伍和武装的规模看，就像凯旋而归。①

三、1640年代以降：信教太监逐渐淡出年信

1640年代之后，太监奉教事例在年信中几近绝迹。至南明终，几乎是庞天寿的个人事迹集。或许因为清廷刻意贬低太监地位，太监完全丧失了在明廷拥有的特权，在传教士心中也就失去了独特的价值。清初寥寥几例太监奉教事迹，基本都属于前明流落在各地的太监。比如，1649年，两个前明太监，在蒲州的西山隐居，传天主教。他们在一个叫"六山会"的地方选择建堂，某日，看见一朵造型奇特的白云，从晴空中缓缓落下，落在山脚一条小川，而后消散。他们找到云落之处，后来，就把教堂建在这里。这座乡郊僻野中的华丽教堂吸引了众多的村民前来受洗。② 1658年，西安一个前朝的老太监行走乡间，传教不倦，还将自己住的地方、房子捐了出去，用以在村子里建造教堂。③ 这些孜孜不倦的前朝信教太监也可看作当年宫中教务繁荣的一个佐证和余温吧。

---

① Francisco Furtado, *Ânua da Vice-Província da China de 1636*, BAJA, 49-V-11, ff. 524v-525.

② António de Gouveia, *Cartas Ânuas da China*（1636, 1643 a 1649）, edição, introdução e notas de Horácio Peixoto de Araújo, pp. 436-437.

③ Gabriel de Magalhães, *Annuas das Residências Do Norte da Vice-Província da China do Anno 1658*, 49-V-14, ff. 249-249v.

17世纪年信对清朝太监着墨最多的记载是关于吴良辅的。鉴于前朝教训,多尔衮执政时,将太监的职权严格限定在服侍主子的范围内。顺治亲政之后,因为太监能满足年轻皇帝对声色犬马的需求,顺治开始宠幸太监。顺治十一年(1654),宦官吴良辅等建议,宫中设立"十三衙门",以宦官为主管。安文思评论道:"顺治已完全将前朝皇帝的教训抛在了脑后,出则太监伴驾,回到宫内,则被太监、女人团团围住。"[1]年信猛烈抨击太监引诱顺治从扬州买女孩,崇信和尚等恶性,还揭露了满人对顺治偏袒太监的不满,俨然如当年批判魏忠贤的笔调。

本节附录

1630年代太监奉教事例

名字	地点	事例
1630年		
刘普罗托 (Lieû Proto)	北京	这名太监1629年受洗,热衷传教,他很快就将自己的父亲请来,他的父亲住在距离京师几日行程的地方,他把父亲留在京中,直到对他父亲教育完毕,使其受洗。他还劝说父亲也让全家如此照办。他的爷爷依然在世,88岁,已经全然了解教义,等待时机前来受洗。劝化母亲就不那么容易,他与母亲一起,为了此事,他进行了斋戒,并且做了很多敬虔仪式,直至最后劝服母亲。为了使得天主能将光和真知赐予母亲,他又斋戒五日,把这五日全部用来教母亲怎样做祷告,然后,母亲就受洗了。

---

[1] Gabriel de Magalhães, *Annua das Residência do Norte da V. Província da China no Anno de 1660*, BAJA, 49-V-14, f. 675.

续 表

名字	地点	事 例
1631 年		
	北京	宫中信异教的某人被天主选为将圣教传入宫廷的工具,他说服一名太监信教,太监又劝服了其他几名太监。
	北京	大太监让某奉教太监办理佛事,后者在服从天主还是服从主人之间左右为难,最后,想通服从天主是第一位的,向大太监陈明情况,大太监对他虔诚地奉教表示钦佩。
	北京	奉教太监在宫内建了一座小圣堂,邀请副省会长神父去做了宫廷内的第一场弥撒。这名太监在望教期,不断受到阻拦,但他坚定受洗。入教后不久生了一个大而危险的脓肿,异教徒们再次劝他弃教,他经受住考验,康复。一名曾经欺负他的太监突然失宠,朋友劝他借机复仇,他表示教义不允许。经过这三场考验后,他的有德之名大增。
	北京	一名搬出皇宫居住的老太监对上文的太监心生"圣妒",也在家中建了一座圣堂,也邀请副省会长神父去讲了一场弥撒。
	北京	向老家来京人员(做生意的、打官司的)热情地宣教。
	北京	魔鬼幻化成狐狸骚扰某太监的家,他用圣名、圣水驱走魔鬼,入教。
	北京	奉教太监安心忍耐久病的折磨,死后天主教式葬礼教育了很多人。
1632 年		
刘普罗托 (Lieû Proto)	大城县	找了个人顶替自己的工作,陪同神父前往老家,他自任传道员,展现着既热情又谦逊的品格。当地人感觉天主教的传教者与佛教不同,只谈灵魂救赎而不言利,有人开始入教,甚至包括"老君会"(Lâo Kiūn Hôei)的一些成员,"老君会"是当地众多佛教团体中最重要的一个。

续 表

名字	地点	事 例
	1633 年		
庞天寿 (Aquilleo)	北京	一名 88 岁的老教徒,是个遭人嫌弃的败落户,庞天寿将他接到自己家,像侍奉父亲一样侍奉他。
	1634 年		
刘普罗托 (Lieû Proto)	大城县	亲自陪同神父往自己家乡传教,并自任传道员,展现着既热情又谦逊的品格,感化了一些人入教,包括和尚。
Bom Velho Salvador	南京	南京有个老太监,取了一个不同寻常的洗名"救世善老人"(Bom Velho Salvador),他以前是佛教徒,改信天主教后,经常恶批佛教的宗教师,给他们取了许多侮辱性的外号,但是碍于他的权势,没有人敢反驳。某次,一个外地和尚前来南京,投宿在这个太监的家中,为讨好他,按照他的习惯,每日起床后拜圣像。另一个信教的太监问他,是否真有此事。他说,是的,并且他很清楚,这个和尚这么做是讨好他,重要的是不管和尚怎么想、怎么做,他很乐意见到"每天有个魔鬼的奴隶向天主磕头","魔鬼的奴隶"这个送给和尚的新外号也在教徒中流行起来。
	1635 年		
	南京	一个落魄贵人携全家赴北京,因为路费拮据被困中途。某奉教太监听神父讲起此事,将受困者安排在另一名太监掌管的赴京皇船上。
	南京	两名信教太监,一个热情奉教,一个害怕被说闲话,从外表看不出是教徒。前者当着众太监做祷告,口念耶稣,后者告诫他在心里练习就可以了,不必外露,免得招惹麻烦。前者称以信教为荣,还要广而告之。前者还骄傲地将此事向神父及众教友汇报。

续表

名字	地点	事例
1636 年			
庞天寿 (Aquilleo)	北京	在追思亡者节(Dia da Comemoração dos Defuntos)①这天,很多基督徒聚集在墓地和教徒们共用的教堂庭院中。热忱的庞天寿与教友们共同参加,他还出钱设宴招待所有的人。很多文人和一些异教徒也来参加,基督徒与他们不同的纪念亡者的方式使他们深受教育,他们也为亡者祈祷,还布施了很多钱物。
刘玛窦 (Lieù Matheos)	北清沟	当地起了一场针对教徒的迫害,官中宦官刘玛窦给当地的主政者写了封信,一切都平息了,结果比期待的还好,因为当地官员应中官的要求,在自己的辖区为播扬天主之律完全地清除了障碍,并且禁止任何人从今往后与信教的人为敌。
		一个太监,年龄很小,但是,对于其家人得救赎非常热切,回到自己家乡,向家人讲天主圣律,以让他们全都信教。他这一趟返乡,如愿以偿,他的全家都信教了,而且他的亲戚、朋友的全家也都信教了,领圣洗的超过 70 人。他们还成立了自己的教友会,全都对太监的教导充满热忱。我们的主大概想立即就奖赏这名太监,使他得了重病。在生命的尾声当中,太监命令不要给自己的肉体准备墓穴,也不要去知会神父,他带着灵魂中的慰藉、喜悦,口里念诵着耶稣和玛利亚,去了天国。一位神父去了那里,按照我们的方式庄重地埋葬了他,许多童男童女手擎香烛,列队为他送行,他们的虔诚和深情感动了很多异教徒,这些被感动的异教徒成了教徒。

---

① 通常写作 Dia dos Fiéis Defuntos,译为诸灵节、追思已亡(诸信者)节、追思亡者节、悼亡节,是在每年的 11 月 2 日。这个节日是天主教会和圣公会的炼灵月的第二日,这日用作纪念及追思亡者,特别是已亡信众的瞻礼日。在追思亡者节下午,于天主教坟场会举行圣祭礼仪,追思所有已亡信众。

续　表

名字	地点	事　例
	北京	庞天寿对于荣耀天主依旧十分热心。他目前在官中的地位更高了，所有人都听从他的话，在一年中，他捐出了大量银子，施舍给基督徒和捐赠给教堂。在教友会的事务中，他将八个信教的小太监教育得很好，这八个小太监都是他的手下。他们全都持续前往教堂，告解，有时领受圣餐。
	南京	南京官廷的太监中，会出许多教徒。其中一名奉教太监，腕上缠着念珠去给他的上司请安，他的上司深得皇帝信任，被派遣来襄助南京官廷。上司看见这些念珠，问他这是否天主教的念珠，又说：你入教了，这是一件很好的事，天主才是真正的神，他教人们怎样得到救赎。在北京官廷中，有很多人追随这一个教。因为那时正值大旱，官员们向佛像求雨，这个大太监继续说，如果他们祈求天主，很快就能应验，但是，佛像却不能为他们施雨。他这样说，就像是一位传教士，尽管他还站在教堂外面，他的声音却像是钟，召唤大家前往教堂。
1637 年		
Joachim	北京	生前是个模范教友，临终时对天主的恩赐很感激，要求将自己葬在教友的墓地中。
	北京	京中严禁邪教，某太监的几名仆人是天主教徒，太监害怕受到牵连，要求他们停止宗教活动，他们据理力争，说服太监，奉教如常。
	河间府	在自己的家乡开教，还像传道员一样向乡里传教。
	Cō Cù Cūm	某老太监携龙华民神父返乡开教。
1638 年		
若瑟(José)	北京	在其感化之下，某个官女信教。

续　表

名字	地点	事　例
	Cō Cù Cūm	某个太监又老又瞎,领洗之后,口念"天主可怜我"去世。
1639 年			
玛窦 (Mathias)	北京	某太监为了得到一幅精美的圣像而入教。他还成功劝服其他许多太监进教。
	北京	某人家中中魔,奉教太监劝他受洗,以圣像、圣水驱走了魔鬼。
保禄 (Paulo)	北京	某奉教太监在领受了临终圣事后病故,约 200 名教友为其送葬,一路既宣扬了圣教,又教育了教友。
	北京	某太监说服某宫女的父母入教,还带动了几个邻居入教。

第六节　特殊信教群体:妇女

　　中国人的著述中几乎不记载女性天主教徒,偶见只言片语,只能使人知晓女性教徒存在而已,例如乾隆《福宁府志》提到在福安县"崇奉天主,容留洋人,念经从教,男女倾心"①。在西方耶稣会士的笔下,女性教徒仍然是少数派,但是面目清晰多了,使读者能从整体上了解明清时中国女性天主教徒的奉教特征、管理方式、社会形象等等,甚至还有一些有名有姓的重要女性教徒可供个案研

---

① （清）朱珪修,李拔纂:《(乾隆)福宁府志》卷十四下《风俗》,收《中国地方志集成·福建府县志辑》,上海:上海书店出版社,2000 年,第 236 页。

究。本节将介绍 17 世纪耶稣会年信中的中国女天主徒。

一、男女之大防下的变通策

由于理学勃兴,妇女闭居在晚明被推行到极致,在上层妇女中尤盛。耶稣会士对此事的态度是既赞赏又为难。赞赏的是,他们认为这是被 14 至 16 世纪的社会变革所破坏了的西欧传统妇女规范在远东的重建;为难的是,妇女不仅是把自己关在门内,而且是把耶稣关在门外。耶稣会士观察到中国的男女之防观念如何深入人心,并有许多事例记载,此处仅举两个与"勿视"相关的例子就足以说明程度之深:1634,杭州一名文人在未告知父亲的情况下进教。父亲逼他弃教。他例举自己入教后行为更端正了,其中一条就是"走在路上不敢抬头,遇到妇女转过头去不看"。[①] 据 1616 年年信,南京有个叫夏伯多禄(Hia Pedro)的教徒,"行为极为检点,与妇女交往时极谨慎,就连女性亲戚也不愿多看一眼"。[②] 非同性别勿视,说明男女出现在同一空间时的尴尬。这与曾德昭在《大中国志》中的描写一致:"妇女完全与世隔绝。街上看不到一个妇女,哪怕上了年纪的也不外出,公开露面的妇女终生受谴责。男人也不许到女人家去访问她们。"[③]

因此,在空间上进行性别区隔,是耶稣会士为适应中国的性别观而对传教方式进行调适的首要原则。1621 年,中国副省的规定要求将男女信徒分开管理。1629 年,视察员班安德重申了这条规

[①] João Fróes, *Annua da Missão da China de 1634*, BAJA, 49-V-10, f. 454.
[②] Manoel Dias junior, *Annua da Missão da China dos Annos de 616 e 617*, ARSI, JS114, f. 35.
[③] [葡]曾德昭著,何高济译:《大中国志》,第 37 页。

定。① 值得一提的是，此类规定并非专门针对中国国情，也是执行耶稣会内部的相关命令。"神父们不得在关闭的屋子里单独与妇女停留"，是罗耀拉亲自规定的，因为罗耀拉曾遇到过因性禁忌而引发的麻烦。② 年信中未见该规定贯彻之始的标志性事件，据1632年年信：西安的女教徒终于有了单独团契的场所，而这个做法在全国其他地区已经通行了许多年。③ 可以推知，至少从1620年代，男女分开已是中国天主教会的标准化管理模式。

将天主教堂分成男堂、女堂，将教友会分成男会、女会，从管理者角度，是抓住了最主要的两条"纲"。关于"男堂—女堂"，"男会—女会"，本研究另有专门介绍的章节，此处不赘，仅引用苏霖神父的一段评价以说明其必要性："将男堂、女堂引入了中国传教区，可以防范那些解决不掉的大麻烦，当男女在同一时间、同一地点参与宗教活动时，尽管是神圣的活动，这种麻烦仍会随之而来，中国男女之防的观念比世界上任何地方都重。"④

从教友会组织上对男女进行分流不难做到，但专门建造女性教堂，囿于中国传教团常态化的财务困境，除非有针对女性教徒的专项捐赠，否则很难实现。神父就指定某几个教友的私宅，在其中建祈祷室以代替教堂，而将真正的教堂留给男教友，因此，中国男女教徒去圣所时各入各门，最常见的情况是"男堂女室"，并非如同"男堂""女堂"的名称展示出的平等并立气息。平分秋色地并立之情形极为少见，比如，1690年代初，北京有两座相邻的教堂"圣诞

---

① ［美］柏里安著，陈玉芳译：《东游记：耶稣会在华传教史（1579—1724）》，第241页。
② ［德］彼得·克劳斯·哈特曼著，谷裕译，《耶稣会简史》，第7页。
③ João Fróes, *Annua da Vice Provincia da China do Anno de 1632*, BAJA, 49-V-10, f.91v.
④ Joze Suares, *Annua do Colégio de Pekim desde o fim de Julho de 94 até o fim do mesmo de 97 e algumas outras Residências e Christandades da Missão de China*, BAJA, 49-V-22, ff.597v-599.

堂"(Santo Nascimento)和"领报堂"(Anunciada),后者只供妇女领受圣礼和聆听布道。① 这个罕见景观受到年信重点关注。北京女教友常规化的团契应如其他大多数年份年信所述,据 1612 年年信,因为女教徒不便去教堂领受圣事,洗名"路加"的京中著名教徒"李子怀"(Li Cu hoai Lucas)在自己家中专为女教徒建了座小圣堂。去的妇女很多,还有一些妇女,是在信得过的男人陪同下前往的。神父讲完弥撒之后,通常会做一段布道,李路加则在布道后,根据现场女教徒的理解能力,归纳要点,总结一遍。② 1614 年,李家又开辟出洗礼区域,有次,一天就施洗了 9 名妇女。李路加还为她们举办宴会庆祝,让家里的女眷作陪。③ 1615 年时,北京没有公共教堂,女教徒到住院中听弥撒,诸多不便,一名已婚男教徒的房屋被选中,用以女教友的聚会,每月都有神父前去讲弥撒和布道,最后再听一些教友告解。④ 据 1628 年年信:"女人因为身为女人,暂时不能来我们的教堂,只能在特殊的小圣堂中和在家中,为了使成果亦普及妇女当中,就从一些教徒的房子中选择了四处,位于城内不同方位,且较偏远,这样,她们就可以在特定的日子,方便地来聚会。每月都有团聚,每次都有一名神父前去,有了神父,她们不仅能听弥撒和行告解,而且可以很悠闲、很舒适地接受教育,而这是另外一种聚会的方式做不到的。"⑤1633 年年信所记北京女教

---

① Joze Suares, *Annua do Colégio de Pekim desde o fim de Julho de 94 até o fim do mesmo de 97 e algumas outras Rezidências e Christandades da Missão de China*, BAJA, 49 - V - 22, ff. 597v - 599.

② Nicolao Longobardo, *Carta Annua das Residências da China do Anno de 1612*, ARSI, JS113, f. 228.

③ João da Costa, *Annua da Christandade da China do Anno de 1614*, ARSI, JS113, f. 374v.

④ Manoel Dias junior, *Annua da Missão da China do Anno de 1615*, ARSI, JS113, f. 402.

⑤ Rodrigo de Figueredo, *Annua da V. Província da China do Anno de 1628*, BAJA, 49 - V - 6, f. 586.

友的聚会方式:"女教友不能去教堂这个公共场合。她们按照居住区域分组,每组教徒按照规定日期前往各区的祷室。祷室设在教友的私宅中,布置考究,专为教友聚会而设。聚会中的活动包括告解、弥撒,最有宗教热情的教友还有资格领圣体,经考察合格的望道友在祷室中受洗。有些不信教的妇女出于好奇前来观瞻,听了布道之后,就入教了,她们还会将自己的丈夫带进教中,而她们的丈夫又带动其他人入教,形成一种宗教的传播链。"①1642 年北京的情况则是"男女教徒分开参加圣事,男教徒去教堂,女教徒去某个教友家中,每月轮换聚会地点,每月至少聚会一次"。②

北京之外其他各地的女教徒也是这样过集体宗教生活的。1602 年,韶州教友在当地著名教徒尼各老(Nicolao)的家中聚会,"由尼各老负责主持男教徒的讨论,女教徒的讨论则交给'拙荆'(simplória)——这是丈夫对妻子的谦称"。③ 1615 年,南京女教友"通常聚在某女教友家中,把神父叫到家中听告解"。④ 1629 年,杭州教徒弟茂德"在一年中有几次将他自己的房子提供给女教友们聚会,因为她们暂时还不能来我们的教堂。在弟茂德的家中她们就可以办告解,她们有许多年未做过了,她们还可以听弥撒,她们很安静、很便利地做这些圣事"。⑤ 1634 年时,杭州"在已有 4 个女用祈祷室的基础上,新建一祈祷室,女性教徒根据居住远近,在约

---

① João Fróes, *Annua da V. Província da China do Anno de 1633*, BAJA, 49-V-11, ff. 5-5v.

② Francisco Turtado, *Annua das Províncias do norte da China do anno de 1642*, ARSI, JS122, f. 153v.

③ Diego Anthunez, *Annua do Collegio da Madre de Deus da Companhia de Jesu de Machao e Residencias da China do anno de 602*, ARSI, JS46, f. 320v.

④ Manoel Dias junior, *Annua da Missão da China do Anno de 1615*, ARSI, JS113, f. 407.

⑤ Lazaro Catano, *Annua da Vice-Província da China 1629*, 49-V-8, f. 599v.

定的日子,前往团契,也为女望道友施洗"。① 1629年,嘉定女教友"每月都会在私人的家里团聚,诵念祷告,以虔诚的和灵魂上的对话互相激励"。②

有条件的地方会建女性专用教堂,如1633年,距离建昌府3日路行程或6日水行程的某县,当地有一座宽敞的教堂,但是女教徒不能与男教徒同堂,"她们不想被(男教徒)超过",一名武官的妻妾与女儿们就捐建了一座圣母堂。③ 但是,这种情况极少。一些大户人家女眷则在家中建造圣所,通常仅供家庭使用。1618年,杨廷筠家中的女眷"在她们幽居的地方建了一座非常棒的礼拜堂,某位神父可以为她去讲弥撒,不时过去布道"。④ 1613年,奉教官员曾陈易的多名女眷领洗,"家里搭建了一个外人进不来的厅,里面有一祭台,摆上圣像"。⑤ 1633年,华州某信教家庭中女性教徒就有30人,她们干脆成立圣会,每个礼拜日在家中一个华丽的厅中团契,搭起一个供台,摆上天主像、圣母像,点烛焚香。下午,还有一项特别修炼活动,就是鞭笞和戴苦修带等,费用则由众人分摊,她们还会凑很多钱,捐给当地教堂。⑥

男女教徒对同一座教堂分时利用,从而达成空间上不相遇的效果,也是一个办法。比如1625年时,嘉定住院教堂"若是还不到该月向女人开放的时间,她们就不过来"。⑦ 再如,1639年,方德望

---

① João Fróes, *Annua da Missão da China de 1634*, BAJA, 49-V-10, f. 550.
② Lazaro Catano, *Annua da Vice-Província da China 1629*, 49-V-8, f. 605.
③ João Fróes, *Annua da V. Província da China do Anno de 1633*, BAJA, 49-V-11, f. 75v.
④ Manoel Dias junior, *Carta Annua da Missam da China do Anno de 1618*, BAJA, 49-V-5, f. 247v.
⑤ Nicolao Longobardo, *Carta Annua da China 1613*, ARSI, JS113, f. 353.
⑥ João Fróes, *Annua da V. Província da China do Anno de 1633*, BAJA, 49-V-11, ff. 13v-14.
⑦ Manoel Dias, *Annua da V. Província da China do Anno de 1625*, BAJA, 49-V-6, f. 231.

在城固县传教,在一次为周边村里的望道友的洗礼中,一日专为男子施洗,一日专为妇女、儿童施洗。在此次传教的布道中,也是男女分开。①

以上空间、时间上的分隔举措,只是将男女教友间分开,男性神父与女性教徒间也有男女之防,甚至因为神父的外国人身份,猜忌更大,这屡屡成为反教人士的攻击点。1623年,德清县某官员之子"写了一本书,尽其能事,抨击洗礼,主要是污蔑其为一件于妇女的幽居、检点极为不利的事,当妇女待人接物时,就让男人和外国男人看到了自己,允许他们为自己洗脸"。②传教士以分类的方式解决与中国妇女接触的难题,对于洗礼、听告解等必须由神父主持的圣事,则进行变通。龙华民为很多妇女授洗,但鉴于中国人多疑的习性,有些圣事如傅圣油等,以及某些非必要的仪式,均予免除,以避免外教人的恶言歪曲。③据1625年年信,嘉定女教徒的告解是在节庆日集体完成的,当个人必须告解时,她们就用圣像布置一个祭台,因忏悔室很大,就在告解者与听告解的神父之间挂起一道藤帘。在一个很符合"伊纳爵规范"的厅里,告解者的"猎人"(veador)——上了年纪的男人和良好的教徒——在告解的过程中总是作为陪同者在那里。④"伊纳爵规范"应指耶稣会创始人对教牧女性教徒的相关规定。据1627年年信,杨廷筠定期邀请神父到家中布道,听众常达100多人,"男人们在外面的一间厅里,女人们则在一间内室里,她们在里面能听到,又

---

① João Monteiro, *Annua da Vice Província da China do anno de 1639*, ARSI, JS121, f. 250.
② Francisco Furtado, *Carta Annua da V. Província da China do Anno de 1623*, BAJA, 49-V-6, ff. 126-127.
③ [法]费赖之著,梅乘骐、梅乘骏译:《明清间在华耶稣会士列传(1552—1773)》,第71页。
④ Manoel Dias, *Annua da V. Província da China do Anno de 1625*, BAJA, 49-V-6, f. 231.

能不被看到"。①

对于一般性地牧灵工作,通过"媒介"间接实现。宣教书籍是很好的介质,能稳定而不走样地传达教义。据1615年年信,"因为妻子、子女不能前来教堂",南京教徒就请求神父印制一批释教书籍,好让他们用以教育家人。②关于书籍对维持信仰的效果,1631年年信举了嘉定某大户家一个女信徒的例子,10多年来,家中只她一人信天主教,她在获得了与神父交往的自由后,亲口对神父说,她在这些年中坚持下来的助力之一,是她识字,可以阅读宣教书籍。③

不过,具备阅读和文字理解能力的女教徒毕竟只是少数,最普遍的"媒介"角色是由教牧对象的男性亲人或有教牧能力的女性教友担任。费赖之对该模式的概括是:"对女性望教者的传道工作,采取由丈夫向妻子和由父亲向女儿辅导教理的方法。待达到适当理解的程度,则在丈夫或父亲面前,向她们进行公开的口头考核,凡符合要求的,则仍在丈夫或父亲面前,为她们举行授洗仪式。随后,女教友们在她们中间,以读圣书的形式,或重复神父们在公开场合的讲道,进行相互辅导,以臻完善。然后,由这些女教友们向其他妇女们进行再一轮的传道工作。"④为此,各地传教士都对"中间人"进行了专门培训,比如从1611年起,北京开始专门针对教徒的小孩进行教义培训,这些小孩在熟知了教义之后,再回家复述给

---

① Manoel Dias, *Carta Annua da Vice-Província da China do Anno de 1627*, 49-V-6, f. 494.
② Manoel Dias junior, *Annua da Missão da China do Anno de 1615*, ARSI, JS113, f. 407.
③ João Fróes, *Annua da V. Província da China do anno de 1631*, BAJA, 49-V-10, ff. 63v-64.
④ [法]费赖之著,梅乘骐、梅乘骏译:《明清间在华耶稣会士列传(1552—1773)》,第71页。

自己的母亲和家中的其他女眷。① 1601年,韶州有个对天主教感兴趣的妇女,派自己的4个儿子随这些人同去,她的儿子认真听讲,将圣教的教义背诵下来,还学会了圣教的入门书,而后又全篇复述给自己的母亲以及两个姐妹。最后,母亲和兄妹6人都领洗入教。② 有威望的女性教徒也常担任向同性教友提供牧灵帮助的角色。1694年,北京一个信教寡妇不被允许出门,她通过第三者向一位名叫Li Maximilha的信教贵妇倾诉了自己的苦恼,贵妇就与寡妇认了亲戚,频频通信、互相走访,以获取寡妇家人的信任感,当家中有领圣事的机会时,Li Maximilha就将这个新认的亲戚请到自己家中住几日,这位贵妇这样认了很多"亲戚"。"这种不伤情面的策略绕过了丈夫们和亲戚们对圣教的恶意,使女教友免于失去参加圣事的机会。"③

此外,极少数信得过的男性教牧人员也获得了辅导女教徒的资格。钟鸣仁修士就以出色的圣德赢得了人们的信任,因此他被授予为中国妇女们讲道和付洗之权。④ 1644年,杭州住院有一位年过八旬的仆人李保禄去世,因为他的年纪很大,而且"品行端正",生前"于牧养富贵女教友的灵魂上着力最甚","他在讲解之时,活力充沛,善于使用当地语言,用词妥帖,他使用的对比恰当贴切,总能使人信服"。"她们十分喜欢他讲天主之事",他去世后"女教友们普遍地很伤心,哭天抢地,她们都将保禄视为老师、父亲"。

---

① Nicolao Longobardo, *Carta Annua das Residências da China do Anno de 1612*, ARSI, JS113, f.226v.

② Anonymous, *Do Collegio de Machao & Suas Residências de 601*, ARSI, JS121, ff.26-26v.

③ Joze Suares, *Annua do Colégio de Pekim desde o fim de Julho de 94 até o fim do mesmo de 97 e algumas outras Rezidências e Christandades da Missão de China*, BAJA, 49-V-22, f.606v.

④ [法]费赖之著,梅乘骐、梅乘骏译:《明清间在华耶稣会士列传(1552—1773)》,第60页。

1601年,韶州一个名声很好的寡妇,派两个未成年的小儿子去住院学习,"他们是寡妇的小孩,神父担心他们单独进住院听讲不太合适",可是,在该堂区又找不到其他人陪他们一起听课。这两个孩子有一个邻居是一名年迈的教徒,孩子们就软磨硬泡请该邻居全程陪同他们学习教义,并将这位老善人认作代父(padrinho),老人没有拒绝他们,两个儿童通过学习教义受洗。寡妇在儿子们的复述和解释中学习教义,也领洗了。①

从年信看,神父及神父选择的代牧者还是可信赖的。1602年年信描述南京住院情况:"女教徒的丈夫和父母都信任神父,同意神父对她们进行教义教育,按照教会的礼仪为她们施洗,即使是大户人家的妇女,她们从来不与陌生男人说话,她们也能去听弥撒,也可以与神父讲话。当很多家庭准备入教时,最先受洗的反而是女人。"②1634年,杭州某一官员在外做官期间,规定女眷不能为其他事外出,去亲戚家也不允许,但可以去女教友家团契。③

二、年信怎样刻画中国女性教徒

年信对中国女天主徒的"画像"侧重于以下几个面向:

第一,突出身为女性在奉教中付出的更大牺牲。在入教前,她们通常要征得男主人的同意。1615年,南雄一对母子得到天主教徒救治,"母亲想与儿子一起受洗,但是目前还不方便,要等

---

① Anonymous, *Do Collegio de Machao & Suas Residências de 601*, ARSI, JS121, f. 26.
② Diego Anthunez, *Annua do Collegio da Madre de Deus da Companhia de Jesu de Machao e Residencias da China do anno de 602*, ARSI, JS46, f. 321v.
③ João Fróes, *Annua da Missão da China de 1634*, BAJA, 49-V-10, f. 455.

丈夫回来"。① 1618年,杨廷筠的长兄杨廷策之妻子、儿媳,是征得杨廷策的同意后才受洗的。② 1631年,山西某女子在丈夫进京做生意期间入教,"面对要撕圣像的丈夫,她拿出一把刀、一只鞭,说若对我信教不满,就用鞭子抽我,如果还不解恨,就用刀杀了我,任何一种方式或两种方式齐上,我都接受,因为我信天主之后,就不会再后退,丈夫这头暴怒的狮子终被基督牧群里的这只羔羊说服"。③ 1637年,西安某个因"中魔"而生病的女子想入教,丈夫、父亲不允,骗她官府要杀天主教徒,经过多回合的压制、抗争,她投井了。④ 1639年,岐山县某人的妻子、女儿未经他的许可就入教了,他看见家里的圣像很生气,责备妻子信了一个外国的、奇怪的宗教。⑤

在奉教中,女教徒则受到更多世俗规矩限制。徐光启的女性亲属身处在优越的天主教家庭环境中,也绕不过世俗规矩,"照本国风俗,妇人一定烦难常去办工领圣体,因为妇人不便出门,京里更不便当,徐公的妻子常领圣事,设法得没有烦难也,碍不着端正规矩"。⑥ 1614年,郭居静从杭州往上海巡回传教,专程前往徐家为其女眷施洗和听告解,"因她们去不得教堂"。⑦ 1623年,南昌教

---

① Manoel Dias junior, *Annua da Missão da China do Anno de 1615*, ARSI, JS113, f. 493.
② Manoel Dias junior, *Carta Annua da Missam da China do Anno de 1618*, BAJA, 49-V-5, f. 245.
③ João Fróes, *Annua da V. Província da China do anno de 1631*, BAJA, 49-V-10, ff. 45v-46v.
④ João Monteiro, *Annua da Vice Província da China do anno de 1637*, BAJA, 49-V-12, ff. 292v-293.
⑤ João Monteiro, *Annua da Vice Província da China do anno de 1639*, ARSI, JS121, ff. 259v-260v.
⑥ 无名氏:《徐文定公事实》,收[比]钟鸣旦、[荷]杜鼎克、王仁芳编,《徐家汇藏书楼明清天主教文献续编》(第16册),第594页。
⑦ João da Costa, *Annua da Christandade da China do Anno de 1614*, ARSI, JS113, f. 383v.

会在每月请圣人的虔敬的圣徒瞻礼中,都会有女教徒参加,但是,如果不是她们的信教丈夫、儿子或兄弟也参加,这些女人是不能出现的。① 生活在异教徒中的天主教女性的处境就更难了。1627年,杭州一名女望道友向神父告解,她嫁给一名异教徒后被关进一间小屋子,只有教理书籍陪伴着她,"当她在告解时,讲到自己这些不幸,仿佛她的心也碎了,她大哭地泪流不止。她说:我忍受着饥饿、匮乏、毒打,还有临到眼前的许多种诱惑,我觉得自己快被击垮了,但是,天主不希望看到我被任何人击垮"。阳玛诺这样评价该案例:"这其中的勇气、努力和虔诚是可以想象得出的,但是,当天主的教律真正进入一个女人心中,尤其是这个国家中的女人,上述勇气、努力和虔诚就难能可贵了。"②女性在奉教中面临的最大风险是,与神父和异性教徒的交往确实会带来贞洁名声的困扰。1637年,杭州一对夫妻,妻子是天主徒,丈夫是异教徒,他们本很恩爱。有一个仇恨天主教的异教徒向丈夫挑拨,说他妻子信的教不好,丈夫对妻子信天主教不以为意,这个异教徒就说妻子有外遇,丈夫相信妻子的品德,不信。但是,越来越多的人向丈夫揭发妻子的外遇,丈夫信了,决定将妻子卖到妓院。妻子很伤心,向天主祈祷求对策,她决定将头发剪掉,这被视为一个女人将寻死的征兆,但是,妻子又担心自己会被外人认为想削发为尼,最终,决定将头发剪一半、留一半,她用这种方式使丈夫相信自己是清白的,也堵住了众人的口。③ 1639年,杭州另一对夫妻也受到挑拨,妻子因教义讲得好,经常被贵妇人请到家中居住,大半年时间不在家,有

---

① Francisco Furtado, *Carta Annua da V. Província da China do Anno de 1623*, BAJA, 49 - V - 6, f. 129v.
② Manoel Dias, *Carta Annua da Vice-Província da China do Anno de 1627*, 49 - V - 6, f. 490.
③ João Monteiro, *Annua da Vice Província da China de 1637*, BAJA, 49 - V - 12, ff. 32 - 32v.

个女异教徒问留守在家的丈夫：你没子女,你妻子整天抱着的孩子是谁？丈夫不知如何回答：我知道妻子没收养过别人家的孩子,你说的孩子我也不知道在哪里。好在丈夫很相信妻子的品德,他认为女教徒所说的孩子可能是童年耶稣。①

第二,着力刻画女教徒比男教徒在敬神上更虔诚、在传教上更热情、在奉献上更慷慨、在苦修上更严苛。年信中称赞在奉教上女胜于男的直接表述比比皆是：1602年,南京,"一般而言,男女教徒都能很好地履行教徒的义务,女教徒尤其更容易履行教徒义务"。② 1630年,杭州,"在该堂区,苦修鞭和苦行腰带（甚至是铁的）的使用很常见,妇女的苦修更严苛、更粗暴,在各方面,她们都总是很热烈,中国女人甚至比男人要有生气、有精神得多"。③ 1636年,杭州,"圣周的弥撒有很多人来,都很热忱。妇女不让自己的丈夫在信仰虔诚和宗教热情上超过自己,而要反超、胜过他们,我不知道她们是否做得有些过了。在节日中,她们同样团契和听弥撒,很勤快地告解,慷慨施舍,对教堂也非常慷慨。有几名妇女的悔罪心理太重,以至于神父不得不出手控制其热忱,将苦修的工具藏起,这些工具太残酷,让人惧怕"。④ 1658年,在西安女教徒中形成一种竞相敬虔的气氛,只要是男教徒承受了的苦修,她们总想承受更多。⑤ 1660年,西安,"在四旬斋期间,每逢周三、周五、周

---

① João Monteiro, *Annua da Vice Província da China do anno de 1639*, ARSI, JS121, f. 282.
② Diego Anthunez, *Annua do Collegio da Madre de Deus da Companhia de Jesu de Machao e Residencias da China do anno de 602*, ARSI, JS46, f. 321v.
③ Lazaro Cattaneo, *Annua da Vice-Província da China do Anno de 1630*, BAJA, 49-V-9, ff. 36v-37.
④ Francisco Furtado, *Ânua da Vice-Província da China de 1636*, BAJA, 49-V-11, f. 533.
⑤ Gabriel de Magalhães, *Annuas das Residências Do Norte da Vice-Província da China do Anno 1658*, 49-V-14, ff. 253v-254.

六,教徒都聚在教堂中自我鞭笞,还有许多人在家中增加鞭笞次数。女性教友在鞭笞上的热情丝毫不让男教友。许多女教友的房舍很小,又生活在异教徒的中间,她们害怕鞭子声被听到,就等到深夜再秘密地苦修"。①

年信作者的这些表述不是为了导出中国女教徒比男教徒优秀的结论,而是为了使读者考虑到中国女性在信仰道路上面对的重重困难,还能做到这样,殊为不易,正如1615年年信作者阳玛诺所说:"如果了解中国妇女的极为深居简出的生活方式,就会对她们的表现大大赞赏。"②对中国女教徒优秀事例的报道更能展示传教士的工作成绩,因此,年信作者有时会有意识地分配给女教友更多的笔墨。比如,"南京教案"中给女教友的一组特写:守寡的女信徒和丈夫被羁押的女信徒,是一支积极的救援力量。她们有的为狱中神父、教友等提供生活必需品,甚至不惜将家什典当了;她们有的与针对天主教的流言蜚语论争;有的将狱中斗争的消息传递给其他教友,鼓励教友为信仰而坚守,有时还将教友带到狱中,观摩神父们的乐观、英勇,从每日赚的工钱中拿出一部分支援狱中教友;等等。阳玛诺还特意提到了3名表现突出的妇女,她们是武官Chan Lucio 的妻子、木匠 Hium Andre 的妻子、漆工 Francisco 的妻子。③

第三,将中国女教徒集体敬虔时营造出的宗教氛围对标于欧洲女教徒,这是年信在塑造中国女教徒整体形象时所使用的专用修辞。在年信中有许多优秀中国男教徒的个案报道,但女教徒们

---

① Gabriel de Magalhães, *Annua das Residência do Norte da V. Província da China no Anno de 1660*, BAJA, 49-V-14, f. 698v.
② Manoel Dias junior, *Annua da Missão da China do Anno de 1615*, ARSI, JS113, f. 407.
③ Manoel Dias junior, *Annua da Missão da China dos Annos de 616 e 617*, ARSI, JS114, ff. 37-40.

聚拢在某个微小的时空单元内制造出的类似于基督教国度中的奉教场景，正是传教士使中国变成基督教国家的理想图景，年信作者就以笔墨将这一刻定格，比如对绛州女教徒的三个场景描写。

据1626年年信：

> 距离绛州4里格某县的下层妇女，住在同一个街坊的，习惯了下午在某一个家里聚会，她们一起纺纱、编织，她们都在聊天，以缓解工作的劳累。女教徒们也会聚在一起，但是，她们不去闲聊，而是咏唱祷词消解劳烦。伴着母亲们的这项操练，孩子们也会唱神圣的教义（我们还不知道截至目前，这样的习俗在中国的其他地方是否也存在），那些3岁半的小女童，掌握基督手册的全部内容，一个字也不差，还掌握了其他祷词，比如守护天使（Anjo Custódio）、饭桌上的祷告（benção da mesa）、饭后感谢祷告，以及日课书（Exercício quotidiano）中载有的类似的祷词，模范基督徒都有这本日课书，从我们给全体教徒的这些良言中养成。因为这些良好习惯，天主教律中的这些律条在当地很风行，就连异教徒也知晓。①

据1627年年信：

> 绛州"圣保禄村"的信仰很公开，经常操练，妇女们在自己的家中做针线和做饭时，就唱祷词，以减轻劳作的疲惫；孩童们在街上唱《十字架歌》（O Sinal da Cruz），就连两三岁的也唱，他们还没学会说话，就已开始渐渐学习教理，妈妈让他们跪在救世主圣像前，教着他们行礼，低头直至额头贴地，孩子们说得还结结巴巴，发音也不完整，已经学会了《天主经》。②

---

① Manoel Dias, *Annua da China do Ano de 1626*, ARSI, JS115, f. 111.
② Manoel Dias, *Carta Annua da Vice-Província da China do Anno de 1627*, 49-V-6, f. 477v.

据 1636 年年信：

（绛州）女教徒们对童贞圣母极热忱、极慷慨，因为她们为圣母堂绣了祭坛帷幕，争先恐后地将自己的物什、珠宝捐出。如果说希伯来女人在慷慨方面与绛州的女教徒可等量齐观，那么，在捐献的动机上，希伯来女人则远不如绛州的女教徒。①

以上是中国女天主徒的群像。正像男教徒中有些著名人物一样，年信也塑造了一些著名的女教徒。即使像徐光启的二孙女许甘第大这样有名的女教徒，又有个人传记传世，年信中仍然有一些记载可补充许甘第大的研究。1637 年年信中收录了许甘第大的一封家书，当时，许甘第大住在松江，她的姊姊、徐光启的长孙女住上海，甘第大在信中透露了嫁给异教徒（许远度）的苦闷，她请求姐姐说服上海住院的神父到松江建造教堂，费用由她承担。这封家书能微观而真实地展现一名女教徒的处境、心理活动，译文如下：

我的姊姊：

自从与你一别之后，我无时无刻不在牵挂你，时时回忆起我们在上海安静地、不受打扰地讨论灵魂救赎的场景。现如今我又回到了异教徒中生活，他们一点儿也不关心这件事，更糟的是，我的丈夫不仅没有醒悟，而且还阻碍我奉教，因此，我在此恳切地请求你为我向天主代祷，现在情势紧急、十分必要。我还想告诉你一个我个人的想法，这个念头在我的心中有些日子了，不知会否有个好的结果，因为我自认为配不上天主这么大的恩典，我筹措了 500 多两银子，想在此地建造一座教堂，再请一位神父前来向这些睁眼瞎的异教徒传播福音。每天都有异教徒入地狱，却没有人拯救他们。我不知道神父

---

① Francisco Furtado, *Ânua da Vice-Província da China de 1636*, BAJA, 49-V-11, ff. 540-540v.

们是否看到了这一切，因此，我秘密地向你请求，派我的小外甥去找神父们谈谈这件事，告诉神父我的想法，因为我是个女儿身，不能随心所愿地在当地传教，我请求神父到松江来常住，建造一座教堂，专为传播天主圣教，将这些异教徒从茫然无知中解救出来，全部费用由我承担，我承诺在有任何需要的时候，都会帮助他们，服务他们。要让神父知道，这是我的愿望，这是我的牵挂，这将是我一生中最大的快乐和慰藉之事。我请求你立即就去办这件事，我可是在遥望着你，企盼有个好的结果。若能成功，这在天主面前就是一件大功，你我人生都得圆满。我的姊姊，我胸中的块垒难以在这一封信中倾倒干净，唯愿在这只言片语当中，你能理解我的心意，做起事来，像我真的姊姊。

你的小妹甘第大。[1]

许甘第大的姐姐、外甥立即就去找神父商量在松江建住院之事，因为松江距离上海不远，上海住院神父可以通过巡回传教覆盖，而且传教士的人手不足，上海住院院长黎宁石暂时未满足许甘第大的要求。好消息是，许甘第大的丈夫在苦口婆心的规劝之下，终于同意放弃佛教，改宗归主，黎宁石在1638年往松江传教时，为其施洗。[2]

三、宫女

若说女性天主教徒较男教徒特殊一些，那么，宫女教徒则是特殊中的特殊。她们身处宫闱，信教情况不为外人知晓。据耶稣会年信，崇祯末年，宫廷中的信教女性已能被人明显感知，甚至展开

---

[1] João Monteiro, *Annua da Vice Província da China do anno de 1637*, BAJA, 49-V-12, ff. 316-316v.

[2] João Monteiro, *Annua da Vice Província da China do anno de 1637*, BAJA, 49-V-12, f. 315v.

向皇帝传教的尝试。

1610年代,宫中开始出现信教太监,宫女教徒是由信教太监带进天主教的。记载天主教在宫女中传播情况的最早一份年信是1630年年信:"通过这些很热忱的教友(太监)的途径,关于天主的知识还不能很有效地抵达宫中一些妇女身上,因为,宫中的女人们住得更加隐匿。然而,有一些妇女前来学习教义,还有一些妇女想要圣像,她们将自己拜佛的贵重的、华丽的念珠送来,想用它们换成天主教徒所使用的念珠。"①这说明当时皇宫中的女望道友已经出现。但是,第一个受洗的女教徒1637年才出现。她叫Catharina,曾经信佛。一名叫若瑟(José)的太监向她传教,使其皈依天主。后来,Catharina又向宫中的其他人传教。②当年,就有不菲收获:宫中有"常在"(châm châi)12名,入教3名,其中,Agada因其品德、细心,很受皇帝赏识,另两位Izabel和Ilena则是热心教徒;共有"答应"(ta im)40名,入教1名,洗名Luzia;"小答应"(siao ta im)30人,入教4人,分别是Sicília、Cirene、Cecia、Tala;在直接服侍嫔妃们的宫女中,则有8人受洗;此外,还有两名退休的宫女,Ignes和Antonia。"在第一年,共18名宫女受洗。在第二年(1638),同样是18名宫女受洗。"③1639年时,宫中女教徒达40人。④1642年,宫中女教徒达50人。⑤

---

① Lazaro Cattaneo, *Annua da Vice-Província da China do Anno de 1630*, BAJA, 49-V-9, f. 15v.

② João Monteiro, *Annua da Vice Província da China de 1637*, BAJA, 49-V-12, ff. 11-11v.

③ João Monteiro, *Annua da Vice Província da China do anno de 1637*, BAJA, 49-V-12, f. 280.

④ João Monteiro, *Annua da Vice Província da China do anno de 1639*, ARSI, JS121, f. 123.

⑤ Francisco Turtado, *Annua das Províncias do norte da China do anno de 1642*, ARSI, JS122, f. 153v.

关于宫女们的奉教生活，主要围绕三个主题展开：第一，"因着在基督内姊妹间的爱"，她们在宫中结成难得的互助、互爱关系，有人犯了宫里规矩，她的姊妹就会掩护、斡旋、赞助等帮助其脱困，有时还求助于神父。① 这与宫中小心翼翼的生活有关，带有宫斗特色，是皇宫中因信仰而结成的一种新型人际关系。尽管她们之间有品秩上的高下，但是相处非常团结、和谐。② 聊举三例：一名小宫女打碎了御书房的一件器物，常在 Izabel 派人仿作一件补上，但是，一名不信教并对天主教徒无好感的宫女，想向皇帝告发，宫女们向她求饶也不行，越是求情，她越固执。信教宫女们托神父向天主代祷。神父照做。后来，那名异教徒在没有人求情的情况下，反倒消停，仿佛完全忘了此事。③ 一个名叫 Ana 的信教宫女，因受皇帝错怪，将被责罚，Ana 正好遇见 Catharina，讲了这件不幸的事，Catharina 将随身携带的羔羊蜡给她，让她相信天主会救她。Ana 刚回主人（某个嫔妃）那里，抓她的人接踵而至，嫔妃不同意将 Ana 抓走，便向皇帝求情，救下 Ana。许多宫女听说此事，认为是羔羊蜡的功劳，纷纷通过 Catharina 的介绍，听太监 José 的宣教，之后受洗。④ 一个名叫 Úrsula 的宫女，因疏忽犯了错，皇帝震怒，要惩罚她，Sicília 召众教友集体为她祷求，皇帝只是降了 Úrsula 一级，其余照旧。⑤

---

① João Monteiro, *Annua da Vice Província da China de 1637*, BAJA, 49 - V - 12, f. 12v.

② João Monteiro, *Annua da Vice Província da China do anno de 1639*, ARSI, JS121, f. 123.

③ João Monteiro, *Annua da Vice Província da China de 1637*, BAJA, 49 - V - 12, ff. 12 - 12v.

④ João Monteiro, *Annua da Vice Província da China de 1637*, BAJA, 49 - V - 12, ff. 11 - 11v.

⑤ Francisco Turtado, *Annua das Províncias do norte da China do anno de 1642*, ARSI, JS122, f. 154.

第二,一般性的宗教生活,与宫外的天主教徒一样。1637 年,Catharina 在宫中建了一个祈祷室,宫中女教友就假此地聚会,领受圣事。① 1639 年,宫中已改造了一座小圣堂,用以定期团契,她们除了祈祷、切磋教义中的难点、向贫穷的教徒和教堂捐献之外,还互相指出奉教中的不足之处。② 一些奉教事例则如,皇四子的奶妈,见自己的师傅、某太监受洗,决定改宗归主,将许多件昂贵的佛像等销毁、背熟祷词、接受了充分的教理教育之后,只等领洗。她鉴于自己的身份较高,不想在公共的祈祷室受洗,希望找一处单独的、私密的地方。神父得知后就推迟了她的洗礼,教育她说,尽管她是皇四子的奶妈,品秩高,但是,在天主的面前,谦逊是最大的。她被说服,在宫女们公用的祈祷室受洗,洗名 Trifona。③ 一名叫 Sotera 的宫女,12 岁,在守诫上有些懈怠,某日,与教友攀谈后,猛然醒悟,认为这是一个大错,她觉得只有狠狠地惩罚自己,才得宽恕,她没有苦修鞭,就找了根棍子,退到幽僻之处,责打自己,以伤口和泪水来换取天主的赦免。④ 一名叫 Segunda 的宫女读了许多教义书籍,尤其是关于教理入门的知识,以带动更多人进教,使 7 个人受洗。⑤ 因为皇宫的封闭性,她们派人向神父反映的最大遗憾,就是在宫中不能参与告解、望弥撒等圣事,神父只能鼓励她们,不要气馁,不要退缩,她们自己就是道路,若是能争取到皇帝的认

---

① João Monteiro, *Annua da Vice Província da China do anno de 1637*, BAJA, 49 - V - 12, ff. 280 - 280v.
② João Monteiro, *Annua da Vice Província da China do anno de 1639*, ARSI, JS121, f. 123.
③ João Monteiro, *Annua da Vice Província da China do anno de 1637*, BAJA, 49 - V - 12, ff. 280v - 281.
④ Francisco Turtado, *Annua das Províncias do norte da China do anno de 1642*, ARSI, JS122, f. 154v.
⑤ Francisco Turtado, *Annua das Províncias do norte da China do anno de 1642*, ARSI, JS122, f. 154.

同甚至皈依,她们就能享有信教自由。① 神父委托最热心的两名宫女 Sicília 与 Agada 共同管理宫中的女教徒,施洗则授权太监 José 代执行。1640 年,她们欣闻副省会长傅汎际进京,却不能按照中国的待客之道设宴,就赠送了 20 两银子,在傅汎际离开时,再赠 10 两。傅汎际则回赠了一幅圣母像,挂在她们的小圣堂中,还赠送给每个人一本书,书中有耶稣生平的插图,是在福建印的。宫中女教徒还选出了一个首领,趁着副省会长来京之机,请求任命,傅汎际回应了她们的要求,这件事是由太监 José 作为中间人完成的。②

第三,传教。最主要的传教对象当然是未入教的宫女,这几乎是信教宫女唯一的关系网。她们会寻找"落难"的宫女,以祷物、向天主祈祷等方式帮助化解困境,若能成功,受助人入教的可能性就很大。一名宫女将崇祯皇帝让其转交给太监的奏疏忘了,皇帝问起,她答已交给某太监,皇帝大怒,说是没有,限期找出,否则严惩。宫女六神无主,一个信教宫女劝她呼求主名,她说没有心思,在女教徒的再三规劝下,照办,竟然在御书房的一角找到奏疏,干干净净躺在那里,她赶紧向皇帝汇报。皇帝说道:"因为你的疏忽,本应革职,并打 50 竹板;现在你找到了,但是,你对我说谎了,应该将你再降一级;但是,因为你没有抱怨我,我就原谅你了。"宫女跪谢之后,赶紧跑出去谢天主。③ 某未进教的宫女面临着严苛的惩罚,将会被废,Catharina 很同情她,将一个羔羊蜡挂在她的脖子上,要她呼求耶稣、玛利亚。她听到天空传来一个声音:相信我会将你从

---

① João Monteiro, *Annua da Vice Província da China de 1637*, BAJA, 49 - V - 12, f. 12v.
② Gabriel de Magalhães, *Annua da Vice Província da China do Ano de 1640*, ARSI, JS116a, ff. 114 - 117.
③ João Monteiro, *Annua da Vice Província da China de 1637*, BAJA, 49 - V - 12, ff. 12 - 12v.

这一切磨难中救出来。皇后得知她犯的错不至于被罚这么重后，就向皇帝求情，撤销了对她的处罚。众人都很吃惊，她认为这是天主的恩佑，将镶嵌有宝石的佛像全都扔了，表示到死都不脱下羔羊蜡的吊坠。后来受洗，还将家人带进教内。[1] 甚至还有宫女尝试向皇宫外传教。有个叫 Segunda 的宫女，18 岁时受洗，她希望父母也入教，就托人带话说，若还想要她这个女儿或还希望女儿认他们为父母，就赶快将佛像扔掉，改信天主。父母大惑不解，请教一个太监，太监详细地向他们解释了天主教，这对父母欣然入教，还带动了几个邻居入教。[2]

从 1639 年起，信教的宫女开始向皇后乃至皇帝传教。这年，皇四子病，有夭折的可能性，皇后极为伤感，有信佛的宫女提议去庙里烧香。皇四子的乳母是前述的 Trifona，为了阻止迷信仪式举行，决定坦白自己的教徒身份，她一方面托一名信教太监，通知神父和教友们为此事向天主祷告，另一方面，写了封陈情书给皇后，她在信中解释了自己所信奉的天主，指出让皇四子重获健康的方法是求天主，同时，拜托神父也为皇四子的健康向天主求祷。Trifona 的建议果然灵验。皇后非常满意，也对天主教有好感。恰巧不久之后，有一名信佛的宫女抱怨另一个宫女信天主教，皇后回答，信天主教又不是罪。皇后这番表态使宫女教徒很振奋，坦白教徒身份的多起来。[3]

当年，汤若望获得了两次进宫机会。崇祯责令汤若望造一座天文仪器，汤若望第一次进宫是为了察看安放仪器的地点；第二次

---

[1] João Monteiro, *Annua da Vice Província da China do anno de 1637*, BAJA, 49‐V‐12, f. 281.

[2] João Monteiro, *Annua da Vice Província da China do anno de 1639*, ARSI, JS121, ff. 231‐231v.

[3] João Monteiro, *Annua da Vice Província da China do anno de 1639*, ARSI, JS121, ff. 323‐323v.

进宫是安放仪器。① 当时,耶稣会中国传教团的宫中教务由汤若望负责。汤若望利用这两次机会巡视了宫中教务。Agueda 与 Luzia 是两名地位最高的信教宫女,在宫中隆重地设宴款待汤若望及其学生,汤若望的这次身负重任进宫,使宫中的教徒受到鼓舞,这二位宫女当着皇帝、太监的面,公开承认自己是天主徒,是汤若望的学生。②

神父认为,既然皇帝已知晓神父们的工作不限于修历,传教才是神父的职业,那就到了向中国皇帝宣讲一些关于天主的知识的时机,只要简明扼要地介绍一下天主及天主教就够了。神父计划将一本由巴伐利亚公爵赠送的精装书呈给崇祯皇帝。③ 这本书中有 47 幅技法高超的画,展示耶稣生平,画在 47 页羊皮纸上,另外还有 47 页羊皮纸,是对应着这些画的解说。拉丁文的金字福音写在第一页上,第二页是天主圣像,封底是中文金字书写的对圣像的解说。这本书极尽精美之能事,是一本无价宝。据有经验的神父的估价,每一页画的价值在 12 至 15 两银之间。另据一名教内人士估算,整本书的价值为 1 000 两银。④ 为求达到效果,神父决定,来年(1640)将此书呈上,这样,就能充分地向天主祷告和做弥撒,祈求主能保佑马到成功。⑤

1640 年,机会来了。利玛窦曾向万历进贡一架西琴。崇祯想欣赏这西琴的演奏。传教士被委任调试,为琴更换银弦,为此,还

---

① João Monteiro, *Annua da Vice Província da China do anno de 1639*, ARSI, JS121, ff. 225 – 225v.
② João Monteiro, *Annua da Vice Província da China do anno de 1639*, ARSI, JS121, f. 232v.
③ 《进呈书像》。
④ Gabriel de Magalhães, *Annua da Vice Província da China do Ano de 1640*, ARSI, JS116a, f. 114v.
⑤ João Monteiro, *Annua da Vice Província da China do anno de 1639*, ARSI, JS121, ff. 232v – 233.

将徐复元修士从河南住院召进北京。琴修好后,传教士连同另一些贡物一起进呈给皇帝,包括这本珍贵的书。崇祯果然在一堆礼物中被这本书深深吸引,指着"三王朝圣图"中的小耶稣说:你们看这个小孩才是最大的。又指着图中一个王说:他比玉皇大帝的法力还大。崇祯一页一页地认真翻阅,有几份奏疏送进来,他也搁置旁边。崇祯还在坤德殿(kum tê tien)安排了一个拜圣像仪式,他和皇后、嫔妃们都参加了。仪式结束3天之后,崇祯害怕得罪其他神灵,就把这本圣像书收藏进专门的奇物收藏室内。皇后倒是对这圣像念念不忘,请皇帝赐给她一幅,崇祯不想将书拆散,就将利玛窦进贡给万历的一幅路加圣母像赐给了皇后。有人向皇后告发有11名宫女入天主教。这11名宫女得知后,主动去向皇后领罪,"不是因为犯错,而是要为甘当天主的伴侣而忍受"。皇后没有惩罚她们。这更激发了宫中女教徒的信教热情。[①]

1641年,据汤若望透露,已经有宫女明确地劝崇祯皇帝信教,"但这不是一件简单的事,我们最好等待时机,以期马到成功"。崇祯是否认同天主教很难被判断,汤若望甚至一度觉得崇祯又开始对佛教有好感了。就在汤若望写信汇报上述情况的几个月前,在一个信佛的重要嫔妃的劝诱下,崇祯同意和尚入宫举行多场法事,为此还重塑了佛像,崇祯则参加了全部法事。几天之后,当崇祯得知重塑佛像糜费巨资后,立即将负责督造佛像的太监赶出宫去,叫停这项工程,将和尚头子抓起来,鞭笞。对于两名不喜佛的甚至保护宫中女天主教徒的嫔妃,崇祯没有为难她们。宫中女教徒对这个局面大为振奋。得知这个消息,汤若望立即派仆人向宫中的某个大太监送了一份礼物,仆人却被其他太监团团围住,想与他理论

[①] Gabriel de Magalhães, *Annua da Vice Província da China do Ano de 1640*, ARSI, JS116a, ff. 114-117.

天主教，有的太监质疑，有的太监驳斥。太监质问："你的主人什么时候才停止传教？几年之前，他使皇帝将佛像都清理出宫，眼看皇帝回心转意，又拜佛了，不知什么原因，又突然冷淡了。你们拉一些太监入教还不够，还拉宫女入教，甚至还拉后妃入教。"太监指着礼盒中的几本宣教书说："谁知道这书里藏着多少攻击佛教的恶毒言语！"汤若望从太监的这番话中推测出来两点：第一，天主教在宫中的传播已具有一定的规模。第二，神父作为传教者的形象已被认可，而不再仅仅是科技工作者了。①

1642年，皇帝看起来又有些倾向于偶像崇拜，宫中天主教徒在劝人信教上收敛一些，但宫女们尽量抓住了能抓住的宣教机会。在传教热情上，根据年信，宫女的热情高于同为宫廷天主徒的太监。Agada是在皇帝跟前服务的，职位在女教徒中是最高的。有几次皇帝去敬拜偶像，Agada陪同，她只做教义允许她做的，不做教律禁止之事。皇帝向神灵祭献供品时，其余陪同人员都跪下来，Agada立着，她知道这可能会丢掉性命。她还向身边人讲天主教的神迹。② 宫中的女教友间很团结，她们有德、谦逊，皇后（Rainha）感到惊讶，询问原因，Segunda答，因为她们都信奉天主教，教义要求她们爱人如己。皇后对天主教产生好感，Segunda趁这个机会向皇后展示了圣母像。③

大明宫廷中这逐渐升温的天主教气氛因明王朝在两年后突然崩塌而骤冷，但很快在清廷中接续上了。1646年，许多满族男女到汤若望的教堂参观，对着圣像磕头。顺治的一个妹妹或姐姐，对

---

① João Monteiro, *Annua da Vice Provincia da China do Anno de 1641 athe setembro 642*, ARSI, JS117, f. 45.
② Francisco Turtado, *Annua das Províncias do norte da China do anno de 1642*, ARSI, JS122, ff. 153v-154.
③ Francisco Turtado, *Annua das Províncias do norte da China do anno de 1642*, ARSI, JS122, f. 154v.

天主教很有好感,请求汤若望赶快学满语,以用满语传教。而这个公主的"率真"也给汤若望留下了深刻的印象,她是坐着拉着汤若望的手说话的。[①]

女性是明末清初中国第一代天主教徒中沉默的人群,年信展示了来自不同地域、不同阶层和不同年龄段的女教徒群像,也刻画了一些个性鲜明、事例生动的女教徒个体,通过年信中的翔实记载,我们了解到女天主徒的数量和活跃度都较显著,在感情充沛度和集体敬虔气氛等方面还优于男性教徒,可以与欧洲基督教国家的女教徒相提并论。

鉴于天主教在中国女性中传播所取得的这些成绩,以及传教士更愿意在年信中给予女教徒更多关注以展示工作成果,可以说传教士为适应中国国情而针对女性进行的适应性调整是有成效的。

年信对宫女教徒的记载,揭开了这个特殊教徒群体的面纱,有助于天主教在明清宫廷传播的研究。

第七节 教 友 圣 会

明清天主教徒组成的教友会称"圣会"。与圣会相关的记载是年信中的一项重要内容。年信每年介绍教徒事迹时,总是将圣会的事迹置前,优先介绍。每年组建圣会的数量与每年新付洗的教徒数量、新建教堂数量并列为传教士的工作成绩。年信对圣会的记载是我们了解该教徒团体的一手资料,涉及组织结构、运作方

[①] António de Gouveia, *Ânua da Vice Província da China nas Partes do Sul no Anno de 1645*, in *Cartas Ânuas da China*（1636, 1643 a 1649）, edição, introdução e notas de Horácio Peixoto de Araújo, p. 301.

式、活动、意义、评价等各方面，以下将梳理年信中对圣会的记载。

一、明清结社风气为天主教圣会的引进提供便利

耶稣会士在中国教徒中组建的圣会，是明清结社风气与天主教传统结合的产物。明清之际是会社蓬勃发展的时代，会社名目繁多，遍布城乡各地。陈宝良将明代会社总结为讲学会、文人结社、民间的结会、善会、城市游民的结社及游戏怡老之会等六大类[1]，在属性上归为政治性会社、经济性会社、军事性会社、宗教性会社及文化性会社等五类。[2] 杨廷筠是最热衷于组建会社的著名教徒，他本人在改宗之前，是佛教会社"放生会"的成员。1614年，他在杭州组织名为"仁会"的天主教会社，灵感来自"从古书中发现杭州在古代有一种救危扶困的慈善组织，他写了一篇优美的文章称颂这种互助机构，号召德高之人重建这个组织"。[3] "仁会"这个名字使人联想到当时风行的善堂、善会等慈善组织，"会"字也是一个有中国特色的称谓。1618年，杨廷筠又组建了一个在学术、道德讨论中渗透天主教教义的"书院"，也是来自对中国古老传统的复兴。[4] 许多圣会都体现着中国传统。1631年，山西出现许多由文人主导的圣会，"在这些圣会中，有一位最有威信、最有名气的文人，他读的书也多，在一本中国古书上找到要成为一个完人该奉行、遵守哪些事项，他又添加一些事项，用以对想入会者的考试，以

---

[1] 陈宝良：《明代的社与会》，《历史研究》1991年第5期，第140—155页。
[2] 陈宝良：《中国的社与会》，杭州：浙江人民出版社，1996年。
[3] João da Costa, *Annua da Christandade da China do Anno de 1614*, ARSI, JS113, ff. 382v-383.
[4] Francisco Furtado, *Annua da China e de Cochimchina de 619*, ARSI, JS114, ff. 225v-226.

及对已入会者的考核"。① 受当时结社风尚的熏陶,时人并不难接受天主教会社,或许只是将其作为诸类会社之一对待。像杨廷筠一样"转会"的人不少,1637年,建昌一个老妇是佛教某素斋会社的成员,后加入圣母会。②"转会"比一个对会社闻所未闻的人加入某个会社相对容易,明清会社土壤肥沃,是天主教圣会大发展的社会基础。

从传教士一方来看,耶稣会士在做学生的阶段,几乎都加入过"圣母领报会"(Annunciada),该会以学生为主体,在耶稣会各神学院中都有分支机构。③ 如利玛窦④、石方西⑤都加入过该会。除了神父,许多修士也加入过圣会,如庞类思曾加入澳门的圣母会。⑥这些经历,加之耶稣会士普遍具备的组织神学院课堂教学的经验,使得组建、管理圣会驾轻就熟。圣会的管理、会规等,都体现着借鉴耶稣会士以往经验的痕迹。

除了耶稣会外,其他入华修会,如多明我会、方济各会、奥斯定会和圣衣会等,都在中国教徒中成立过圣会。它们大多成立于18世纪,比如方济各会创办"圣索会"(1683年以前)、多明我会创办"玫瑰经会"(约1720年)、奥斯定会创办"圣带会"(1708年以前)、圣衣会创办"(圣母)七苦会"(约在1750年)等。耶稣会创办

---

① João Fróes, *Annua da V. Província da China do anno de 1631*, BAJA, 49-V-10, ff. 47-47v.

② João Monteiro, *Annua da Vice Província da China de 1637*, BAJA, 49-V-12, ff. 42-42v.

③ [美]柏里安著,陈玉芳译:《东游记:耶稣会在华传教史(1579—1724)》,第241页。

④ [法]费赖之著,梅乘骐、梅乘骏译:《明清间在华耶稣会士列传(1552—1773)》,第30页。

⑤ [法]费赖之著,梅乘骐、梅乘骏译:《明清间在华耶稣会士列传(1552—1773)》,第57页。

⑥ Lazaro Cattaneo, *Annua da Vice-Província da China do Anno de 1630*, BAJA, 49-V-9, f.31v.

的圣会,与其他修会创办的圣会,最显著的不同,就是后者完全照搬欧洲模式,是封闭性组织,只关注于个体修行、赎罪,基本无社会性。

二、17世纪天主教圣会在中国的发展

圣会的发展阶段与教徒增加速度、住院分散程度、传教士的人数、制度环境等因素相关。通观17世纪耶稣会年信,圣会大体经历了以下几个发展阶段:

1600年代,最早的一批教友会出现。1605年,苏如望、李玛诺将南昌的200余名教徒分成三组,轮流到教堂聚会,领受圣事。这可看作教友会的雏形。① 中国第一个灵修圣会是1609年9月8日在北京成立的"圣母会",一个名叫李路加的教友发起②,经利玛窦批准。除了灵修之外,该会还致力于慈善,尤其是体面地安葬教友,7个月后,1610年4月22日,利玛窦的葬礼正是以该会成员为主组织的。1609年,郭居静在上海仿效利玛窦在北京的办法,也建立了"圣母会",订立了同样的会规,并进一步举行圣伊纳爵奉行的8天避静神工,其对象为已有相当基础的教友。③ 南京在当年也成立了圣母会。④ 圣会在此阶段出现的原因有二:其一,利玛窦自1601年成功定居北京之后,耶稣会士在华传教取得形式上的合法

---

① Pasquale M. D'Elia, S. J. (Editi e commentati), *Fonti Ricciane: Documenti Originali Concernenti Matteo Ricci e la Storia delle Prime Relazione tra l'Europa e la Cia (1579–1615)*, Roma: La Libreria dello Stato, 1942–1949. Vol. 2, p. 339.

② 据龙华民1612年年信,李路加的汉名音"李子怀"(Li çu hoai)。待考。龙华民的记载参阅 Nicolao Longobardo, *Carta Annua das Residências da China do Ano 1612*, ARSI, JS113, f. 227v.

③ [法]费赖之著,梅乘骐、梅乘骏译:《明清间在华耶稣会士列传(1552—1773)》,第65页。

④ Nicolao Longobardo, *Annua da China do Anno 1609*, ARSI, JS113, f. 109v.

性,此时,耶稣会内部以龙华民为代表的一批会士,受日本等国际传教形势的影响,有在中国加速发展教徒、扩大天主教影响力的冲动,传教士要将更多精力投放到传教事业的增量中,需要以圣会的方式维持存量教徒的信仰。其二,中国教徒数量告别16世纪末的两位数,从1605年起迈入四位数的数量级,圣会的出现是以教友数量初具规模为基础的。此阶段的一个重要成果,是1615年在宫廷中出现了第一个圣会组织,系由信教太监创建。①

1620年代,阉党与东林党的党争、白莲教"暴动"等使得民间结社受到严厉管控,圣会活动受到抑制。耶稣会士采取的对策是改换"书院"等容易招致猜忌的会名,将大规模的聚会等活动化整为零。1625年,魏忠贤令关闭全国书院,建昌新成立的圣会就避开了"书院"之称,"书院这个名字显得面目可憎,其搅乱了北京,而建昌这个团体是圣母的玫瑰园,就不称它书院,而称为玫瑰园(Rozal)"。"为了避免人群聚集,周六的圣餐礼人数最多,但是,每次只来三人,在节庆日,他们秩序井然,不会被觉察来了很多人。"②

1630年代,传教士以军事顾问、修历名义合法"回归",迎来在各地开教爆发性增长的年代,圣会作为一种普遍性的现象出现,比如,1633年时,绛州本城及周边县、村皆有圣会分布。③

1640—1650年代,明清战争、农民起义严重破坏和阻滞了传教事业,但是,传教士的传教活动并未中断,圣会对于在教牧困难时期维持信仰起到不可替代的作用。1649年年信作者何大化说:

---

① Manoel Dias junior, *Annua da Missão da China do Anno de 1615*, ARSI, JS113, f.409.
② Manoel Dias, *Annua da V. Província da China do Anno de 1625*, BAJA, 49-V-6, ff. 220v-221.
③ João Fróes, *Annua da V. Província da China do Anno de 1633*, BAJA, 49-V-11, f.17.

"福州的圣母会在战时的教徒牧养中发挥了重要作用,尤其是女教徒的表现因为圣会胜过男性教徒。"①许多地区的饥荒和战乱反而促成一批新的互助型、慈善型圣会的出现。

1660—1670 年代,传教士在满人中的传教获得进展,圣会因满人会员的加入而呈现多样性。"杨光先教案"(1665—1671)使传教士再次意识到圣会在教案期间对于存续信仰的重要性,这种共识在"南京教案"(1616—1621)期间也达成过。1671 年,在广州被关押 5 年之久的传教士返回岗位后,大力发展圣会。"鲁日满账本"(1674—1676)中记录了该时期他在常熟组建耶稣苦会、天神会、文会、传道员会等各类圣会的活动。②

1680—1690 年代,圣会已经是中国天主教徒的一种普遍而成熟的管理方式。在圣会最发达的江南地区,1685—1690 年间,上海有 100 多个圣会。③ 可谓"有多少座教堂和祈祷室,就有多少教友圣会"。"每个圣会都有各自的负责人,很热心地照管圣会。于是,在各个圣会间就产生了竞相敬虔的氛围,每个圣会都力求在奉教热情、教义学习和虔奉活动中出类拔萃。"④1694—1697 年年信的第 3、4、5 章详细介绍了北京 4 个圣会的情况,单辟章节介绍这一做法本身就说明了圣会的发达程度,在本节附录中附有该三章的译文供学界参考。

---

① António de Gouveia, *Cartas Ânuas da China（1636，1643 a 1649）*, edição, introdução e notas de Horácio Peixoto de Araújo, p. 425.

② [比]高华士著,赵殿红译:《清初耶稣会士鲁日满常熟账本及灵修笔记研究》,郑州:大象出版社,2007 年。

③ Juan Antônio de Arnedo, *Carta Annua de la Mission Sinica de la Companhia de Jesu desde el ano 1685 hasta el de 1690*, BAJA, 49-V-19, f. 671v.

④ Joze Suares, *Annua do Colégio de Pekim desde o fim de Julho de 94 até o fim do mesmo de 97 e algumas outras Rezidências e Christandades da Missão de China*, BAJA, 49-V-22, f. 633v.

三、圣会发起成立的原由及发起人

神父、教友都可以作为圣会的发起人。神父成立圣会的时机通常是在某地开教或者宣教之后，以便当地在无神父期间继续维持信仰生活。1637年，郭纳爵往蒲州乡间传教，付洗27人之后，在当地组建了一个教友会，留下书面指导，以便于神父不在时自我管理。[①] 1638年，方德望从西安往华州传教，因闹匪乱，已经3年未有神父到此，为防此类状况再度发生时当地的"羊群"没有牧者，方德望在当地成立一个圣会，每月聚会两次。[②] 1639年，孟儒望从杭州往宁波传教时，在宁波建了圣母会。[③] 同年，艾儒略从兴化往福州传教的途中，经过海口[④]，在当地组建圣母会。[⑤]

教友发起成立圣会的主动性有时高于神父。1612年，南京某圣会的一个教徒不满足于每月一次告解，组织了一批志同道合的教友，每月多行一次告解，他们互相纠察，若发现有违诫命的罪过，想方设法让其忏悔，因为非常严格，两三个月之后，有些教友身上已找不出任何瑕疵。[⑥] 1637年，杭州神父在管理"耶稣苦会"的过程中，他发现有12名教徒以向12使徒致敬的名义成立了另外一个教友会。尽管一切都是在极秘密中进行，但是，通过其中一名最

[①] João Monteiro, *Annua da Vice Província da China de 1637*, BAJA, 49-V-12, f. 22.

[②] João Monteiro, *Annua da Vice Província da China do anno de 1637*, BAJA, 49-V-12, ff. 297-297v.

[③] João Monteiro, *Annua da Vice Província da China do anno de 1639*, ARSI, JS121, f. 288v.

[④] 隶属福清。

[⑤] João Monteiro, *Annua da Vice Província da China do anno de 1639*, ARSI, JS121, f. 302v.

[⑥] Nicolao Longobardo, *Carta Annua das Residências da China do Anno de 1612*, ARSI, JS113, f. 231.

有顾虑的教徒，还是被神父得知了。杭州女人们也很快自发成立起"耶稣苦会"，进行同样神圣而严苛的修行。① 1639年圣周中，神父根据教友们的热情程度，在这年增加了"洗脚礼"。通过抽签选出12位最虔诚的教徒参加这项圣礼，在一个房间内搭建好圣坛，并立起十字架，神父为其中一个教友洗脚时，其余教友跪地祈祷。参加者都泪流满面。洗脚礼结束后，在场的12个人请求神父就此成立一个耶稣苦会。另择一日，增选12个最虔诚的教友之后，苦会就成立了，通过投票，选举一位有德行的老者为会长。② 1658年，汪儒旺巡阅泰安州及其附属村庄的教友，他们再三请求神父，为他们建立一个圣母会，理由是济南府的教友已成立圣母会。神父同意了他们这合理的请求，但是，有个条件，即该圣会的创始会员不得超过20人。于是，就选出了20名看起来最有能力的教友。神父赠予圣会书面条规会例，凡会员应遵守。在诸圣瞻礼日举行了第一场团契。③

在年信记载中，由教友发起成立的圣会似乎与由神父发起成立的在数量上不相上下，但是，由于教友发起成立圣会是被作为信仰热情高涨的事例而突出刻画的，所以，大部分圣会应该是神父牵头成立的。神父的行为有计划、有目标、常规化；教友成立圣会的愿望来自奉教生活的需求、宗教热情，或者是被某事件触发。根据当时神父在信仰上之于教徒的绝对权威地位，教友成立圣会需要经过神父批准，在神父指导下开展活动，活动中的圣事也需邀请神父主持。所以，神父是推动圣会成立的持续而稳定的动力。

---

① Antônio de Gouvea, *Ânua da Vice-Província da China de 1636*, BAJA, 49-V-11, ff. 533-533v.

② João Monteiro, *Annua da Vice Província da China do anno de 1639*, ARSI, JS121, ff. 269-269v.

③ Gabriel de Magalhães, *Annuas das Residências Do Norte da Vice-Província da China do Anno 1658*, 49-V-14, ff. 261-261v.

就算圣会既已成立，如果缺少神父维护，圣会就会名存实亡，神父只好为此重建或者改组原有圣会。1639年，高一志从绛州往蒲州巡视的一个重要任务，就是重建当地圣会。高一志抵达的第3日，韩霞将原文人教友会的会员召集起来，重建圣会，为此，他们当月开了4次会议，"韩霞承担了水果和糕点的费用"，会议更新和优化了会规，其中最重要的新增条款是捐资助困，本会也更名为"仁会"。会员50余名。[①] 此外，高一志在此行中还重建了两个已松弛的女教友会。[②] 高一志返回绛州后，韩霞还经常写信汇报圣会做善功的情况，以便神父掌控圣会。[③] 1639年，潘国光、贾宜睦在嘉定重新建立已解散的女教徒圣会，每月就在孙元化的家中聚会，由孙元化的遗孀组织。男教徒的圣会也衰败了，只剩12个人，经过重新组织之后，增至40多人。[④]

神父和教友都有发起成立圣会的愿望，说明二者各有需求，但教徒的需求是热情驱动型的，或受气氛驱动；圣会之于神父，则是面对日益悬殊的"牧羊人"与"羊群"之比，解决教友管理困境的一种制度性安排。

四、圣会的管理者

神父、传道员、会长是圣会中最重要的三个角色，是圣会的管理者。神父地位最高。神父在圣会中的职责，17世纪耶稣会年信

[①] Miguel Trigault, *Annua da Casa KiamCheu de 1639*, BAJA, 49-V-12, f. 433.

[②] Miguel Trigault, *Annua da Casa KiamCheu de 1639*, BAJA, 49-V-12, f. 433v.

[③] Miguel Trigault, *Annua da Casa KiamCheu de 1639*, BAJA, 49-V-12, f. 434.

[④] João Monteiro, *Annua da Vice Província da China do anno de 1639*, ARSI, JS121, f. 278.

中没有系统记载,只在一些事迹中有零散的提及,《圣母七苦会规》中有较完整的规定,可供参考。该会规中神父职责主要有三:1. 批准会规。救世主堂《圣母七苦会规》后列"大神父玻理加而博准"。① 2. 批准入会。圣母七苦会之"凡欲进会者,必先通知总会长或副会长,又须一人保之,会长偕保人见神父,然后登名于册"。② 副会长若遇有"爱慕圣母而求入会者,必与总会长同禀神父,俟命遵行"。③ 每次入会"或七人同入或不拘几人,俱听神父之名"。④ 七人之要求是为应"七苦"之七,且该会的创会人有七位。"入会之日,恭领圣体,神父祝圣会衣,亲与佩之,乃为会友。"⑤圣母领报会之"欲入会者,会长及保人须查其报名以后,果然守规、勤慎、热心有加,外行平顺,然后禀明铎德,收名入册"。⑥ 3. 指定会长。圣母七苦会"总会长或由神父选取或由会众保举"⑦,"副会长也是或由神父命定或由会众保举"。⑧ 神父与会长的职能区别为,神父"裁度",会长"筹画"。⑨ 圣母领报会的会长亦"出于众议公举,铎德阅定"。⑩ 还有一些职责是本职工作在圣会工作中的延伸。最主要的是参与会员的聚会,在聚会中布道、讲弥撒、听告解等,以及一些零散事工,如为圣物祝圣。"凡七苦会之念珠,必须本会之司会神父圣过,或司会者委本会中神父,或委别会神父圣过,方有本会诸恩。"⑪

---

① 无名氏:《圣母七苦会规》,第3页。
② 无名氏:《圣母七苦会规》,第42页。
③ 无名氏:《圣母七苦会规》,第48页。
④ 无名氏:《圣母七苦会规》,第43页。
⑤ 无名氏:《圣母七苦会规》,第43页。
⑥ 无名氏:《圣母七苦会规》,第85页。
⑦ 无名氏:《圣母七苦会规》,第45页。
⑧ 无名氏:《圣母七苦会规》,第47页。
⑨ 无名氏:《圣母七苦会规》,第48页。
⑩ 无名氏:《圣母七苦会规》,第84页。
⑪ 无名氏:《圣母七苦会规》,第41页。

传道员相当于神父的助理。职能包括：宣导教义；作为神父与教徒沟通的中间人；管理教徒；神父向传道员让渡了一部分圣职职能，最重要的是施洗权。但是，听告解、讲弥撒、授圣餐等职能是不能让渡的，需要神父亲力亲为。

会长是由会员选举产生，圣会的发起者通常担当会长，会长都具备一定的社会地位，有号召力，能与官方沟通，有解决问题的能力。1637年，副省会长傅汎际在南昌停留期间组建了一个教友会，由Dom Paulo担任会长，因为他是皇亲。① 1692年8月，江西南丰教友选出的会长是一位"德才兼备的文人"。② 大户人家往往单独成立圣会。"家长"自然成为"会长"。有时，会长之上还有总会长。"南京教案"之后，南京教徒大量成立教友会，以振奋斗志。各教友会每年选举会长，各会会长再选一名首领，由他负责召集众会长商议怎样使教友有更良好的德行。③ 会长职能包括：批准（推荐）某人入会，开除某个会员；为会员造名册；组织宗教敬虔活动并且考查出勤；留意可发展为教徒的目标人物，提供给将来传教的神父；神父与教友间的通联工作；关注重病者尤其濒死者，送去临终关怀——要么联系神父来做终敷礼等临终圣事，要么组织教友为其集体祷告，最后，为逝者安排天主教仪式的葬礼。仅以考勤为例，上海朱泾圣母会的会长，在每个周日和圣日的团契中，检查出勤，若缺席者，就将其姓名写在一块专门的考核板上，在下一次团契时，如果不能给出合理解释，就必须要悔罪。④

---

① João Monteiro, *Annua da Vice Província da China do anno de 1637*, BAJA, 49 - V - 12, f. 329v.

② João Antônio de Arnedo, *Annua de NanCham de 1692*, BAJA, 49 - V - 22, f. 170v.

③ João Fróes, *Annua da V. Província da China do Anno de 1633*, BAJA, 49 - V - 11, f. 2v.

④ João Monteiro, *Annua da Vice Província da China do Anno de 1641 athe setembro 642*, ARSI, JS117, f. 48.

传道员与会长的职能在很大程度上是重合的,二者亦有区别,从分工看,传道员更倾向于精神训导,会长更倾向于世俗事务管理。从隶属看,传道员是教牧者阵营的,会长是受牧者阵营的。从权力来源看,传道员的权力是神父赋予的,会长的权力来自其社会地位。

五、活动场所

加入圣会意味着将个体的敬虔活动融入集体的组织生活中,公共场所是集体活动所必需的,但场所对圣会的重要性,不限于提供活动的空间,新教堂落成后,常成为成立新圣会的契机,许多圣会是在教堂建成后顺势成立的。当然,从教堂管理的角度,以圣会为单位前往教堂,也利于对教堂的有序利用。所以,圣会与教堂之间存在着互为因果和互利关系。

因堂设会非常常见。1634 年,韩爌邀请神父往蒲州传教并捐建教堂,神父依托教堂建立了教友会。[1] 1648 年,在福建 Quón Hâm 村,某一信教家庭捐建教堂一座,何大化立即批准了在教堂中成立"圣母会"。[2] 1656 年,借"东堂"落成之机,北京又成立了两个"圣母会",一个是男教徒的,一个是女教徒的。[3] 大教堂还可以被几个不同的圣会共享,略做空间分割,每个圣会在各自礼拜的圣坛前活动。1660 年,卫匡国在杭州"天水桥"(Tiên xùi kiāô)新建一座天主堂。共有三个圣会依附该堂:其一是苦修会,在主堂边侧的一个隐蔽小堂活动,每逢周五聚会,在小堂内供奉的十字架前望弥撒、诵念耶稣受难祷文,最后自笞;其二是圣母会,每逢周六聚会,地

---

[1] João Fróes, *Annua da Missão da China de 1634*, BAJA, 49-V-10, f. 447.
[2] António de Gouveia, *Cartas Ânuas da China (1636, 1643 a 1649)*, edição, introdução e notas de Horácio Peixoto de Araújo, p. 397.
[3] André Ferram, *Annua da Vice-Província da China de 1656*, BAJA, 49-V-14, f. 64v.

点在主堂的圣母玛利亚祭台旁,主要活动是望弥撒;其三是慈善会,该会在教堂内拥有一口上锁的箱柜,每月某日,会长在一名传教士的监督下,打开箱锁,取出收集到的善款,用于救助贫穷教友,尤其是进行丧葬上的资助。① 1636年,瞿西满在建宁新建的教堂有三个祭坛,依照祭坛主体新成立了两个教友会,即圣母会(Nossa Senhora)和守护天使会(Santo Anjo da Guarda)。② 新成立的圣会,与其活动场所的主题相符,这样,在举行宗教活动时才算找对地方。1636年,傅汎际在杭州建造一座"圣十字架"小堂,与十字架敬拜相关的"耶稣苦会"(Confraria Payxāo)旋即成立。③ 1693年,隶属于耶稣会北京神学院的"圣母领报堂"开始建造,建成后即在堂中成立了"圣母领报会",该堂、该会专属女性教徒,主题、属性两相一致。1696年,依托于北京东城的"圣若瑟堂"成立了"若瑟会"。④

除了公共教堂之外,私宅中的小圣堂、祈祷室也常作为圣会的活动场所,它们也有一定的公共性,在特定的日子向众教友开放。去私宅中过宗教生活的以女教徒为主,相对于在男女共用的公共教堂抛头露面,私宅中的聚会性别单一、圈子固定、距离较近,更容易为教内外人士所接受。比如,1635年时,北京女教徒的圣会,会员根据居住区域,归入不同的祈祷室,她们定期去祷室中望弥撒和举行其他圣事。⑤

---

① Feliciano Pacheco, *Carta Annua Da Vice Província da China do Anno de 1660*, BAJA, 49-V-14, f.715v.

② Antônio de Gouvea, *Ânua da Vice-Província da China de 1636*, BAJA, 49-V-11, f.547v.

③ Antônio de Gouvea, *Ânua da Vice-Província da China de 1636*, BAJA, 49-V-11, ff.533-533v.

④ Joze Suares, *Annua do Colégio de Pekim desde o fim de Julho de 94 até o fim do mesmo de 97 e algumas outras Rezidências e Christandades da Missão de China*, BAJA, 49-V-22, ff.598-599.

⑤ Manoel Dias, *Carta Annua da China de 1635*, BAJA, 49-V-11, f.197v.

六、活动类型

各圣会的活动与其主题、宗旨紧密相关,但基本活动内容是一致的,只是在活动中对不同的主题有所侧重。比如,敬虔仪式是每个圣会必有的,灵修型的圣会侧重于诵念有助于提升灵性修养的经文,苦修会选择有关耶稣殉难的经文,聚会日期,前者常选周六,后者常选周五,即耶稣殉难日。再如,行善并非慈善型圣会的专属行为,每个圣会都行善事。各圣会共性的活动可归纳为以下几类:

第一,敬虔聚会。每个圣会都有特定的聚会日期,以举行集体的敬虔活动。1637年时,建昌圣母会的成员,每个周六,在教堂的圣母祭坛前聚会,共望弥撒,小部分先进分子还能领圣体,最后,是由一个口齿伶俐的人朗读灵性课程(Lição Espiritual),读一刻钟。女教徒也有专属的圣母会,每年聚会4次,地点选在某教友家,内容有望弥撒、听告解、领圣体,每次聚会都耗时一整天。[①] 1647年时,西安府的圣会成员,全体男性教友每月聚会一次,全体女性教友每月聚会一次;逢周五和圣日,西安府周边的乡村分3处同时举行聚会。除了参与上述活动之外,圣母会的成员,每个月的第一个礼拜六聚会,当日,全体斋戒,弥撒之后,选在某个会员家中聚会,进行祈祷、读书、讨论、告解等修行活动,最后共进晚餐。老年妇女教徒每月还要额外聚会3次,主题是怎么样预备死亡,尽管她们年纪都很大了,但在当日,她们仍然斋戒,甚至各自在家使用鞭笞苦修,起码要检视一下自己的过失。在医院中服务的贫穷的女教友,也不满足于一般性的教友聚会,在医院中建立了专属的圣会。总之,在

[①] João Monteiro, *Annua da Vice Província da China de 1637*, BAJA, 49-V-12, ff. 39v-40.

女教友中有一种"圣妒"的风气,只要她们看见男性教友成立了新圣会,或者进行了一些超常规的敬虔活动,她们立即就会对等效仿。①

第二,互督互促。1612年时,南京3个圣会聚会的一个重要目的是针对会员中的错事进行纠正。② 1637年时,绛县3个教友会每月一次在指定的某教徒家中聚会。在聚会中,集体祷告,互相提问,会长高声宣读十诫,每读一诫,停顿一段时间,让大家充分地检视自己是否有违该条诫命,读完十条之后,大家猛然捶胸,乞求天主原谅自己对某条诫命的触犯。最后,他们还祈求天主赐皇帝健康、国泰民安,使更多异教徒改宗归主,使教徒的品德进步。③ 1642年时,西安某村一个圣会,每月聚会4次。每次聚会的一项重要活动是,每个人在众教友的面前,自我揭发这一周来的过错,无论只是想想,还是语言、行为上的,根据罪过大小,当众自行鞭笞悔罪。为了记住过错,每个教友都随身带一根绳,以结绳记事的方式来记住每一次错,在悔过时,通过绳上的结回忆。④

第三,行善。每个圣会都可称为善会。南京的圣母会是一个灵修型圣会,除了勤于圣事,在救危扶困上尤为突出,他们主动寻找无助之人,为病人找医生、买药以救其肉体,为他们找神父救其灵魂。一个叫周多默(Cheu Thome)的教友将收入留下口粮之外,全部用于救助生病后无依无靠的穷人。⑤ 西安某省会的成员在礼

---

① António de Gouveia, *Annua da Vice Provincia do Norte na China do anno de 1647*, BAJA, 49-V-13, ff. 442-442v.

② Nicolao Longobardo, *Carta Annua das Residências da China do Anno de 1612*, ARSI, JS113, f. 231.

③ João Monteiro, *Annua da Vice Provincia da China do anno de 1637*, BAJA, 49-V-12, ff. 305v-306.

④ Francisco Turtado, *Annua das Províncias do norte da China do anno de 1642*, ARSI, JS122, f. 165v.

⑤ João da Costa, *Annua da Christandade da China do Anno de 1614*, ARSI, JS113, f. 376.

拜四,男教徒们将食物施舍分给13个男人,女教徒们则施舍给13个女人,他们都极敬虔地奉行此事。① "周四"、"13"等要素象征着耶稣建立圣体圣血之圣餐礼、最后的晚餐等宗教事件,从而使该善行带有宗教意涵,这是圣会的慈善活动与中国本土善会的慈善活动的主要区别。再举一例,1614年时,南京一个有地位的人落难,不能再维系以前的生活,打算迁往他乡,这样就会与教友们失去联系。圣母会得知此事后,对其展开救助,有人出钱,助他渡过难关;有人出力,帮他搬家;有人为他全家提供住处,一直到他找到一个合适的新地方。② 这个富人很可能不会成为中国本土善会的帮扶对象,他受到教友会帮助的原因,是教友不希望主内的羊群中有一只羊掉队。

第四,互助。圣会在物质上帮助贫穷会友,自不必说,而且这种帮助不只泽被于会内与教内,异教徒也是圣会的帮助对象。圣会对异教徒的"帮助",又不只在物质层面,还有信仰层面,助其灵魂得救,尤其是对于重病者和濒死者,使他们在临终前受洗,被认为是最大的善。圣会对会友的帮助,与上文的善行一样,带有宗教色彩。1690年代初,北京圣母领报会的贫穷女教徒因衣不蔽体,羞于外出参与圣事,会长购置一批满、汉服装,借给她们聚会时用。③ 最受会员欢迎的帮助,应该是圣会协助办一场体面的葬礼,中国习俗要求葬礼办得隆重,贫穷教徒只能冒着倾家荡产的风险尽力办得体面,圣会可以出人、出力,还有常备礼仪道具,切中需

---

① Gabriel de Magalhães, *Annuas das Residências Do Norte da Vice-Província da China do Anno 1658*,49-V-14,f. 247.

② João da Costa, *Annua da Christandade da China do Anno de 1614*, ARSI, JS113, f. 376v.

③ Joze Suares, *Annua do Colégio de Pekim desde o fim de Julho de 94 até o fim do mesmo de 97 e algumas outras Rezidências e Christandades da Missão de China*, BAJA,49-V-22,ff. 605-606v.

求。神父和圣会热衷于办葬礼的原因，一是回应坊间对天主教不尊重死者的传闻，二是用经过神父核准的天主教仪式的葬礼以避免在教徒的葬礼上出现异教仪式，而且盛大与新奇的送葬队伍，往往吸引大批围观人群，起到宣教功能。此外，某些圣会还约定了社会性的互助事项，1619 年时，南京一些圣会约定，倘若惹上官司，在官府中互相支援等；调解异教徒丈夫与教徒妻子之间的纠纷等。①

第五，传教。向身边人传福音，以拯救更多灵魂，是每个教徒的愿望，由教徒组成的圣会自然也有这个愿望，而且圣会为传教提供了私力不逮的条件。有专门为传教而成立的圣会，如"使徒会"（Apóstolo）、"圣沙勿略会"。实际上每个圣会都是一个"传教会"。有的将传教作为一项职责而写入会规。如 1639 年上海成立的耶稣苦会，会规中有一条：每月至少使一名异教徒信教。② 1696 年成立于北京的圣若瑟会，规定每名会员每年至少劝化一名异教徒信主。③ 还有圣会通过印制、散发宣教类书籍等方式传播福音。更多的圣会是依靠自身的表率力量、爱心，来吸引、感化更多人进教。1631 年年信记载，山西有大量以文人为主的圣会，在这些榜样的感召下，连许多异教徒都想入会，也确实有许多异教徒在圣会的鼓舞下排除障碍而受洗。④ 1634 年年信提到北京"善会"（piedade），在奉教和行善事上遥遥领先于普通教友，堪为榜样。就连异教徒也体会到天主教与中国的其他宗教不同，受感

---

① Francisco Furtado, *Annua da China e de Cochimchina de 619*, ARSI, JS114, ff. 228 – 228v.

② João Monteiro, *Annua da Vice Província da China do anno de 1639*, ARSI, JS121, ff. 269 – 269v.

③ Joze Suares, *Annua do Colégio de Pekim desde o fim de Julho de 94 até o fim do mesmo de 97 e algumas outras Rezidências e Christandades da Missão de China*, BAJA, 49 – V – 22, f. 607.

④ João Fróes, *Annua da V. Província da China do anno de 1631*, BAJA, 49 – V – 10, ff. 47 – 47v.

化而入教。① 1636年年信记载，杭州女教徒成立的耶稣苦会，以神圣而严苛的修行感化了身边人，该年年信作者何大化引用《圣经》中的一句话"光辉已射在那寄居在漆黑之地的人们身上"②，来比喻圣会辐射性的福音传播功能。③

第六，提供宗教仪式类的公益服务。年信中常有神父驱魔、求雨等记载，教外人士似乎认为圣会和教徒也拥有与神父同样的能力，有时邀请圣会成员举行类似仪式。1634年杭州一教友家遭魔鬼折磨，用了各种迷信方法驱魔，无果，家中唯一的教徒请圣母会的教友来祷告、洒圣水。④ 据1639年年信记载，稷山县圣母会成员求雨成功，既避免了饥荒，又吸引了一些人入教。⑤ 这是一项被忽略的圣会活动，年信中的记载不多，相关研究亦不提及。但是，平信徒受邀为异教徒驱魔、治病、集体祷告等事例不少，其中许多平信徒是圣会的成员。因为举行此类仪式，不需要明确是个人行为或圣会的组织行为，所以，很难评估圣会对此类活动的参与规模。可以明确的是，社会对圣会有此类需求，圣会也不拒绝提供此类服务。

七、各类圣会

对17世纪中国教徒成立的圣会进行较全面的统计是一项不

---

① João Fróes, Annua da Missão da China de 1634, BAJA, 49-V-10, f. 377.
② 《圣经·旧约·以赛亚书》9:1. "在黑暗中行走的百姓看见了一道皓光，光辉已射在那寄居在漆黑之地的人们身上"。
③ Antônio de Gouvea, Ânua da Vice-Província da China de 1636, BAJA, 49-V-11, ff. 533-533v.
④ João Fróes, Annua da Missão da China de 1634, BAJA, 49-V-10, ff. 52-452v.
⑤ João Monteiro, Annua da Vice Província da China do anno de 1639, ARSI, JS121, ff. 258-258v.

可能实现的任务,因为就连当时的传教士也难以掌握热情的教徒秘密成立的圣会。1656年年信中,西安的传教士公开承认,由于随意成立的圣会太多,传教士已然不能全面掌握教友组织的情况。① 秘密圣会五花八门,或者是不满足于集体的苦修,额外加码,或者为纪念某件事而成立,与常见的"圣母会""耶稣苦会"等主流圣会不同。以下将对年信记载的圣会做大致的分类,以呈现圣会的概观,由于按照主题、业别、地缘等某项标准进行分类,只能囊括一小部分圣会,所以,就按照最能呈现某类圣会特征的非统一的"标准"进行分类。

第一,灵修型圣会。此类圣会的宗旨可概括为"与神亲近",借由读经、祷告等灵修方式将各样大小的问题交托给神、倚靠和仰望神。活动内容是在某个特定日子聚会、诵念经文、集体祈祷、讨论、分享个体经验、领头人做训导,尽可能邀请神父到场讲弥撒等。灵修型圣会的成员看重随时随地与神沟通,甚至将圣会的习惯带到生活中,南京的圣母会会员养成一个生活习惯,每次出远门前,都要先来教堂告解,并向圣像道别。告解在该会的接受程度很高。只要发现自己在良心上的疑惑,哪怕只是一件小事,也会立即前来告解。女教友们毫不逊色,她们不放过任何可告解的机会,通常她们聚在某个教友家中,去叫神父过来。如果神父碰巧在他处施洗或讲弥撒,她们就直接去那里等神父,就地告解。② 灵修型圣会最普遍的是圣母会。需要说明的是,"圣母会"既专指灵修型圣会,也常被作为所有圣会的通称,这或许与耶稣会推崇的圣母崇拜有关。传教士在各地开教后,最先创建的圣会往往是圣母会,毕竟圣母会

---

① André Ferram, *Annua da Vice-Província da China de 1656*, BAJA, 49-V-14, f. 68v.
② Manoel Dias junior, *Annua da Missão da China do Anno de 1615*, ARSI, JS113, f. 407.

组织的灵修活动，对于维持信仰是最基本的、最必要的。

第二，慈善型圣会。正如前文所述，每个圣会都可称为善会。1628年北京新成立的圣母会取名为"圣母善会"（Nossa Senhora da Piedade）。① 这总体上是一个灵修型圣会，但是，该会也将慈善作为重要目标，有产业的教友为该会捐助银子，这些银子集中在一个人手中，由他提供救助，还为那些最穷的教友提供必要的药物。当年，京中很多病患，以及缺少必需品的穷人，该会积极施以援手，患病的被救治，匮缺的被援助，得以安葬的也不少。② 也有专门以慈善为目的而成立的善会。1614年，南昌成立一个善会，会中主力是12名"兄弟"，在一年12个月中，每人轮流捐出固定金额的银子，与其他的善款合在一起救济穷人。这些善银存在一个公共箱子当中，有需要时，按需提取一定金额。③ 当年，北京也成立了北京"善会"（piedade），不仅在物质上救济贫困教友，还为亡故教友祷告。在纪念逝者的节日，会友在弥撒后，集体为逝者们祈祷，他们分别在教友公墓和传教士墓地各做一遍。④ 1610年代，杨廷筠在杭州大力推动善会创办，1618年时，已成立了多个"仁会"。⑤ 杨廷筠以细心、勤勉，积累了可观的资金，为各类穷苦人做了许多善事，全城引为谈资。⑥ 1633年，绛州地区闹匪乱，教徒成立善会以

---

① Rodrigo de Figueredo, *Annua da V. Província da China do Anno de 1628*, BAJA, 49-V-6, ff. 585v-586.
② Rodrigo de Figueredo, *Annua da V. Província da China do Anno de 1628*, BAJA, 49-V-6, ff. 585v-586.
③ João da Costa, *Annua da Christandade da China do Anno de 1614*, ARSI, JS113, f. 387v.
④ João Fróes, *Annua da V. Província da China do Anno de 1633*, BAJA, 49-V-11, f. 5.
⑤ 即杨廷筠在杭州创立的仁会，参见［比］钟鸣旦著，香港圣神研究中心译：《杨廷筠——明末天主教儒者》，第75页。
⑥ Manoel Dias junior, *Carta Annua da Missam da China do Anno de 1618*, BAJA, 49-V-5, ff. 244v-245.

应对。① 同年,福建教友也成立了"善会"(misericórdia),每年全体聚会两次。② 在年信记载中,南京善会名气最大。1635年时,南京共有4个善会,每月团契一次,设一小匣,每次聚会,每个会员量力而行,捐出一小笔钱,用以救助穷困。③ 有教友得了传染病,亲戚不愿进门照顾,只是写信通知当地圣会首领,圣会不仅为他治病,还为他买棺材,不怕传染,为其入殓。④

第三,经营型圣会。在传教士文献中有一个经常出现的圣会叫Monte de Piedade⑤,字面直译"慈山",可意译为"公有慈善基金",美国学者柏里安将之对译为中国的仁会(gin hoei)⑥,它的确是一类慈善性的互助组织,但与一般善会不同的是其带有经营的功能。1628年,伯多禄⑦在绛州成立"慈山",拿出一定数量的小麦和银子接济穷人,并向穷人贷款。⑧ 1631年,山西另有母子三人发起成立"慈山",除了将教友捐献集中管理,还可以用善款投资,收

---

① João Fróes, *Annua da V. Província da China do anno de 1633*, BAJA, 49-V-11, f. 27v.
② João Fróes, *Annua da V. Província da China do anno de 1633*, BAJA, 49-V-11, f77v.
③ Manoel Dias, *Carta Annua da China de 1635*, BAJA, 49-V-11, f. 200v.
④ Manoel Dias, *Carta Annua da China de 1635*, BAJA, 49-V-11, f. 216.
⑤ Monte da Piedade通常的写法是Montepio,指的是非盈利的慈善社团和私人公司,以比市场更优惠的条件提供小额的贷款,穷人可以用典当财物的方式贷出一小笔钱,用以满足眼前最基本的需求。其诞生于15世纪的意大利,由方济各会会士为反对高利贷而创设。意大利语名为Monte di Pietà。Monte在这里的意思是公共的钱箱子,即公有基金。类似的组织后来在天主教国家的殖民地广泛建立,墨西哥国家慈善会(Mexican Nacional Monte de Piedad)今日正在运作。
⑥ Liam Matthew Brockey, *Journey to the East: The Jesuit Mission to China, 1579-1724*, Cambridge Massachusetts, London: The Belknap Press of Harvard University Press, 2008, p. 392.
⑦ 段衮或韩霞。
⑧ Rodrigo de Figueredo, *Annua da V. Província da China do Anno de 1628*, BAJA, 49-V-6, f. 588.

益每年结算,一并用于慈善。① 1634年,山西蒲州某村成立"慈山",给一部分教友提供本钱,以做生意,养家糊口。② 在年信中,山西成立的该圣会比较多,但是其他地区也有,福建(1630)③、北京(1636)④、杭州(1657)⑤等地都有该会成立。

第四,苦修型圣会。苦修在明清天主教徒中的流行程度超出目前相关研究所呈现的,这是苦修型圣会发达的"群众基础"。第一个苦修团体由郭居静1618年在杭州创办,活动地在杨廷筠家的小堂。杭州是苦修型圣会最流行的地区之一。1637年年信这样描写当地的苦修风气:"苦会成员每日的两件大事是行善功和悔罪,若是哪天没有鞭笞自己,这一天就算是白活,鞭笞在'耶稣苦堂'(Capela da Paixão)中进行,是专为此类苦修而建造的小圣堂。该苦会的一个会员,在春节时身着盛装前往教堂,会长批评了他浮夸的衣着,他真挚地忏悔,并向会长磕头道歉,迅即回家,找了最破旧的衣服穿来,当着众教友的面求赦免,他表示自己违背了'神贫'(Santa Pobreza)之德,众教友也因此深受教化。"⑥

苦修型圣会的名称多种多样。西安的苦修会叫"耶稣受难会"(Santo Crucifixo),会员每月聚两次,在教堂内,进行鞭笞等苦修。当年大旱,苦会会员也在教堂内用鞭笞等方式求雨,此外,会员还

---

① João Fróes, *Annua da V. Província da China do anno de 1631*, BAJA, 49-V-10, ff. 45-45v.

② João Fróes, *Annua da Missão da China de 1634*, BAJA, 49-V-10, ff. 448v-449.

③ Lazaro Cattaneo, *Annua da Vice-Província da China do Anno de 1630*, BAJA, 49-V-9, ff. 31-31v.

④ Francisco Furtado, *Ânua da Vice-Província da China de 1636*, BAJA, 49-V-11, f. 524.

⑤ Manoel Jorge, *Annua da Vice-Província da China de 1657*, BAJA, 49-V-14, f. 167.

⑥ João Monteiro, *Annua da Vice Província da China de 1637*, BAJA, 49-V-12, f. 31.

在路上寻找弃婴、将死之人,帮助他们在领洗后去世。① 开封的苦修会叫"圣十字会"(Santo Cruz),该会由 8 名最虔诚的教徒发起,会长是一个富有而热情的青年。他们制作了一个让人感觉很新奇的十字架,带着一个大大的标语,上有金字。在弥撒中,这个十字架被全程扛在肩上。每个礼拜日的团契后,8 个会员就把这个十字架在教堂的院中竖起来,他们跪在十字架前诵《苦难祷文》,这是由伏若望在杭州刻印的。在诵经时,他们用苦修鞭抽自己,亲吻十字架的脚。而后,其中一人向其他人讲解耶稣受难中的某个情节,讲的内容是费乐德神父提前教他的。讲弥撒时,其中一人负责背十字架,他们是轮值的。② 上海的苦修会叫"基督苦会"(Confraria da Paixam de Christo),每个周五齐聚教堂,从早至晚,都在里面,进行鞭笞苦修和做祷告。在圣周中,通过向耶稣受难像写信的方式来展现自己的虔诚。这受难像供奉在祭台上,布置成葬礼的样式,教徒们将因着天主的爱而改善生活的殷切愿望写下来,呈给圣像。这种敬虔方式受到最多教友的欢迎,他们全都参与,热泪盈眶,对天主之死表现出痛彻的悲伤。③ 西安的苦修会叫"赎罪会"(confraria de penitência),在某一日,完全守斋,不吃任何东西,还要穿苦修衣、祈祷。神父常劝他们适可而止,不必这么严苛。每个周六晚上,男教徒在教堂内公开地鞭笞苦修,还要诵念某个圣人事迹作为榜样。当日,有许多人斋戒,望弥撒的人也很多。许多夫妻在周五、周六禁欲,一些嫁给异教徒的女人,在告解中痛悔不能守住这个戒律。鞭笞几乎被所有的教徒使用,但是,也有不少教徒抱

---

① João Monteiro, *Annua da Vice Província da China do anno de 1637*, BAJA, 49 - V - 12, ff. 286v - 287.

② Rodericius de Figuerdo, *Carta do Padre Rodericius de Figuerdo para o Padre VProvincial*, ARSI, JS116a, ff. 170v - 171.

③ Antônio de Gouvea, *Annua da V. Província do Sul na China de 1644*, BAJA, 49 - V - 13, f. 524v.

怨，因与不信教者同住，鞭笞就不方便，有些人就利用每日早中晚三次祷告的时间进行，尤其是鸡叫就起床，此时最为隐蔽、安静，适合苦修。①

第五，"天神会"。这是以培养儿童为主旨的圣会。比如，1639年创建于杭州的"天神会"（Santos Anjos）只招收还在读书的学生，侧重于使会员认知其对天神应尽的义务，督促他们日夜遵守。会员逢礼拜二聚会，在大天使弥额尔的圣坛前听弥撒，诵花冠经（a Coroa da Santa），做关于天使的应答祈祷（Ladainha dos Anjos）。② 第一个天神会是潘国光在上海创建的，他还出版了一本名为《天神会课》（1661）的教义问答书。③ 不过，正如各类圣会间没有严格的分工边界一样，天神会也并非总是孩童的专属圣会。1660年成立于泰安的"天神会"分四种：1. 成年男人及18岁以上男青年的；2. 儿童、少年、18至20岁之间的青年也可以加入；3. 已婚妇女、寡妇；4. 未婚女子。汪儒旺神父在做了如此分类之后，因类施教，因类制定会规。④

第六，女性教友会。传教士为适合中国的国情，将教堂分成男堂、女堂，依附于教堂的教友会也相应地分为男会、女会，分开管理，如圣母领报会规定"妇女入会者，另立会簿，虽不能行到堂、送葬等规，果然在家虔恭奉事圣母，守其能行之规，亦得均沾神益"。⑤ 从宗旨、活动内容等方面，除了性别不同，男女教友会没有

---

① André Ferram, *Annua da Vice-Província da China de 1656*, BAJA, 49-V-14, ff. 68v-69.

② João Monteiro, *Annua da Vice Província da China do anno de 1639*, ARSI, JS121, ff. 280v-281.

③ ［美］柏里安著，陈玉芳译：《东游记：耶稣会在华传教史（1579—1724）》，第250页。

④ Gabriel de Magalhães, *Annua das Residência do Norte da V. Província da China no Anno de 1660*, BAJA, 49-V-14, f. 697v.

⑤ 无名氏：《圣母七苦会规》，第86页。

特定的区别，而且许多女会就是仿效先成立的男会而成立的，"与男教友会奉行同样的灵魂训练"①。年信作者倾向于塑造女教友比男教友更热忱、更虔诚，置于中国不利于女信徒的宗教活动中，更彰显出年信中奉教事迹的教育意义。比如，1643年年信是这样描述连江县女圣会的："何大化从福州往连江县巡视期间，当地已有一个教友会名'圣母会'，由最热心的教友组成，只有在德行上堪称模范的人才被吸收入会。女教友们恳求何大化也成立一个女性修会，以与男教友会同样的规章、义务来管理。何大化挑选了12名最通晓教理的女教徒组成圣会，她们全都是士人的妻子。女性教友会在管理和身先示范等方面都超过了男性教友会。"②女性教友会的聚会地点，在私宅居多，以避耳目，发起人、召集人或会长通常由有庇护能力和财力的贵妇担当，"三柱石"家女眷都是女圣会的优秀组织者。1636年，上海同时成立一个男会、一个女会，男会的活动地放在教堂，女会放在徐光启家。女会的首批会员是徐光启的四个孙女，"她们都已成家，带着其全家人和服侍的人一起到教友会来。她们定下一个日子，在这一天，都到一个家里集中；她们参与弥撒、宗教活动，全行告解，挑选当月圣人"。③ 1637年年信再次提到该会："每3个月聚会一次，在徐光启的孙女家，望弥撒、行告解、听布道，神父亦会到场。女教徒全天大部分时间在祈祷。"④关于女性教友会的名称，"圣母会"有时用以特指女会，因为她们的聚会场地一般是"圣母堂"，而男性教徒一般去"天主堂"，所

---

① Francisco Furtado, *Annua da China e de Cochimchina de 619*, ARSI, JS. 114, ff. 228 - 228v.

② António de Gouveia, *Cartas Ânuas da China（1636，1643 a 1649）*, edição, introdução e notas de Horácio Peixoto de Araújo, pp. 158 - 159.

③ Francisco Furtado, *Ânua da Vice-Província da China de 1636*, BAJA, 49 - V - 11, ff. 530v - 531.

④ João Monteiro, *Annua da Vice Província da China do anno de 1637*, BAJA, 49 - V - 12, f. 312v.

以,"圣母会"的所指非常广泛,见到该名称时,需要弄清楚它是泛称圣会、特指女会,还是指某个灵修型圣会。女性教友会还有"圣贞女会"(Virgem)等别称。①

第七,"同乡会"。这是因地缘而结成的圣会。比如,1615年,在南京有一些做苦力的广东人,决定入教,因不识字,一部分人就从不多的收入中拿出一些请人在晚上的工余时间教自己,另一部分则靠已入教的轮流教自己。他们住得很近,成立了一个教友会,以教妻子、亲人教义,他们还拿出一部分收入买圣像、印书籍。②此类圣会在年信中不多见。此类圣会带有更多中国特色,体现着中国人的祖籍族群认同观念。

第八,"传道员培训班"。此类圣会以培训和提高传道员的教牧能力为主旨。1639年年中,开封成立了一个名为"圣多默会"(Santo Thomé)的教友会。圣多默是东方使徒,正如该会会名,其宗旨是培养传道员、布道士。会员共20人,每月两次聚会,地点在其中一人的家中。除了祈祷这些常规活动,重点在聚会中讨论宣教遇到的问题,推动教友团进步的方法,怎样使天主教广为人知等。③ 1660年,贾宜睦在常熟建"使徒会"。正如名字所提示的,该会会员为12人,象征耶稣的十二门徒。该会宗旨是寻求自身与身边人得救赎。该会将告解、领圣体视为第一重要的圣事,因为其与灵魂得救有关。第二重要的是,尽最大的努力,劝化家人进教,每年至少进行一次告解。第三,尽力劝化所接触的所有异教徒入教,尤其是自己的亲朋好友。第四,每个月至少使一名宗教热情冷淡

---

① João Monteiro, *Annua da Vice Província da China do anno de 1639*, ARSI, JS121, ff. 280v-281.
② Manoel Dias junior, *Annua da Missão da China do Anno de 1615*, ARSI, JS113, f. 405v.
③ Rodericius de Figuerdo, *Carta do Padre Rodericius de Figuerdo para o Padre VProvincial*, ARSI, JS116a, f. 170.

的教友重燃热情,或者使一名异教徒入教。① 1690年代初,上海县的教徒已经完全实现以教友圣会的形式管理,各圣会的负责人通常来自一个特殊圣会,其会员组成中只有传道员,名"圣沙勿略会"。该会有自己的条规,会员必须遵守,这些条规大部分是以转化异教徒和教化教徒为目标的,因此,不是谁想入会就能入会,只有那些满怀热忱、擅长舞文弄墨和有演讲天赋的才有机会,而且还要经过考试。考试方式是由应试者在神父和教友们的面前,进行一场演说或者辩论,题目是在考试开始前临时出的,关于某个奥迹或是论题。只有那些娴熟地抓住要旨的应试者才能通过考核,加入该会。苏霖这样评价该圣会的作用:"'圣沙勿略会'可以说是'根',是'花',此间众多的教徒是以此为根基而发芽、结果,年年都有累累收获。"②

第九,特定目的圣会。1658年年信记载了两个专为丧葬礼而成立的圣会之由来:"北京的异教徒们在葬礼上大讲排场,搭建凯旋门及其他富丽堂皇的建筑,还演奏鼓、钹、喇叭等乐器,以及用五颜六色的纸和绸扎成人形、旗子。他们对长者、亲属的所有爱和敬意,都留待其死后表达。父母在世之时,子女们任由其饿死,不孝顺和忘恩负义的事屡有发生,父母死后,子女们却倾尽所有用在葬礼上,使父母有面子。对基督徒而言,那些异教礼仪是被圣律禁止的,也不允许和尚出现在他们为逝者举行的虔敬的葬礼上。基督徒们主办的葬礼既不喧闹也不讲排场,那些异教徒就指指点点,说道:基督徒们对自己的父母是多么不孝啊!他们知恩不报,对自

---

① Feliciano Pacheco, *Carta Annua Da Vice Província da China do Anno de 1660*, BAJA, 49-V-14, f. 708v.
② Joze Suares, *Annua do Colégio de Pekim desde o fim de Julho de 94 até o fim do mesmo de 97 e algumas outras Rezidências e Christandades da Missão de China*, BAJA, 49-V-22, f. 633v.

己的长辈不敬不爱,因为他们办的葬礼不愿花钱,也不气派,静悄悄的,好像怕人知道,藏着掖着。对这些像石头一样冥顽不化的人而言,人言可畏,他们就更倾向于那些异教的礼仪,更执迷于那些异教宗教,而不想去拥抱圣教。神父们和教友们则决定成立一个圣会,就像以前也成立过一样,这个圣会取名为'敬末会'(kim mó hoéi),意思是一个致力于照护逝者的最高荣耀的圣会,"末"可能取自"万民四末"。这个圣会在新堂中成立,因为它不仅在教友中而且在异教徒中大受欢迎、赞赏,因此,很快又在老堂成立了一个相同的圣会,只是名字变了,叫'送阴会'(sò ń hoéi),意思是致力于以虔诚而满怀敬意的队列为逝者送行的圣会。"①安排葬礼几乎是所有圣会的职能,因为葬礼是天主教与异教斗争的一个重要战场,专为办葬礼而成立的圣会也有很多。又如,1636 年,绛县(Kiám Hién)的士人成立了一个以老多俾亚(Velho Tobia)②的仁心为穷人捐助葬身之地的圣会。③

另外一些为特定目的而成立的圣会诸如:1634 年,杭州成立一个专为在奉教中互相督促的圣会。④ 1634 年,西安成立一个专注于以圣礼唤起信徒的奉教热情的圣会。⑤ 1642 年,西安成立了

---

① Gabriel de Magalhães, *Annuas das Residências Do Norte da Vice-Província da China do Anno 1658*, 49 - V - 14, f. 239v.
② 《多俾亚传》属于天主教和东正教《旧约圣经》的一部分,记述一个充军亚述,热心犹太家庭的传奇故事。这家族中有两位圣德不凡的人,同时在不同的地方遭受很严厉的折磨:一位是恪守法律的老多俾亚(托彼特),他为行爱人的善工成了瞎子(因为天主不让他继续埋葬天主处死暴尸街头的犹太人);另一位是被恶魔困扰的淑女撒辣。二人虽处在极度的苦痛中,但毫不减少他们笃信与倚恃天主的心。天主终于垂允了他们的哀祷,从困难中解救了他们,使他们转忧为喜:使瞎眼的老多俾亚复明,重见天日,使撒辣顺利完成婚姻大事。
③ Francisco Furtado, *Ânua da Vice-Província da China de 1636*, BAJA, 49 - V - 11, f. 539.
④ João Fróes, *Annua da Missão da China de 1634*, BAJA, 49 - V - 10, f. 450.
⑤ João Fróes, *Annua da Missão da China de 1634*, BAJA, 49 - V - 10, ff. 477 - 477v.

一个以 60 岁以上教徒为会员的教友会,其宗旨是"准备善终"。准备的重要方式是悔罪,会员使用苦修衣、斋戒等悔罪。每日自我检视当天过失。每月两次告解。每月 4 次聚会。每周聆听弥撒。神父屡次想使这高强度的敬虔活动缓和下来,但是无济于事。① 1697 年时,真定府成立"圣礼会"(Santíssimo Sacramento),专为承担圣周中的蜡烛和敬神用的装饰物的开销。②

第十,社区型的圣会。为了便于教徒就近参加圣事,便于神父分区管理,许多圣会是以居住地临近原则创建的。1612 年,南京教友根据居住地分成了三个教友会,每月都有一次聚会,神父或修士前去布道。③ 1635 年,北京女教徒根据居住区域,归入不同的圣会,她们定期去固定的家中望弥撒和举行其他圣事。④ 1637 年,陕西新建两教友会,按照属地划分,一个城市圣会,一个农村圣会。⑤ 1637 年,建昌在城内的两区各有一个圣会,每月聚会一次。⑥ 1639 年,潘国光在苏州开教后,接着按照地域划分,成立了两个圣会以维持他们的信仰。⑦ 1645 年,福州的女教友根据居住地的远近,加入遍布于全城的圣会,有个区域的圣会吸收了 60 名女教友。⑧

---

① Francisco Turtado, *Annua das Províncias do norte da China do anno de 1642*, ARSI, JS122, ff. 167v - 168.

② Joze Suares, *Annua do Colégio de Pekim desde o fim de Julho de 94 até o fim do mesmo de 97 e algumas outras Rezidências e Christandades da Missão de China*, BAJA, 49 - V - 22, f. 624v.

③ Nicolao Longobardo, *Carta Annua das Residências da China do Anno de 1612*, ARSI, JS113, f. 231.

④ Manoel Dias, *Carta Annua da China de 1635*, BAJA, 49 - V - 11, f. 197v.

⑤ João Monteiro, *Annua da Vice Província da China de 1637*, BAJA, 49 - V - 12, f. 17.

⑥ João Monteiro, *Annua da Vice Província da China de 1637*, BAJA, 49 - V - 12, ff. 39v - 40.

⑦ João Monteiro, *Annua da Vice Província da China do anno de 1639*, ARSI, JS121, f. 276v.

⑧ António de Gouveia, *Ânua da Vice Provincia da China nas Partes do Sul no Anno de 1645*, BAJA, 49 - V - 13, f. 305v.

第十一，家庭型的圣会。大的信教家庭有时单独成立圣会。比如，1633年，华州某信教家庭中女性教徒就有30人，她们成立圣会。每个礼拜日在一个华丽的厅中团契，搭起一个供台，摆上天主像、圣母像，点烛焚香。她们祈祷、宣讲天主事迹，下午，还有一项特别修炼活动，就是鞭笞和戴苦修带等。费用则由众人分摊，她们还会凑很多钱，捐给当地教堂。① 但家庭型圣会不是封闭的，家庭成员往往是圣会的首批会员，后期还会吸收族外教友入会，在本家的圣所聚会。

第十二，书院型的圣会。此类圣会与中国的书院传统相结合，以杨廷筠在杭州成立的最为有名。1630年，河南出现"善校"（escola de piedade），由老师免费教，无论是谁，不管是何出身，都能前来听课。伏若望说，以"校"命名，是因为中国人爱学习，"善校"大受欢迎，就连官员也来视察，对神父的善行予以表扬。② 1634年，南昌新成立了一个圣会，除了做圣事外，还办论坛。③ 1635年，建昌新成立两圣会，定期聚会，祷告、读书、讨论学业精进的方法。④

第十三，事件型的圣会。1637年，建昌"圣伊纳爵村"⑤，某户人家8口人全都生病，请了医生、和尚，全都无济于事。神父派了几名教徒带了圣水、念珠前去。在这个家里建立了一个救助站，喂病人喝圣水，将念珠戴在病人的脖子上、为病人们祈祷，很快就治愈了全部病人，这些病人后来都领洗了。通过这种治病方式，该村

---

① João Fróes, *Annua da V. Província da China do Anno de 1633*, BAJA, 49-V-11, ff. 13v-14.
② João Fróes, *Annua da V. Província da China do anno de 1631*, BAJA, 49-V-10, f. 53.
③ João Fróes, Annua da Missão da China de 1634, BAJA, 49-V-10, f. 462.
④ Manoel Dias, *Carta Annua da China de 1635*, BAJA, 49-V-11, f. 217v.
⑤ 在华传教士有以圣人之名来命名村落的习惯，此类名称在年信中或教会内使用，并非村子本名。

有许多人领洗。这些教徒就组建了"圣伊纳爵会",他们每月聚会,神父也从城里前来指导他们。① 同年,在建昌"沙勿略村",因为神父驱魔成功,某户人家全部领洗,还建立了一个"圣沙勿略会",每月聚会。② 1637年,因为当年在泉州发现的十字架较多,泉州一个叫Theoforo的教徒组建了一个教友会,就以"十字"为名,圣十字会以救助穷困人为宗旨。成立之后,恰逢福建教案,十字会的会员,袖中都带着基本教义书,在街道上、在广场上、在官衙前广泛散发。他们还将最重要的教义印在纸上,全城张贴。③ 事件不仅仅是该类圣会的缘起,该类圣会后期的敬虔活动往往固着在与该事件相关的某项神迹、某个圣人、某件圣物之上,所以,单列一类较好。

第十四,按照业别划分的圣会。比如,1634年,神父在华州成立了三个圣会:文人会、商人会、妇女会。各会在约定的日子中,分别在教堂中团契。④ 1636年,北京成立"真社"(Chin Xè),意思是"信奉真理的一群人(Classe de Verdade)",这个圣会只吸收知识分子,他们带着渴求之心,记录并编撰听来的关于神父们的行实以及良言,将其刊印,让所有人从中受益。⑤ 1639年,上海成立了一个由小童组成的教友会,该会以学习教义和祷告为主。又成立了一个以文人为对象的教友会,该会以对教义问题的辩诘为主。⑥

---

① João Monteiro, *Annua da Vice Província da China de 1637*, BAJA, 49-V-12, f. 40.
② João Monteiro, *Annua da Vice Província da China de 1637*, BAJA, 49-V-12, ff. 40-40v.
③ João Monteiro, *Annua da Vice Província da China do anno de 1637*, BAJA, 49-V-12, f. 340v.
④ João Fróes, *Annua da Missão da China de 1634*, BAJA, 49-V-10, f. 477v.
⑤ Francisco Furtado, *Ânua da Vice-Província da China de 1636*, BAJA, 49-V-11, f. 524.
⑥ João Monteiro, *Annua da Vice Província da China do anno de 1639*, ARSI, JS121, f. 269v.

第十五,望道友的组织。该类"圣会"不算是教友组织,因为其成员是"望道友",可视为"预备信徒"的培训班。1614 年,距南昌 6 日行程的某地,有一名叫斯德望(Estêvão)的秀才,进教 3 年,热衷于在家乡传教,他将有志于入教的同乡组织成一个"望道友会",定期聚会,探讨天主教义、救赎之路。斯德望还出资刊印宣教书籍,并在封面印上"耶稣会""天主"等字样,这本书是教义问答等各种宣教书籍的大杂烩,斯德望先将样稿送给南昌住院的神父审核,而后刊印。[①] 1627 年,建昌有个 70 岁的医生以宣教为目的,组织了一个异教徒的团体,叫"长生会"(cham sem hoei),意为"生命永恒派",几乎全村的人都加入了这个会。安当为这个会制定了一些规则,用很优雅的韵文书写的(其中一条是每月有两天聚会,只谈善事,其余不谈),还有篇序,讲了佛教中之谬误,以及天主律法是真理的道理,对于这些内容,他们每次聚会都会进行一次讨论,通过这些讨论,激发入教愿望。[②]

八、圣会对福传事业的意义及教内外对圣会的评价

圣会对相关方各自的意义是什么,耶稣会士对之评价如何? 圣会之于耶稣会士,最大的意义是在牧者的教牧活动不及之处,担当了"替代性牧者"。传教士的教牧活动不及之处,主要包括远离传教点的偏远地区、皇宫大内、女性教徒、教案持续期间。

耶稣会是一个都市型教会,传教点通常设在中心城市的中心地段,采用巡回传教的方式向周边地区辐射,每年有一两次能抵达

[①] João da Costa, *Annua da Christandade da China do Anno de 1614*, ARSI, JS113, f. 384v.

[②] Manoel Dias, *Carta Annua da Vice-Província da China do Anno de 1627*, 49-V-6, ff. 483-483v.

教牧区内的某个点位,已算不错,因为许多乡村两三年才得见神父一面。伏若望说:"圣会可以帮助当地教徒维持信仰,尤其是在无常住神父的地区。"①1630年年信记载了一个在绛州周边乡村组建圣会的事例:

> 绛州周边村子,神父通常每年来的次数不会超过一次,在每处的逗留时间不过几日,就只好发动一些最热心、最虔诚的教友来弥补这事主的空缺,由他们来激励其余人的敬虔活动。一个名叫良的教徒就是其中之一,他在一个被神父们称为圣保禄的村里,该村距离神父们居住的府城有一日行程,良以其热情和身先示范感动了该县的邻居教友,他们得以组成一个教友会。逢礼拜日和主要的节庆日在小堂中聚会是其会规,小堂也是良为此而特意建的,他们在小堂中,先要祷告——这是良用自己的虔诚来教会他们的,读一些圣人的生平——那些已被译为汉语的,然后,教友们就互相提醒他们在每个人身上发现的过错,他们直言不讳地指出每个人的错,批评那不好的事例,他们还制定了秘密纪律,做额外的禁欲、悔罪。②

这种教牧方式应该很快就有所收效和获得认可,接下来的1631年年信提到,山西某些地区,在神父一年巡视不到一次的居民点,开始大量出现圣会,这些圣会基本都由文人主导。③

宫廷内的教徒,主要是信教的宫女,完全依赖教友会及少数由神父指定的太监牧养,信教太监甚至宫女,有时借着某件公干事由

---

① João Fróes. *Annua da V. Província da China do anno de 1633*,BAJA,49-V-11,f.51v.

② Lazaro Cattaneo, *Annua da Vice-Província da China do Anno de 1630*,BAJA,49-V-9,ff.16v-17.

③ João Fróes, *Annua da V. Província da China do anno de 1631*,BAJA,49-V-10,ff.47-47v.

邀请神父入宫主持圣礼。神父们不总是接受邀请,因为"神父清楚,频繁进宫,尤其是外国人频繁出现在宫中,是很容易引发猜忌的,因此,有时就推却太监们的邀请"。① 乡村地区的女教徒与男教徒同处的情况较为常见,可以同时参加仪式。城市中的女性教徒,活动范围严格受限,而且城市中教徒的聚会地点常与传教士的居住区紧邻,为了谨慎起见,城市圣所只允许男教徒进出,女教徒的聚会地点多在某信教贵妇的家中,以圣会为单位组织活动。

17 世纪在华耶稣会经历的教案,最大的两起是"南京教案"和"杨光先教案",圣会在这两起教案期间对于传教事业的存续起了很大作用,因此,这两起教案都更加坚定了神父在中国发展圣会的决心,此类直接表述在年信中很多。比如,在第一次教案期间,南京成立了 8 个教友会,每个教友会选出最通晓教内事务的教徒担任会长。这些教友会成立的目的,是在教案期间以教友互助的方式维持信仰,同时,打消危险与谣言造成的混乱。教友会指定几处教友的私宅作为聚会地点,定期聚会,诵读教义书籍,讨论教内问题,探望生病教友,救助贫困教友等。伏若望说:"分布于南京各区的教友会,在住院关闭期间,对于帮助教友维持信仰,作用很大。"②"杨光先教案"之后,北京住院迅速重新开张,苏霖认为"这得益于长上们的先见之明"。③ 他所谓的"先见之明"即教案期间留存在当地并持续活动的圣会。

17 世纪的后三四十年,耶稣会中国传教团面临着人力匮乏和老龄化的双重压力,因教徒数量迅速增长而造成的教牧压力却在

---

① Manoel Dias junior, *Annua da Missão da China do Anno de 1615*, ARSI, JS113, f. 409.
② João Fróes, *Annua da Missão da China de 1634*, BAJA, 49‑V‑10, f. 438.
③ Joze Suares, *Annua do Colégio de Pekim desde o fim de Julho de 94 até o fim do mesmo de 97 e algumas outras Rezidências e Christandades da Missão de China*, BAJA, 49‑V‑22, f. 599.

持续增加,中国传教团的主要矛盾已由追求增量逐渐向维护存量转变,即各住院的一两名神父如何牧养数以万计的教徒。在神父与众教友之间增加层级,使扁平化管理变成类似于科层制的管理,这样,被隆起的组织架构抬得更高的神父就能统摄更大的管理半径,而安插在神父与教众间的层级就是传道员、圣会和会长。圣会不仅可以自我维护,还能自我壮大,即发展新教友。

除了教牧替代功能,耶稣会士对圣会的另一个大加赞赏的方面是其带动起的竞相敬虔的奉教气氛。耶稣会作为天主教改革派的代表,致力于促成的一大转变是将信徒的敬虔活动从被动参加仪式变成主动渴求圣事。他们在欧洲努力促成这种新气象形成的一个重要手段,就是以热忱的奉教榜样来激发平信徒的宗教热情,这也是为何年信中有那么多"有教育意义的事例"的原因,这些事例是给欧洲信徒读的。安文思描写北京教友会参加圣事的场景就直接体现了这种意图:

> 这些圣会成员,以及全体教徒,无论男女,信仰极其坚定,对于弥撒圣祭极为虔诚,只要举办弥撒,他们每个人都会来听两次、三次甚至更多次。他们听弥撒时非常安静,甚至不敢吐痰,如果不得不吐,他们就会溜出教堂,到外面吐。他们注重礼节、仪容,全程跪在地上,只在念唱福音环节时,才站起来。他们那么虔心,全神贯注,领先于欧洲的教徒一大段距离,在参与弥撒这方面,中国教徒当得起欧洲教徒的榜样。因为这里没人东张西望,没有人说话和闲扯,没有任何轻慢于这神圣之地的举止,有的只是全然的整齐、谦逊、安静、虔诚、奉献。而我们欧洲的情形却有一些乱糟糟的,这是我们该反思和改正的事。①

---

① Gabriel de Magalhães, *Annuas das Residências Do Norte da Vice-Província da China do Anno 1658*, 49-V-14, ff. 241v-242.

传教士对圣会偶尔也有怨言：一些秘密成立的圣会不符合规程，且在神父监管之外；一些圣会疏于管理，衰败，名存实亡；一些圣会将中国会社活动中流行的宴饮带进教内，使修行活动变味且与耶稣会的节俭原则不符；一些圣会过分热情，以超出肉体的正常承受力苦修，或者称为"虐修"更加合适，均使神父忧心。在只做"正面报道"的年信中，这些抱怨躲躲闪闪，神父对圣会的评价几乎完全是肯定的。

教徒从圣会中的获益可从信仰、心理、物质三方面看。加入圣会首先是满足了更好地过宗教生活的需求，圣会能够提供场所、仪式、气氛和安全感——不受反教人士的打扰，安全地过宗教生活的保障。从心理上，加入圣会有利于获得身份认同感，绝大部分中国教徒来自社会底层，在教内兄弟般的平等中，他们与士大夫平起平坐，甚至可以与徐光启站在同一个队列里同望弥撒，这对提升士气十分重要，传教士在年信中也着力营造这种主内平等的气氛。至于物质上的帮助，自不必提，当然，传教士一直在强调精神上的帮助更重要，将二者结合的最好的是一场体面的天主教葬礼，这件事是所有圣会的核心关切，是会长最重要的事工，是会员最大的收益。

至于官方和社会对圣会的接纳度，在年信中零散可见一些记载。比如，1628年，绛州某县县令为表彰当地"善会"为救济穷人所做的贡献，赠予"一样相当于公开证明的东西，称之为全城的恩人，值得表彰，并派人隆重地送过去以悬于门上"。[①] 当然，这个官方认可应该不是从信仰的角度而是从慈善的角度授予的，官府甚至可能认为他们践行的是儒家之"仁"的价值观。圣会不总是靠物

[①] Rodrigo de Figueredo, *Annua da V. Província da China do Anno de 1628*, BAJA, 49-V-6, f.588.

质布施"笼络"人心,灵修型圣会、苦修型圣会、书院型圣会、为举办葬礼而成立的圣会等受到教外认可,并带动异教徒改宗归主的事例很多。尽管大大小小的教案在各地时有发生,但是,鲜有专门针对圣会而发起的教案的报道,像"南京教案"和"杨光先教案",与其说反天主教,不如说反外国人,这也是圣会总是能在教案中幸存甚至发展壮大的原因。

最后,从中国天主教史的高度看圣会的意义,如柏里安所言,在"缺少一种赋予中国天主教完整的制度衔接的教区结构的情况下,每个传教点都是实际意义上的主教座堂,下属的每个教友社团都是一个实际意义上的堂区"。① 当然,"圣会"与堂区的相似之处仅限于在特定场所的聚会等宗教活动,并不具备欧洲教会所具有的司法或政治特性。如果说合儒、益儒、补儒体现的是耶稣会"适应政策"中的思想层面,那么,传教士对中国既有的社会组织资源的合理利用,使得圣会体现的是制度上的适应、组织化的融合,后者不仅应该纳入"适应政策"加以考察,而且是"适应政策"中较成功的部分。

本节附录

京中教友圣会②

北京共有四个教友圣会。最早的也是最重要的圣会,汇聚了京城城墙内外男女教友中的精英。这就是圣母领报会,成立于圣母领报堂,就在北京学院旁边,时间是1694年,正如上文所述。第二个圣会是以光荣的义人(Glorioso Patriarca)"圣若瑟"为名的,

---

① [美]柏里安著,陈玉芳译:《耶稣会在华传教史(1579—1724)》,第238页。
② 1694—1697年年信的第3章。

圣若瑟是中国传教区的主保圣人，圣若瑟会成立于去年，即1696年，成立地点是在东堂，很快就有许多教友加入，他们都是京中最优秀的教徒。此间教友的第三个圣会是亡灵会（Confraria das Almas Antigua），但是，该圣会曾经有一段很无序的状态，今年，该圣会进行了革新，设立了全新的管理职位，以不同于以往的方式决策会内的事务，强调了"服从"，以更严格地履行圣事义务，该圣会是在北京学院的教堂中成立的，囊括了一大部分最好的基督徒。第四个圣会是耶稣苦会，其成立已有些年岁了，是由几名良好的教友成立的，他们都对基督献身这段令人悲痛的神迹有特殊的虔敬，他们开始是在私人的家中苦修，但是，因为诸多不便，他们逐渐意识到最好是在学院的教堂中苦修，以避不便，这些好教友都为搬家而开心不已，他们立即就去请求一名神父指导他们，以使他们能将苦修持续下去，神父教给他们的教律和肃穆仪式能使他们更加坚固、持久。神父对这些会员很满意，下面我们就来讲讲这个圣会。

除了上述四个适合于全体教友的普通圣会之外，还有许多其他特殊圣会，活动范围仅限于某些区域中，每月在私人祷告室中聚会，这些祷室非常考究，神父会指派某个传道员到场，在聚会中布道。布道不仅仅是针对教徒和会员的，还针对教外的男女，他们受邀前来聆听布道。整体上的情况就是这样，为了对这些圣会有更清晰的认识，下文我们就分别讲，看看这四个圣会是以怎样的方式运作的，以及每一个圣会中都发生了哪些神迹，收获几何。[①]

圣母领报会

该圣会有76名老会员及55名新会员，他们拥有会长、几名会

[①] Joze Suares, *Annua do Colégio de Pekim desde o fim de Julho de 94 até o fim do mesmo de 97 e algumas outras Rezidências e Christandades da Missão de China*, BAJA, 49-V-22, ff. 601v - 602v.

长助理以及其他管理人员。每月一次团契，就在圣母领报堂中，他们的聚会是以下述的方式进行的：

如果圣会中有成员过世，就会为其举行弥撒，通常都很庄重。弥撒之前，会员们先唱三遍肃穆的答唱咏（Três Responsório Solemniter），而后是一遍圣母赞主曲（Magnífica）。停放灵柩的高坛装饰华丽，摆放在教堂的中央，各式各样的祭奠物有序地摆放其上，都很精美，在铎德淋洒圣水的时候，许多香烛点燃，围绕着灵柩台。与此同时，会员们则立着交替唱祷，还有些在唱天主经，会长、会长助理和其他管理人员手上擎着燃着的蜡烛。这三遍答唱咏之后，再进行针对逝者个人的祷告，逝者的亲属则跪在一旁聆听，当圣会中的一些会员在逝者的身旁进行答唱咏时，会员们也保持跪姿。紧接下来就是弥撒，所有人都带着特别的谦逊、敬意、虔诚聆听。通常说来，中国教徒在庙宇、神圣地方的外在举止，比最突出、最细心的欧洲人也好许多，这一点儿也没夸张。弥撒之后，是唱有关于圣母的应答祈祷（Ladainha da Senhora），即三遍圣母经，而后，神父对众人进行一次简短的布道，举一些圣母的事迹，大家都很喜欢。布道结束之后，抽签抽出当月圣人。每个人都切实地践行写在书面上的圣德或善功，以悦当月圣人之心。他们每日都会向圣人进行几次祷告，在该圣人庆日，则望弥撒。除了与月度圣人相关的祷告之外，他们还交替吟唱玫瑰经的第三部分。他们还会讨论新近发生的事，最后再向神父报告，既有圣会管理事宜，又有其他教友身上所发生的事。

以上这些活动在两个小时内完成，很有秩序，非常得体，就算是欧洲最虔敬的圣会见到他们的秩序、得体，也会心生妒意。这新生的植物，长在荆棘当中，却结出了如此虔信之果，这样的果实通常只有那些生长在肥沃土壤中的果实，经过多年成长之后，才结得出，因此，我们只能深深地赞美主。

该会的主要庆日是圣母领报日、圣母升天节，庆祝的时候有华丽而庄重的装饰，还有当地人风格的音乐。但是，他们那虔诚的态度更胜过这装饰和音乐，每个人都将自己的灵魂交出来庆祝这样的日子(包括与圣贞母和基督有关的其他节庆日)，领受圣体。在上述这两个日子，在一场全体告解之前，表现最突出、最守规矩、对圣母最虔敬的见习会员会被吸收为正式会员。对于这些新晋正式会员，有两个最开心的尊贵时刻，一是接受所有人的道贺，二是餐桌上的优先权，不仅是在领受圣餐的桌子上，还包括在一场盛大的、所有人都参加的宴席上，这场宴席是由会长、会长助理在这样的日子中招待全体会员的。而圣母领报日这天更隆重，因为在这一日，公开布道之后，会员们将用匿名投票的方式选出圣会的管理人员，包括一名会长、两名会长助理、一名文书、一名司库、一名司事，他们当日就将走马上任，还要在其负责地界公开巡游。最后，是公开全年的账目，包括所收捐赠，以及善事支出，捐赠就是用于做善事的。

因为这番庄重的仪式在该圣会成立前教徒们从未见识过，所以，其在教徒中引发的宗教热情、竞相敬虔气氛等效果，简直令人难以置信。他们对圣会的规约有了清晰认识，并且重视规则，尽心尽力去遵守它。当出于意外的原因，犯了错误，他们会在告解中痛苦地自责，仿佛他们犯的是一个大错，尽管已经告诉他们很多次了，未能履行规约，只不过是一个小错。因为对很多人来说，犯错是难免的，如果犯了错误，他们就会将之公开，并公开地接受惩罚，对协商出来的惩罚措施，他们谦恭地接受，一点儿也不抱怨。某次，不得不将一个犯错的人开除出圣会，这个惩罚在全体会员中引起的震慑是显而易见的，他们对圣会产生了极度的敬畏。这个事例无可争辩地说明了完美的生活方式是怎样的，就是要求未被开除的会员们谨遵会规，践行爱德，既去探望病人，互相团结,还要对拯救身边人的灵魂抱有热心,不管在身边的是亲戚或生人。

天主通过以其至圣之母命名的圣会对此间的教友抱以重视、施以恩典,为了对这重视、这恩典有更清晰的认识,有必要提及女教友。如同上文所述,妇女是被允许入会的,这是应她们再三要求的结果。她们从丈夫、亲戚那里听闻了教律要义、赦免罪的法宝,并参与了善功,创建了这圣会的神父不得不顺从她们的呼求,根据现实需要对会规进行了调整,去除了入会的性别限制。然而,因为女教徒的数量较男教徒大得多,只能将女教徒分成几个区域性的分会,再在分会的范围内力图与北京圣母领报会总会保持最大的一致性。这些分会间因距离较远,以及其他原因,和受制于身份,不可能将它们合成一个圣会。因此,就在一些富贵人的家里,设了一些很考究的祷室,就在这些祷室之中,几名最有地位、老资格的、热心的女教友决定成立以上分会,亦由她们负责、管理。每个分会每月都有一个约定日子,在该日中,该地区的女教友们就会赶来其所属的祷室,她们聚在祷室之中很虔诚地祷告,迎接当月圣人,聆听关于该圣人的布道,这种布道总是以圣母的某一事例收尾,然后再由两名传道员中的一名从道德的角度进行点评。每个分会都派驻了两名传道员,以便更好地管理该分会。这种分会有20个,在册女教友726名,如果不是异教徒亲戚的阻挠,会员要多得多。全体会员及非会员,通常每年告解和领圣体两次,一次是在春季,一次是在秋季,就在圣母领报堂中进行,每名会员按照次序前来,以免造成混乱。春秋两季盛会各持续约一个月的时间。这些分会于圣工上所付出的辛劳,在这些优秀的女教友中取得立竿见影的效果。除了受到较分会成立前更好的指导(因为她们听了很多布道),与教友间有了更密切的交流,身边还有很多榜样之外,有更多的教友过起无邪的生活,并对拯救灵魂更加热心。

除了上述圣会之外,在一些教徒数目壮大的人家,也有聚在一起祷告的习惯,夜里,全体信徒聚在家庭的祈祷室内,诵念关于圣母的连祷经,以及其他祷文,他们对于这些祷词全都烂熟于心。而在异教徒数目还很多的家庭中,没有条件布置这样的祈祷室,教徒们通常将一张小圣像藏在某个整洁的地方,早晚两次在圣像前进行敬虔仪式。然而,在一些家庭中,会受到异教徒亲戚的阻挠,他们就在夜里静悄悄地进行,或者找个没有人指手画脚的地方,他们在圣像前,将灵魂中的热切的渴望一吐为快,毫无疑问,他们将被倾听,将被回应。

总之,他们有各式各样的虔敬,他们带着高涨的热情与虔诚,践行教律,身先示范,谆谆规劝,让许许多多异教徒见识了天主教,通过他们,体会到基督之律法的真实、神圣,从而追随和拥抱天主教。①

领报会硕果及某些会员的圣工②

除了一些泽被教内外的成果之外,圣母领报会还产生了有益于北京教友之公利的好处,激发教友热情、指导教友,使对圣母之虔敬在男女教友心中扎根,使教友们更勤勉于圣事,使他们将拯救灵魂和对身边人的关爱普遍装进心中。还有其他一些成果,我就不再赘述,因为已在上一封年信中提及。每日,这些教友之中都有许多新的成果取得,这是活生生的信与爱之明证,是圣母领报会的会员对于天主、圣母之信之爱,正如大额我略教宗所言:*probatio*

---

① Joze Suares, *Annua do Colégio de Pekim desde o fim de Julho de 94 até o fim do mesmo de 97 e algumas outras Rezidências e Christandades da Missão de China*, BAJA, 49-V-22, ff. 602v-604v.

② 1694—1697 年年信的第 4 章。

dilectionis, exhibitio est operis。[1] 尽管,这些会员大部分都很穷,尚需他人施舍,但是,总体而言,他们都对圣母非常慷慨,经常捐献,历年累计起来,约有四百两了。这些捐献全部用于圣会,有一部分用于圣会之教堂的祭神之礼,有一部分用于救助最亟需的人,有一部分用于印刷圣教书籍,这些书在教徒与非教徒中间散发,有一部分用于绘制、印刷圣像,有一部分用于制作念珠、圣物,最后,还有一部分用于其他的善功。这些善功在全体会员中家喻户晓,他们调动起积极性,尽其所能,竞相投入到这项神圣的事业中。

该圣会有两件特别的事,无论对于北京教徒,还是对于中国传教区的其他教徒,都很有用,都很必要。第一件事,印圣像的印版。这些印版用以印刷救世主像和圣母像,开版非常成功,印制出的圣像十分精良。尽管欧洲来的印版还没有到,此处的印版在数量上还不能满足传教的需要,但是,北京自己开的印版,缓解了新教徒巨大的需求。第二件事,很多书籍,这些书籍也都开了印版。在这些书籍中,能体现该项圣工之远见的,曾经是、仍然是鞑靼文的书籍,福音之光已经照耀到鞑靼人,在神的恩宠下,鞑靼人迟早将自己的名字写入基督的名册。满汉文书籍共 17 卷,它们全都开了印版,其内容之于异教徒的改宗归信极端重要,批驳了异教徒信的教,在这些人面前展示了基督律法的真理、神圣和必要性。印刷圣像和书籍的制版费计约 600 两,全都是从圣母领报会的账目中出。最后,随着京中教友们的热情因圣会而高涨,家庭祈祷室也进行翻新,一些教友在自己的家中建了很考究的小堂,尽管他们并不富有,可是他们舍得花钱。在这些教友中,最用心的是黄若瑟

---

[1] 该句拉丁文的意思是,爱要在行动中得到证实。参阅 Gregory the Great, Homiliae in Evangelia, II, xxx, I, ed. R. Étaix, CCSL, 141, Turnhout, 1999, p. 256.

(Hoam Joseph），这名教友，对信仰已冷淡多年，然而，在受到了几次规劝并加入圣母领报会之后，宗教热情再度燃起，像换了一个人。因此，他在自己家中修建了一间祈祷室，整齐、漂亮、考究，比其他人的祈祷室都好，像是天堂。

关于祈祷室的物质条件就先讲到这里，再讲教堂，天主以一种更特别的形式居住在教堂中。我们看见一些出于爱德而想出来的办法，用以净化教堂，使其保持光彩。我们多次提及，北京的教徒中有许多极贫穷，有的女教徒因为没有合适的衣服，不能出门，这种情况并不少见。因为她们为了接济其他穷人，就将衣服卖了或是当了，剩下的衣服都不够正式，便不得不深居简出。有些这样的女教徒，接到通知，与同区的教徒前来教堂告解和领圣体，只好拒绝，她们说没有合适的衣服出门。有许多次，其余的女教徒出于善心帮助她们，将自己的衣服借给她们，但是，能外借的衣服不是随时都有，圣母领报会的会长孙伯多禄（Sun Pedro）就想出了一个有效的办法，他向神父建议，购置一批满、汉服装，这些服装都要合乎礼仪，用以方便穷人，将这一些衣服借给她们，她们就可以来参加圣事了。这个建议得以实施。春秋二季，这些衣服的使用很频繁，穿这些衣服的人，除了装扮了自己的肉体，而且还因为这免费的衣装而得到了美化自己灵魂的机会，天父通过圣事，将其对穷人的慷慨好施之情注入到她们的灵魂中。

有一位名叫 Li Maximilha 的贵族老妇人，她对一名年轻守寡的教友因爱而产生的机警亦不小。在其余女教友都去教堂参与圣事的时候，这个寡妇也很想去教堂，可是她发现所有的通路都是关闭的。因为她的婆婆是一个很有权威的佛教徒，不允许她与外人交往，除非是去亲戚家，并有人陪着，她极少出门。寡妇陷在这困境中，她通过第三者向 Li Maximilha 倾诉了自己的苦恼。Li Maximilha 也是寡妇。Li Maximilha 为她提供了一个可行的办法,就是她俩相认为亲戚,从此,她们便开始了频繁地互通音信,还有互相走访,这正是她们认亲的目的。这两个人彼此之间绝对信任,当其余教友要告解时,Li Maximilha 就将这个新认的亲戚请到自己家中住几日,在领受完圣事(这是她们攀亲戚和邀请对方在自己家中作客的目的)之后,年轻寡妇就怀着莫大的慰藉告辞。关于这位既尊贵又热心的贵妇 Li Maximilha,本报告若详述,有很多可讲的,而且她的热心也配得上长篇大论,但是,囿于篇幅,就不讲了,只讲一个事实就足够了,圣母领报会就是在她的家中成立的,该圣会是全北京人数最多、最热心的圣会,她任会长。该会的大部分会员是在她的规劝之下进教的,她的示范,众人看在眼里,春秋二季,她在家中招待认作亲戚的女教友,以向她们布道。这种不伤情面的策略绕过了丈夫们和亲戚们对圣教的恶意,使女教友免于失去参加圣事的机会。

其他三个圣会[①]

这三个圣会中的每一个圣会,通常都是每月团契一次。圣若瑟会的团契在东堂,全体会员一丝不苟前来参加,当某人缺席时,会被点名。他们聆听圣若瑟的弥撒,关于圣若瑟的布道,向圣若瑟祷告,最后,若是圣会内或教友中有事情要讨论,他们就先内部商议,再向神父报告。

在每月的第三个礼拜日,他们告解,领圣体和获得赦免,在圣若瑟的庆日以及天主、圣母的某些节庆日,他们也会获得赦免。在中国传教区的主保圣人[②]日,每个会员通常会根据自己的财力,以主保圣人、圣母和孩童耶稣的名义,向一些贫穷的教友及其妻子、

---

① 1694—1697 年年信的第 5 章。
② 即圣若瑟。

小孩子行施舍。如果某个会员去世,他们就为逝者送葬,集体在教堂中为其举行悼念仪式,还要为其灵魂祷告。

该圣会还有一条规矩,每名会员每年至少劝化一名异教徒信主。他们对于帮助、照料病人也很上心,为病人们安排圣事。他们很用心地发挥这些神圣职能,他们之间非常团结,服从、尊敬会中长官,这些长官是由会员投票选出来的。①

亡 灵 会

对中国人而言,人生荣耀的至高点,体现在为逝者举行的在排场上无人可以攀比的葬礼上。于是,就发生了不够富裕的人卖房卖地办葬礼的情况,甚至有时出现卖身葬父母的情况,儿女将自己卖了换一口为父母蔽体的棺材。根据异教徒的礼仪,每个人都概莫能外。那些在这责无旁贷的豪华葬礼上表现出众的人,被认为是最善的人,也最值得赞颂。

因为这种习俗流传甚广,不这么做,就是没有教养,如果在葬礼中缺了这些排场,也不利于吸引异教徒来聆听圣教奥义。因此,基督徒们承诺,在葬礼中剔除迷信元素,以适当的排场安葬逝者,排场既不能超过合理的界限,也不能与逝者的地位和家庭的财力不匹配。

为了使京中的教徒保持良好的秩序,早先就成立了该亡灵会,正如前文所述,它有很长一段时间处在混乱当中。今年,亡灵会进行了革新,制定会规,会内的人都要遵守,设置了新的管理岗位,以使圣会运转。

该圣会的职能如下:在死亡教友的纪念日,会员与会外的教

---

① Joze Suares, *Annua do Colégio de Pekim desde o fim de Julho de 94 até o fim do mesmo de 97 e algumas outras Rezidências e Christandades da Missão de China*, BAJA, 49-V-22, f. 607.

友前来公共墓地,参与庄重的答唱祈祷,这答唱祈祷由某个神父前来主持。会员们还要每月参加一次为逝者举行的弥撒及答唱祈祷,弥撒和答唱祈祷就在北京学院的教堂内举行,教堂中央新造了一个金碧辉煌的灵柩台,会员们就在这灵柩台前举行仪式。灵柩台上,是一口很考究的棺材,棺材四周点缀着很多丧葬的装饰之物,仪式全程,燃着很多烛光。

最后,他们为逝者唱各式各样的祈祷词。当某个会员去世了,其余会员就为他的灵魂唱几篇《花冠经》,做些其他敬虔仪式,护送遗体直至墓地。

以上是对逝者灵魂上的关照,还有世俗上的关照。该圣会还负责用于葬礼的道具。这些道具用于大大小小的棺材上,这些棺材上有丝和绒的装饰品,根据逝者的身份和地位,精美程度不同。送葬队伍中还有圣像及抬圣像的抬架,与圣像伴行的是香、烛、三个吹笛子的。还有各种丝制的旗幡,上面绣着许多徽标,及圣教中的警句。除了以上这些道具,还有许多专门用于类似场合的装饰物,它们全都井井有条地摆放着,分成两列,基督徒们在长时间的静默和庄重中抬着它们,而后,教友们使用念珠为逝者的灵魂祈祷,场面非常壮观,周边的异教徒都被吸引来了。

对于用在家庭中的,在逝者的棺材前追悼用的道具,圣灵会也负责。这里,应该做下说明,逝者的棺材会在家中停留一些时日,根据逝者的地位与家庭的财力,长短不一。停棺期间,有特定的几日,亲朋好友聚在逝者家中,为其举哀,还有演出、宴饮。还有几日,家人邀请和尚前来为逝者做法事,在这几日,就是没完没了的荒诞的迷信仪式,这亵渎神明的"瘟疫"使可怜的异教徒们丧失理智,和尚们通过这些活动赚了丰厚的施舍,用来养活自己和他们的寺庙。

这在家中举行的悼念仪式也是不可少的,基督徒的做法是将其中的迷信剔除，保留其极度的奢华。基督徒将奢华用在圣像上，圣像陈列在精美的华盖下，再摆上几张桌子就构成了他们的祭坛，桌子的前帷幔十分华美。祭坛之上，则竖起十字架，旁边是燃着的蜡烛、焚香、花瓶及其他的饰物。祭奠厅的各处挂着各色丝制的旗幡，上面是许多为逝者作的悼词，庭院中、大门上也有此类悼词，它们全都井然有序，仿佛这更像是一场节日，而非葬礼。

基督徒的家庭吊唁是这样进行的：在指定的日子，邀请教友们来追悼，他们在地方特色乐器的伴奏下，齐唱殇曲。通常，邻近的异教徒们会蜂拥而来，本来他们是在好奇心的驱使下来的，但是，当他们看见了圣像——圣像会激发人们的虔敬之心，注意到饰物之精美，还有送葬队伍，教友们的庄重，教友们下跪的姿势，以及秩序之井然和教友们在祈祷时的静然肃穆（尽管他们不理解祷词的内容，但是，这气氛与和尚们的法事迥然不同），这些异教徒们已经不是纯粹出于好奇而来，而是很想听听圣教奥义。为了能让异教徒们听到教义，这种场合通常会有业务熟练的传道员参加，传道员在与这些好奇者的辩论中胜出，很容易地说服他们，使他们为自己的教派的荒谬而悔恨，承认圣教之真。天主通过这种方式召唤进得救赎之路的，为数不少，而这其中，大多数是守丧之人，亲戚之死在他们心中引起的悲伤、思考，使他们更积极地从传道员的口中聆听这牢靠的真理和重要的醒悟。

教友们还为葬礼准备了一本祷词书，中文版本。这些祷词不是以随机方式演唱的，而是有严格的次序，中间还穿插了乐器伴奏，唱咏完祷词后，再立即继续唱殇曲，直到抵达固定终点。在一天中，通常会有三场祷词唱咏，每次祷词都不一样：上午九点，正午，下午各有一次，每次用时一小时或一小时又一刻钟。中间还有一些时间用于向异教徒布道，抚慰逝者亲属。当日餐食费用由亲属出。

活动结束之后,亲属们会跪谢请来做仪式的教友,感谢他们的劳动付出和演唱神圣祷词的善心,亲属们还会向圣灵会进行微薄的捐赠,这些捐赠会与其他捐赠积蓄起来,用于上述葬礼中的饰物,以使葬礼保持体面。①

苦　会

苦会的盛大日子有两次,分别是五月、九月与圣十字有关的节庆日,他们在这日子里告解和领圣体。在每月的某个周五,全体会员聚在北京学院教堂,弥撒完成之后,他们还会以下列的方式举行活动。将一巨幅基督被钉上十字架的圣像展开,他们全都跪在地上,先从祷告开始,祷词全部都与基督受难有关,这些祷词有汉译本,他们轮流唱出这些祷词,声极悲切、情极真挚,有很多人流出了眼泪。祷告持续将近一个小时。

在结束前,他们全都拿出苦修鞭狠狠地抽自己的脊背,大约持续一首《求主垂怜》(Miserere)的光景,甚而再延续一段祷告的时间,活动最后是以忏悔结束。

在封斋期,每个周五,他们都按上述方式聚会。平日,每月只聚一次,不过,每个周五,他们仍然会在自己家中鞭笞苦修。再有就是为逝者而举行的团契,他们会为逝者恳求宽恕,也会用鞭抽打自己。在团契的日子,这些优秀教友通常是在教堂中行鞭笞的苦修,团契一直到冬季的几个月都有。冬季北京异常酷寒,可是,即便是体弱多病的人和老年人也不能被天气阻止,他们热情如此。一位神父发现了这件事,就为该圣会制定了一条恰当的规矩,凡属该圣会的都要遵守。

---

① Joze Suares, *Annua do Colégio de Pekim desde o fim de Julho de 94 até o fim do mesmo de 97 e algumas outras Rezidências e Christandades da Missão de China*, BAJA, 49-V-22, ff. 607v-609.

上述内容已经足以使读者对北京教徒的圣会形成整体概念，关于这些圣会，还可以说很多，因为现实更加丰富，这里每天都会结出丰硕果实，这对全中国传教区都有好处。①

---

① Joze Suares, *Annua do Colégio de Pekim desde o fim de Julho de 94 até o fim do mesmo de 97 e algumas outras Rezidências e Christandades da Missão de China*, BAJA, 49-V-22, ff. 609-610.